中学物理教育思想实践案例

Practical Cases of Physics Education Thought in Middle School

司德平　著

河南科学技术出版社
·郑州·

图书在版编目（CIP）数据

中学物理教育思想实践案例 / 司德平著. —郑州：河南科学技术出版社，2021.10

ISBN 978-7-5725-0523-2

Ⅰ.①中… Ⅱ.①司… Ⅲ.①中学物理课-教学研究-高中 Ⅳ.①G633.72

中国版本图书馆 CIP 数据核字（2021）第 130804 号

出版发行： 河南科学技术出版社

地址：郑州市郑东新区祥盛街 27 号　　邮编：450016

电话：（0371）65788890

策划编辑： 孙　珺

责任编辑： 李振方

责任校对： 司丽艳　刘香玉

封面设计： 张　伟

责任印制： 张艳芳

印　　刷： 河南新华印刷集团有限公司

经　　销： 全国新华书店

开　　本： 787mm×1092mm　1/16　　印张：24.5　　字数：480 千字

版　　次： 2021 年 10 月第 1 版　　2021 年 10 月第 1 次印刷

定　　价： 68.00 元

序　言

本书作者司德平校长是我带的全国首批教育学硕士研究生，也是我最得意、最有成就的弟子之一。他从教 36 年来，躬耕中学物理教育教学实践，勤于反思，善于钻研，追求卓越。不仅具有扎实的学科专业知识和良好的师德修养，而且具有很强的教育研究能力，是一位专家型的中学物理教师，也是河南省教育厅培育的豫派实践型教育名家。他在繁重的教学与管理工作之余，仍能静下心来潜心研究，笔耕不辍，不断地总结、反思自己的教育教学实践经验，在物理教学、教学研究和教育管理等方面都取得了优异的成绩。作者于 2008 年出版的第一部专著《中学物理教育教学研究》，曾分别荣获首届全国基础教育科研成果网络博览会二等奖、首届河南省教育科学研究优秀成果一等奖和河南省基础教育教学成果二等奖。目前，他主持的教育科研课题已获省级优秀成果奖 20 多项，并在 30 多种期刊上公开发表物理教育教学论文 170 多篇，其中核心期刊 80 多篇。为了交流、分享教学研究成果，践行“专家引领，同伴互助，自我反思”的新课改理念，基于物理学科核心素养，作者将近十多年来撰写、发表的论文进行归类整合，梳理提炼物理教学主张与教育思想。历时十多年，终于出版了本书。作为他的导师，欣慰之余，很高兴为本书作序，以示祝贺。

本书不仅选题立意新，而且编写体例新颖。基于 36 年的教育教学实践，作者凝练出了“以实验为基础，以情境为本源，以思维为中心，以问题为驱动，以过程为主线，以变式为手段”的物理教学主张，进而提炼出“基于实验、思想方法、人文物理、以研促教”的物理教育思想，追寻“求真、从善、臻美”的教育愿景。本书依次分为“基于实验”“思想方法”“人文物理”“以研促教”四篇，共十一章。其中，每章的实践案例均按总论、力学、热学、电磁学、光学和近代物理学的次序进行编写，内容涉及物理教学论、课程论、学习论、实验教学论、教育测量与统计等。因此，本书是作者长期以来自觉运用教育教学理论指导教学实践，取得的丰硕研究成果，具有很强的针对性和实用性，很值得中学物理教育工作者研读与借鉴。

司德平不仅接受过物理教育学本科、教育学硕士和教育学博士研究生课程的系统教育，而且具有从事中学物理教育 36 年的教学经验。目前，司德平在全国著名中学、教育部十六所具有保送生资格的外国语学校之一——郑州外国语学校，不仅担任副校级干部和集团分校校长，而且是国家“万人计划”教学名师，“中原千人计划”教学名师，中原名师、河南省首批中小学正高级教师，更可贵的还是河南省基础教育首位二级教授。本书不仅是作者长期在中学物理教育第一线教学经验的结晶，而且是作者专业发展的缩影。可以预见，本书的出版将有助于青年物理教师通过案例学习和行动研究，提升自己的教育教学和教育科研能力，缩短成熟周期，从新的维度促进教师专业化水平的提高，以便适应当今中学物理深化新课程改革和培育学科核心素养的需求。

虽然本书的很多内容已在多种教育教学刊物上公开发表过，但是作为他的导师，我并不讳言本书的不足。由于教育发展的阶段性和时效性，书中的个别观点难免有所偏颇，但瑕不掩瑜，本书仍称得上是一本中学物理教师继续教育的精品佳作。借此机会，我特向广大的中学物理教师、教研员、高等师范院校物理教育专业的学生和物理课程与教学论专业的研究生予以推荐。

王　欣

2021 年 9 月于陕西师范大学

前　言

教学之道，道法自然，大道至简，炼精道显，贵在实践与研究。同时，教学主张是课堂教学的灵魂，真、善、美是学科教育追求的最高境界。从教36年来，笔者躬耕中学物理教育教学实践，追求卓越，凝练出“以实验为基础，以情境为本源，以思维为中心，以问题为驱动，以过程为主线，以变式为手段”的物理教学主张，进而提炼出“基于实验、思想方法、人文物理、以研促教”的物理教育思想，追寻“求真、从善、臻美”的教育愿景。

1. 以实验为基础

物理学是一门以实验为基础的自然科学。每个物理概念的建立，每个物理定律的发现，都有其坚实的实验基础。从物理学发展的历史看，实验不仅是物理学理论的基础，也是物理学发展的基本动力。在中学物理教学中，实验不仅是物理教学的重要基础、重要方法和重要手段，而且也是物理教学的重要内容。同时，实验在激发学生求知欲、创设学生有效学习情境、培育学生学科思想方法、提升学生学科核心素养等方面具有重要作用。

2. 以情境为本源

物理情境是研究对象在物理过程中展现出来的物理场景，是物理本质的客观反映，也是物理教学的出发点和落脚点。物理情境的创设有助于学生从物理学的视角认识自然，理解自然，建构关于自然界的物理图景，形成物理观念，让学生在物中悟理、在理中识物，促进师生“情”与物理“境”的有机融合。物理情境包括自然情境、实验情境、事实情境、模拟情境和想象情境。创设多样化、新颖性、趣味性的物理情境是激发学生兴趣、引发学生思维的先导，也是物理课堂有效教学之源。

3. 以思维为中心

科学思维是探究物理规律、认识物理学科本质的重要心理过程，而物理课堂教学过程就是创设物理情境和培育学生思维品质的过程。因此，物理课堂教学要以思论教，以思维为中心，突思促悟，促使师生思维在问题中激活，以及师生思维、生生思维在激活中碰撞和凝练，让学生体会学科思想方法，养成科学思维习惯，培育学生高阶思维，提升学科核心素养，促进深度学习。

4. 以问题为驱动

问题是思维的起点，也是课堂教学有序、深入推进的导引。问题既有教师的提问，又有学生的发问；既有课堂学习的前概念问题，又有学习过程中的新发现问题；既有互动中生成的问题，又有学习中想象的问题。创设物理情境、展开课堂互动就是为了发现物理问题，构建问题驱动。

5. 以过程为主线

物理现象发生在具体的物理过程之中，物理课堂教学应将物理现象和物理过程真实地展现开来，让学生面对原始的物理问题，引导他们去亲历物理概念的形成过程、物理规律的发现过程以及物理问题的解决过程等，让学生探索知识的渊源，揭示知识的本质，进而体会物理的价值，感悟物理的科学美。因此，物理课堂教学不能淹没在结论和题海中，而应关注过程，突出过程，坚守以过程为主线。

6. 以变式为手段

变式是指在课堂教学活动中使本质属性保持恒定，而从不同角度，以不同方式变换事物的非本质属性，以便揭示其本质特征的一种教学方式。因此，在物理变式教学中，教师要根据学生认知与物理知识的教学逻辑，有目的、有计划地对物理问题进行合理的改造，要不断更换物理问题中的非本质特征，并保留好研究对象中的本质因素，从而使学生掌握研究对象的本质属性，认识学科本质，培养科学思维能力。物理模型中客体的合理变换、结构的合理组织、问题的合理延伸和拓展、习题教学的一题多变、实验教学的一法多用等，都是物理变式教学的体现。

凝练教学主张是一个突破经验藩篱，走向卓越，自觉在实践中研究，在研究中实践的历练过程，进而基于教学主张追寻物理教育的最高境界：求真、从善、臻美。

司德平
2021 年 9 月

目录

CONTENTS

第一篇　求真·基于实验

第二篇　求真·思想方法

第三篇 从善·人文物理

第四篇 臻美·以研促教

第一篇

求真·基于实验

物理学是一门基于观察与实验，研究自然界物质的基本结构、相互作用和运动规律的基础自然科学。在物理学的发展过程中，概念的形成、规律的发现、理论的建立，都依赖于实验，其正确性要不断受到实验的检验。著名美籍华裔物理学家丁肇中曾指出："实验可以推翻理论，而理论永远无法推翻实验。"因此，实验推动了物理学的发展，并对物理学发展起着决定性的作用。

在中学物理教学中，实验不仅是物理教学的基础，也是物理教学的重要内容与方法。同时，实验能力也是高考物理考查的五种能力之一。因此，中学物理课堂教学设计的逻辑应基于实验，通过实验创设物理情景，再现、还原物理过程，从物理学视角提出问题，形成猜想和假设，获取和处理信息，基于证据得出结论与解释，并对实验过程和结果进行交流、评估和反思，从而帮助学生建构物理模型，内化概念与规律，培育学科思想方法，提升学生科学思维能力，认识学科本质，逐步形成科学态度与责任。

真、善、美是中学物理教育追求的最高境界。中学物理教育首先要"求真"，达到科学境界。因此，本书第一篇为"求真·基于实验"。

第一章 实验研究

§1.1.1 粉末计时的原理与应用*

1777 年，德国物理学家利希藤伯格（Lichtenberg）首次发表了在带静电的固体绝缘物表面“显影”的方法：“撒上带电的电介质粉末，轻轻地吹去过剩的粉末时，就会在固体绝缘物表面残留下特殊形状的图形。”1906 年，托普勒（M. Toepler）在一篇论文中指出，将 90%~95% 的树脂（或硫）和 10%~15%的铅丹（Pb_3O_4）的混合粉末放到研钵里进行研磨，使它们充分混合、摩擦。由于摩擦，树脂（或硫）带负电，铅丹带正电，然后将这些混合粉末用非金属筛网撒布在待测绝缘物表面，吹去过剩的粉末，就会在有正电的地方留下黄白色的树脂（或硫），在有负电的地方残留下红色铅丹。1976 年，粉末计时首次出现在库恩（W. Kuhn）编著的西德中学物理教科书中。1980 年，南开大学的战元令教授翻译了该教材，即《物理学》（人民教育出版社，1980），使粉末计时首次出现在我国的文献中。粉末计时是高中物理课程中打点计时之外的另一种直观、低成本的计时方法。

一、粉末计时的原理

将一金属板表面用水砂纸轻轻磨毛并用墨涂黑，将它经电容或经约 1 MΩ 的电阻接到 220 V 交流电源的火线上，在金属板的上表面均匀撒上升华硫粉，再用干燥的手指在金属板的上表面抹动，在金属板上就会显现出黄黑相间的粉末条纹，如图 1-1 所示。

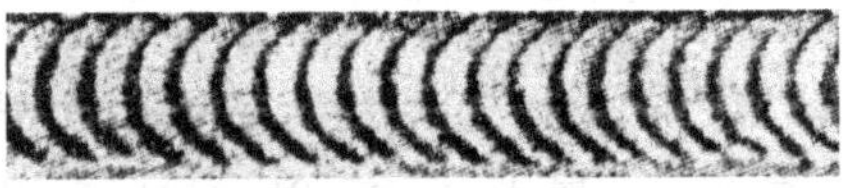

图 1-1 粉末条纹

处于交变电场中的硫粉被极化，且建立或消除电极化的时间极短，一般为 10^{-16}~10^{-15} s，而 220 V 交流电的电场变化的速度远远小于硫分子的极化或消除极化的时间，即硫分子极化的极性变化足以跟得上市用交流电的电场极性的变化。干燥的硫粉在被极化前已带有大量的负电荷，而硫粉由于极化显示的电性与其所带的大量负电荷相比微乎其微，故运动中发生摩擦的硫粉总是带负电。

---

* 发表于《实验教学与仪器》2010 年第 3 期，被人大复印报刊资料《中学物理教与学》2010 年报刊索引库收录。

因市用 220 V 交流电的频率为 50 Hz，故金属板每秒内改变正负 100 次，即金属板每秒内带正电和负电各 50 次。实验中人站在地面上，相当于接地，手指的电势恒为零。干燥的手指在计时金属板上匀速抹动的过程中，手指与金属板之间的硫粉处在交变电压产生的交变电场之中。在交流电压为正半周时，硫粉颗粒被金属板吸住，擦不掉，形成黄条纹；在交流电压为负半周时（即下一个 0.01 s 内），带负电的金属板排斥硫粉颗粒，手指就把它们擦掉，于是显示出黑条纹。如图 1-2 所示，即黄黑条纹的宽度分别是手指在 0.01 s 内所移动的距离。当手指在计时金属板上匀速抹动时，粉末条纹等间距；手指在计时金属板上不匀速抹动时，粉末条纹间距不等。但无论粉末条纹的间距是否相等，一个黄条纹与相邻的一个黑条纹的宽度之和均为手指在 0.02 s 内所移动的距离。由于计时板的背景色为黄色，且硫粉黄条纹产生的周期与交流电的周期（0.02 s）相同，故当有 n 条黄条纹时，相应的总计时 $t=n\times0.02$ s。

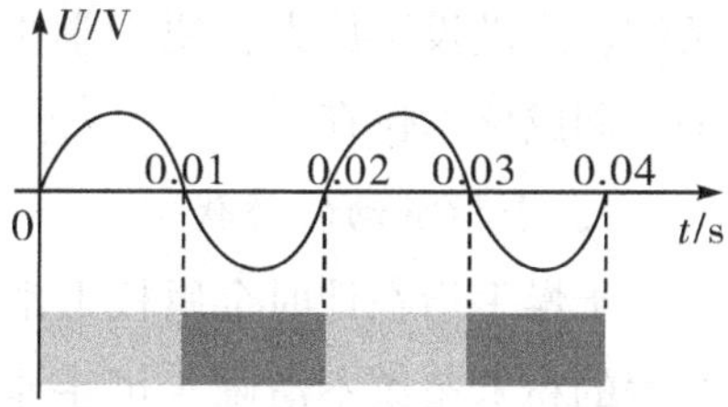

图 1-2　粉末条纹与 U-t 图象

可见，粉末计时来自对利希藤伯格图形法的发展应用，它与中学物理实验中常见的打点计时虽然都是利用 50 Hz 交流电的频率基准计时的，但它既可以同时测定物体的位置和时间，又可以单独测量时间。

二、对原粉末计时实验的改进

1. 计时金属板接地，消除计时前产生粉末条纹的影响

由于感应或漏电产生的粉末条纹使实验中计时开始或计时结束时的粉末条纹界限不清，从而影响计时条纹的正确读数。为消除影响，可把计时金属板直接接地或与自来水管、暖气片连接。即不计时时，计时金属板与大地接通；需要计时时，断开接地线。通过接地线的通断，可方便地实现物理过程的起、终点与计时起、终点的同步运作。

2. 50 Hz 微弱交流电的获得

50 Hz 微弱交流电一般可从低压交流电源输出接线柱的高电位获得，也可从插入 220 V 交流电源火线孔的试电笔尾端获得。由于感应或漏电，也可从交流电子仪器的金属外壳获得。

3. 可用淀粉替代硫粉

在相同的摩擦条件下，干燥的淀粉不易带电，因此处在交变电场中被极化淀粉的极性随交变电场的极性变化而改变。故无论交流电压为正半周，还是负半周，都会形成白色淀粉条纹，只是在交流电压由正半周向负半周变化的过程中，吸附力较弱的淀粉被擦掉而显现出黑色条纹，从而在相同条件下，淀粉条纹比硫粉条纹多一倍，但白色淀粉条纹的宽度小于黑色条纹的宽度。

4. 计时金属板的替代

计时金属板除可用经氧化或摩擦发毛呈灰色的锌板涂黑替代外，由于墨汁导电，也可用涂墨晾干的计时纸带、木板、纸板，或包装感光材料的黑纸、导电纸替代。同时，涂黑还能提高粉末条纹的明暗对比度，便于读取条纹的个数。另外，若在投影胶片上获得粉末条纹，除供投影放大，便于学生共同参与读数外，也可用透明胶带覆盖在粉末条纹上压平，制成标本保存。

5. 手指滑动的替代

干燥手指在计时金属板上滑动时，产生弯曲的粉末条纹（图 1-1），而手指潮湿时，产生的粉末条纹不清晰。可手拿一平直的金属片、硬纸片或圆柱形金属棒在计时板上抹动，使棒（片）与抹动方向垂直，从而出现直的粉末条纹。

三、粉末计时的应用

W. 库恩在其所著的物理教科书中介绍的应用只是通过测量手指运动的位移和时间，比较手指在两点的运动速度，进而也可以求出手指运动的加速度。但粉末计时与打点计时有所不同，它不仅可以记录物体运动的绝对位移（用带接地线的运动小车抹过粉末计时板，同时测量小车运动的绝对位移和时间），还可以只记录运动的相对位移，即通过限定手指的匀速运动，对时空进行线性变换。

1. 测定单摆的周期

如图 1-3 所示，摆线选用直径为 0.2 mm 的细钢丝，一端穿过直径为 2 cm 的钢球，并留 2 mm 做触针，摆线另一端固定在高度可调的悬点处。在单摆悬点处分别连接 50 Hz 微弱交流电及粉末计时器。在单摆平衡位置的下方置一盛适量水银的小灯泡灯座，并接地，以使摆球简谐运动的时间恰为计时板上出现 50 Hz 微弱交流电的时间。

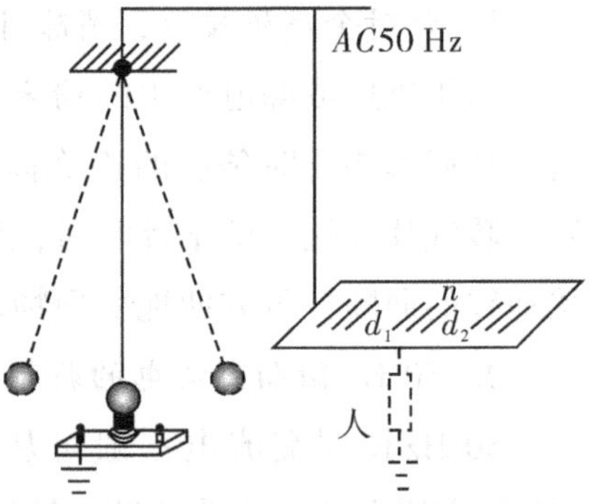

图 1-3 实验装置与原理

调节悬点高度，使摆球通过平衡位置时，摆球下的触针恰好与灯座内的水银表面接触。此时，接地线自动接通，计时板上无粉末条纹；而当摆球偏离平衡位置时，接地线自动断开，在匀速抹动的计时板上出现粉末条纹。由于单摆的周期性运动，计时板上形成了如图 1-3 所示的粉末条纹。由于实验中平衡位置不能准确地确定，因此至少需要记录摆球连续 2 次经过水银表面的粉末图形。则单摆的周期为

$$T=2\left(n+\frac{d_1+d_2}{2d}\text{ABS}\right)\times 0.02\ \text{s}$$

式中，n 表示一组明条纹数，d_1、d_2 分别表示摆球连续 2 次经过水银表面时的接地纹宽，d 为接地纹宽附近相邻明条纹的宽度，ABS 为取整处理。

用秒表测量单摆的周期时，依赖于平衡位置的确定，是以摆球经过平衡位置时进行"开始"和"停止"计时的，会因实验者的反应延时而给测量带来误差。而粉末计时法不仅不必刻意去找平衡位置，而且只需测量一次全振动，比用秒表测量几十次要简便得多。另外，该实验不仅可测得单摆的周期，也可验证单摆的等时性。若测得单摆的摆长 L 和周期 T，也可由单摆的周期公式 $T=2\pi\sqrt{\frac{L}{g}}$，求出当地的重力加速度 g。

2. 测定重力加速度

如图1-4 所示，K_1 为双刀单掷开关，K_2 为用微动开关（KWX×2）改装的碰撞开关。开关 K_1 和 K_2 处均接地，使小球自由下落的时间恰为计时板上出现 50 Hz 微弱交流电的时间。开关 K_2 处分别连接 50 Hz 微弱交流电及粉末计时器。在直径为 3 cm 的木球上拧一木螺钉，便于电磁铁吸引。

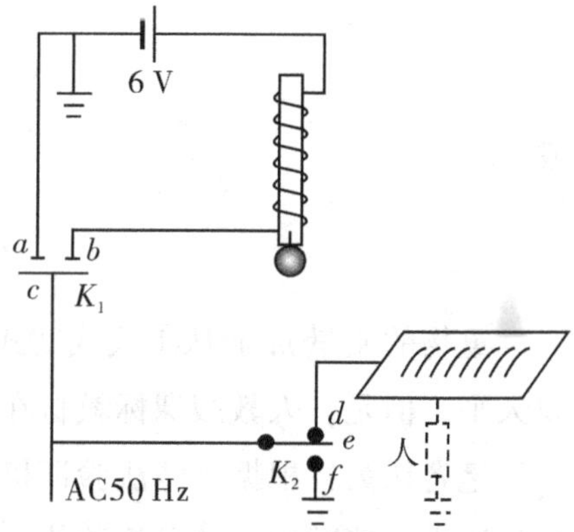

图 1-4　实验装置与原理

实验时，使双刀单掷开关 K_1 的 a、b 与 c 接通，电磁铁吸引小球，并使碰撞开关 K_2 的 d 与 e 接通。把开关 K_1 固定在计时板的左下方，将右手大拇指与食指呈八字形分开，食指在计时板上匀速抹动的过程中，大拇指将开关 K_1 碰开，电磁铁失磁，小球自由下落，同时 50 Hz 微弱交流电同步接通，计时板上出现粉末条纹。当小球下落砸在碰撞开关 K_2 上时，d 与 e 断开，e 与 f 导通并接地，计时板上不再出现粉末条纹。在计时板上查出清晰粉末明条纹的个数 n，则小球自由下落的时间为

$$t=n\times0.02\ \mathrm{s}$$

从立柱刻度尺上读出小球与碰撞开关 K_2 间的高度 h，代入公式 $h=\frac{1}{2}gt^2$，即可求出当地的重力加速度 g。

§ 1.1.2　落体法验证机械能守恒定律实验的问题讨论*

在落体法验证机械能守恒定律的实验中，普通高中课程标准实验教科书・物理必修 2

* 发表于《物理教学》2009 年第 10 期。

（人民教育出版社，2006 年 11 月第 2 版，以下简称人教版课标教材）与以往的高中物理人教版教科书相比较，在重物质量的测量、纸带的选取和瞬时速度的测量等三个方面发生了变化，下面笔者就这三个问题特予以讨论。

1. 重物质量的测量

该实验中，重物的质量是否需要测出呢？以往的高中物理人教版教科书明确指出："这里并不需要知道动能和势能的具体数值，因此不需要测出重物的质量 m。"而许多教辅资料则认为，由该实验的原理可知

$$\Delta E_{p减} = \Delta E_{k增}$$

即

$$mgh = \frac{1}{2}mv^2 \quad ①$$

或

$$mgh_{12} = \frac{1}{2}mv_2^2 - \frac{1}{2}mv_1^2 \quad ②$$

重物的质量 m 能从①式或②式两端约去，故不必测出重物的质量，实验器材也就不需要天平。但是，人教版课标教材在第 73 页明确指出："重物的质量用天平测出。"

笔者认为，根据落体法验证机械能守恒定律的实验原理，若需要计算出重物动能增加量与重力势能减少量的具体数值，就必须用天平测出重物的质量。即便重物动能增加量与重力势能减少量的表达式中均含有重物的质量 m，为了凸显实验的原理和物理意义，也不能简单地把重物的质量 m 从能量变化的表达式中约去，应将重物的质量 m 保留在重物动能增加量与重力势能减少量的表达式中进行比较。如在齐泽维茨（美）等著、钱振华等译的现行美国高中主流理科教材——《科学发现 · 物理原理与问题》中册（浙江教育出版社，2008 年 8 月第 1 版）第 316 页，论证落体的重力势能与动能转化关系的实验中，就用电子秤测出了小球的质量。

2. 纸带的选取

以往的高中物理人教版教科书都是选取点迹清晰且第 1、2 两点间距离约 2 mm 的纸带，这就意味着纸带是在打第 1 个点的瞬时随重物开始运动的，且纸带上相邻两计时点的时间间隔均为 0.02 s。以纸带上第 1 个点（起始点）为基准，利用①式来验证机械能守恒定律。

若打点计时器打第 1 个点时，纸带并没有同时开始下落，而是稍延迟很小一段时间，打点计时器在纸带上打第 2 个点时，纸带下落的时间小于 0.02 s，这样第 1、2 两点的距离就明显小于 2 mm。因此，第 1、2 两点间的距离明显小于 2 mm 的纸带，意味着第 1、2 两点间的时间间隔小于 0.02 s，而第 2 个点以后相邻两点的时间间隔仍为 0.02 s。且此种情

况纸带仍是从静止开始下落的，即打第 1 个点时纸带的速度仍为零。所以，我们仍然可以利用①式来验证机械能守恒定律。

若纸带是在打点计时器打第 1 个点之前开始下落的，那么当打第 1 个点时，纸带就具有了一定的速度，由于第 1、2 两点间的时间间隔仍为 0.02 s，这样第 1、2 两点间的距离就明显大于 2 mm。因此，第 1、2 两点间的距离明显大于 2 mm 的纸带，意味着打第 1 个点时纸带的速度不为零，因此，此种情况虽不能利用①式来验证，但可以利用②式来验证机械能守恒定律。

可见，由于实验中随机因素的影响，很难确保纸带上第 1、2 两点间的距离接近 2 mm，更多的情况是纸带上第 1、2 两点间的距离明显大于或小于 2 mm。由于重力势能的相对性，处理纸带时选择适当的点为基准点，重力势能的大小不必从起始点开始计算。另外，由于重力势能变化的绝对性，重物下落的高度等于对应时间内纸带上某两个清晰点间的距离。这样，纸带上第 1、2 两点间的距离是否接近 2 mm，以及第 1 个点是否清晰也就无关紧要了。只要纸带上后面的点迹清晰，就可以用于验证机械能是否守恒。因此，人教版课标教材去掉了选取第 1、2 两点间距离接近 2 mm 的纸带这一苛刻要求。

3. 瞬时速度的测量

在高中物理乙种本上册（人民教育出版社，1984 年 12 月第 1 版）和高中物理修订本上册（人民教育出版社，1987 年 4 月第 2 版）中，利用自由落体运动的速度公式 $v_t=gt$ 来测算重物在对应下落位置的瞬时速度。笔者认为，虽然该方法仅适用于第 1、2 两点间距离约 2 mm 的纸带，而对第 1、2 两点间的距离明显大于或小于 2 mm 的纸带无法适用，更重要的是，由于实验中各种摩擦阻力不可避免，重物实际下落的加速度必小于 g，将导致实验结果出现重物动能增加量大于重力势能减少量的“反常”现象，故不能用 $v_t=gt$ 来求重物的瞬时速度。当然也不能利用 $v=\sqrt{2gh}$ 来求重物的瞬时速度，不仅因为重物实际下落的加速度小于 g，而且该式是根据机械能守恒定律得到的，不能循环验证。

在人教版课标教材、十年制高中物理课本上册（人民教育出版社，1979 年 12 月第 1 版）、高中物理甲种本第一册（人民教育出版社，1983 年 11 月第 1 版）、高中物理必修本第一册（人民教育出版社，1995 年 10 月第 2 版）和高中物理实验必修本第一册（人民教育出版社，2003 年 6 月第 1 版）中，根据做匀变速直线运动的物体在某段时间内的平均速度等于这段时间中间时刻的瞬时速度，即利用 $v_n=\dfrac{S_n+S_{n+1}}{2T}$ 来测算重物在对应下落位置的瞬时速度。对于第 1、2 两点间的距离明显小于 2 mm 的纸带，由于第 1、2 两点的时间间隔小于 0.02 s，与以后各相邻两点间的时间间隔 0.02 s 不相等，因此，在求各点的瞬时速度时，只要避开使用第 1、2 两点间的距离即可。

由于重物和纸带下落过程中要克服各种摩擦阻力，重物减少的重力势能并没有全部转化为动能，还有一部分转化为内能。因此，重物重力势能的减少量并不是严格地等于动能的增加量，而是稍大于动能的增加量。

§1.1.3 探析指针式电表的读数问题*

指针式电表的读数问题经常出现在高考试题中，但在现行高中物理教材和高考考试大纲中都没有给出其读数的规则，引起高中物理教师们争论不休，给高中物理教学造成了很大的困扰。笔者通过查阅文献综合分析，特提出自己的看法，与同行们交流。

一、分析

1. 指针式电表的最大允差

根据部颁教育行业标准，指针式电表的精度级别分为 5.0、2.5、1.5、1.0、0.5、0.2、0.1 七个等级。测量电表在规定使用条件下允许产生的最大误差范围，简称为“最大允差”。最大允差用 $\Delta_{仪}$ 表示，$\Delta_{仪}=$量程 $L\times$（精度等级 G）%。以量程 3 A、2.5 级的电流表为例，其最大允差 $\Delta_{仪}=3\times2.5\%\ \text{A}=0.075\ \text{A}$。可见，指针式电表的最大允差与电表的等级和量程有关。一般情况下，电表等级的数字愈小，其精度就愈高。

2. 读数的估计误差

指针式电表的读数通常有三种估读方法：十分之一估读法、五分之一估读法、二分之一估读法。因此，可把由于这些估读方法引起的误差称作测量值的估计误差，记作 $\Delta_{估}$。仍以量程 3 A、总格数为 30 格的电流表为例，十分之一估读法的估计误差 $\Delta_{估1}=0.01\ \text{A}$，五分之一估读法的估计误差 $\Delta_{估2}=0.02\ \text{A}$，二分之一估读法的估计误差 $\Delta_{估3}=0.05\ \text{A}$。虽然每种估读法采用引出的估读误差不同，但是估读法的选择通常根据电表的精度选择几分之一估读。例如，精度为 0.1 A 的电流表常采用十分之一估读法，精度为 0.02 A 的电流表常采用二分之一估读法，精度为 0.5 V 的电压表常采用五分之一估读法，其他情况依次类推。

3. 电表最大允差与读数估计误差的比较

由上述分析可知，电表测量值的准确度受两个因素的影响：电表的等级（内因）和读数的估读方法（外因），其中，电表的等级为系统误差，读数的估读方法为偶然误差。根据教育部颁布的教育行业标准 JY/T 0406—2010《高中理科教学仪器配备标准》，教学用指针式电表 JY 0330 均为 2.5 级。常用电表最大允差与估读误差的比较，如表 1-1 所示。

---

*发表于《湖南中学物理》2021 年第 2 期。

表 1-1　常用电表最大允差与估读误差的比较

量程	表盘总格数	精度	最大允差	估读方式	估读误差
0.6 A	30	0.02 A	0.015 A	二分之一	0.01 A
3.0 A	30	0.1 A	0.075 A	十分之一	0.01 A
3.0 V	30	0.1 V	0.075 V	十分之一	0.01 V
15.0 V	30	0.5 V	0.375 V	五分之一	0.1 V

由表 1-1 可知，量程 3.0 的电表采用十分之一估读法时，电表的精度在十分位，按有效数字的定义，向下估读到百分位，测量值与估读误差的不可靠数字位数相一致；量程 0.6 A 的电流表采用二分之一估读法时，电表精度和估读误差的位数都在百分位，若按有效数字的定义，向下估读到千分位，测量值与估读误差的不可靠数字位数就不一致；量程 15.0 V 的电压表采用五分之一估读法时，电表精度和估读误差的位数都在十分位，若按有效数字的定义，向下估读到百分位，测量值与估读误差的不可靠数字位数就不一致。虽然指针式电表采用二分之一估读法、五分之一估读法得到的读数结果与测量值有效数字的表达不一致，但是 2.5 级常用电表的估读误差都小于其相应量程的最大允差。

二、结论

指针式电表读数问题争论的焦点在于采用二分之一估读法、五分之一估读法得到的结果与测量值有效数字表达的不一致性。因为 2.5 级常用电表的估读误差都小于其相应量程的最大允差，所以电表读数时不必考虑电表的等级，主张电表读数的有效数字应由电表的精度决定。即对精度是“1”的指针式电表，按十分之一估读法，不可靠数字即在下一位；对精度是“2”“5”的指针式电表分别按二分之一估读法、五分之一估读法，不可靠数字选在本位。因此，指针式电表读数时，应根据电表的精度，按照相应的几分之一估读法和上述对有效数字的相应要求，可得到与高考试题参考答案的有效数字位数一致的电表读数。

三、应用

[例 1]（2015 年浙江卷第 22 题）调节滑动变阻器得到了两组电流表与电压表的示数如图 1-5 中的①②③④所示，电流表量程为 0.6 A，电压表量程为 3 V。所示读数为：①________　②________　③________　④________

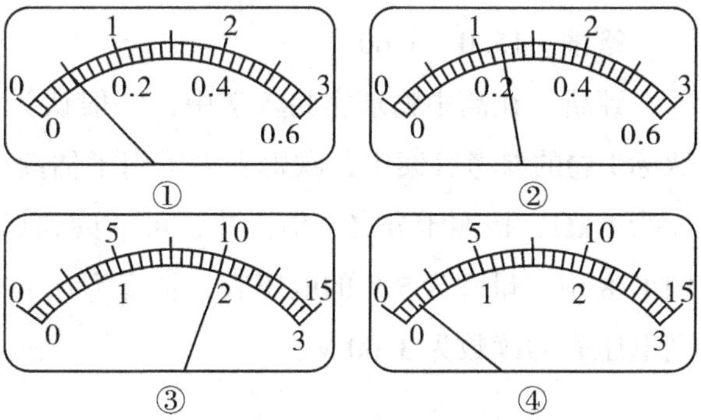

图 1-5　电表示数

答案 ①0.10 A ②0.24 A ③2.00 V ④0.27 V

评析 根据给出的参考答案可以看出，量程为 0.6 A、总格数为 30 格、精度为 0.02 A 的电流表采用了二分之一估读法；量程为 3 V、总格数为 30 格、精度为 0.1 V 的电压表采用了十分之一估读。

[例 2]（2011 年海南卷第 13 题）在电表改装完成后的某次校准测量中，ⓜⒶ表的示数如图 1-6 所示，由此读出流过ⓜⒶ电流表的电流为______mA。

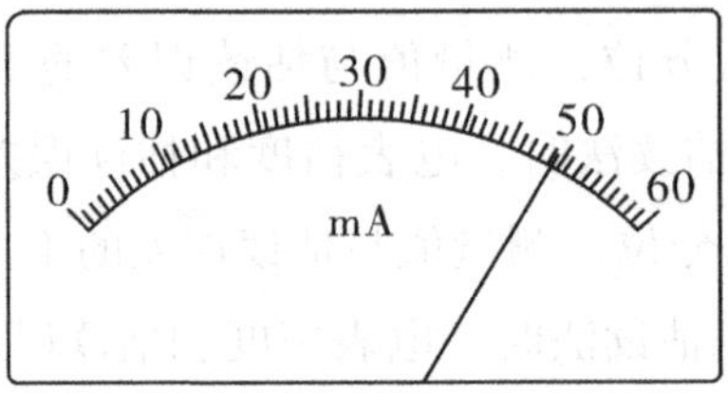

图 1-6 毫安表示数

答案 49.5

评析 由图 1-6 可知，量程为 60 mA、总格数为 60 格的电流表，其精度为 1 mA，采用十分之一估读法，可估读到 0.1 mA，所以结果为 49.5 mA。

[例 3]（2013 年全国课标 I 卷第 23 题）将滑动变阻器的滑片调到适当位置，使多用电表的示数如图 1-7 所示，这时电压表的示数如图 1-8 所示。多用电表和电压表的读数分别为______kΩ 和______V。

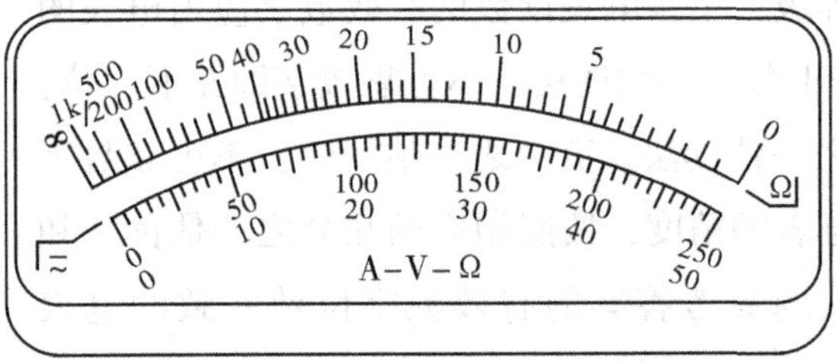

图 1-7 多用电表示数

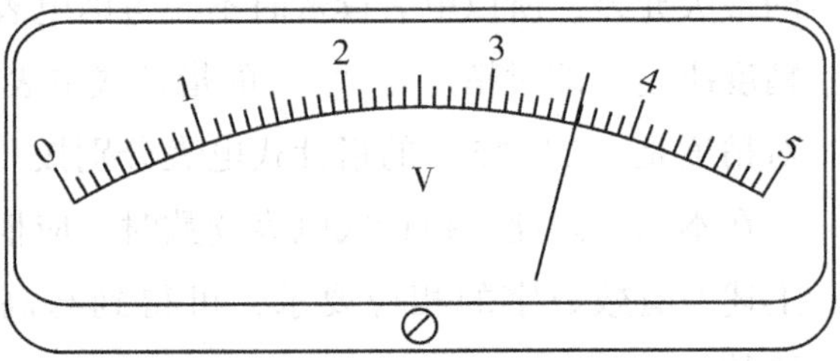

图 1-8 电压表示数

答案 15.0 3.60

评析 在高中物理实验教学中，一般认为欧姆表不需要估读，但在 2013 年全国高考课标 I 卷的参考答案中，欧姆表也采用了估读。题目中选择×1 kΩ 挡，由图 1-7 可知，精度为 1 kΩ，按照十分之一估读法，可估读到 0.1 kΩ，因此，欧姆表的读数为 15.0 kΩ。在图 1-8 中，量程为 5 V 的电压表，精度为 0.1 V，采用十分之一估读法，可估读到 0.01 V，则电压表的读数为 3.60 V。

§1.1.4 罗兰实验的带电圆盘应为镀金橡胶圆盘*

1876年，美国物理学家亨利·奥古斯特·罗兰（H. A. Rowland）在巴尔的摩所做的带电旋转圆盘的磁效应实验，通常称为罗兰实验。罗兰实验不仅第一次用实验证明了运动电荷能够产生磁场，而且进一步揭示了磁现象的电本质。另外，1911年，俄国著名的物理学家约飞（A. F. Joffe）通过实验发现，阴极射线（即电子流）可以使其附近的小磁针发生偏转，同样也证明了运动电荷能够产生磁场。

在高中物理读本第三册（人民教育出版社，1993年2月第1版）第6页和高级中学课本物理（必修）第二册（人民教育出版社，1995年10月第2版）第348页均指出：罗兰把大量的电荷加在一个橡胶圆盘上，然后使圆盘绕中心轴高速旋转。在圆盘的附近用一个小磁针来检验运动电荷产生的磁场，如图1-9所示。实验发现，小磁针发生了偏转，而且改变圆盘的转动方向或改变电荷的正负时，小磁针的偏转方向也随之改变，且小磁针偏转方向跟运动电荷所形成的电流方向间的关系符合安培（A. M. Ampere）定则。但是，如何才能把大量的电荷加在一个绝缘体——橡胶圆盘上呢？许多师生百思不得其解。

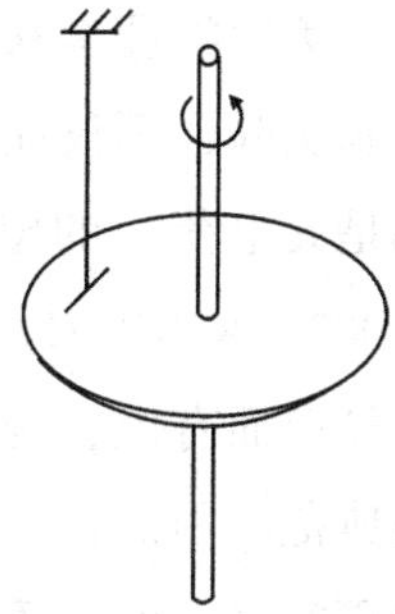
图1-9 实验装置

笔者经查阅有关文献发现，全日制十年制学校高中物理课本下册（人民教育出版社，1980年2月第1版）第97页指出："罗兰用高压电源把大量的电荷加在一个直径21.1 cm，厚0.5 cm的镀金橡胶圆盘上，然后使圆盘绕中心轴以61 r/s的转速转动。在圆盘的附近放有小磁针来检验运动电荷产生的磁场。"实验装置的中间是镀金橡胶盘，为了防止外电场的影响，可将水平悬挂的两个小磁针放在左侧的铝管中，小磁针的偏转可从反光镜反射的光线看出（图1-10）；中等师范学校课本物理学第二册（人民教育出版社，1983年1月第1版）第221页也指出："电荷运动时是否产生磁场，著名的有罗兰于1876年在美国和爱欣瓦尔德（Eichwald）于20世纪初在莫斯科分别做的实验。使金属圆盘或金属环带有大量电荷，并迅速旋转……"此外，美国物理教学研究会组织编写，（美）哈伯—沙姆（U. Haber-Schaim）等编著的中学物理教材《PSSC物理》（D. C. Heath，1971，3rded.）的中译本第三册（科学出版社，1978年

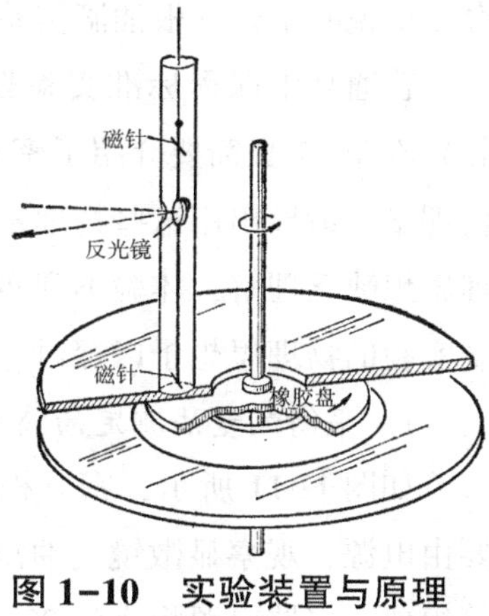

图1-10 实验装置与原理

* 发表于《实验教学与仪器》2013年第12期。

版）第660页、（苏）兰茨别尔格（Г. С. Ландсберга）主编的《初等物理学》第二卷中译本（上海教育出版社，1965年版）第293294页、梁灿彬等主编的高等学校试用教材《电磁学》（人民教育出版社，1980年版）第283页都有类似的相关描述。

综上所述，罗兰实验的带电圆盘应为镀金橡胶圆盘，只有这样，才能把大量的电荷加在该橡胶圆盘上。

§1.1.5 密立根油滴实验的物理思想*

美国物理学家密立根（R. A. Millikan，1868—1953）在1907—1913年间设计并完成的油滴实验，不仅证明了电荷的不连续性，即电荷具有量子性，任何带电物体所带的电荷量都是元电荷 e 的整数倍，而且还精确地测出了电子的电荷量，即元电荷 $e=(1.602\pm0.002)\times10^{-19}$ C。密立根油滴实验采用宏观的力学模型来研究微观粒子的量子性，实验设备简单而有效，构思与方法巧妙而简洁，所得数据精确且结果稳定，堪称实验物理的精华与典范，因而被誉为最美丽的十大经典物理实验之一。密立根由于在测量电子电荷量以及在研究光电效应等方面的杰出成就而荣获1923年诺贝尔物理学奖。近100年来，物理学发生了根本的变化，而密立根油滴实验又重新站到实验物理的前列，近年来根据这一实验的物理思想改进的用磁漂浮法测量分立电荷及夸克电量的实验，使古老的实验又焕发了青春，更说明了密立根油滴实验是富有巨大生命力与启发性的实验。

普通高中课程标准实验教科书·物理选修3-1（人民教育出版社，2007年1月第2版）在第37页简要介绍了密立根油滴实验，并提出："在密立根的实验中，需要测量哪些物理量？请导出用这些物理量计算油滴电荷量的表达式。"但是，许多师生对该实验的物理思想缺乏理解，体验不到实验中宏观量测量与微观量测量的和谐美，在此特对密立根油滴实验的物理思想予以探讨。

1. 平衡测量法测定油滴的半径、质量与电量

如图1-11所示，密立根油滴实验仪主要由电源、观察显微镜、油滴室、照明系统等组成。仪器电源将交流220 V输入电压变为直流500 V和交流7 V；观察显微镜带有刻度分划板，便于读出油滴运动的距离，配合计时秒表，可测定油滴运动速度，利用齿轮与齿条的调焦，能清晰观察油滴。油滴室

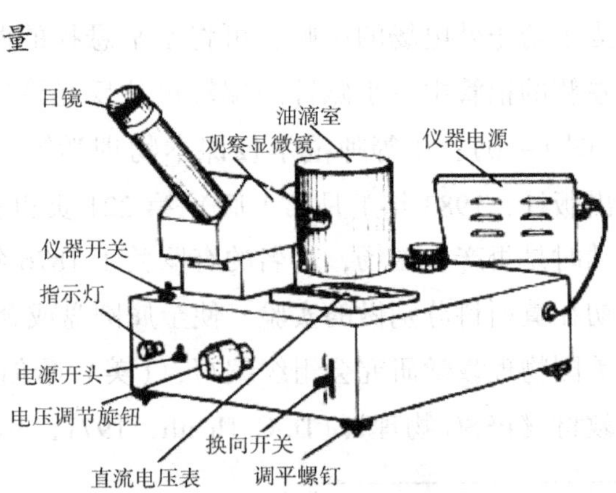

图1-11 实验仪器

* 发表于《中小学实验与装备》2010年第4期。

内是由两块水平放置的平行金属板组成的电容器，电容器上的直流电压在 0500 V 内连续可调，平行极板的极性由三挡换向开关转换，电压大小由直流电压表指示，改变电压的大小和方向可以控制油滴在电场中运动的快慢和方向；照明系统采用 68 V、3W 灯泡为光源，发热量小，发出的光经聚光镜将平行极板内的油滴照亮，它可绕转臂旋转，便于调节视场照度。实验还有喷雾器、钟表油、水准器和秒表等附件。

如图 1-12 所示，用喷雾器将油滴喷入两块相距为 d 的水平放置的平行极板之间，喷射时油滴由于摩擦而带电。设油滴的质量为 m，所带电量为 q，加在两平行极板之间的电压为 U，油滴在两平行极板之间将受到重力 mg 和电场力 $\frac{qU}{d}$ 的作用。

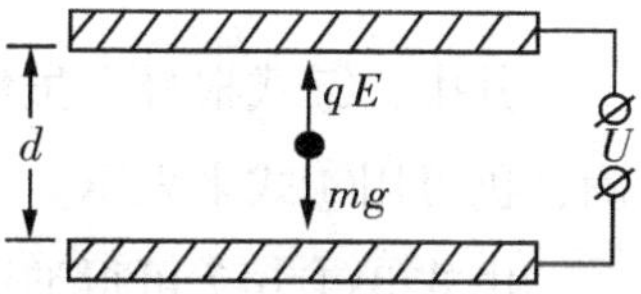

图 1-12　原理简图

通过调节两极板间的电压 U，可使油滴所受电场力与重力平衡而悬浮在两极板之间。即

$$mg=\frac{qU}{d} \qquad ①$$

在平行极板间未加电压时，球状油滴受重力作用而加速下降，由于空气的黏滞性对油滴产生一个与其速度大小成正比的阻力，使油滴下降一小段距离而达到某一速度 v 后，黏滞阻力与重力达到平衡（忽略空气的浮力），油滴以此速度匀速下降。

由斯托克斯定律和力的平衡条件可得

$$f=6\pi r\eta\ v=mg \qquad ②$$

式中，η 为空气的黏滞系数，r 为油滴的半径。

设油滴的密度为 ρ，则油滴的质量 m 为

$$m=\frac{4}{3}\rho\pi r^3 \qquad ③$$

由式②③可得油滴的半径为

$$r=3\sqrt{\frac{\eta v}{2\rho g}} \qquad ④$$

但是，斯托克斯定律对均匀介质才成立，对于半径小到 10^{-6} m 的油滴，其大小接近空气分子之间空隙的大小，空气已不能看作连续介质，因此斯托克斯定律应修正为

$$f=\frac{6\pi r\eta v}{1+\frac{b}{rp}} \qquad ⑤$$

式中修正常数 $b=6.17\times10^{-6}$ m · cmHg，大气压强 p 的单位为 cmHg。

在平行板间未加电压时，设油滴匀速下降 l 距离所用的时间为 t，则油滴匀速下降的速度为

$$v=\frac{l}{t} \qquad ⑥$$

由力的平衡条件和式③⑤⑥可得油滴的半径为

$$r=3\sqrt{\frac{\eta l}{2\rho gt\left(1+\frac{b}{rp}\right)}} \qquad ⑦$$

其中，⑦式根号下虽然还包含油滴的半径 r，但因为它处于修正项中，不需要十分精确，仍可用④式来表示。

由式③④⑥⑦可得油滴的质量为

$$m=36\rho\pi\left[\frac{\eta l}{2\rho gt\left(1+\frac{b}{3p}\sqrt{\frac{2\rho gt}{\eta l}}\right)}\right]^{\frac{3}{2}} \qquad ⑧$$

由式①⑧可得油滴的电量为

$$q=\frac{18\pi d}{U\sqrt{2\rho g}}\left[\frac{\eta l}{t\left(1+\frac{b}{3p}\sqrt{\frac{2\rho gt}{\eta l}}\right)}\right]^{\frac{3}{2}} \qquad ⑨$$

实验发现，对于同一个油滴，如果采用紫外线、X 射线或放射源等改变它所带的电量，则能够使油滴达到平衡的电压必须是某些特定的值 U_n。对于不同的油滴，也有相同的规律。实验通常选择平衡电压 U_n 在 200300 V，在 2030 s 内匀速下落 2 mm 的油滴，其大小和带电量比较合适。若取油的密度 $\rho=981\ \mathrm{kg/m^3}$，重力加速度 $g=9.80\ \mathrm{m/s^2}$，空气的黏滞系数 $\eta=1.83\times10^{-5}\ \mathrm{kg/(m\cdot s)}$，油滴匀速下降距离 $l=2.00\times10^{-3}$ m，修正常数 $b=6.17\times10^{-6}\ \mathrm{m\cdot cmHg}$，大气压强 $p=76.0$ cmHg，平行极板距离 $d=5.00\times10^{-3}$ m，则式⑨变为

$$q=\frac{1.43\times10^{-14}}{U_n\left[t\left(1+0.02\sqrt{t}\right)\right]^{\frac{3}{2}}} \qquad ⑩$$

由式⑩可知，本实验真正需要测量的物理量只有两个，一个是油滴的平衡电压 U_n，另一个是油滴匀速下降距离 $l=2.00\times10^{-3}$ m 所需的时间 t。其中，油滴匀速下降的距离应在平行极板之间（$d=5.00\times10^{-3}$ m）的中间部分，占显微镜目镜刻度分划板中间四个分格为宜，此时的距离 $l=2.00\times10^{-3}$ m，而油滴匀速下降 l 所需的时间 t 由秒表测出。

2. *差值法与统计分析法测定元电荷*

大量的实验发现，油滴所带的电荷量 q 虽不相同，但都是某个最小电荷量的整数倍，即对实验测得的各个电荷量用差值法求出它们的最大公约数，此最大公约数就是最小电荷量。这个最小电荷量称为元电荷 e，也就是电子的电荷量。但由于实验所带来的误差，求

最大公约数比较困难，因此，后来人们常用“倒过来验证”的办法进行数据处理，即用实验测得的每个电荷值 q 除以公认的电子电量 $e=1.60\times10^{-19}$ C，得到一个数值接近于某一个整数，这个整数就是油滴所带元电荷的数目 n，再用实验测得的电荷量 q 除以相应的 n，即得到元电荷 e。通过统计分析发现，任何带电物体所带的电量都是元电荷 e 的整数倍（$q=ne$，$n=1$，2，…），且元电荷 $e=1.60\times10^{-19}$ C。

总之，密立根油滴实验并没有直接测量电量很小且不易获得的单个电子的电荷量，而是通过对很小的带电油滴在重力场和静电场中运动的测量，利用平衡测量法分别测定了油滴的半径、质量与电量，进而利用差值法与统计分析法测定了元电荷，从而说明了电荷量不连续。即将微观量测量转化为宏观量测量，采用宏观的力学模型研究了微观粒子的量子性。同时，在情感态度与价值观方面，通过对实验仪器的调整，油滴的选择、跟踪和测量，以及实验数据的处理等，培养了学生严谨的科学态度与坚韧不拔的科学精神。

§1.1.6　烛焰偏向的机制*

一些高中、中专和大学物理教科书[1][3]在介绍尖端电晕放电时，经常要描述电风吹焰现象。关于电风产生的机制，根据烛焰的偏向曾出现过热力说[4]、电力说[5]和电离说[6]等观点。但是，电风可以使烛焰偏向，而使烛焰偏向的不一定都是电风。那么，烛焰偏向的机制是什么呢？

一、烛焰实验的现象

1．烛焰背离正极

如图 1-13 所示，把两个平行金属圆板分别与韦氏感应起电机的放电球连接，将一支点燃的蜡烛固定在两极板之间，摇动起电机，可观察到烛焰背离正极板而偏向负极板。

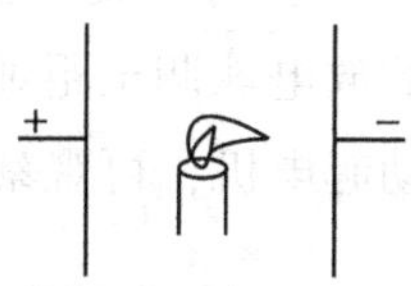

图 1-13　实验装置 1

如图 1-14 所示，把韦氏感应起电机或直流高压电源、感应圈的正极接一放电针，而负极接一金属圆极板。将一支点燃的蜡烛固定在两极之间，可观察到烛焰背离正极而偏向负极板。

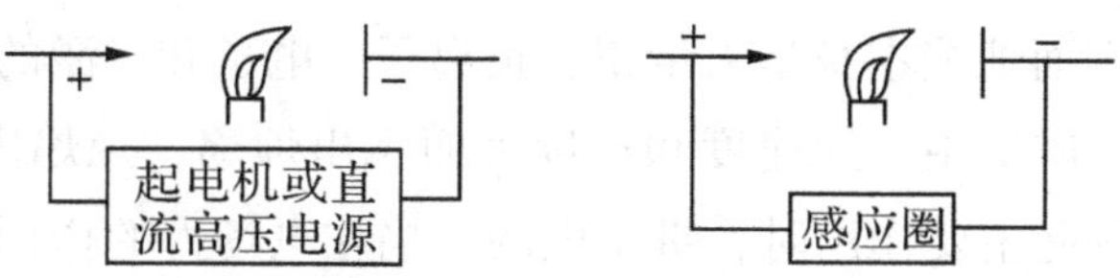

图 1-14　实验装置 2

*发表于《物理教学》2009 年第 9 期。

如图 1-15 所示，将一支点燃的蜡烛固定在桌面上，再将韦氏感应起电机带正电的放电球或接一放电针，调至距烛焰 25 cm 处，起电机带负电的放电球远离烛焰。转动起电机，可观察到烛焰背离起电机带正电的放电球（针）。

图 1-15　实验装置 3

2. 烛焰背离负极

如图 1-16 所示，把韦氏感应起电机或直流高压电源、感应圈的负极接一放电针，而正极接一金属圆极板。将一支点燃的蜡烛固定在两极之间，可观察到烛焰背离负极而偏向正极板。

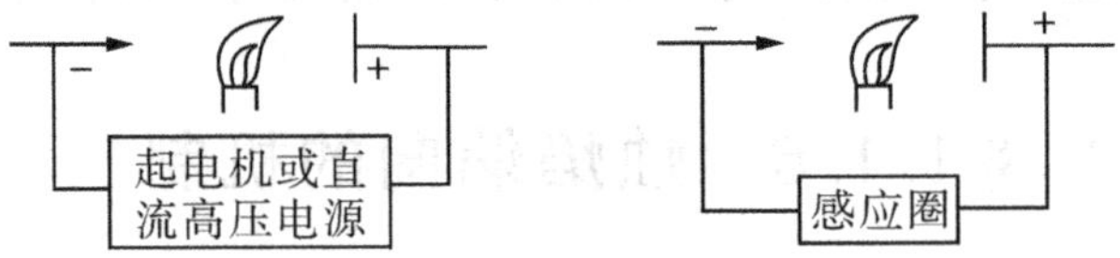

图 1-16　实验装置 4

如图 1-17 所示，将一支点燃的蜡烛固定在桌面上，再将韦氏感应起电机带负电的放电球接一放电针，调至距烛焰约 3 cm 处，起电机带正电的放电球远离烛焰。转动起电机，可观察到烛焰背离起电机带负电的放电针。

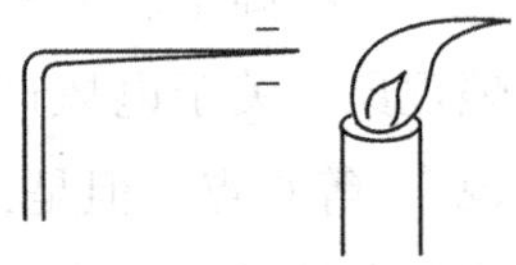

图 1-17　实验装置 5

3. 烛焰偏向负极

不仅图 1-13、图 1-14 中烛焰背离正极而偏向负极，而且如图 1-18 所示，将一支点燃的蜡烛固定在桌面上，再将韦氏感应起电机带负电的放电球调至距烛焰约 3 cm 处，起电机带正电的放电球远离烛焰。转动起电机，可观察到烛焰偏向起电机带负电的放电球。

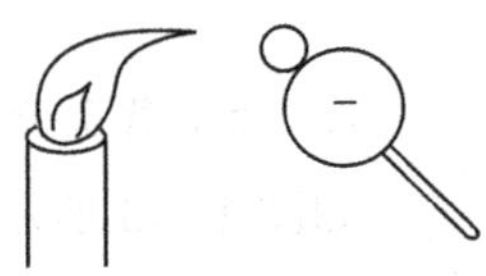

图 1-18　实验装置 6

二、烛焰偏向的机理

1. 烛焰在电场力作用下的偏向

当带电体尖端的静电场较强而空气未发生自激放电时，一般认为，烛焰中存在着光电离和热电离作用[7]，因而烛焰本身是大量正、负离子、电子和受激的中性分子组成的混合物。在高温下电子由于质量小、加速度和速度大而飞出烛焰，烛焰因失去电子而带正电。当带电体尖端的静电场起主要作用时，带正电的烛焰在电场力的作用下而沿电场线方向偏离，即烛焰被正极排斥，被负极吸引。如图 1-13、1-15、1-18 所示。另外，当带电体尖端的静电场较弱时，极化的烛焰在静电场中也出现同样的现象。利用一个悬挂着的带正电的通草球与图 1-13、1-15、1-18 所示的烛焰进行对比实验，就能凸显电场力作用下的烛焰偏向。

2. 烛焰在电风作用下的偏向

电风是带电体尖端效应的一种表现，当尖端附近的电场强度达到（2~3）$\times 10^6$ V/m 时，带电体尖端附近空气中残留的正、负离子在强电场的作用下发生剧烈的运动，并与空气中的气体分子碰撞，将空气分子迅速电离成许多新的正、负离子，那些与尖端上电荷相异的离子受到吸引而奔向尖端，与尖端上的电荷中和，相当于导体从尖端失去电荷，这就是尖端放电；而那些与尖端上电荷相同的离子受到排斥而快速飞离尖端，这种离子的迁移运动形成了所谓的“电风”，如图 1-19 所示。由此可把电风界定为“尖端电场排斥同号离子而形成的离子风”。可见，当尖端场强达到电风形成的强度时，不论尖端是带正电还是负电，都会出现电风吹焰现象。如图 1-20 所示，电风轮无论接起电机带正电的放电球，还是接带负电的放电球，摇动起电机均可看到，轮子在尖端电风反作用力的力矩作用下，在水平面内都朝同一方向连续地转动起来。另外，利用一个悬挂着的带正电的通草球做与烛焰的对比实验，也能说明图 1-14 图 1-17 所示的电风吹焰现象。

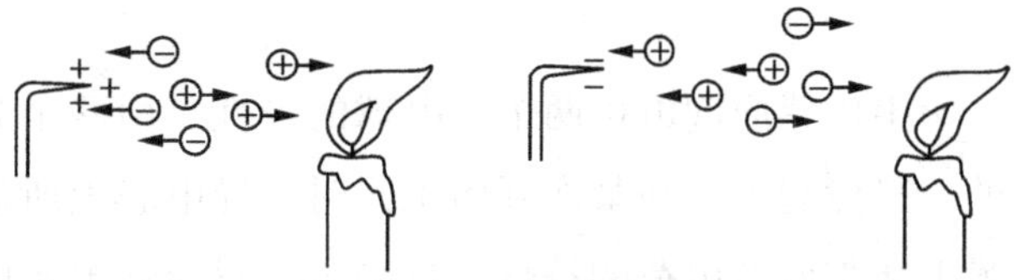

图 1-19　实验原理

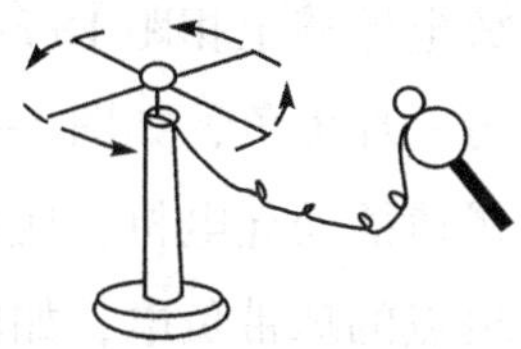

图 1-20　电风轮

总之，影响烛焰偏向的因素不是单一的，既有尖端电场排斥同号离子形成的电风，又有带正电的烛焰和被极化的烛焰受电场力的作用。在不同的条件下，要看是哪种因素起主要作用。实验表明，当带电体尖端附近的静电场较弱和较强而空气未发生自激放电时，分别被极化的烛焰和带正电的烛焰，在电场力的作用下而沿电场线方向偏向；当带电尖端附近的静电场很强，电场强度达到（2~3）$\times 10^6$ V/m 时，尖端附近的空气发生自激放电而被击穿，无论尖端带何种电荷，烛焰在电风的作用下出现吹焰现象。并且，带电钝形尖端导体对烛焰的作用主要是静电场的电场力，尖端放电产生的电风处于次要地位；带电锐形尖端导体对烛焰的作用主要是尖端放电产生的电风，静电场的电场力则处于次要地位。

参考文献

[1] 赵凯华，张维善．新概念高中物理读本［M］．北京：人民教育出版社，2006.

[2] 阎金铎，张计怀，窦国兴．中等师范学校课本·物理学（第二册）［M］．北京：人民教育出版社，1983.

[3] 赵凯华，陈熙谋．电磁学［M］．北京：高等教育出版社，1986.

[4] 张宝福，王璞．关于“电风”机理的探讨［J］．大学物理，1986（11）.

[5] 秦学宽．奇异的物理现象——电风［J］．物理教学，1987（1）.

[6] 贺瑞灵．关于尖端放电现象的探讨［J］．中学物理教学参考，1982（1）.

[7] 杨津基．气体放电［M］．北京：科学出版社，1983.

§1.1.7 感应起电机放电球与感应圈放电杆极性的判别*

韦氏感应起电机两个放电球的极性是由两个起电盘上导电膜所带残留电荷的符号决定的，虽然起电机在某次开始工作时，导电膜上所带残留电荷的符号具有偶然性，但是导电膜上所带残留电荷的符号一旦确定，感应起电机两个放电球的极性就随之确定。另外，尽管感应圈的极性在瞬息变化，但感应圈实际只在正程放电，因此，可认为实验中感应圈的极性是稳定的。在物理实验中，经常需要简便、迅速地判别感应起电机放电球与感应圈放电柱的极性，这对实验教学的效果具有重要的意义。现介绍三种简便、实用的判别方法。

1. *尖端放电法*

感应起电机充分中和放电后，断开两接线柱间的连接片。若在明室中观察时，把两个放电球移至相距 1 cm 左右，慢速摇动起电机，使其发生火花放电。则发射火花的球为正，另一球为负，如图 1-21 所示。若在暗室中观察，需再把两个放电球间的距离稍微拉远些，慢速摇动起电机，使其发生轻微的连续放电声。则发射分叉火花束的球带正电，出现荧光斑点的球带负电，如图 1-22 所示。

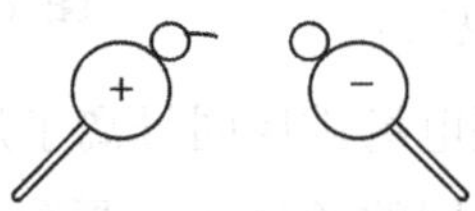

图 1-21　实验现象 1

图 1-22　实验现象 2

把感应圈的两个放电柱或感应起电机的两个放电球分别接一放电针，调节两放电针间的距离，使其发生电晕放电。在暗室中观察，尖端附近出现脉冲刷形电晕的放电针带正电，如图 1-23 所示。而尖端附近出现羽毛状电晕的放电针带负电，如图 1-24 所示。

图 1-23　脉冲刷形电晕

图 1-24　羽毛状电晕

2. *烛焰偏向法*

将一支点燃的蜡烛固定在桌面上，再将感应起电机的一个放电球调至距烛焰 2~5 cm

---

* 发表于《物理教学》2009 年第 11 期。

处，另一放电球远离烛焰。摇动起电机，若观察到烛焰背离放电球，如图 1-25 所示，则该放电球带正电，而另一放电球就带负电；若观察到烛焰偏向放电球，如图 1-26 所示，则该放电球带负电，而另一放电球就带正电。

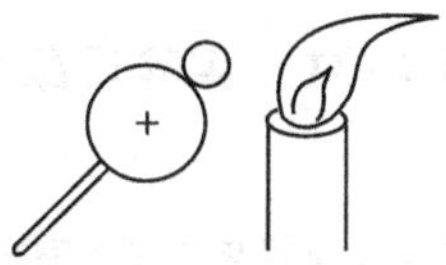

图 1-25　实验现象 3

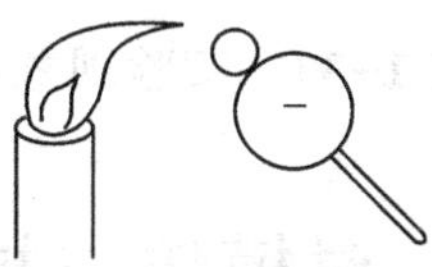

图 1-26　实验现象 4

把感应圈的一个放电柱接一圆盘电极，另一放电柱空置，并使一烛焰固定在距圆盘电极的盘心约 4 cm 处。若观察到烛焰背离圆盘电极，如图 1-27 所示，则该圆盘接在感应圈的正极上，而另一空置放电柱则相应为负极；若观察到烛焰偏向圆盘电极，如图 1-28 所示，则该圆盘接在感应圈的负极上，而另一空置放电柱则相应为正极。

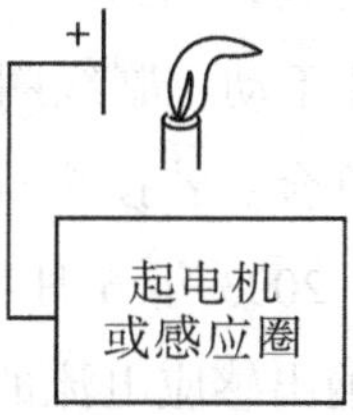

图 1-27　实验现象 5

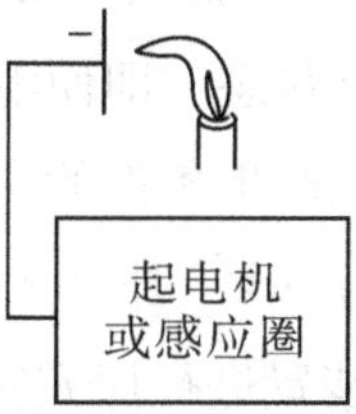

图 1-28　实验现象 6

图 1-29　实验现象 7

把感应圈的两个放电柱分别接一圆盘电极，并使两圆盘的间距大于火花放电的距离，一烛焰固定在两平行圆盘之间，则烛焰背离端为感应圈的正极，而烛焰偏向端则为感应圈的负极，如图 1-29 所示。

需要说明的是，在图 1-25 图 1-29 中，带电端附近的空气还未发生自激放电，烛焰的偏向不是电风作用的结果，而是带正电的烛焰在静电场电场力的作用下沿电场线方向的偏离。由于当带电尖端附近的静电场很强，电场强度达到（2~3）$\times 10^6$ V/m 时，尖端附近的空气发生自激放电而被击穿，无论尖端带何种电荷，烛焰在电风的作用下都出现吹焰现象。因此，不能通过观察与感应起电机的放电球或感应圈的放电柱相连接的放电针附近烛焰的偏向来判别相应的极性。

3. *氖管起辉法*

手持氖管一端靠近感应起电机的放电球或感应圈的放电柱，由于氖管辉光放电时，整个极间电压几乎全部集中在阴极附近的狭窄区域内，手持氖管的一端相当于零电位（接地），氖管辉光放电的阳极光层总是发生在低电位处。因此，若氖管起辉出现在靠近带电体一端，则起电机的放电球或感应圈的放电柱带负电，如图 1-30 所示；若氖管起辉出现在远离带电体一端（靠近手握的一边），则起电机的放电球或感应圈的放电柱带正电，如图 1-31 所示。

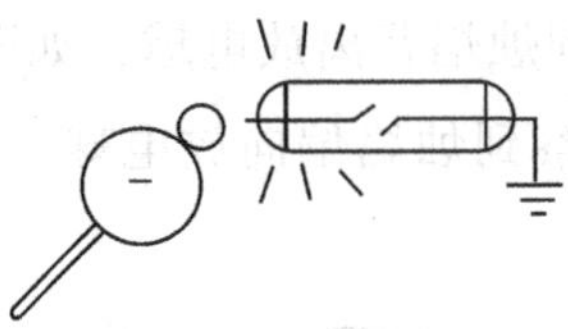

图 1-30　实验现象 8

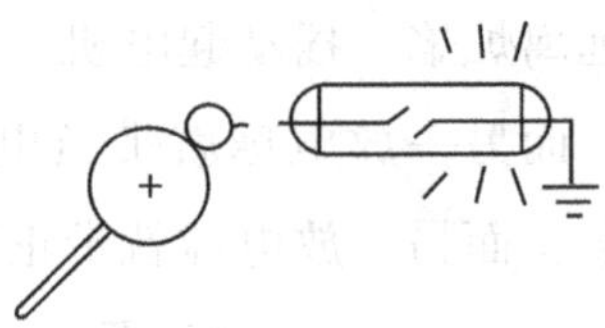

图 1-31　实验现象 9

§1.1.8　对模仿法拉第电磁感应探究实验的商榷*

一、提出问题

普通高中课程标准实验教科书·物理选修 3-2（人民教育出版社，2010 年 4 月第 3 版）第 6 页图 4.2-3（图 1-32 所示）为模仿法拉第电磁感应的探究实验。若按图 1-32 所示的装置实验时发现，当开关处于闭合状态，即便滑动变阻器的滑片不动，副线圈 B 中却始终有感应电流产生，与探究感应电流产生条件的实验预期结论不符合。若按全日制普通高级中学教科书·物理（必修加选修）第二册（人民教育出版社，2003 年 6 月第 1 版）第 193 页图 16-6（图 1-33 所示）的装置进行探究实验，就可以归纳出感应电流的产生条件。比较图 1-32 和图 1-33 发现，问题出在所用的电源上，图 1-33 是用 6 V 铅蓄电池供电，而图 1-32 则是用学生电源的 3 V 直流输出供电。

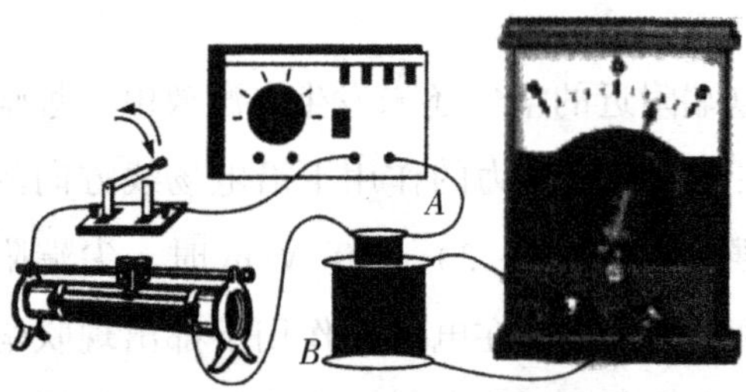

图 1-32　模仿探究实验 1

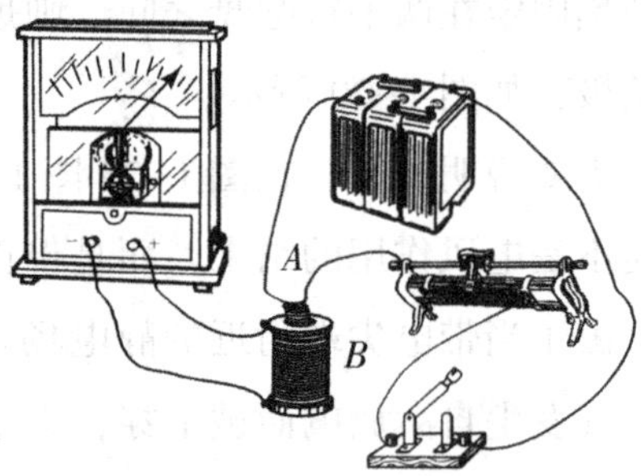

图 1-33　模仿探究实验 2

二、探究问题

根据教育部《中学理科教学仪器配备目录》，普通高中实验室使用的 J1202 型学生电源一般由低压交直流电路、低压交直流输出过载保护电路和直流稳压电路三部分组成，其原理如图 1-34 所示。其中，低压直流电路由电源变压器 B 的次级绕组 3~10 端形成抽头

* 发表于《中学物理教学参考》2011 年第 4 期，被人大复印报刊资料《中学物理教与学》2011 年报刊索引库收录。

分压，通过开关 S_2 获得 2~16 V 的交流电压，经过变压器次级绕组 11~12 端加以补偿后，由桥式整流电路 $D_5\sim D_8$ 整流形成脉动直流电压，由低压直流接线柱输出；直流稳压电路由变压器次级绕组 13~14 端输出的 12 V 交流电压，经桥式整流电路 $D_1\sim D_4$ 整流和电容器 C_2 滤波后得到平均值为 15 V 左右的直流电压，输入三端固定集成稳压器 IC_1（M7806），从其输出端输出稳定的 6 V 直流电压。

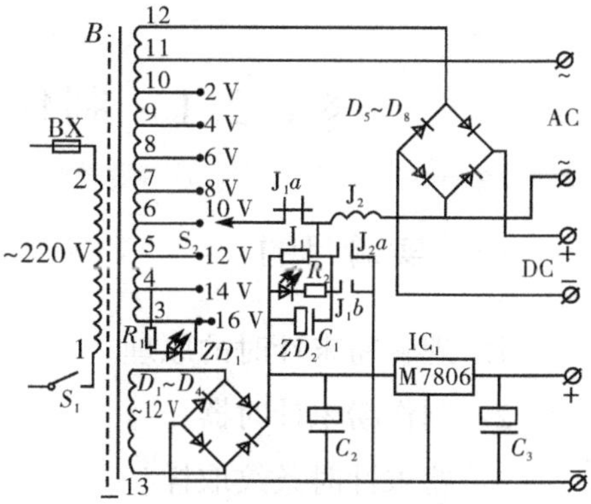

图 1-34　学生电源电路图

由图 1-34 可知，学生电源直流挡输出的是脉动直流电压，具有较大的电压纹波。因此，通过图 1-32 原线圈 A 的电流不是恒定电流，而是方向不变、大小随时间周期性变化的脉动直流。因此，穿过图 1-32 副线圈 B 中的磁通量发生变化而产生感应电流。即便图 1-32 中原线圈 A 接学生电源的 6 V 直流稳压输出端，因原线圈 A 本身就是一个自感系数较大的电感，它和图 1-34 中的电容器 C_3 组成 LC 振荡电路，回路中就会有振荡电流。而对三端固定集成稳压器 IC_1（M7806）而言，当输出电压较低时有补偿作用，使输出电压变大。当输出电流较大时能将电流分流，通过 C_3 放电起保护作用。因此通过图 1-32 原线圈 A 中的电流是变化的，而且成分比较复杂。所以，即便滑动变阻器的滑片不动，在图 1-32 副线圈 B 上也能产生感应电流。

三、得出结论

可见，学生电源的直流输出为脉动直流，直流稳压输出的电压也有少许变化，而电池在放电时间不太长时，可以认为输出的是恒定电压。对于纯电阻电路，学生电源的直流稳压输出与电池的输出是可以等效或替代的，而在电感或电容较大的电路中使用时，二者是有区别的，有时不能替代。除图 1-32 探究感应电流产生条件的实验外，再如演示自感现象、电容器充放电、变压器不改变直流电压等实验，电源就只能选用电池，而不能用学生电源的直流稳压输出替代。因此，在做电学实验时，用何种电源要根据电路特点和实验要求来确定，并不是所有电学实验的电源都可以用学生电源，电池也是实验室必备的电源。

综上所述，为了维护教科书的科学性和权威性，建议修订时把图 1-32 中的学生电源更换为铅蓄电池。

第二章　实验创新

§1.2.1　制作粉末计时器实验创新设计*

一、实验目的

1. 理解粉末计时的原理。
2. 制作粉末计时器。
3. 粉末计时条纹取样。
4. 根据粉末计时条纹图样，探究物体运动的时间、位移、速度和加速度。

二、实验器材

用墨汁涂黑晾干的纸带、干燥的升华硫黄粉或淀粉、验电笔、220 V 交流电源、导线、开关、钢尺、透明胶带、木板、图钉、白纸。

三、实验原理

将用墨汁涂黑晾干的纸带通过验电笔（1 MΩ、70 V）接到 220 V 交流电源的火线上，在涂黑的纸带上均匀撒上干燥的升华硫粉。实验中人站在地面上，相当于接地，手指的电势恒为零。当干燥的手指在纸带上滑动的过程中，摩擦的硫黄粉总带负电，手指与纸带之间的硫黄粉处在低压交变电场之中。在交流电压为正半周时，带负电的硫黄粉颗粒被纸带吸住，擦不掉，形成黄条纹；在交流电压为负半周时，则同性相斥，手指把硫黄粉擦掉，显示出底色黑条纹，如图 1-35 所示。

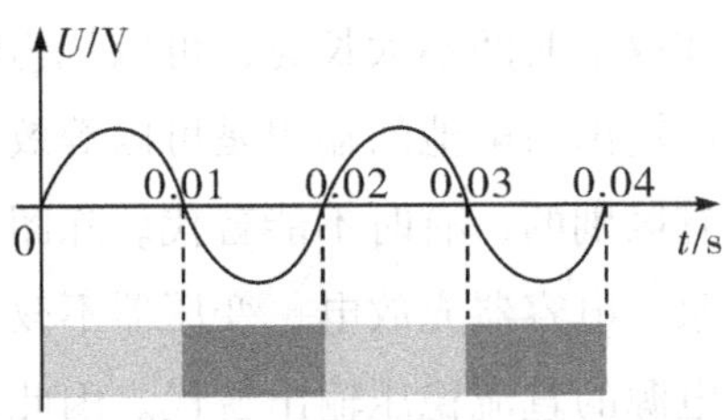

图 1-35　粉末条纹与 $U-t$ 图象

由于撒有硫黄粉的纸带背景色为黄色，且硫黄粉黄条纹产生的周期与 50 Hz 交流电的周期相同，故当有 n 条黄条纹时，相应的总计时 $t=n\times0.02$ s。当手指在纸带上匀速滑动

---

*发表于《物理教学》2015 年第 8 期，被人大复印报刊资料《中学物理教与学》2015 年报刊索引库收录。

时，粉末条纹等间距；手指在纸带上变速滑动时，粉末条纹间距不等。但无论粉末条纹的间距是否相等，一个黄条纹与相邻的一个黑条纹的宽度之和均等于手指在 0.02 s 内所滑动的位移大小，即黄、黑条纹的宽度分别等于手指在 0.01 s 内滑动的距离。由于在极短时间内的平均速度趋于瞬时速度，因此，通过测量手指运动的位移和时间，可求出手指在某两点的瞬时速度，进而也可求出手指运动的加速度。另外，实验通过控制接地线的通断，可以控制计时条纹的实时呈现，实现物理过程的起终点与计时起终点的同步运作，进而由手指运动时间求出物体的运动时间。

四、实验过程

1. 如图 1-36 所示，将一张白纸、三条涂黑的纸带和一把压在纸带顶端的钢尺依次用图钉固定在木板上，用导线把钢尺一端通过验电笔接到 220 V 交流电源的火线上，钢尺另一端经开关接地（可直接接地或与自来水管、暖气管连接）。

2. 闭合开关接地（验电笔氖管发光），在纸带上均匀撒上干燥的升华硫黄粉。

3. 断开开关，用干燥的手指在纸带上滑动，纸带上显现出黄黑相间的粉末条纹；闭合开关接地，纸带上立即没有粉末条纹出现；再次断开开关，纸带上又立即显现出黄黑相间的粉末条纹，如图 1-37 所示。

4. 把验电笔从电源插座中拔出，拆去电路线。

5. 用透明胶带覆盖在条纹清晰、完整的纸带上或用手机拍照，取样粉末计时条纹图样。

6. 根据粉末计时条纹图样，分别探究手指运动的位移、时间、速度和加速度。

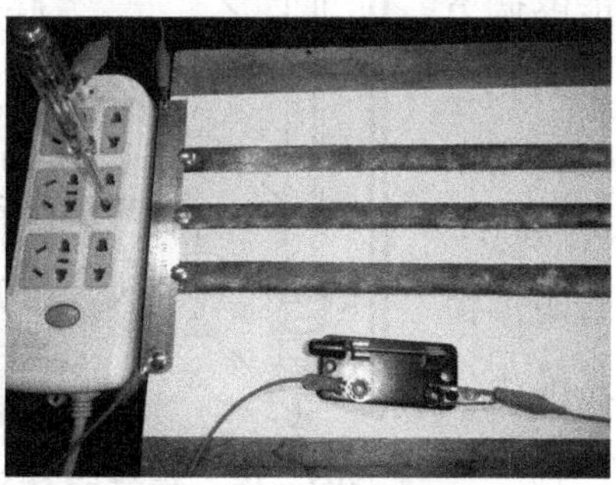

图 1-36　实验器材

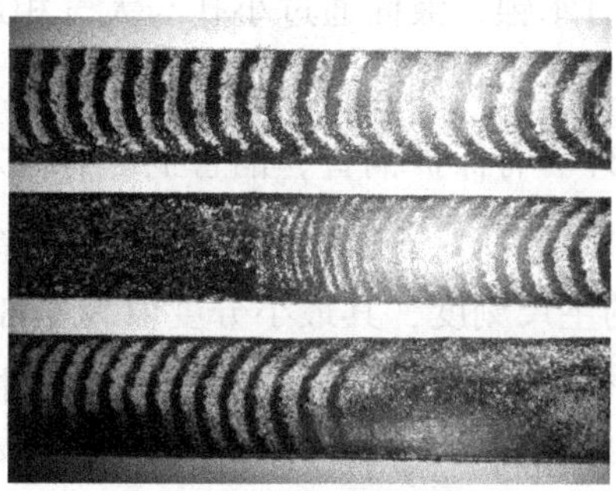

图 1-37　粉末条纹图样

五、实验效果与评价

本实验所需的 50 Hz 微弱交流电，不仅可以从插入 220 V 交流电源火线孔的验电笔尾端简易获得，而且可从交流电子仪器的金属外壳方便获得；通过控制接地线的通断，不仅妥善消除了由于感应或漏电产生的影响，而且可以方便地实现物理过程的起终点与计时起终点的同步运作；实验所用的计时纸带，既可以用墨汁涂黑晾干的木板或纸板、包装感光材料的黑纸、导电纸替代，也提高了粉末条纹的明暗对比度，便于读取条纹的个数；实验所用的硫黄粉也可用干燥的淀粉替代。因此，本实验不仅取材方便、简便易行、成本低，而且粉末计时条纹清晰，简便获得了运动的时空信息，达到了预期的实验效果。

粉末计时器是一种以工频为基准、对弱电信号间断取样的新颖计时装置，具有结构简单，便于自制，精度较高，不需调试就可重复使用等优点。它对现行电火花或电磁打点计时器进行了有效补充，拓展了认知视角。

§1.2.2　游标卡尺的两种应用*

游标卡尺是利用主尺的最小分度与游标尺的最小分度的微小差值，把微小长度积累起来制成的一种测量长度的工具。为了提高测量的精确度，一些实验计量仪器上同时配置了游标卡尺。其读数应按游标卡尺的读数规则进行，但常被一些师生忽视。现介绍游标卡尺的两种相关应用。

1. 福廷气压计的读数

福廷气压计是精确测定大气压的水银气压计，它是依据托里拆利实验的原理制作的。在图 1-38 中，1 为玻璃圆管，2 为黄铜管，3 为水银槽，4 为调节螺旋，5 为定位螺钉，6 为游标调节螺旋，7 为游标刻度尺，8 为毫米刻度尺，9 为象牙指示针，10 为温度计。福廷气压计的下部是一个装有水银，液面通过小孔与大气相通，并能够调节的水银槽，其中央倒立一个封闭端在上、开口向下的真空玻璃管，外套有保护铜管。铜管上部有一矩形窗口，用以观察玻璃管中的水银面。铜管矩形窗口旁边标有 600～820 mm 的主尺刻度，其最小分度值为 1 mm。铜管矩形窗口内有一个可以上下调节的 20 分度的游标尺，其最小分度值为 0.05 mm。利用福廷气压计测量大气压时应注意以下几个问题。

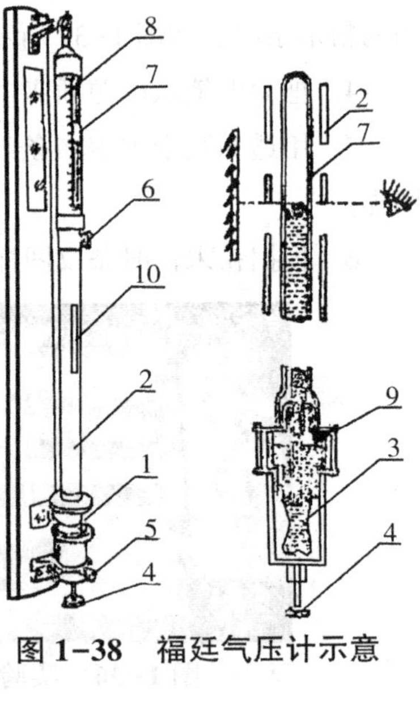

图 1-38　福廷气压计示意

(1) 每次测量都必须调节主尺刻度零点。即利用水银槽底部的调节螺旋，将水银槽内的水银面调至与倒立的象牙指示针的端尖正好相接触。

(2) 读数时，要转动游标调节螺旋移动游标尺到玻璃管内水银面之上，之后缓缓降低

* 发表于《中国教育技术装备》2003 年第 10 期。

游标尺，使其下边缘正好与水银液面凸面相切。其标志是水银柱顶面、游标尺下端面与水银柱在铜管后侧的平面镜中的虚像顶面三者重合在同一平面内。然后按 20 分度游标卡尺的读数规则进行读数。

（3）由于水银与铜管热膨胀不同的影响，在不同的温度下，用福廷气压计测定同一大气压强时，测得的水银柱高度将有所不同。因此，在测大气压时，需同时记下铜管上温度计的示数。当测量要求较高时，应对测量结果进行温度修正。实验室采用的校正公式为：

$$h=h_0\ (1-0.00163t)$$

式中，h_0 为从气压计的游标卡尺上读出的数值，t 为环境温度，采用摄氏温标。

2. *杨氏双缝干涉实验仪的测量头读数*

杨氏双缝干涉实验仪的测量头包括目镜、分划板、滑块、游标卡尺和手轮（图 1-39）等。目镜可以前后调焦，分划板上刻有分划线，分划线的形状如图 1-40a 所示。目镜、游标卡尺中的游标尺、分划板都固定在滑块上。转动手轮，滑块在标有主尺标度的滑座内左右移动，同时带动目镜、游标尺、分划板移动，在目镜视场中可以看到分划线与干涉条纹做相对移动。为了减小测量误差，测量时，应使分划板中心刻线对准视场中靠近最左边的一条干涉亮（暗）条纹，并记下它在游标卡尺上的读数 x，然后转动手轮，把分划线移向右边，并对准第 n 条（一般可取 7 左右）干涉亮（暗）条纹，记下此时游标卡尺上的读数 x_n，如图 1-40b 所示，则相邻两条亮（暗）条纹间的距离为：

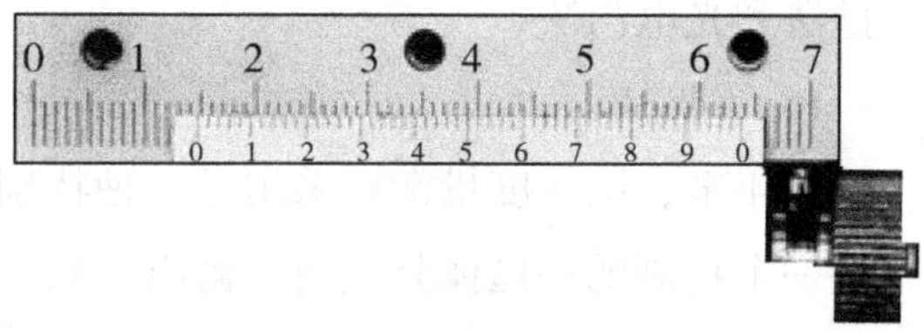

图 1-39　测量头 1

$$\Delta x=\frac{x_n-x_1}{n-1}=\frac{A}{n-1}$$

读数时应注意，在滑座上边缘标出的主尺刻度的最小分度值为 1 mm，而滑块上的游标尺为 50 分度，其最小分度值为 0.02 mm。

杨氏双缝干涉实验仪的另一种测量头如图 1-41 所示，需按螺旋测微器读数。

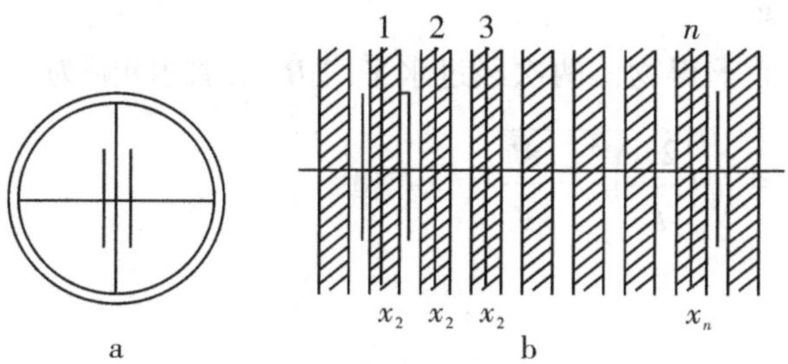

a　　b

图 1-40　分划线与干涉条纹

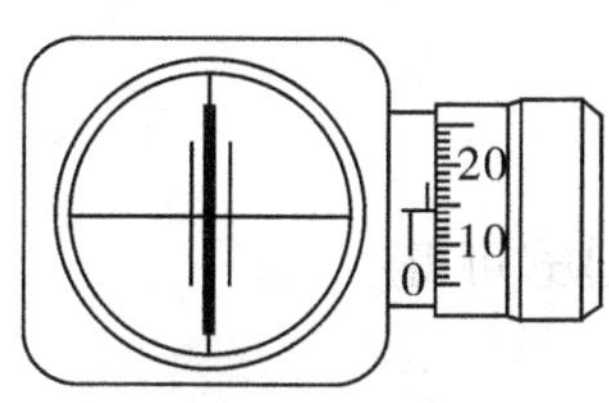

图 1-41　测量头 2

§1.2.3 重力加速度的两种精确测定方法*

重力加速度是物理学中一个非常重要的参量。它的准确测定对于计量学、精密物理计量、地球物理学、地震预报、重力探矿和空间科学等都具有重要的理论和实践意义。其测定方法很多，早在1590年，伽利略就利用倾角为 θ 的斜面将 g 的测定改为测定微小加速度 $a=g\sin\theta$。1784年，G·阿特伍德利用阿特伍德机测定出了重力加速度。之后出现了单摆法、滴水法、自由落体法、圆锥摆法、频闪照相法、气轨法、焦利秤法、凯特摆法和可逆摆法等，其中的一些测定方法较为粗略，本文则介绍重力加速度的两种精确测定方法：上抛法和光电门法。

1. 上抛法

近年来，国际度量衡局采用了一种特别精确的方法测定重力加速度。在一个真空容器中将一个特制的小抛体竖直向上抛出，测量出物体两次经过水平线 A 的时间间隔 ΔT_A 和两次经过水平线 B 的时间间隔 ΔT_B。水平线 A 和水平线 B 在同一铅垂面内，测出其高度差为 h。

设物体第一次竖直经过水平线 A 的速度为 v_0，取时间 $t=0$，并选该时刻物体的位置为原点，建立如图1-42所示的位置 y-时间 t 坐标系。由运动学公式可得物体的位置随时间的变化关系为

$$y=v_0t-\frac{1}{2}gt^2 \quad ①$$

则由①式可得物体的 $y-t$ 图象如图1-42所示。令 $y=0$，由①式求得 t 的两个根为

$$t_1=0 \qquad t_2=\frac{2v_0}{g}$$

因此，物体两次经过水平线 A 的时间间隔为

$$\Delta T_A=t_2-t_1=\frac{2v_0}{g} \quad ②$$

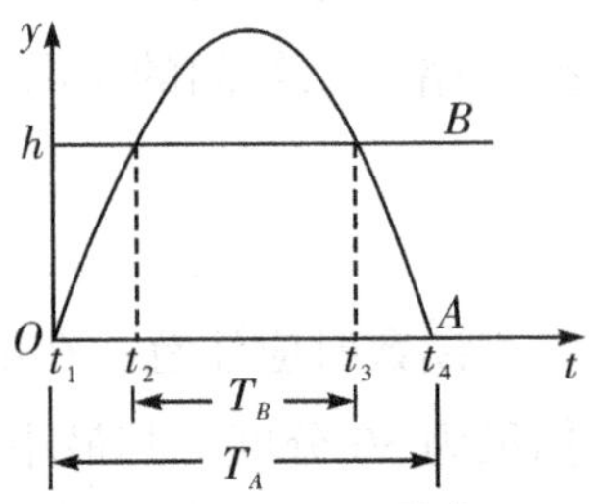

图1-42 $y-t$ 图象

再令 $y=h$，由①式求得 t 的两个根，进而求得物体两次经过水平线 B 的时间间隔为

$$\Delta T_B=\sqrt{\left(\frac{2v_0}{g}\right)^2-\frac{8h}{g}} \quad ③$$

由②③式可得

---

*发表于《中学物理》2008年第4期，被人大复印报刊资料《中学物理教与学》2008年索引库收录。

$$\Delta T_A^2-\Delta T_B^2=\frac{8h}{g}$$

由此，求得当地的重力加速度为

$$g=\frac{8h}{\Delta T_A^2-\Delta T_B^2}$$

2. 光电门法

如图 1-43 所示，光电门装置在 U 型框架中，A 端有一个激光源，相对的 B 处装有一个光电管，激光束照射到光电管上就产生光电流。若 A、B 之间被不透明的物体遮住，就没有光电流产生，将光电门与数据采集器、计算机相连，计算机的显示器可显示光电流 I-时间 t 图象。现有一把透明直尺，用宽 1 cm 黑纸贴成间距也是 1 cm 的横条纹，如图 1-44 所示。将直尺放在光电门上方让它自由下落，经过光电门 A、B 之间，计算机的显示器上显示了如图 1-45 所示的 I-t 图象。根据图象上的数据（已读出并直接标在图上），即可计算出当地的重力加速度 g。

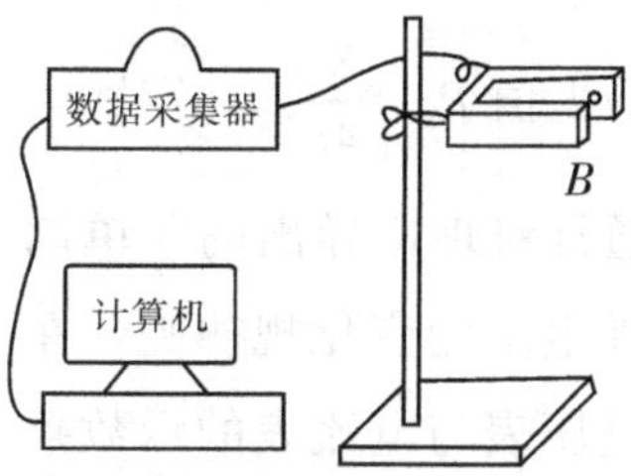

图 1-43　实验装置

图 1-44　直尺

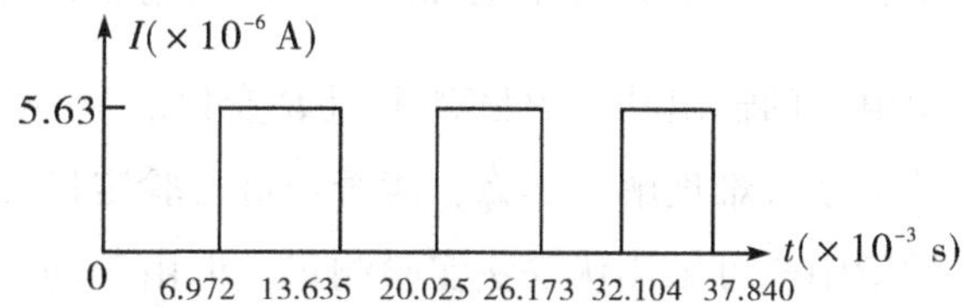

图 1-45　I-t 图象

根据 I-t 图象上的数据，令 $t_1=6.972\times10^{-3}$ s，$t_2=13.635\times10^{-3}$ s，$t_3=20.025\times10^{-3}$ s，$t_4=26.173\times10^{-3}$ s，$t_5=32.104\times10^{-3}$ s，$t_6=37.840\times10^{-3}$ s，$S=1$ cm $=1\times10^{-2}$ m。根据做匀变速直线运动的物体，在某段时间的中间时刻的瞬时速度等于该段时间内的平均速度，可分别求出物体在 $T_1=\frac{t_1+t_2}{2}=10.304\times10^{-3}$ s 时刻，$T_2=\frac{t_3+t_4}{2}=23.099\times10^{-3}$ s 时刻和 $T_3=\frac{t_5+t_6}{2}=34.972\times10^{-3}$ s 时刻的瞬时速度各为

$$v_1=\frac{S}{t_2-t_1}=1.501\ \text{m/s}$$

$$v_2=\frac{S}{t_4-t_3}=1.627\ \text{m/s}$$

$$v_3=\frac{S}{t_6-t_5}=1.743\ \text{m/s}$$

由匀变速直线运动的速度公式，可得

$$v_2=v_1+g_1\ (T_2-T_1)$$

$$v_3=v_2+g_2\ (T_3-T_2)$$

将上述两式代入数据，可得

$$g_1=9.848\ \text{m/s}^2$$

$$g_2=9.770\ \text{m/s}^2$$

则当地的重力加速度为

$$g=\frac{g_1+g_2}{2}=9.809\ \text{m/s}^2$$

§1.2.4 用电功率表测定电源输出功率随外电阻的变化规律*

在纯电阻直流电路中，通常根据电源输出功率的定义和闭合电路欧姆定律进行数学推导，可得到电源的输出功率随外电阻变化的函数关系式：$P=\dfrac{E^2}{\dfrac{(R-r)^2}{R}+4r}$。从式子中可以看出，当外电阻 R 等于电源内阻 r 时，电源有最大的输出功率，且最大值 $P_m=\dfrac{E^2}{4r}$，并定性画出电源的输出功率 P 随外电阻 R 变化的 $P-R$ 图线。但是，学生通常对理论导出的非单调性关系很难理解，那么，能否通过实验定量描述电源输出功率随外电阻的变化规律呢？在教学中，可采用伏安法实验测定，但由于功率的变化规律需通过电压表与电流表的示数乘积来反映，就使得伏安法测定的直观性较差。本文就利用瓦特表来定量、直观地测定电源输出功率随外电阻的变化规律。

1. 电功率表

电功率表也叫瓦特表，用来测量直流或交流电路的电功率。中学物理实验室常见的是单相电动式瓦特表，使用时，瓦特表内部匝数较少的固定线圈与被测外电阻串联，通过二者的电流相等，因此，固定线圈也称电流线圈；瓦特表内部匝数较多的可动线圈和一个附加高电阻串联后与被测外电阻并联，二者两端的电压相等，因此，可动线圈也称电压线圈。由于单相电动式瓦特表是单向偏转，偏转方向与电流线圈和电压线圈中的电流方向有关。为了使指针不反向偏转，通常把两个线圈的始端都标有“＊”符号，习惯上称为“同名端”。接线时必须将有相同符号的端钮接在同一根电源线上。即电流从瓦特表电流线圈的“＊”端钮流入，而电压线圈的“＊”端钮跨接在被测外电阻电势较高的一侧。瓦特表量程的选择就是正确选择瓦特表的电压和电流的量程。外电阻最大工作电流和最高电压不能超过瓦特表的电流量程和电压量程，这样，瓦特表的功率量程就自然得到满足。瓦特

＊发表于《中学物理教学参考》2012 年第 3 期。

表一般是多量程的，因而瓦特表的标度盘上只标有分格数，并未标明瓦特数，在选用不同的电流、电压量程时，每分格代表不同的瓦特数。每一格代表的瓦特数称为瓦特表的分格常数，用 C 表示。那么，瓦特表的读数 $P=CN$，其中，N 为实测格数，$C=\frac{\text{电压量程 } U_m \times \text{电流量程 } I_m}{\text{满刻度格数 } A_m}$（瓦特/格）。

2. 实验方法

把学生电源 E（直流输出 14 V）、定值电阻 $r=30\ \Omega$、电阻箱 R（0~999.9 Ω）、单相直流瓦特表 W 和开关 S 连成如图 1-46 所示的电路。其中，定值电阻 r 为等效电源的内阻，电阻箱 R 为被测外电阻。断开 S，把电阻箱 R 调至零。闭合 S，依次逐渐增大电阻箱 R 的阻值。其中，在小于等效电源内阻 r 时，R 的取值间隔要小一些；在接近 r 时，R 的取值间隔要尽可能的小些；在大于 r 时，R 的取值间隔可以大一些。列表记录瓦特表和电阻箱的相应读数值（P，R），并观察在 R 调节过程中，瓦特表示数的变化情况。建立 P–R 坐标系，描点、拟合得到电源输出功率 P 随外电阻 R 变化的图线，如图 1-47 所示。

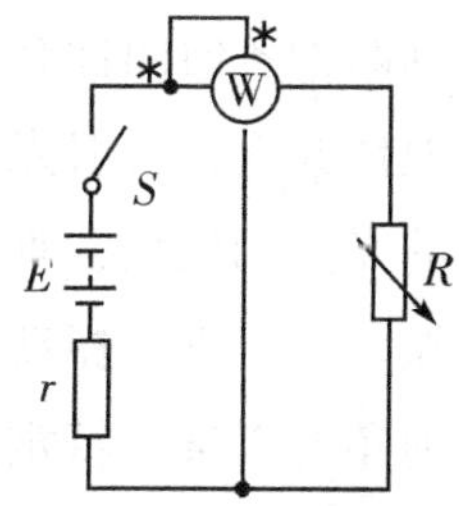

图 1-46　电路图

3. 实验现象及结论

通过实验可以直观地看到，电源的输出功率随外电阻的增加而先增大后减小。在实验误差允许的范围内，由实验记录表和 P–R 图线（图 1-47）可以定量判定：当 $R<r$ 时，图线比较陡，也就是电源输出功率随外电阻的增加很快地增大；当 $R=r$ 时，出现极大值，且可验证 $P_m=\frac{E^2}{4r}$；当 $R>r$ 时，特别是当 $R>4r$ 时，图线比较平缓，即电源的输出功率随外电阻的增加缓慢地减少。另外，也可验证电源相同的输出功率（瓦特表示数两次相等）对应的两个外电阻 R_1 和 R_2，满足 $R_1 \cdot R_2=r^2$。

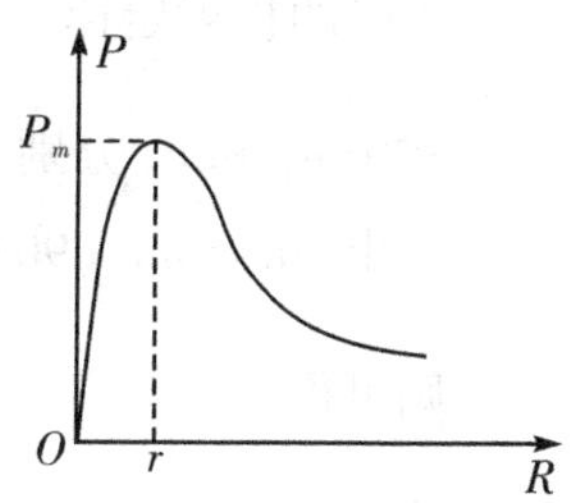

图 1-47　P–R 图线

§1.2.5　利用布儒斯特角测定水的折射率*

折射率是光学材料的重要参数之一，在科研和生产实际中常常需要测定它。测定透明介质折射率的方法可分为两类：一类是应用折射定律及反射、全反射定律，通过准确测量相关的角度来测定折射率的几何光学方法，比如最小偏向角法、掠入射法、全反射法和位移法等；另一类是利用光通过介质（或由介质反射）后，透射光的位相变化（或反射光

* 发表于《中小学实验与装备》2013 年第 6 期。

的偏振态变化）与折射率密切相关的原理来测定折射率的物理光学方法，比如布儒斯特角法、干涉法和椭偏法等。普通高中课程标准实验教科书·物理选修 3-4（人民教育出版社，2010 年 4 月第 3 版）64 页图 13.6-4 介绍了反射引起自然光的偏振现象。现介绍利用布儒斯特角测定水的折射率。

1. 实验原理

1811 年，英国物理学家布儒斯特（D. Brewster，1781—1868）实验发现，自然光入射到两种各向同性介质的界面上时，不仅光的传播方向要改变，偏振状态也要发生变化。一般情况下，反射光和折射光不再是自然光，而是部分偏振光。在反射光中，垂直于入射面的光振动较强，垂直振动多于平行振动，而在折射光中平行于入射面的光振动较强，平行振动多于垂直振动。反射光和折射光的强度及偏振化的程度都与入射角的大小有关。当入射角等于某一特定值 i_0 时，虽折射光仍是部分偏振光，但反射光则成为完全偏振光，振动方向垂直于入射面。这个特定的入射角 i_0 称为布儒斯特角，它的大小取决于两种介质的相对折射率。当自然光以布儒斯特角入射到两种介质的界面上时，反射光和折射光的传播方向互相垂直，如图 1-48 所示。于是有 $i_0+r=90°$。

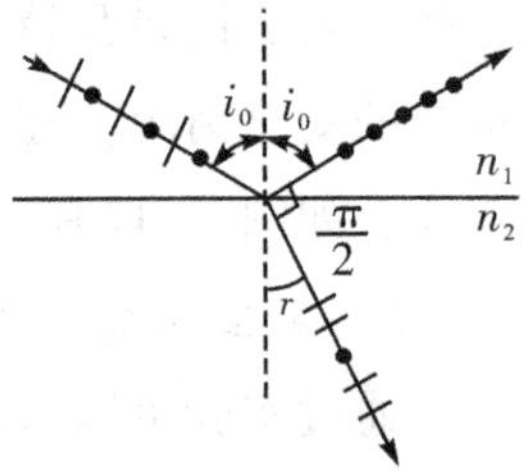

图 1-48　光路图

由光的折射定律，可知 $n_{21}=\frac{n_2}{n_1}=\frac{\sin i_0}{\sin r}$

式中 n_1 和 n_2 分别为入射光和折射光所在介质的折射率。

又由 $\sin r=\sin(90°-i_0)=\cos i_0$

则可得

$$n_{21}=\frac{n_2}{n_1}=\tan i_0 \qquad ①$$

上式表示了布儒斯特角与介质相对折射率的关系，称为布儒斯特定律。

当自然光以布儒斯特角由空气入射到水面时，$n_1=1$，则水的折射率 $n_2=\tan i_0$。可见，只要实验测出自然光由空气入射到水面时的布儒斯特角，即可由上式测定出水的折射率。

2. 布儒斯特角的简易测量方法

如图 1-49 所示，在房间天花板上悬挂一盏 40 W 的白炽灯，地板上放置一个直径约 50 cm 的盛水盆，盆底最好为黑色（或深色）。观察者位于盆的左侧，能见到从水面反射的灯光。然后手持人造偏振片（或偏振滤光镜），置于眼前，能通过偏振片观察到水面反射的灯光。之后身体前后移动，同时转动偏振片，使其透振方向为竖直方向，与线偏振反射光的偏振方向垂直，将发现处于某

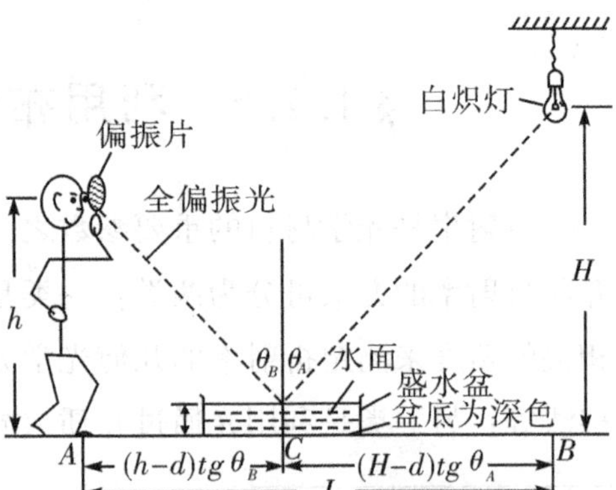

图 1-49　实验装置

一位置时，水面反射的灯光突然消失。这时停止移动，并稍稍使身体前倾或后仰，又能看到反射的灯光。由马吕斯（E. L. Malus，1775—1812）定律可知，这时所在消光位置的观察角 θ_B 等于水的布儒斯特角。

接着请实验合作者测量四个物理量：①大盆水面至地面距离 d；②白炽灯至地面距离 H；③观察者眼睛至地面竖直距离 h；④白炽灯至观察者眼睛的水平距离 L。

根据图 1-49 所示，可知

$$\overline{AC}=(h-d)\tan\theta_B$$

$$\overline{CB}=(H-d)\tan\theta_A$$

$$L=\overline{AC}+\overline{CB}=(h-d)\tan\theta_B+(H-d)\tan\theta_A$$

因 $\theta_A=\theta_B$

则
$$L=(H+h-2d)\tan\theta_A$$

即
$$\tan\theta_A=\frac{L}{H+h-2d} \qquad ②$$

则
$$\theta_A=\arctan\frac{L}{H+h-2d}$$

θ_A 即为测得的布儒斯特角。由实验可测出水的布儒斯特角约为 53°，则由①式可得水的折射率约为 1. 33。

综上所述，由①②式，利用布儒斯特角法可测出水的折射率为 $n=\frac{L}{H+h-2d}$。

§1. 2. 6　光电效应演示实验的改进*

光电效应演示实验，若按高中物理（必修）第二册（人民教育出版社，1990 年 10 月第 1 版）第 241 页图 8-14 介绍的方法去做，很难成功。其原因为：

其一，紫外线的频率大于锌的极限频率是光电效应发生的条件。若盲目提高照射光源的频率（如用 X 射线），会由于使用直流高压电源而导致空气发生严重电离，使实验出现假象。

其二，实验时，在锌板被照射的一侧附近空间形成光电子云，出现了负势垒。由光电效应方程，通过半定量估算可知，锌板上电势差的数量级只有 100 V，而一般的静电计很难检测出这么低的电势差，这是实验失败的直接原因。

现通过增大锌板的电势（差），从而使静电计指针张开较大的可视角度。特提出两种

---

*发表于《中学物理教学参考》1999 年第 11 期。

改进方法，供大家参考。

一、中和法

1. 实验器材与装置

锌板，紫外线灯，静电计，氖管，猫皮（新材料），有机玻璃棒，导线。

实验装置如图 1-50 所示。

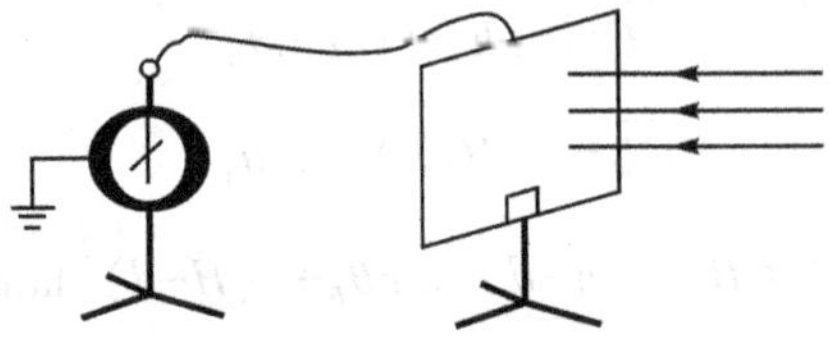

图 1-50 实验装置

2. 演示方法与现象

（1）打开紫外线灯，照射锌板的一个侧面。

（2）用猫皮与有机玻璃棒摩擦，将带正电（用氖管检验）的有机玻璃棒在没有被紫外线照射的锌板侧面附近上下晃动，拿走玻璃棒后，静电计的指针闭合。

（3）用带正电的有机玻璃棒在锌板被照射的侧面附近上下晃动，取走玻璃棒后，静电计张开一个角度。重复一次，指针张角又可增大。

3. 实验分析

当带正电的有机玻璃棒在锌板被照面附近上下晃动时，中和了因光电效应产生的光电子云（负势垒），使锌板电势（差）增大，从而使静电计指针张开的角度明显。（2）和（3）说明：被紫外线照射的锌板面有逸出的光电子。静电计指针张开不是因静电感应所致。因为取走带正电的玻璃棒后，静电计指针并不闭合。另外，当施感电荷为正电时，若发生静电感应，锌板应带负电，而经氖管检验锌板却带正电。综上所述，静电计的张角说明了光电效应现象的发生。

二、锌板接地法

1. 实验器材与装置

锌板 P_1，金属板 P_2，塑料薄膜，静电计，紫外线灯，氖管，导线，支架，砂纸。

实验装置如图 1-51 所示。

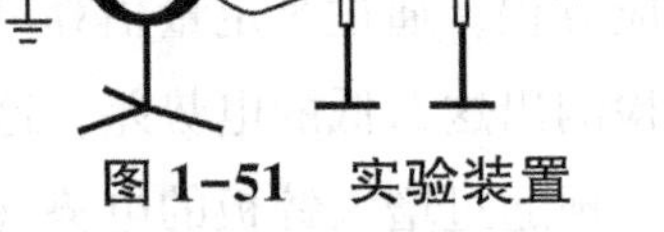

图 1-51 实验装置

2. 演示方法与现象

（1）将锌板 P_1 和金属板 P_2 组成平行板电容器，两极板相对面上分别贴上相同材料的塑料薄膜，两极板紧靠，将静电计的导杆和外壳分别与锌板 P_1 和金属板 P_2 连接，并接地。

（2）先用砂纸把锌板被紫外线照射的一面打光，除去氧化层，然后用紫外线照射锌板，静电计指针并不张开。

（3）关掉紫外线灯，静电计指针仍不张开。当移走金属板 P_2 时，静电计指针就张开一个明显的角度，用氖管检验发现锌板 P_1 带正电。

3. 实验分析

当开始用紫外线照射锌板 P_1 时，有光电子飞出，随之，因锌板 P_1 的电势仅升到几伏（达到平衡状态），所以静电计指针并不张开。但是由于 P_1 和 P_2 组成的电容器的电容很大，使 P_1 板上积聚的电荷较多。熄掉紫外线灯，静电计指针仍不张开（P_1 和 P_2 间的电势差仍只有几伏）。当移走 P_2 板时，即减小电容器的电容，这时由于 P_1 板上的电量基本不变，所以 P_1 板的电势迅速升高，从而使得静电计导杆的电势（即导杆与外壳间的电势差）迅速升高，静电计指针就张开了一个明显的角度。这说明锌板 P_1 上带有电荷，经氖管检验，P_1 板带正电，可见锌板 P_1 在紫外线照射下发生了光电效应现象。

§1.2.7　数字化信息系统实验室*

在 2003 年教育部颁布的《普通高中物理课程标准》中多次指出，让学生了解传感器在生产、生活中的应用，体会传感器的应用给人们带来的方便。在“课程资源利用与开发建议”中特别提到“重视将信息技术应用到物理实验室，加快中学物理实验软件的开发和应用，诸如通过计算机实时测量、处理实验数据，分析实验结果等”。上海二期课改针对中学物理学科教学则更加明确地提出“积极探索多媒体计算机与物理实验的结合，实现对物理实验的实时控制及对实验数据的自动化采集和处理，以更好地发挥物理实验的功能”。DISLab 就是在这样一个改革的背景下，由上海市中小学数字化实验系统研发中心经过几年的基础研究和大量实验验证开发完成的。DISLab 是英文 Digital Information System Laboratory 的缩写，意为“数字化信息系统实验室”。DISLab 是一种用于实时采集数据的智能化系统，由传感器、数据采集器、计算机系统及配套软件构成。运用不同的传感器进行实验数据采集并输入计算机加以实时处理，从而得出实验结果。DISLab 推出后，凭借对课改理念的良好贯彻而被首次引入上海二期课改高中物理试验教材和《上海市中学物理课程标准》，成为课标教材的实验装备，促进了物理教学方式和学习方式的转变。此后，人教版、华东版、广东版等新课标高中物理教材均不同程度地引进了 DISLab 系统作为实验平台，在真实实验的基础上，实现了新课标要求的“信息技术与物理学科教学的全面整合”，充分体现了“科学—技术—社会（STS）”的课改理念。

---

*发表于《郑州教育科研》2009 年第 11 期。

一、DISLab 系统的构成与原理

DISLab 系统是由“传感器+数据采集器+实验软件包+计算机”构成的数字化实验系统，如图 1-52 所示。它以一系列传感器替代了传统的物理实验测量仪器，能够完成包括力、热、声、光、电、位移、磁感应强度、辐射等多种物理量数据的实时采集工作。

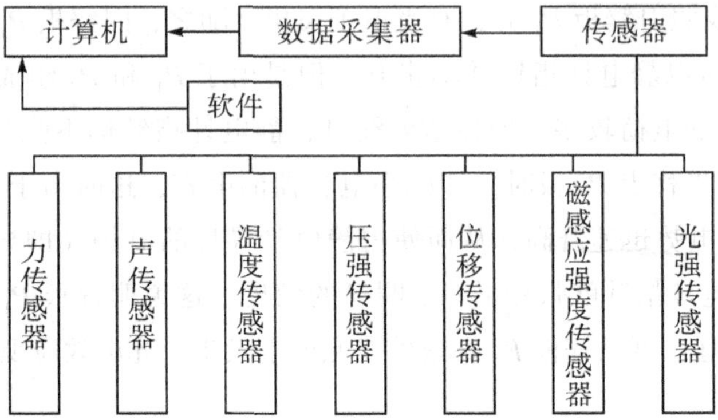

图 1-52　DISLab 系统的构成

DISLab 系统的关键元件是传感器。传感器是指一些能把光、力、温度、磁感应强度等非电学量转化为电学量或转换为电路通断的元器件，它在生活、生产和科技领域有着非常广泛的应用。日本把传感器技术列为 20 世纪 80 年代十大技术之首，美国把传感器技术列为 20 世纪 90 年代的关键技术，而我国有关传感器的研究和应用正方兴未艾。常见传感器的应用领域和工作原理如表 1-2 所示。

表 1-2　常见传感器的应用领域和工作原理

传感器种类	工作原理	可测量的非电学量
敏力电阻、热敏电阻半导体传感器	阻值变化	力、重力、压力、加速度、温度、湿度、气体
电容传感器	电容量变化	力、重力、压力、加速度、液面、湿度
感应传感器	电感量变化	力、重力、压力、加速度、旋进数、转矩、磁场
霍尔传感器	霍尔效应	角度、旋进度、力、磁场
压电传感器、超声波传感器	压电效应	压力、加速度、距离
热电传感器	热电效应	烟雾、明火、热分布
光电传感器	光电效应	辐射、角度、旋转数、位移、转矩

目前，DISLab 系统用于中学物理教学的传感器有：电压传感器、电流传感器、微电流传感器、磁感强度传感器、温度传感器、压强传感器、力传感器、光照度传感器、位移传感器、光电门传感器、声波传感器、G-M（盖革计数）传感器等，全面满足了中学阶段物理实验的需要，开辟了高中物理实验的新天地。同时也体现了新课程“从生活走向物理，从物理走向生活”的理念。

对于数据采集系统的研制，在国外比较著名的有：美国 PASCO 公司生产的数据采集系统、英国 Pico Technology 公司生产的数据采集系统、德国生产的 Cobra 型数据采集系统、澳大利亚 Dava Harvest 公司生产的数据采集系统等。国内生产的数据采集系统也逐渐增多，如山东远大与上海市中小学数字化实验系统研发中心合作开发的朗威微机辅助高级中学物理实验系统和朗威 DISLab、教育部教学仪器研究所研发的 HPCI-1 型物理实验微机辅助系统等。

DISLab 系统利用传感器将实验装置与计算机连接后，传感器进行数据采集，并通过模拟到数字（A/D）转换输入计算机，由计算机通过相应的软件（教材专用软件和教材通用软件）对探测到的信息转化为相应的物理量的类型和数值。软件中配置了记录数据的表格，可以设置采集数据的频率，根据实验需要采集需要的数据。采集到的数据还可以以图表、仪表、示波器等形式显示，同时支持对实验结果的线形、曲线、二次、高次曲线分析。用户可以自定义变量和表达式，可完成包括函数在内的复杂运算。如此强大的计算和图形处理功能，给学生进行数据和图形分析处理提供了广大的探究空间，并且大大减少了学生机械繁杂的劳动和时间。这是一套集物理量测量、智能化数据分析、数据记录和自动控制等功能于一体的综合性物理实验平台。

二、DISLab 系统的功能与优点

1. 有利于提高学生的实验素质和信息素养

戴尔的“经验之塔”理论指出，“教育应从具体经验入手，逐步进入抽象，有效的学习之路必须铺满着具体经验”。DISLab 系统为学生开拓了“具体经验”的范围和深度，为概念、规律的揭示创设了更好的条件，从而激发学生的学习兴趣，提高学生的动手能力与创新能力，有利于提高学生的实验素质和信息素养。

2. 科学分配教学时空，提高了实验效率

传统的实验手段存在着误差大、数据采集慢（无法在很快的时间内采集很多组数据）、有的物理量无法直接测量、读数不方便等问题，更为重要的是数据处理由手工完成，效率低，误差大。DISLab 系统的应用，初步实现了运用现代技术改造传统的实验手段和方法，而且为信息技术的融合创造了条件。它不但能替代许多传统仪表，如打点计时器、弹簧秤、温度计、压强计等，而且能直接测量瞬时速度（光电门）、磁感应强度（霍尔传感器）、微电流计（微电流传感器）等传统仪表无法测量的物理量。即使替代也不是简单的功能重复，而是大大提高了测量范围、精度、反应时间。

由于 DISLab 系统具备“实时实验”的功能，数据采集、处理和图线描述都由计算机完成，所以师生可以从数据读取、记录，公式运算和图线描绘等烦琐的简单劳动中解脱出来，避免手工作图和处理数据的烦琐而带来的人为错误，大大节省了时间。DISLab 系统为

实现学习方式的多样化，培养学生的自主探索研究，进行广泛的体验、合作和交流提供了可能和空间。

3. 新技术填补了测量空白

DISLab 系统凭借传感技术弥补了传统实验中多个测量空白，解决了多种物理量精确采集的问题。再加上相对完善的数据处理软件，可以设计出很多借助传统实验装置和常规仪器难以完成的实验。如“力的相互作用”，以前提供的实验器材无非是两个弹簧秤，让学生拉一下，能观察到弹簧秤上的示数相同即可。而 DISLab 系统利用两个力传感器，实验中力的大小随时可变，并实时显示，拉力和推力可瞬间切换。即使在运动状态，如：匀速、加速、瞬间碰撞状态下，作用力与反作用力也可尽显图上。

4. 催生新教法，改革“教”与“学”

DISLab 系统应用于中学物理教学，可以改变传统的实验教学方式，形成新的教学模式。其特点是现代化手段与传统的物理实验有机结合，形成了多媒体实验教学环境；使传统的物理实验仪器扩展了新的功能，给基本的物理实验赋予了新的内容；具有智能交互、图文并茂、动画丰富等特点。中学物理教学的过程应该以实验为主导。以往仪器设备由于功能上的限制，造成了实验中的很多疑难问题，教学的过程缺乏实验的支撑，教师不得不“从理论到理论”，学生们也只能“从结果到结果”。DISLab 系统基本扫清了实验“禁区”和“死角”，为教师立足中学物理学科知识体系，构建“从观察到发现、从实验到理论”的学习过程，提供了有力支撑。比如，在教学中“波”的概念一直是一个难点。原因在于难以通过传统仪器设备看到“波”现象，很多教师不得不费时费力地进行课件模拟。DISLab 系统的声波传感器突破了这一难点，形象、直观地将声音现象的波动本质展现出来。学生经过实验点拨，不仅很快就吃透了声波概念，而且在头脑中建立了“波”和“波动”的物理模型，为进一步学习打下了基础。

DISLab 系统打破了传统实验教学的固有模式，使中学物理实验具有高度的自主性、开放性和探索性，学生可以比较方便地根据不同的目的设计实验，如可以设计某个实验，专门仔细深入地观察某一过程，研究一些物理量之间的关系等。另一方面，对于同一个实验，不同学生之间在学习目的上可以互不相同。实验既可以是探究性的，也可以是验证性的，学生可以更自由地设计某个实验来验证他们的想法，为大胆创造提供了实验平台。

DISLab 系统的功能全面增强，为物理实验教学在实验内容上的调整带来了机遇。比如，在传统中学物理实验中，没有设备能很方便地测量磁场强度，现在有了磁场强度测量模块。可以将它和电流传感器、电压传感器、压力传感器等模块组合使用，设计一系列较复杂的物理实验。由于传感器的应用，给测量带来方便，我们可以将力、热、声、光、电等模块组合使用，设计出跨章节甚至跨学年的综合性实验，以适应高中物理课程标准中“物理实验专题”选修模块的需要。

三、DISLab 系统的应用案例

2008 年 11 月，郑州外国语学校率先组建了两个朗威 DISLab V 6.0 数字实验室，现介绍 3 个 DISLab 系统的应用案例，与大家共享。

1. 研究向心力

◆实验目的

研究向心力与质量、半径和角速度的关系。

◆实验原理

使物体做圆周运动的力叫作向心力，向心力的大小与物体的质量、角速度的平方、半径成正比，即 $F=m\omega^2r$。

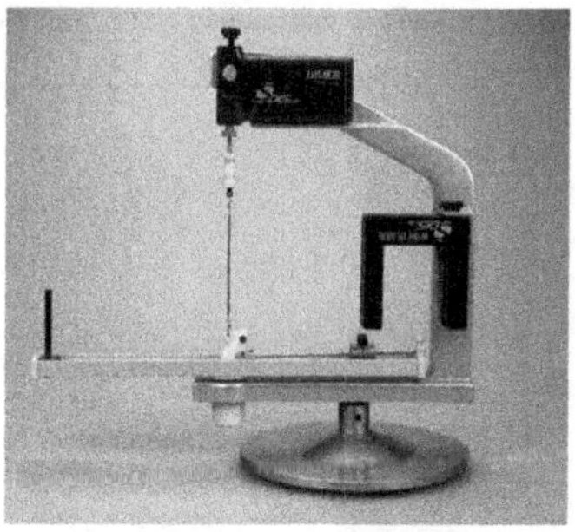

图 1-53　实验装置

◆实验器材

朗威 DISLab、计算机、DISLab 向心力实验器、物理支架等。

◆实验装置图

如图 1-53 所示。

◆实验过程与数据分析

（1）将光电门传感器和力传感器分别接入数据采集器。

（2）按实验装置图把两个传感器固定在向心力实验器上，实验器有关参数：挡光杆直径 0.005 m、两砝码质量分别为 0.014 kg 和 0.028 kg、挡光杆到轴心的距离为 0.14 m。

（3）将实验器调节为水平，对力传感器调零，把砝码（0.028 kg）固定在离轴心 0.12 m 处。

（4）打开“计算表格”窗口，点击“开始”，转动实验器的悬臂，记录 F、t 数据。

（5）点击“公式”，输入计算线速度和角速度的公式：$v=0.005/t_1$，$\omega=(0.0045/t_1)/0.14$，得到计算结果（图 1-54）。

计算表格	t1	F2	v=0.005/t1	w=v/0.14	q=w^2
1	0.00108	3.09	4.6296	33.0686	1093.5323
2	0.00111	2.90	4.5045	32.1750	1035.2306
3	0.00114	2.81	4.3860	31.3286	981.4812
4	0.00117	2.66	4.2735	30.5250	931.7756
5	0.00120	2.52	4.1667	29.7621	885.7826
6	0.00124	2.42	4.0323	28.8021	829.5610
7	0.00127	2.27	3.9370	28.1214	790.8131
8	0.00131	2.15	3.8168	27.2629	743.2657
9	0.00135	2.03	3.7037	26.4550	699.8670
10	0.00139	1.90	3.5971	25.6936	660.1611
11	0.00143	1.81	3.4965	24.9750	623.7506
12	0.00147	1.70	3.4014	24.2957	590.2810
13	0.00152	1.61	3.2895	23.4964	552.0808
14	0.00157	1.54	3.1847	22.7479	517.4670
15	0.00162	1.43	3.0864	22.0457	486.0129
16	0.00167	1.35	2.9940	21.3857	457.3482
17	0.00173	1.26	2.8902	20.6443	426.1871
18	0.00179	1.18	2.7933	19.9521	398.0863
19	0.00185	1.12	2.7027	19.3050	372.6830
20	0.00192	1.03	2.6042	18.6014	346.0121
21	0.00199	0.97	2.5126	17.9471	322.0984
22	0.00207	0.90	2.4155	17.2536	297.6867
23	0.00215	0.79	2.3256	16.6114	275.9386
24	0.00224	0.76	2.2321	15.9436	254.1984
25	0.00234	0.70	2.1368	15.2629	232.9561
26	0.00244	0.64	2.0492	14.6371	214.2447

图 1-54　实验数据

（6）点击“绘图”，选取 x 轴为“ω”，y 轴为“F_2”，得到数据点在坐标系内的分布图（图 1-55）。

（7）观察可见：数据点的分布具有抛物线特征。点击“二次多项式”拟合，发现数据点与拟合线基本重合，验证了事先的猜想，说明 F 与 ω 之间系二次方关系（图 1-56）。

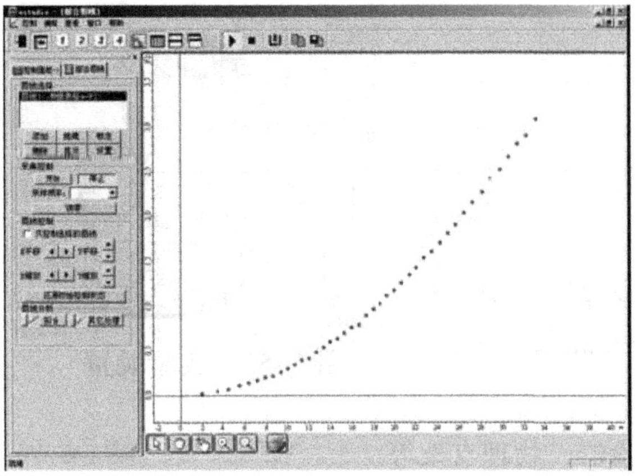

图 1-55　实验数据点分布图

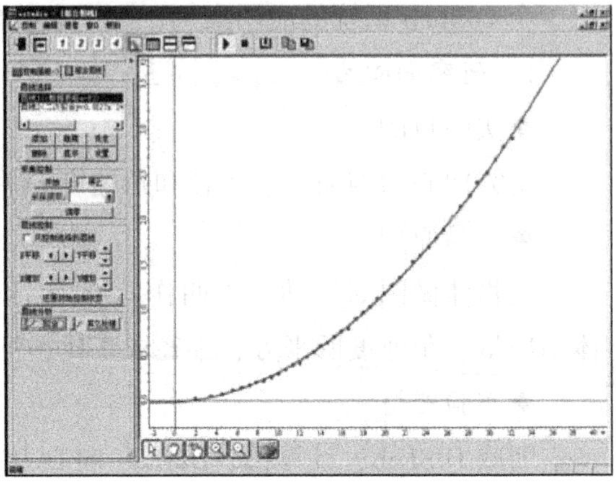

图 1-56　二次拟合

（8）在数据表格中，输入计算角速度平方的公式 $q=\omega^2$，点击“绘图”，选取 x 轴为“q”，y 轴为“F_2”，得到数据点在坐标系内的分布图，点击“线性拟合”，拟合图线为过原点的直线（图 1-57），同样证明了向心力与角速之间是二次方关系。保存上述实验数据。

（9）将砝码的转动半径改为 0.06 m，重复上述步骤，得到另一条实验图线（图 1-58 下方图线）。用软件“显示坐标”功能，比较 ω 相同时两条图线 F 的大小。

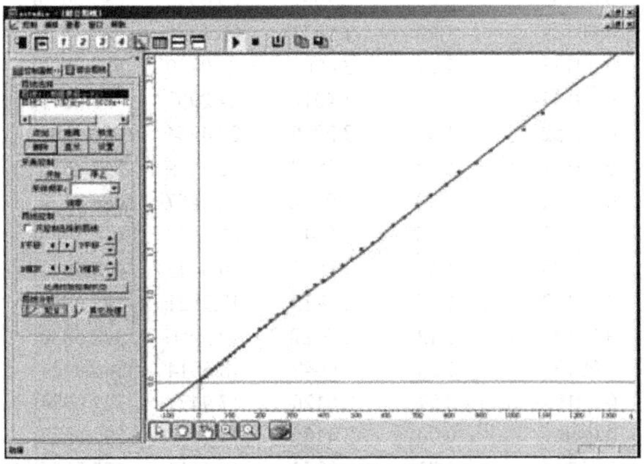

图 1-57　向心力与角速度的平方关系

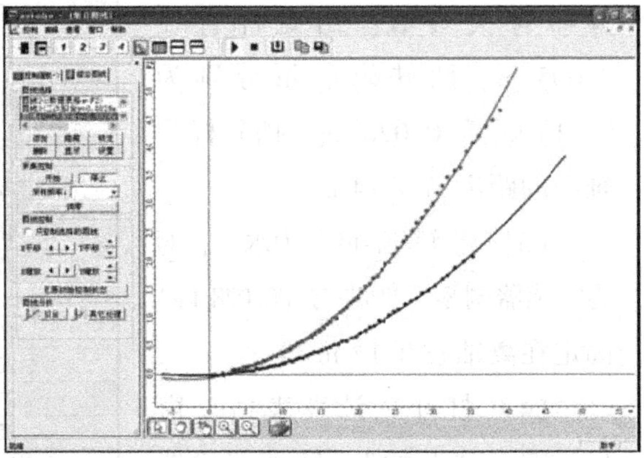

图 1-58　半径不同的向心力图线

（10）重新设置砝码的转动半径为 0.10 m，更换砝码的质量，获得两条实验图线（图 1-59）。用软件“显示坐标”功能，比较 ω 相同时两条图线 F 的大小。

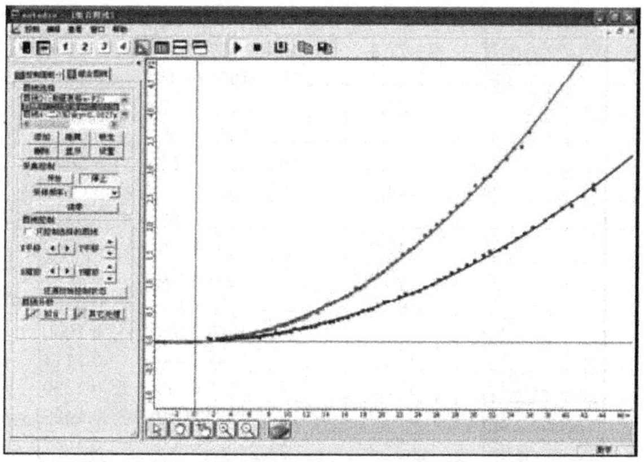

图 1-59　质量不同的向心力图线

（11）根据上述结果，总结 F 与 ω、m 之间的关系。

2. 验证玻意耳定律

◆实验目的

验证玻意耳定律。

◆实验原理

由玻意耳定律：当温度不变时，一定质量的理想气体，其压强与体积的乘积（PV）为常量，即体积与压强成反比。

◆实验器材

朗威 DISLab、计算机等。

◆实验装置图

如图 1-60 所示。

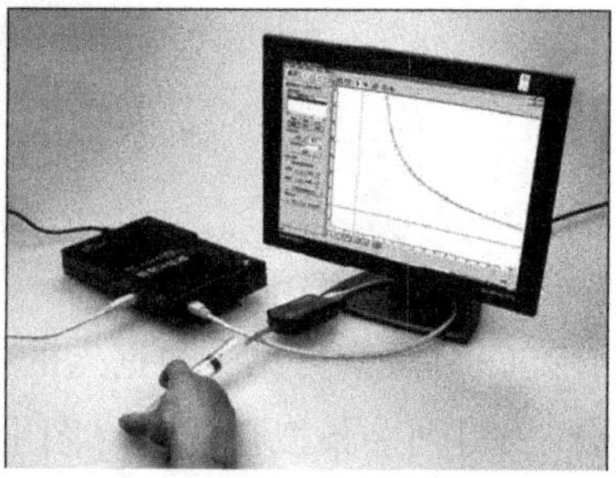

图 1-60　实验装置

◆实验过程与数据分析

（1）将压强传感器接入数据采集器。

（2）取出注射器，将注射器的活塞置于 15 mL 处（初始值可任意选值），并通过软管与压强传感器的测口紧密连接。

（3）打开“计算表格”，增加变量“V”表示注射器的体积，拉动注射器的活塞至 20 ml 处，手动输入 V 值。

（4）点击记录压强值。

（5）改变并输入 V 的值，记录不同的 V 值对应的压强数据。

（6）点击“公式”，选取热学公式库中的“玻意耳定律”公式，再输入“自由表达式”$k=1/V$ 代表体积的倒数，计算得出一组实验数据（图 1-61）。

计算表格	P1	v	Y=P1*v	k=1/v
1	77.8	20	1555.0000	0.0500
2	82.4	19	1565.6000	0.0526
3	86.7	18	1560.6000	0.0556
4	92.1	17	1565.7000	0.0588
5	97.6	16	1561.6000	0.0625
6	104.3	15	1564.5000	0.0667
7	111.3	14	1558.2000	0.0714
8	119.8	13	1557.4000	0.0769
9	130.4	12	1564.8000	0.0833
10	141.8	11	1559.8000	0.0909
11	156.7	10	1567.0000	0.1000
12	172.2	9	1549.8000	0.1111
13	193.2	8	1545.6000	0.1250
14	217.7	7	1523.9000	0.1429
15	254.5	6	1527.0000	0.1667

图 1-61　玻意耳定律实验数据

（7）观察实验结果，发现压强与体积的乘积基本为一常数。

（8）启动“组合图线”功能，设定 X 轴、Y 轴分别为“V”与“P_1”，得出一组“P-V”数据点（图 1-62）。

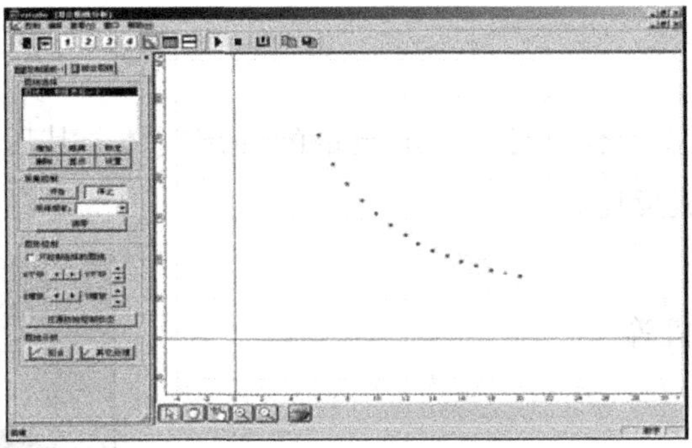

图 1-62　“P-V”数据点

（9）观察可见，数据点的排列具有明显的双曲线特征。点击“拟合”，选取“反比拟合”，得到一条拟合图线（图 1-63），该图线与数据点完全重合，证明了事先关于压强与体积成反比的猜测。

（10）设定 x 轴、y 轴分别为“k”与“P_1”，得出一组“P-k”数据点。观察可见，数据点的排列具有明显的线性特征。点击“拟合”，选取“线性拟合”，一条非常接近原点的拟合图线（图 1-64），该图线贯穿了所有数据点，证明了事先的猜测：压强与体积的倒数成正比（线性关系）。

（11）观察分析上述图线，总结压强与体积的关系。

3. 验证法拉第电磁感应定律

◆实验目的

验证法拉第电磁感应定律。

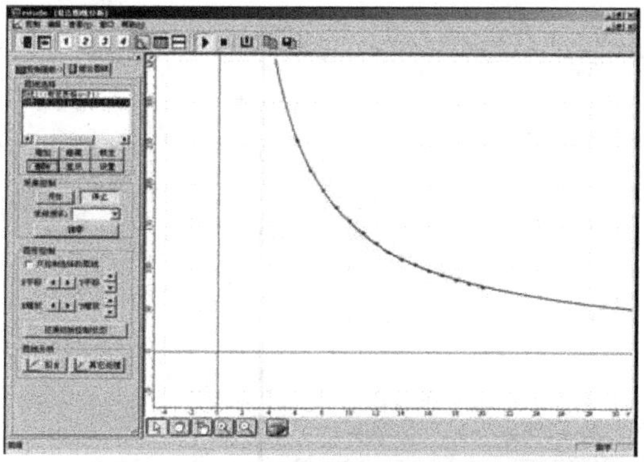

图 1-63　“$P-V$”数据点拟合图线

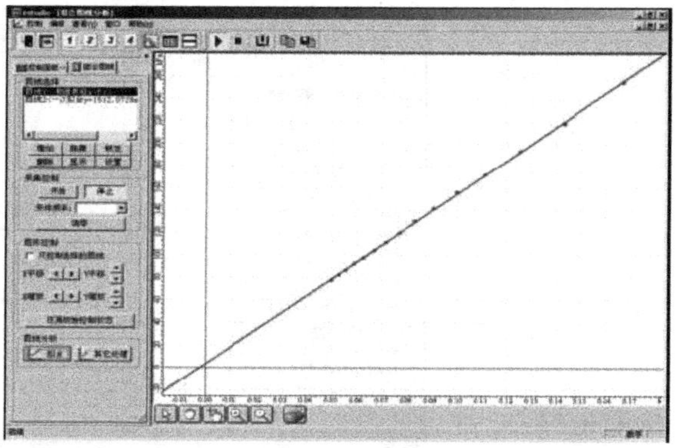

图 1-64　“$P-1/V$”数据点拟合图线

◆实验原理

当穿过回路的磁通量发生变化时，回路中感生电动势的大小和穿过回路的磁通量变化率成正比。即 $\varepsilon=\Delta\Phi/\Delta t$。

◆实验器材

朗威 DISLab、计算机、线圈（用 Φ0.5 的漆包线绕 200 匝，也可用演示线圈代替）、条形磁铁、铁架台、标尺、透明胶带、导线若干。

◆实验装置图

如图 1-65 所示。

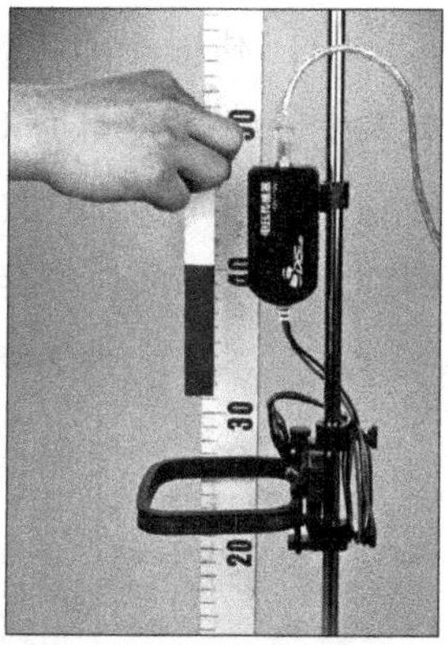

图 1-65　实验装置

◆实验过程与数据分析

（1）将电压传感器接入数据采集器。

（2）把线圈水平固定在铁架台上，并连接电压传感器。

（3）打开“组合图线”，添加“电压-时间”图线，将采样频率设为“50 Hz”。

（4）手持条形磁铁，让磁铁在不同高度（先低后高）自上而下穿过线圈。

（5）利用“图线控制”功能回放实验图线，发现磁铁第一次穿过线圈时产生的电动势比第二次小（图 1-66）。分析可知：虽然两次通过线圈引发的磁通量变化量 $\Delta\Phi$ 相同，但由于第二次穿过线圈的时间 Δt 短（用鼠标右键功能，得出两次穿过线圈所用的时间分别是 0.2310 s 和 0.1861 s），即磁通量的变化率大，所以产生感生电动势也大。

（6）把两个条磁铁极性相同的部分并排放在一起并用胶带粘牢，手持磁铁，让磁铁在某一高度从线圈上方下落穿过线圈。再换成单条磁铁，让磁铁在同一高度上从线圈上方下落穿过线圈。

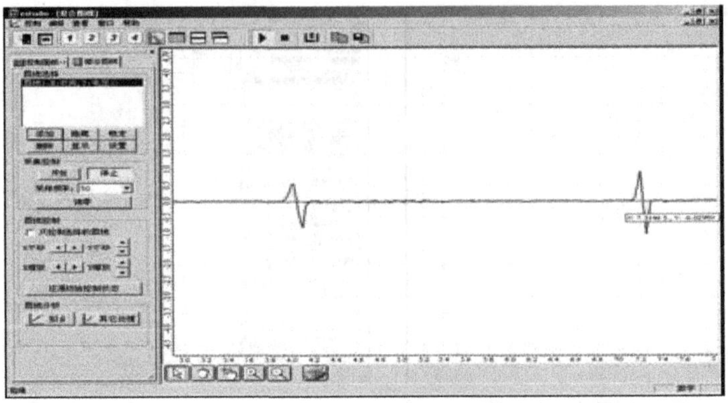

图 1-66　第一次实验结果

（7）利用“图线控制”功能回放实验图线，发现磁铁第一次穿过线圈时产生的电动势大于第二次（图 1-67），分析可知：虽然磁铁二次通过线圈的时间 Δt 大致相同（分别是 0.2790 s 和 0.2818 s），但由于第一次穿过线圈引起的磁通量变化量 $\Delta\Phi$ 大，即磁通量的变化率大，所以产生感生电动势也大。

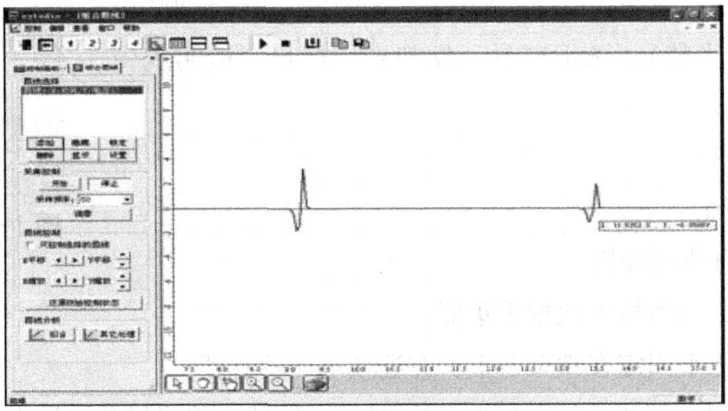

图 1-67　第二次实验结果

（8）总结实验结果，验证法拉第电磁感应定律。

四、DISLab 系统提出的问题

DISLab 系统是传感技术、计算机技术与真实实验的有机整合。虽然它有利于学生了解现代实验技术的思想方法，有利于解决教学中的难点实验，有利于提供更多的探究实验课题，有利于学生进行某些探究实验设计和探究技能的训练，但是 DISLab 系统有其优势，也有其不足，为我们提出了一些问题。

DISLab 与打点计时器相比缺少了“经历过程”，即从纸带上观察计时器，求速度、加速度、相邻相等时间的位移差等内容，而这一过程恰恰有助于初学者加深对位移、速度、加速度概念的认识，DISLab 教学中能弥补这一点吗？DISLab 传感器对学生来说有神秘感，纸带、弹簧秤、温度计、电表都很具体，而传感器的物理原理是“看不到”的，如何让学生有一些感性认识？DISLab 对图象要求很高，如何加强识图，读屏幕训练，如何处理好“专用软件”与“通用软件”的关系？何时开始可让学生用通用软件？什么样的学生可用通用软件？DISLab 与传统实验的关系如何？如何相辅相成？

参考文献

上海市中小学数字化实验系统研发中心，山东省远大网络多媒体有限责任公司，郎威数字化信息系统实验室 V6.0 用户手册与实验实例，2007.9.

第二篇

求真·思想方法

学科思想与学科方法统称为“学科思想方法”。当强调指导性时为学科思想，当强调工具性时为学科方法。知识、技能和思想方法是学科教学的三大要素，其中，学科思想方法是学科教学的灵魂与精髓。教育部颁布的《普通高中物理课程标准》（2017年版，2020年修订）指出，物理学科核心素养由物理观念、科学思维、科学探究、科学态度与责任四个方面构成。其中，在科学探究的基础上，逐步形成物理观念、科学思维、科学态度与责任，三者相互促进，形成不同水平等级的学科核心素养，即科学探究为基础，科学思维为灵魂，而学科思想方法则是科学思维的内核。

中学物理是以实验和概念为基石、以规律为框架、以方法为纽带的自然科学。因此，中学物理教学要聚焦培育学生的科学思维与学科思想方法，认识物理学科本质，提升学生的学科核心素养。

真、善、美是中学物理教育追求的最高境界。即中学物理教育首先要“求真”，达到科学境界。因此，承续第一篇“求真·基于实验”，第二篇为“求真·思想方法”。

第一章　学科核心素养与学科思想方法

§2.1.1　学科核心素养

1996年，美国国家研究理事会在《国家科学教育标准》中提出，教学要以培养学生科学探究的精神、科学思想和科学方法为目的，绝不是单纯科学知识的传授。2000年，英国在《国家科学教育课程标准》中，强调知识性目标与过程性目标并重，而非传统教育中单纯的知识性目标，并重视在科学探究过程中，培养学生的实践能力和探索精神。进入21世纪后，各国都在探索未来人才需要具备的关键能力。2002年，美国提出了“21世纪素养”。在2002年欧盟理事会和2003年经合组织（OECD）的研究报告中，先后提出了“核心素养”。2011年，美国发布了《K-12科学教育框架：实践、跨学科概念和核心概念》。2013年，以教育立国的日本提出了“21世纪能力”，即日本基础教育的核心素养，由基础力、思考力和实践力三大部分组成。2013年，美国在《K-12科学教育框架》的基础上，制定、发布了《新一代科学教育标准》。该新标准在1996年美国《国家科学教育标准》的基础上有了较大的改进。新标准注重围绕学科核心概念展开，重视科学与工程实践，关注实践的学习进阶设计，强调科学本质的理解。

2014年3月，我国在印发的《关于全面深化课程改革，落实立德树人根本任务的意见》中，首次在国内提出了“核心素养”的概念。指出研究各学段的学生发展核心素养体系，明确学生应具备的适应终身发展和社会发展需要的必备品格和关键能力；2016年9月，教育部在《中国学生发展核心素养》指出，学生发展核心素养以培养“全面发展的人”为核心，分为文化基础（图2-1）、自主发展和社会参与三个方面，综合表现为文化底蕴、科学精神、学会学习、健康生活、责任担当和实践创新六大素养。中国学生发展核心素养总体框架如图2-1所示。六大素养之间相互联系、互相补充、相互促进，在不同情境中整体发挥作用。六大素养分别

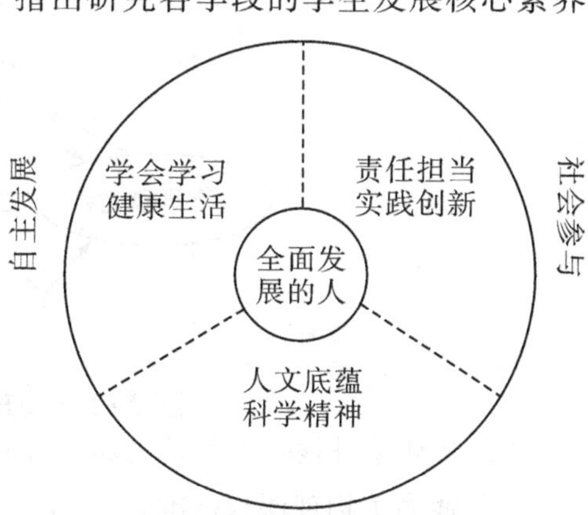

图2-1　中国学生发展核心素养

细化为 3 个要点，共 18 个要点。其中，文化基础——科学精神又细化为理性思维、批判质疑和勇于探究 3 个要点，主要指学生在学习、理解、运用科学知识和技能等方面所形成的价值标准、思维方式和行为表现。

物理学是研究自然界物质的基本结构、相互作用和运动规律的一门基础自然科学。物理学基于观察与实验，建构物理模型，应用数学等工具，通过科学推理和论证，形成了系统的理论体系和研究方法。高中物理旨在义务教育的基础上，进一步促进学生物理学科核心素养的养成和发展，为学生的终身发展奠定基础。2020 年 6 月，教育部颁布的《普通高中物理课程标准》（2017 版，2020 年修订）指出，“注重体现物理学科本质，培养学生物理核心素养”。

1. 物理学科核心素养的界定与结构

学科核心素养是学科育人价值的集中体现，是学生通过学科学习而逐步形成的正确价值观念、必备品格和关键能力。物理学科核心素养是学生在接受物理教育过程中逐步形成的适应个人终身发展和社会发展需要的必备品格和关键能力，是学生通过物理学习内化的带有物理学科特性的品质，是学生在学习物理过程中逐步形成的物理观念、思维品质、能力表现、学科思想方法以及科学态度与责任的综合体现，是科学核心素养的重要组成部分之一。

《普通高中物理课程标准》（2017 版，2020 年修订）指出，物理学科核心素养由“物理观念”“科学思维”“科学探究”和“科学态度与责任”四个方面构成，其结构关系如图 2-2 所示。即在“科学探究”的基础上，逐步形成“物理观念”“科学态度与责任”和“科学思维”，三者相互促进，形成不同水平等级的学科核心素养。其中，“科学探究”为基础，“科学思维”为灵魂，而“学科思想方法”则是科学思维的内核（图 2-2）。

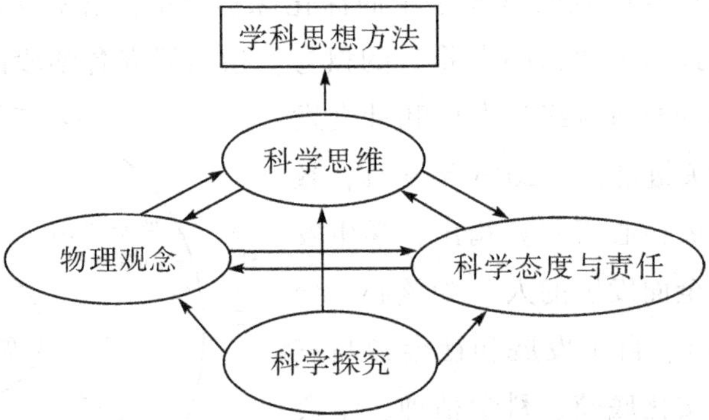

图 2-2　物理学科核心素养结构关系

2. 物理学科核心素养的内涵与目标

《普通高中物理课程标准》（2017 版，2020 年修订）中物理学科核心素养的内涵与目标，如表 2-1 所示。

表 2-1　物理学科核心素养的内涵与目标

核心素养	内　涵	目　标
物理观念	从物理学视角形成的关于物质、运动与相互作用、能量等的基本认识；是物理概念和规律等在头脑中的提炼和升华；是从物理学视角解释自然现象和解决实际问题的基础。 主要包括物质观念、运动与相互作用观念、能量观念等要素。	形成物质观念、运动与相互作用观念、能量观念等，能用其解释自然现象和解决实际问题。
科学思维	从物理学视角对客观事物的本质属性、内在规律及相互关系的认识方式；是基于经验事实建构物理模型的抽象概括过程；是分析综合、推理论证等方法在科学领域的具体应用；是基于事实证据和科学推理对不同观点和结论提出质疑和批判，进行检验和修正，进而提出创造性见解的能力与品格。 主要包括模型建构、科学推理、科学论证、质疑创新等要素。	具有建构模型意识和能力；能运用科学思维的方法，从定性和定量两个方面对相关问题进行科学推理、找出规律、形成结论；具有使用科学证据的意识和评估科学证据的能力，能运用证据对研究的问题进行描述、解释和预测；具有批判性思维的意识，能基于证据大胆质疑，从不同角度思考问题，追求科技创新。
科学探究	基于观察和实验提出物理问题、形成猜想和假设、设计实验与制订方案、获取和处理信息、基于证据得出结论并做出解释，以及对科学探究过程和结果进行交流、评估、反思的能力。 主要包括问题、证据、解释、交流等要素。	具有科学探究意识，能在观察和实验中发现问题、提出合理猜测和假设；具有设计探究方案和获取证据的能力，能正确实施探究方案，使用不同方法和手段分析、处理信息，描述并解释探究结果和变化趋势；具有交流的意愿与能力，能准确表述、评估和反思探究过程与结果。
科学态度与责任	在认识科学本质，认识科学、技术、社会、环境（STSE）关系的基础上，逐渐形成的探索自然的内在动力，严谨认真、实事求是和持之以恒的科学态度，以及遵守道德规范，保护环境并推动可持续发展的责任感。 主要包括科学本质、科学态度、社会责任等要素。	能正确认识科学的本质；具有学习和研究物理的好奇心与求知欲，能主动与他人合作，尊重他人，能基于证据和逻辑发表自己的见解，实事求是，不迷信权威；关心国内外科技发展现状与趋势，了解物理研究和物理成果的应用应遵循的道德规范，认识科学、技术、社会、环境的关系，具有保护环境、节约资源、促进可持续发展的责任感。

3. 物理学科核心素养的水平划分与描述

高中物理学业水平考试不仅分为合格性和等级性，而且命题设计应注重考查学科核心素养。合格性学业水平考试的范围为必修内容，体现基础性，对应的学业质量要求为水平1和水平2两级，其中，水平1为不合格，水平2为合格。等级性学业水平考试的范围为必修和选修Ⅰ的内容，应兼顾学业水平考试的基础性、综合性与选拔性，分为水平3、水平4和水平5三个层次。《普通高中物理课程标准》（2017版，2020年修订）中物理学科核心素养的水平划分与描述，分别如表2–2、表2–3、表2–4和表2–5所示。

表2–2　物理观念的水平划分与描述

层级	物理观念
水平1	能从物理学的视角观察自然现象，具有物理学与实际相联系的意识。
水平2	形成初步的物理观念，能从物理学的视角解释一些自然现象，能应用物理知识解决一些实际问题。
水平3	具有物理观念，能从物理学的视角描述和解释自然现象，能应用物理知识解决实际问题。
水平4	具有清晰的物理观念，能从物理学的视角正确描述和解释自然现象，能综合应用物理知识解决实际问题，能指导工作和生活实践。
水平5	具有清晰、系统的物理观念，能从物理学的视角正确描述和解释自然现象，能灵活应用所学的物理知识解决实际问题，能有效指导工作和生活实践。

表2–3　科学思维的水平划分与描述

层级	科学思维
水平1	能说出一些简单的物理模型；能对常见的物理现象进行简单分析；能区别观点和证据；知道质疑和创新的重要性。
水平2	能在熟悉的问题情境中应用常见的物理模型；能对比较简单的物理现象进行分析和推理，获得结论；能使用简单和直接的证据表达自己的观点；具有质疑和创新的意识。
水平3	能在熟悉的问题情境中根据需要选用恰当的模型解决简单的物理问题；能对常见的物理现象进行分析和推理，获得结论并做出解释；能恰当使用证据表达自己的观点；能对已有观点提出质疑，从不同角度思考物理问题。
水平4	能将实际问题中的对象和过程转换成物理模型；能对综合性物理问题进行分析和推理，获得结论并做出解释；能恰当使用证据证明物理结论；能对已有结论提出有依据的质疑，采用不同方式分析，解决物理问题。
水平5	能将较复杂的实际问题中的对象和过程转换成物理模型；能在新的情境中对综合性物理问题进行分析和推理，获得正确结论并做出解释；能考虑证据的可靠性，合理使用证据；能从多个视角审视检验结论，解决物理问题具有一定的新颖性。

表 2-4　科学探究的水平划分与描述

层级	科学探究
水平 1	具有问题意识；能在他人指导下使用简单的器材收集数据；能对数据进行初步整理；具有与他人交流成果、讨论问题的意识。
水平 2	能观察物理现象，提出物理问题；能根据已有的科学探究方案，使用基本的器材获得数据；能对数据进行整理，得到初步的结论；能撰写简单的报告，陈述科学探究过程和结果。
水平 3	能分析物理现象，提出可探究的物理问题，做出初步的假设；能在他人帮助下制订科学探究方案，使用基本的器材获得数据；能分析数据，发现特点，形成结论，尝试用已有的物理知识进行解释；能撰写实验报告，用学过的物理术语、图表等交流科学探究过程和结果。
水平 4	能分析相关事实或结论，提出并准确表述可探究的物理问题，做出有依据的假设；能制订科学探究方案，选用合适的器材获得数据；能分析数据，发现其中规律，形成合理的结论，用已有的物理知识进行解释；能撰写完整的实验报告，对科学探究过程与结果进行交流和反思。
水平 5	能面对真实情境，从不同角度提出并准确表述可探究的物理问题，做出科学假设；能制订有一定新意的科学探究方案，灵活选用合适的器材获得数据；能用多种方法分析数据，发现规律，形成合理的结论，用已有的物理知识进行科学解释；能撰写完整规范的科学探究报告，交流、反思科学探究过程与结果。

表 2-5　科学态度与责任的水平划分与描述

层级	科学态度与责任
水平 1	认识到物理学是对自然现象的描述与解释；对自然界有好奇心，知道学习物理需要实事求是，有与他人合作的意愿；知道科学、技术、社会、环境存在相互联系。
水平 2	认识到物理学是基于人类有意识的探究而形成的对自然现象的描述与解释，并需要接受实践的检验；有学习物理的兴趣，具有实事求是的态度，能与他人合作；认识到物理研究与应用会涉及道德与规范问题，了解科学、技术、社会、环境的关系。
水平 3	认识到物理研究是建立在观察和实验基础上的一项创造性工作；有较强的学习和研究物理的兴趣，能做到实事求是，在合作中尊重他人；认识到物理研究与应用应考虑道德与规范的要求，认识到人类在保护环境和促进可持续发展方面的责任。
水平 4	认识到物理研究是一种对自然现象进行抽象的创造性的工作；有学习和研究物理的内在动机，坚持实事求是，在合作中既能坚持观点又能修正错误；能依据普遍接受的道德与规范认识和评价物理研究与应用，具有保护环境、节约资源、促进可持续发展的责任感。
水平 5	认识到物理学是人类认识自然的方式之一，是不断发展的，具有相对持久性和普适性，但同时也存在局限性；有较强的学习和研究物理的内在动机，能自觉抵制违反实事求是原则的行为，在合作中既能主动参与又能发挥团队作用；在进行物理研究和应用物理成果时，能自觉遵守普遍接受的道德与规范，养成保护环境、节约资源、促进可持续发展的良好习惯。

4．物理学业质量水平

高中物理学业质量可根据问题情境的复杂程度、知识和技能的结构化程度、思维方式或价值观念的综合程度等划分为不同水平。每一级水平都包含物理学科核心素养的四个方面，主要表现为学生在不同复杂情境中运用重要概念、思维、方法和观念等解决问题的关键特征。不同水平之间具有由低到高逐渐递进的关系。高中物理学业质量水平依据物理学科核心素养中的“物理观念”“科学思维”“科学探究”“科学态度与责任”四个方面及其水平划分（表 2-2 表 2-5），结合课程内容的要求而制定的。《普通高中物理课程标准》（2017 版，2020 年修订）中物理学业质量水平如表 2-6 所示。

表 2-6　高中物理学业质量水平

层级	质量描述
水平1	（1）能从物理学的视角观察自然现象，具有物理学与实际相联系的意识。 （2）能说出一些简单的物理模型；能对常见的物理现象进行简单分析；能区别观点和证据；知道质疑和创新的重要性。 （3）具有问题意识；能在他人指导下使用简单的器材收集数据；能对数据进行初步整理；具有与他人交流成果、讨论问题的意识。 （4）认识到物理学是对自然现象的描述与解释；对自然界有好奇心，知道学习物理需要实事求是，有与他人合作的意愿；知道科学、技术、社会、环境存在相互联系。
水平2	（1）形成初步的物理观念，能从物理学的视角解释一些自然现象，能应用物理知识解决一些实际问题。 （2）能在熟悉的问题情境中应用常见的物理模型；能对比较简单的物理现象进行分析和推理，获得结论；能使用简单和直接的证据表达自己的观点；具有质疑和创新的意识。 （3）能观察物理现象，提出物理问题；能根据已有的科学探究方案，使用基本的器材获得数据；能对数据进行整理，得到初步的结论；能撰写简单的报告，陈述科学探究过程和结果。 （4）认识到物理学是基于人类有意识的探究而形成的对自然现象的描述与解释，并需要接受实践的检验；有学习物理的兴趣，具有实事求是的态度，能与他人合作；认识到物理研究与应用会涉及道德与规范问题，了解科学、技术、社会、环境的关系。
水平3	（1）具有物理观念，能从物理学的视角描述和解释自然现象，能应用物理知识解决实际问题。 （2）能在熟悉的问题情境中根据需要选用恰当的模型解决简单的物理问题；能对常见的物理现象进行分析和推理，获得结论并做出解释；能恰当使用证据表达自己的观点；能对已有观点提出质疑，从不同角度思考物理问题。 （3）能分析物理现象，提出可探究的物理问题，做出初步的假设；能在他人帮助下制订科学探究方案，使用基本的器材获得数据；能分析数据，发现特点，形成结论，尝试用已有的物理知识进行解释；能撰写实验报告，用学过的物理术语、图表等交流科学探究过程和结果。 （4）认识到物理研究是建立在观察和实验基础上的一项创造性工作；有较强的学习和研究物理的兴趣，能做到实事求是，在合作中尊重他人；认识到物理研究与应用应考虑道德与规范的要求，认识到人类在保护环境和促进可持续发展方面的责任。

（续表）

层级	质量描述
水平4	（1）具有清晰的物理观念，能从物理学的视角正确描述和解释自然现象，能综合应用物理知识解决实际问题，能指导工作和生活实践。 （2）能将实际问题中的对象和过程转换成物理模型；能对综合性物理问题进行分析和推理，获得结论并做出解释；能恰当使用证据证明物理结论；能对已有结论提出有依据的质疑，采用不同方式分析解决物理问题。 （3）能分析相关事实或结论，提出并准确表述可探究的物理问题，做出有依据的假设；能制订科学探究方案，选用合适的器材获得数据；能分析数据，发现其中规律，形成合理的结论，用已有的物理知识进行解释；能撰写完整的实验报告，对科学探究过程与结果进行交流和反思。 （4）认识到物理研究是一种对自然现象进行抽象的创造性的工作；有学习和研究物理的内在动机，坚持实事求是，在合作中既能坚持观点又能修正错误；能依据人们普遍接受的道德与规范认识和评价物理研究与应用，具有保护环境、节约资源、促进可持续发展的责任感。
水平5	（1）具有清晰、系统的物理观念，能从物理学的视角正确描述和解释自然现象，能灵活应用所学的物理知识解决实际问题，能有效指导工作和生活实践。 （2）能将较复杂的实际问题中的对象和过程转换成物理模型；能在新的情境中对综合性物理问题进行分析和推理，获得正确结论并做出解释；能考虑证据的可靠性，合理使用证据；能从多个视角审视检验结论，解决物理问题具有一定的新颖性。 （3）能面对真实情境，从不同角度提出并准确表述可探究的物理问题，做出科学假设；能制订有一定新意的科学探究方案，灵活选用合适的器材获得数据；能用多种方法分析数据，发现规律，形成合理的结论，用已有的物理知识进行科学解释；能撰写完整规范的科学探究报告，交流、反思科学探究过程与结果。 （4）认识到物理学是人类认识自然的方式之一，是不断发展的，具有相对持久性和普适性，但同时也存在局限性；有较强的学习和研究物理的内在动机，能自觉抵制违反实事求是的行为，在合作中既能主动参与，又能发挥团队作用；在进行物理研究和应用物理成果时，能自觉遵守人们普遍接受的道德与规范，养成保护环境、节约资源、促进可持续发展的良好习惯。

5. 学科素养评价指标体系

2019年6月，国务院颁布的《关于新时代推进普通高中育人方式改革的指导意见》规定，从2020年起，高考不再制定考试大纲，延续了16年的高考《考试大纲》成为历史。教育部考试中心研制的《中国高考评价体系》成为高考新的指导纲领，该体系由“一核”（为什么考）、“四层”（考什么）、“四翼”（怎么考）构成，如图2-3所示。其中，学科素养的评价指标体系如图2-4和表2-7所示。

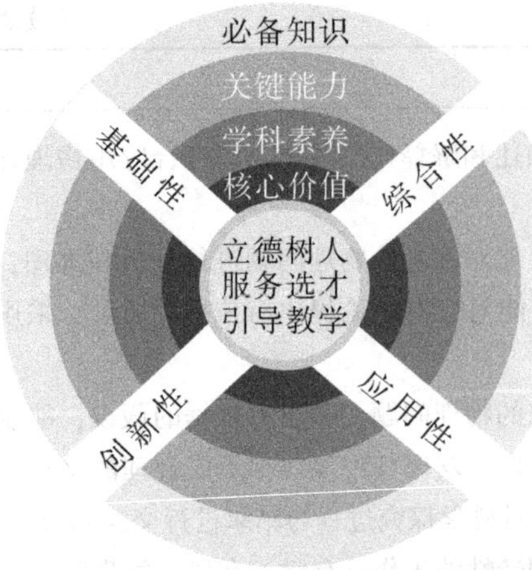

图 2-3　中国高考评价体系

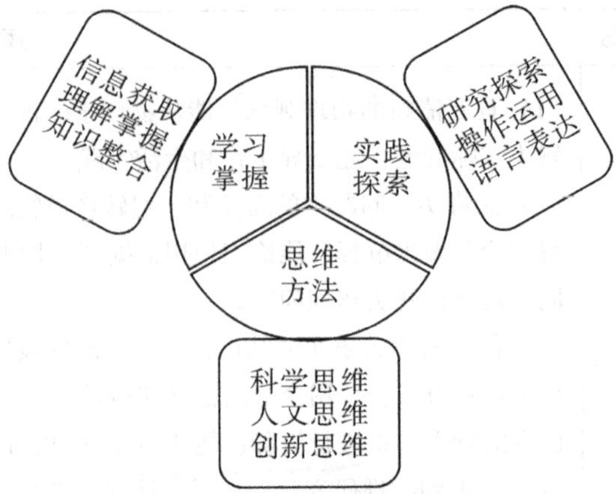

图 2-4　学科素养评价体系

表 2-7　学科素养的评价指标体系

一级指标	二级指标	指标表现
学习掌握	信息获取	适应社会信息化趋势，通过各种方式与渠道获取信息，根据应对问题情境的需要，合理地组织、调动各种相关知识与能力，完成信息获取活动。
	理解掌握	根据应对问题情境的需要，合理地组织、调动各种相关知识与能力，系统化、多层面、多角度地对新信息进行加工处理，融会贯通地把握新信息的实质，把握新旧信息的联系，形成对新信息的准确判断、分析与评价。
	知识整合	根据应对问题情境的需要，合理地组织、调动各种相关知识与能力，对获得的学科知识和相关信息进行概括整合，形成与生活实践或学习探索问题情境对应的产生式系统，能够将新获得的知识纳入已有知识结构或知识体系，对原有的知识结构进行合理的调整。
实践探索	研究探索	根据应对新的问题情境的需要，合理地组织、调动各种相关知识与能力，实施调研、探究或实验活动。分析结果，提出新观点或发现新问题，寻求有效的问题解决方法。
	操作运用	根据应对问题情境的需要，合理地组织、调动各种相关知识与能力，运用实验等动手操作方法，探究所要解决的生活实践或学习探索情境中的各种问题。综合各种技术方法进行组合创新，将创意或方案转化为有形物品或对已有物品进行改进与优化，创新性地解决现实情境问题。
	语言表达	根据应对问题情境的需要，合理地组织、调动各种相关知识与能力，准确传达信息并进行交流沟通。能够根据具体情境的不同，选用口语、书面语等不同语体并灵活转换。熟练运用图象、图表、图片表达思维、观点，借助口语、书面语或绘图等方式表达抽象的概念。灵活运用各种文本形式准确表达个人的情感、思维和观点。能够根据情境需要，运用外语进行交流。

（续表）

一级指标	二级指标	指标表现
思维方法	科学思维	采用严谨求真的、实证性的逻辑思维方式应对各种问题。能够根据对问题情境的分析，运用实证数据分析事物的内部结构和问题的内在联系，以抽象的概念来反映客观事物的本质特征和内在联系。运用抽象与联想、归纳与概括、推演与计算模型与建模等思维方法来组织、调动相关的知识与能力，解决生活实践或学习探索情境中的各种问题。
	人文思维	运用历史的、辩证的、审美的、系统的思维方式应对各种问题。能够根据对问题情境的分析，从多元性、情境性、关联性、层次结构性、动态平衡性、开放性和时序性等方面把握问题与事物的本质。综合运用联想、类比、引申等思维方法，组织、调动相关的知识与能力，解决生活实践或学习探索情境中的各种问题。
	创新思维	运用开放性、创新性的思维方式应对问题情境，组织相关的知识与能力，注重独立性、批判性、发散性的思考。综合运用直觉的、顿悟的、灵感的、形象的、逻辑的方法，提出新视角、新观点、新方法、新设想，创新性地解决生活实践或学习探索情境中的各种问题。

§2.1.2　学科思想方法*

学科思想方法不仅是学科教学的灵魂与精髓，而且是物理学科核心素养中“科学思维”的内核。《义务教育数学课程标准（2011 年版）》首次将“双基”拓展为“四基”，即学生通过学习，获得必需的基础知识、基本技能、基本思想和基本活动经验，进一步丰富了能力培养的基本内涵。2012 年，《中学教师专业标准（试行）》在“专业知识”维度中的学科知识方面，不仅要求中学教师知道所教学科的内容，而且要“理解所教学科的知识体系、基本思想与方法”等，从而保证教师在教学活动中脉络清晰、重点突出，让学生感悟学科的基本思想。2013 年 6 月，在教育部《关于推进中小学教育质量综合评价改革的意见》中，首次出台了《中小学教育质量综合评价指标框架（试行）》，其中在“学业发展水平”方面有“学科思想方法”的关键性指标，考查学生“对各学科思想和方法的理解和掌握情况”。

1. 学科思想与学科方法的关系

学科思想是相应学科知识和学科方法的本质认识和精神实质，并且，学科思想对学科

* 河南省基础教育教学研究项目中原名师立项与结项课题（编号：JCJYC1606zy45），2018 年度河南省教育科学研究优秀成果一等奖。

方法起调控作用，而学科方法则是学科思想的外显，很多学科方法是学科思想的具体体现。因此，近年来学界逐渐认为“学科思想”与“学科方法”之间没有十分明确的界限，二者相辅相成，互为表里，密不可分，故把二者统称为“学科思想方法”。一般，当强调指导性时称为学科思想，当强调工具性时称为学科方法。

2. 物理学科思想方法的界定

物理学科思想方法为物理学发现问题、提出问题、解决问题的过程中，所使用的策略、途径、手段、方式和操作的总和，是从物理学视角对客观事物的本质属性、内在规律及相互关系的科学思维方式，是科学思维内化的能力与品质。

3. 高中物理学科思想方法的分类

高中物理常见的学科思想方法有：（1）理想化与物理建模思想，其中包括：①理想模型（对象模型、条件模型、过程模型、模拟模型），②理想实验；（2）实验探究思想；（3）守恒思想；（4）控制变量思想；（5）等效思想（等效转换、等效替代）；（6）类比思想；（7）极限思想；（8）对称思想；（9）数理思想（比值定义法、乘积定义法、比例系数法、图象法、方程函数法、数形结合法、近似估算法、外推法、平均值法、曲线拟合法、微元法、累积法、放大法、化归法、逆向法、临界与极值法）；（10）隔离与整体思想；（11）归纳与演绎思想；（12）假设与悖论思想。

其中，数理思想是基于物理现象的数学模型，利用数学知识解决物理问题的科学思维方式。数理思想不仅能利用数学方法诠释物理现象，解决物理问题，而且能预见物理现象，并根据物理事实来修正原有的物理模型。隔离与整体思想是分析与综合思想在解决物理问题中的具体应用。

另外，理想化与物理建模思想属于建构类的学科思想方法；实验探究思想、守恒思想、等效思想、控制变量思想、对称思想、类比思想、假设与悖论思想属于发现类的学科思想方法；数理思想、极限思想、隔离与整体思想、归纳与演绎思想属于应用解决问题类的学科思想方法。

总之，知识、技能和思想方法是学科教学的三大要素，其中，学科思想方法是学科教学的灵魂与精髓。但是，受应试教育的影响，传统课堂教学只注重知识的传授和技能的训练，普遍忽视了“学科思想方法”这一学科核心素养。为了帮助青年教师在高中物理教学实践中，系统领悟、适时隐性渗透与显性呈现学科思想方法，促进学生“深度学习”，提升学生的高阶思维与学科核心素养，迎接课堂转型的挑战，本书将在第二篇的第二章、第三章中，综合采用文献研究法和文本分析法，分别例析教材和试题中的学科思想方法。

§2.1.3　物理模型与物理建模

理想化与物理建模思想是物理学科思想方法之一，物理学科思想方法是科学思维的内核，而科学思维则是物理学科核心素养的灵魂。科学思维是基于经验事实建构物理模型的抽象概括过程，主要包括模型建构、科学推理、科学论证、质疑创新等要素。

一、物理模型与物理建模的意义

物理学中涉及的概念和规律，从某种意义上来说，都是理想化模型。理想化模型包含两个方面的含义：一是“理想化”，即不考虑一些非本质的因素，抓住研究对象的主要矛盾；二是“模型”，在研究物理问题时，只要找出一类事物中的一个典型事件作为代表进行研究，只需研究问题的类型即可。物理模型是大量同类物理事件或物理事物的高度抽象，它既是同类物理事物的代表，但实际上又是不存在的，它的最大特点是突出了物理事件最本质的属性，同时屏除了一切非本质因素的干扰，为我们对物理概念的建立，物理规律的研究以及描述、处理提供了有力的工具和手段。

由于实际的各种物理问题过程复杂，所包含的物体数目不一样，又同时存在各种各样的非主要矛盾，因此，我们只有抛开问题中的次要矛盾和无关因素，同时把一个复杂的问题分解为几个简单的物理模型，再考察清楚各个物理模型之间的联系，就可以运用已知的物理概念、规律、定理或定律直接求解，从而达到解决问题的目的。物理问题从一定意义上说，都是依照一定的物理模型来拟定的，解题过程实质上就是分析和还原物理模型的过程，因此复习时，可以物理模型为主线，通过典型题目的巧妙组合，用模型将不同的知识点串起来，以最小的题量达到最大的效果，避免学生陷入题海之中。这就是我们要研究物理模型的意义所在。

二、物理模型的分类及特点

在高中物理中，常用的理想化模型可分为两大类：实物模型和问题模型。实物模型又可分为研究对象模型和对象背景模型，它们是为了研究的方便，尤其是为了突出研究的对象，对真实对象和实际背景所做的理想化处理结果。问题模型又可以分为系统理论模型和物理过程模型，系统理论模型是在对未知事物的探讨过程中形成的“概念网”，这种模型的最大特点是符合已知的物理学的一切有关原理和既成事实，或遵守创新的理论。运动过程模型是为了突出物理现象，物理过程的主要特征和本质，排除次要因素的干扰，以便对物理规律进行深入的探讨和准确描述，从而对物理过程物理现象进行合理抽象所建立的一种理想化过程模型。

- 物理模型
  - 实物模型
    - 研究对象模型
    - 背景条件模型
  - 问题模型
    - 系统理论模型
    - 运动过程模型

1. 研究对象模型

质点：抓住物体的质量特征而忽略物体本身的几何形状这个次要因素，是数学上的点概念和物理上物体概念的结合。

分子模型：热学研究中，把分子看作是球体或立方体而忽略不同分子的化学结构，用于计算分子直径。这是沿袭力学中质点的概念。

理想气体：在研究气体的压强和内能时，忽略分子本身的大小以及彼此间的相互作用力，从而也忽略了气体的分子势能。这是沿袭力学中质点组的概念。

点电荷：抓住带电体的电量特征而忽略带电体本身的形状这个次要因素。这是沿袭力学中质点的概念。

点光源：抓住光源均匀发光的特性而忽略发光体本身大小的形状这一次要因素。这是力学中质点的概念在光学中的体现。

光子：抓住能量在微观传输过程中的能量量子性这个本质特征，而抽象成的“小球”。

变压器：抓住变压器输入和输出两端的电压和能量关系，而忽略变压器本身造成的能量损耗和能量辐射。

流体模型：研究气体和液体时，所构造的柱体模型，重点在于它的不可压缩性和可以任意改变形状的特点。

光线：抓住光在宏观传播过程中的行为特征，在同种介质中沿直线传播，而忽略光本身的波动行为。

原子核式模型：抓住原子本身组成、定态能量以及跃迁频率的特征。

电路模型：抓住电路的构成（电源、开关、用电器）及三套参数（电流、电压、功率）之间的关系。

2. 背景条件模型

接触背景模型：光滑平面、光滑斜面、轻绳、轻杆、轻弹簧、粗糙平面、粗糙斜面、弹性墙、绝热容器、理想变压器等。

环境背景模型：有或无阻力的环境，匀强电场、匀强磁场、复合场的环境。环境背景模型都是在研究对象的受力或能量的转化为内能方面起作用。

3. 系统理论模型

（1）系统动量守恒模型：对于所受合外力为零，或某一方向合外力为零，或内力远大于外力的系统，研究其部分之间的质量和速度关系，即运动量转移关系的理论模型。

（2）系统能量守恒模型：对于研究对象的能量转移或转化时，能量在系统内部或子系统之间交换和守恒的理论模型。

机械守恒模型：用于研究能量只在动能、重力势能、弹性势能之间互相转化时的理论模型。

闭合电路模型：用于研究能量在电能、内能或机械能之间转化时系统的理论模型。

远距离输电模型：用于研究电能在传输过程中损耗为内能和有效传输的系统理论模型。

电磁感应模型：用于研究机械能与电能之间转化时系统的能量理论模型。

LC 电磁振荡模型：用于研究电磁振荡过程中电场能与磁场能之间转化的系统理论模型。

光电效应模型：用于研究光子、电子的能量交换现象行为模型。

（3）动能定理模型：研究各个力对物体做的功与物体动能的变化的理论模型。

（4）动量定理模型：研究各个力对物体的冲量与物体动量的变化的理论模型。

（5）玻尔原子模型：用于解决氢原子的光谱规律的理论模型。

（6）分子理论模型：用于解释宏观热现象的微观本质时所采用的理论模型。

4. 运动过程模型

（1）匀变速直线运动过程模型：研究直线运动过程中运动学或动力学规律的模型。

自由落体运动：特定 $a=g$，方向竖直向下，且 $v_0=0$。

竖直上抛运动：特定 $a=g$，方向竖直向下，且 $v_0\neq0$。

刹车模型：存在特定 t_0，当 $t>t_0$ 时，$v\equiv0$。

在斜面上运动模型：用于解决粗糙斜面上的上下运动的模型，注意上下运动时加速度 a 的不同。

（2）匀变速曲线运动过程模型：研究质点在做曲线运动过程中受恒力作用时的运动学和动力学特征的模型。

平抛运动模型，特定 $a=g$，方向竖直向下，v_0 方向水平。

带电粒子在电场中的偏转模型，主要是类平抛运动和类斜抛运动。

（3）匀速圆周运动过程模型：研究质点在做圆周运动中加速度大小不变时运动学和动力学特征的模型。

“恒星—行星”运动模型和“原子核—电子”运动模型。

带电粒子垂直进入匀强磁场时偏转运动模型。

（4）“子弹穿木块”过程模型：用于研究两个相互作用的物体之间和系统整体的动量、能量和几何关系（相对位移）等复杂问题的过程模型。

（5）反冲运动模型：用于解决原静止的系统在开始运动后，系统和部分之间运动规律的运动模型，满足动量守恒和能量守恒的条件。

人船模型：着重研究两物体之中二者位移与质量关系的模型。

核反应模型：着重研究两物体系中二者速度与质量、能量关系的模型。

（6）碰撞过程模型：研究两物体在瞬间发生较强相互作用，描述结果的模型。

完全弹性碰撞模型：着重研究两物体发生瞬间相互作用的过程中动能无损耗、动量守恒的运动过程。其运动学行为是：当二者质量相等时，交换速度；碰撞前后的相对速度等值反向。

完全非弹性碰撞模型：着重研究二者发生瞬间相互作用的过程中动能损失最大而动量守恒的运动过程，其运动学行为是二者发生相互作用后速度相同。

（7）简谐运动模型：研究质点各个物理量在运动变化过程中周期性变化特征以及相互关系。

单摆模型：着重考察运动周期性。

弹簧振子模型：着重研究运动学行为描述量之间的变化关系。

LC 电磁振荡：着重研究物理量（极板上电量和回路中的电流）随时间的周期性变化这一广义运动模型。

三、物理建模的一般过程

《普通高中物理课程标准》（2017 年版，2020 年修订）以学科核心素养为纲，关注学科本质与物理建模，科学思维贯穿始终。其中，学科本质是指对于学科知识、学科研究过程、学科思想方法、学科精神、学科历史、学科价值、学科局限等方面最基本特点的认识，是一种对于学科本身全面的哲学性的基础认识；物理建模是通过大量的观察和实验积累经验，在经验事实的基础上，对物理问题的本质属性和基本过程进行高度概括与科学抽象，建构物理模型，来解释物理问题、预测未知现象，并用实验来检验物理模型的过程。

物理建模的一般过程为：①从观察和实验中积累并获取经验；②分析实际问题的影响因素；③在经验事实的基础上抓住主要因素，忽略研究对象的次要因素；④通过创造性思维方法（如想象、推理、判断等）建立模型；⑤用所建模型解决实际问题，预言未知现象，并检验模型的适用范围；⑥在遇到超出模型适用范围的现象时，修正与完善模型，甚至思考全新的模型。

四、匈牙利高中物理教材《“外星人”学物理》物理建模赏析

匈牙利著名的物理学家乔治·马克思（George Marx）教授主编的匈牙利普通高中物理教材——《“外星人”学物理》，共四册，用于匈牙利普通高中 9 至 12 四个年级。1997 年、1999 年和 2000 年，人民教育出版社分别出版发行了这套教材的中译本，由北京大学

秦克诚教授等翻译，赵凯华教授作了题为“他山之石，可以攻玉”的序言。

这套教材十分重视物理建模，堪称物理建模教材的典范。教材第一册第一节就明确提出：“可以用来解释物质性质和行为的脑海中的图画叫作模型。建立模型就是建造和使用这种心智图画的方法。物理学家和研究工作者的工作方法就是建立模型。即从观察简单的现象开始，到建造模型解释观察结果，并用实验来检验模型。”赵凯华教授在中译本序言中明确指出：“这套教材把重点放在培养学生正确的科学方法上，引导学生如何通过观察和实验积累经验，在经验事实的基础上建立物理模型，用建立的物理模型解决实际问题、预言未知现象，用新的实验现象检验这个物理模型的适用范围、进一步修正物理模型，在这个框架内介绍有关的物理知识。”教材的这种编排方式可以使学生不仅知道科学家是怎么做的，而且学会了如何去做。

例如：通过实验构建气体模型

实验 1：体验空气的存在

如图 2-5，吹一只气球，拿住它，用你的手考察它。随着你把越来越多的空气吹入气球，你的手有什么感觉？为什么气球变得越来越大并且越来越硬？做一次深呼吸！是什么填充你的肺？

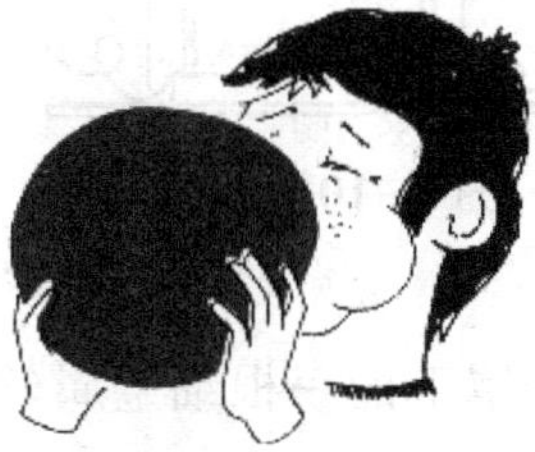

图 2-5 实验 1

图 2-6 实验 2

实验 2：我们来压缩空气

堵死自行车打气筒或喷水器的出口，压它的活塞。如图 2-6，试着压缩一个已经吹胀的气球。说出你的观察结果。

通过以上两个实验使学生了解：气体对封闭它的容器壁施加压力，气体可以被压缩，它的体积可以缩小。下面几个实验使学生进一步了解了气体可以扩散和膨胀的性质。

实验 3：用嗅觉体验

如图 2-7，打开一瓶氨水，你马上可以闻到什么？

实验 4：用看得见的气体做实验

溴会使你咳嗽，吸入它会伤害你的肺部。绝不要吸入溴蒸气。打开窗户！如图 2-8，滴几滴溴到一个量筒里，然后用一块玻璃板盖住它。黄红色的溴蒸气在量筒中越爬越高，很快溴气就均匀充满整个量筒。一切气体都自发地膨胀，充满盛它的容器，并且同别的气体混合。

图 2-7　实验 3

图 2-8　实验 4

根据实验中气体的膨胀和混合的性质来建立气体的模型：把气体看作是一大群向四面八方不停飞行的小弹子球。接着，再做一些实验来修正这个模型。

实验 5：倾倒气体

如图 2-9，当我们拿着量筒并将它倾斜地放在另一个玻璃杯上时，溴气就会倒进那个玻璃杯。这样你知道了虽然溴气的密度比空气的密度大，但运动的溴气弹子球，相互冲撞，彼此推动向上运动，正像一颗被扔出的弹子一样。

图 2-9　实验 5

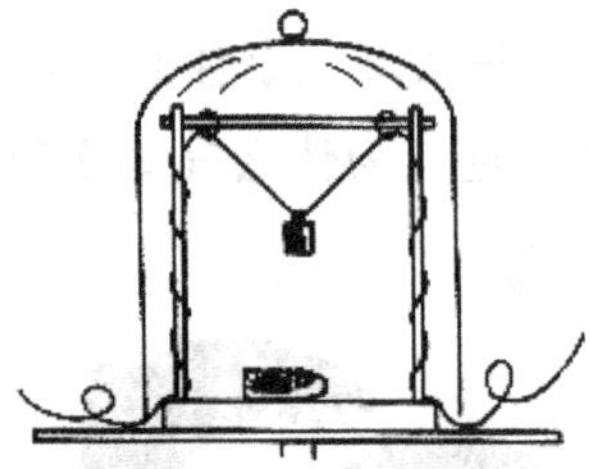

图 2-10　实验 6

实验 6：观察膨胀的速率

如图 2-10，一块铁挂在一个有空气泵的玻璃钟罩下的一根细金属丝上，通电流熔化金属丝，掉下的铁块砸碎一个盛有溴气的小瓶子。当钟罩下有空气时，溴气将以实验 4 中看到的速度膨胀，但是如果我们抽光钟罩下的空气，那么溴气就会非常快速地充满钟罩下的整个空间。

由于空气弹子球和溴气弹子球相互撞击，它们的运动方向不断变化着。溴充满空虚的空间要快得多，因为这时溴弹子球遇到空气弹子球的机会少得多。基于这一经验，可认为实验中弹子球是飞得很快的，在两次碰撞之间弹子球以高速运动。

模型实验 7：试着解释压力

如图 2-11，把一个乒乓球扔到天平的一个秤盘上，再把一些小滚珠撒到秤盘上，最后把一把细沙子慢慢倒到秤盘上，在每种情况下注视天平的指针。乒乓球碰到秤盘后反跳，它就给秤盘一个冲击，由连续倒下的沙粒造成的小冲击加起来就生成了压力。

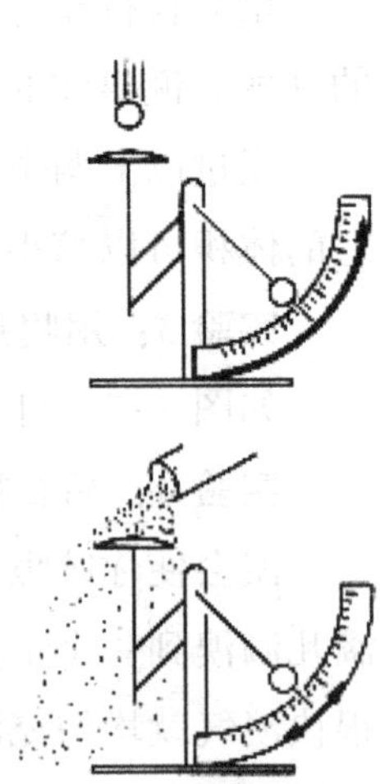

图 2-11　实验 7

因此，把气体想象成大量弹子球的聚集体，这个模型就解释了气体的连续的压力。气体是大量粒子的聚集体，可以把这些粒子叫作弹子球。这些弹子球很小，数量则非常之多。它们高速运动，相互撞击并且撞击容器壁。它们的无规则飞行使它们充满了提供给它们的体积。

随后再研究气体的压强和体积的关系，得出两个量的乘积是一个常数，因此 p 和 V 的反比关系可以写成 $pV=$常数。

模型实验 8：检验气体模型的结论

如图 2-12，一端密封的玻璃管，内含空气，用高度为 10~15 cm 的水银柱把空气封闭在管中。我们把这种仪器叫作梅尔德（Melde）管。分别水平放置、开口向上竖直放置、开口向下竖直放置，我们发现各个乘积 p_1V_1、p_2V_2 和 p_3V_3 近似相等（误差百分之几）。依靠模型你能预先得出这个结果。可见弹子球模型是有效的：经验证实了从这个模型得出的结论。修改模型。乘积 pV 真是常数吗？引出理想气体的状态方程 $pV=NkT$。

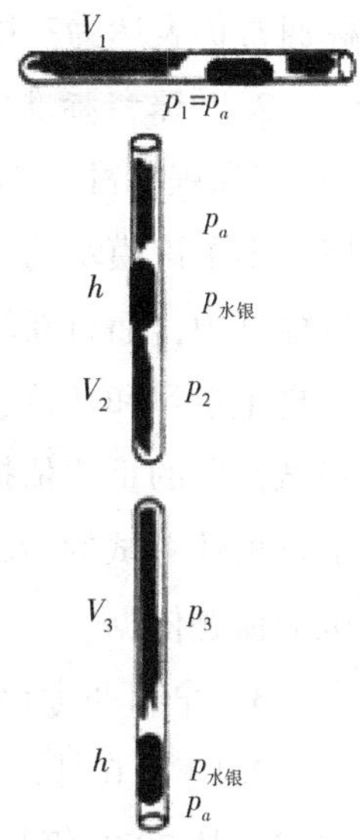

图 2-12　实验 8

通过这几个实验，学生就在触觉、嗅觉和视觉上对气体有了一些感性认识。在这个基础上，引导学生分析和综合所观察到的现象，这是思维的过程，是从现象过渡到理论的重要环节，也是培养学生想象力与抽象思维能力的时候。在观察和分析物理现象的基础上，抓住主要因素，忽略次要因素，保留物理属性，抛弃非物理属性，对研究现象进行简化，从而抽象成为理想化的物理模型。因此，物理模型建构的基本思路为：观察实验—建立模型—应用检验模型—完善修正模型。

§2.1.4　基于学科核心素养的抛体运动单元教学目标设计*

一、设计依据

1. 高中物理学科核心素养

教育部颁布的《普通高中物理课程标准》（2017 年版，2020 年修订）（以下简称《课程标准》）指出，学科核心素养是学科育人价值的集中体现，是学生通过学科学习而逐步形成的正确价值观念、必备品格和关键能力。高中物理学科核心素养主要包括“物理观念”“科学思维”“科学探究”“科学态度与责任”四个方面。在“科学探究”的基础上，逐步形成“物理观念”“科学思维”和“科学态度与责任”，三者相互促进，形成不同水

* 发表于《中学物理教学参考》2021 年第 5 期。

平等级的学科核心素养。即以“科学探究”为基础，“科学思维”为灵魂，而“学科思想方法”则是科学思维的内核。

2001年第八次课程改革以来，学科教学目标从“双基”转变为“三维目标”。三维目标不是终极的目标，而是学科核心素养形成的要素与路径；学科核心素养实际上是三维目标的提炼与整合、发展与深化，体现了从知识本位到以人为本的转变。目前，学科教学目标通常仍表达为三维目标。

2.《课程标准》的内容要求与学业质量水平要求

《课程标准》对高中物理各模块相关主题分别提出了“内容要求”，并在每个模块结尾提出了该模块的“教学提示”和“学业要求”。《课程标准》不仅将物理学科核心素养贯穿其中，而且新增了“学业质量”部分的内容。学业质量划分为五级水平，既是指导学生自主学习和评价、教师开展日常教学设计、命题和评价的重要依据，也是高中学业水平考试命题的重要依据。其中，学业质量水平2是高中毕业生应达到的合格要求，是学业水平合格性考试的命题依据；学业质量水平4是用于高等院校招生录取的学业水平等级性考试的命题依据。

3. 中国高考评价体系

2019年6月，国务院颁布的《关于新时代推进普通高中育人方式改革的指导意见》规定，从2020年起，高考不再制定考试大纲，延续了16年的高考《考试大纲》成为历史。教育部考试中心研制的《中国高考评价体系》成为高考新的指导纲领，该体系由“一核”（为什么考）、“四层”（考什么）、“四翼”（怎么考）构成，如图2-3所示。其核心直指学科素养与思维能力，其中，学科素养的评价指标体系如图2-4所示。《中国高考评价体系》是新时代高考内容改革的基础工程、理论支撑和实践指南，是深化高中育人方式改革的助推器，是提升高考治理能力的重要基础，是命题评价的准绳和量尺。

二、抛体运动单元教学目标设计

1.《课程标准》的要求

（1）内容要求：通过实验，探究并认识平抛运动的规律。会用运动合成与分解的方法分析平抛运动。体会将复杂运动分解为简单运动的物理思想。能分析生产生活中的抛体运动。

（2）教学提示：分别通过实验探究、理论推导等方法研究平抛运动，让学生体会物理学中化繁为简的研究方法，拓展对运动多样性的认识，深化对位移、速度、加速度等重要概念的理解，进一步提高关于力与运动关系的认识。

（3）学业要求：会做“探究平抛运动的特点”等实验。能明确实验需要测量的物理量，由此设计实验方案。会使用所提供的实验器材进行实验并获得数据，通过对数据的分析发现其中的特点，进而归纳出实验结论，并尝试对其做出解释。能撰写简单的实验报告。能认识平抛运动的物理模型特征。通过研究平抛运动，体会物理学中实验和理论推导的方法，以及化繁为简的研究方法。

2. 教材分析

抛体运动是自然界常见的运动形式，平抛运动既是一种典型的匀变速曲线运动，也是抛体运动的一个特例。人教社 2019 版高中物理教材把“曲线运动”分解为“抛体运动”和“圆周运动”两章，抛体运动单元为必修第二册第五章的第 3、4 节（第二单元）。本单元是在学生学习了匀变速直线运动、牛顿运动定律、曲线运动的条件、运动的合成与分解之后的具体应用，也是运动学与动力学知识的拓展迁移和综合应用。新教材在第一单元学习“曲线运动”和“运动的合成与分解”的基础上，第二单元首先通过实验描绘平抛运动的轨迹，探究平抛运动的特点。其次，构建平抛运动理想化过程模型，应用运动的合成与分解、牛顿第二定律对平抛运动规律进行了理论分析，分别计算平抛运动的初速度、速度、位移、射程和运动时间，用数学方法得到平抛运动的轨迹方程，并判断轨迹是否为抛物线，加深对曲线运动条件、运动与力关系的理解。最后，由平抛运动推广到一般的抛体运动，领悟运动的合成与分解是处理抛体运动、类平抛运动的基本方法，理解等效思想方法，这种实验探究与理论分析相结合、化繁为简、从特殊到一般的认知思维方式，有助于提升学生科学思维品质，思悟学科思想方法，理解学科本质，从而培育学生的学科核心素养。

3. 单元教学目标

基于上述分析，系统设计了抛体运动的单元教学目标（3 课时），如表 2-8 所示。

表 2-8　抛体运动单元教学目标

学科核心素养	要素	教学目标	三维目标
物理观念	物质观念	从生活经验建立抛体运动的概念，再进一步建立平抛运动的概念，知道平抛运动是抛体运动的特例，拓展对运动多样性的认识。	过程与方法
	运动与相互作用观念	知道平抛运动的运动性质、受力特点和研究方法，能分析生活生产中的抛体运动，加深对曲线运动条件、运动与力关系的理解。	知识与技能
	能量观念	初步了解抛体运动中机械能守恒。	
科学思维	模型建构	知道平抛运动是理想化的过程模型，平抛运动的模型建构条件。	
	科学推理	会用运动的合成与分解分析、推导平抛运动的速度和位移，理解等效思想方法。	
	科学论证	理解平抛运动的规律，会论证平抛运动的初速度、速度、位移、射程和运动时间。	
	质疑创新	由化繁为简、从特殊到一般，领悟抛体运动（平抛、斜抛）的基本处理方法。	过程与方法

（续表）

学科核心素养	要素	教学目标	三维目标
科学探究	问题	实验描绘平抛运动的轨迹，探究平抛运动的特点。	知识与技能
	证据	由平抛运动的轨迹分析，理解平抛运动的规律。	
	解释	用数学方法得到平抛运动的轨迹方程，判断轨迹是否为抛物线。	
	交流	由平抛运动的轨迹计算初速度。	
科学态度与责任	科学本质	体会实验探究与理论推导相结合、化繁为简、从特殊到一般的研究方法，领悟运动的合成与分解是处理抛体运动、类平抛运动的基本方法。	过程与方法
	科学态度	能与他人合作探究、交流分享，具有严谨、求是的科学态度。	情感态度与价值观
	社会责任	由水平匀速运动的飞机空投救灾物资、教材练习与应用第3题设计的汽车超速肇事情景中的平抛运动等培育学生的社会责任感。	

§2.1.5 基于学科核心素养与疫情防控的初中物理作业设计*

疫情就是命令，防控就是责任。面对新冠肺炎疫情与中小学2020年春季学期延期开学，为了落实教育部利用网络平台“停课不停教、不停学”的号召，各地积极开展线上教学与教研。笔者团队基于学科核心素养与疫情防控有机结合，尝试进行了初中物理作业设计。

一、设计原则

1. 出发点：把疫情当教材

生活即教育，面对没有硝烟的新冠肺炎疫情阻击战，把灾难当课程，把疫情当教材，把社会当课堂，与祖国共成长；让学生学会做人，学会担责，学会自律，学会敬畏；敬畏自然，敬畏真理，敬畏生命，敬畏规则。面对全球抗疫，弘扬中国精神，凝聚中国力量，贡献中国智慧，构建人类命运共同体。因此，在作业设计中，挖掘、提炼疫情防控中相关的物理元素，对学生开展生命教育、科学教育、道德教育和爱国教育，让学生从战胜疫情的过程中汲取成长的正能量。

2. 聚焦点：学科核心素养与疫情防控有机结合

中华人民共和国教育部颁布的《普通高中物理课程标准（2017版）》指出，贴近学生的思想、学习、生活实际，关注信息化环境的教学改革，关注学生个性化、多样化的学

*发表于《中学物理教学参考》2020年第5期。

习和发展需求，促进人才培养模式的转变，着力发展学生的学科核心素养。在教学条件和交流空间变化的疫情下，基于互联网+教学，物理作业设计可以把物理观念、科学思维、科学探究、科学态度与责任和疫情防控中的物理素材进行有机结合，践行“从生活走向物理，从物理走向社会”和“科学·技术·社会·环境（STSE）教育”的新课程理念。

3．*落脚点：培育学生学科核心素养*

学科核心素养是学科育人价值的集中体现，是学生通过学科学习而逐步形成的正确价值观念、必备品格和关键能力。中学物理教学帮助学生从物理学的视角认识自然，理解自然，体会科学研究方法，养成科学思维习惯，认识科学本质，并在认识科学·技术·社会·环境关系的基础上，逐渐形成探索自然的内在动力，严谨认真、实事求是和持之以恒的科学态度，以及遵守道德规范，保护环境并推动可持续发展的责任感，因此，基于学科核心素养与疫情防控的物理作业设计，有助于学生形成科学态度、科学世界观和正确的价值观，成为有社会责任感的公民。

二、设计示例

（一）疫情报告

1．在新冠肺炎防控活动中，为了及时、准确地把湖北省疫情上报国家卫健委，采用了通过光缆发送电子邮件的方法。若光缆传播光信号的速度是 3×10^8 m/s，武汉到北京的光缆线路长度约为 1200 km，则从武汉向北京发出的疫情报告，经________s 就可以收到。

（二）疫情防控

2．在新冠肺炎防控期间，医护人员必须穿着厚厚的防护服、戴上口罩和眼罩，眼罩的玻璃片常常模糊不清，这是由于水蒸气的________（填“物态变化”名称）现象而形成的；科研工作者日夜奋战在研究病毒的特殊实验室——负压实验室（即室内气压低于室外），人就像在高原上一样难受，但是这样可以防止病毒扩散，因而安全性很好。若在这种房间里烧水，水的沸点会________100℃，所以煮饭应采用________。

3．学校在新冠肺炎防控期间，要求每位同学“晨检”测体温，九（1）班值日生张明同学用同一支体温计正确测出甲同学的体温为 36.5 ℃，插入消毒液后擦干又分别测了乙、丙、丁三位同学的体温，读数正确，记录如下：①甲同学 36.5 ℃，②乙同学 36.5 ℃，③丙同学 37.1 ℃，④丁同学 37.1 ℃，请你判定上述情况中可能不准确的体温记录是（　　）

A．②和④　　B．③和④　　C．①和②　　D．②和③

4．人体向周围空间辐射红外能量的大小及波长分布与其表面温度相关。非接触式红外人体测温仪的光学系统汇集其视场内的人体辐射红外能量，红外能量聚焦在光电探测仪上，把光信号转变为相应的________，该信号经过放大器和信号处理电路按照仪器内部的算法和目标发射率校正后转变为人体的________值。

5. 学校用“220 V，40 W”的紫外线消毒灯对教室进行空气消毒，该消毒灯的额定电流为________A，工作 30 min 消耗电能________kW · h。

（三）防疫隔离

6. 1665 年秋季至 1667 年春季，在剑桥大学就读的牛顿因停课躲避瘟疫回农村老家“宅”了 18 个月，相传期间牛顿思考苹果落地问题并发现了万有引力定律。请分别画出挂在树枝上静止苹果和自由下落过程中苹果的受力示意图。

7. 有两个新冠肺炎病人，被分别隔离在某医院的两个单独病房中，为了方便患者和医护人员联系，请根据下列要求，利用所给的器材设计一个电路，画出电路图。

要求：甲病人闭合开关，红灯亮电铃响；乙病人闭合开关，绿灯亮电铃响。

（四）综合应用

8. 为了预防新冠肺炎的交叉感染，全国首个测温 5G 警用巡逻机器人在广州黄埔诞生，这款测温 5G 警用巡逻机器人有 5 个高清摄像头，可实现全景无死角巡逻。

（1）机器人上的摄像头相当于一个__________透镜，它的成像原理和我们生活中的__________（选填“照相机”“幻灯机”或“放大镜”）的成像原理相同。当无人机上升时，须________（选填“增大”或“减小”）镜头与感光晶片间的距离，才能拍摄到清晰画面。

（2）如图 2-13 所示，航拍无人机起飞前，放在地面上要确保四脚着地；启动后，利用遥控器可控制其运动和工作。无人机的参数如表 2-9 所示，g 取 10 N/kg，求：

图 2-13 航拍无人机

表 2-9 航拍无人机参数表

机身质量/kg	2.4	四脚着地总面积/cm^2	10
电池充满后储存电能/J	36000	最大水平速度/（$m \cdot s^{-1}$）	5
机身尺寸/mm	400×300×200	最大上升速度/（$m \cdot s^{-1}$）	1

①无人机停放在水平地面上时对地面的压强是多少？无人机从地面飞到离地 30 m 高处，至少要多长时间？

②无人机从地面飞到离地 30 m 高处后，又以最大水平速度水平飞行 20 m，此过程中重力做功是多少？

③无人机充满电后，在水平方向上以最大速度匀速飞行时一次可飞行 5 km，且电能转化为机械能的效率为 60%，无人机以最大水平速度沿水平方向匀速飞行过程中受到的推力是多少？

9. 为了预防新冠肺炎交叉感染，某医院对常用医疗器械采用湿热灭菌，即将医疗器械置于消毒柜内，通过加热使水汽化，产生高压饱和蒸汽，通过多次交替对消毒室抽取真空和充入蒸气，最终达到设定压力和工作温度，从而对物品进行消毒处理。图 2-14 是某型号的全自动高压消毒柜，部分参数如表 2-10 所示。

图 2-14 全自动高压消毒柜

表 2-10 全自动高压消毒柜参数表

电源	AC220 V 50 Hz	额定加热功率	16.0 kW
内胆尺寸	420×700 mm	水箱容积	120 L
设计压力	0.29 MPa	额定压力	0.21 MPa
工作温度	120 ℃	空气排量	>99%

全自动高压消毒柜正常工作 40 min，消耗 20 ℃的水 80 L，就可完成一次消毒。已知水的比热容为 4.2×10^3 J/（kg·℃），求：

（1）消毒一次，水箱中的水吸收的热量是多少？

（2）消毒一次，消毒柜消耗的电能是多少？

（3）该消毒柜的电加热效率是多少？

第二章　例析教材中的学科思想方法

§2.2.1　必修1教材学科思想方法的横向统计分析*

基于高中物理学科思想方法的界定与分类，对人教版高中物理课标实验必修1教材(2010年3月第3版)进行了系统的文本分析，横向提炼、统计出人教版高中物理必修1教材中的学科思想方法，如表2-11所示。

表2-11　人教版高中物理必修1教材学科思想方法的横向分布统计表

章	节	页码	位置	文本内容	思想方法	备注
一	1	10	旁注 正文	在物理学中，突出问题的主要方面，忽略次要因素，建立理想化的“物理模型”，并将其作为研究对象，是经常采用的一种科学研究方法。质点就是这种物理模型之一；在某些情况下，我们可以忽略物体的大小和形状，而突出“物体具有质量”这个要素，把它简化为一个有质量的物质点，这样的点称为质点。	理想化与物理建模思想	对象模型
一	3	15	正文 旁注	物理学中用位移与发生这个位移所用时间的比值表示物体运动的快慢，这就是速度；在这里，我们用两个物理量（位移和时间）的比值定义了一个新的物理量(速度)，它的物理意义与原来的两个物理量完全不同。今后还会多次遇到用比值定义的物理量。	数理思想	比值定义法
一	3	16	正文	一般来说，物体在某一时间间隔内，运动的快慢不一定是时时一样，所以由$v=\dfrac{\Delta x}{\Delta t}$求得的速度，表示的只是物体在时间间隔$\Delta t$内的平均快慢程度，称为平均速度。	等效思想	等效替代
一	3	16	正文	如果Δt非常非常小，就可以认为$\dfrac{\Delta x}{\Delta t}$表示的是物体在时刻$t$的速度，这个速度叫作瞬时速度。	极限思想	

*发表于《物理之友》2016年第11期。

（续表）

章	节	页码	位置	文本内容	思想方法	备注
一	3	17	栏目	说一说：通过这个笑话，你对“用比值定义物理量”是否有了更深刻的认识？	数理思想	比值定义法
一	4	21	正文	用打点计时器测量瞬时速度。图 1.4-5 $\frac{\Delta x}{\Delta t}$可以大致表示 E 点的瞬时速度。D、F 两点离 E 越近，算出的平均速度越接近 E 点的瞬时速度。	极限思想	
一	4	22	正文	图象是表示变化规律的好方法。物体运动的速度与时间的关系也可以用图象描述。以速度 v 为纵轴、时间 t 为横轴在方格纸上建立直角坐标系，根据表 2 中的 v、t 数据，在坐标系中描点。	数理思想	图象法
一	4	22	正文旁注	为了更清晰些，可以用折线把这些点连起来。然而，速度的实际变化总是比较平滑的，所以，如果用一条平滑曲线来“拟合”坐标系中描出的点，曲线反映的规律会与实际情况更接近；如果有些点难以落在曲线上，应该使它们大致均匀地分布在曲线两侧。	数理思想	曲线拟合法
一	4	24	栏目	科学漫步：气垫导轨和数字计时器—根据遮光条的宽度和遮光时间，可以算出滑块经过时的速度。因为这样的计时系统可以测出 0.001 s 的时间，并且能直接以数字显示，所以又叫数字毫秒计。这样测出的速度是不是瞬时速度？说出你的道理。（应用见第 29 页练习 4 用气垫导轨测定滑块的加速度）	极限思想	
一	4	24	练习	3. 图 1.4-13 是甲、乙两个物体运动的 v-t 图象，至少从以下三个方面分别说明它们的速度是怎样变化的。	数理思想	图象法
一	4	25	练习	4. 图 1.4-14 自制打点计时器。	理想化与物理建模思想	模拟模型
一	5	26	正文旁注	加速度是速度的变化量与发生这一变化所用时间的比值；加速度是用比值定义物理量的又一例子。	数理思想	比值定义法
一	5	27	正文脚注	图 1.5-2 加速度方向与速度方向的关系；本表中的负号表示加速度方向与速度方向相反，即运动越来越慢。	归纳与演绎思想	
一	5	27	旁注	飞机起飞时，在同一底片相隔同样时间多次曝光“拍摄”的照片（合成照片）。可以看出，在同样时间间隔中，飞机的位移不断增大。	类比思想	比较法

（续表）

章	节	页码	位置	文本内容	思想方法	备注
一	5	28	正文	从曲线的倾斜程度就能判断加速度的大小，比值$\frac{\Delta v}{\Delta t}$就是加速度的数值。	数理思想	图象法
一	5	28	栏目	科学漫步：自然界中某量 D 的变化可以记作 ΔD，发生这个变化所用的时间间隔可以记作 Δt；变化量 ΔD 与 Δt 的比值$\frac{\Delta D}{\Delta t}$就是这个量的变化率。	数理思想	比值定义法
一	5	29	练习	3. 图 1.5-4 中的三条直线描述了 A、B、C 三个物体的运动。通过目测判断哪个物体的加速度最大，并说出根据，然后根据图中的数据计算它们的加速度，并说明加速度的方向。	数理思想	图象法
二	1	32	正文	以速度 v 为纵轴、时间 t 为横轴建立直角坐标系。根据表中 v、t 数据，在直角坐标系中描点，通过观察、思考，找出这些点的分布规律。	数理思想	图象法
二	1	32	旁注	在科学上，为了描述实验中测量量之间的关系，先将其在坐标系中描点，然后用一条平滑曲线（包括直线）“拟合”这些点。画图线时要使它两侧的点数大致相同。	数理思想	曲线拟合法
二	1	33	练习	2. 在同一公路上有 A、B、C 三辆汽车，它们的 v-t 图象 a、b、c 如图 2.1-5 所示。根据图象中的数据，请你尽可能详尽地描述它们的运动。	数理思想	图象法
二	1	33	练习	3. (1) 某同学用以下方法绘制小车的 v-t 图象。先把纸带每隔 0.1 s 剪断，得到若干短纸条。再把这些纸条并排贴在一张纸上，使这些纸条下端对齐，作为时间坐标轴，标出时间。最后将纸条上端中心连起来，于是得到 v-t 图象。	等效思想	等效转换
二	1	33	练习	4. 请你试着用上题所述粘贴的方法得到一个直方图，从中可以看出手拉纸带的速度是怎样变化的。	等效思想	等效转换
二	2	34	正文	在图 2.2-1 中，物体运动的 v-t 图象是一条平行于时间轴的直线，这表示物体的速度不随时间变化。	数理思想	图象法
二	2	34	正文	图 2.2-2 中 v-t 图象是一条倾斜的直线，物体的加速度有什么特点？直线的倾斜程度与加速度有什么关系？	数理思想	图象法

（续表）

章	节	页码	位置	文本内容	思想方法	备注
二	2	35	栏目	说一说：图 2.2-5 是一个物体运动的 v-t 图象。它的速度怎样变化？在相等的时间间隔内，即 $\Delta t'=\Delta t$ 时，速度的变化量 $\Delta v'$ 和 Δv 总是相等吗？物体在做匀变速运动吗？	数理思想	图象法
二	2	36	练习	3. 一个物体沿着直线运动，其 v-t 图象如图 2.2-7 所示。	数理思想	图象法
二	2	37	正文	图 2.3-1 位移 x 对应着矩形的面积。	等效思想	等效替代
二	3	38	栏目	思考与讨论：这样做的确会带来一定误差，但在时间间隔比较小、精确程度要求比较低的时候，可以这样估算。	数理思想	近似估算法
二	3	38 39	正文	图 2.3-2 位移等于 v-t 直线下面的面积。可以想象，如果把整个运动过程划分得非常非常细，很多很多小矩形的面积之和就能非常准确地代表物体的位移了。梯形 $OABC$ 的面积就代表做匀变速直线运动的物体从 0（此时速度是 v_0）到 t（此时速度是 v）这段时间间隔的位移。	极限思想	
二	3	40	正文	物体的位移也可以用图象描述。例如，火车的机车在沿直线轨道移动，图 2.3-4 描述了它对于出发点的位移随时间变化的情况，这个图象称为位移-时间图象（x-t 图象）。	数理思想	图象法
二	3	41	练习	5. 一辆汽车在教练场上沿着平直道路行驶，以 x 表示它对于出发点的位移。图 2.3-1 为汽车在 $t=0$ 到 $t=40$ s 这段时间内的 x-t 图象。	数理思想	图象法
二	5	43	正文	物体只在重力作用下从静止开始下落的运动，叫作自由落体运动。	理想化与物理建模思想	过程模型
二	5	43	正文	这种运动只在没有空气的空间才能发生，在有空气的空间，如果空气阻力的作用比较小，可以忽略，物体的下落可以近似看作自由落体运动。	理想化与物理建模思想	条件模型
二	5	44	旁注	你能从表中发现了什么规律吗？你能尝试解释这个规律吗？尝试解释就是做出猜想。	归纳与演绎思想	

（续表）

章	节	页码	位置	文本内容	思想方法	备注
二	5	44	正文	精确的实验发现，在地球的不同的地方，g 的大小是不同的，一般的计算中，可以取 $g=9.8\ m/s^2$ 或 $10\ m/s^2$。	归纳与演绎思想	
二	5	45	练习	3. 图 2.5–3 通过照片中石子的径迹估算曝光时间。	数理思想	近似估算法
二	6	46	正文	根据亚里士多德的论断，一块大石头的下落速度要比一块小石头的下落速度大。假定大石头下落速度为 8，小石头下落的速度为 4，当我们把两块石头捆在一起时，大石头会被小石头拖着而减慢，结果整体系统的下落速度应该小于 8；但两块石头捆在一起，总的重量比大石头还要重，因此整个系统下落的速度要比 8 还大。这样，就从“重物比轻物落得快”的前提推断出了自相矛盾的结论，这使得亚里士多德的理论陷入了困境。	假设与悖论思想	归谬法
二	6	46 48	正文	伽利略对自由落体运动的研究：猜想与假设……实验验证……“冲淡”重力……合理外推……得出结论。	实验探究思想	
三	1	52	正文	一个物体的各部分都受到了重力的作用，从效果上看，我们可以认为各部分受到的重力作用集中于一点，这一点叫作物体的重心。	等效思想	等效转换
三	1	52	栏目	做一做：确定薄板的重心。薄板重心的位置可以通过两次悬挂来确定……请你证明用这种办法确定重心的合理性。	数理思想	化归法
三	1	54	练习	3. 均匀的三角形薄板的重心是不是与几何学上的重心位于同一点上？请你通过以下实验做出判断：首先作图把均匀等厚三角形纸板的三条中线的交点 C 找出来，然后用细线悬吊三角形纸板的任意位置，看悬线的延长线是否通过 C 点。	数理思想	化归法
三	2	54	栏目	演示实验：按压两镜之间的桌面，观察墙上光点位置的变化，这个现象说明了什么？	数理思想	放大法
三	2	56	正文	图 3.2–6 弹力与弹簧伸长量的关系。	数理思想	图象法
三	2	56	正文	$F=kx$，式中的 k 称为弹簧的劲度系数。	数理思想	比例系数法
三	2	56	练习	1. 请你用家里的玻璃瓶做实验，体验这种微小形变。	数理思想	放大法
三	2	56	练习	3. 弹簧很轻，自身质量可以不计。	理想化与物理建模思想	对象模型

（续表）

章	节	页码	位置	文本内容	思想方法	备注
三	2	56	练习	3.（1）根据实验数据在坐标系中作出弹力 F 跟弹簧伸长量 x 关系的图象。（2）根据图象计算弹簧的劲度系数。	数理思想	图象法
三	3	58	正文	$F=\mu F_N$，其中 μ 是比例系数，叫作动摩擦因数。	数理思想	比例系数法
三	3	61	练习	1. 手压着桌面向前移动，会明显感受到有阻力阻碍手的移动。手对桌面的压力越大，阻力越大，试一试，说明道理。	控制变量思想	
三	3	61	练习	2. 一只玻璃瓶，在下列哪种情况下是否受到了摩擦力？如果受到了，摩擦力朝哪个方向？	假设与悖论思想	反证法
三	4	61	正文	当一个物体受到几个力的共同作用时，我们常常可以求出这样一个力，这个力产生的效果跟原来几个力的共同效果相同，这个力就叫作那几个力的合力。	等效思想	等效替代
三	4	62	栏目	实验：探究合力的方法。	实验探究思想	
三	4	62	正文	两个力合成时，以表示这两个力的线段为邻边作平行四边形，这两个邻边之间的对角线就代表合力的大小和方向，这个法则就叫作平行四边形定则。	归纳与演绎思想	实验归纳法
三	5	64	正文	这时可以用图中水平方向的作用力 F_1 和竖直方向的作用力 F_2 来代替拉力 F 的作用。力 F_1 和 F_2 就是力 F 的分力。	等效思想	等效替代
三	5	64 66	正文 栏目	力的分解是力的合成的逆运算，同样遵守平行四边形定则。三角形定则与平行四边形定则的实质是一样的。力、位移和速度是矢量，相加时遵从平行四边形定则（或三角形定则）；说一说：图 3.5-6 怎样由 v_1 和 v_2 找出 Δv？	归纳与演绎思想	
四	1	69	正文	当然，我们不能消除一切阻力，也不能把第二个斜面做的无限长，所以伽利略的实验是个“理想实验”。	理想化与物理建模思想	理想实验
四	2	71	正文	保持物体的质量不变，测量物体在不同力作用下的加速度，分析加速度与力的关系。	控制变量思想	

（续表）

章	节	页码	位置	文本内容	思想方法	备注
四	2	71	正文	为了更直观地判断加速度 a 与力 F 的数量关系，我们以 a 为纵坐标、F 为横坐标建立坐标系，根据各组数据在坐标系中描点。如果这些点在一条过原点的直线上，说明 a 与 F 成正比。	数理思想	图象法
四	2	72	正文	保持物体所受的力相同，测量不同质量的物体在这个力作用下的加速度，分析加速度与质量的关系。	控制变量思想	
四	2	72	正文	如果以 a 为纵坐标、$\frac{1}{m}$为横坐标建立坐标系，根据 a-$\frac{1}{m}$图象是不是过原点的直线，就能知道加速度 a 是不是与质量 m 成反比。	数理思想	图象法
四	2	73	正文 脚注	参考案例二：把木板的一侧垫高，以补偿打点计时器对小车的阻力及其他阻力；调节木板的倾斜度，使小车在不受牵引时能拖动纸带沿木板匀速运动。测出盘和重物的总重量，它近似等于小车运动时所受的拉力。条件是盘和重物的质量要比小车的质量小很多。	数理思想	补偿与近似法
四	2	74	正文	请确定自己的探究方案、进行实验、作出图象、进行分析、形成结论，并与同学交流。对结论的可靠性要进行评估。	实验探究思想	
四	3	74	正文	牛顿第二定律可以用比例式来表示，这就是 $F=kma$，其中 k 是比例系数。	数理思想	比例系数法
四	3	76	正文	例题 2　光滑水平桌面上有一物体……	理想化与物理建模思想	条件模型
四	3	77	旁注	求几个矢量的合矢量时，可以分别计算它们在 x、y 轴上的投影，然后对它们在同一坐标轴上的投影求代数和。	等效思想	等效转换
四	3	77	栏目	科学漫步：用动力学方法测质量。	整体与隔离思想	
四	5	81 82	栏目 正文	实验：探究作用力与反作用力的关系； 做一做：用传感器探究作用力与反作用力的关系； 大量事实表明：……这就是牛顿第三定律。	归纳与演绎思想	实验归纳法

（续表）

章	节	页码	位置	文本内容	思想方法	备注
四	5	84	练习	问题与练习 6、7。	整体与隔离思想	
四	7	88	正文	例题 1　图 4. 7-2 为这类结构的一种简化模型。……钢索和杆的重量都可以忽略。	理想化与物理建模思想	对象模型
四	7	89	旁注	实际物体下落时都要受到空气的阻力，速度越快，阻力越大。但是，如果开始下落时的高度不太高，……再有，如果物体的质量不太小，体积不太大，物体所受的重力就会比阻力大得多，这时也可以忽略阻力的作用。	理想化与物理建模思想	过程模型
四	7	90	旁注	把实验或者运算的结论与常识或者已有的知识做比较，讨论它是否合理，这是评估的一种重要形式。	实验探究思想	
四	7	91	练习	2. 如图 4. 7-7 所示，物体在五个共点力的作用下保持平衡，如果撤去 F_1，而保持其余四个力不变，请在图上画出这四个力的合力的大小与方向。	对称与等效思想	等效替代

由表 2-11 可知，学科思想方法在第一章“运动的描述”、第三章“相互作用”和第四章“牛顿运动定律”各有 17 处，在第二章“匀变速直线运动的研究”有 21 处，合计 72 处。其中，在教材中“正文”40 处、“练习”17 处、“栏目”11 处、“旁注”10 处、“脚注”2 处。对于具体的学科思想方法，“数理思想”有 32 处，其中，图象法 16 处，比值定义法 4 处，比例系数法 3 处，曲线拟合法、近似估算法、化归法和放大法各 2 处，补偿与近似法 1 处；“理想化与物理建模思想”有 9 处，其中，理想实验 1 处，对象模型 3 处，过程模型、条件模型各 2 处，模拟模型 1 处；“等效思想”有 9 处，其中，等效替代 5 处，等效转换 4 处；“归纳与演绎思想”有 6 处，其中，有 2 处包含实验归纳法；“实验探究思想”和“极限思想”各有 4 处；“控制变量思想”有 3 处；“假设与悖论思想”“整体与隔离思想”各有 2 处；“对称思想”“类比思想”各有 1 处。属于应用解决问题类的学科思想方法有 44 处，发现类的学科思想方法有 20 处，建构类的学科思想方法有 9 处。

人教版高中物理必修 1 教材是力学模块之一，研究直线运动中运动和力的关系，内容包括运动学、静力学和动力学。由表 2-11 可以看出，在必修 1 中，数理思想、理想化与物理建模思想、等效思想、归纳与演绎思想、极限思想和实验探究思想的应用较多。不仅体现了必修 1 的基础性，而且也凸显了高中物理的学科特点与学科核心素养。

§2.2.2　必修2教材学科思想方法的横向统计分析*

基于高中物理学科思想方法的界定与分类，对人教版高中物理课标实验必修2教材（2010年4月第3版）进行了系统的文本分析，横向提炼、统计出人教版高中物理必修2教材中的学科思想方法，如表2-12所示。

表2-12　人教版高中物理必修2教材学科思想方法的横向分布统计表

章	节	页码	位置	文本内容	思想方法	备注
五	1	2、3	正文	图5.1-1：质点做曲线运动时的位移矢量；图5.1-6：速度和它在 x、y 方向的分矢量。	数理思想 等效思想	图象法 等效替代
五	1	3	正文	演示：图5.1-4 钢球离开轨道时的速度方向与轨道（曲线）有什么关系？	实验探究思想	
五	1	3	正文	图5.1-5 A、B 两点靠得很近时，直线 AB 就成了曲线的切线。	极限思想	
五	1	4	栏目	做一做：改变飞镖的投射角，观察它在飞行过程中直到插入地面时的不同角度。与飞镖在空中做曲线运动的轨迹相联系，体会曲线运动的方向与轨迹曲线的关系。	实验探究思想	
五	1	5	正文	演示：图5.1-9 观察红蜡块的运动；图5.1-10 在平面直角坐标系中研究蜡块的运动。	理想化与物理建模思想 等效思想	过程模型 等效替代
五	2	8	正文	如果物体只受重力的作用，初速度沿水平方向，这个运动叫平抛运动。	理想化与物理建模思想	过程模型
五	2	8、10	正文	图5.2-3 研究平抛运动的速度；图5.2-5 两个“影子”描述了物体在 x、y 两个方向的运动规律。	理想化与物理建模思想 等效思想	过程模型 等效替代
五	2	10	栏目	做一做：观察两球落地的先后，实验现象说明了什么问题？	实验探究思想	
五	2	11	正文	例题2 从本节（5）、（6）两式出发，讨论做平抛运动的物体的运动轨迹。	数理思想	方程函数法 数形结合

*发表于《物理教学》2016年第10期，被人大复印报刊资料《中学物理教与学》2017年报刊索引库收录。

（续表）

章	节	页码	位置	文本内容	思想方法	备注
五	2	11、12	正文 栏目	仿照平抛运动的处理方法也能得到描述斜抛物体运动的几个关系式；说一说：尝试导出表达图 5.2-8 甲所示斜抛物体运动轨迹的关系式。讨论这个关系式中物理量之间的关系，看看能够得出哪些结论。	类比思想 归纳与演绎思想	
五	3	13	正文	首先设法描绘某物体做平抛运动的轨迹，然后通过这个轨迹研究平抛运动的特点。	数理思想	数形结合 图象法
五	4	16	正文	圆周运动的快慢可以用物体通过的弧长与所用时间的比值来量度。比值$\frac{\Delta s}{\Delta t}$反映了物体运动的快慢，叫线速度。如果所取的时间间隔很小很小，这样得到的就是瞬时线速度。	数理思想 极限思想	比值 定义法
五	4	17	正文	如果物体沿着圆周运动，并且线速度的大小处处相等，这种运动叫作匀速圆周运动。	理想化与物理建模思想	过程模型
五	4	17	正文	物体做圆周运动的快慢还可以用它与圆心连线扫过角度的快慢来描述。$\Delta\theta$ 与所用时间 Δt 的比值，描述了物体绕圆心转动的快慢，这个比值叫作角速度。	数理思想	比值定义法
五	5	21	栏目	做一做：探究向心加速度大小的表达式。	极限思想	
五	5	22	栏目	思考与讨论：向心加速度与半径成正比还是成反比？	控制变量思想	
五	5	22	练习	1. 在这四种情况下哪个物体的向心加速度比较大？	控制变量思想	
五	5	24	正文	图 5.6-3 做变速圆周运动的物体所受的力。	等效思想	等效替代
五	6	24	正文	图 5.6-3 一般的曲线运动可以分成很多小段，每小段都可以看作圆周运动的一部分。	数理思想	微元法
五	6	25	栏目	做一做：图 5.6-5 感受向心力	控制变量思想	
五	7	28	栏目	思考与讨论：地球可以看作一个巨大的拱形桥，求第一宇宙速度。	类比思想	
六	1	33	正文	实际上，行星的轨道与圆十分接近，在中学阶段的研究中我们按圆轨道处理。	数理思想	近似法

（续表）

章	节	页码	位置	文本内容	思想方法	备注
六	1	32、33	正文	开普勒行星运动定律	归纳与演绎思想	
六	1	37、38	正文	太阳对行星的引力，行星对太阳的引力，太阳与行星间的引力。	归纳与演绎思想	
六	2	38	正文	从太阳与行星间相互作用的角度来看，两者的地位是相同的。行星对太阳引力的大小应该与太阳的质量成正比，与行星、太阳距离的二次方成反比。	对称思想 类比思想	
六	3	39、40	正文	月—地检验，万有引力定律。	归纳与演绎思想	
六	5	44	正文	图 6.5-1 在 1687 年出版的《自然哲学的数学原理》中，牛顿设想，抛出速度很大时，物体就不会落回地面。	理想化与物理建模思想	理想实验
六	5	44	旁注	参考第五章第 7 节研究汽车在拱形桥上运动时的“思考与讨论”，那时候我们就已经计算出第一宇宙速度了。	类比思想	
六	6	4851	正文	经典力学的局限性：从低速到高速，从宏观到微观，从弱引力到强引力。	归纳与演绎思想	
七	1	55	正文	能量及其守恒的思想，在伽利略的实验中就已经显现出来了。图 7.1-1 小球速度为 0 时的高度与它出发时高度相同。	理想化与物理建模思想 守恒思想	理想实验
七	2	57	正文	在物理学中，如果力的方向与物体运动的方向一致，如图 7.2-2 所示，我们就把功定义为力的大小与位移大小的乘积。	数理思想	乘积定义法
七	2	59	正文	当一个物体在几个力的共同作用下发生一段位移时，这几个力对物体所做的总功，等于各个力分别对物体所做功的代数和。可以证明，它也是这几个力的合力对物体所做的功。	守恒思想	
七	3	60	正文	如果从开始计时到时刻 t 这段时间间隔内，力做的功为 W，则功 W 与完成这些功所用时间 t 的比值叫作功率。	数理思想	比值定义法

（续表）

章	节	页码	位置	文本内容	思想方法	备注
七	3	61	正文	一个力对物体做功的功率，等于这个力与受力物体运动速度的乘积。	数理思想	乘积定义法
七	3	61	栏目	做一做：推导瞬时功率 $P=Fv$。	极限思想	
七	3	63	练习	3. 这个人推导的结果与已知条件相矛盾。他错在哪里？	控制变量思想	
七	4	64	正文	图 7.4-3 物体沿任意路径向下运动时重力做功。我们把整个路径分成许多很短的间隔 AA_1，A_1A_2，A_2A_3…由于每一段都很小，因而都可以近似地看作一段倾斜的直线。	数理思想 极限思想	微元法 累积法
七	4	65	正文	物体的重力势能等于它所受重力与所处高度的乘积。	数理思想	乘积定义法
七	4	65	栏目	说一说：图 7.4-6 如果重力做功与路径有关，还能把 mgh 叫作重力势能吗？	假设与悖论思想	
七	5	68	正文	在探究弹性势能的表达式时，可以参考对重力势能的讨论，先分析弹力做功的情况。对于弹力做功，可以用类似的方法做如下处理……	类比思想	
七	5	69	正文	图 7.5-3 把拉伸弹簧的过程分为很多小段，拉力在每小段可以认为是恒力，它在各段做功之和可以代表拉力在整个过程做的功。	数理思想 极限思想	微元法 累积法
七	5	69	正文	在处理匀变速直线运动的位移时，我们曾经利用 $v-t$ 图象下梯形的面积来代表位移，这里是否可以用 $F-l$ 图象下一个梯形的面积来代表功？	类比思想 数理思想	图象法
七	5	6769	正文	探究弹性势能的表达式：在探究的过程中，要依次解决下面几个问题……沿着这样的思路，你可以通过自己的探究得到弹性势能的表达式。	实验探究思想	
七	6	6971	正文	实验：探究功与速度变化的关系。	实验探究思想	
七	6	70	正文	在图中选取合适的长度，以它为单位，代表一条橡皮筋对它做的功；当用两条橡皮筋时，所做的功就用两个单位表示……	等效思想	等效替代

（续表）

章	节	页码	位置	文本内容	思想方法	备注
七	7	7173	正文	动能和动能定理。	归纳与演绎思想	
七	7	74	栏目	思考与讨论：在上面的例题中，阻力做功，汽车的动能到哪里去了？	守恒思想	
七	7	74	练习	1. 改变汽车的质量和速度，都可能使汽车的动能发生改变。在下列几种情形下，汽车的动能各是原来的几倍？	控制变量思想	
七	8	7577	正文	机械能守恒定律。	归纳与演绎思想	
七	8	76	正文	在只有重力或弹力做功的物体系统内，动能与势能可以互相转化，而总的机械能保持不变。	守恒思想	
七	10	81	正文	能量既不会凭空产生，也不会凭空消失，它只能从一种形式转化为另一种形式，或者从一个物体转移到别的物体，在转化或转移的过程，能量的总量保持不变。	守恒思想	

人教版高中物理必修 2 教材是力学模块之一，研究曲线运动中运动和力的关系、功能关系，内容包括运动的合成与分解、抛体运动、匀速圆周运动、万有引力与天体运动、功与能、动能定理、机械能守恒定律和能量守恒定律等。由表 2-12 可知，学科思想方法在第五章“曲线运动”有 21 处、第六章“万有引力与航天”有 8 处、第七章“机械能守恒定律”有 22 处，合计 51 处。其中，在教材中“正文”38 处、“栏目”10 处、“练习”3 处、“旁注”1 处。对于具体的学科思想方法，“数理思想”有 14 处，其中，比值定义法、乘积定义法和微元法各 3 处，图象法、数形结合法和累积法各 2 处，近似法和方程函数法各 1 处；“归纳与演绎思想”有 7 处；“理想化与物理建模思想”有 6 处，其中，理想实验 1 处，过程模型 5 处；“类比思想”有 6 处；“等效思想”有 5 处，均为等效替代；“实验探究思想”有 5 处；“控制变量思想”“守恒思想”和“极限思想”各有 5 处；“假设与悖论思想”和“对称思想”各有 1 处。属于发现类的学科思想方法有 28 处，应用解决问题类的学科思想方法有 26 处，建构类的学科思想方法有 6 处。

研究物理现象一般是按照从简单到复杂、从个别到一般的认知规律。人教版高中物理教材在必修 1 学习直线运动规律和牛顿运动定律的基础上，基于运动的合成与分解，必修 2 进一步研究了较复杂的曲线运动和牛顿运动定律在曲线运动中的应用，且研究方法从运动和力到功能关系，即从牛顿运动定律提升到能量守恒定律。因此，由表 2-12 可以看出，在必修 2 中，不仅数理思想、理想化与物理建模思想、归纳与演绎思想、等效思想、类比思想、极限思想和实验探究思想的应用较多，而且增加了守恒思想的应用，凸显了高中物理的学科特点与学科核心素养。

§2.2.3 必修教材学科思想方法的纵向统计分析*

一、纵向统计

基于高中物理学科思想方法的界定与分类，在分别对人教版高中物理课标实验必修1、必修2教材（2010年第3版）中学科思想方法的横向分布统计分析基础上，进行了系统的纵向梳理，统计出人教版高中物理必修教材中学科思想方法的纵向分布统计表，如表2-13所示。

表2-13 人教版高中物理必修教材学科思想方法的纵向分布统计表

思想方法	章	节	页码	位置	备注
数理思想	一	3	15	正文 旁注	比值定义法
	一	3	17	栏目	比值定义法
	一	4	22	正文	图象法
	一	4	22	正文 旁注	曲线拟合法
	一	4	24	练习3	图象法
	一	5	26	正文 旁注	比值定义法
	一	5	28	正文	图象法
	一	5	28	栏目	比值定义法
	一	5	29	练习3	图象法
	二	1	32	正文	图象法
	二	1	32	旁注	曲线拟合法
	二	1	33	练习2	图象法
	二	2	34	正文	图象法
	二	2	34	正文	图象法
	二	2	35	栏目	图象法
	二	2	36	练习3	图象法
	二	3	38	栏目	近似估算法

*分别发表于《湖南中学物理》2016年第12期、2018年第11期，《中学物理教学参考》2020年第1期，被人大复印报刊资料《中学物理教与学》2020年报刊索引库收录。

（续表）

思想方法	章	节	页码	位置	备注
数理思想	二	3	40	正文	图象法
	二	3	41	练习 5	图象法
	二	5	45	练习 3	近似估算法
	三	1	52	栏目	化归法
	三	1	54	练习 3	化归法
	三	2	54	栏目	放大法
	三	2	56	正文	图象法
	三	2	56	正文	比例系数法
	三	2	56	练习 1	放大法
	三	2	56	练习 3	图象法
	三	3	58	正文	比例系数法
	四	2	71	正文	图象法
	四	2	72	正文	图象法
	四	2	73	正文 脚注	近似法
	四	3	74	正文	比例系数法
	五	1	23	正文	图象法
	五	2	11	正文	方程函数法 数形结合
	五	3	13	正文	数形结合 图象法
	五	4	16	正文	比值定义法
	五	4	17	正文	比值定义法
	五	6	24	正文	微元法
	六	1	33	正文	近似法
	七	2	57	正文	乘积定义法
	七	3	60	正文	比值定义法
	七	3	61	正文	乘积定义法
	七	4	64	正文	微元法 累积法
	七	4	65	正文	乘积定义法
	七	5	69	正文	微元法 累积法
	七	5	69	正文	图象法

（续表）

思想方法	章	节	页码	位置	备注
理想化与物理建模思想	一	1	10	旁注 正文	对象模型
	一	4	25	练习 4	模拟模型
	二	5	43	正文	过程模型
	二	5	43	正文	条件模型
	三	2	56	练习 3	对象模型
	四	1	69	正文	理想实验
	四	3	76	正文	条件模型
	四	7	88	正文	对象模型
	四	7	89	旁注	过程模型
	五	1	5	正文	过程模型
	五	2	8	正文	过程模型
	五	2	8、10	正文	过程模型
	五	4	17	正文	过程模型
	六	5	44	正文	理想实验
	七	1	55	正文	理想实验
等效思想	一	3	16	正文	等效替代
	二	1	33	练习 3	等效转换
	二	1	33	练习 4	等效转换
	二	2	37	正文	等效替代
	三	1	52	正文	等效转换
	三	4	61	正文	等效替代
	三	5	64	正文	等效替代
	四	3	77	旁注	等效转换
	四	7	91	练习 2	等效替代
	五	1	23	正文	等效替代
	五	1	5	正文	等效替代
	五	2	8、10	正文	等效替代
	五	5	24	正文	等效替代
	七	6	70	正文	等效替代

（续表）

思想方法	章	节	页码	位置	备注
归纳与演绎思想	一	5	27	正文 脚注	
	二	5	44	旁注	
	二	5	44	正文	
	三	4	62	正文	实验归纳法
	三	5	6466	正文 栏目	
	四	5	8182	栏目 正文	实验归纳法
	五	2	1112	正文 栏目	
	六	1	3233	正文	
	六	1	3738	正文	
	六	3	3940	正文	
	六	6	4851	正文	
	七	7	7173	正文	
	七	8	7577	正文	
极限思想	一	3	16	正文	
	一	4	21	正文	
	一	4	24	栏目	
	二	3	3839	正文	
	五	1	3	正文	
	五	4	16	正文	
	五	5	21	栏目	
	七	3	61	栏目	
	七	4	64	正文	
	七	5	69	正文	
实验探究思想	二	6	4648	正文	
	三	4	62	栏目	
	四	2	74	正文	
	四	7	90	旁注	
	五	1	3	正文	
	五	1	4	栏目	
	五	2	10	栏目	
	七	5	6769	正文	
	七	6	6971	正文	

（续表）

思想方法	章	节	页码	位置	备注
控制变量思想	三	3	61	练习 1	
	四	2	71	正文	
	四	2	72	正文	
	五	5	22	栏目	
	五	5	22	练习 1	
	五	6	25	栏目	
	七	3	63	练习 3	
	七	7	74	练习 1	
类比思想	一	5	27	旁注	比较法
	五	2	1112	正文 栏目	
	五	7	28	栏目	
	六	2	38	正文	
	六	5	44	旁注	
	七	5	68	正文	
	七	5	69	正文	
守恒思想	七	1	55	正文	
	七	2	59	正文	
	七	7	74	栏目	
	七	8	76	正文	
	七	10	81	正文	
假设与悖论思想	二	6	46	正文	归谬法
	三	3	61	练习 2	反证法
	七	4	65	栏目	
对称思想	四	7	91	练习 2	
	六	2	38	正文	
整体与隔离思想	四	3	77	栏目	
	四	5	84	练习 6、7	

二、数据与结论

1．统计数据

由表 2-13 可统计出人教版高中物理必修教材学科思想方法的模块分布数量，如表 2-14 所示。

表 2-14　学科思想方法的模块分布数量统计表

<table>
<tr><th>模块</th><th>章目</th><th>数量</th><th>小计</th><th>总计</th></tr>
<tr><td rowspan="4">必修 1</td><td>第一章　运动的描述</td><td>17</td><td rowspan="4">72</td><td rowspan="7">123</td></tr>
<tr><td>第二章　匀变速直线运动的研究</td><td>21</td></tr>
<tr><td>第三章　相互作用</td><td>17</td></tr>
<tr><td>第四章　牛顿运动定律</td><td>17</td></tr>
<tr><td rowspan="3">必修 2</td><td>第五章　曲线运动</td><td>21</td><td rowspan="3">51</td></tr>
<tr><td>第六章　万有引力与航天</td><td>8</td></tr>
<tr><td>第七章　机械能守恒定律</td><td>22</td></tr>
</table>

由表 2-13 可统计出人教版高中物理必修教材学科思想方法的位置分布数量，如表 2-15 所示。

表 2-15　学科思想方法的位置分布数量统计表

<table>
<tr><th>位置</th><th>必修 1</th><th>必修 2</th><th>必修 1 小计</th><th>必修 2 小计</th><th>总计</th></tr>
<tr><td>正文</td><td>40</td><td>38</td><td rowspan="5">80</td><td rowspan="5">52</td><td rowspan="5">132</td></tr>
<tr><td>练习</td><td>17</td><td>3</td></tr>
<tr><td>栏目</td><td>11</td><td>10</td></tr>
<tr><td>旁注</td><td>10</td><td>1</td></tr>
<tr><td>脚注</td><td>2</td><td>0</td></tr>
</table>

由表 2-13 可统计出人教版高中物理必修教材学科思想方法的类别分布数量，如表 2-16 所示。

表 2-16　学科思想方法的类别分布数量统计表

<table>
<tr><th>类别</th><th>学科思想方法</th><th>必修 1</th><th>必修 2</th><th>合计 1</th><th>必修 1 小计</th><th>必修 2 小计</th><th>合计 2</th><th>总计</th></tr>
<tr><td>建构类</td><td>理想化与物理建模思想</td><td>9</td><td>6</td><td>15</td><td>9</td><td>6</td><td>15</td><td rowspan="12">137</td></tr>
<tr><td rowspan="7">发现类</td><td>实验探究思想</td><td>4</td><td>5</td><td>9</td><td rowspan="7">20</td><td rowspan="7">28</td><td rowspan="7">48</td></tr>
<tr><td>守恒思想</td><td>0</td><td>5</td><td>5</td></tr>
<tr><td>等效思想</td><td>9</td><td>5</td><td>14</td></tr>
<tr><td>控制变量思想</td><td>3</td><td>5</td><td>8</td></tr>
<tr><td>对称思想</td><td>1</td><td>1</td><td>2</td></tr>
<tr><td>类比思想</td><td>1</td><td>6</td><td>7</td></tr>
<tr><td>假设与悖论思想</td><td>2</td><td>1</td><td>3</td></tr>
<tr><td rowspan="4">应用解决问题类</td><td>数理思想</td><td>32</td><td>17</td><td>49</td><td rowspan="4">44</td><td rowspan="4">30</td><td rowspan="4">74</td></tr>
<tr><td>极限思想</td><td>4</td><td>6</td><td>10</td></tr>
<tr><td>隔离与整体思想</td><td>2</td><td>0</td><td>2</td></tr>
<tr><td>归纳与演绎思想</td><td>6</td><td>7</td><td>13</td></tr>
</table>

由表 2–13 和表 2–16 可知，在 49 处“数理思想”中，图象法 18 处，比值定义法 7 处，近似法 4 处，比例系数法、乘积定义法和微元法各 3 处，数形结合法、累积法、曲线拟合法、化归法和放大法各 2 处，方程函数法 1 处；在 15 处“理想化与物理建模思想”中，过程模型 6 处，对象模型、理想实验各 3 处，条件模型 2 处，模拟模型 1 处；在 14 处“等效思想”中，等效替代 10 处，等效转换 4 处。由表 2–11、表 2–12 和表 2–13 可描绘出高中物理必修教材中学科思想方法的直方图，如图 2–15 所示。其中，数理思想、理想化与物理建模思想、等效思想的直方图，分别如图 2–16、图 2–17、图 2–18 所示。

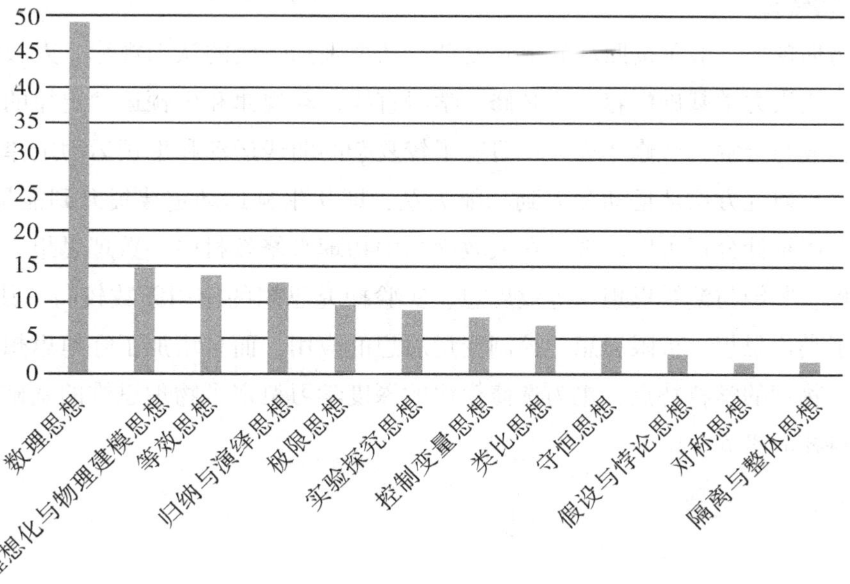

图 2–15　必修教材学科思想方法直方图

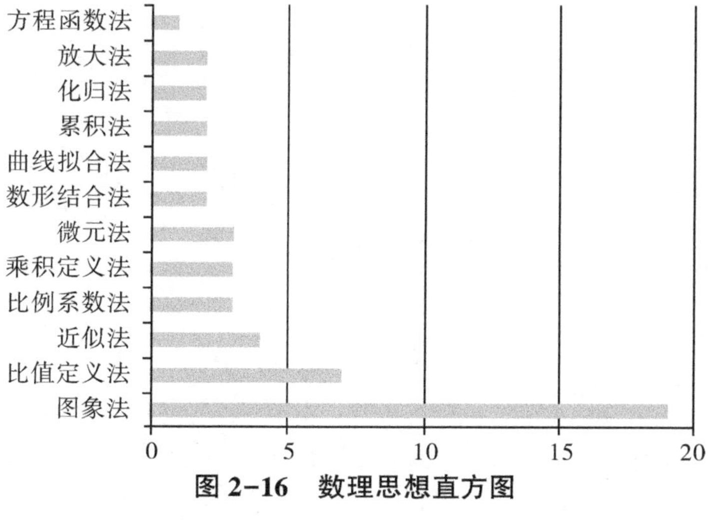

图 2–16　数理思想直方图

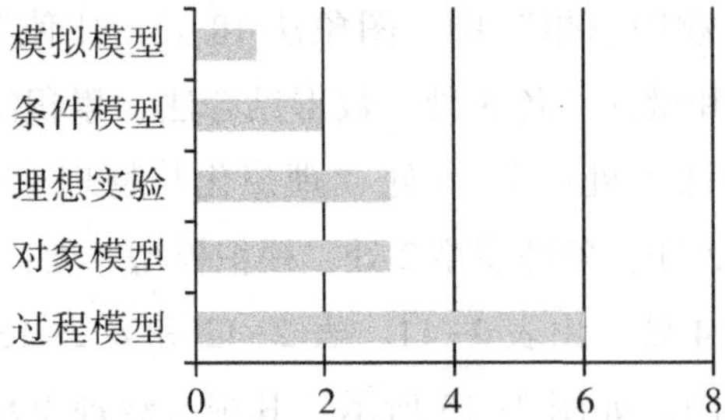

图 2-17　理想化与物理建模思想直方图

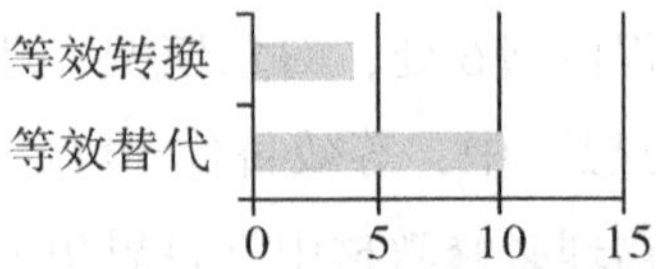

图 2-18　等效思想直方图

2. 研究结论

研究物理现象一般是按照从简单到复杂、从个别到一般的认知规律。人教版高中物理教材必修模块为力学基础内容，在必修 1 学习直线运动规律和牛顿运动定律的基础上，基于运动的合成与分解，必修 2 进一步研究了较复杂的曲线运动和牛顿运动定律在曲线运动中的应用，且研究方法从运动和力到功能关系，即从牛顿运动定律提升到能量守恒定律。因此，由上述统计分析可以发现，在人教版高中物理必修教材中，数理思想、理想化与物理建模思想、归纳与演绎思想、等效思想、实验探究思想的应用频数较高。其中，必修 2 不仅加强了类比思想、极限思想、控制变量思想的应用，而且增加了守恒思想的应用。既体现了高一物理的学科特点，也为选修模块的深度学习奠定了物理思维的基础，从而培育学生的学科核心素养。

第三章　例析高考试题中的学科思想方法及应用

§2.3.1　2015年高考物理必修试题中的学科思想方法*

基于高中物理学科思想方法的界定与分类，通过对2015年全国14套高考物理试题的文本分析与案例研究，系统提炼、统计出2015年高考物理必修试题中的学科思想方法，如表2-17所示。

表2-17　2015年高考物理必修试题中的学科思想方法统计

卷别	题号	题型	分值	模块	考查知识点	能力要求	学科思想方法	备注
课标Ⅰ卷	17	选择题	6	必修2	功和功率、动能和动能定理	推理能力	对称思想	
课标Ⅰ卷	18	选择题	6	必修2	抛体运动	推理能力	数理思想 理想化与物理建模思想	临界与极值法 过程模型
课标Ⅰ卷	20	选择题	6	必修1	匀变速直线运动及其公式图象、牛顿运动定律的应用	分析综合能力	数理思想	数形结合
课标Ⅰ卷	22	实验题	6	必修2	牛顿运动定律的应用	实验能力	实验探究思想	
课标Ⅰ卷	25	计算题	20	必修1	匀变速直线运动、牛顿运动定律的应用	分析综合能力	隔离与整体思想 理想化与物理建模思想 数理思想	过程模型 图象法
课标Ⅱ卷	17	选择题	6	必修2	功和功率	推理能力	理想化与物理建模思想	过程模型

*发表于《湖南中学物理》2016年第8期。

（续表）

卷别	题号	题型	分值	模块	考查知识点	能力要求	学科思想方法	备注
课标Ⅱ卷	21	选择题	6	必修2	机械能守恒定律及其应用、运动的合成与分解	分析综合能力	守恒思想	
课标Ⅱ卷	22	实验题	6	必修2	牛顿运动定律的应用	实验能力	实验探究思想	
课标Ⅱ卷	25	计算题	20	必修1	匀变速直线运动、牛顿运动定律的应用	分析综合能力	隔离与整体思想 数理思想	图象法
海南卷	6	选择题	3	必修2	抛体运动、万有引力定律及其应用	推理能力	类比思想	
海南卷	9	选择题	4	必修1	共点力的平衡、牛顿运动定律、牛顿运动定律的应用	推理能力	理想化与物理建模思想	对象模型
海南卷	14	计算题	13	必修2	抛体运动、功能关系、机械能守恒定律及其应用	分析综合能力	等效思想 守恒思想	等效替代
北京卷	16	选择题	6	必修2	匀速圆周运动	理解能力	理想化与物理建模思想	过程模型
北京卷	18	选择题	6	必修2	功与能量	理解能力 分析综合能力	理想化与物理建模思想	过程模型
北京卷	23	计算题	8	必修2	弹性势能	理解能力 应用数学处理物理问题的能力	数理思想 极限思想	图象法 微元法 累积法
北京卷	23	计算题	18	必修2	弹性势能、功能关系	应用数学处理物理问题的能力 分析综合能力 推理能力	数理思想 类比思想	图象法 平均值法
上海卷	16	选择题	3	必修2	平抛运动	分析综合能力 推理能力	理想化与物理建模思想 数理思想	过程模型 图象法

（续表）

卷别	题号	题型	分值	模块	考查知识点	能力要求	学科思想方法	备注
上海卷	18	选择题	4	必修2	力与运动、功和能	理解能力 分析综合能力	理想化与物理建模思想 守恒思想	条件模型
上海卷	22（B）	填空题	4	必修2	万有引力定律及其应用	理解能力 应用数学处理物理问题的能力	理想化与物理建模思想	过程模型
上海卷	23	填空题	4	必修2	运动的合成与分解、功和能	理解能力 分析综合能力	理想化与物理建模思想 守恒思想	条件模型
上海卷	31	计算题	12	必修2	力与运动、功能关系	理解能力 分析综合能力	理想化与物理建模思想 守恒思想	条件模型
江苏卷	3	选择题	3	必修1	万有引力定律及其应用	理解能力 分析综合能力	理想化与物理建模思想 归纳与演绎思想	过程模型
江苏卷	5	选择题	3	必修1	匀变速直线运动及其公式	理解能力 分析综合能力	理想化与物理建模思想	过程模型
江苏卷	6	选择题	4	必修1	超重和失重	理解能力	理想化与物理建模思想	过程模型
江苏卷	9	选择题	4	必修2	功能关系	理解能力 分析综合能力	守恒思想 数理思想	方程函数法
江苏卷	14	计算题	16	必修2	胡克定律、牛顿运动定律、圆周运动的向心力、动能定理	分析综合能力 应用数学处理物理问题的能力	对称思想 数理思想	方程函数法
浙江卷	15	选择题	6	必修1	瞬时速度	理解能力	实验探究思想 理想化与物理建模思想	条件模型
浙江卷	17	选择题	6	必修2	平抛运动	理解能力 应用数学处理物理问题的能力	理想化与物理建模思想	过程模拟

（续表）

卷别	题号	题型	分值	模块	考查知识点	能力要求	学科思想方法	备注
浙江卷	18	选择题	6	必修2	功与功率	理解能力 分析综合能力	理想化与物理建模思想	条件模型
浙江卷	19	选择题	6	必修2	曲线运动、向心力	理解能力 分析综合能力	理想化与物理建模思想	过程模型
浙江卷	21（1）	实验题	4	必修2	机械能守恒定律	理解能力 实验能力	实验探究思想 守恒思想	
浙江卷	21（2）	实验题	6	必修1	打点计时器	理解能力 实验能力	实验探究思想	
浙江卷	23	计算题	16	必修2	力与运动、功和能	理解能力 分析综合能力	理想化与物理建模思想 极限思想	条件模型
天津卷	4	选择题	6	必修2	匀速圆周运动、向心加速度	理解能力	控制变量思想	
天津卷	5	选择题	6	必修1、2	功能关系、牛顿运动定律	理解能力 分析综合能力	守恒思想	
天津卷	8	选择题	6	必修2	万有引力定律及其应用	理解能力	归纳与演绎思想	
天津卷	10	选择题	16	必修1、2	匀变速直线运动及其公式、功	理解能力 分析综合能力	理想化与物理建模思想	过程模型
重庆卷	2	选择题	6	必修2	匀速圆周运动、万有引力	理解能力	理想化与物理建模思想	过程模型
重庆卷	5	选择题	6	必修1	速度图象、超重与失重	理解能力 应用数学处理物理问题的能力	数理思想	图象法
重庆卷	6（1）	实验题	6	必修1	自由落体运动	分析综合能力 实验能力	实验探究思想	
重庆卷	8	计算题	16	必修1	平抛运动、牛顿第二定律、功能关系	理解能力 分析综合能力	理想化与物理建模思想 守恒思想	过程模型
广东卷	13	选择题	4	必修1	直线运动的图象	理解能力 推理能力	数理思想	图象法

（续表）

卷别	题号	题型	分值	模块	考查知识点	能力要求	学科思想方法	备注
广东卷	14	选择题	4	必修 2	运动的合成与分解	理解能力 应用数学处理物理问题的能力	等效思想	等效替代
广东卷	19	选择题	6	必修 1	力的合成与分解、共点力平衡	理解能力 分析综合能力	等效思想	等效替代
广东卷	20	选择题	6	必修 2	万有引力定律及其应用	理解能力 分析综合能力	理想化与物理建模思想	过程模型
广东卷	36	计算题	4	必修 2	圆周运动、向心力、机械能守恒定律	理解能力 分析综合能力	理想化与物理建模思想 守恒思想	过程模型
广东卷	36	计算题	5	必修 2	能量守恒	理解能力 分析综合能力	守恒思想	
福建卷	14	选择题	6	必修 2	匀速圆周运动、万有引力	理解能力 分析综合能力	理想化与物理建模思想	过程模型
福建卷	17	选择题	6	必修 2	变速圆周运动、功能关系	理解能力 分析综合能力	数理思想 极限思想	近似估算法
福建卷	19（1）	实验题	6	必修 1	弹力与弹簧伸长量的关系	推理能力 实验能力	数理思想 实验探究思想	图象法
福建卷	20	计算题	15	必修 1	匀变速直线运动的图象	理解能力 应用数学处理物理问题的能力	数理思想	图象法
福建卷	21	计算题	19	必修 2	力与运动、功能关系	理解能力 分析综合能力	理想化与物理建模思想 守恒思想	过程模型
福建卷	22（3）	计算题	6	必修 2	类平抛运动	理解能力 分析综合能力	理想化与物理建模思想 类比思想	过程模型
山东卷	14	选择题	6	必修 2	抛体运动	理解能力	理想化与物理建模思想	过程模型

（续表）

卷别	题号	题型	分值	模块	考查知识点	能力要求	学科思想方法	备注
山东卷	15	选择题	6	必修 2	万有引力定律及其应用、向心加速度	理解能力	理想化与物理建模思想 归纳与演绎思想	过程模型
山东卷	16	选择题	6	必修 1	静摩擦力、共点力的平衡	理解能力 分析综合能力	数理思想	临界与极值法
山东卷	21	实验题	10	必修 1	力的平行四边形定则	实验能力	等效思想 实验探究思想	等效替代
山东卷	23	计算题	16	必修 1、2	共点力的平衡、牛顿运动定律、圆周运动的向心力、动能定理	理解能力 分析综合能力	理想化与物理建模思想 数理思想	过程模型 方程函数法
安徽卷	21（1）	实验题	6	必修 1	力的合成与分解	理解能力 实验能力 应用数学处理物理问题的能力	等效思想 实验探究思想	等效替代
安徽卷	22	计算题	7	必修 1	功能关系、能量守恒定律	理解能力 分析综合能力	守恒思想	
安徽卷	23	计算题	10	必修 2	类平抛运动	理解能力 分析综合能力	理想化与物理建模思想 类比思想	过程模型
四川卷	1	选择题	6	必修 2	功能关系、机械能守恒定律及其应用	理解能力 分析综合能力	守恒思想 理想化与物理建模思想	条件模型
四川卷	5	选择题	6	必修 2	万有引力定律及其应用	推理能力	类比思想	
四川卷	8（1）	实验题	6	必修 1	弹力与弹簧伸长的关系	理解能力 实验能力	实验探究思想	
四川卷	9	计算题	15	必修 1	匀变速直线运动及其公式	理解能力 分析综合能力	理想化与物理建模思想	过程模型

由表 2-17 可知，2015 年 14 套高考物理试题中的学科思想方法，必修 1 考查 25 处，必修 2 考查 43 处。理想化与物理建模思想有 33 处，其中，过程模型 25 处，条件模型 7 处，对象模型 1 处；数理思想有 16 处，其中，图象法 8 处，方程函数法 3 处，临界与极

值法 2 处，微元法、累积法、近似估算法、数形结合法和平均值法各 1 处；守恒思想有 14 处；实验探究思想有 10 处；等效思想和类比思想各 5 处；极限思想和归纳与演绎思想各 3 处；对称思想和隔离与整体思想各 2 处；控制变量思想有 1 处。涉及考查理解能力 46 处，考查分析综合能力 36 处，考查推理能力 10 处，考查应用数学处理物理问题的能力和实验能力各 9 处。

§2.3.2　2016 年高考物理必修试题中的学科思想方法*

为了科学备考，基于高中物理学科思想方法的界定与分类，采用文本分析与案例研究法，笔者对 2016 年全国 10 套高考物理必修试题中的学科思想方法进行了系统提炼，如表 2–18 所示。

表 2–18　2016 年高考物理必修试题中的学科思想方法统计

卷别	题号	题型	分值	模块	考查知识点	能力要求	学科思想方法	备注
课标Ⅰ卷	18	选择题	6	必修 1	匀速直线运动、牛顿运动定律	分析综合能力	理想化与物理建模思想	过程模型
课标Ⅰ卷	21	选择题	6	必修 1	匀变速直线运动 v–t 图象	分析综合能力	理想化与物理建模思想 数理思想	过程模型 图象法
课标Ⅰ卷	22	实验题	5	必修 1	匀变速直线运动、加速度	分析综合能力	理想化与物理建模思想 数理思想	过程模型 平均值法
课标Ⅰ卷	25	计算题	15	必修 2	物体平衡、功能关系、能量守恒	分析综合能力	守恒思想	
课标Ⅱ卷	19	选择题	6	必修 1、2	受力分析、速度图象	理解能力 应用数学处理物理问题的能力 分析综合能力	数理思想	图象法
课标Ⅱ卷	21	选择题	6	必修 2	胡克定律、功能关系	分析综合能力 推理能力	对称思想 守恒思想	

* 发表于《湖南中学物理》2017 年 4 期。

（续表）

卷别	题号	题型	分值	模块	考查知识点	能力要求	学科思想方法	备注
课标Ⅱ卷	22	实验题	6	必修2	弹簧弹性势能的计算	理解能力 推理能力	守恒思想	
课标Ⅱ卷	25	计算题	20	必修2	万有引力定律	理解能力 推理能力 分析综合能力	理想化与物理建模思想 守恒思想	过程模型
课标Ⅲ卷	16	选择题	6	必修1	匀变速直线运动、动能	推理能力	理想化与物理建模思想	过程模型
课标Ⅲ卷	23	实验题	10	必修1	探究物体加速度与合外力的关系	实验能力 应用数学处理物理问题的能力	控制变量思想 数理思想	数形结合
课标Ⅲ卷	24	计算题	12	必修2	圆周运动、机械能守恒定律	分析综合能力	数理思想 守恒思想	临界与极值法
海南卷	1	选择题	3	必修2	平抛运动	推理能力	理想化与物理建模思想	过程模型
海南卷	2	选择题	3	必修1	静摩擦力、力的平衡条件	推理能力	隔离与整体思想	
海南卷	3	选择题	3	必修2	机械能守恒、圆周运动、牛顿第二定律	分析综合能力	守恒思想	
海南卷	5	选择题	3	必修1	牛顿第二定律	推理能力	数理思想	数形结合
海南卷	11	实验题	6	必修1	探究匀变速运动中速度与时间的关系	实验能力	实验探究思想	
海南卷	13	计算题	9	必修1	匀变速直线运动、功	分析综合能力	理想化与物理建模思想	过程模型
北京卷	21(2)	实验题	12	必修2	验证机械能守恒定律	实验能力	实验探究思想 守恒思想	
北京卷	23(3)	计算题	6	必修2	重力场、重力势	推理能力 分析综合能力	类比思想	

（续表）

卷别	题号	题型	分值	模块	考查知识点	能力要求	学科思想方法	备注
天津卷	3	选择题	6	必修 2	万有引力定律	推理能力	守恒思想	
天津卷	8	选择题	6	必修 1、2	牛顿运动定律	实验能力	实验探究思想 隔离与整体思想	
天津卷	16	计算题	18	必修 1、2	牛顿运动定律、动能定理	理解能力 推理能力	守恒思想	
上海卷	4	选择题	2	必修 1	牛顿运动定律	理解能力	理想化与物理建模思想	过程模型
上海卷	7	选择题	2	必修 2	功和能	分析综合能力	守恒思想	
上海卷	14	选择题	3	必修 1	匀变速直线运动	分析综合能力	理想化与物理建模思想	过程模型
上海卷	16	选择题	3	必修 2	圆周运动	理解能力 分析综合能力	理想化与物理建模思想 数理思想	过程模型 图象法
上海卷	22B	填空题	4	必修 2	万有引力定律	理解能力 分析综合能力	理想化与物理建模思想	过程模型
上海卷	23	填空题	4	必修 2	圆周运动、平抛运动	理解能力 分析综合能力	理想化与物理建模思想	过程模型
上海卷	25	填空题	4	必修 1	牛顿运动定律	分析综合能力	数理思想	图象法
上海卷	26	实验题	3	必修 2	用 DIS 验证机械能守恒定律	实验能力	实验探究思想	
上海卷	31	计算题	12	必修 2	运动的合成与分解、功和能	理解能力 分析综合能力	理想化与物理建模思想	过程模型
江苏卷	1	选择题	3	必修 1	胡克定律	推理能力	理想化与物理建模思想	对象模型
江苏卷	2	选择题	3	必修 2	斜抛运动	分析综合能力	理想化与物理建模思想 数理思想	过程模型 图象法

（续表）

卷别	题号	题型	分值	模块	考查知识点	能力要求	学科思想方法	备注
江苏卷	5	选择题	3	必修 1	自由落体运动、匀变速直线运动	理解能力 分析综合能力	理想化与物理建模思想 数理思想	过程模型 图象法
江苏卷	7	选择题	4	必修 2	万有引力定律	分析综合能力	理想化与物理建模思想 数理思想	过程模型 图象法
江苏卷	9	选择题	4	必修 1	牛顿运动定律	分析综合能力	隔离与整体思想	
江苏卷	11	实验题	10	必修 2	验证机械能守恒	实验能力	实验探究思想	
江苏卷	14	计算题	16	必修 2	运动的合成与分解	理解能力 分析综合能力	隔离与整体思想 数理思想	图象法
浙江卷	18	选择题	6	必修 1、2	牛顿第二定律、动能定理、匀变速直线运动	理解能力 分析综合能力	理想化与物理建模思想	过程模型
浙江卷	20	选择题	6	必修 2	匀速圆周运动、向心力、匀变速直线运动	理解能力 分析综合能力 应用数学处理物理问题的能力	理想化与物理建模思想 数理思想	过程模型临界与极值法
浙江卷	21	实验题	10	必修 1	力的平行四边形定则、力的合成、弹簧读数、胡克定律	实验能力 理解能力	等效思想 控制变量思想 实验探究思想	等效替代
浙江卷	23	计算题	16	必修 1、2	平抛运动规律、机械能守恒定律	理解能力 分析综合能力	理想化与物理建模思想	过程模型
四川卷	3	选择题	6	必修 2	万有引力定律、向心加速度	理解能力	理想化与物理建模思想 归纳与演绎思想	过程模型
四川卷	8（Ⅰ）	实验题	6	必修 2	测量弹簧的弹性势能	实验能力 分析综合能力	等效思想 实验探究思想	等效转换

（续表）

卷别	题号	题型	分值	模块	考查知识点	能力要求	学科思想方法	备注
四川卷	10	计算题	17	必修1	匀变速直线运动、受力分析、牛顿运动定律	理解能力 分析综合能力	理想化与物理建模思想	对象模型

由表2-18可知，2016年10套高考物理试题中的学科思想方法，必修1考查22处，必修2考查28处。理想化与物理建模思想有22处，其中，过程模型20处，对象模型2处；数理思想有13处，其中，图象法有8处，临界与极值法、数形结合法各有2处，平均值法有1处；守恒思想有10处；实验探究思想有7处；隔离与整体思想有4处；等效思想、控制变量思想各有2处；对称思想、类比思想、归纳与演绎思想各有1处。涉及考查分析综合能力28处，考查理解能力17处，考查推理能力11处，考查实验能力8处，考查应用数学处理物理问题的能力3处。

总之，由§2.3.1和§2.3.2的统计分析可以看出，在2015年和2016年高考物理必修试题中，不仅对必修2的考查较多，而且对理想化与物理建模思想、数理思想、守恒思想和实验探究思想的考查也较多，既凸显了高中物理的学科特点与学科核心素养，也体现了高考物理试题着重考查考生知识、能力和科学素养的命题指导思想。

§2.3.3　图象法在高考物理试题中的应用

图象法不仅是物理学科思想方法中数理思想之一，也是历年高考物理考查的热点与难点。利用图象法解题不仅比用传统的解析法简便，而且能形象、直观地再现物理情景和物理过程，有助于寻求解题的突破口，凸显图象法解题的简便性与优越性。

一、F-x 图象法*

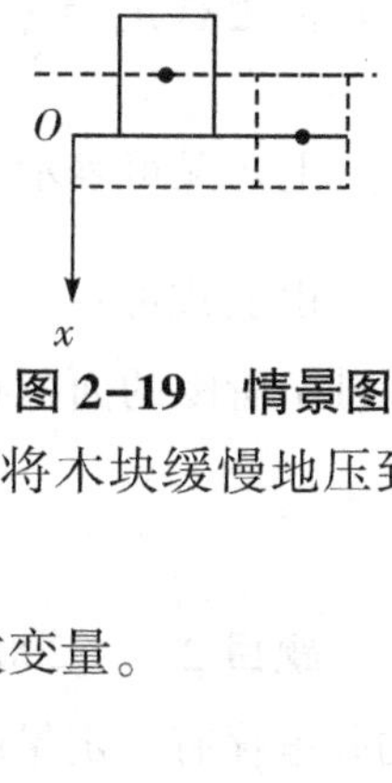

图2-19　情景图

题目1　（2000年全国高考广东卷第19题）面积很大的水池水深为H，水面上浮着一正方体木块，木块边长为a、密度为水的$\frac{1}{2}$、质量为m。开始时木块静止，有一半没入水中，如图2-19所示。现用力F将木块缓慢地压到池底，不计摩擦，求：

（1）从木块刚好完全没入水中到停在池底的过程中，池水势能的改变量。

（2）从开始到木块刚好完全没入水中的过程中，力F做的功。

*发表于《中学生理化报》2001年第104期。

解析：(1) 从木块刚好没入水中到停在池底的过程中，木块受三力：重力 mg、外力 F 和浮力 $F_{浮}$。物体处于平衡状态，有

$$F_{浮}-F-mg=0$$

依题意，木块的密度 $\rho_{木}=\frac{1}{2}\rho_{水}$，则木块的体积为 $V=\frac{m}{\rho_{木}}=\frac{2m}{\rho_{水}}$，故木块所受的浮力为

$$F_{浮}=\rho_{水}gV=2mg$$

得

$$F=F_{浮}-mg=mg$$

把木块和水作为整体，由于木块缓慢移动，没有动能的变化；忽略摩擦，没有内能损失。由功能关系可知，外力 F 做的功全部转化为系统的势能。即

$$W_{外}=\Delta E_{P_{水}}+\Delta E_{P_{木}}$$

外力的功为

$$W_{外}=F(H-a)=mg(H-a)$$

木块的势能增量为

$$\Delta E_{P_{木}}=-mg(H-a)$$

所以水的势能的改变量为

$$\Delta E_{P_{水}}=W_{外}-\Delta E_{P_{木}}=2mg(H-a)$$

(2) 如图 2-19 所示，木块由开始位置，再压入水中 x 深度时所受的浮力为

$$F_{浮}=\rho_{水}\left(\frac{a^3}{2}+xa^2\right)g$$

此时木块所受的压力为

$$F=F_{浮}-mg=\frac{1}{2}\rho_{水}a^3g-\rho_{水}xa^2g-mg$$

依题意 $\rho_{木}=\frac{1}{2}\rho_{水}$，$\rho_{木}a^3=m$

上式又可表示为

$$F=\frac{2mg}{a}x$$

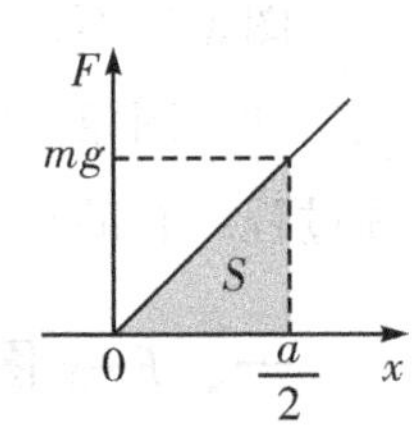

图 2-20　F-x 图

由上式可知，外力随木块浸没深度 x 的变化关系如图 2-20 所示。图中 F 的图线与坐标轴 x 所围的面积在数值上表示了 F 在全过程所做的功，即有

$$W=\frac{1}{2}\cdot\frac{a}{2}\cdot mg=\frac{1}{4}mga$$

题目 2　(2001 年高考广东、河南卷第 22 题) 一个圆柱形的竖直的井里存有一定量的水，井的侧面和底部是密闭的。在井中固定地插着一根两端开口的薄壁圆管，管和井共轴，管下端未触及井底。在圆管内有一不漏气的活塞，它可沿圆管上下滑动。开始时，管内外水面相齐，

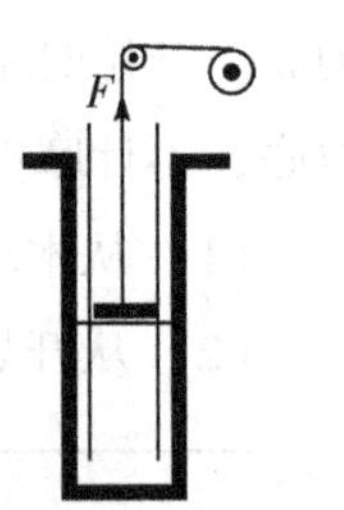

图 2-21　情景图

且活塞恰好接触水面，如图 2-21 所示。现用卷扬机通过绳子对活塞施加一个向上的力 F，使活塞缓慢向上移动。已知管筒半径 $r=0.100\ \text{m}$，井的半径 $R=2r$，水的密度 $\rho=1.00\times10^3\ \text{kg/m}^3$，大气压 $p_0=1.00\times10^5\ \text{Pa}$。求活塞上升 $H=9.00\ \text{m}$ 的过程中拉力 F 所做的功。（井和管在水面以上及水面以下的部分都足够长。不计活塞质量，不计摩擦，重力加速度 $g=10\ \text{m/s}^2$）

“评分标准”中是利用功能关系求解的，但是学生在计算重力势能增量时容易出现错误。为了形象、直观地展示该物理过程，现利用图象法求解。

解析： 把轻活塞和活塞下面高出管外水面的水柱作为整体进行研究，竖直方向受力分析如图 2-22 所示。

由于活塞缓慢上升，则由力的平衡条件可知

$$F=mg \qquad ①$$

因水的总体积不变，则活塞下面的水柱上升高度 h 与管外水面下降高度 h' 满足

$\pi r^2h=\pi(R^2-r^2)h'=3\pi r^2h'$

则

$$h'=\frac{1}{3}h \qquad ②$$

图 2-22　受力分析图

管内高出管外水面的水柱重力为

$$mg=\rho\pi r^2(h+h')g \qquad ③$$

由②③式得

$$mg=\frac{4}{3}\rho\pi r^2gh \qquad ④$$

由①④式得

$$F=\frac{4}{3}\rho\pi r^2gh \qquad ⑤$$

由⑤式可知，在活塞接触管内水面上升的过程中，拉力 $F\propto h$，即拉力 F 为变力。

根据压强平衡方程可得管内外水柱最大高度差 $(h+h')_m$ 满足

$$\rho g(h+h')_m=p_0$$

则

$$(h+h')_m=\frac{p_0}{\rho g}=10.0\ \text{m} \qquad ⑥$$

由②⑥式得临界高度

$$h_m=\frac{3}{4}\times10.0\ \text{m}=7.50\ \text{m} \qquad ⑦$$

题给 $H=9.00\ \text{m}>h_m$，由此可知在 $h_m\sim H$ 的真空段过程中，液面不变，水柱重力不变，拉力 F 变为恒力。

由功的定义画出全过程的 F-h 图象如图 2-23 所示，图中 F-h 图象与横轴所围的面积

在数值上表示拉力 F 在全过程中所做的功。

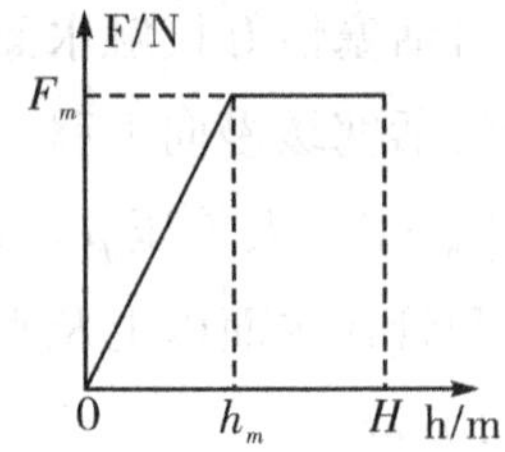

图 2-23　F–h 图

即
$$W=\frac{1}{2}\left[(H-h_m)+H\right]\cdot F_m \qquad ⑧$$

由⑤式可知
$$F_m=\frac{4}{3}\rho\pi r^2 gh_m \qquad ⑨$$

由⑧⑨⑦式得活塞上升 $H=9.00$ m 的过程中拉力 F 所做的功为
$$W=\frac{2}{3}\pi r^2\rho gh_m(2H-h_m)=1.65\times10^4\ \text{J}$$

另外需要指出，由本题题设数据所提供的信息可知，计算结果必须保留三位有效数字。

二、v–t 图象法*

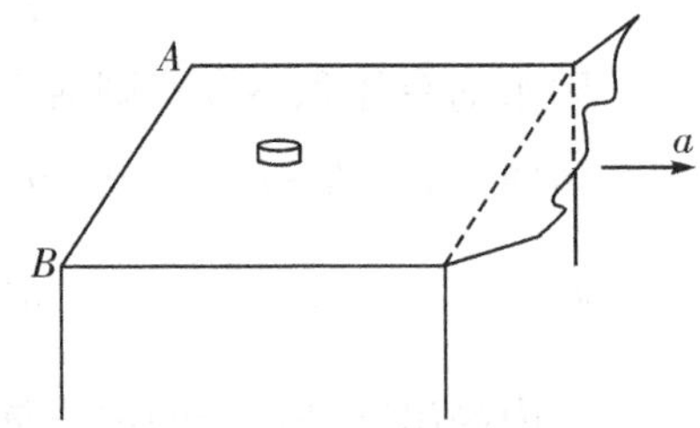

图 2-24　情景图

题目 3　（2004 年全国高考理综第 25 题）一小圆盘静止在桌布上，位于一方桌的水平桌面的中央。桌布的一边与桌的 AB 边重合，如图 2-24 所示。已知盘与桌布间的动摩擦因数为 μ_1，盘与桌面间的动摩擦因数为 μ_2。现突然以恒定加速度 a 将桌布抽离桌面，加速度的方向是水平的且垂直于 AB 边。若圆盘最后未从桌面掉下，则加速度 a 满足的条件是什么？（以 g 表示重力加速度）

分析：本题的物理过程可划分为两个阶段。

（1）小圆盘在桌布上滑动的阶段。小圆盘在桌布上滑动的阶段，分别对桌布和小圆盘受力分析后可知，桌布在水平向右的恒力和小圆盘给它的水平向左的滑动摩擦力的共同作用下，向右做初速度为零、加速度为 a 的匀加速直线运动。而小圆盘在桌布给它的水平向右的滑动摩擦力的作用下，做初速度为零、加速度为 a_1 的匀加速直线运动。

（2）小圆盘在桌面上滑动的阶段。小圆盘与桌布分离后，在桌面上滑动的阶段，小圆盘受到了桌面给它的水平向左的滑动摩擦力的作用，使小圆盘做匀减速直线运动。

解答：全过程小圆盘的速度图象如图 2-25 中 OAB 图线所示，桌布的速度图象如图 2-25 中 OC 图线所示，其中 OC 图线的斜率即为桌布的加速度 a。

设小圆盘在桌布上、桌面上滑动的时间分别为 t_1、t_2，小圆盘在桌布上、桌面上滑动的加速度分别为 a_1、a_2，即分别为图 2-25 中 OA 和 AB 图线的斜率。并设方桌的边长为 l，

---

* 分别发表于《招生考试之友》2007 年第 5 期、《物理教学》2015 年第 12 期，被人大复印报刊资料《中学物理教与学》2016 年报刊索引库收录。

则小圆盘与桌布之间的相对位移为$\frac{1}{2}l$，即在数值上等于图 2-25 中$\triangle OAC$的面积。设小圆盘与桌布刚分离时，小圆盘的速度为v_1，桌布的速度为v_2，如图 2-25 所示。则由题设并结合速度图象的物理意义可得

$$v_1=a_1t_1=\mu_1gt_1 \quad ①$$

$$v_1=a_2t_2=\mu_2gt_2 \quad ②$$

$$\frac{1}{2}v_1t_1+\frac{1}{2}l=\frac{1}{2}at_1^2 \quad ③$$

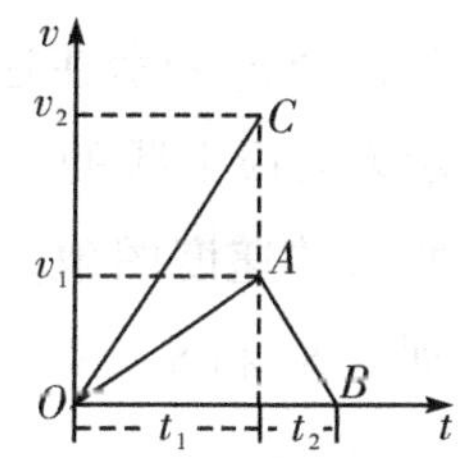

图 2-25　v-t 图

又因小圆盘没有从桌面上掉下的条件为

$$\frac{1}{2}v_1\ (t_1+t_2)\ \leqslant\frac{1}{2}l \quad ④$$

由①②③④式可得桌布的加速度a应满足的条件为

$$a\geqslant\frac{\mu_1+2\mu_2}{\mu_2}\mu_1g$$

题目 4　（2005 年全国高考理综第 23 题）原地起跳时，先屈腿下蹲，然后突然蹬地。从开始蹬地到离地是加速过程（视为匀加速），加速过程中重心上升的距离称为"加速距离"。离地后重心继续上升，在此过程中重心上升的最大距离称为"竖直高度"。现有下列数据：人原地上跳的"加速距离"$d_1=0.50$ m，"竖直高度"$h_1=1.0$ m；跳蚤原地上跳的"加速距离"$d_2=0.00080$ m，"竖直高度"$h_2=0.10$ m。假想人具有与跳蚤相等的起跳加速度，而"加速距离"仍为 0.50 m ，则人上跳的"竖直高度"是多少？

分析： 人和跳蚤分别具有加速过程和离地后竖直上抛过程。人体在加速过程中获得的机械能是由谁转化而来的呢？由生物物理学可知，人体运动所需的一切能量均由食物中获取，食物在体内经消化过程转化为葡萄糖（$C_6H_{12}O_6$），葡萄糖进一步氧化分解，释放出能量，其中只有 43.2%的能量"储藏"在三磷腺苷（ATP）中，肌肉收缩等活动只能利用 ATP 中储存的能量。1 mol 葡萄糖在体内氧化产生的能量为 2870 kJ，其中有 1255 kJ 转化为 ATP 供运动所需，其余以热的形式消耗掉。可见，人在加速过程中获得的机械能是由体内的 ATP 转化而来的。

在速度图象中，图线的斜率表示做匀变速运动的物体的加速度，图线与坐标轴所围的面积在数值上等于运动物体的位移大小。如图 2-26 所示，当人具有和跳蚤相同的加速度（直线OA的斜率）时，在加速过程中，人和跳蚤的"加速距离"分别等于$\triangle OAC$和$\triangle ODF$的面积，离地时的速度分别为A和D点的纵坐标v_1、v_2。离地后，人和跳蚤都做竖直上抛过程，具有相同的加速度g（$AB/\!/DE$）。人和跳蚤上跳的"竖直高度"分别等于$\triangle ABC$和$\triangle DEF$的面积，且$\triangle ABC\backsim\triangle DEF$，二者的面积比等于对应边长的平方比。

另外，由于题设中所给数据均为两位有效数字，因此最终的计算结果也应保留两位有效数字，要注意这个隐含信息。

解答：用 a 表示跳蚤起跳的加速度，v_2 表示跳蚤离地时的速度。当人具有和跳蚤相同的加速度 a 时，令 v_1 表示在这种假想下人离地时的速度，H 表示人对应上跳的“竖直高度”。定性建立如图 2-26 所示的速度图象。设图中 $\triangle ABC$ 和 $\triangle DEF$ 的面积分别为 S_1 和 S_2。

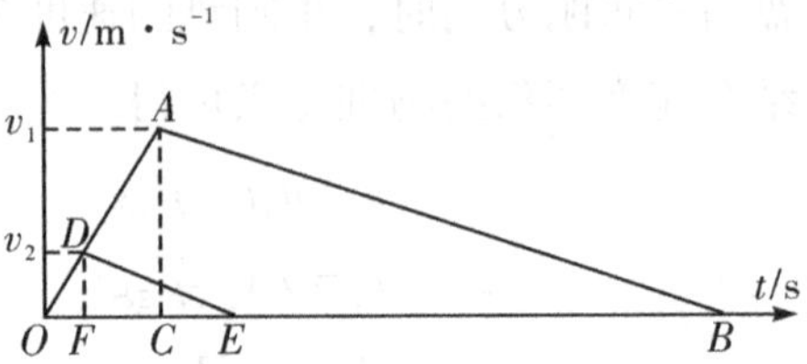

图 2-26　v-t 图

$$v_1^2=2ad_1 \quad ①$$

$$v_2^2=2ad_2 \quad ②$$

因 $\triangle ABC \backsim \triangle DEF$

则
$$\frac{S_1}{S_2}=\frac{v_1^2}{v_2^2} \quad ③$$

又由 v-t 图象的物理意义可知

$$\frac{S_1}{S_2}=\frac{H}{h_2} \quad ④$$

由①②③④式可得，人在假想情况下上跳的“竖直高度”为

$$H=\frac{d_1}{d_2}h_2=\frac{0.50}{0.00080}\times 0.10\ \text{m}=62.5\ \text{m}\approx 63\ \text{m}$$

题目 5　(2006 年全国高考理综第 24 题) 一水平的浅色长传送带上放置一煤块（可视为质点），煤块与传送带之间的动摩擦因数为 μ。初始时，传送带与煤块都是静止的。现让传送带以恒定的加速度 a_0 开始运动，当其速度达到 v_0 后，便以此速度做匀速运动。经过一段时间，煤块在传送带上留下了一段黑色痕迹后，煤块相对于传送带不再滑动。求此黑色痕迹的长度。

分析：初始时，传送带与煤块都是静止的。根据题设“煤块在传送带上留下了一段黑色痕迹”可知，煤块与传送带之间发生了相对滑动，煤块的加速度 a 小于传送带的加速度 a_0。设经历时间 t_1，传送带由静止开始加速到速度等于 v_0，煤块则由静止加速到 v_1。由于 $a<a_0$，煤块继续受到滑动摩擦力的作用。经过时间 t_2，煤块的速度由零增加到 v_0，此后，煤块与传送带运动速度相同，相对于传送带不再滑动，不再产生新的痕迹。所求黑色痕迹的长度即为煤块在传送带上通过的相对位移。

由题意建立如图 2-27 所示的速度图象。根据 v-t 图象的物理意义，图线 OAB 表示传送带的运动过程，其中 OA 的斜率即为传送带匀加速阶段的加速度 a_0。图线 OB 表示煤块的运动过程，其斜率即为煤块匀加速运动的加速度 a。因 $a<a_0$，t_1 时刻，传送带的速度达

到 v_0，之后以 v_0 做匀速运动。而此刻煤块的速度 $v_1<v_0$，因此煤块继续相对传送带滑动。直到 t_2 时刻，二者速度达到相等，煤块停止相对滑动。图 2-27 中，梯形 $OABC$ 所包围的面积在数值上等于在 t_2 时间内传送带对地的位移，三角形 OBC 所包围的面积在数值上等于 t_2 时间内煤块对地的位移，而二者之差即三角形 OAB 所包围的面积，就是煤块在传送带上发生相对滑动留下的黑色痕迹的长度。

解答：由题意建立如图 2-27 所示的速度图象。图中图线 OAB 和 OB 分别表示传送带和煤块的运动过程。设煤块匀加速运动的加速度为 a，由牛顿第二定律可知

$$a=\mu g \quad ①$$

根据 v-t 图象的物理意义可知，传送带匀加速运动的时间为

$$t_1=\frac{v_0}{a_0} \quad ②$$

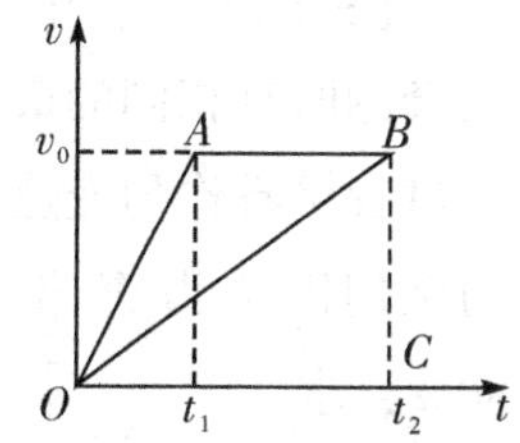

图 2-27　v-t 图

煤块匀加速运动的时间为

$$t_2=\frac{v_0}{a} \quad ③$$

煤块在传送带上留下的黑色痕迹的长度为

$$s=\frac{[(t_2-t_1)+t_2]v_0}{2}-\frac{1}{2}t_2v_0 \quad ④$$

由①②③④式可得

$$s=\frac{(a_0-\mu g)v_0^2}{2a_0\mu g}$$

题目 6　（2007 年全国高考理综第 23 题）甲、乙两运动员在训练交接棒的过程中发现：甲经短距离加速后能保持 9 m/s 的速度跑完全程；乙从起跑后到接棒前的运动是匀加速的。为了确定乙起跑的时机，需在接力区前适当的位置设置标记。在某次练习中，甲在接力区前 $S_0=13.5$ m 处做了标记，并以 $v=9$ m/s 的速度跑到此标记时向乙发出起跑口令。乙在接力区的前端听到口令时起跑，并恰好在速度达到与甲相同时被甲追上，完成交接棒。已知接力区的长度为 $L=20$ m。求：

（1）此次练习中乙在接棒前的加速度 a。

（2）在完成交接棒时乙离接力区末端的距离。

解析：由题意建立如图 2-28 所示的速度图象。图中图线 AB 和 OB 分别表示甲和乙的运动过程。

（1）设乙匀加速运动的加速度为 a。则乙追上甲二者速度相等，乙匀加速运动的时间为

$$t=\frac{v}{a} \quad ①$$

根据题意和 v–t 图象的物理意义可知，乙匀加速运动的位移在数值上等于△OBC 的面积，且△OBC 的面积等于△OBA 的面积，等于甲在接力区前的距离 S_0，即

$$\frac{1}{2}vt=S_0 \qquad ②$$

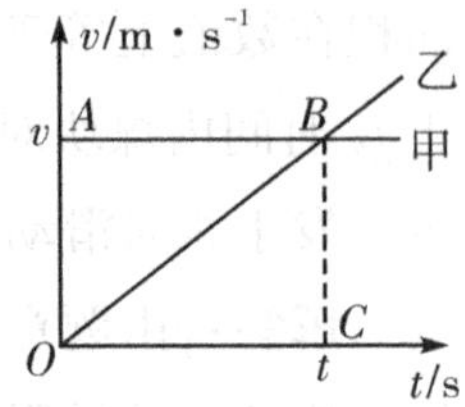

图 2–28　v–t 图

由①②式可得此次练习中乙在接棒前的加速度为

$$a=\frac{v^2}{2S_0}=\frac{9^2}{2\times13.5}\ m/s^2=3\ m/s^2$$

（2）由题意和②式可得在完成交接棒时乙离接力区末端的距离为

$$L-S_0=(20-13.5)\ m=6.5\ m$$

【变式练习】 甲、乙两个同学在直跑道上练习 4×100 m 接力，如图 2–29 所示，他们在奔跑时有相同的最大速度。乙从静止开始全力奔跑需跑出 25 m 才能达到最大速度，这一过程可看作匀变速运动。现在甲持棒以最大速度向乙奔来，乙在接力区伺机全力奔出。若要求乙接棒时奔跑速度达到最大速度的 80%，求：

图 2–29　情景图

（1）乙在接力区须奔跑多长距离？（16 m）

（2）乙应在距离甲多远时起跑？（24 m）

题目 7　（2015 年全国课标Ⅰ卷理综第 25 题）一长木板置于粗糙水平地面上，木板左端放置一小物块，木板右方有一墙壁，木板右端与墙壁的距离为 4.5 m，如图 2–30（a）所示。$t=0$ 时刻开始，小物块与木板一起以共同速度向右运动，直至 $t=1$ s 时木板与墙壁碰撞（碰撞时间极短）。碰撞前后木板速度大小不变，方向相反；运动过程中小物块始终未离开木板。已知碰撞后 1 s 时间内小物块的 v–t 图线如图 2–30（b）所示。木板的质量是小物块质量的 15 倍，重力加速度 g 取 10 m/s^2。求：

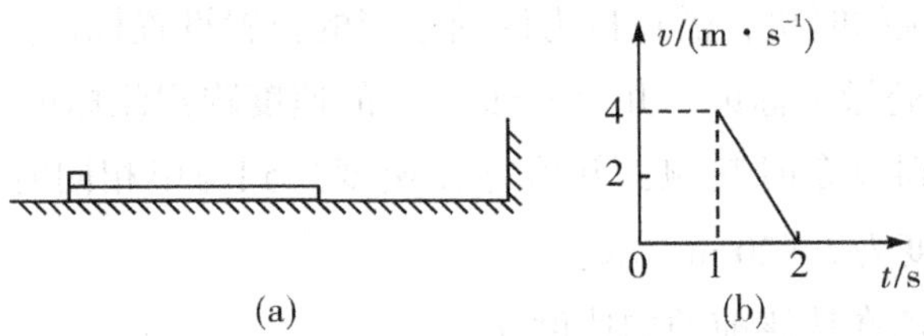

图 2–30　情景与 v–t 图

（1）木板与地面间的动摩擦因数 μ_1 及小物块与木板间的动摩擦因数 μ_2；

（2）木板的最小长度；

（3）木板右端离墙壁的最终距离。

解析： 取向右为正方向，由题意可建立如图 2–31 所示的速度–时间图象。

（1）在木板与墙壁碰撞前的 $t_1=1$ s 内，物块和木板一起向右做匀减速直线运动。由牛顿第二定律可知，二者共同的加速度 $a_1=-\mu_1 g$；由图 2–30（b）可知，木板与墙壁碰前

的瞬时末速度 $v_1=4\ \text{m/s}$；由运动学公式可知，初速度 $v_0=v_1+\mu_1 g t_1=4+\mu_1 g$。由速度图象的物理意义可知，图 2-31 中梯形 $OABE$ 的面积在数值上等于木板右端与墙壁的距离 $s_0=4.5\ \text{m}$，即

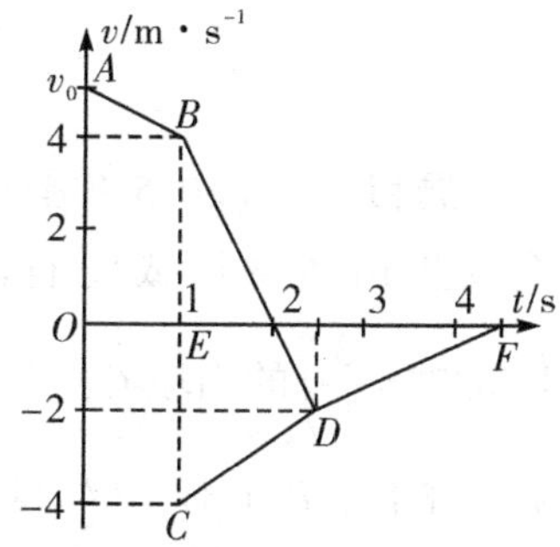

图 2-31　$v-t$ 图

$$\frac{v_1+v_0}{2}t_1=s_0$$

可解得木板与地面间的动摩擦因数 $\mu_1=0.1$，初速度 $v_0=5\ \text{m/s}$。

在木板与墙壁碰撞后，物块以 v_1 的初速度向右做匀减速直线运动。由图 2-30（b）可知，$t_2=2\ \text{s}$ 时，物块的速度 $v_2=0$。由速度图线斜率的物理意义和加速度的定义式可知，物块的加速度 $a_2=\dfrac{v_2-v_1}{t_2-t_1}=-4\ \text{m/s}^2$；再由牛顿第二定律可知，物块的加速度 $a_2=-\mu_2 g$，则物块与木板间的动摩擦因数 $\mu_2=0.4$。

（2）在木板与墙壁碰撞后，木板以 $-v_1$ 的初速度向左做匀减速直线运动。设木板的加速度为 a_3，物块和木板的质量分别为 m 和 M，由牛顿第二定律可得

$$\mu_2 mg+\mu_1(m+M)g=Ma_3$$

则
$$a_3=\frac{m}{M}\mu_2 g+\frac{m+M}{M}\mu_1 g=\frac{4}{3}\ \text{m/s}^2$$

当物块速度减为零时，木板的速度 $v_2'=-v_1+a_3(t_2-t_1)=-\dfrac{8}{3}\text{m/s}$，则木板以加速度 a_2 向左做匀加速直线运动。设 t_3 时刻木板和小物块刚好具有共同速度 v_3。由运动学公式得

$$v_3=a_2(t_3-t_2)=v_2'+a_3(t_3-t_2)$$

解得
$$t_3=2.5\ \text{s},\ v_3=-2\ \text{m/s}$$

因运动过程中小物块没有脱离木板，由速度图象的物理意义可知，图 2-31 中三角形 BCD 的面积在数值上等于木板的最小长度 l，即

$$l=\frac{2v_1(t_3-t_1)}{2}=6.0\ \text{m}$$

（3）在物块和木板具有共同速度之后，二者一起向左做匀减速直线运动直至停止。由牛顿第二定律可知，共同的加速度 $a_4=\mu_1 g=1\ \text{m/s}^2$，设 t_4 时刻二者停止运动，由运动学公式知

$$t_4=t_3-\frac{v_3}{a_4}=4.5\ \text{s}$$

由速度图象的物理意义可知，图 2-31 中四边形 $ECDF$ 的面积在数值上等于木板右端离墙壁的最终距离 s，即

$$s=\frac{(v_1+|v_3|)(t_3-t_1)}{2}+\frac{|v_3|(t_4-t_3)}{2}=6.5\text{ m}$$

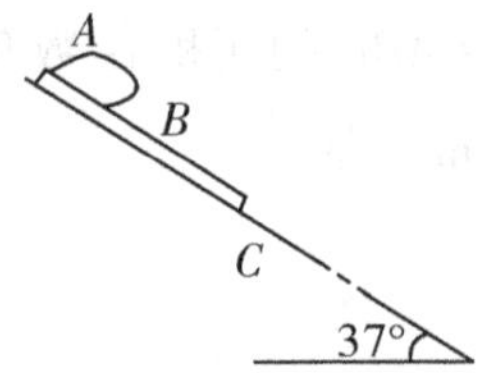

图 2-32　情景图

题目 8　（2015 年全国课标Ⅱ卷理综第 25 题）下暴雨时，有时会发生山体滑坡或泥石流等地质灾害。某地有一倾角为 $\theta=37°$ $\left(\sin37°=\frac{3}{5}\right)$ 的山坡 C，上面有一质量为 m 的石板 B，其上下表面与斜坡平行；B 上有一碎石堆 A（含有大量泥土），A 和 B 均处于静止状态，如图 2-32 所示。假设某次暴雨中，A 浸透雨水后总质量也为 m（可视为质量不变的滑块），在极短时间内，A、B 间的动摩擦因数 μ_1 减小为 $\frac{3}{8}$，B、C 间的动摩擦因数 μ_2 减小为 0.5，A、B 开始运动，此时刻为计时起点；在第 2 s 末，B 的上表面突然变为光滑，μ_2 保持不变。已知 A 开始运动时，A 离 B 下边缘的距离 $l=27$ m，C 足够长，设最大静摩擦力等于滑动摩擦力。取重力加速度大小 $g=10\text{ m/s}^2$。求：

（1）在 02 s 时间内 A 和 B 加速度的大小；

（2）A 在 B 上总的运动时间。

解析：（1）在 02 s 内，因 $\mu_1<\mu_2<\tan37°$，则 A 和 B 沿山坡 C 向下分别做匀加速直线运动，受力分析如图 2-33 所示。由滑动摩擦力公式和力的平衡条件可得

$$f_1=\mu_1N_1 \quad ①$$

$$N_1=mg\cos\theta \quad ②$$

$$f_2=\mu_2N_2 \quad ③$$

$$N_2=N_1+mg\cos\theta \quad ④$$

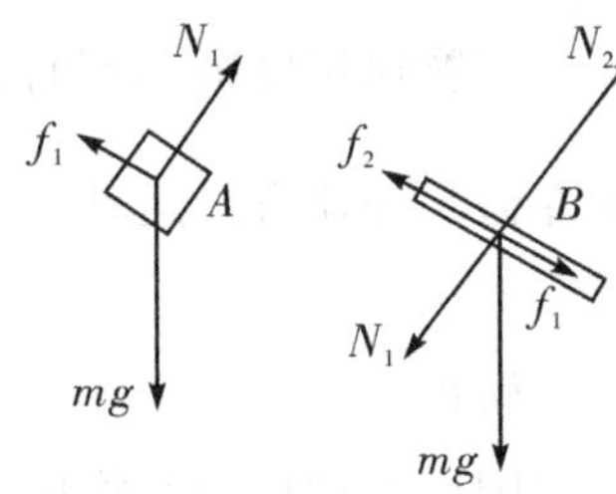

图 2-33　受力分析图

取沿斜面向下为正方向。设 A 和 B 的加速度分别为 a_1 和 a_2，由牛顿第二定律得

$$mg\sin\theta-f_1=ma_1 \quad ⑤$$

$$mg\sin\theta-f_2+f_1=ma_2 \quad ⑥$$

联立①~⑥式，并代入题设中所给数据可得

$$a_1=3\text{ m/s}^2$$

$$a_2=1\text{ m/s}^2$$

（2）$t_1=2$ s 时，A 和 B 的速度分别为

$$v_1=a_1t_1=6\text{ m/s}$$

$$v_2=a_2t_1=2\text{ m/s}$$

$t>2$ s 时，A 与 B 之间摩擦力为零，由牛顿第二定律可得 A 和 B 的加速度分别为

$$a_3=g\sin37°=6\text{ m/s}^2$$

$$a_4=g\sin37°-2\mu_2g\cos37°=-2\text{ m/s}^2$$

即 B 做匀减速直线运动，B 的速度减为零经历的时间 t_2 为

$$t_2=-\frac{v_2}{a_4}=1\ \text{s}$$

此时 A 的速度为

$$v_3=v_1+a_3t_2=12\ \text{m/s}$$

基于上述分析与计算，可建立如图 2-34 所示的速度-时间图象。

在 t_1+t_2 时间内，由速度图象的物理意义可知，图 2-34 中多边形 $OEFGD$ 的面积在数值上等于 A 相对于 B 运动的距离 s，即

$$s=\frac{(v_1-v_2)\ t_1}{2}+\frac{(v_1-v_2)\ +v_3}{2}t_2=12\ \text{m}<27\ \text{m}$$

即此后 B 静止不动。A 继续在 B 上滑动。设再经过时间 t_3 后 A 离开 B，此时 A 的速度 v_4 为

$$v_4=v_3+a_3t_3 \qquad ⑦$$

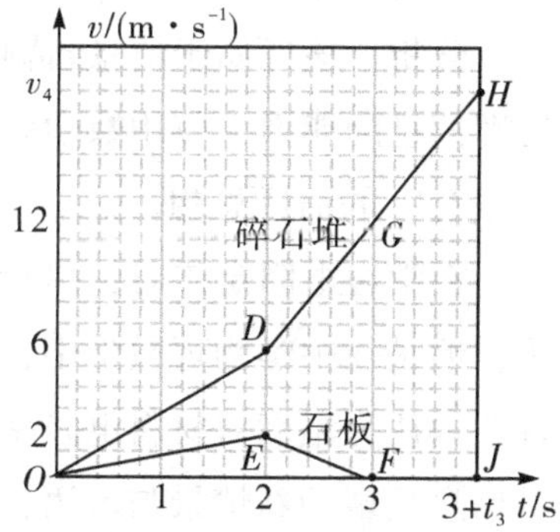

图 2-34　v-t 图

由速度图象的物理意义可知，图 2-34 中梯形 $FGHJ$ 的面积在数值上等于 $(l-s)$，即

$$\frac{(v_3+v_4)\ t_3}{2}=l-s \qquad ⑧$$

联立⑦⑧式可解得

$$t_3=1\ \text{s}$$

则 A 在 B 上总的运动时间为

$$t=t_1+t_2+t_3=4\ \text{s}$$

评价：2015 年全国高考课标卷物理压轴题，打破八年来的定势，不再考查带电粒子在复合场中的运动及电磁感应，而是出乎意料地考查了力学经典模型——板块模型。试题涉及多个物体在多个过程中的运动状态与受力情况的分析，不仅凸显了牛顿运动定律和匀变速直线运动规律等主干知识的应用，而且体现了高考物理命题稳中求变，注重考查能力的特点。试题参考答案只提供了常规解法，通过用速度图象法解答题目 7、8，进而体验了图象法解题形象直观、清晰便捷的魅力。

三、$R-t$ 图象法*

题目 9　（2009 年全国高考理综 Ⅰ 卷第 24 题）材料的电阻率 ρ 随温度变化的规律为 $\rho=\rho_0(1+\alpha t)$，其 α 称为电阻温度系数，ρ_0 是材料在 $t=0$ ℃时的电阻率。在一定温度范围内 α 是与温度无关的常量。金属的电阻一般随温度的增加而增加，具有正温度系数；而某些非金属如碳等则相反，具有负温度系数。利用具有正负温度系数的两种材料的互补特

---

*发表于《湖南中学物理》2009 年第 7 期。

性，可制成阻值在一定温度范围内不随温度变化的电阻。已知：在 0 ℃时，铜的电阻率为 $1.7\times10^{-8}\ \Omega\cdot m$，碳的电阻率为 $3.5\times10^{-8}\ \Omega\cdot m$；在 0 ℃附近，铜的电阻温度系数为 $3.9\times10^{-3}\ ℃^{-1}$，碳的电阻温度系数为 $-5.0\times10^{-4}\ ℃^{-1}$。将横截面积相同的碳棒与铜棒串接成长为 1.0 m 的导体，要求其电阻在 0 ℃附近不随温度变化，求所需碳棒的长度。（忽略碳棒和铜棒的尺寸随温度的变化）

分析：该题属于情景新颖的信息题，全面考查了学生的阅读能力和物理思想、汲取和处理信息的能力、应用数学处理物理问题的能力，具有较高的区分度，充分体现了“以能力立意”的命题思想。

在学习电阻定律时，尽管现行初高中物理教科书都定性介绍了温度对材料电阻率的影响，但是在中学物理教学中，一些师生对电阻率受温度影响的大小缺乏数量级观念，比较普遍地认为温度对材料电阻率的影响不大，可忽略不计。因此导致一部分考生面对该题大量信息呈现的新情景与术语，无从下手而失分。教育部考试中心提供的该题参考答案用解析法进行了解答，现用图象法对该题予以简要解答。

解答：由电阻定律可知

$$R=\rho\frac{l}{S} \quad ①$$

材料的电阻率随温度变化的规律为

$$\rho=\rho_0(1+\alpha t) \quad ②$$

由①②式可得

$$R=R_0+\alpha R_0 t \quad ③$$

其中，$R_0=\rho_0\frac{l}{S}$，称为导体在 0 ℃时的电阻。t 为导体在 0 ℃附近的温度变化。

设所需碳棒的长度为 l_1，电阻温度系数为 α_1，0 ℃附近的电阻为 R_1，0 ℃时的电阻率和电阻分别为 ρ_{10} 和 R_{10}；铜棒的长度为 l_2，电阻温度系数为 α_2，0 ℃附近的电阻为 R_2，0 ℃时的电阻率和电阻分别为 ρ_{20} 和 R_{20}，碳棒与铜棒的横截面积为 S。则由③式可得

$$R_1=R_{10}+\alpha_1 R_{10} t \quad ④$$

$$R_2=R_{20}+\alpha_2 R_{20} t \quad ⑤$$

其中

$$R_{10}=\rho_{10}\frac{l_1}{S} \quad ⑥$$

$$R_{20}=\rho_{20}\frac{l_2}{S} \quad ⑦$$

且

$$l_2=l_0-l_1 \quad ⑧$$

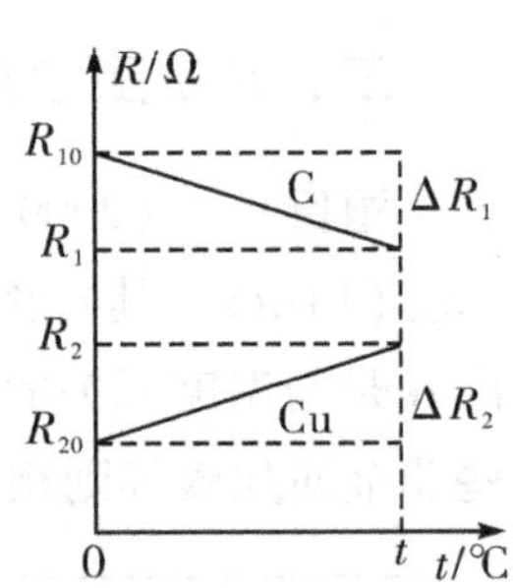

图 2-35　R-t 图

建立如图 2-35 所示的 R-t 图象，则由④⑤式可得，在 0 ℃附

近，碳棒和铜棒的电阻随温度的变化图线如图 2-35 所示。利用具有正负温度系数的金属和非金属材料的互补特性，要使横截面积相同的碳棒与铜棒串接后的电阻在 0 ℃附近不随温度变化，须使 $\Delta R_1=\Delta R_2$，即 $R_{10}-R_1=R_2-R_{20}$，由④⑤式可知，须使 R-t 图象中两图线的斜率满足

$$-\alpha_1 R_{10}=\alpha_2 R_{20} \qquad ⑨$$

由⑥⑦⑧⑨式可得

$$l_1=\frac{\alpha_2\rho_{20}}{\alpha_2\rho_{20}-\alpha_1\rho_{10}}l_0$$

式中 $l_0=1.0$ m，代入相关数据解得

$$l_1=3.8\times10^{-3}\ \text{m}$$

注意：由题设的数据信息可知，计算结果须保留两位有效数字。

§2.3.4　例析一问多解，提升学生科学思维水平*

在高三物理复习备考中，由于进度快、任务重等，经常出现教师高密度讲题、就题论题、以量取胜等现象，没有通过一题多变、一问多解等变式思悟教学来充分展示学生的思维过程，追溯错误的根源，提升学生科学思维的品质与水平，从而培育学生的学科核心素养。

一、学生科学思维的高考质量标准

教育部颁布的《普通高中物理课程标准》（2017 年版，2020 年修订）指出，学科核心素养是学科育人价值的集中体现，是学生通过学科学习而逐步形成的正确价值观念、必备品格和关键能力。物理学科核心素养主要包括“物理观念”“科学思维”“科学探究”“科学态度与责任”四个方面，其中，科学思维是从物理学视角对客观事物的本质属性、内在规律及相互关系的认识方式；是基于经验事实建构物理模型的抽象概括过程；是分析综合、推理论证等方法在科学领域的具体运用；是基于事实证据和科学推理对不同观点和结论提出质疑和批判，进行检验和修正，进而提出创造性见解的能力与品格。科学思维主要包括模型建构、科学推理、科学论证、质疑创新等要素。物理学科核心素养以“科学探究”为基础，“科学思维”为灵魂，而“学科思想方法”则是科学思维的内核。

高考是对学生学业质量水平的考核，《普通高中物理课程标准》（2017 年版，2020 年修订）把学生科学思维的学业质量水平划分为五级，其中，学业质量水平 3、4 为高考命

*发表于《湖南中学物理》2020 年第 12 期。

题与评价的依据。学生科学思维的高考质量标准，如下表所示。

表 2-19　科学思维的高考质量标准

维度	水平 3	水平 4
模型建构	能在熟悉的问题情境中根据需要选用恰当的模型解决简单的物理问题	能将实际问题中的对象和过程转换成物理模型
科学推理	能对常见的物理现象进行分析和推理，获得结论并做出解释	能对综合性物理问题进行分析和推理，获得结论并做出解释
科学论证	能恰当使用证据表达自己的观点	能恰当使用证据证明物理结论
质疑创新	能对已有观点提出质疑，从不同角度思考物理问题	能对已有结论提出有依据的质疑，采用不同方式分析解决物理问题

二、一问多解例析

题目（2019 年全国高考课标Ⅰ卷第 25 题）竖直面内一倾斜轨道与一足够长的水平轨道通过一小段光滑圆弧平滑连接，小物块 B 静止于水平轨道的最左端，如图 2-36（a）所示。$t=0$ 时刻，小物块 A 在倾斜轨道上从静止开始下滑，一段时间后与 B 发生弹性碰撞（碰撞时间极短）；当 A 返回到倾斜轨道上的 P 点（图中未标出）时，速度减为 0，此时对其施加一外力，使其在倾斜轨道上保持静止。物块 A 运动的 $v-t$ 图象如图 2-36（b）所示，图中的 v_1 和 t_1 均为未知量。已知 A 的质量为 m，初始时 A 与 B 的高度差为 H，重力加速度大小为 g，不计空气阻力。

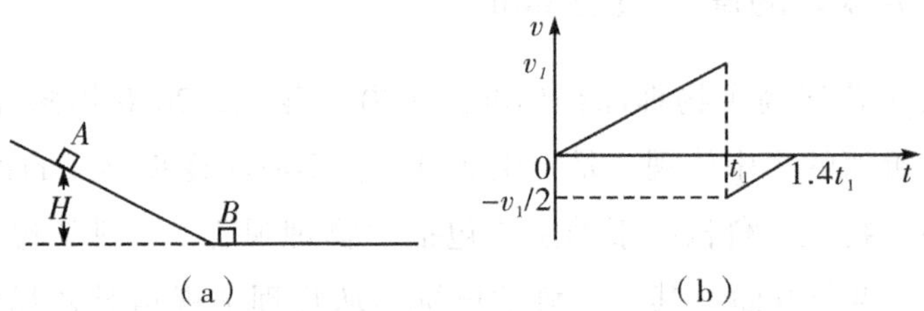

图 2-36　情景与 $v-t$ 图

（1）（3）略

（2）在图 2-36（b）所描述的整个运动过程中，求物块 A 克服摩擦力所做的功。

1. 利用牛顿运动定律解答（水平 3、水平 4）

设斜面的倾角为 θ，物块 A 做匀变速运动时的加速度为分别 a_1、a_2，与斜面间的滑动摩擦系数为 μ，下滑过程中的路程为 s_1，返回过程中的路程为 s_2，P 点的高度为 h。由牛顿第二定律得

$$mg\sin\theta-\mu mg\cos\theta=ma_1 \quad ①$$

$$mg\sin\theta+\mu mg\cos\theta=ma_2 \quad ②$$

其中
$$a_1=\frac{v_1}{t_1} \quad ③$$

$$a_2=\frac{v_1}{0.8t_1} \quad ④$$

①②③④式联立解得

$$\mu=\frac{1}{9}\tan\theta \quad ⑤$$

由 v-t 图线包围“面积”的物理意义可知

$$s_1=\frac{1}{2}v_1t_1 \quad ⑥$$

$$s_2=\frac{1}{2}\cdot\frac{v_1}{2}(1.4t_1-t_1) \quad ⑦$$

由几何关系得

$$\frac{s_2}{s_1}=\frac{h}{H} \quad ⑧$$

⑥⑦⑧式联立解得

$$h=\frac{1}{5}H \quad ⑨$$

物块 A 在整个过程中克服摩擦力所做的功为

$$W=f(s_1+s_2)=\mu mg\cos\theta\left(\frac{H}{\sin\theta}+\frac{h}{\sin\theta}\right) \quad ⑩$$

⑤⑨⑩式联立解得

$$W=\frac{2}{15}mgH \quad ⑪$$

评析：在“模型建构”方面，基于图2-36（b）所描述的运动情景，不仅建构了斜面模型，而且物块 A 的匀变速直线运动为理想化过程模型，“足够长的水平轨道通过一小段光滑圆弧平滑连接”和“不计空气阻力”为理想化条件模型；①②③④⑥⑦⑧⑩式为“科学推理”，其中，⑥⑦式利用了图象法和等效思想方法，⑧式利用了几何相似的比例法；基于牛顿第二定律、加速度的定义式、v-t 图象“面积”的物理意义、几何关系、功的定义式等证据，分别对⑤⑨⑪式进行了“科学论证”；在“质疑创新”方面，可启发学生能否利用⑤⑨式分别求出 $W_1=\mu mg\cos\theta\frac{H}{\sin\theta}=\frac{1}{9}mgH$ 和 $W_2=\mu mg\cos\theta\frac{h}{\sin\theta}=\frac{1}{45}mgH$，亦得 $W=W_1+W_2=\frac{2}{15}mgH$。

2. 利用动能定理解答（水平3、水平4）

设物块 A 与斜面间的滑动摩擦力大小为 f，下滑过程中的路程为 s_1，返回过程中的路

程为 s_2，P 点的高度为 h。由 $v-t$ 图线包围“面积”的物理意义可知

$$s_1=\frac{1}{2}v_1t_1 \quad ①$$

$$s_2=\frac{1}{2}\cdot\frac{v_1}{2}(1.4t_1-t_1) \quad ②$$

由几何关系得

$$\frac{s_2}{s_1}=\frac{h}{H} \quad ③$$

①②③式联立解得

$$h=\frac{1}{5}H \quad ④$$

由动能定理得

$$mgH-fs_1=\frac{1}{2}mv_1^2 \quad ⑤$$

$$-(fs_2+mgh)=-\frac{1}{2}m\left(\frac{v_1}{2}\right)^2 \quad ⑥$$

③④⑤⑥式联立解得

$$fs_1=\frac{1}{9}mgH \quad ⑦$$

$$fs_2=\frac{1}{45}mgH \quad ⑧$$

物块 A 在整个过程中克服摩擦力所做的功为

$$W=fs_1+fs_2 \quad ⑨$$

⑦⑧⑨式联立可得

$$W=\frac{2}{15}mgH \quad ⑩$$

评析：“模型建构”同上；①②③⑤⑥⑨式为“科学推理”，其中，①②式利用了图象法和等效思想方法，③式利用了几何相似的比例法，⑤⑥式利用整体思想方法，把 fs_1 和 fs_2 分别看作一个未知数；基于 $v-t$ 图象“面积”的物理意义、几何关系、动能定理、功的定义式等证据，分别对④⑦⑧⑩式进行了“科学论证”；在“质疑创新”方面，可启发学生由③④式得出 $s_1=5s_2$，且物块 A 在整个过程中滑动摩擦力的大小不变，借助功的比例关系，利用动能定理分别得出 $mgH-\frac{5}{6}W=\frac{1}{2}mv_1^2$ 和 $-\left(\frac{1}{6}W+mgh\right)=-\frac{1}{2}m\left(\frac{v_1}{2}\right)^2$，结合④式也可求得 $W=\frac{2}{15}mgH$。

3. 利用动量定理解答（水平 3、水平 4）

设物块 A 与斜面间的滑动摩擦力大小为 f，下滑过程中的路程为 s_1，返回过程中的路

程为 s_2，物块 A 沿斜面向下的分力为 F，P 点的高度为 h。由 $v-t$ 图线包围“面积”的物理意义可知

$$s_1=\frac{1}{2}v_1t_1 \quad ①$$

$$s_2=\frac{1}{2}\cdot\frac{v_1}{2}(1.4t_1-t_1) \quad ②$$

由动量定理可得

$$(F-f)t_1=mv_1 \quad ③$$

$$-(F+f)t_1=-\frac{1}{2}mv_1 \quad ④$$

③④式联立得

$$f=\frac{mv_1}{8t_1} \quad ⑤$$

由动能定理得

$$mgH-fs_1=\frac{1}{2}mv_1^2 \quad ⑥$$

①⑤⑥式联立得

$$mv_1^2=\frac{16}{9}mgH \quad ⑦$$

物块 A 在整个过程中克服摩擦力所做的功为

$$W=f(s_1+s_2) \quad ⑧$$

①②⑤⑦式联立可得

$$W=\frac{2}{15}mgH \quad ⑨$$

评析：除上述“模型建构”外，“与 B 发生弹性碰撞（碰撞时间极短）”为理想化条件模型；①②③④⑥⑧式为“科学推理”，其中，①②式利用了图象法和等效思想方法，⑥⑧式运算中利用整体思想方法，把 mv_1^2 看作一个未知数；基于 $v-t$ 图象“面积”的物理意义、动量定理、动能定理、功的定义式等证据，分别对⑤⑦⑨式进行了“科学论证”；在“质疑创新”方面，题设中指出，当物块 A 返回到 P 点时，速度减为 0，此时需要对其施加一外力才能保持静止，为什么？可启发学生结合解法 1 中的⑤式，思悟物块 A 不能在斜面自锁的原因是斜面的倾角 θ 大于摩擦角 $\arctan\mu$。

4. 利用能量守恒定律解答（水平 3、水平 4）

在本题第（1）问中，已由动量守恒定律和机械能守恒定律分别求出了物块 B 的质量为 $3m$，碰撞后物块 B 的速度为 $\frac{1}{2}v_1$。

设物块 A 与斜面间的滑动摩擦力大小为 f，下滑过程中的路程为 s_1，克服滑动摩擦力做功为 W_1，返回过程中的路程为 s_2，克服滑动摩擦力做功为 W_2，物块 A 在整个过程中克

服摩擦力所做的功为 W，P 点的高度为 h。由 v-t 图线包围“面积”的物理意义可知

$$s_1=\frac{1}{2}v_1t_1 \tag{①}$$

$$s_2=\frac{1}{2}\cdot\frac{v_1}{2}(1.4t_1-t_1) \tag{②}$$

由几何关系得

$$\frac{s_2}{s_1}=\frac{h}{H} \tag{③}$$

①②③式联立解得

$$h=\frac{1}{5}H \tag{④}$$

③④式联立可得

$$s_2=\frac{1}{5}s_1 \tag{⑤}$$

物块 A 在整个过程中滑动摩擦力的大小不变，由功的定义式可知

$$W_1=fs_1 \tag{⑥}$$

$$W_2=fs_2 \tag{⑦}$$

$$W=W_1+W_2 \tag{⑧}$$

由⑤⑥⑦⑧式可得

$$W_2=\frac{1}{6}W \tag{⑨}$$

由能量守恒定律可知

$$mg(H-h)=W+\frac{3}{2}m\left(\frac{v_1}{2}\right)^2 \tag{⑩}$$

$$\frac{1}{2}m\left(\frac{v_1}{2}\right)^2=mgh+W_2 \tag{⑪}$$

④⑨⑩⑪式联立可得

$$W=\frac{2}{15}mgH \tag{⑫}$$

评析：“模型建构”同上；①②③⑥⑦⑧⑩⑪式为“科学推理”，其中，①②式利用了图象法和等效思想方法，③式利用了几何相似的比例法，⑩⑪式利用了守恒思想方法，且⑥÷⑦式运算中利用了合比定理；基于 v-t 图象“面积”的物理意义、几何关系、功的定义式、能量守恒定律等证据，分别对④⑤⑨⑫式进行了“科学论证”，其中，④⑤⑨式均为比例关系式。在“质疑创新”方面，题设中指出，P 点图中未标出，可启发学生猜想其可能的位置。

第三篇

从善·人文物理

从自然哲学脱胎的物理学，既是一门科学，也是一种文化，它是人类思想文明的源泉。随着时代发展和科技进步，人文文化与科学文化的交融成为必然趋势。因此，中学物理教学不仅要关注知识与技能、过程与方法，更要培育情感态度与价值观，充分发挥物理学史的教育功能，提升学生的科学与人文素养，使感性与理性共生，科学与人文齐飞，做到见物思理，以理悟事，迁移转化，天人合一，追求理性、人文、简单、和谐与统一，达到“求真、从善、臻美”的境界。让学生不仅“从生活走向物理，从物理走向社会”，而且要感悟内化、提炼思想、张扬个性、激发潜能、放飞情愫、启迪智慧、陶冶情操，进而达到转识成智，积智成德，并在认识科学本质，理解科学、技术、社会、环境（STSE）关系的基础上，逐渐形成对科学和技术正确的情感态度与价值观，培育学生健全的人格与科学精神。

真、善、美是物理教育追求的最高境界。即物理教育第一要“求真”，达到科学境界；第二要“从善”，体现人文境界。因此，第三篇为“从善·人文物理”。

第一章　物理学家的美学思想

§3.1.1　牛顿的美学思想*

牛顿是近代自然科学的泰斗，完成了自然科学的第一次大整合，建立了影响深远的经典力学体系，在科学史上具有划时代的意义。其巨大影响可用英国诗人蒲柏（A. Pope，1688—1744）的名言来描述："自然与自然规律/为黑暗隐蔽，/上帝说，让牛顿来！/一发遂臻光明。"不过，从牛顿的《自然哲学的数学原理》（以下简称《原理》）可以看出，牛顿对自然科学的巨大贡献，植根于他的简单与对称、和谐与统一的美学思想。本文就分析牛顿的美学思想及其对科学的巨大影响。

一、简单与对称

牛顿在《原理》第三编的"哲学中的推理法则"开头写道："除那些真实而已足够说明其现象者外，不必去寻求自然界事物的其他原因"；"自然界不做无用之事，只要少做一点就成了，做多了却是无用；因为自然界喜欢简单化，而不爱用什么多余的原因以夸耀自己"。这充分体现了牛顿的简单性的美学思想。

1. 物体的科学抽象——质点模型

面对纷纭复杂的自然界，当研究以物体的空间位置的变化为基本特征的机械运动时，怎样才能把握住运动物体的基本特征，从而把物体运动的普遍规律用最直接、最简单的方式表达出来，这是一个既依赖于经验事实，又取决于思维创造的问题。牛顿从简单性出发，把客观物体科学抽象为"质点"。他把质点设想为不计形状、大小、空间方位和一切内部性质的物体，而只留下物体的质量、惯性和可移动性等一些基本属性。于是，物体的客观实在就被模拟化。在牛顿的经典力学体系中，自然界的物理实在是由质点、空间和力（质点间的相互作用）等概念来表达的。这样，牛顿就找到了对自然界统一性的简化的科学表述。无论是地上物体还是巨大的天体，均可以用一个不计几何大小，只有质量的"质点"来表示。物体之间的空间位置关系就变成了简单的纯几何关系，即牛顿的经典力学体

*发表于《物理通报》2000年第3期，全文被转载于人大复印报刊资料《中学物理教与学》2000年第4期。

系被简化为一个无限的质点系，物体之间的空间关系顿然清晰可辨；物体的运动被看作质点在空间中的位置变动，这充分显示了牛顿删繁就简的简单性的美学思想。

2. 简单美、数学美与逻辑美的结晶——《原理》

简单性的美学思想，不仅指导着牛顿对自然界的探索，也指引着他对《原理》自身的建构。牛顿只从四条法则、八个原始定义、三条定律出发，便演绎出一个完整优美的经典力学体系。另外，在牛顿的《原理》中，数学美与逻辑美相得益彰。凡读过《原理》的人，无不为他严谨而精巧的数学论证和简单优美的数学方程所倾倒。当你从牛顿的严密推证中得知，整个宇宙的秩序竟然是由万有引力定律的简单公式所统制，在惊诧之余必定会对公式的简单而深远的统一美赞不绝口。牛顿不仅仅把经验事实和所定义的概念翻译成数学语言，也不限于把概念之间的关系或定律表达为一定的数学关系，而是从物理现象中寻找宇宙结构的“数学和谐”，创造出反映自然界因果性的完美的表达形式和严密的数学结构。著名科学史家贝尔纳说过：“牛顿的工作，本身就是一个世纪的实验和计算的精华，提供了一种可靠的方法，让后代的科学家可以放心使用。同时，它再度向科学家和非科学家同样保证，宇宙是由简单的数学定律所调节的……就数学而论。只可以拿欧几里得的《几何原本》来与它（《原理》）相比”。《原理》的出现，标志着牛顿经典力学体系的建立。

3. 大自然对称美的诗篇——七色光谱

“对称是美的化身”，对称性的美学思想曾深刻影响了牛顿对光与颜色的研究。

牛顿关于光与颜色的实验研究是在1665—1675年间进行的。牛顿在最初的白光分光实验里看见的是五种颜色：红、黄、绿、蓝、紫。牛顿接着对光谱带中五种颜色的比例精细地进行了研究发现：尽管颜色之间的分界线“缩成一条线”，但每种颜色最明亮的地方并不正好在这种颜色的正中央。各种颜色中最亮部分互相排挤，压向光谱带中央，以至在光谱带两侧，黄色与红色之间的间隔比绿色与黄色之间的间隔大了约1/3。同样，蓝色与紫色之间的间隔比绿色与蓝色之间的间隔也大了约1/3。因此，要使分划开的光谱图像的各个成分彼此匀称，合适的做法是承认在五种主要的颜色之外还有两种颜色，即红色与黄色之间的橙色，以及蓝色与紫色之间的靛色。这样处理之后，光谱带两端的颜色就不会由于太宽而显得多余，每种颜色都与绿色的分量匀称一致。牛顿认为，七种颜色“更美，更匀称”，而且比原先的五种颜色“更具有纯洁的对称性”。牛顿为什么不把绿色与黄色的分界线也认定为一种独立的颜色？为什么不把颜色的数目定为八种呢？原来，牛顿把光与音乐相类比，乐音有七个音阶，光谱有七种颜色。牛顿说：“在把颜色散开以后，我再次做了观察，发现每种颜色正好出现在它相应的位置上，匀称地排成分列的一串，仿佛构成声乐中的一个个音阶。”

可见，牛顿从白光分光实验得到色散光谱——一条连续分布的颜色带。他从实验出发认定光谱带有五种颜色，对称性的美学思想使牛顿给五色光谱带添上两种颜色。他认为七色光谱“更优美、更匀称”“有更精巧的对称性”。

二、和谐与统一

“美在于和谐，和谐在于对立统一。”（赫拉克利特语）

牛顿在《原理》中指出：“对于自然界中同一类结果，必须尽可能归之于同一种原因”“物体的属性，凡既不能增强也不能减弱者，又为我们实验所能及的范围内的一切物体所具有者，就应视为所有物体的普遍属性”。这充分体现了牛顿和谐与统一的美学思想。

1. 质点间的相互作用——力

实验观测使牛顿清楚地认识到，自然界之所以成为自然界，是因为世界万物不是孤立的，它们都处于相互影响、相互作用之中，任何物体运动状态的改变都是受到其他物体作用的结果。他认识到这种相互作用的普遍性，并把这一种隐藏于千差万别的各种运动形态背后的统一的基本原因定义为“力”。于是，牛顿用“力”把纷纭复杂的机械运动统一起来，最终为人类描绘出第一幅统一的自然图景，并使人们认识到自然界内在的和谐与统一是由各种自然力编织而成的美丽花环。

2. 质点运动的规律——运动三定律和万有引力定律

既然自然界的实在性用“质点”统一了起来，并把质点置于空间和时间之中，而质点间的相互作用又由“力”统一起来，那么质点的运动符合什么统一的规律呢？牛顿正是在和谐与统一的美学思想指引下，取得了他在力学研究中最辉煌的成就：建立了运动三定律和万有引力定律。运动三定律是牛顿以实验观测为基础，从众多杂乱的物理现象中理出和谐，从而对宏观低速物体做出的统一描述或解释。爱因斯坦指出：“正是这种运动定律和引力定律的结合构成了一个奇妙的思想结构，通过这种结构，就有可能根据在一特定瞬间所得到的体系的状态，计算出它在过去和未来的状态，只要一切事件只限于在引力的影响下发生的。”这样，正是牛顿将哥白尼的观点、开普勒定律、伽利略的研究成果融汇一体，总结出了万有引力定律，并将天上和地上的机械运动完美地统一了起来，才找到了使行星沿轨道运动的“真实而足够”的同一种原因——万有引力，从而给“17 世纪两大问题”之一“什么力使行星保持在轨道上运动”，做出了简单而圆满的答案。另外，牛顿终生所信奉的和谐与比例的统一原理，还和他的音乐素养息息相关。牛顿深受音乐艺术的启迪。因为“音乐形象”所追求的是音阶的对称美，正是“音乐形象”赋予牛顿的寻求宇宙布局和谐与比例合度的科学联想力，使牛顿把行星绕日、月球绕地、物体落地等表面上毫不相干的现象联系起来，并运用精确的数学方法对其做了定量的描述，从而创立了揭示各种物体在各自的轨道上，按一定的规律，统一和谐运动的万有引力定律。

3. 真、善、美的统一

英国诗人济慈（J. Keats 1795—1821）在《希腊古瓮曲》中曾以诗歌的形式提出了“美就是真，真就是美”的命题。著名物理学家爱因斯坦在分析自己科学感受时说：“照亮我的道路，并不断给我新的勇气去愉快地正视生活的理想，是善，是美和真。”牛顿经典力学的科学美的最大特点是真、善、美的统一。如，牛顿关于引力系数 G 是一个常数的预言和证实，哈雷彗星的如期出现，天王星和海王星的相继发现，以及牛顿经典力学对此后工业革命的巨大推动和对科学发展的巨大贡献，都是对牛顿经典力学体系“真”和“善”的历史见证。证明了它是17世纪真、善、美统一的美学思想的结晶。

总之，牛顿的巨大科学贡献离不开他的美学思想的指导。牛顿经典力学是科学美的典范。学习牛顿经典力学，我们能感受到理论美、公式美、数学美、逻辑美和实验美。正如科学史家丹皮尔所言：“牛顿赋予世界画面惊人的秩序与和谐所给我们美感上的满足，超过凭借任何天真的常识和亚里士多德派范畴的谬误概念或诗人们的神秘想象所见到的、万花筒式混乱的世界。”这是对牛顿经典力学所蕴含的美学思想及其美学价值恰如其分的评价。

§3.1.2　爱因斯坦的美学思想*

20世纪初，以爱因斯坦为代表的一批青年物理学家发起了世纪之交的三次物理学革命，从根本上动摇了经典物理学大厦，导致了人类对自然认识的重大革命。其中，爱因斯坦几乎是单枪匹马地推动了狭义相对论和广义相对论两次革命，并以光量子学说的建立直接促进了第三次革命——量子力学的产生。对于爱因斯坦的巨大科学贡献，法国物理学家郎之万（P. Langevin，1872—1946）1931年在题为《爱因斯坦的贡献与天文学》的论文中评价说：“在我们这一时代的物理学家中，爱因斯坦的地位将在最前列。他现在是并且将来也还是人类宇宙中有头等光辉的一颗巨星。很难说他是否和牛顿（I. Newton，1643—1727）一样伟大，或者比牛顿更伟大，不过，可以肯定地说，他的伟大是可以同牛顿比拟的。按照我的见解，他也许比牛顿更伟大，因为他对于科学的贡献，更深入到人类思想基本概念的结构中。”不过，爱因斯坦的美学思想对其巨大的科学贡献，曾经起过重大的影响和指导作用。日本的粒子物理学家汤川秀树（Hideki Yukawa，1907—1981）评价爱因斯坦时说：“爱因斯坦拥有一份只有少数物理学家才拥有的美感。”爱因斯坦也曾经说：“我坦白地承认，我被自然界向我们显示的数学体系的简洁性和优美性强烈地吸引住了……照亮我的道路，并不断给我新的勇气去愉快地正视生活的理想，是善、是美和真。”这里充

---

*发表于《河南城建高等专科学校学报》2000年专辑。

分显示了爱因斯坦的美学思想。现来探讨相对论中爱因斯坦的美学思想。

1. 简单与对称

爱因斯坦认为，评价一个理论美不美，标准是原理上的简单性。这里的简单性是指逻辑简单性，即在科学理论中，作为逻辑出发点的彼此独立的初始命题（假设或公理）的数量要尽可能的少，通过逻辑演绎概括尽可能多的经验事实。因为“理论的前提简单性越大，它所涉及的事物种类就越多，它的应用范围就越广，给人们的美感就越深”。爱因斯坦把逻辑简单性作为建构科学理论的方法论原则，也作为科学创造的一个美学思想。因为简单性是秩序感的表现，它使人易于把握事物的特征，具有重大的审美价值。

爱因斯坦在创立相对论的过程中就十分强调逻辑简单性。首先，在狭义相对论中，作为逻辑前提的是光速不变原理和狭义相对性原理，从这两个假设推演出：诸如同时性的相对性，运动物体的空间收缩效应和时间变慢效应，运动物体的质量增加效应，质能关系式等推论。它们组成了狭义相对论的理论体系。这里顺便指出，爱因斯坦的质能关系式 $\Delta E=\Delta mc^2$ 深刻地揭示了自然界微观、宏观、宇观无数质能变化的规律，但形式却十分简洁，具有很强烈的审美价值。我国在出版纪念爱因斯坦的邮票上，印上了这个简洁的公式，它代表这位伟大的科学家对人类巨大贡献的精华。其次，在广义相对论中，作为逻辑前提的是等效原理和广义相对性原理，从这两个假设出发推演出的结论主要有：光线的引力红移、恒星光线的掠日偏转、行星进动、黑洞以及引力波等。这里都是以最简单的前提推导出最丰富的结论，充分体现了爱因斯坦的逻辑简单性的美学思想。

“对称是美的化身”。李政道教授认为：“物理定律一定是对称的，失去的对称性应该到物理真空中去找。”这足以说明，对称性是物理学中广泛存在的一种美的属性。对称性既是爱因斯坦科学研究的一种方法论原则，也是他科学创造的一个美学思想。

在经典物理学中，理论的建立程序为：实验→方程→对称性，而爱因斯坦在狭义相对论的建立中倒转了这个程序：对称性→方程→实验，在广义相对论中，爱因斯坦把这个倒转过来的程序又应用于引力场方程的建立。另外，当把对称性的概念引入物理学中时，便可以把运动的相对性作为一种对称性来看待。在科学中，“一种对称性的发现比一种特定现象的发现意义重大得多。像旋转不变性和洛伦兹不变性这样的时空对称性，统治着整个物理学”。在创立狭义相对论时，爱因斯坦利用了洛伦兹（H. A. Lorentz，1853—1928）变换的不变性，而在创立广义相对论时，他把变换不变性提升为物理学的普遍原理，并从引力质量与惯性质量等同这一经验事实出发，把某种变换不变性作为表示空间结构四维性和对称张量的引力方程的前提。

2. 和谐与统一

作为科学的探索者，爱因斯坦坚信，自然界在本质上是和谐统一的。1930 年 11 月 9 日，为纪念开普勒（J. Kepler，1571—1630）逝世三百周年，爱因斯坦在《法兰克福日报》上发表文章，曾表述了对自然界和谐统一的欣赏和仰慕之情。他深信，基于物质世界统一性这一前提，科学应该具有逻辑的统一，这种统一性使科学理论具有和谐之美。和谐统一是爱因斯坦的真理观，也是他的美学观。爱因斯坦创立相对论的动机是与他的和谐统一的美学思想分不开的。

19 世纪，随着电磁学理论的发展，在经典物理学的理论体系中，却出现了一系列逻辑矛盾和不统一性。牛顿力学与电动力学之间，以太阳的绝对参照系与非绝对参照系之间产生了冲突。爱因斯坦 16 岁时，便发现了速度合成原理与光速不变之间的矛盾，并设想了追光试验，即一个观察者以光速追随一条发出的光线，那么他是否会看到一条振荡而停滞不前的驻波呢？爱因斯坦以直觉做了否定的判断。相隔十年之后，他提出了狭义相对论，并在狭义相对论第一篇论文开头第一句写道："大家知道，麦克斯韦方程应用到运动物体上时，就要引起一些不对称，而这种不对称似乎不是现象所固有的。"这里所说的"不对称"，是指牛顿力学中普遍成立的相对性原理在这里不成立，即统一性遭到了破坏。他认为，这种不对称并不是自然界所固有的，问题出在已有的概念和理论上。爱因斯坦根据光速不变和匀速运动相对性这两个具有普遍意义的基本实验事实出发，分析了两个在空间上不同地点的事件的同时性概念，重新考察了经典物理学中的空间、时间、运动等基本概念，发现"不对称"在于经典物理学的绝对时空观上。他抛弃了经典物理学中绝对时间、绝对空间的概念，重新定义了"同时性"的概念，这种"不对称"就消除了。爱因斯坦认为自然界是和谐的、有秩序的，批判了牛顿的绝对时空观。1905 年，爱因斯坦完整地提出了狭义相对论，完成了人类历史上时空观念的最伟大的变革。相对论重新改造了整个宏观物理学理论，把它扩充到了高速运动的领域，牛顿力学是低速运动下的近似。

狭义相对论建立之后，爱因斯坦又从引力场中一切物体都具有同一加速度这一古老而朴实的实验事实出发，引出了"等效原理"，经过艰苦的努力，创立了广义相对论。广义相对论进一步揭示了时间、空间同物质运动的统一关系。空间的结构取决于物质的分布，物质的存在使时空产生了弯曲，时空性质由十个度规张量 $g\mu\nu$ 表征，引力效应由时空的几何性质体现。德布罗意（L. de Broglie，1892—1987）在《阿尔伯特・爱因斯坦科学工作概况》中谈到广义相对论时说："依靠黎曼（G. Riemann，1826—1866）的弯曲空间理论，借助于张量运算，广义相对论提出一种万有引力现象的解释，这种解释的雅致和美丽是无可争辩的，它该作为 20 世纪数学物理学的一个最优美的纪念碑而永垂不朽。"

另外，值得一提的是，爱因斯坦还是一个出色的"第一小提琴手"，又能弹一手好钢琴，具有极好的艺术直觉能力，能够把音乐的自然本质上升到理性的高度，领悟到科学和音乐的和谐融贯性。据爱因斯坦的夫人爱尔莎介绍，在爱因斯坦酝酿狭义相对论的那段日子里，他时而弹钢琴，时而停下来用笔写些什么。从不会见客人，甚至很少下楼吃饭，直到他的论文完成。可见，"音乐形象"所追求的和谐对称美，也赋予了爱因斯坦科学的联想力和灵感。

从经典物理到狭义相对论，从狭义相对论到广义相对论，生动地体现了爱因斯坦在科学探索中的和谐统一的美学思想。正如爱因斯坦的首席传记作家阿伯拉罕·派斯（A. pais 1918—2000）所说："如果说狭义相对论以其完美性使人想起莫扎特（W. A. Mozart，1756—1791）的作品，那么他的引力理论则充满贝多芬（L. V. Beethoven，1770—1827）作品的力度。"

顺便指出，广义相对论建立以后，在历史条件不成熟的情况下，爱因斯坦全力以赴探索统一场论，并为之奋斗了近四十年，直到生命的最后一刻，这种对真理的探索精神永远为后人所敬仰。爱因斯坦的努力给后继者以启迪和鼓舞，经过几代人的努力，物理学家们终于在前人失败的地方找到了进一步实现统一的方向。这个统一场既非爱因斯坦的几何统一场，也非海森堡（W. Heisenberg，1901—1976）的量子统一场，它是由韦尔、福克、伦敦、杨振宁、希格斯等人在30多年里逐渐发展起来的规范场。"中国核能之父"、著名的原子核物理学家卢鹤绂院士指出："爱因斯坦的相对论仅仅适用于地球而并不适用于整个宇宙；爱因斯坦的相对论在地球适用，在宇宙中就无法适用。"说明相对论有其局限性。我们要用不断发展相对论的方式来纪念爱因斯坦相对论诞生百年，爱因斯坦的相对论需要我们去发展和充实。积累、继承和借鉴前人的科学技术成果是科学技术发展的重要前提，这既包括直接汲取前人科学遗产的精华，也包括从前人某些思想中获得启示，从而产生新的设想、新的概念。在接力赛中，没有前人跑下的那一棒，哪有你赛跑的机会。现在相对论已发展到四维时间的边缘，四维时间就是原时加虚空间，所谓时-空对称就是"现在"虚、实空间的镜像对称。只要认识到虚数的意义是时间，就可以理解四维时间了。四维时间是建立在相对论的基础上的，四维时间进一步证明了相对论是正确的、伟大的，相对论开辟了自然科学的新纪元。

总之，爱因斯坦的简单与对称、和谐与统一的美学思想，在相对论的创立中起到了重大的影响和积极的指导作用。爱因斯坦是人类历史上一颗明亮的巨星，他的美学思想和打破常规的勇气将永远被世人所敬仰和纪念。然而，爱因斯坦是历史前进接力赛中的一员冠军，我们要接过历史的接力棒继续前进，继承前人的科学技术成果和思想，建立新的设想和概念，使物理学在21世纪得到全新的发展。

§3.1.3 狄拉克的美学思想*

狄拉克（P. Dirac，1902—1984）是世界著名的数学物理学家。他的研究工作主要在

---

*发表于《现代物理知识》2000年第3期。

量子力学的数学和理论两个方面，他最重要的科学贡献是于1928年建立了相对论量子力学的狄拉克方程，从而获得了1933年诺贝尔物理学奖。其实，狄拉克巨大的科学贡献深受他的美学思想的影响，让我们在此一睹狄拉克科学贡献中的数学美和对称美。

1. 狄拉克方程——数学美

20世纪20年代末，量子力学已经建立，用它来研究和处理微观粒子的低速运动问题取得了很大成功。同时，爱因斯坦建立的相对论，虽然能够讨论粒子的高速运动，但在处理微观粒子的波粒二象性上却无能为力。1928年，狄拉克发表了两篇短文，写下了划时代的狄拉克方程：$(pc\alpha+mc^2\beta)\ \psi=E\psi$，从而使人们对原子结构和分子结构有了新的极准确的认识。利用这个方程来讨论氢原子的能量分布、电子的自旋、磁矩以及讨论高速运动电子的许多性质都与实验结果符合得很好。狄拉克的灵感来自他对数学美的直觉欣赏，数学美的最高境界是结构美和简洁的逻辑美。狄拉克认为："让方程式优美比让方程式符合实验更重要……因为差异可能是由于未能适当地考虑一些小问题造成的，而这些小问题将会随着理论的发展得到澄清。在我看来，假如一个人在进行研究工作时着眼于让他的方程式优美，假如他真有正常的洞察力，那么他就肯定会获得进步。"因此，狄拉克方程自动地给出了电子的"自旋"这个量子数，而且使"自旋角动量"是$\frac{1}{2}$而不是整数这一点得到了自然的解释。初步了解此中奥妙的人都无法不惊叹其为"神来之笔"，这是别人无法想到的。就连当时最负盛名的海森伯和德布罗意看了狄拉克的文章之后，都无法了解狄拉克是怎样想出此神来之笔的。

2. 反粒子理论——对称美

相对论量子力学的狄拉克方程有双重解：正能解和负能解，并且正能态和负能态的分布是完全对称的。但是，由于负能态比通常的正能态能量更低，根据量子跃迁理论，一切正能态的粒子和物质都将无休止地向负能态"跃迁"，这样将导致宏观物质全部解体的结论。为了摆脱这种与事实不符的困境，狄拉克根据泡利不相容原理，于1930年提出了著名的空穴理论。他假定，自然界的所谓"真空"并非空无一物，所有的负能态都被电子填满了，形成了负能态的电子海；正能态的电子不可能再往下跃迁，这样就保证了原子的稳定性。当处于负能态的电子受到激发由负能级"海洋"中逸出时，那里就留下一个空穴，这个空穴就相当于一个带正电荷的粒子。从对称性考虑，这种带正电荷的粒子应当与电子具有相同的质量。可是，由于当时所知道的带一个正电荷的粒子只有质子，于是，狄拉克假设："在电子的分布中，具有负能量的空穴就是质子。当具有正能量的电子落入空穴并填满它时，我们应当观察到电子和质子将同时消失，并伴随着辐射的释放。"狄拉克提出关于质子是电子的反粒子的假设后，立即遭到了奥本海默的批评。奥本海默指出，如果质子是电子的反粒子，氢原子就不可能是稳定的。1931年5月，狄拉克根据对称性，提出空穴是一种“实验物理学还不知道的新粒子，它们与电子的质量相同，电荷相反”，即预言了“正电子”的存在。到了1932年，安德森在宇宙射线的实验中发现了正电子，从而证实了狄拉克的预言，安德森因此获得了1936年的诺贝尔物理学奖。可见，作为物理学另一个里程碑的反粒子理论，充分体现了狄拉克有关对称美的美学思想，正如他所言：“在一个物理系统的所有可能表象之间，必然有着一定的优美的对称性。”

第二章　物理与技术

§3.2.1　外摩擦研究简史*

摩擦是日常生产和生活中普遍存在的一种现象。摩擦可分为十摩擦和湿摩擦两种。干摩擦是固体表面之间的摩擦，又叫外摩擦；湿摩擦是流体内部或流体与固体间的摩擦，又叫内摩擦。其中，外摩擦包括静摩擦、滑动摩擦和滚动摩擦。中学物理教学中主要学习外摩擦。

人类很早就对摩擦现象有了认识并加以利用，2000 多年前古希腊的哲学家亚里士多德（Aristoteles，公元前 384—前 322）就已经提到摩擦力的概念，但真正对摩擦进行定量的研究，则始于 15 世纪的文艺复兴时期。在现代文明飞跃发展的今天，摩擦现象及其本质仍是重要的研究课题之一。在各种基础研究和工程技术领域，以及工业生产活动中，如何降低摩擦、减少能量损耗、防止过热和烧焦仍是不可忽视的问题。所以，重新回顾摩擦漫长而曲折的历史，或许有着一定的启发意义。

外摩擦 500 多年漫长而曲折的历史大致可划分为五个时期。

1. 达·芬奇的早期研究时期

1508 年，意大利著名的科学家、艺术家达·芬奇（L. da Vinci，1452—1519）使用石头和木头开始了对固体摩擦的实验研究。但直到 19 世纪末，他的与摩擦有关的大多数著作和设计图才在阿特兰提库斯抄本里被发现，他的手稿被发现得更晚，是 1967 年在马德里发现的。阿特兰提库斯抄本和阿伦德尔抄本内的草图证明，达·芬奇测量了水平和倾斜平面上物体间的摩擦力；测量了半圆形截面槽或半支承座与滚筒间的摩擦；进行了表面接触面积对摩擦阻力影响的实验研究。他从钢缆绳在卷起和伸直两种状态下需要同样多的人才能挪动一事，已发现了同等重量的物体之间的摩擦力与接触面积无关的重要结论。

达·芬奇还首次引入摩擦系数概念。他将摩擦因数定义为摩擦力与垂直载荷的比值，即 $\mu=\frac{F}{P}$。对于“磨光的光滑表面”，他的结论是：“每一个摩擦物体所具有的摩擦阻力等于自身重量的四分之一”，这一结论对他那时通常在轴座上使用的材料（大多为硬木，少

* 发表于《物理教学》2012 年第 11 期。

数是铁和硬木的组合）来说，是比较符合实际的。1964 年，鲍登（Bowden）和法博尔（Fabor）提供的例证也表明，在潮湿条件下，它们的摩擦系数为 0.2，在无润滑条件下则为 0.25~0.50 或 0.20~0.60。

达·芬奇还研究了摩擦面间有润滑油和其他东西介入时对摩擦的影响，并将这种情况下产生的摩擦称为复合摩擦。他认为，“所有东西，不管它如何薄，当它放入两个互相摩擦的物体中间时，摩擦都会减少”，他把这时摩擦减小的原因归结为滚动作用。同时，他把两个面的软硬按三种方式搭配，引进了直接接触和间接接触的概念，提出：“两个互相摩擦的物体若是硬度不同，软的材料会使硬的材料受到磨损。”后来，人们应用电子束衍射法、利用电解法将摩擦面稍微除去一薄层的方法，完全证实了达·芬奇的这个科学预言。

2. 阿蒙顿的进一步研究时期

进入 17 世纪后，由于水力和风力能源的广泛应用，机器大量增加，特别是磨的发展，大大推进了对摩擦的研究。许多科学家进行了各种各样的摩擦实验，其中最有成就者当属法国实验物理学家阿蒙顿（G. Amontons，1663—1705）。作为一个永动机的积极倡导者，他自然对摩擦产生的损失十分敏感，这促使他转向摩擦研究。他通过多次实验后，于 1699 年 12 月 19 日向法国皇家科学院提交了一篇经典论文。在文中讨论了他的摩擦实验和对实验结果的分析，提出了摩擦力的经典规律，这就是后来人们所熟知的阿蒙顿干摩擦定律。

（1）静摩擦定律：两接触物体间的最大静摩擦力，跟接触面上的正压力成正比，并与接触面的性质及状态有关，但与接触面的面积及形状无关，即 $f_m=\mu_0 \cdot N$。

（2）滑动摩擦定律：滑动摩擦力跟摩擦物体接触面上的正压力成正比，与接触面的面积无关，即 $f=\mu \cdot N$。

3. 库仑对摩擦的总结时期

进入 18 世纪，法国在经济、军事、工业等方面有了很大的发展。机器的大量使用，使得机械的效率和耐磨问题成为机械设计上的一大难题。为此，巴黎科学院于 1781 年以“摩擦定律和绳的倔强性”为题，进行了一次有奖竞赛。法国物理学家库仑（C. A. Coulomb，1736—1806）研究总结了达·芬奇和阿蒙顿的实验和理论之后，又进一步做了大量的实验，最终以“简单的机械理论”为题的论文赢得了这次竞赛的优胜奖。他研究了平面的摩擦、绳缆的摩擦、枢轴承的摩擦和滚动摩擦，指出了影响摩擦力的因素有接触面表面的性质及涂层、表面承受的压力、接触时间、表面滑动的速度、空气的湿度或干燥程度等，共有 12 项之多。他逐项进行试验，提出了他的摩擦理论——库仑摩擦定律。

（1）库仑摩擦第一定律：摩擦力跟作用在摩擦面上的正压力成正比，与外表的接触面积无关。这实际上就是阿蒙顿定律，也就是现在所说的静摩擦定律和滑动摩擦定律。

（2）库仑摩擦第二定律：滑动摩擦力和滑动速度大小无关。

这一结论，若作为普遍法则是不正确的。实际上滑动摩擦力与相对滑动速度是有关系的。滑动摩擦力 $f_{滑}$ 随相对速度 v 的变化关系可粗略用图 3-1 表示。但在相对速度不大时，一般近似认为滑动摩擦力与相对速度无关。

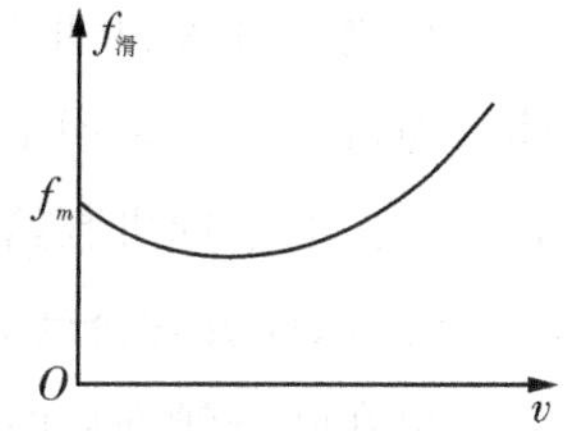

图 3-1　$f_{滑}-v$ 图

（3）库仑摩擦第三定律：最大静摩擦力大于滑动摩擦力，即 $f_m>f_{滑}$。

（4）库仑二项式定律：这是反映摩擦力和负载之间的关系。即滑动摩擦力 $f_m=\mu N+A$。

库仑认为“常数” A 跟正压力的平方根成正比，但它没有反映出 A 的物理意义。这一定律也只适用于干摩擦和边界摩擦。

库仑对摩擦的研究，汇集了从达·芬奇到阿蒙顿的研究成果，提出了他的摩擦定律，对摩擦现象的认识提高到了一个新水平，他于 1782 年当选为法国科学院的院士。但是，实际上这些定律只能是经典的经验公式，相对于实际情况也仅仅是近似的、粗浅的描述。

4. 19 世纪对摩擦的研究时期

19 世纪，随着蒸汽机进入实用阶段，工业革命迅速普及，为了防止机器的高速转动而带来的轴承烧焦和磨损，润滑成了这个时期摩擦研究的特征。

1883 年，英国的托尔（B. Tower，1845—1904）在本国机械学杂志上发表了一篇轴承摩擦的实验报告。他在研究轴承的润滑中，发现了油膜具有高压力的现象，从而迎来了润滑的历史。同时代的英国物理学家雷诺（O. Reynolds，1842—1912）注意到了托尔的意外发现，并对油膜上产生的压力进行了研究。1886 年，他发表了“润滑理论及托尔在实验方面的应用”的论文。他根据托尔的发现，利用流体力学的原理，从理论上证明了因旋转而在油膜中发生流体力学性质的高压力，同时也说明了轴与轴承的间隙能支撑载荷的道理。雷诺的论文为滑动轴承的完善提供了理论依据。

1854 年，希伦（G. A. Him）提出了用空气代替润滑油的设想。1896 年，金斯伯里（A. Kingsbury，1863—1943）证明了这一设想，并在美国军事系统的一次展览会上进行了空气轴承的公开表演。这种轴承后来在高速磨床、高级陀螺仪上得到了广泛的应用。

这一时期值得一提的事件还有：第一，雷尼（G. Rennie，1791—1866）发现，当压力超过某一数值时，摩擦系数迅速增大。这表明，库仑摩擦定律的成立是有条件的，也说明，在摩擦过程中应该考虑凸凹受到破坏这一情况。他基于这种观点提出，摩擦和磨损不过是同一现象的两个方面，这是非常现代化的看法。第二，希尔（R. Hill）曾把凸凹换为一种弹簧，把摩擦力看作对弹簧弹性变形的阻抗。第三，莫伦（A. J. Morin，1795—1880）与雷尼一起测定了许多摩擦系数值，直到今天这些数值仍在广泛应用。第四，希伦研究了润滑的影响，测定了润滑的固体表面在各种条件下的摩擦系数。第五，瑟斯顿（R. H. Thurston）制作了测定各种润滑油摩擦系数的器械，并利用它们做了各种摩擦试验。

总之，进入 19 世纪，由于摩擦的实验定律大体已确立完毕，只是在研究如何减小摩擦方面进行了一系列工作，但还不具备用摩擦理论明确解释摩擦现象的技术条件，仍然没有对摩擦的物理机制给以科学的、令人满意的解释。

5. 从经典理论到近现代理论时期

早在阿蒙顿前后时期，帕朗（A. Parent）和欧拉（Léonhard Euler）将摩擦力引进了力学体系，从而促进了对摩擦力产生机制的研究。因此，达·芬奇、阿蒙顿、库仑等人在研究摩擦定律的同时，就对摩擦的物理机制提出了一个凸凹说。他们认为，摩擦的根源在于两表面的凸凹相互啮合，当一个物体在另一个物体表面上滑动时，互相啮合的凸凹部分，就会相互撞碰，产生断裂、磨损，阻碍物体运动，就产生了滑动摩擦。1737 年，贝利多（B. F. de Belidor）还用许多半球粘成的模型当作摩擦面，以此来验证凸凹说是否正确，这是将摩擦面的形状模型化的最早尝试，直到今天，在推导磨损方程时人们仍在使用它。但是，这一理论无法解释为什么表面越光滑，反而摩擦越大；新生成的结晶表面在空气中停留时间一长，摩擦因数就会急剧减小等现象的产生。

1734 年，英国物理学家德萨古利斯（J. T. Desaguliers）基于凸凹说无法解释光滑铅柱的黏合实验，在《实验物理学教程》一书中，他抛弃了凸凹说，提出了分子说。该学说认为，产生摩擦的真正原因在于接触面间的分子力作用。并由此推断，表面越光滑，接触越紧密，分子力的影响就越大，因而摩擦力也就越大。德萨古利斯预言："只要把平面无止境地研磨得很光滑，摩擦迟早还会增大的。"这一理论得到了英国物理学家文斯（S. Vince，1749—1821）的赞同。到了 20 世纪，由于表面加工技术的进步，他的这一天才预言终于被英国科学家哈迪（W. Hardy）的实验所证实。

凸凹说认为摩擦源于凸凹体间的相互挤压、剪切的机械阻力；而分子说则认为摩擦来源于接触面上晶体分子间静电引力。二者争论的焦点在于前者认为摩擦是凸凹间的斥力，后者认为是接触面间的黏结引力。

1939 年，苏联科学家克拉格尔斯基集合了争论很久的凸凹说和分子说，认为摩擦具有二重性：它不仅要克服两表面分子相互吸引所决定的静电作用力，还要克服由于表面粗糙互相啮合而发生变形所引起的机械阻力。从而提出了一套分子—机械理论学说。

20 世纪，摩擦物理机制的争论焦点是围绕着如何对摩擦定律进行解释展开的，其中对分子说的再认识基本代表了 20 世纪摩擦研究的主流。尤因（J. A. Ewing）的应用分子说认为因摩擦引起的能量损失并不是由表面的凸凹造成的，而是由固体表面分子引力场的相互干涉所致。随后，托姆林森（G. A. Tomlinson）又从分子说的观点对库仑定律做了证明，并给出了公式。哈迪以分子说为基础，进一步提出了黏合说，并相继得到许多强有力的证据支持：首先是哈迪自己的实验，即用洗干净的玻璃作表面摩擦。实验表明，充分研磨的表面摩擦力大，这就直接否定了凸凹说，而且摩擦的痕迹从最初宽 1 μm，到摩擦过程中达 50 μm。这表明，摩擦不只是由于分子力的不连续交叉导致能量损失的问题，而是基于分子力导致表面破坏。在他 1919 年和 1920 年发表的论文中，对此给予了详细的说明。但现代的黏合说是综合学说，它没有把凸凹说作为误论抛弃掉，而且包含了凸凹说的内容，在因黏合而产生的摩擦当中，表面的凸凹也给予了较大的影响。

1950 年，鲍登等人认为两物体个别接触区产生的高压引起局部热熔而黏为一体，这样形成的粘结又因表面相对滑动而剪断。黏结点的形成和剪断在接触表面上交替进行，构成摩擦的黏结分量；较硬表面的微凸体犁削较软材料的基体，构成摩擦的变形分量。总的摩擦力是二者之和。这种理论被称为黏结学说，被普遍承认适用于金属间的摩擦。

近年来，由于表面加工技术的发展，半导体工业所带来的高真空、高洁净环境技术的发展等有利条件，相继又出现了表面微凸体的塑性作用学说和热活化分子动力交换学说。这些学说也能在一定范围内说明摩擦所产生的物理机制。

20 世纪摩擦理论的发展是和此时的技术进步分不开的。这一时期表面加工技术的发展，半导体工业所带来的高真空、高洁净环境技术的发展，都为摩擦现象的研究及理论发展创造了条件。摩擦研究的历史也充分说明了技术发展水平的制约作用，可以说，摩擦的历史就是机械技术的新的历史。

但是，由于影响摩擦的因素相当复杂，现有的这些学说都不是包罗万象的，无法完整和圆满地将摩擦的物理机制说清楚。也就是说，摩擦的本质至今还没有完全研究清楚。

§ 3. 2. 2　例谈重力勘探*

重力勘探是以牛顿万有引力定律为基础，利用组成地壳的各种岩体、矿体间的密度差异所引起的地表的重力加速度值的变化而进行地质勘探的一种地球物理勘探方法之一。只要勘探地质体与其周围岩体有一定的密度差异，就可以用精密的重力测量仪器（主要为重力仪和扭秤）找出重力异常。然后结合工作地区的地质和其他物探资料，对重力异常进行定性和定量解释，便可推断覆盖层以下密度不同的矿体与岩层埋藏情况，进而找出隐伏矿体存在的位置和地质构造情况。

一、重力勘探的历史

早在 17 世纪，意大利物理学家伽利略（G. Galileo）就研究和测定了重力加速度。19 世纪末叶，匈牙利物理学家厄缶（L. von）发明了扭秤，使重力测量有可能用于地质勘探。1922 年，人们首次成功地应用扭秤在墨西哥湾沿岸探测到和盐丘构造有关的油藏。在 20

* 发表于《中学物理教学参考》2009 年第 10 期。

世纪 30 年代，由于重力仪的研制成功，重力勘探获得了广泛应用。1935 年，重力仪开始用于石油物探，使重力勘探成为石油物探最早使用的方法。早在 1936—1937 年，就有人在黑龙江和辽宁探测石油矿藏时曾用过重力勘探。后来我国从事石油重力勘探的翁文波教授，于 20 世纪 40 年代初即在玉门油矿试验重力测探方法，在河西走廊、台湾、太湖及上海附近开展了重力测量与勘探工作。1949 年 5 月，上海重力队在太湖一带开展工作，1950 年到陕西延安地区做重力普查。随着石油勘探的发展，重力勘探到 1959 年达到高峰，当时石油部的 3 个重力队，在新疆和中国东部地区勘探，应用物探方法与石油地质、石油钻探相结合，找到了大庆油田，之后又陆续发现了胜利油田、大港油田、华北油田等油田。地质部在一批大、中、小盆地做重力测量取得 1∶100 万到 1∶50 万等大量的重力测量成果。20 世纪 60 年代后，重力工作急剧减少。到 20 世纪 80～90 年代，由于仪器技术的进步和勘探发展的要求，重力勘探又重新被提到日程上来，在广大沉积岩地区含油气构造普查上发挥了重大作用，加速了大庆、胜利等油田的进一步勘测开发。我国应用重力勘探方法寻找金属矿藏的工作始于 1936 年，以扭秤在湖南水口探查铅锌矿。20 世纪 50 年代末，使用扭秤测量重力位二次导数的方法。在内蒙古超基性岩中寻找铬铁矿，在鞍山含铁石英岩中寻找富铁矿等多种金属矿床。由于仪器精度低，地形条件差，效果不好。20 世纪 60 年代以 WORDEN 重力仪和国产中精度重力仪在寻找富铁矿、铬、金属矿灯都取得一定的地质考察效果。1975—1976 年，冶金部、中科院及大专院校组织了找富铁矿的会战，在石碌矿区东部发现了重力异常，经钻孔验证有富铁矿存在，扩大了储量；20 世纪 80 年代发现了新疆黄山铜镍矿床，20 世纪 90 年代发现了新疆小热泉子铜矿。20 世纪 60 年代，北京地质学院在利用重力场寻找煤田方向有了重大突破。之后在钾盐、地热田方面也接连获得成功。

二、重力勘探的基本原理

1. 重力加速度的正常分布规律

在地表，重力加速度的平均值约为 9.806 65 m/s^2。重力勘探实际上就是在重力场中测定地球表面重力加速度局部异常的变化规律。重力加速度的变化主要与测点的纬度、高度和测点周围的地形，以及地球的潮汐、地球内部岩石密度的差异等有关。对于找矿、地质构造的研究有意义的是由岩石密度差异引起的重力加速度的微小变化。

假定地球的形状为一个二轴旋转椭球体，其内部的物质呈均匀同心层分布。这样就可以推导出理想地球表面（大地水准面）上各点正常重力加速度大小的公式

$$g_\varphi = g_\theta\,(1+\beta\sin^2\varphi+\beta_1\sin^2 2\varphi)$$

式中 g_φ 为地球表面任意一点的正常重力加速度值，g_θ 为地球赤道处的重力加速度值（一般取 g_θ=9.780 49 m/s^2），β、β_1 分别为与地球形状及地球自转角速度有关的常数（一

般采用$\beta=0.0052884$，$\beta_1=-0.0000059$)，φ 为计算点所在的纬度。利用上式可以计算出地球表面任一点的正常重力加速度值。

2. 重力加速度的异常与改正

观测重力加速度值除了反映地下密度分布外，还与地球形状、测点高度和地形不规则有关。因此，在做地质解释之前必须对观测重力加速度值做相应的改正，才能反映出地下密度分布引起的重力加速度异常。重力加速度改正包括自由空间改正、中间层改正、地形改正和均衡改正。观测重力加速度值减去正常重力加速度值以及消除了地形等因素影响后的剩余重力加速度值，称为重力加速度异常。即

$$\Delta g_{异}=g_{观}-g_{\varphi}-(\Delta g_{地}+\Delta g_{中}+\Delta g_{高})$$

式中 $\Delta g_{异}$ 为重力加速度的异常值，$g_{观}$ 为重力加速度的观测值，$\Delta g_{地}$、$\Delta g_{中}$ 和 $\Delta g_{高}$ 是对自然地形等因素消除影响后重力加速度的改正值。图3-2为地下密度 σ 分布不均匀引起重加速度异常的示意图。

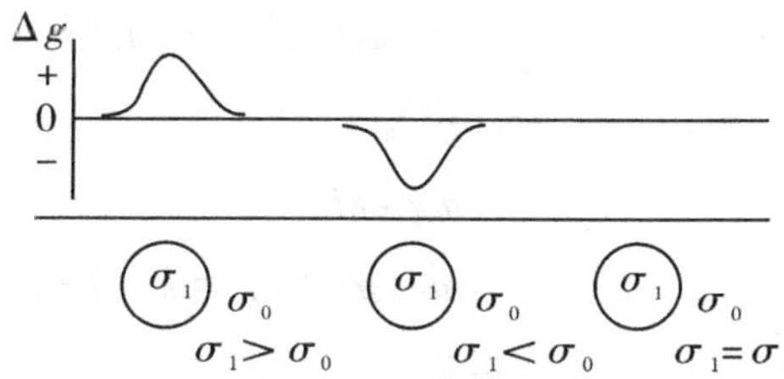

图 3-2　Δg-σ 图

3. 重力加速度数据的处理与解释

野外获得的重力加速度数据要做进一步处理和解释才能解决所提出的地质任务，主要包括3个阶段：野外观测数据的处理，并绘制各种重力加速度异常图；重力加速度异常的分解（应用平均法、场的变换和频率滤波等方法），即从叠加的异常中分出那些用来解决具体地质问题的异常；确定异常体的性质、形状、产状及其他特征参数。

重力加速度数据的解释分为定性解释和定量解释两部分，其中，定性解释是根据重力加速度异常图并与地质资料对比，初步查明重力加速度异常性质和获得有关异常源的信息。除某些构造外，对一般地质体重力加速度异常的解释可遵循以下一些原则：极大的正异常说明与围岩比较存在剩余质量；反之，极小异常是由质量亏损引起的。靠近质量重心，在地表投影处将观测到最大异常。最大的水平梯度异常相应于激发体的边界。延伸异常相应于延伸的异常体，而等轴异常相应于等轴物体在地表的投影。对称异常曲线说明质量相对于通过极值点的垂直平面是对称分布的；反之，非对称曲线是由于质量非对称分布引起的。在平面上出现几个极值的复杂异常轮廓，表明存在几个非常接近的激发体。定量解释是根据异常场求激发体的产状要素建立重力模型。一种常用的反演方法是选择法，即选择重力模型使计算的重力加速度异常与观测重力加速度异常间的偏差小于要求的误差。由于重力反演存在多解性，因此，必须依靠研究地区的地质、钻井、岩石密度和其他物探资料来减少反演的多解性。

4. 重力勘探仪器的结构与原理

重力勘探发展的初期，使用的主要是测定两点间重力加速度之差的振摆仪和测定重力

加速度沿水平方向变化率的扭秤。发明了轻便的重力仪之后，这两种仪器由于笨重和效率低而逐渐被淘汰，在重力勘探中已完全被重力仪所代替。重力仪的种类很多，按应用范围可分为陆地重力仪、海洋重力仪、井中重力仪和航空重力仪。按仪器的测量方式分为测定两点的重力加速度差值的相对重力仪和测定任一点重力加速度绝对值的绝对重力仪。在重力勘探中仅用相对重力仪。

相对重力仪是通过测量弹簧在不同重力作用下伸长量的变化来测定重力变化，相对重力仪基本原理如图 3-3 所示。当作用在负荷上的重力 mg 变化了 $m\Delta g$ 时，弹簧的伸长量 L 随之变化了 ΔL，由静力平衡条件可知

$$mg=kL \quad ①$$

$$m(g+\Delta g)=k(L+\Delta L) \quad ②$$

由①②式可得

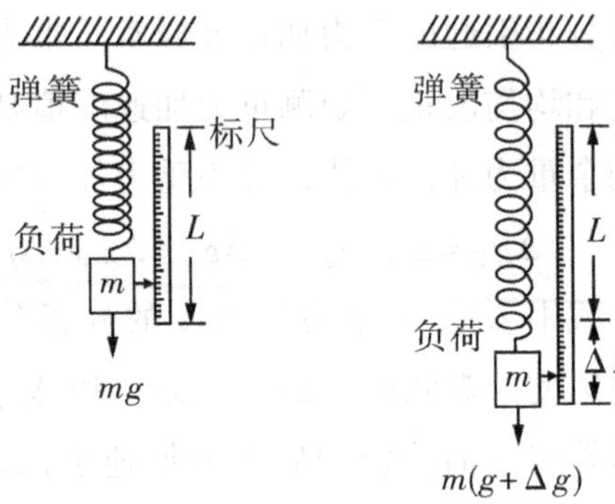

图 3-3　相对重力仪原理图

$$\Delta g=\frac{k}{m}\Delta L$$

式中的 k 为弹簧的劲度常数，ΔL 也称为重力仪的格值，从而将测量重力加速度的变化转化为测量弹簧伸长量的变化。

相对重力仪的弹簧系统是由石英材料制成的，称石英弹簧重力仪。石英弹簧重力仪在陆地的重力勘探中广泛使用，种类虽多，但结构大同小异。以 ZSM 型为例，主要组成部分包括：①灵敏系统，又称平衡系统或弹性系统。它是感觉重力变化的部分，其结构如图 3-4 所示，其中，1 为负荷、2 为摆杆、3 为摆扭丝、4 为主弹簧、5 为温度补偿框扭丝、6 为读数弹簧、7 为读数弹簧连杆、8 为温度补偿框扭丝、9 为读数框架扭丝、10 为测程调节弹簧、11 为指示丝。除温度补偿丝和负荷由金属制成外，其他均由石英制成。②光学系统，又称指示系统。它是一个长焦距显微镜，其功能是使石英摆杆的指示丝在刻度上成像。③测量系统，由读数装置、测程调节装置及纵横水准器等组成。此种仪器灵敏、精度高、测程大、体积小、重量轻，计算简单，使用方便，可用于寻找油气田、煤田和金属矿床的重力勘探，以及大地重力测量等。

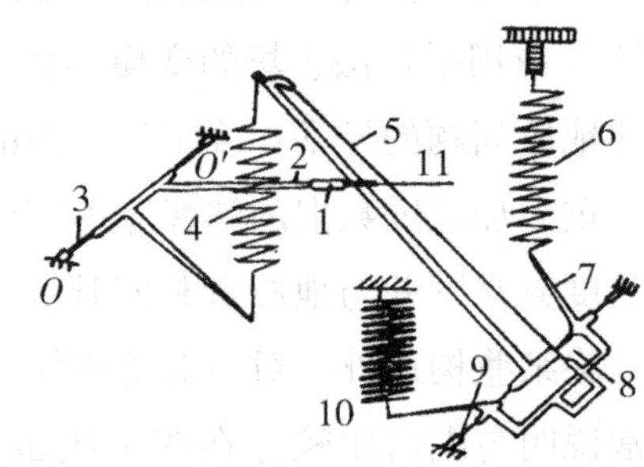

图 3-4　ZSM 型相对重力仪结构图

5. 重力勘探的条件与应用

应用重力勘探的条件，首先是被探测的地质体与围岩的密度存在一定的差别，即沿水平方向上有密度变化，要求上部岩层与下部岩层有足够大的密度差，且岩层有明显的倾

角，或断层有较大的落差；其次是被探测的地质体有足够大的体积和地形平坦等有利的埋藏条件；再次是干扰水平低，干扰性异常越小越好。

重力勘探的应用包括：研究地壳深部构造和区域地质构造，广泛用于普查与勘探可燃性矿床（石油、天然气、煤），查明区域构造，确定基底起伏，发现盐丘、背斜等局部构造；普查与勘探金属矿床（铁、铬、铜、多金属及其他），主要用于查明与成矿有关的构造和岩体，进行间接找矿；也常用于寻找大的、近地表的高密度矿体，并计算矿体的储量。

重力勘探虽是一种简便、经济、快速的地球物理探勘方法，但重力勘探的精度较差，并存在重力反演的多解性。因此，重力勘探一般用于区域地质调查和区域矿产普查阶段。

三、重力勘探理想模型的典型案例

2009 年普通高等学校招生全国统一考试理科综合能力测试Ⅱ卷第 26 题提供了重力勘探理想模型的一个典型案例。这个关于重力勘探的信息题，要求考生在对“重力加速度反常”定义理解的基础上，建立理想模型，利用万有引力定律计算重力加速度反常，进而探寻石油区域的位置和石油储量。该题情景新颖，全面考查了学生的阅读理解能力和物理思想、汲取和处理信息的能力、应用数学处理物理问题的能力，具有较高的区分度，充分体现了“以能力立意”的高考命题思想。

如图 3-5 所示，P、Q 为某地区水平地面上的两点，在 P 点正下方一球形区域内储藏有石油，假定区域周围岩石均匀分布，密度为 ρ，石油密度远小于 ρ，可将上述球形区域视为空腔。如果没有这一空腔，则该地区重力加速度（正常值）沿竖直方向，当存在空腔时，该地区重力加速度的大小和方向会与正常情况有微小偏高，重力加速度在原竖直方向（即 PO 方向）上的投影相对于正常值的偏离叫作“重力加速度反常”。为了探寻石油区域的位置和石油储量，常利用 P 点到附近重力加速度反常现象，已知引力常数为 G。

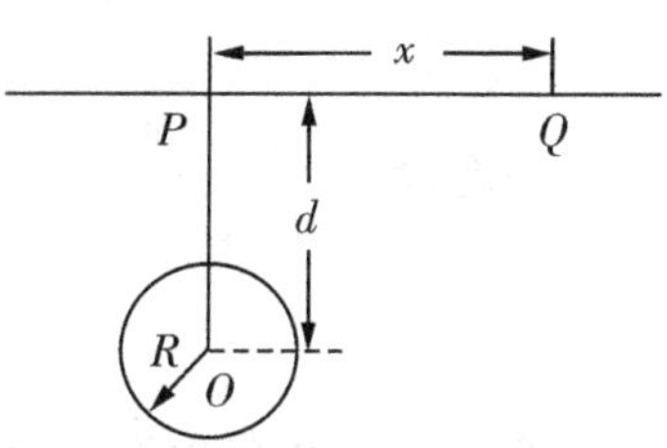

图 3-5　情景图

（1）设球形空腔体积为 V，球心深度为 d（远小于地球半径），$\overline{PQ}=x$，求空腔所引起的 Q 点处的重力加速度反常。

（2）若在水平地面上半径 L 的范围内发现：重力加速度反常值在 δ 与 $k\delta$（$k>1$）之间变化，且重力加速度反常的最大值出现在半径为 L 的范围的中心，如果这种反常是于地下存在某一球形空腔造成的，试求此球形空腔球心的深度和空腔的体积。

解析：（1）如果将近地表的球形空腔填满密度为 ρ 的岩石，则该地区重力加速度便回到正常值。因此，重力加速度反常可通过填充后的球形区域产生的附加引力来计算，即

$$G\frac{Mm}{r^2}=m\Delta g \qquad ①$$

式中 m 是 Q 点处某质点的质量，M 是填充后球形区域的质量，且

$$M=\rho V \qquad ②$$

而 r 是球形空腔中心 O 至 Q 点的距离

$$r=\sqrt{d^2+x^2} \qquad ③$$

Δg 在数值上等于由于存在球形空腔所引起的 Q 点处重力加速度改变的大小。Q 点处重力加速度改变的方向沿 OQ 方向，重力加速度反常 $\Delta g'$ 是这一改变在竖直方向上的投影，即

$$\Delta g'=\frac{d}{r}\Delta g \qquad ④$$

联立①②③④式得

$$\Delta g'=\frac{G\rho Vd}{(d^2+x^2)^{3/2}} \qquad ⑤$$

（2）由⑤式可得，重力加速度反常 $\Delta g'$ 的最大值和最小值分别为

$$(\Delta g')_{max}=\frac{G\rho V}{d^2} \qquad ⑥$$

$$(\Delta g')_{min}=\frac{G\rho Vd}{(d^2+L^2)^{3/2}} \qquad ⑦$$

由题设有

$$(\Delta g')_{max}=k\delta \qquad ⑧$$

$$(\Delta g')_{min}=\delta \qquad ⑨$$

联立⑥⑦⑧⑨式得，地下球形空腔球心的深度和空腔的体积分别为

$$d=\frac{L}{\sqrt{k^{2/3}-1}}$$

$$V=\frac{L^2k\delta}{G\rho\ (k^{2/3}-1)}$$

注：该题也可利用填补法求解。

§3.2.3 摩擦自锁现象*

日常生活中我们知道，堆放沙子等松散物料时，自然形成的坡面的最大倾角是确定

* 主要内容发表于《中学物理教学》2010 年第 2 期。

的，这也是摩擦自锁现象。本文就来介绍摩擦角与自锁现象，以及相关的应用实例与解题示例。

一、摩擦角、摩擦锥与自锁现象

1. 摩擦角

摩擦角 φ_m 是与静摩擦因数 μ_s 密切相关的物理量。我们把物体受到的最大静摩擦力 f_{smax} 与支持力 N 之间的合力 F 与支持力 N 之间的夹角 φ_m 定义为摩擦角。由摩擦定律可知，$\tan\varphi_m=\dfrac{f_{smax}}{N}=\mu_s$，即摩擦角 $\varphi_m=\arctan\mu_s$。因此，摩擦角与摩擦因数一样，都是表示材料表面性质的物理量。

2. 摩擦锥

对于各向同性的支承面，物体与支承面之间的静摩擦因数相同，即摩擦角保持不变。以支持力 N 的方向为轴，以摩擦角 φ_m 的两倍为顶角、合力 F 为母线所构成的圆锥称为摩擦锥（图 3-6）。

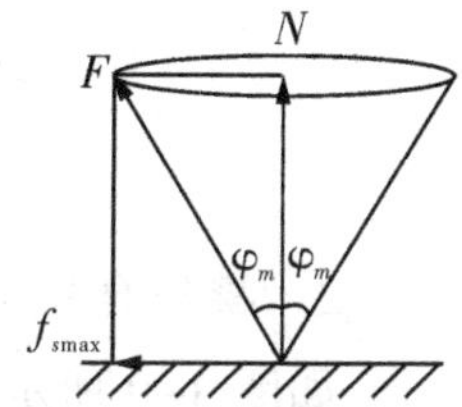

图 3-6　摩擦锥

3. 自锁现象

根据摩擦角和摩擦锥的物理意义可得出以下两个结论：

（1）若作用于物体的主动力（合力）的作用线在摩擦锥以内时，则无论这个力有多大，支承面都能提供约束反力与之平衡，使物体相对支承面保持静止，不发生相对滑动，这种现象称为自锁现象或摩擦自锁（self-locking）。

（2）若作用于物体的主动力（合力）的作用线在摩擦锥以外时，则无论这个力有多小，支承面都不可能提供与之平衡的约束反力，因而物体一定要相对支承面发生滑动。

二、自锁现象的应用实例

1. 斜面的自锁

早在 18 世纪中叶，瑞士科学家欧拉（L. Euler，1707—1783）曾研究过斜面的自锁现象。

在图 3-7 中，由几何关系可知，静止在斜面上的物体受到的重力（主动力）的作用线与斜面法线的夹角 φ 总等于斜面的倾角 θ，因此，当斜面的倾角 θ 小于其摩擦角 φ_m 时，重力的作用线总在摩擦锥内（图 3-7），此时，不论物体的重力有多大，或在物体上加放多大的重物，物体都能在斜面上保持静止状态。可见，斜面自锁的条件是 $\theta\leqslant\varphi_m=\arctan\mu_s$。与此相反，若斜面倾角 $\theta>\varphi_m$，则不论多轻的物体也不能在斜面上保持静止。

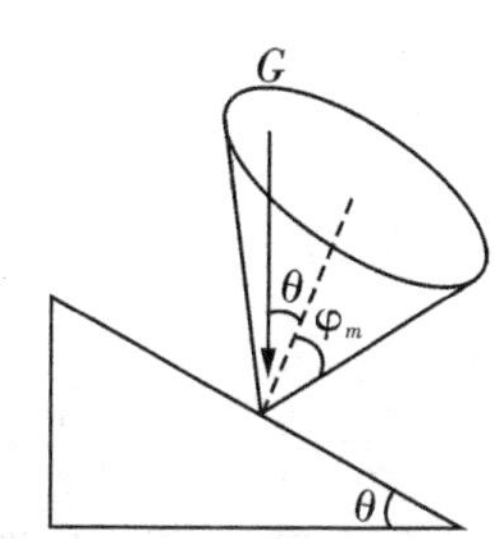

图 3-7　受力分析

根据以上原理，可通过改变斜面的倾角来测定静摩擦因数。如图 3-8 所示，把要测定的两种材料分别做成斜面和物块，把物块放在斜面上，从 0°起逐渐增大斜面的倾角 θ，直到当物块刚开始下滑时（临界状态）为止，此时的 θ 角就是要测定的摩擦角 φ_m，则材料的静摩擦因数 $\mu_s=\tan\varphi_m=\tan\theta$。

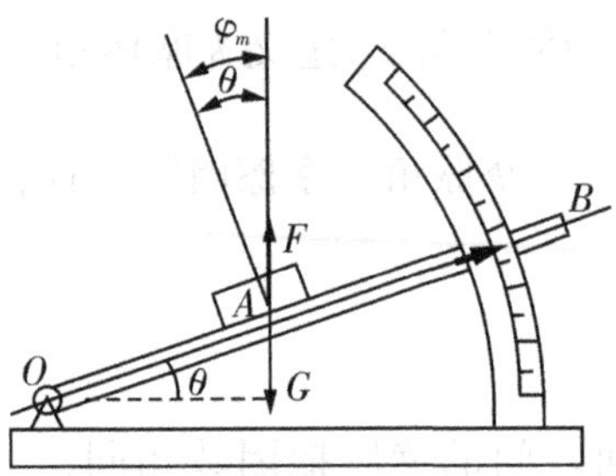

图 3-8　测定静摩擦因数

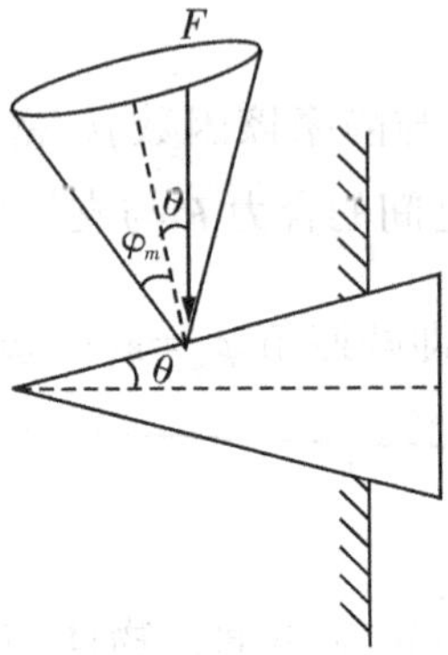

图 3-9　受力分析

2. 楔的自锁

如图 3-9 所示，等腰三角形楔的半顶角为 θ，楔上表面接触的物体作用于楔的力为 F，方向与楔顶角平分线正交。由几何关系可知，F 的作用线与楔面的法线之间的夹角等于楔的半顶角 θ。若 $\theta\leqslant\varphi_m=\arctan\mu_s$，即 F 的作用线必在摩擦锥内（图 3-9），则此时不论 F 有多大，也不能使楔与物体发生滑动，将楔挤出缝穴，即楔自锁于缝穴之中。可见，楔自锁的条件为 $\theta\leqslant\varphi_m=\arctan\mu_s$。对于 θ 很小的尖楔，这个条件很容易满足。

在日常生产和生活中，常常利用尖楔的自锁作用。如木制家具接头处加尖楔，以保持连接部分牢固；在负载的柱子下端加楔垫，以使柱子有效地承受重量并保持稳定。

3. 螺旋的自锁

螺旋由螺杆和螺母组成，螺母与螺杆的螺纹结合，螺纹（图 3-10a）可以看成绕圆柱螺杆上的斜面（图 3-10b），螺纹升角 θ 就是斜面的倾角（图 3-10c）。螺母相当于斜面上的滑块，加在螺母的轴向载荷相当于物块的重力。所以，螺纹的自锁条件就是斜面的自锁条件。

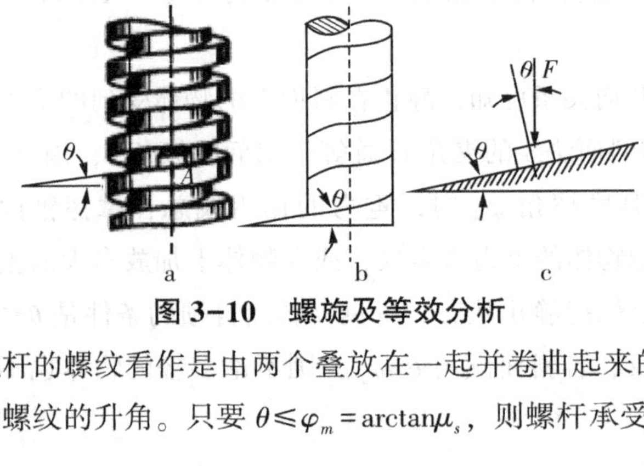

图 3-10　螺旋及等效分析

也可把螺母与螺杆的螺纹看作是由两个叠放在一起并卷曲起来的同倾角斜面构成的，则斜面的倾角 θ 即为螺纹的升角。只要 $\theta\leqslant\varphi_m=\arctan\mu_s$，则螺杆承受的轴向负载 F 的作用线总在其摩擦锥内（图 3-7）。这时螺杆的螺纹与螺母自锁，不论负载有多大，都不能使螺杆在螺母内滑动（负载过大，超过螺纹的极限强度时，只能使螺纹断裂）。

螺旋千斤顶的螺杆一般采用 45 钢或 50 钢，螺母材料一般采用青铜或铸铁，若螺杆与螺母之间的摩擦因数 $\mu_s=0.1$，则 $\varphi_m=\arctan\mu_s=5°43'$。为保证螺旋千斤顶自锁，一般取螺纹升角 $\theta=4°4°30'$。因此，螺旋千斤顶能承受巨大的轴向负载，用螺旋连接的部件不可能在轴向拉力或压力作用下相对运动，就是利用了螺旋的自锁现象。

三、利用摩擦角解题示例

利用摩擦角解答平衡类问题通常比通过列平衡方程求解，解题思路更加清晰，物理过程和物理情景会变得更加简明、直观。

例 1　有一长为 L、重为 G 的均匀杆 AB。A 端顶在竖直的粗糙墙壁上，杆端与墙面间的静摩擦因数为 μ，B 端用一强度足够大而不可伸长的轻绳悬挂，绳的另一端固定在墙上 C 点，杆呈水平状态，绳与杆的夹角为 θ，如图 3-11 所示。求杆上不挂重物能保持平衡时，μ 与 θ 应满足的条件。

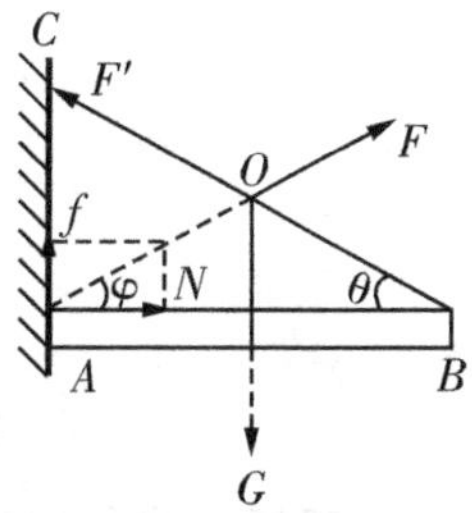

图 3-11　受力分析

解析：取处于临界状态的 AB 杆为研究对象，受力分析如图 3-11 所示。由三力汇交原理可知，最大静摩擦力 f_m 和正压力 N 的合力 F、轻绳的拉力 T 和杆的重力 G 的作用线必相交于 O 点。由三角形的性质可知

$$\varphi=\theta$$

即

$$\tan\varphi=\tan\theta$$

又因

$$\tan\varphi=\mu$$

则

$$\mu=\tan\theta$$

因此，杆平衡须满足的条件为

$$\mu\geqslant\tan\theta$$

引申：如图 3-12 所示，长为 l 的轻杆 AB 竖直地立在地面上，A 端用轻绳 AC 连结在地面上，绳与杆的夹角为 θ，杆端与地面的静摩擦因数为 μ。现在杆上某点 D 施加水平力 F，要使杆平衡，D 点到 B 点的距离 x 必须满足什么条件？

解析：取 AB 杆为研究对象，其受力分析如图 3-12 所示。由三力汇交原理可知，静摩擦力 f 和正压力 N 的合力 F'、水平力 F 和轻绳拉力 T 的作用线必相交于一点 O。设 F' 与杆的夹角为 α，要使 B 点不滑动的条件为

$$\alpha\leqslant\varphi_m$$

即

$$\tan\alpha\leqslant\tan\varphi_m \qquad ①$$

由几何关系可知

$$(l-x)\tan\theta = x\tan\alpha$$

即 $$\tan\alpha = \frac{l-x}{x}\tan\theta \quad ②$$

又因 $$\tan\varphi_m = \mu \quad ③$$

由①②③式可得，须满足的条件为

$$x \geqslant \frac{l}{1+\mu\cot\theta}$$

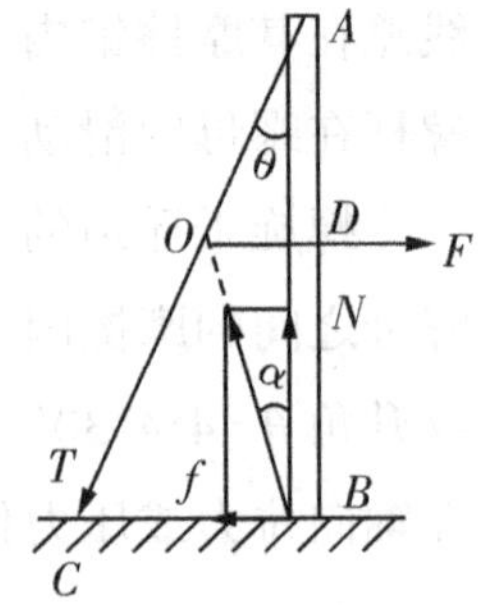

图 3-12　受力分析

例 2　如图 3-13 所示，重为 G 的物体与水平地面的动摩擦因数为 μ，欲以一个最小的拉力 F 使物体沿水平地面匀速前进，问 F 与水平地面的夹角为何值时最省力？这个最小的拉力是多少？

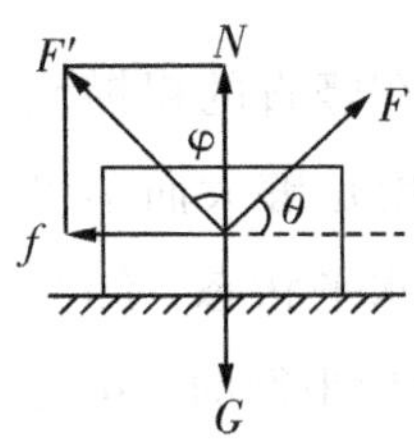

图 3-13　受力分析

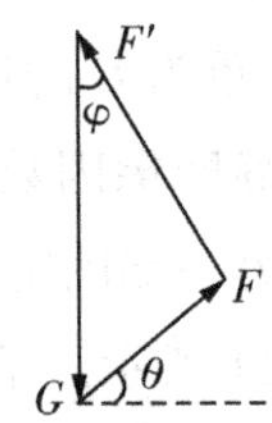

图 3-14　矢量三角

解析：取匀速运动的物块为研究对象，其受力情况如图 3-13 所示。将滑动摩擦力 f 和支持力 N 的合成，合力为 F'，设 F' 与 N 的夹角为 φ。由拉密定理可知，F'、G 和 F 必构成一个闭合三角形。当 F 与 F' 垂直时，拉力 F 最小（图 3-14），其最小值为

$$F_{\min} = G\sin\varphi = \frac{G\tan\varphi}{\sqrt{1+\tan^2\varphi}}$$

又因 $$\tan\varphi = \mu$$

则 $$F_{\min} = \frac{\mu G}{\sqrt{1+\mu^2}}$$

由几何关系可知

$$\theta = \varphi$$

又因 $$\varphi = \arctan\mu$$

因此，当 $\theta = \arctan\mu$ 时最省力。

变式练习：（2012 年全国高考课标卷理科综合第 24 题）拖把是由拖杆和拖把头构成的擦地工具（图 3-15）。设拖把头的质量为 m，拖杆质量可以忽略；拖把头与地板之间的动摩擦因数为常数 μ，重力加速度为 g，某同学用该拖把在水平地板上拖地时，沿拖杆方向推拖把，拖杆与竖直方向的夹角为 θ。

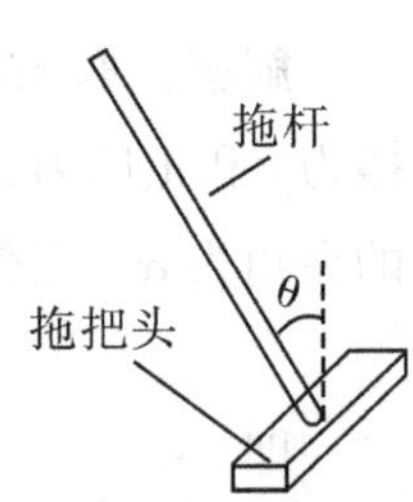

图 3-15　拖把

（1）若拖把头在地板上匀速移动，求推拖把的力的大小。

(2) 设能使该拖把在地板上从静止刚好开始运动的水平推力与此时地板对拖把的正压力的比值为 λ。已知存在一临界角 θ_0，若 $\theta \leqslant \theta_0$，则不管沿拖杆方向的推力多大，都不可能使拖把从静止开始运动。求这一临界角的正切 $\tan\theta_0$。

§3.2.4　雨滴的终极速度与沙里淘金*

2003 年普通高等学校招生全国统一考试新课程卷物理第 15 题是求雨滴在无风情况下终极速度的计算题，该题不仅物理情景新颖，而且给出了中学阶段没有学习的新公式（球形雨滴缓慢匀速平动时所受到的阻力 $f=krv$），有利于考查考生提取、运用有用信息的分析综合能力。现就谈一谈雨滴的终极速度及其应用——沙里淘金。

一、物体在黏滞流体中运动受到的阻力

1. 黏滞阻力

物体在黏滞性流体中运动时，由于物体表面附着一层流体，这层流体被物体带走，从而造成物体表面附近的流体有一定的速度梯度，流层之间有内摩擦力，因而物体也受到内摩擦阻力的作用，这种由流体的黏滞性直接引起的阻力叫作黏滞阻力。对于低速运动的物体所受流体的阻力主要是黏滞阻力。当较小的物体在黏滞系数较大的流体中缓慢运动时，作用于物体表面的摩擦阻力可认为就是黏滞阻力。

1851 年，英国物理学家和数学家斯托克斯（G. G. Stokes）发现了描述球形物体在黏滞性流体中做缓慢匀速平动时所受黏滞阻力的斯托克斯公式：$f=6\pi\eta rv$。式中 r 为球体的半径，v 为球体的速度，η 为流体的黏滞系数。该式只有在雷诺（O. Reynolds）数比 1 小很多时才完全适用。

2. 压差阻力

物体在流体中运动时，除了受到黏滞阻力以外，还受到压差阻力。当物体运动速度大到物体后面出现涡流时，压差阻力就必须予以考虑。当物体以较大的速度在流体中运动时，它前面的流体不能及时地绕到后面，使物体后面暂时出现了一个接近真空的区域。这个区域一出现，四周的流体便争先恐后地跑过来填补，形成了涡旋。涡旋的压强比物体前面的压强小，便形成了压差阻力。压差阻力虽然直接来自物体前后端的压强差，但造成压强差的涡旋却仍然是由流体的黏滞性所产生的。对于高速运动的物体所受流体的黏滞阻力主要是压差阻力。压差阻力与物体的形状有关，改变物体的形状可以减小压差阻力，例如将物体制成尾部尖细的流线型以缩小涡旋的范围，减小压差阻力。所以，飞机机身和机翼、火箭、快速汽车、船身等都采用流线型。

---

*发表于《中学物理教学参考》2003 年第 11 期。

运动物体受流体阻力的大小一般由实验测定。运动物体速度较小时，所受的阻力正比于它的运动速度 v，运动物体速度较大时所受的阻力正比于 v^2 甚至 v 的更高次幂。如果物体运动的速度超过声速，则在运动物体的前面产生激震波，此时阻力的大小正比于 v^3。即运动物体的速度越大，阻力便与 v 的更高次幂成正比。

二、雨滴的终极速度

设想如果没有空气的阻力，雨滴自上万米的高空下落，那么雨滴落地时的速度约为

$$v=\sqrt{2gh}=\sqrt{2\times 9.8\times 10000}=4.4\times 10^2\ \text{m/s}$$

这速度相当于一般子弹出枪膛时的速度，但事实上从来没有人被雨滴击中而伤亡的。其实，雨滴落到地面时的速度远小于上述自由落体的速度。原因很简单，雨滴不是做自由落体运动。

设雨滴是半径为 r 的小水球。雨滴在下落过程中受 3 个力的作用：一是重力 G，其大小为 $G=\frac{4}{3}\pi r^3\rho_{水}g$，方向竖直向下。二是空气的浮力 $F_{浮}=\frac{4}{3}\pi r^3\rho_{空气}g$，方向竖直向上。三是空气阻力，由实验测得空气阻力 f 与雨滴下落的速度 v 的关系为

$$f=3.1\times 10^{-4}rv+0.87r^2v^2$$

其中 r 和 v 均取国际单位制。空气阻力的方向竖直向上。所以由牛顿第二定律可得雨滴满足的动力学方程为

$$mg-F_{浮}-f=ma$$

即

$$\frac{4}{3}\pi r^3\rho_{水}g-\frac{4}{3}\pi r^3\rho_{空气}g-3.1\times 10^{-4}rv-0.87r^2v^2=\frac{4}{3}\pi r^3\rho_{水}a \qquad ①$$

①式中 a 是半径为 r 雨滴在速度为 v 时的加速度。当雨滴自高空下落时，速度 v 由零逐渐增大，空气阻力随之逐渐增大，雨滴下落的加速度也随之逐渐减小，当雨滴的速度增大到一定值时，雨滴所受的合力为零，此时雨滴的加速度为零，于是从此雨滴匀速下落直到地面，这个速度就称为雨滴的终极速度。如表 3-1 是科学家测量的各种大小的雨滴的终极速度。与①式所得的结果基本吻合。由表 3-1 中数据可见，雨滴半径越大，其终极速度也越大。

表 3-1　雨滴半径与终极速度

雨滴半径（cm）	终极速度（$\text{cm}\cdot\text{s}^{-1}$）	雨滴半径（cm）	终极速度（$\text{cm}\cdot\text{s}^{-1}$）	雨滴半径（cm）	终极速度（$\text{cm}\cdot\text{s}^{-1}$）
0.02	162	0.08	565	0.18	860
0.03	247	0.09	609	0.20	883
0.04	327	0.10	649	0.22	898
0.05	403	0.12	727	0.24	907

（续表）

雨滴半径（cm）	终极速度（$cm\cdot s^{-1}$）	雨滴半径（cm）	终极速度（$cm\cdot s^{-1}$）	雨滴半径（cm）	终极速度（$cm\cdot s^{-1}$）
0.06	464	0.14	782	0.26	912
0.07	517	0.16	826	0.28	916

在 2003 年全国高考新课程卷物理第 15 题中，由于球形雨滴的体积很小（$r=0.10$ mm），因此忽略不计雨滴所受的浮力；并且题设由斯托克斯定律直接给出了雨滴在速度不大时所受的阻力 $f=krv$（$k=6\pi\eta=3.4\times10^{-4}$ Ns/m²），根据力的平衡条件求出的雨滴终极速度为 1.2 m/s，也与上表结果基本吻合。

三、沙里淘金

有的河边的沙粒中混杂有少量的黄金颗粒，为了把黄金颗粒与沙粒分开，常用的办法是用水冲走沙粒，留下黄金颗粒。水流为什么具有选择性？为什么不把黄金颗粒也和沙粒一起冲走呢？这个问题仍然可以用前面分析雨滴的终极速度的方法来分析。我们将沙粒和黄金颗粒都看作是小球，将水流冲击沙粒和黄金颗粒看作是小球在水中运动。下面分析沙粒和黄金颗粒在水中的运动有什么不同。

沙粒或黄金颗粒在流水中沉降时受到 3 个力的作用：一为重力，大小为 $\frac{4}{3}\pi r^3\rho g$（式中 ρ 为沙或黄金的密度），方向竖直向下；二为水的浮力，大小为 $\frac{4}{3}\pi r^3\rho' g$（式中 ρ' 为水的密度），方向竖直向上；三为水的阻力 $f=6\pi\eta rv$（斯托克斯公式），方向竖直向上。在这 3 个力中，重力和浮力是恒力，其大小和方向在小球沉降过程中始终不变，而阻力是随着小球的运动速度增大而增大的。开始时小球静止（$v=0$），因而阻力 $f=0$，在重力和浮力的作用下，小球加速下沉；随着小球速度 v 的增大，阻力 f 也增大，导致小球下沉的加速度逐渐减小，当小球所受的合外力为零时，小球匀速下沉，这时达到小球运动的终极速度 v_r。据上面分析，小球的终极速度应满足的方程为

$$\frac{4}{3}\pi r^3\rho g-\frac{4}{3}\pi r^3\rho' g-6\pi\eta rv_r=0$$

解上式可得到小球（沙粒和黄金颗粒）的终极速度为

$$v_r=\frac{2r^2(\rho-\rho')}{9\eta}g \qquad ②$$

由②式可见，对于相同半径 r 的小球，其密度 ρ 越大，终极速度也就越大。黄金颗粒的密度比沙粒的密度大，所以黄金颗粒的终极速度也比沙粒大。如果沙粒和黄金颗粒同时开始沉降，自然是黄金颗粒先沉到底，所以黄金颗粒在下面，而沙粒在上面。这时再加以水平方向的水力冲洗，便将沙粒冲走了，留下了黄金颗粒，这就是沙里淘金的道理。其中

由②式还可知，对于相同密度的小球，$v_r \propto r^2$，即球愈小，下落得愈慢，可见沙里淘金时黄金颗粒的体积为上小下大。

另外，由②式还可以看出，如果v、r、ρ和ρ'能测出，则可求出流体的黏滞系数η。反之，如果v、η、ρ和ρ'能测出，即可求出小球的半径r。由于流体黏滞系数可用很多方法测出，如黏度计、泊肃叶（J. L. M. Poiseuille）公式等，所以可用②式算出不易测准的小球半径。1911年，美国物理学家密立根（R. A. Millikan）在证明电荷量子性的油滴实验中，就是利用此方法先求出油滴的半径，进而求出油滴的质量和电量。在气象学中，也常用②式求出雾中水滴在大气中下落的终极速度。在医学上，测定人体的血沉，有助于医生对人体健康状况的判断。若血液是由红细胞和血浆组成的悬浮液，当把血液放进竖直的血沉管内时，红细胞就会在血浆中匀速下沉，由②式可求出红细胞下沉的终极速度，医学上称为血沉。反之，在血沉等量已知时，也可利用②式求出红细胞的密度。

§3.2.5 弹弓效应*

据《吴越春秋》卷9所载《弹歌》："断竹，续竹，飞土，逐宍（古'肉'字）。"描述了砍伐竹子，制造弹弓，射出弹丸，射中鸟兽的狩猎过程。可见，弹弓效应（sling effect）本意是指利用弹弓的弹力来发射弹丸，使弹丸获得较大速度的物理现象。后来泛指借助外界条件使物体获得更大加速度的现象。它广泛应用于现代空间技术中。现介绍小球和空间技术中的弹弓效应。

1. 小球的弹弓效应

加拿大滑铁卢大学的安德森教授通过超球实验发现：将小钢球叠放在大钢球上面，让它们一起从高为h处自由下落，和水平地面上的钢板相撞，小球会被弹射到$9h$的高度，这就是小球的弹弓效应。小球跳起的高度为什么会远大于其自由下落的高度呢？

钢球和钢板的弹性都很好，两钢球间以及钢球和钢板的碰撞都可看作完全弹性碰撞。当两个钢球一起从高度h处落下时，如图3-16（a）所示，大球与钢板碰撞前后的速度都是

$$v_0=\sqrt{2gh} \quad ①$$

小球随大球一起落下h时的速度也是v_0，方向竖直向下，这样大球与钢板碰撞后又以速度v_0（方向竖直向上）再与小球相碰，而这时小球的速度也是v_0，其方向竖直向下，所以大小两球以相同速率对碰，如图3-16（a）所示。设大小两球对碰后分别以V和v运动，并设V和v的方向均竖直向上，如图3-

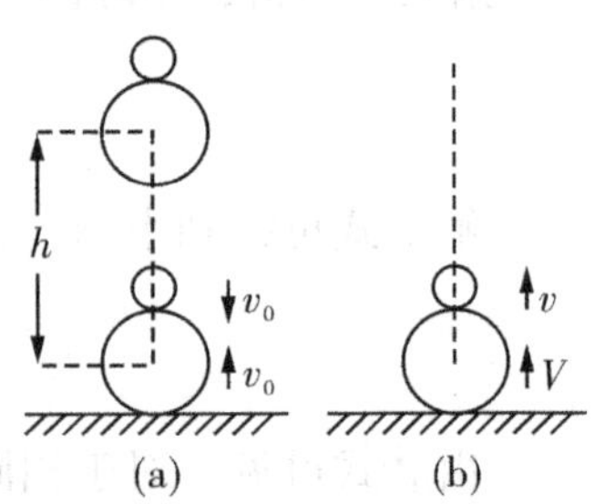

图3-16 情景图

*发表于《中学物理》2008年第6期，被人大复印报刊资料《中学物理教与学》2008年报刊索引库收录。

16（b）所示。大小两球的质量分别为 M 和 m。两球做完全弹性碰撞，所以碰撞前后的动量和机械能都守恒。两球对碰前后的动量守恒方程为

$$Mv_0-mv_0=MV+mv \tag{②}$$

机械能守恒方程为

$$\frac{1}{2}Mv_0^2+\frac{1}{2}mv_0^2=\frac{1}{2}MV^2+\frac{1}{2}mv^2 \tag{③}$$

联立式②和③可解得大小两球碰后的速度大小分别为

$$V=\frac{M-3m}{M+m}v_0 \qquad v=\frac{3M-m}{M+m}v_0 \tag{④}$$

小球碰后获得速度 v，做竖直上抛运动。设小球被弹射的高度为 H，由机械能守恒定律有

$$\frac{1}{2}mv^2=mgH \tag{⑤}$$

将④和①式分别代入⑤式解得

$$H=\left(\frac{3M-m}{M+m}\right)^2h \tag{⑥}$$

若大球半径为小球半径的 10 倍，那么大球质量与小球质量的关系为

$$M=10^3m \tag{⑦}$$

将⑦式代入⑥式，并考虑到 $3M-m\approx3M$，$M+m\approx M$，所以

$$H=9h$$

可见，在理想状态下，两球实验时，$H=9h$，$v=3v_0$；三球实验时，$H=49h$，$v=7v_0$；n 球实验时，$H=(2^n-1)^2h$，$v_n=(2^n-1)v_0$。即小球向上弹起的效果如同被大球这个“弹弓”弹射出去的一样。

加拿大著名的多伦多铁塔高 560 m，如果将 7 个球叠放在一起（$n=7$），则 $v_7=13410$ m/s。“13410 m/s”是一个什么概念？它比第二宇宙速度（11200 m/s）还要大！也就是说，上面的这个小球将成为一颗人造行星！一幅多么令人憧憬的画面。事实果真如此吗？别忘了理想状态的条件之一，就是上面的小球质量要远远小于下面的大球质量。若取质量比依次均为 1∶10^3，那么，即使最上面的小球质量小到 $m_7=10^{-4}$g，最下面的大球质量 $m_1=10^9$ kg，达到数百万吨。这样的球且不考虑如何送上塔顶，当它落到地面时，塔基承受得了吗？球与地面还会是弹性碰撞吗？因此应注意小球弹弓效应的制约条件，不能无限制地外推。超球实验富有佯谬性的戏剧性结果现在已被应用在现代空间技术上。

2. 空间技术中的弹弓效应

在现代空间技术中，弹弓效应是用来增大空间探测器速率的一种经济而有效的方法。由于以现在的燃料技术，空间探测器自己走不了多远，要去太阳系外围的星球或冲出太阳系，几乎不可能。但如果把空间探测器当作一颗小星球，以太阳为中心绕着转，并且与别

的行星定期（经过精确计算）而遇，则在空间探测器从行星旁绕过，由于行星的引力作用，可以使探测器（对太阳）的速率大幅度增加，而使飞行的方向改变。这种现象被称为“弹弓效应”。

如图 3-17 所示，质量为 m 的空间探测器以相对于太阳的速度 v_0 飞向质量为 M 的行星，此时行星相对于太阳的速度为 u_0；绕过行星后探测器相对于太阳的速度为 v，此时行星相对于太阳的速度为 u。$m \ll M$，且 v_0，v，u_0，u 的方向均可视为相互平行。

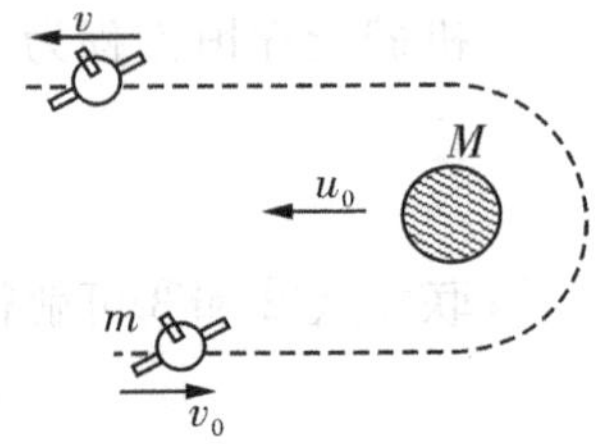

图 3-17　弹弓效应

以 u_0 为正方向，由动量守恒和始末状态总动能相等可得

$$-mv_0+Mu_0=mv+Mu \quad ①$$

$$\frac{1}{2}mv_0^2+\frac{1}{2}Mu_0^2=\frac{1}{2}mv^2+\frac{1}{2}Mu^2 \quad ②$$

由①和②式可得

$$v=\frac{M-m}{M+m}v_0+\frac{2M}{M+m}u_0$$

由于 $m \ll$M，则

$$v=v_0+2u_0 \quad ③$$

若上述行星是质量为 $M=5.67\times10^{26}$ kg 的土星，其相对于太阳的轨道速率 $u_0=9.6$ km/s，而空间探测器的质量 $m=150$ kg，相对于太阳迎向土星的速率 $v_0=10.4$ km/s，则由③式可知，该探测器由于“弹弓效应”绕过土星后相对于太阳的速率将增大为 29.6 km/s。

若探测器飞向行星时其速度 v_0 与行星的速度 u_0 同方向，以 u_0 为正方向，由动量守恒定律可得

$$mv_0+Mu_0=mv+Mu \quad ④$$

由④和②式可得

$$v=-\frac{M-m}{M+m}v_0+\frac{2M}{M+m}u_0$$

把 $m \ll M$ 代入上式，得出

$$v=-v_0+2u_0$$

由于 $|v_0|>|u_0|$，由此可得

$$|v|=|v_0-2u_0|<|v_0|$$

即不能使探测器速率增大。

可见，只有当探测器逆向掠过行星时，才会利用弹弓效应盗取行星的部分轨道动能，这对质量巨大的行星不会造成什么影响，却能够显著提高探测器的速度。例如，1989 年 10 月发射的伽利略探测器在 1990 年经过地球时，曾利用弹弓效应使它的速度增加了 18700 km/h，与此同时地球在运行轨道中速度只减少了每年不到 3/5000000000 厘米。如此经济地借助行星的引力，是对推进系统的有效补充。

§3.2.6　雷电定位系统*

2008 年北京奥运会举办时正值多雨之季，气象资料显示，当时北京每 4 天就可能发生一次雷暴，暴雨桑拿也时有发生，这不但会影响室外赛事的举行，还有可能影响电视转播，甚至存在安全隐患。如 1992 年国家气象局气象中心大楼落雷，通信线路被击断，计算机系统工作中断 46 小时，造成次日中央电视台无气象预报。2003 年我国一名足球运动员在新加坡遭雷击身亡。因此，在北京 2008 科技奥运中，气象专家通过“雷电定位系统”提前获知雷电的精确位置和强度，及时为奥运会赛事提供预警。

一、雷电的产生与危害

雷电是自然界中一种常见的放电现象。关于雷电的产生有多种解释理论，通常认为，由于大气中上升的热空气与高空冷空气摩擦，形成了带有正负电荷的小水滴，小水滴逐渐凝结成“积雨云”（雷雨云）。具体来说，冰晶的摩擦、雨滴的破碎、水滴的冻结、云体的碰撞等均可使云层起电。一般积雨云的顶部带正电，底部带负电。当正负电荷累积达到一定的电荷值时，会在带有不同极性的云团之间以及云团对地之间形成强大的电场，当电场强度超过 400 kV/m 时，云团对云团和云团对地间产生瞬间、剧烈的放电过程，爆发出强大的电火花，也就是我们看到的闪电。通常分为云闪（IC）和地闪（CG）。一次闪电包括一次或几次大电流脉冲过程，称为闪击，其中最强的快变化部分叫回击。地闪回击辐射电磁波的功率频谱密度峰值在 4~10 kHz 之间，云闪主要在 1 MHz 以上。在闪电通道中，电流极强，温度可骤升至 2×10^4 ℃，气压突增，空气剧烈膨胀，瞬时功率巨大，人们便会听到爆炸似的声波振荡，这就是雷声。通常把“闪电”和“雷声”总称为“雷电”。

雷电是发生于大气中的一种瞬态大电流、高电压放电现象。它的最大特点是闪电电流大，作用时间短，瞬时功率强。闪电发生时的瞬时强电流平均可达 30 kA，因此往往引起灾难性的破坏。它产生的热效应和机械效应会引起爆炸和森林火灾；带电云团的强对流活动会造成冰雹等灾害性天气；闪电电流产生的高电压可能使电力及通信等电气设备损坏；闪电的静电感应会使架空金属导线产生感应过电压，形成避雷针不能防护的感应雷，感应雷会沿着架空线、电源线和电话线等潜入室内，危及电力通信设备、电视、电话和联网微机；闪电的电磁场效应会严重干扰无线电通信和各种电子设备的正常工作，是无线电噪声的重要来源，甚至引起微电子设备的损坏。雷电灾害是“联合国国际减灾十年”公布的最严重的十种自然灾害之一。最新统计资料表明，雷电造成的损失已经上升到自然灾害的第三位。因此，对雷电活动进行实时监测具有重要的意义。

---

*发表于《物理教学》2007 年第 12 期，被人大复印报刊资料《中学物理教与学》2008 年报刊索引库收录。

二、雷电探测技术的发展

对雷电的探测从富兰克林（B. Franklin）算起已有200多年的历史。20世纪40年代，人们开始致力于雷电多站定位技术的研究。现代雷电定位系统（LLS）始于1976年，美国的克瑞德（E. P. Krider）、乌曼（M. A. Uman）等人采用单片机技术成功地将原双阴极示波器闪电探测仪改造为智能化的磁方向雷电定位系统，并成功地应用于肯尼迪宇航中心。它的诞生，是雷电探测和预警技术的划时代标志。该系统采用宽波段接收闪电辐射的甚低频（VLF）信号，克服了原来窄波信号带来的偏振误差、电离层反射等不利影响，使测角误差在1°以内，有效地提高了雷电的测角精度。20世纪80年代初，云地闪波形鉴别技术的出现和应用，使云地闪探测效率达90%以上。20世纪80年代中后期，几乎世界上所有发达国家和地区都布有由这种设备组成的雷电监测定位网。1986年，美国大气科学研究公司又研制了一种时差法雷电定位系统，并在美国、日本、巴西、澳大利亚等国家和地区建网。进入20世纪90年代，由于全球卫星定位系统（GPS）技术的使用，雷电监测在测向系统的基础上增加了GPS时钟，形成时差测向混合系统，同时采用数字波形处理技术（DSP），对波形做相关性分析与定位处理，使雷电定位精度和探测效率都有明显的提高。

目前，雷电监测定位系统已广泛应用在雷电的监测、预报、雷电防护及雷电研究中。人们不仅能够测量出闪电发生的准确位置，而且能够利用闪电辐射的甚高频电磁场测定出闪电放电的准确轨迹，还可以在雷暴发生前利用火箭引雷、激光消雷等先进技术释放云层中的电荷，减轻和消除重点区域附近的雷电活动。

由于雷电定位系统的卓越功能，很快在世界范围内得到广泛应用，许多国家和地区相继开展了雷电监测业务。中国气象局与中科院相关院所合作，从事雷电探测实验及其应用研究已有多年，并积累了长达十几年的雷电定位仪的观测资料，对雷电特征和不同天气过程进行了大量分析，取得了一些成果。2002年，北京地区引进了芬兰维萨拉（Vaisala）公司SAFIR3000三维全闪定位系统，进行雷电定位与雷暴预警试验。2005年7月，北京地区地面大气电场局域监测网的安装与调试工作完成，北京气象局在全国气象部门率先开展了雷电预报。据北京市气象局介绍，目前，北京有2组雷电定位系统，一组由4台国产设备组成，主要负责在平面区域上定位雷电，另外一组3台进口设备能看见雷电活动的立体结构。这样，可得到雷电的发生地点、距地高度等数据，就像编织了一张电子大网罩在城市之上，可交叉覆盖北京方圆200多千米的立体空间。2006年初，由中国气象科学研究院雷电物理与防护工程实验室承担的“奥运会雷电监测和预警系统关键技术研究”进入试验阶段。它会为奥运比赛场馆提供雷电位置、雷暴预警等可视化服务，提前3060 min预测雷电活动区域的扩展状况，对闪电位置的监测误差理论上不超过2 m。近年来，我国一些省市的气象局防雷管理机构也利用雷电探测设备逐步建立了区域性雷电监测网，实时监测雷电活动，为雷暴等灾害性天气的预报提供必要的依据。

三、雷电定位系统的组成

雷电定位系统由若干个（3 个或 3 个以上）方向探测仪（ALDF）、位置分析仪（NPA）和若干个本地或远方显示仪（NDS）组成。除各自独立功能所需的电路和终端设备外，都包含有预编程序的微计算机。它们之间大都相隔几十至几百千米，用通信通道把它们连接起来组成一个庞大的雷电遥测网。原理接线框图如图 3-18 所示。

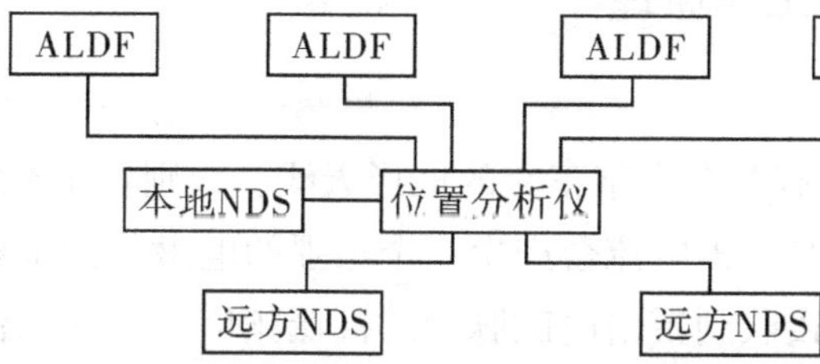

图 3-18　雷电定位系统组成与原理

1. 雷电方向探测仪（ALDF）

雷电方向探测仪主要完成雷电电磁辐射的接收和初始处理。其原理框图如图 3-19 所示。图中磁场天线用来接收雷电电磁辐射；电场天线用来测定雷电极性；多功能板对天线接收的信号进行放大、滤波、积分等处理；逻辑板主要是判断云闪与地闪、峰值保持和峰值采样；CPU 板进行数据的初始处理。

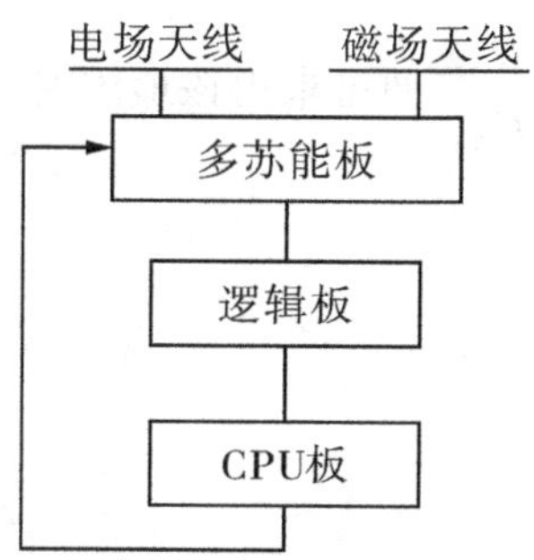

图 3-19　原理框图

方向探测仪利用带宽 1 kHz ~ 1 MHz 的天线和电子线路接收回击辐射的电磁场，由逻辑判断电路对接收的信号进行波形分析，使其只对地闪响应，拒收云闪和一切不满足地闪波形的干扰信号。如果探测到的波形符合雷电地闪波形的特征，CPU 就计算该地闪的方位角、信号强度、雷击电流幅值和极性，并将数据送给位置分析仪。

2. 雷电位置分析仪（NPA）

雷电位置分析仪是雷电定位系统的核心部分，它是一个由微机构成的计算中心与雷电数据库中心，主要实现对各 ALDF 信号的采集以及雷击点位置与雷电流的计算，并对数据进行各种统计处理。

当雷击发生时，各 ALDF 几乎同时探测到这次雷击并将处理过的数据送到 NPA。NPA 同时接到多个 ALDF 送来的数据，首先对数据进行时间一致性判断，确定为同一雷击后，再进行优化处理，取出信号强度最大的两个站作为定位站，利用 NPA 中预先存有的各站的地理坐标，采用球面三角定位法进行定位计算，计算出雷电发生的时间、地点（经纬度）、雷电流幅值、极性和回击次数等雷电参数，在终端设备（显示屏）上输出，并通过多路接口将定位数据送至雷电显示系统。

3. 雷电显示系统（NDS）

雷电显示系统是一个由微机构成的网络化的雷电显示终端，主要实现雷击点位置以及雷暴运动轨迹的屏幕彩色显示。NDS 中预先存入所需监测区域的地图，NDS 接收到 NPA 传来的定位数据后，根据雷电的极性和经纬度，通过一系列的变换和处理，使其成为屏幕上的像素坐标，将雷击点定位在屏幕地图的相应位置上。雷击点的彩色可以按预定的时间间隔改变，通常每隔一小时变一次颜色。这样，监测人员可直接在彩色屏幕上从时空两方面监视每一次雷击的落雷点以及整个雷暴发生、发展的运动轨迹。

四、雷电定位系统的工作原理

1. 定向原理

如图 3-20 所示，ALDF 有两个十字正交的框形天线，分别置于东西和南北方向。当 A 地发生地闪时，其巨大的瞬时回击电流会产生一个很强的电磁脉冲辐射，以光速向四周传播，雷电定位仪的正交天线接收到雷击电磁脉冲的甚低频信号，并以信号的峰点位置作为信号到达时刻的参考点，记录下电磁脉冲到达该接收点的时间。定位仪的正交磁场天线接收的磁场信号经电路处理后得到东西向和南北向的磁场强度分别为 H_{WE} 和 H_{NS}，由 $\text{tg}\alpha=\frac{H_{NS}}{H_{WE}}$ 便可求得该地闪对 ALDF 的方向角 α。

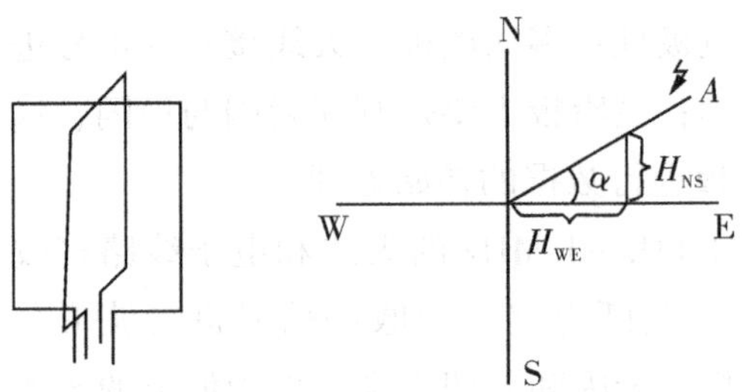

图 3-20　定向原理

2. 定位原理

雷电定位系统通常有方向定位算法（DF 法）、时差定位算法（TOA 法）和方向-时差综合定位算法。

在方向定位算法中，根据探测站正交框形磁场天线判断出雷电的方向，雷电击地点应位于其方向线上。当只有 2 个探测站收到信号时，则 2 条方向线的交点即为雷击点。若两个以上探测站收到闪电信号时，由于天线方向、系统误差、噪声和其他干扰的存在，则 2 条以上的方向线不可能相交于一个确切的点，而会交汇成一个小的区域，采用优化计算可求出雷击点最可能发生的位置。

对于时差定位算法，设有三个方向探测站 F_1、F_2、F_3 分别置于不同的点，如图 3-21 所示，F_1、F_2、F_3 均被同步在同一时差系统上，当 t_0时刻，若在 E 处发生了一次雷击，该雷击所辐射的电磁脉冲信号到达各探测站的时刻分别是 t_1、t_2、t_3，则 $t_2-t_1=(t_2-t_0)-(t_1-t_0)=(F_2E-F_1E)/c$，其中 c 为光速，F_1E 和 F_2E 分别为探

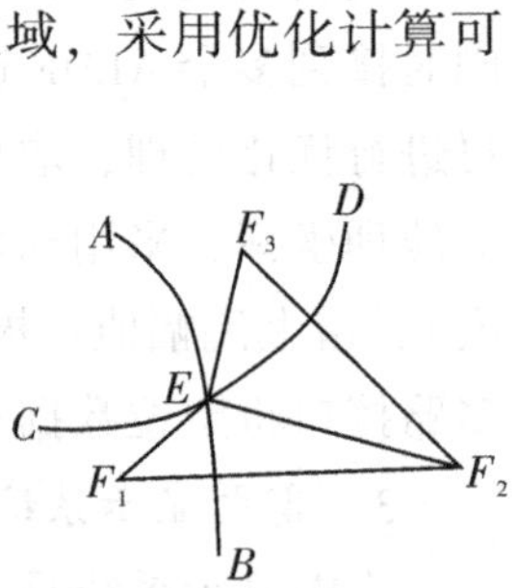

图 3-21　时差定位

测站 F_1、F_2 到该雷击点 E 的距离差。若求得 t_2-t_1，则雷击点必然位于等距离为 F_2E-F_1E 的一条时差双曲线 AB 上，这样，对于 F_3、F_2 来说也可以测得 t_3-t_2 而得到相对应的另一条时差双曲线 CD，AB 与 CD 的交点 E 就必然是雷击发生的位置，这样就把定位问题变成了测量信号到达不同接收站的时间问题。当 3 个以上的探测站接收到信号时，可确定多条球面双曲线，由于地形、噪声和干扰等的存在，多于 2 条的球面双曲线不可能相交于一点，此时需要采用优化算法计算出雷击点最可能发生的位置。

由于时差定位算法的定位精度相对方向定位算法要高得多，因此雷电定位系统通常尽可能采用时差定位算法。但当只有 2 个探测站收到雷电信息，或者 3 个探测站收到雷电信息但出现双解等特殊情况下，时差定位算法就不适用了，此时应采用时差-方向联合定位（时差数据和方向数据结合起来）的方法，充分利用时差数据，以求获得比较精确的定位结果。

3. *覆盖原则*

如图 3-22 所示，每个探测站可设定一个有效探测半径 r。通常采用中增益，$r=200$ km，在此范围内接收到的雷电信号强度大，误差小。但一个探测站不能定位，两个探测站共同有效的探测部分才是定位系统的覆盖范围。如图 3-22 中的交集部分。

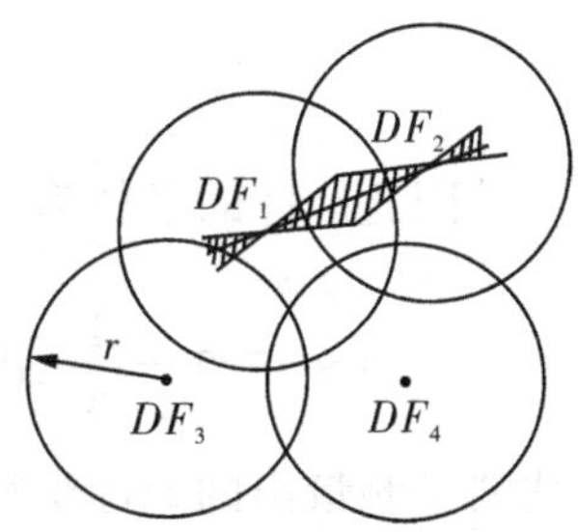

图 3-22　覆盖范围

当方位角 $\alpha \leqslant 10°\sim15°$ 时，由于 α 探测的较小误差会引起定位的较大偏移，是精确定位不能允许的。因此，把基线（两个探测的连线）附近的一个区域设定为探测的“死区”，不予定位计算。如图 3-22 中的阴影部分。另外，若雷击发生在探测站附近，接收信号超量程，也不计算，所以探测站周围也是探测“死区”，为此需增加第三个探测站 DF_3 以消除“死区”。在实际运行中，常会发生某一个站由于停电、通道故障或设备故障引起失效，出现两站运行的死区，因而 4 个探测站的雷电定位系统才是比较完善且具备一定覆盖范围的探测系统。

综上所述，雷电定位系统能够大范围地实时遥测地闪发生的时间、地点（经纬度）、雷电流幅值、极性与回击次数，并在显示终端呈现出雷电活动的动态图。可依据雷电活动的动态图，及时掌握雷电的活动轨迹，制订出安全可靠的运行方式，从而加强了人们在气象、电力、通信、民航、森林火险、航天、水文等领域防灾减灾的科学决策能力。

§3.2.7　古代测量地球半径的两种方法*

地球半径是物理学、地理学和天文学中一个重要的常数，因此，对于地球半径的测量具有重要的意义。古今中外有许多科学家提出了不同的测量地球半径的方法，在此仅介绍

*发表于《教学月刊》2003 年第 5 期。

古代测量地球半径的中外方法各一种。

1. 古希腊的测量方法

大约在公元前225年，古希腊亚历山大（Alexandria）城的图书馆馆长、地理学家埃拉托色尼（Eratosthenis，公元前273—公元前192）利用太阳投射的影子巧妙地测量出了地球的半径。

如图3-23所示，埃拉托色尼在亚历山大城（图3-23中的A点）测出6月21日（夏至日）正午时刻太阳的偏角$\theta=7.2°$，而在同一条经线（东经30°）上与A城相距5000希腊里（1希腊里$\approx$158.5 m）的赛尼（Syene）城（图3-23中的S点），正好位于北回归线上，在6月21日正午时刻，太阳光恰好沿铅直方向照射。

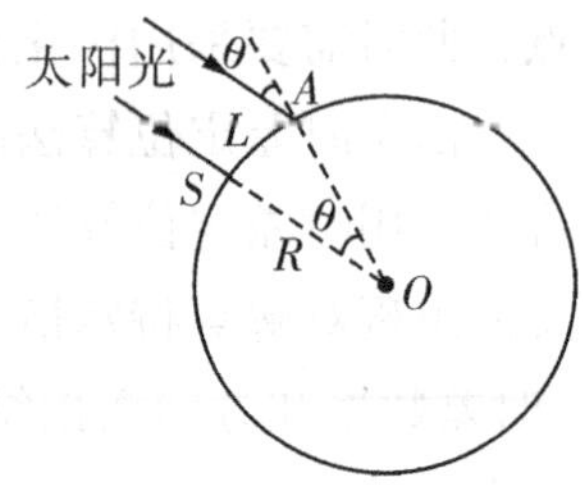

图3-23　情景图

令地球半径为R，A、S两城的地面距离为L，则

$$L\approx\widehat{AS}=R\theta$$

因此地球的半径为

$$R=\frac{L}{\theta}$$

式中$\theta=7.2°=\frac{1}{8}\text{rad}$，$L=5000$希腊里$=792.5$ km。代入上式可得，$R=6340$ km，而现代科学测量出的地球半径为6378 km，二者只差0.6%。

2. 我国唐代的测量方法

据《大日经疏》记载，公元724年，我国唐代高僧、天文学家张遂（683—727）曾用他设计的一个拐尺非常巧妙地测量出了地球的半径，并求出了地球的周长。

其方法是：如图3-24所示为一直角拐尺，AB边为长边，BC边为短边，直角间有一弧形刻度，角顶用一细线系一铜锤。将此拐尺举起，把长边AB对准眼睛，同时长边AB对准北极星，在P地测得细线与AB边的夹角为α。而在地球北半球且与P在同一经线上的Q地测量时，测得在Q地AB边与细线的夹角为β，又测得P、Q两地的距离为L（图3-25）。

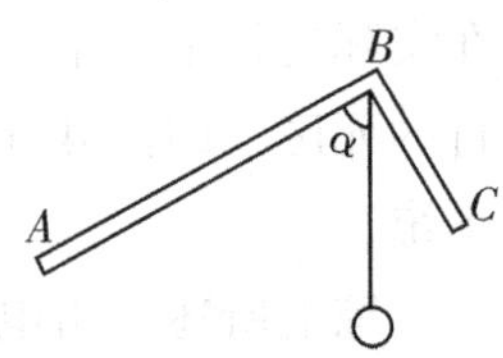

图3-24　测量拐尺

由于北极星距地球约782光年，因此可认为射到地球上的北极星光为平行光线。当分别在P、Q两地把拐尺的长边AB对准北极星时，射入人眼的北极星光与长边AB平行，而短边BC则与北极星光垂直，则拐尺顶角B点与地心O的连线分别与长边AB间的夹角为和β（图3-25），且

$$\angle POQ=|\alpha-\beta|=\frac{2\pi|\alpha-\beta|}{360}\text{rad}。$$

由几何知识可知

$$L \approx \widehat{QP} = R \cdot \frac{2\pi|\alpha-\beta|}{360}$$

因此地球半径为

$$R = \frac{360L}{2\pi|\alpha-\beta|}$$

进而还可知地球的周长为

$$S = 2\pi R = \frac{360L}{|\alpha-\beta|}$$

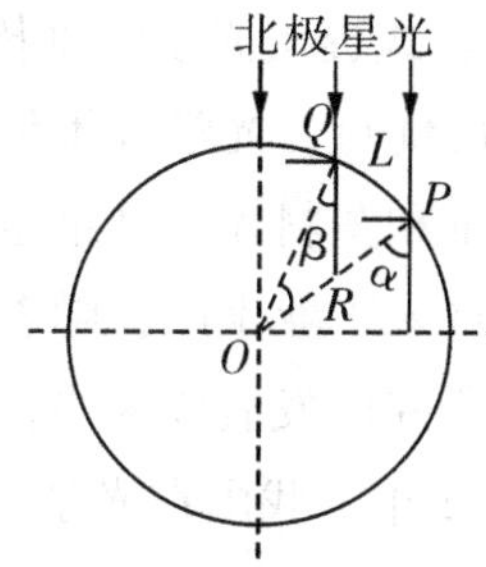

图 3-25　分析示意图

§3.2.8　光学纤维*

一、光学纤维的发展简史

光学纤维又称光导纤维，简称光纤。它是利用全反射规律而使光线沿着弯曲路径传播的光学元件。光学纤维的发展，大致可分为三个阶段。

1. 早期发展阶段

1870 年，英国的丁达尔首先通过实验观察到光线沿弯曲水柱传播的现象。美国的哈塞尔（1929 年）、德国的拉姆（1930 年），先后都制成了石英纤维，并在短距离内观察到了光线和图像经过石英纤维传输的现象，但由于光学纤维质量较差，没有什么实际应用。

2. 蓬勃发展阶段

1953 年，荷兰的范希尔和美国的卡帕尼首先制成了玻璃（芯）—塑料（涂层）光学纤维。1955 年，美国的希斯肖威兹制成了玻璃（芯）—玻璃（涂层）光学纤维，初步解决了光学绝缘问题，为光学纤维的发展打下了良好的基础。1956 年正式提出“纤维光学”一词，初步讨论了光在光学纤维中的传输及其应用。1958 年，卡帕尼利用拉制复合纤维的工艺制作了高分辨率的光学纤维面板，1960 年，又采用排列工艺制作了光学纤维传像束，并成功地应用于医疗器械中。微通道板于 1961 年问世。

3. 新发展阶段

随着激光通信的发展，一种新的通信介质——光学纤维波导就迅速地发展起来。1970 年，美国科宁玻璃公司首先制成了世界上第一根低损耗光学纤维（20 dB/km）。1972 年，美国贝尔实验室制作了低损耗光学纤维的新工艺——化学气相沉积（CVD）法。从此出现了低损耗光学纤维波导研究的新阶段。另一方面，1964 年，日本的西泽和佐佐木提出了一种新型的光学纤维——变折射率（渐变型）光学纤维，有聚光、成像的作用。此外，自从

*发表于《现代物理知识》2003 年第 2 期，全文被转载于人大复印报刊资料《中学物理教与学》2003 年第 11 期。

1977 年正式提出光学纤维传感器以来，由于它具有灵敏度高、机动性大、抗电磁干扰、工艺简单的优点，光学纤维传感器发展很快。同时，随着激光通信和空间科学的发展，红外光学纤维和塑料光学纤维也有很大的发展。从 20 世纪 60 年代开始，光学纤维的制造已从实验室进入工业生产，随着有关基础理论和工艺的不断发展和完善，对光学纤维的性质和应用的研究已发展成为当代一个重要的科技领域——纤维光学。

1962 年，我国在光学专家龚祖同教授的组织和指导下，西安光机所、北京玻璃所和北京建材院三个单位同时开展了光学纤维的研究。1972 年，西安光机所首先开展了变折射率光学纤维的研究。低损耗、低色散的光学纤维已在北京、上海、武汉、西安等许多单位研制成功，且已投入生产；我国冶金企业第一条长距离光纤传输彩色电视线路已在首钢敷设成功；石英多芯型传像光学纤维的研制成功，我国第一条光纤通信生产线已在天津投产，使我国与美、日等国的差距正逐步缩小。目前，我国的光纤技术已经形成了完整的工业体系。

二、光学纤维的分类

随着光学纤维的广泛应用，对光学纤维就有许多特殊的要求，因而就出现了许多不同类型和不同性能的光学纤维。按材料分，有玻璃光学纤维、塑料光学纤维和液芯光学纤维三种；按折射率分布形式分，有阶跃型光学纤维、渐变型光学纤维两种；按使用波段分，除在可见光波段使用的光学纤维外，还有红外光学纤维和紫外光学纤维；按传输模的数目分，有单模光学纤维和多模光学纤维两种。此外，还有激活光学纤维、发光光学纤维和耐辐照光学纤维等。这里仅简单介绍玻璃光学纤维中常见的阶跃型光学纤维和渐变型光学纤维。

1. 阶跃型光学纤维（或反射型光学纤维）

如图 3-26 所示[1]，阶跃型光学纤维由具有折射率为 n_1 的均匀纤芯和折射率为 n_2（$n_2<n_1$）的均匀涂层组成，其中 $n_1\approx1.8$，$n_2\approx1.4$。即在纤芯和涂层的界面上，介质的折射率发生了跃变。与光纤的中心轴线相交的一些子午光线，从圆柱形的光纤端面射入，经过多次内全反射，沿着锯齿形的路径从另一端射出。

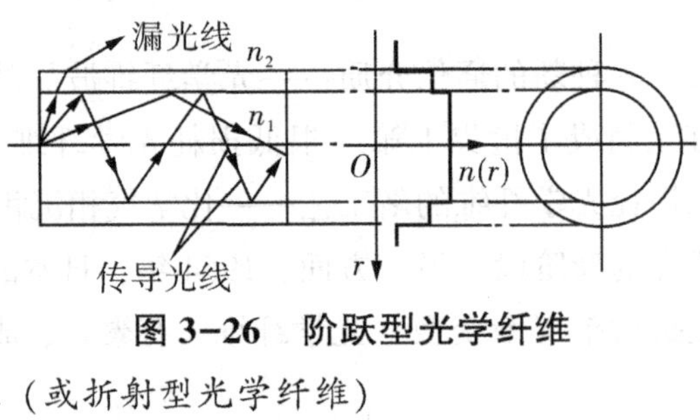

图 3-26　阶跃型光学纤维

2. 渐变型光学纤维（或折射型光学纤维）

如图 3-27 所示[2]，渐变型光学纤维芯的折射率是不均匀的，而是从中心轴向四周沿径向梯度减小，这种折射率分布称为径向梯度折射率分布。即其折射率在横断面上沿半径方向连续变化，中心轴线处折射率最大，沿半径向外逐渐减小。在光学纤维内部，子午光线传播的径迹总是周期性地向中心轴线方向弯曲的曲线，并被约束在光学纤维内部一定的范围内。渐变型光学纤维具有光能损失少、光程短、光透过率高等优点。

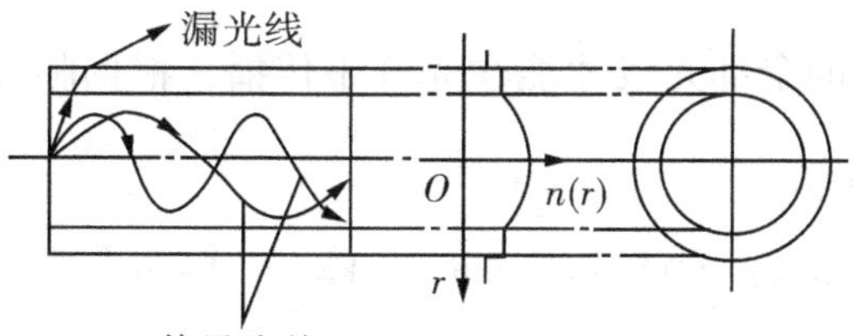

图 3-27 渐变型光学纤维

三、光学纤维传光、传像的基本原理

1. 传光的基本原理

由于光学纤维是一种直径为 510 μm、带有涂层的透明介质丝，通常由玻璃（芯）—玻璃（涂层）、玻璃（芯）—塑料（涂层）及塑料（芯）—塑料（涂层）组成，而且要求芯的折射率 n_1 必须大于涂层的折射率 n_2，芯和涂层之间有良好的光学接触，可以形成良好的光学界面。因此，只要选取适当的入射角，总可以使折射光线在界面上的入射角大于全反射的临界角。这样，光线将在界面上发生多次的内全反射，由光纤另一端射出。可见，光学纤维传光是利用全反射的原理。

2. 传像的基本原理

如果用大量的光学纤维集成一束，不仅能传光，而且能传送图像。光学纤维传像的基本原理基于以下四点[3]：

（1）在理想情况下，每根光学纤维都有良好的光学绝缘，它们都能独立地传光。

（2）光学纤维束中的每根光纤，其端面都可以看作一个取样孔，在传像过程中都能独立地传输一个像元。像元的大小和光学纤维的取样孔径相等。

（3）光学纤维束的两端（中间部分除外）必须是相关排列、一一对应的。即每根光纤在入射端面和出射端面的几何位置应当是完全一样的。通常纤维束规则排列成正方形或正六边形。

（4）光线在光学纤维中的入射角和出射角应当是量值相等，符号视内全反射次数的奇偶而定。当次数为奇数时，取“+”号；当次数为偶数时，取“–”号。

由于光学纤维有上述四个特点，当一个图像入射在光学纤维的端面上时，该图像就能被光学纤维束传输到光纤的另一端，而保持图像的形状不变。

四、光学纤维的数值孔径

如图 3-28 所示，在阶跃型光学纤维中，单箭头线是一条

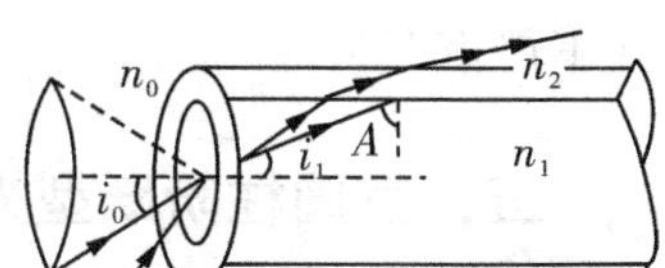

图 3-28 光路分析图

临界子午光线，它在芯与涂层界面上的入射角恰等于全反射的临界角 A。显然，在折射率为 n_0 的介质中，入射角大于 i_0 的那些光线（以双箭头表示），在界面上的入射角就小于 A。则其折射光线由界面射出（漏光线），而不能传到光纤另一端。只有在介质 n_0 中其顶角等于 $2i_0$ 的空间锥体内的全部光线才能在光纤中传播，根据临界角定义 $\sin A=\frac{n_2}{n_1}$ 和折射定律 $n_0\sin i_0=n_1\sin i_1$ 可得

$$n_0\sin i_0=n_1\sin(90°-A)=n_1\cos A=n_1\sqrt{1-\sin^2 A}=\sqrt{n_1^2-n_2^2}$$

对于空气中的光纤，$n_0=1$

于是

$$\sin i_0=\sqrt{n_1^2-n_2^2}$$

$$i_0=\arcsin\sqrt{n_1^2-n_2^2}$$

可见，i_0 只取决于纤芯和涂层的折射率，而与光纤的粗细无关，因此，光学纤维可以制造得使它的截面积很小，变得柔软，可以弯曲。另外，对于一定的 n_1 和 n_2，角 i_0 的值是一定的，因而光纤所能容许传播的那些光线所占的范围是一定的。为了使更大范围内的光束能在光纤中传播，我们应选择 n_1 和 n_2 的差值较大的材料。例如在以熔融石英的基质材料的高硅玻璃光学纤维中，利用掺杂少量硼、磷、锗以降低或增加折射率，以形成芯和涂层材料之间的折射率差。通常把 $n_0\sin i_0$ 的值叫作光学纤维的数值孔径，用 N. A. 表示。数值孔径是表征光学纤维聚光能力大小的物理量。光学纤维数值孔径可能值的范围仅由纤芯和涂层材料的折射率确定。

由上式可知，对于直圆柱阶跃型光学纤维，凡是入射角小于 i_0 的子午入射光线都将经过多次内全反射从一端传到另一端。如果上述光学纤维弯曲，一些光线在芯和涂层界面上的入射角可能小于临界角，则相应的光线将透过界面漏掉，而不能继续传送。子午光线在弯曲光学纤维中传输的数值孔径为[4]

$$\text{N. A}_{弯}=\{n_1{}^2-n_2^2[1+d/R+(d/R)^2]\}^{1/2}$$

式中 d 为光学纤维的直径，R 为曲率半径。可见，弯曲的光学纤维的数值孔径小于直圆柱光学纤维（相当于 $R\to\infty$ 的情况）的数值孔径。图 3-29 给出了某一种弯曲的光学纤维的孔径角 θ_m 与 R/d 的关系曲线[5]。由图可知，当 R/d 小于某一值时，孔径角 θ_m 随弯曲半径的减小而急剧减小。实践证明，只要光学纤维弯曲的曲率半径大于光纤丝的断面半径 10 倍以上，且光纤透明度良好、均匀、内壁光滑，就可以构成光导管，漏光并不严重[6]。

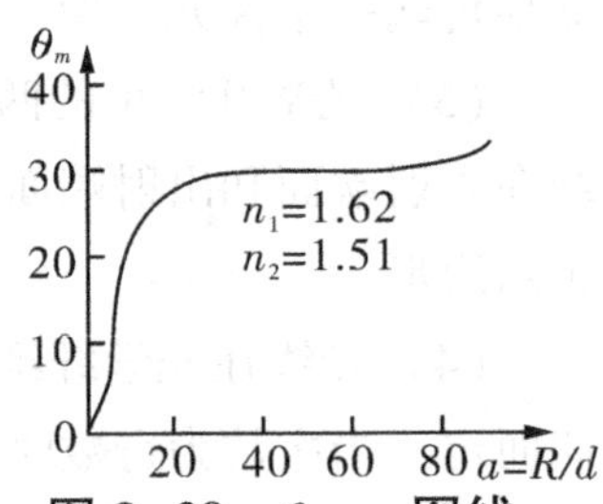

图 3-29　θ_m-a 图线

五、直圆柱阶跃型光学纤维中临界子午光线的传播时间

在图 3-28 中，临界子午光线在直圆柱阶跃型光学纤维中的传播速度为

$$v=\frac{c}{n_1} \qquad ①$$

在图 3-30 中，按照速度矢量的分解，该临界子午光线在光纤中心轴线方向的传播速度为

$$v_x=v\sin A \qquad ②$$

又由临界角的定义得

$$\sin A=\frac{n_2}{n_1} \qquad ③$$

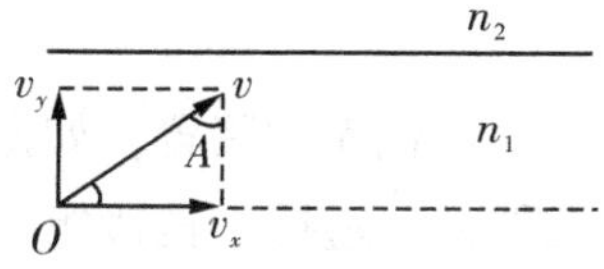

图 3-30　速度分解

则由①②③式可知临界子午光线在长为 L 的直圆柱阶跃型光学纤维中的传播时间为

$$t=\frac{Ln_1^2}{cn_2}$$

由于光速 c 很大，临界子午光线在该光纤中的传播时间十分短暂。

六、光学纤维的主要应用

1. 分叉传光束

一端为若干根普通传光束，另一端集结在一起。它可把同一光源发出的光分配到几个需要照明的地方，这样可以减少使用光源的数目，提高照明的可靠性。汽车尾灯和各指示盘所需照明光就可用该法来实现。

2. 光纤内窥镜

光学纤维结构简单，柔软性好，可制作光纤内窥镜，应用于潜望镜和内窥视系统。在工业上可以深入人眼所观察不到或有损于人体健康的地方。国防上可以制成各种坦克、飞机或舰艇上的潜望镜。医学上可以制作对胃、食道、膀胱等内腔部位进行检查和诊断的各类医用窥镜。如果配有大功率激光传输的光学纤维，还可进行内腔激光治疗。

3. 光纤通信

光波是一种电磁波，它像无线电波那样也能用来传递信息。载有声音、图像及各种数字信号的激光从光纤的一端输入，就可以沿光纤很快传到千里以外的另一端，实现光纤通信。光纤通信与电通信相比具有许多优点，诸如抗电磁干扰、频带宽、通信容量大、保密性好、耐腐蚀、不怕潮湿、弯曲方便、制作原材料 SiO_2 资源丰富、节省金属、设备轻等。早在 1999 年，北京有线电视台就在北京全市范围内铺设了有线电视光缆。目前我国已经基本建成全国性的光纤通信网，光纤通信已进入了大规模的实用阶段。

参考文献

[1] [2] [3] [4] [5] 李景镇. 光学手册 [M]. 西安：陕西科学技术出版社，1986，687，689，692.

[6] 母国光，战元令. 光学 [M]. 北京：人民教育出版社，1978，35.

§3.2.9 光学增透膜*

现代光学装置，如摄影机和电影放映机的镜头、潜水艇的潜望镜等，都是由许多光学元件——透镜、棱镜等组成的。一般说来，虽然组成光学系统的透镜片数越多，消除像差的情况就越好，成像质量也就越高。但是，由于镜面对光有反射作用，镜片越多，光的损失就越严重，光通量就越少。同时，发生在镜头内部的反射光线经多次反射和折射，便会以杂光形式到达像面，从而降低了影像的清晰度和反差，使影像的质感和层次受到损失，甚至会产生晕光现象，使画面影像增加灰雾。那么，如何克服这一缺点，提高成像质量呢?

高级中学物理（必修）第二册（人民教育出版社，1995年版）第223页指出："可以在透镜的表面涂上一层薄膜（一般用氟化镁)。当薄膜的厚度是入射光在薄膜中波长的1/4时，在薄膜的两个面上反射的光，路程差恰好等于半个波长，因而互相抵消。这就大大减少了光的反射损失，增强了透射光的强度，这种薄膜叫作增透膜。"也就是说，当在光学系统中所有与空气接触的透镜表面上镀增透膜后，根据能量守恒定律，在入射光强度一定时，通过干涉相消使反射光的强度大大减弱，从而增加了透射光的强度，达到"增透"的目的。

一、单层1/4增透膜

在一块平整的玻璃基底表面上，利用物理或化学的方法，镀一层均匀的透明介质薄膜，我们把膜层与基底组成的系统称作膜系。如图3-31所示，n_0 为入射介质的折射率，n_1 为膜的折射率，n_2 为基底的折射率，d_1 为膜的几何厚度。任意两相邻反射光由于光程上的差别所引起的位相差皆为

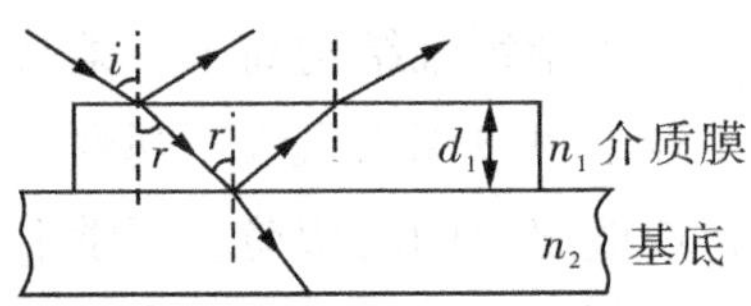

图3-31　单层1/4增透膜

$$\delta=\frac{4\pi}{\lambda}n_1d_1\cos\gamma \qquad ①$$

λ_0 为入射光的波长，γ 为光在膜层中的折射角。由光的干涉论可知，当垂直入射，且 $\delta=\pi$ 时由①式可得膜的光学厚度为

$$n_1d_1=\frac{\lambda_0}{4}$$

由光的电磁理论可导出单层膜的反射率为

*发表于《物理通报》2001年第2期，被人大复印报刊资料《中学物理教与学》2001年报刊索引库收录。

$$R=\left(\frac{n_0n_2-n_1^2}{n_0n_2+n_1^2}\right)^2 \qquad ②$$

若 $R=0$ 时，则有　　$n_1=\sqrt{n_0n_2}$　　③

即在玻璃基底上镀的介质膜的折射率 n_1 若满足③式，且光学厚度为 $n_1d_1=\frac{\lambda_0}{4}$时，就能使反射光干涉相消，此膜称为单层1/4增透膜。

由上述分析可知，膜系在指定波长 λ_0 处的反射率为零，也就是对 λ_0 的光有100%的透射率。但是对其他波长，由于给定膜层的光学厚度不是它们的1/4，增透效果稍差些。因此对目视仪器的单层增透膜，常把控制波长 λ_0 选在人眼最敏感的绿光波长（550 nm）处，而在远离该波长的红光和紫光处有较大的反射率，这就是光学镜头通常呈紫红色的原因。

对于一般折射率在1.5左右的光学玻璃，为使单层膜达到100%的增透效果，由③式则要求 $n_1=1.22$，折射率如此低的镀膜材料至少目前还没有找到。现在一般都用折射率为1.38的氟化镁（MgF_2）镀制单层增透膜，对最常用的冕牌玻璃（$n=1.51$），仍有约1.3%的剩余反射，在许多情况下，这种反射仍嫌剩余太多，必须进一步减少，为此须采用双层增透膜，以使增透效果得到改善。

二、双层增透膜

1. V形增透膜$\left(\frac{\lambda_0}{4}\sim\frac{\lambda_0}{4}\text{膜}\right)$

如图3-32中，n_0、n_1、n_2 和 n_3 是入射介质、第一层膜、第二层膜和基底的折射率，d_1 和 d_2 是第一层和第二层膜的几何厚度。在垂直入射且两层膜的光学厚度 $n_1d_1=n_2d_2=\frac{\lambda_0}{4}$时，双层1/4膜的反射率为

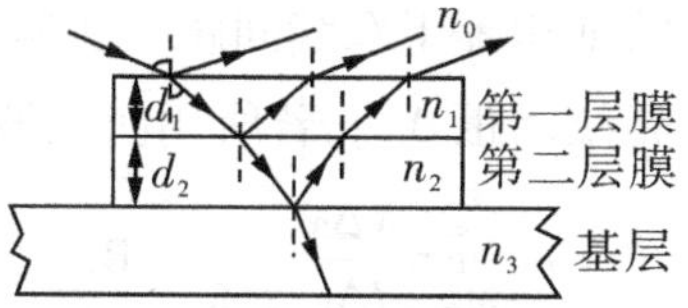

图3-32　双层增透膜

$$R=\left(\frac{n_0n_2^2-n_3n_1^2}{n_0n_2^2+n_3n_1^2}\right)^2$$

显然，反射率为零的条件是 $n_2=\sqrt{\frac{n_3}{n_0}}n_1$，选择适当的 n_1 和 n_2 能极近似地达到理想的增透效果。

对双层1/4增透膜，也不可能使可见光谱的所有波长同时实现理想的增透效果，在指定波长 λ_0 处可达约100%的增透，而对其他波长则不然，双层1/4膜的反射率随波长的变化曲线呈V形，故称为V形增透膜，如图3-33所示。

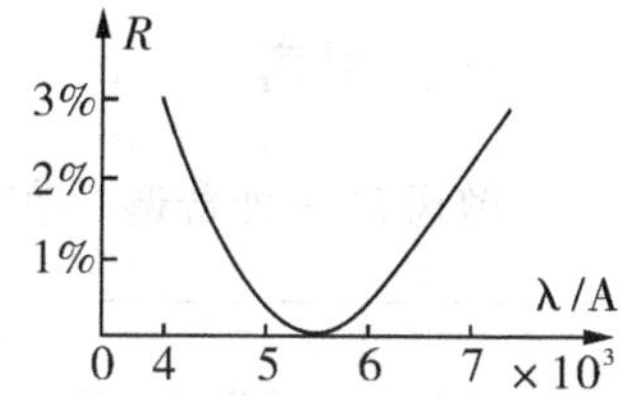

图3-33　R-λ 图线

2. W 形增透膜$\left(\frac{\lambda_0}{4}\sim\frac{\lambda_0}{2}\text{膜}\right)$

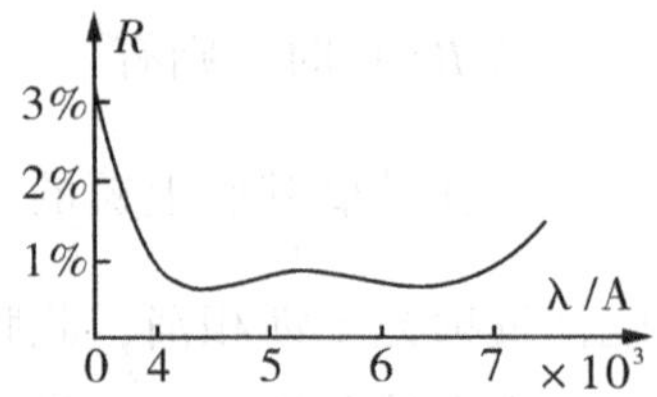

图 3-34 $R-\lambda$ 图线

某些光学仪器如彩色电视、彩色电影的摄像镜头、彩色电影的放映镜头等，并不要求在某一波长处有100%的透射率，而希望在较宽的波段范围内反射率都较低且一致，这就需要所谓的宽带增透膜。最简单的一种宽带增透膜是让第一层膜的光学厚度 $n_1d_1=\frac{\lambda_0}{4}$，第二层膜的光学厚度 $n_2d_2=\frac{\lambda_0}{2}$，即第一层为1/4膜，第二层为1/2膜。$\frac{\lambda_0}{2}$膜层对 λ_0 来说，如同不存在一样，即在 λ_0 处的反射率由光学厚度为$\frac{\lambda_0}{4}$的第一层膜决定，但是两层膜的有机组合，改善了其他波长处的透射特性，使膜系在较宽的波段上有良好的增透效果。由于这种膜系的反射率随波长的变化曲线形如W，故称为W形增透膜，如图3-34所示。

§3.2.10 激光散斑*

2004年高考天津理综卷第19题：

激光散斑测速是一种崭新的测速技术，它应用了光的干涉原理。用两次曝光照相所获得的“散斑对”相当于双缝干涉实验中的双缝，待测物体的速度 v 与两次曝光时间间隔 Δt 的乘积等于双缝间距。实验中可测得两次曝光时间间隔 Δt、双缝到屏距离 l 以及相邻两条亮纹间距 Δx。若所用激光波长为 λ，则该实验确定物体运动速度的表达式是（　　）

A. $v=\frac{\lambda\Delta x}{l\Delta t}$　　B. $v=\frac{l\lambda}{\Delta x\Delta t}$　　C. $v=\frac{l\Delta x}{\lambda\Delta t}$　　D. $v=\frac{l\Delta t}{\lambda\Delta x}$

这是一道信息题，借助光的干涉原理测量物体运动的速度。设双缝间距为 d，由题意 $d=v\Delta t$，又 $\Delta x=\frac{l}{d}\lambda$，则 $v=\frac{d}{\Delta t}=\frac{l\lambda}{\Delta x\Delta t}$，即B选项正确。

该题虽然解答简单，但所描述的实验情景及其与杨氏双缝干涉实验“效果”上的“等同”关系，许多物理教师并不清楚。现就来介绍激光散斑。

一、引言

散斑是一种普遍存在的统计光学现象，它是光波经过介质的无规散射后呈现出的无规

*发表于《物理教学》2008年第8期，被人大复印报刊资料《中学物理教与学》2008年报刊索引库收录。

分布。在实物图像处理的过程中，散斑的存在经常会造成图像失真，所以在最初的研究中，被误认为是一种带着无用信息的特殊噪声，人们多考虑如何减弱或消除散斑的影响。然而，在研究的过程中人们发现，散斑通常携带了物体表面的大量有用信息，于是在1969—1970年，散斑所携带的信息得到了应用，并发展成为一些测试方法。如利用散斑的对比度测量反射表面的粗糙度；利用散斑的动态情况测量物体运动的速度；利用散斑进行光学信息处理等。

当相干性很高的激光自散射体的表面漫反射或通过一个透明散射体（如毛玻璃）时，在散射表面或附近的光场中可以明显观察到一种无规分布的亮、暗斑点，称为激光散斑（Laser Speckles）。如果散射体足够粗糙，这种分布所形成的图样是非常特殊和美丽的（图3-35）。

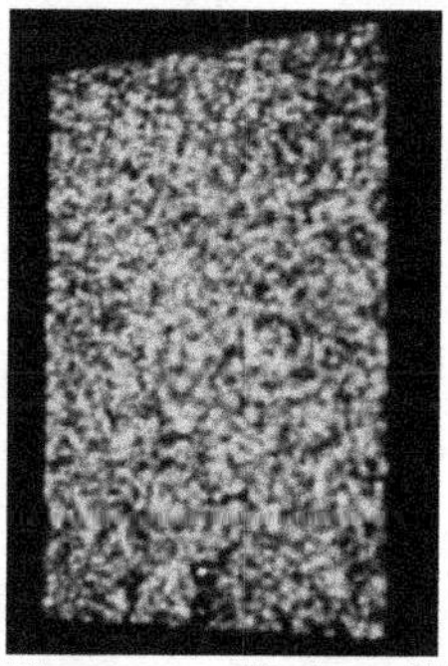

图3-35　散斑图样

二、激光散斑的产生

当激光照射在粗糙表面上时，表面上的每一点都要散射光。因此在空间各点都要接受到来自物体上各个点散射的光，这些光虽然是相干的，但它们的振幅和相位都不相同，而且是无规分布的。来自粗糙表面上各个小面积元射来的基元光波的复振幅互相叠加，形成一定的随机分布的散斑结构，称为散斑场。散斑场按光路分为两种，一种是在自由空间中传播而形成的散斑场，称为客观散斑；另一种是由透镜成像形成的散斑场，称为主观散斑。激光散斑的产生可以是反射式，也可以是透射式。如图3-36所示，当激光穿过具有粗糙表面的玻璃板时（透射式），在某一距离处的观察平面上，可以看到大大小小的激光散斑，不仅会随散射体的形变或运动而变化，而且当沿光路方向移动观察面时，激光散斑也会发生大小的变化。如果设法改变激光照在毛玻璃上的面积，散斑的大小也会发生变化。由于这些散斑的大小是不一致的，因此这里所说的大小是指其统计平均值。由于激光散斑是由无规散射体被相干光照射产生的，因此是一种随机过程，要研究它必须使用概率统计的方法。通过统计方法的研究，可以得到对散斑的强度分布、对比度和散斑运动规律等特点的认识。散斑的变化规律和散斑场的性质可以用相关函数（Correlation）来描述。

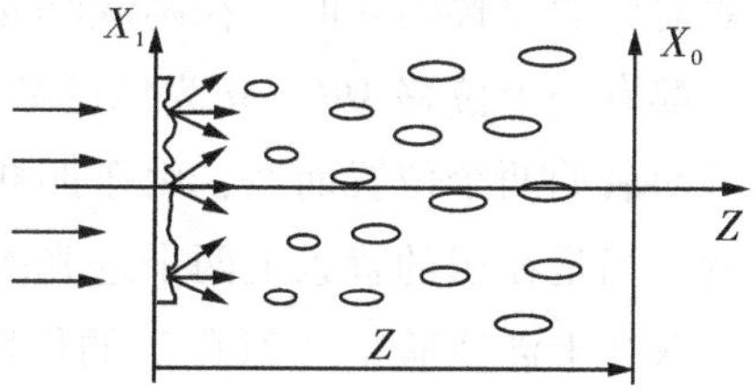

图3-36　透射式散斑

三、激光散斑的测量

激光散斑可以用两次曝光照相的办法进行测量，但最新的测量方法是利用CCD和计算机技术，用此技术避免了显影和定影的过程，可以达到“实时”测量的目的，在当代科研和生产技术中得到日益广泛的应用。

1. 两次曝光照相

散斑照相光路如图 3–37 所示，在散射体形变或运动前后进行两次曝光，将两个散斑场记录在同一张全息底片上，得到带有物体表面形变或运动信息的两次曝光叠加的散斑图。将记录了物体位移信息的两次曝光散斑图经显影、定影之后，放在一定的光路系统中，便可把散斑图内储存的形变或运动信息提取出来，即为散斑图分析。

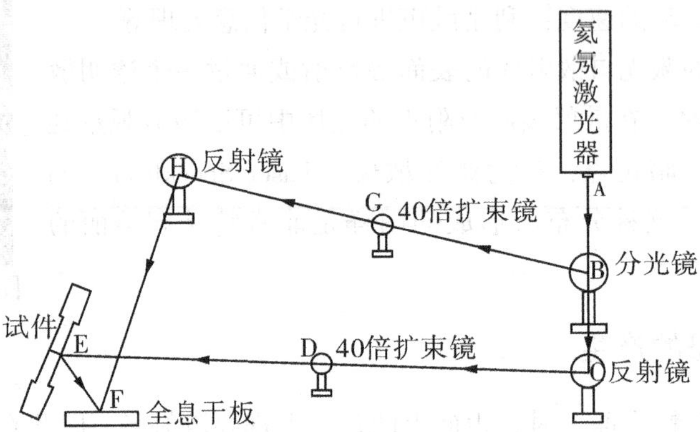

图 3–37　散斑照相光路

散斑图分析可采用逐点分析法。考虑物体表面的一个微小的区域，这个小区域里各点的位移大小和方向可以看成是相同的，也就是可以认为在物体形变或运动过程中，这个小区域只发生整体移动，这样的小区域称为准平移区。当物体表面这个准平移区在形变或运动前后的位移为 d 时，在两次曝光底片散斑图像上对应的那个小区域内，两组散斑就相应地都有一个位移 Md（M 为像的放大倍数），就物体表面这个准平移区内的某一个暗斑在变形前后的两个位置而言，由于照相的感光化学作用，在两次曝光底片它们的对应位移处，就应当是在黑的背景上两个透光的小孔，此底片在受到激光照射时，两个透光小孔就和杨氏双孔干涉实验中“双孔”的作用与效果相似，即在两次曝光的散斑底片上任一准平移区内，都随机分布了具有相同方向和相同距离的许多对“双孔”，称为“散斑对”。只是在不同的准平移区内，随机分布的“散斑对”具有不同的方向和距离。这些“散斑对”显然带有被测物体表面各处位移的信息。

当用一细激光束垂直照射两次曝光散斑底片上某处时，与杨氏双孔干涉一样，在底片后边的屏幕上看到的是在一个干涉晕内的等间距平行线，称杨氏条纹图。杨氏条纹的方向与被照处的位移方向垂直，相邻条纹的间距 Δx 与物体表面上对应处的位移 d_1 的关系为

$$d_1=\frac{l\lambda}{M\Delta x}$$

式中 $\Delta x=\frac{S}{n}$，λ 为激光波长，l 为散斑图到屏幕间距离，M 为像的放大倍数，Δx 为相邻杨氏条纹的间距，d_1 为物体表面位移，S 为干涉晕的直径，n 为干涉晕内散斑条纹数。

由于两次曝光照相所获得的“散斑对”相当于双缝干涉实验中的双缝，当待测物体垂

直透镜光轴运动时，待测物体的速度 v 与两次曝光时间间隔 Δt 的乘积等于双缝间距 d_2，即

$$d_2 = v\Delta t \quad d_2 = Md_1$$

则可测出待测物体运动的速度为

$$v = \frac{l\lambda}{\Delta x \Delta t}$$

2. 利用 CCD 和计算机技术

如图 3-38 所示，1 为氦氖激光器，2、3 为全反射镜，4 为双偏振片（用来调节光强），5 为透镜（用来改变激光束的发散角），6 为毛玻璃（用来产生散斑），7 为接收器件（CCD），8 为计算机。由 CCD 器件采集的光强信息经过采集卡进行 AD 变换，由模拟信号变成数字信号，再显示在计算机屏幕上，此数字信号同时存入计算机软盘或硬盘上便于数据处理。

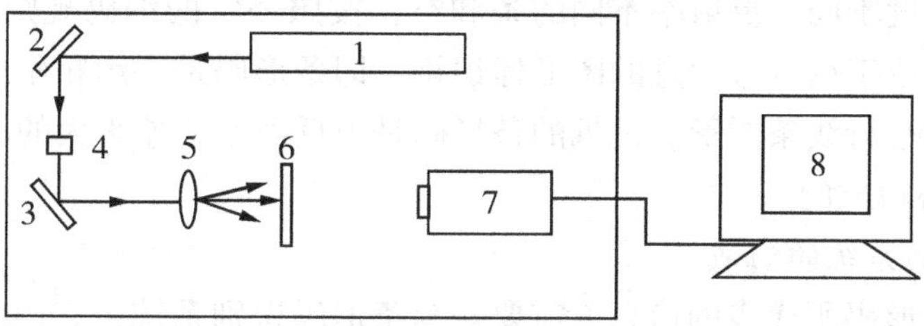

图 3-38　测量器材与组成

将经透镜扩展的激光束投射到毛玻璃上，在毛玻璃和 CCD 之间形成空间散斑场。测量出透镜后激光的焦点（即束腰）至毛玻璃以及毛玻璃至光强分布仪表面的距离。从计算机中调出采集程序进行采集，为了得到良好的统计结果，必须考虑散斑大小与 CCD 像元大小的关系，选择适当的距离。在实际测量中由于利用 CCD 和计算机，因此测量得到的是一组离散化、数字化的光强值。采样完毕后计算散斑场的归一化样本相关函数。通过 CCD 测量和样本相关函数的计算来测量散斑的变化，再从散斑的变化得到散射体、激光束和光路的信息。

四、激光散斑技术的前景

散斑从最初作为噪声被人们千方百计除去到激光散斑的应用，散斑技术越来越受到科技工作者的关注。由于与其他手段相比较，光束对人体组织和其他物体伤害极小甚至没有损伤，激光散斑技术在当今社会的生产和生活中得到了广泛运用和快速发展。目前，一些充分利用散斑技术和优势的产品已经投入了商业使用。在防伪技术上，通过与散斑图像相减来加密图像，解密时再与解码散斑叠加。医学上，可以摆脱长期依靠医生经验或者取样检验的困扰，利用散斑所携带的信息检验人体组织的生理状态，这就是所谓的光活检技术，在临床医学应用中具有重大意义。用激光散斑检验部件的表面粗糙度，具有快速和无破坏性的优点，在工业控制中有较高实用价值。现在最大的缺点是计算相关函数的速度仍然不够快。现在的“实时”，只不过是相对早期没有应用计算机时通过曝光测量的方法而

言，离确切的实时还有一定差距。而减少数据量这种办法可能与统计学的原则相悖，所以不是根本的解决方案。如果通过计算机性能的提高或者新的算法的实现，可以大大提高相关函数的计算速度，相信散斑技术会得到更广泛的应用。

§3.2.11 条形码的识别原理*

1. 条形码概述

条形码首先是由美国的 N. J. Woodland 在 1949 年提出的。近年来，随着计算机应用的不断普及，条形码的应用得到了很大的发展。条形码可以标出商品的生产国、制造厂家、商品名称、生产日期、图书分类号、邮件起止地点、类别、日期等信息，因而在商品流通、图书管理、邮电管理、银行系统等许多领域都得到了广泛的应用。

条形码是由宽度不同、反射率不同的条和空，按照一定的编码规则（码制）编制成，用以表达一组数字或字母符号信息的图形标识符。即条形码是一组粗细不同，按照一定的规则安排，间距的平行线条图形。常见的条形码是由反射率相差很大的黑条（简称条）和白条（简称空）编辑成的。

2. 条形码识别系统的组成

为了阅读出条形码所代表的信息，需要一套条形码识别系统，它由条形码扫描器、放大整形电路、译码接口电路和计算机系统等部分组成（图 3-39）。

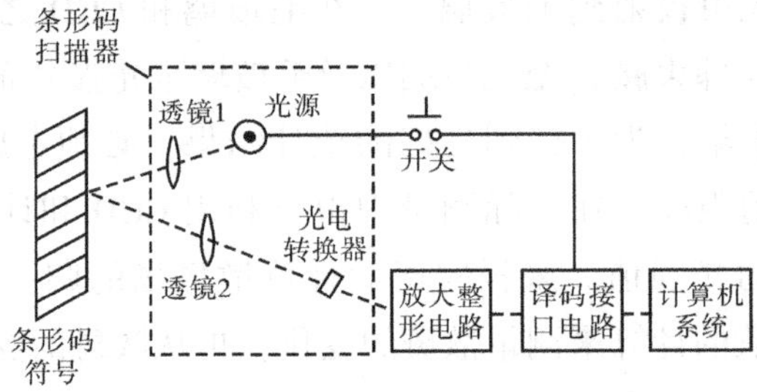

图 3-39 条形码识别系统的组成

3. 条形码的识别原理

由于不同颜色的物体，其反射的可见光的波长不同，白色物体能反射各种波长的可见光，黑色物体则吸收各种波长的可见光，所以当条形码扫描光源发出的光经光阑及凸透镜 1 后，照射到黑白相间的条形码上时，反射光经凸透镜 2 聚焦后，照射到光电转换器上，于是光电转换器接收到与白条和黑条相应的强弱不同的反射光信号，并转换成相应的电信号输出到放大整形电路。白条、黑条的宽度不同，相应的电信号持续时间长短也不同。但是，由光电转换器输出的与条形码的条和空相应的电信号一般仅 10 mV 左右，不能直接使用，因而先要将光电转换器输出的电信号送放大器放大。放大后的电信号仍然是一个模拟电信号，为了避免因条形码中的疵点和污点导致的错误信号，在放大电路后需加一整形电

---

*发表于《中学物理教学参考》2000 年第 8 期。

路，把模拟信号转换成数字电信号，以便计算机系统能准确判读。整形电路的脉冲数字信号经译码器译成数字、字符信息。它通过识别起始、终止字符来判别出条形码符号的码制及扫描方向；通过测量脉冲数字电信号 0、1 的数目来判别出条和空的数目；通过测量 0、1 信号持续的时间来判别条和空的宽度。这样便得到了被辨读的条形码符号的条和空的数目及相应的宽度和所用码制，根据码制所对应的编码规则，便可将条形符号换成相应的数字、字符信息，通过接口电路送给计算机系统进行数据处理与管理，便完成了条形码辨读的全过程。

§3.2.12　回归反光膜的光学原理*

道路标志牌是保证交通安全的重要措施。夜晚乘车时会发现，道路标志牌具有良好的“醒目反光性能”，其夜间可视性源于道路标志牌上有一层特殊的光学材料——回归反光膜。现在它不仅被广泛用于路名牌、标志牌、标志杆等道路装置，还越来越多地应用于广告、装饰等行业。

回归反光膜由底膜层、反光层、黏合剂、玻璃微珠层和透明保护层组成（图 3-40）。在黏合剂表面是单层排列的高透明度，高折射率，直径约为 10 μm 的玻璃微珠。底膜层由背胶和护纸构成，反光膜的图样在扯掉护纸后，可用背胶粘贴在用普通材料（如铝板）制作的基板上。反光层一般是具有良好反射性能的金属膜。此外，在透明保护层或黏合剂中掺入适当的色料，从而使反射光成为人们能看清道路标志牌所需要的色光。

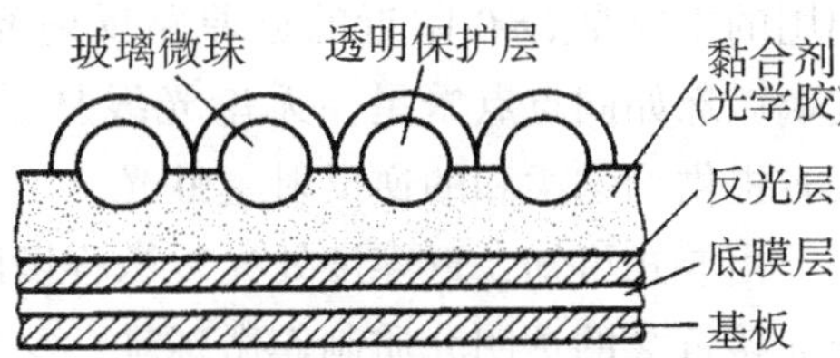

图 3-40　回归反光膜的组成

回归反光膜利用的是近零度入射光的逆反射主虹光。图 3-41 是一束入射光在半径为 R 的玻璃球内的反射与折射的光路。由光的折射定律可知

$$\sin i = n\sin r \quad ①$$

设出射光线与入射光线之间的夹角（发散角）为 φ，由于 $\angle AOB_2=\varphi+i=360°-i-2(180°-2r)$，故

$$\varphi = 4r-2i \quad ②$$

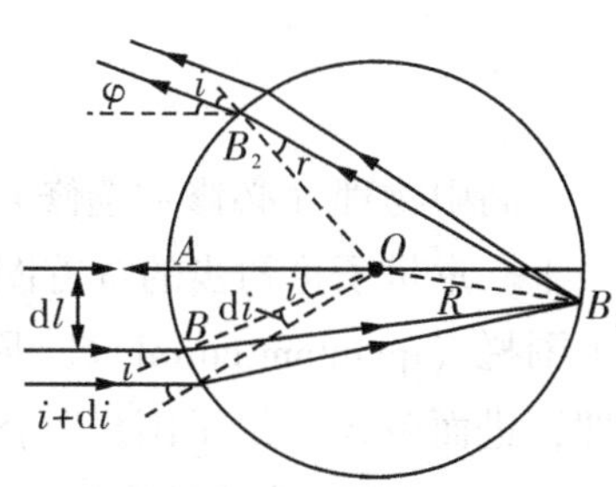

图 3-41　光路图

由①②式可得

$$\frac{d\varphi}{di}=\frac{4\cos i}{n\cos r}-2 \quad ③$$

从而当 $i=i_0$ 时，$\varphi_{max}=4\sin^{-1}\sqrt{\dfrac{4-n^2}{3n^2}}-2\sin^{-1}\sqrt{\dfrac{4-n^2}{3}}$。因此发散角 φ 随入射角 i 变化的

* 发表于《物理教师》2002 年第 5 期。

曲线如图 3-42 所示。

由图 3-42 可知，当 $i=0$ 和 $i=2r$ 时，$\varphi=0$，即在这两个角度附近入射后都几乎能沿原路返回，而形成逆反射。

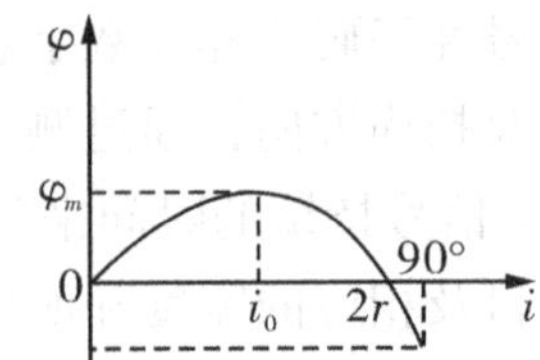

图 3-42　$\varphi-i$ 图线

但是，上述两列反射光的强度不同。现考察入射面内宽度为 dl 的入射光束的发散情况。设光束上缘入射角为 i，下缘入射角为 i+di（图 3-41），则

$$\mathrm{d}l=R\sin(i+\mathrm{d}i)-R\sin i=R\cos i\mathrm{d}i \quad ④$$

由③④式可得

$$\frac{\mathrm{d}\varphi}{\mathrm{d}l}=\frac{1}{R\cos i}\left(\frac{4\cos i}{n\cos r}-2\right) \quad ⑤$$

则其变化曲线如图 3-43 所示。$\left|\frac{\mathrm{d}\varphi}{\mathrm{d}l}\right|$的物理意义是单位宽度的入射光束经反射与折射后的发散角宽度。由图 3-43 可知，$i=2r$ 处的逆反射比 $i=0$ 处的逆反射发散程度要大得多。因此，回归反光膜所利用的主要是 $i=0$ 附近的近原路反射光。另外，回归反光膜中的玻璃微珠如同点点繁星，无论光线从哪个方向入射，它都能向观察者提供均匀柔和的逆反射主虹光。

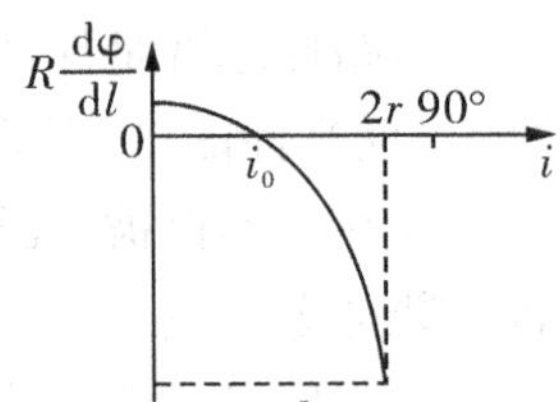

图 3-43　$R\frac{\mathrm{d}\varphi}{\mathrm{d}l}-\lambda$ 图线

由⑤式可知，近零度处光发散程度随介质折射率 n 的增大而减小，因此，应尽可能选择 n 接近 2 的透明介质制作微球珠。又由⑤式可知，微球珠的半径 R 过小会使发散增大，且不易制造，而 R 过大又会使提供有效反射光的面积密度减小，反射光能量不足，因此，设计时应选择合适大小的球半径和球间距。

§ 3.2.13　解读量子围栏*

高中物理（必修加选修）第三册（人民教育出版社，2003 年 6 月第 1 版）第 40 页第二十一章量子论初步的章首图片（图 3-44）是利用扫描隧道显微镜（STM）拍摄的“量子围栏（quantum corral）”照片。现先来简单介绍扫描隧道显微镜的诞生过程和工作原理，进而解读“量子围栏”图片。

1. 扫描隧道显微镜的诞生过程

自有人类文明以来，人们就一直为探索微观世界的奥秘而不懈努力。1674 年，荷兰科学家列文 · 虎克（A. Van. Leeuwenhoek）发明了世界上第一台显微镜，首次观察到了血红细胞，从而开始了人类使用仪器来研究微观世界的新纪元。光学显微镜的出现，开阔了人们的观察视

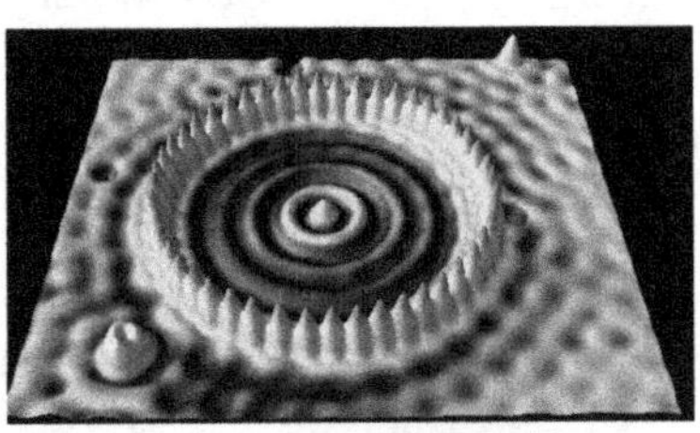
图 3-44　圆形量子围栏

* 发表于《现代物理知识》2006 年第 5 期。

野，但是由于受到光波波长的限制，光学显微镜的观察范围只能局限在细胞的水平上，分辨率在 $10^{-7}10^{-6}$ m 的水平上。人类能否看得更小、更精确一些呢？为了达到这个目的，科学家进行了几个世纪不懈的努力。1931 年，德国科学家恩斯特·鲁斯卡（E. Ruska）利用电子透镜可以使电子束聚集的原理和技术，成功地发明了电子显微镜，分辨率达到了 10^{-8} m。在电子显微镜下，比细胞小得多的病毒也原形毕露。但是，相对于纳米尺度，所有这些显微镜都还显得太粗糙了，人们盼望着在探索微观世界的历程中再迈出新的一步。1982 年，美国商用机器公司（IBM）设在瑞士苏黎世实验室的物理学家葛·宾宁（G. Binning）和他的导师海·罗赫尔（H. Rohrer）利用量子力学的隧道效应研制出了世界上第一台具有原子分辨率的扫描隧道显微镜。

扫描隧道显微镜的英文名称是 Scanning Tunneling Microscope，简称为 STM。STM 具有惊人的分辨本领，水平分辨率小于 0.1 nm，垂直分辨率小于 0.001 nm。1982 年宾宁发表的 Si（111）7×7 表面的原子排布图是人类首次看到的物质表面原子的排列（图 3-45），实现了人类直接看到单个原子的梦想，从而揭开了原子尺度微观世界的神秘面纱。高中物理（必修加选修）第二册（人民教育出版社，2003 年 6 月第 1 版）彩图 2 就是用 STM 拍摄的石墨表面原子结构照片。在 STM 下，导电物质表面结构的原子、分子状态清晰可见，因而成为研究表面物理的重要显微工具，被国际科学界公认为 20 世纪 80 年代世界十大科技成果之一。由于这一卓越贡献，宾宁与罗赫尔二人和电子显微镜的发明者鲁斯卡分享了 1986 年度的诺贝尔物理奖。

图 3-45　原子排布图

2. *扫描隧道显微镜的工作原理*

量子力学认为，微观粒子在空间的运动是按一定的概率密度分布的。由量子力学的计算可知，如果势垒厚度小到只有几个 10^{-10} m 时，势垒一侧的电子可能在势垒上打通一条隧道，穿过势垒到达另一侧形成电流。在势垒相当窄的情况下，电子能贯穿势垒的现象，在量子力学中叫作隧道效应，这样形成的电流叫作隧道电流。根据量子力学原理，由于电子的隧道效应，金属中的电子并不完全局限于金属表面之内，电子云密度并不是在表面边界处突变为零。在金属表面以外，电子云密度呈指数衰减，衰减长度约为 1 nm。用一个极细的、只有原子线度的金属针尖作为探针，将它与样品的表面作为两个电极，当样品表面与针尖非常靠近（距离 <1 nm）时，两者的电子云略有重叠。若在两极间加上电压，在电场作用下，电子就会穿过两个电极之间的势垒，通过电子云的狭窄通道流动，从一极流向另一极，形成隧道电流。隧道电流的大小与针尖和样品间的距离以及样品表面平均势垒的高度有关。隧道电流对针尖与样品表面之间的距离极为敏感，距离每减小 0.1 nm，隧道电流就会增加一个数量级。

STM 有两种扫描模式。一种称为恒高度模式：在对样品进行扫描过程中保持针尖的绝对高度不变。当针尖与样品表面的局域距离发生变化，隧道电流的大小也随着发生变化，通过计算机记录隧道电流的变化，并转换成图像信号，在屏幕上即显示出样品的表面形貌。另一种称为恒电流模式：利用电子反馈线路控制隧道电流恒定，再通过计算机系统控制针尖在样品表面做二维运动。由于要控制隧道电流不变，针尖与样品表面之间的局域高度也会保持不变，因而针尖就会随着样品表面的高低起伏而做相同的起伏运动。通过控制计算机把针尖高低运动的轨迹记录下来，就得到样品表面的三维立体信息。这种工作方式获取图像信息全面，显微图像质量高，应用广泛。

从 STM 的工作原理可以看出，STM 的工作过程是利用探针针尖扫描样品表面，通过隧道电流获取信息，经计算机处理得到显微图像，而不需要光源和透镜。这正是其得名“扫描隧道显微镜”的原因。

早在 1959 年，著名的物理学家、诺贝尔奖获得者理查德·费曼（R. R. Feynman）就曾预言：“物理学的规律不排除一个原子、一个原子地制造物品的可能性。”“化学将变成根据人们的意愿逐个地准确放置原子的问题。” 1981 年诞生的 STM 为人们搬迁原子和分子“改造世界”提供了物质基础。

3. 原子搬迁——量子围栏

用 STM 不仅可以观察到原子和分子，帮助人们“认识世界”，而且可以操纵单个原子和分子的排列，进而有效地“改造世界”。在探针针尖上加一个很微弱的电流，这个电流产生一个电场，当两个物体非常接近（距离为几埃）的时候，会有吸引力，这时把针尖提起，针尖就从样品表面吸起一个孤立原子移到别处，然后撤去电场，把原子“栽”到新的位置上，从而实现原子和分子的搬迁。

图 3-46　IBM 商标

1990 年，美国 IBM 公司位于加州研究中心的研究员艾格勒（D. M. Eigler）等人在超低温（-269 ℃）和超真空环境下，用 STM 将镍表面吸附的氙（Xe）原子逐一搬迁，最终以 35 个 Xe 原子排成该公司的字母商标“IBM”，每个字母高 5 nm，Xe 原子间最短距离约为 1 nm（图 3-46），这是人类有目的、有规律地移动和排布单个原子的开始，从而实现了费曼于 1959 年的预言。1990 年 4 月，英国《Nature》（自然）杂志 344 卷第 524 页至 526 页曾报道过该成果。紧接着，他们又成功地移动 48 个铁（Fe）原子排列组成了两个汉字——“原子”（图 3-47）。以后他们又实现了一氧化碳（CO）分子的搬迁排列，在铂单晶的表面上，将吸附的 CO 分子用 STM 搬迁排列起来，构成一个身高 5 nm 的世界上最小的人的图样。构成该图样的 CO 分子间距离仅为 0.5 nm，人们称它为“一氧化碳小人”（图 3-48）。

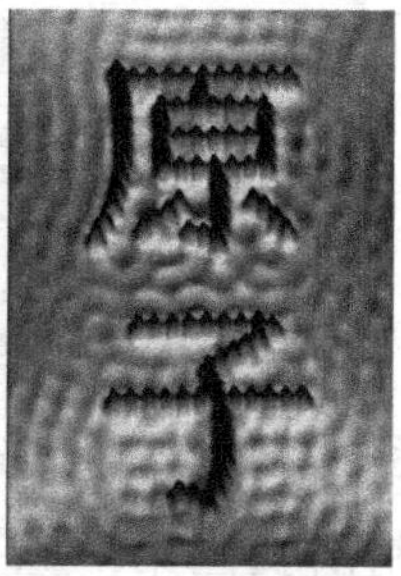

图 3-47　汉字图样

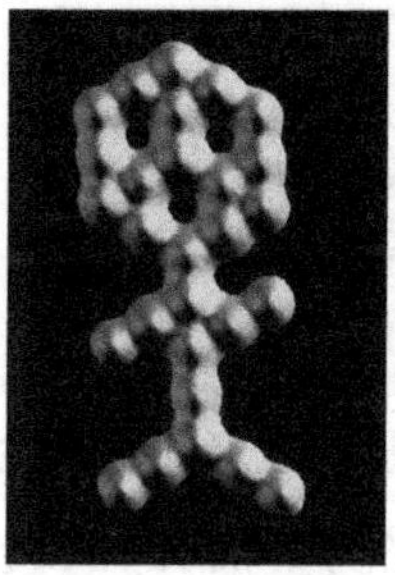

图 3-48　CO 小人

1993 年 5 月，IBM 的科学家克罗米（M. F. Crommie）等在 4 K 的温度下用电子束将单层的 Fe 原子蒸发到 Cu（111）表面，然后用 STM 针尖将 48 个 Fe 原子排列成直径为 14.3 nm 的圆形围栏（图 3-44）。围栏由分立的 Fe 原子（间距 0.95 nm）组成而不连续，却能形成一个势阶围住栏内处于 Cu（111）表面的电子，故称作“量子围栏”。根据 Fe 原子对表面电子的强散射作用，克罗米等最初设想可以用 Fe 原子做成对表面电子的量子化“禁锢”结构，像围牲口一样将电子围起来。做此“量子围栏”的目的就是要试图捕获或将一些电子限制在圆形结构中，迫使这些电子进入“量子”态。这个实验的重要意义在于为科学家提供了研究微观体系量子现象的微小实验室。虽然 Fe 原子并非密集排列，但却同一个连续围栏差不多，很少有电子能透过围栏“逃”出去。围栏内的电子波如传播到围栏处，就会因 Fe 原子的强烈散射而被挡回去，从而其波函数在栏内形成同心圆状的驻波，导致围栏内形成一系列分立的、同心圆状的局域态密度起伏。因为隧道电流的大小不仅与隧道间隙有关，而且还与样品表面的电子态局域密度有关，因此样品表面的电子云状态也直接影响测量结果。图 3-44 中的波纹就是电子密度波的驻波，它的大小及图形与量子力学的预言符合得非常好，这是世界上首次用实验的方法形象地显示了势阱内的电子波动的驻波直观形态。描绘量子围栏中波函数形成的同心圆形驻波，其实也可以用苏轼的“无波真古井，有节是秋筠”来描绘。

图 3-44 所示系圆形量子围栏，之后，科学家利用 STM 在 Cu（111）板上又成功地搬迁 Fe 原子分别围成了三角形量子围栏（图 3-49）、四边形量子围栏（图 3-50）、正六边形量子围栏（图 3-51）和体育场形量子围栏（图 3-52）。

图 3-49　三角形量子围栏

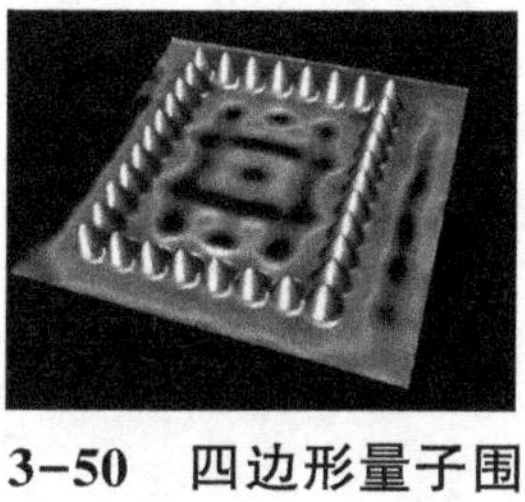

图 3-50　四边形量子围栏

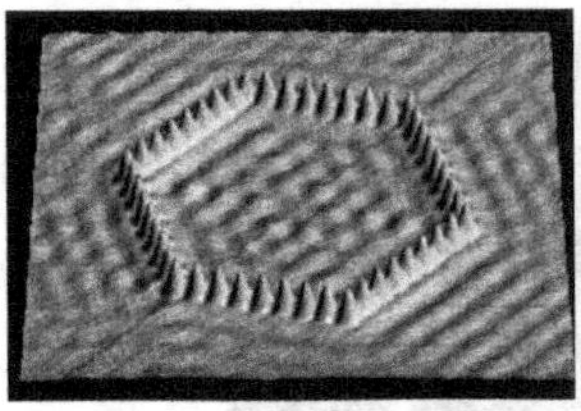

图 3-51　正六边形量子围栏

图 3-52　体育场形量子围栏

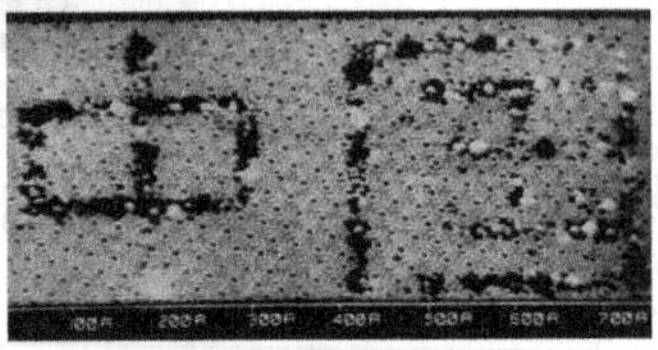

图 3-53　汉字图样

1988 年初，中科院院士白春礼教授成功地研制出我国第一台 STM，使我国在表面研究领域一步跨入了“原子世界”。1993 年底，中科院北京真空物理实验室的研究人员利用我国自行研制的 STM 在室温下把 Si（111）7×7 重构表面上的 Si 原子拔出，成功地“写”出了当时最小的汉字“中国”字样（图 3-53）。

由于 STM 领域天生就是交叉科学，其根深埋于量子力学、固体物理、物理化学、电子物理、机械工程和控制论之中，因此，尽管 STM 问世的时间很短，但经过各国科学家的努力，STM 技术已得到了迅速的发展，在许多方面显示出其独特的优点。相信随着理论与技术的日臻完善，STM 及其相关技术必将在人类认识微观世界的进程中发挥越来越大的作用。

第三章　物理与社会

§3.3.1　我国古代经验物理学的重大成就*

英国学者坦普尔（W. C. Temple）在《中国：发明与发现的国度》一书中写道："现代世界文明赖以建立的基本发明创造可能有半数以上源自古代中国。人们不知道的原因之一是中国人忽视了自己的成就。"为此，我们从大量有关文献中整理出"我国古代经验物理学的重大成就"一文，可供物理学史研究人员参考，亦可作为物理教师进行爱国主义教育的素材。

一、力学

1. 力的定义

《墨经》第21条："力，刑（物体）之所以奋（运动）也。"这是人类对力的最早的理性认识。

2. 机械运动分为平动和转动

《墨经》第43条："尽，莫不然也。""动，偏祭（际）徙者，户枢免瑟。"

3. 运动的相对性原理

西汉的《尚书纬·考灵曜》中记载："地恒动不止，而人不知，譬如人在舟中，闭牖而坐，舟行不觉也。"这比伽利略（G. Galileo）要早1700多年。

4. 运动和力的关系

东汉王充在《论衡·状留篇》中记载："是故车行于陆，船行于沟，其满而重者行迟，空而轻者行疾……任重，其取进疾速，难矣。"这比牛顿（Isaac Newton）早约1600多年。

5. 运动与时空的关系

《墨经》第114条："宇或徙，说在长宇久。"第164条："行修以久，说在先后。"这是世界上运动与时空不可分割的最早记载。

---

*发表于《中国教育创新研究》2003年第78期。

6. 时空观念的建立

《墨经》第 40 条："久，弥异时也。" 第 41 条："宇，弥异所也。" 这是世界上最早的关于时间和空间的概括性定义。

7. 时空的无限性

《管子·宙合篇》中记载："天地，万物之橐也；宙合有（又）橐天地。" 这是世界上对时空无限性的最早论述。

8. 系统内力不能使物体运动

《论衡·效力篇》中记载："古之多力者，身能负荷千钧，手能决角伸钩，使之自举，不能离地。""力重不能自称，须人乃举。"

9. 惯性的现象

《墨经》第 50 条："动，或徒也。" 第 51 条："止，以久也。"《考工记·辀人篇》中记载："劝登马力，马力既竭，辀犹一取焉。" 这要比伽利略早约 2000 年。

10. 球体的随遇平衡

《墨经》第 162 条："缶（正）而不可担，说在博。"

11. 杠杆原理

《墨经·经说下》第 26 条："衡，加重于其一旁，必捶，权重相若也。相衡，则本短标长。两加焉，重相若，则标必下，标得权也。" 这比古希腊的阿基米德（Archimedes）的同类发现早 200 多年。

12. 浮体平衡

《墨经》第 156 条："形之大，其沉浅也，说在具（衡）。""沉，荆之贝也。则沉浅，非荆浅也，若易五之一。" 这比古希腊的阿基米德的同类发现早 200 多年。

13. 物体浮沉与质量分布的关系

《考工记·轮人篇》记载："揉辐必齐，平沈必均。……水之，以视其平沈之均也。"《考工记·矢人篇》记载："水之，以辨其阴阳，夹其阴阳，以设其比。夹其比，以设其羽。" 这是世界上同类的最早发现和应用。

14. 滚动摩擦的论述

《考工记·轮人篇》中记载："（轮）不微至，无以为戚速也。""欲其微至也，无所取之，取诸圜也。" 这是世界上关于滚动摩擦的最早理论。

15. 弹性定律

东汉经学家郑玄在为《考工记·弓人》作注中，对"量其力，有三均"一句的注解中提及："假令弓力胜三石，引之中三尺，驰其弦，以绳缓擐之，每加物一石，则张一尺。""郑玄说" 早于英国胡克（R. Hooke）约 1500 年。

16. 功的概念

公元81年，桓宽在《盐铁论》中指出：“今骡驴之用，不中牛马之功。”“自古及今，不施而得报，不劳而有功，未之有也。”王充在《论衡·询时篇》中指出：“……必铨功之小大，立远近之步数。假令起三尺之功，食一步之内，起十丈之役。食一里之外，功有小大。”

17. 大气压与真空现象

唐代王冰在《素问论》中指出：“虚管溉满，捻上悬之，水固不泄，为无升气而不能降也；空瓶小口，顿溉不入，为气不出不能入也。”这比德国的奥托·格里克（O. Von, Guericke）做的马德堡（Magdeburg）半球实验要早700多年。

18. 虹吸管的应用

范晔的《后汉书·张让传》中记载了东汉巧匠毕岚曾做“渴鸟，施于桥西……以省百姓洒道之费。”唐人杜佑的《通典》卷157记载：“渴鸟，隔山取水。”北宋曾公亮在《武经总要》中也有类似的记载。

19. 斜面

《墨经》第128条：“倚者不可正，说在剃。”“倚：倍、拒、坚、射，倚焉则不正。”

20. 计程车

西汉初刘歆《西京杂记》载“记里鼓车”，最早使用齿轮传动系统。比欧洲的类似发明早1600多年。

21. 万向支架

西汉末年的丁缓制成的“被中香炉”，是世界上最早的万向支架，比欧洲早1300多年。

22. 水运仪象台

北宋科学家苏颂和韩公廉于1088年创制的水运仪象台，既是世界天文钟的祖先，又是现代钟表的先驱。

23. 水力鼓风机

西汉末的杜诗发明的“水排”（王祯《农书》），比欧洲早1100年，使当时的中国冶金业领先于世界。

24. 浑天仪

东汉张衡在117年发明的漏水运转浑天仪，比欧洲同类发明早1000多年。

25. 地动仪

东汉张衡在132年发明的候风地动仪，比欧洲的同类发明早1700多年。

26. 竹蜻蜓和风筝

晋代《抱朴子·杂应》和《墨子·鲁问》中均有记载。18世纪才传入欧洲。

二、声学

1. 声音是一种振动波

公元前3~4世纪，《尸子》载："海水三岁一周流，波相薄，故地动。"第一次提出波动论点。《论衡·变虚篇》中有"……今人操行变气远近，宜与鱼等；气应而变，宜与水均。"这是世界上对声是一种振动波的最早认识。

2. 振幅与响度间的关系

《考工记·凫氏篇》载："钟大而短，则其声疾而短闻；钟小而长，则其声舒而远闻。"这是世界上关于板类振动声学规律的最早论述。

3. 共振

在公元前三、四世纪成书的《庄子·杂篇·徐无鬼》中最早记载了弦线共振现象。墨家发现了埋在地下的陶瓮具有共振效应（《墨子·备穴篇》）。宋代沈括在《梦溪笔谈》第115条载："……二十八调但有声同者即应……"。

4. 演示共振现象的实验方法

北宋沈括在《梦溪笔谈》第537条用纸人给琴弦"正声"，比英国牛津的诺布尔和皮戈特所做的"纸游码"实验早500多年。

5. 共鸣现象

南北朝时宋人刘敬叔在《异苑》中记述："殿前大钟无故大鸣……'此蜀郡铜山崩，故钟鸣应之耳'……。"《广记》中载："……（盘）晨夕恒鸣如人扣……此盘与洛钟宫商相谐，宫中朝暮撞钟，故声相应。"

6. 演示摩擦共振的仪器

北宋后期发明的铜质鱼洗，至今在杭州西湖等地中外游人仍叹若观止。

7. 大地传声和空穴效应

《梦溪笔谈》第322条载："古法以牛革为矢服，卧则以为枕，取其中虚，附地枕之，数里内有人马声，则皆闻之，盖虚能纳声也。"

8. 隔音技术

古代建筑中用陶瓮（口向内）砌墙可起隔音作用。我国古代这种隔音技术，可视为现代消声技术的先导。

9. 空气中声速的应用

魏《水经注》载：4世纪时（公元512~518年），陈遵造江陵全堤，利用高处鼓声与低处听到的时间，相当准确地算出某高地的高度。这比法国人默森（M. Mersenne）1636年利用火光和声音测空气中的声速早1100多年。

10. 音色

《礼记·乐记》有："钟声铿，石声磬，鼓鼙之声"，记载了几种不同的音色。

11. 频率

《通典》载："自殷以前，但有五声（宫、商、角、徵、羽）。"公元前600多年已有12律的名称。《管子·地员篇》记载了最早的定音法"三分损益法"，这是我国古代物理学应用数学的最早例证。

12. 十二平均律

明代的朱载堉于1584年在《乐律全书》中提出了"十二平均律"（以公比$\sqrt[12]{2}$的等比级数分配音律）。比法国音乐理论家梅森（Marin Mersenne）于1636年发表的十二平均律要早52年，它是我国古代物理学史中唯一定量计算且精达25位数字的重要发明。

13. 声波的反射

15世纪初建成的北京天坛的回音壁、三音石和圜丘，就是利用了声波的反射原理建造的。

三、热学

1. 火的发现和利用

约在170万年前的元谋人就学会用火。这是世界上最早的对火的利用。在《庄子·外物篇》中有："燧人氏钻木取火"的记载，可推断，我国远在春秋战国以前就已发明了钻木取火的方法。

2. 热胀冷缩的应用

《华阳国志·蜀志》中记载了公元前250年左右，李冰父子修建都江堰时，"积薪烧之"，使岩石爆裂，开山劈岭。

3. 热传递现象

《论衡·寒温篇》载："夫近水则寒，近火则温，远则渐微，何则？气之所加，远近有差也。"这比波义耳（R. Boyle）1673年发现热辐射现象要早1600多年。

4. 分析雾、露、雨、雪、霜的形成原因

《论衡·说日篇》载："云雾，雨之微也，夏则为露，冬则为霜，温则为雨，寒则为雪。雨露冻凝者，皆由地发，不从天降也。"这比欧洲对雨露的研究早1800年左右。

5. 热的运动说

柳宗元在《天对》中说："一（元气）以统同，吁炎吹冷，交错而功。"这种把冷热与元气运动的快慢联系起来的说法，可认为是热的运动说思想的萌芽。

6. 热力学第二定律的思想萌芽

东汉王充在《论衡·是应篇》中载："夫太平之气虽和，不能使厨生肉萐，以为寒凉。若能如此，则能使五谷自生，不须人为之也。能使厨自生肉萐，何不能使饭自蒸於甑，火自燃于灶乎？凡生萐者，欲以风吹食物也，何不使食物自不臭，何必生萐偏苑缰乎？厨中能自生萐，则冰室何事而复伐冰以寒物乎？”这段论述，不仅完全符合现代所知的热力学第二定律，而且在叙述用语上也几乎和这一定律的现代表述类似，可以认为是热力学第二定律最早的思想萌芽。

7. 用冰冷藏物品

《论衡·是应篇》载：“则冰室何事而复伐冰以寒物乎？”《论衡·感虚篇》载：“倚一尺冰，置包厨中，终夜不能寒也。”

8. 天平式温度计

西汉初的《淮南子·说山训》载：“悬羽与炭，而知燥湿之气。”《淮南子·天文训》载：“燥固炭轻，温故炭重。”这种羽炭温度计比欧洲早1600多年。

9. 简易的测温装置

西汉初的《淮南子·说山训》载：“睹瓶中之水而知天下之寒。”这比伽利略制成的气体温度计早1800多年。

10. 火药

唐代的孙思邈于公元682年在《孙真人丹经》中记载了用硝石、硫黄和木炭制成的黑火药，使中国古代热的动力应用居世界领先地位。

11. 二级火箭

明代茅元仪在1621年所著的《武备志》卷133记载了一种称作“火龙出水”的火箭，从原理上讲，它是世界上最早的一种二级火箭。

12. 热气球

西汉初的《淮南子》中载：“取鸡子，去其汁，然（燃）艾火纳空卵中，疾风因举之飞。”这可以说是世界上发明热气球的最早设想。

13. 信号灯和走马灯

利用冷热空气对流，五代时制成了信号灯，用于军事通信。唐代段成式在《酉阳杂俎》卷十《物异》中记载，汉高祖刘邦在公元前206年入咸阳宫时，宫中“青玉灯”，“灯燃则鳞甲皆动，炳焕若列星。”后来又发展为极普通的走马灯。这比欧洲1550年以后才出现的烤肉自转器至少早1500多年。走马灯可认为是近代燃气轮机的始祖。

四、电磁学

1. 摩擦起电

西汉末（公元20年前后），《春秋纬·考异邮》中就有“玳瑁吸褡”的记载。西晋张华在《博物志》中载：“今人梳头脱著衣时，有随梳解结有光者，但有咤声。”这比西方

1738 年波义耳（Boyle）的同类发现早 1400 多年。

2. 避雷针

对建筑物采取避雷措施始于三国，而最早的避雷针是由宋代的金章宗所建的。这要比富兰克林（B. Franklin）的同类发明早 500 多年。

3. 电与磁现象的“相提并论”

《论衡・乱龙篇》中同一处记载：“顿牟掇芥，慈石引针。”《三国志・吴书》中同一处记载：“虎魄不取腐芥，磁石不受曲针。”这种把电与磁“并论”的观点比奥斯特（H. C. Oersted）1820 年发现电与磁的联系要早 1700 多年。

4. 发现磁现象

春秋末期的《管子・地数篇》中有“上有慈石者，其下有铜金”的记载。公元前 239 年《吕氏春秋・精通》记载：“慈石召铁，或引之也。”这比古希腊人发现“活铁”要早 400 多年，是世界上对磁现象的最早记载。

5. 把磁石制成司南

公元前四世纪的《鬼谷子・谋篇》载有：“郑子取玉，必载司南，为其不惑也”。公元前三世纪的《韩非子・有度篇》记有：“……故先王立司南，以端朝夕。”

6. 磁石性质的认识

《梦溪笔谈》第 588 条载：“以磁石磨针锋，则锐处常指南，亦有指北者，恐石性亦不同……南北相反，理应有异，未深考耳。”比 1269 年英国的马里古特（P. D. Marguerite）形成这种认识早 200 多年。这不仅是对磁石两极性的最早认识，也是关于指南针最早的明确记载。

7. 用地磁场进行人工磁化

1044 年，北宋曾公亮在《武经总要》中记述了用地磁场磁化指南鱼的具体方法：“置炭火中烧之，侯通赤……以尾正对子位，蘸水盆中……以密器收之。”这比英国的吉尔伯特（W. Gilbert）在 1600 年《论磁》中的类似发现早 500 多年。

8. 人工磁化针

《梦溪笔谈》第 437 条载：“方家以磁石磨针，则能指南。”并提出了安装磁针的四种方法。为此后仪表针的悬丝结构开辟了道路，并树立了我国实验方法的楷模。

9. 指南针用于航海

宋代朱彧于公元 1119 年在《萍洲可谈》卷二中记载：“舟师识地理，夜则观星，昼则观日，阴晦则观指南针。”指南针在航海中的应用，大大促进了我国古代航海事业的发展。

10. 发现磁偏角

《梦溪笔谈》第 437 条载：“……然常微偏东，不全南也。”这比哥伦布（C. Columbus）在 1492 年首次航行时发现磁偏角早 400 多年。

11. 发现磁倾角

1044年，北宋的曾公亮在《武经总要》中载："……以尾正对子位，蘸水盆中，没尾数分则止……其首常南向午也。"这比德国人哈特曼（George Hartmaun）在1544年的同类发现要早500年。

12. 磁屏蔽现象

明末清初的刘献廷在《广阳杂记》中载："磁石吸铁，隔碍潜通。或问余曰：'磁石吸铁，何物可以隔之？'犹子阿孺曰：'惟铁可以隔之耳'，其人去而复来，曰：'试之果然'。"

五、光学

1.《墨经》

春秋战国时期，墨家的《墨经》是世界上最早的比较完整的几何光学著作，比欧几里得（Euclid）的《反射光学》早100多年。

2. 影子的形成

《墨经》第118条："景不徙，说在改为。"

3. 本影和半影

《墨经》第119条："景二，说在重。"

4. 光的直线传播和小孔成像的原因

《墨经》第120条："景到（倒），在午有端，与景长，说在端。"这是世界上关于光的直线传播定律和小孔成像的最早记载。

5. 光的反射特性

《墨经》第121条："景迎日，说在转。"

6. 光源、物和影的大小、偏正、远近的关系

《墨经》第122条："景之小大，说在杝（斜）正，远近。"

7. 平面镜成像

《墨经》第123条："临鉴而立，景到（倒）。多而若小，说在寡区。"

8. 凹面镜成像

《墨经》第124条："鉴洼，景一小而易，一大而正，说在中之外、内。"

9. 凸面镜成像

《墨经》第125条："鉴团，景一。"《经说》："鉴：鉴者近，则所鉴大，景亦大；其远，所鉴小，景亦小；而必正。"

10. 凹面镜的焦点是成正、倒像的分界点

《梦溪笔谈》第44条："阳燧面洼，向日照之，光皆聚向内。离镜一二寸，光聚为一

点，大如麻菽，著物则发火，此则腰鼓最细处也。”“……以一指追而照之则正，渐远而无所见，过此遂倒。”

11. 凸面镜的曲度与成像大小的关系

《梦溪笔谈》第327条：“古人铸鉴，鉴大则平，鉴小而凸，凡鉴凹则照人面大，凸则照人面小。”“……故令微凸，收人面令小，则鉴虽小而能全纳人面……。”

12. 凹面镜取火

《周礼·秋宦篇》载：“司炬氏掌以夫燧取火于日。”东汉郑玄在为《考工记·辀人篇》作注有：“金燧，取火于日月之器也。”这比英国培根（F. Bacon）用金属磨成第一面凹面镜要早1000多年。

13. 揭开西汉“透光镜”之谜

《梦溪笔谈》载：“人有原其理，以为铸时薄处先冷，唯背文差厚后冷，而铜缩多，文虽在背，而鉴面隐然有迹，所以于光中现。”这在世界上最早揭开了“透光镜”的奥秘。

14. 小孔成像大型光学实验

宋末元初的赵友钦在《革象新书》中记载了“小罅光景”的大型实验。该实验不仅证明了光的直线传播性质，而且正确地、定性地分析了光源与影像的距离、孔的大小及影的阴暗关系。可以说从定性方面初步研究了照度定律，比德国的兰伯特·朗伯（J. H. Lambea）早约400年，开辟了实验物理学的先河。

15. 开管式潜望镜

汉代的《淮南万毕术》载：“取大镜高悬，置水盆于其下，则见四邻矣。”可见我国早在公元前2世纪，就制成了世界上最早的潜望镜。

16. 冰透镜

汉代的《淮南万毕术》载：“削冰令圆，举以向日，以艾承其影，则生火。”

17. 灯影戏

战国的《韩非子·外储说》记载：有人在豆荚内膜上作精细图画，然后放在阳光照射时的墙板洞上，则屋内墙壁上龙蛇车马历历可见。这是现代电影的起源，比欧洲早2000多年。

18. 自然光色散——虹

唐初的孔颖达在《（礼记）注疏》载：“若云薄漏日，日照雨滴则虹生”。这比13世纪培根的发现早600多年。

19. 人造虹实验

公元8世纪中叶，唐代的张志和在《玄真子·涛之灵》中载：“背日喷水成虹霓之状……”。这不但是世界上第一次用实验方法研究虹，而且是第一次有意识地进行的白光色散实验。

20. 晶体的色散现象

北宋的寇宗奭在《本草衍义》中记载："……菩萨石……映日射之，有五色园光……光彩微茫……五色粲然可喜。"这比牛顿白光色散实验（1667 年）早 500 多年。

21. 日食和月食

《梦溪笔谈》卷七"象数一"第 15 条载："黄道与月道如二环相叠而小差，日月同在一度相遇，则日为之蚀，正一度相对，则月为之亏……同度而又近黄道月道之交，日月相值，乃相凌掩，正当其交处则蚀……。"

22. 哈雷彗星的观察记录

《春秋》记载："鲁文公十四年（公元前 613 年）秋七月，有星孛入于北斗。"之后我国对彗星出现的准确记载达 20 多次。比哈雷（E. Halley）在 1682 年发现这颗彗星的周期时早 2300 多年。

23. 记录太阳黑子

西汉的《汉书·五行志》载："汉元帝永光元年四月……日黑居仄，大如弹丸。"这比欧洲的同类记载早 800 多年。

24. 北极光

我国从公元前 1 世纪到 10 世纪，历史上对北极光记载达 170 次（包括时日、形状、色彩范围、走向）。这是世界上现存最完整的北极光记载。

25. 星表

战国的石申测量绘制的星表，比古希腊早 200 多年。

§3.3.2　第一类永动机幻梦的破灭*

所谓永动机是指期望在没有外界能量供给的情况下，源源不断地得到有用功的动力机械。我们所听说的永动机基本上属于这一类。早在 1318 世纪，制造永动机的梦想曾经引诱了许多有杰出创造才能的人，他们付出了大量的心血和劳动。我国的《三国演义》中也曾出现过所谓的"木牛流马"。19 世纪中叶，英国工程师德尔克斯在《十七、十八世纪的永动机》一书的序言中曾写道："我将这部书奉献给公众，一方面这是一部有趣的、也许是忧伤的历史，另一方面这里提出了严重的警告：切勿妄想从永恒运动的赐予中获取名声和好运。"在我国，早在 1954 年 4 月创刊的《科学通报》第一期上，中国科学院就已宣布"永动机"是不可能制成的，并且希望发明家们今后能将他们的发明热忱和精力转移到切

* 发表于《物理教学》2005 年第 11 期。

合实际的方面上去。然而永动机的“发明家”仍是络绎不绝，从中国专利信息网可以检索到1985年以来有超过50件永动机的申请。虽然至今仍有一些人并不听从德尔克斯的金玉良言，还想“以身试法”——继续设计各种各样的永动机，但是没有任何一部永动机被实际地制造出来，也没有任何一个永动机的设计方案能经受住科学的审查。

第一类永动机幻梦的破灭有力地促进了19世纪中叶能量转化和守恒定律的确立。能量转化和守恒的思想不仅有着深远的理论意义，也有着重要的实践意义。许多理论要接受能量转化和守恒思想的指导，技术上许多新的发明、新的设计，同样也得益于能量转化和守恒思想的启迪和约束。回顾一下物理学史和科技史上曾名噪一时的第一类永动机的设计，也许会有更深刻的体会。

1. 亨内考永动机

永动机的想法起源于印度，公元1200年前后，这种思想从印度传到了阿拉伯国家，并从阿拉伯传到了西方。在欧洲，早期最著名的一个永动机设计方案是13世纪时一个叫亨内考的法国人提出来的。亨内考设计的装置当时并不叫作永动机，而是按它特别吸引人的性质，把它叫作“魔轮”，如图3-54所示。轮子中央有一个转动轴，轮子的边缘等距地安装着12根活动短杆，每个短杆的一端装有一个铁球。亨内考认为，右边的球比左边的球离轴远些，因此，右边的球产生的转动力矩要比左边的球产生的转动力矩大。这样轮子就会永无休止地沿着箭头所指的方向转动下去，并且带动机器转动。这个设计被不少人以不同的形式复制出来，但从未实现不停息地转动。

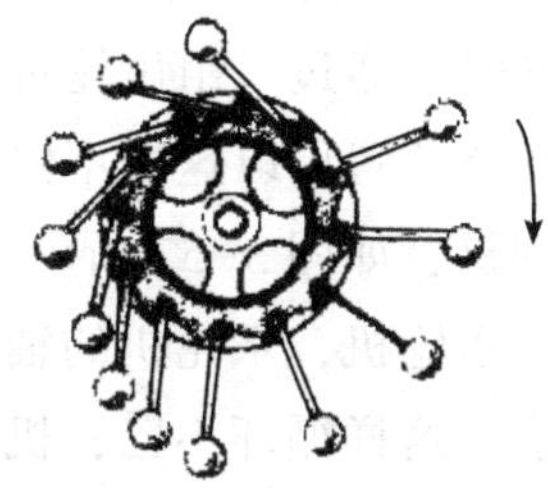

图3-54　亨内考永动机

仔细分析一下就会发现，虽然右边每个球产生的力矩大，但是球的个数少，左边每个球产生的力矩虽小，但是球的个数多。于是，由于力矩的平衡，轮子不会持续转动下去而对外做功。实际上轮子转动一两圈后摆动几下，便停在图3-54所示的平衡位置上。

2. 达·芬奇永动机

15世纪，意大利著名的科学家、艺术家达·芬奇（Leonardo da Vinci，1452—1519）也制造了一个类似的装置，如图3-55所示。他设计时认为，利用格板的特殊形状，使右边的重球滚到比左边的重球离轮心更远些的地方。本以为在两边重球不均衡的作用下会使轮子沿顺时针方向转动不息，但试验结果却是否定的。达·芬奇敏锐地认识到永动机是不可能制成的。达·芬奇劝告永动机的设计者们：“永恒运动的幻想家们！你们的探索是何等徒劳无功，还是去做个淘金者吧！”

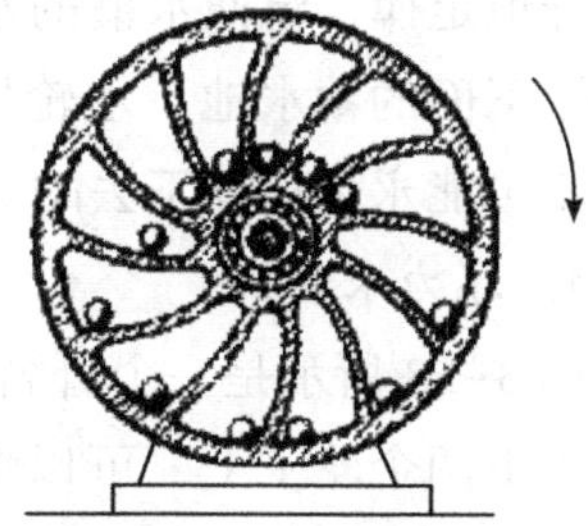

图3-55　达·芬奇永动机

17世纪，英国的一个被关在伦敦塔下的名叫马尔基斯的犯人，也曾复制了一台类似的转轮永动机。转轮的直径约 4.3 m，由 40 个质量均为 23 kg 的重球沿转轮辐条向外运动，轮流驱使转轮不断转动。据说他曾向英国国王查理一世表演过这一装置，国王见了十分高兴，就释放了他，其实这台机器由于有较大的自重，经推动后能依靠惯性维持一段时间，终究还是要停止转动的。

事实上，由力矩的平衡条件可知，上面两个设计中，右边每个重球施加于轮子的旋转力矩虽然较大，但是重球的个数却较少。精确的计算可以证明，总会有一个适当的位置，使左右两侧重球施加于轮子的相反方向的力矩恰好相等，互相抵消，而使轮子在某一平衡位置静止下来。

3. *流水落差永动机*

16 世纪 70 年代，意大利的一位机械师斯特尔又提出了一个永动机的设计方案，如图 3-56 所示。他在设计时认为，由上面水槽流出的水，冲击水轮转动，水轮在带动水磨转动的同时，通过一组齿轮带动螺旋汲水器，把蓄水池里的水重新提升到上面的水槽中。他想，整个装置可以这样不停地运转下去，并有效地对外做功。后来有人还设计了一台类似的永动机，如图 3-57 所示。在距地面一定高度架设一个水槽，水从槽底的管中流出，冲击一个水轮机，水轮机的轴上安装一个抽水机和一个砂轮。期望抽水机把地面水槽里的水抽上去，这样循环不已，机器不停地转动，就可以永久地用砂轮磨制工件做功了。

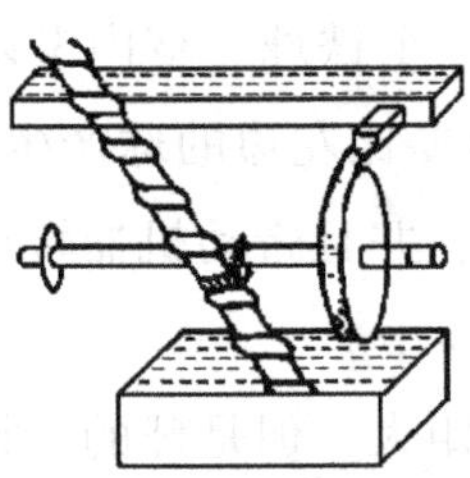

图 3-56　斯特尔永动机

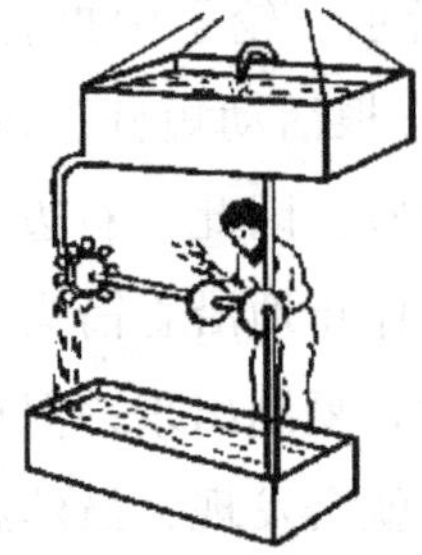

图 3-57　流水落差永动机

实际上，高处水槽中水的势能转化为两部分，一部分带动水磨转动或克服砂轮摩擦做功，另一部分转化为螺旋汲水器或抽水机的功，这部分功又转化为水的势能。根据能量转化和守恒定律，流回水槽的水会越来越少，很快水槽中的水就全部流进了下面的蓄水池，水轮机也就停止了转动。因此，这样的永动机是不可能永远运动下去的。

4. *浮力永动机*

图 3-58 所示是一个著名的浮力永动机设计方案。一连串的木球绕在上下两个轮子上，可以像链条那样转动。左边的一些木球放在一个盛满水的容器里。设计者认为，左边如果没有那个盛水的容器，左右两边的木球数相等，链条是会平衡的。但是，现在左边这些木球浸在水里，受到了水的浮力，就会被水推着向上移动，也就带动

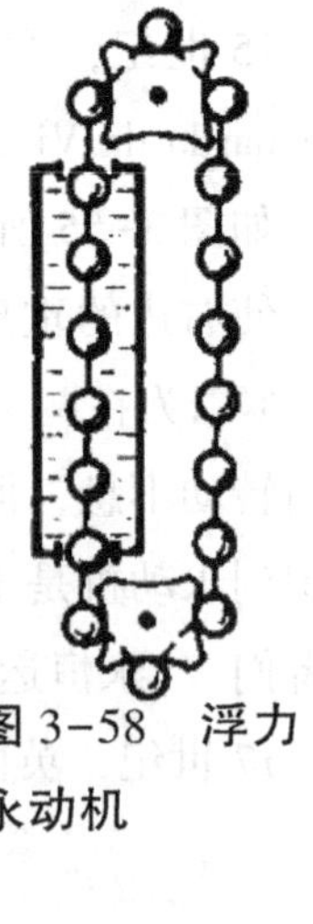

图 3-58　浮力永动机

整串球绕上下两个轮子转动。上面有一个木球露出水面，下面就有一个木球穿过容器底，补充进来，从而带动轴转动使发电机转动发电，被称为“静水发电”。

这样的永动机也没有制成，是不是因为要下面的木球能够通过容器底，而又不能让水漏出来，制造起来技术上有困难呢？技术上的困难并不是主要问题，主要问题还是出在设计的原理上。当下面的木球穿过容器底的时候，它和容器底一样，要承受上面水的压力，而且是因为在水的最下部，所以它受到很大的压力。这个向下的压力，就会抵消上面几个木球所受的浮力，这个永动机也就无法永动了。

此外，还有人设计了如图 3-59 所示的永动机，企图利用弹簧代替气缸里的蒸汽，利用弹力推动活塞永不停息地做功。但由于摩擦和机轴转动时所受的阻力，即使一开始用力使弹簧振动，它也会很快地停下来。后来人们还提出过利用轮子的惯性、细管子的毛细作用、电磁力等获得有效动力的种种永动机设计方案，但都无一例外地失败了。一个个巧妙的永动机的设计方案，都像美丽的肥皂泡一样很快地破灭了。然而，人们对永动机的设计热情依然很高，一些人依旧在编织着彩色的梦幻。像“重力曲柄永动机”“坡道及重力能永动车运动系统”“浮重永动机”“利用过渡永磁体和运行永磁体制成的永动机”等，都是其变种。

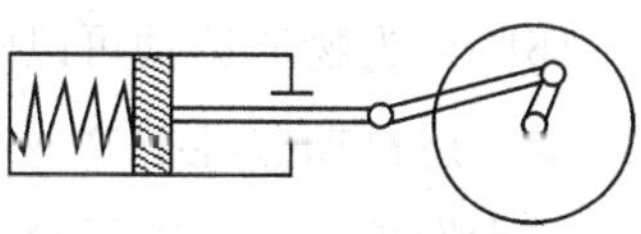

图 3-59　弹簧永动机

5. *反思与启示*

层出不穷的永动机设计方案，都在科学的严格审查和实践的检验下一一失败了。1775 年法国科学院郑重地通过了一项决议，拒绝审理永动机设计方案，并且解释说：“永动机的建造是绝对不可能的，即使中间的摩擦和阻力不致最终破坏原来的动力，这个动力也不能产生等于原来的效果；再如设想动力可以连续起作用，其效果在一定时间内也会是无限小。如果摩擦和阻力减小，初始的运动往往得以继续，但它不能与其他物体作用，在这种假设（自然界不可能存在）中，唯一可能的永恒运动对实现永动机建造者的目的将毫无用处。这些研究的缺点是极度昂贵，不止毁了一个家庭；本来可以为公众提供大量服务的技师们，往往为此消费了他们的工具、时间和聪明才智。”

第一类永动机各种设计方案的失败，制造永动机美好梦想的破灭，对于每一个寻找永动机的人是一个不小的打击。但是，反思这一失败的探索过程，它从反面给人类以启迪，一些科学家从这一否定的结论中开始思考，提出这样一个问题：永动机不可能制成，是不是说明自然界存在着一条法则，它使我们不可能无中生有地获得能量？也就是说自然界各种能量之间存在着一定的转化关系。这方面的思考是能量转化和守恒原理建立的重要线索之一。德国著名物理学家和生理学家亥姆霍兹（H. Helmholtz，1821—1894）就是从永动机不可能实现的这一事实入手研究发现能量转化和守恒定律的。他在论文中写道：“鉴于前人试验的失败，人们……不再询问‘我如何能利用各种自然力之间已知和未知的关系来创造一种永恒的运动'，而是问道'如果永恒的运动是不可能的，在各种自然力之间应该存在着什么样的关系？'”

达·芬奇的劝告、法国科学院的解释，虽然教育了一批“永动机迷”，但似乎还是缺乏“法律根据”，未免显得苍白，直到19世纪中叶能量转化和守恒定律的确立，才对永动机的设计做出了庄严的判决：任何不消耗能量而不断对外做功的机器是不可能制成的，第一类永动机的幻梦永远不能实现！

能量转化和守恒定律为辩证唯物主义提供了更精确、更丰富的科学基础，有力地打击了那些认为物质运动可以随意创造和消灭的唯心主义观点，它彻底打破了第一类永动机的幻梦。恩格斯曾经把这一定律称为“伟大的运动定律”，认为它的发现是19世纪自然科学的三大发现之一。追寻第一类永动机失败的历史，可以给我们两点启示：首先，失败的经历也有积极的科学研究价值，永动机的种种设计方案的失败，引起了人们的反思，启发了能量转化和守恒的思想，成为能量转化和守恒定律建立的重要思考线索之一；其次，人类利用自然，必须遵循自然规律。历史上追求永动机的人们，并不是因为他们没有一种良好的愿望，也不是他们缺乏刻苦钻研的精神，只是由于他们所做的工作违背了自然规律。在人们认识能量转化和守恒定律之前，对那些寻求永动机的努力遭到的失败，我们只能感到遗憾，但是，如果在今天还有人去设计永动机，那他是徒劳的，是违背自然规律的。

§3.3.3 北斗导航系统与全球卫星定位系统*

1. 北斗导航系统

2000年10月31日凌晨0时2分，由中国航天科技集团空间技术研究院自行研制的我国第一颗导航定位卫星——“北斗导航试验卫星”，在西昌卫星发射中心发射成功。“北斗导航试验卫星”的首次发射成功，为我国“北斗导航系统”的建设奠定了基础。我国的“北斗导航系统”是全天候、全天时提供卫星导航信息的区域导航系统。这个系统建成后，主要为公路交通、铁路运输、海上作业等领域提供导航服务。各种车辆、船舶等交通工具，只要装备卫星接收设备，就可以在任何地方随时接收该系统发射的导航信号，进行高精度的定位和测速。

卫星导航是从一起有趣的发现开始的。1957年10月4日，苏联发射了第一颗人造地球卫星，美国约翰·霍普金斯大学应用物理实验室的吉勒（W. H. Guler）和韦芬巴克（G. C. Weiffenbach）两位科学家在用无线电跟踪人造卫星时，发现接收到的电磁波频率随着卫星的运动而发生变化。分析其原因是卫星相对地球运动时，电磁波在传播过程中出现

*发表于《现代物理知识》2001年第6期。

了多普勒（J. C. Doppler）效应。于是他们研究出一种根据地面跟踪站的位置和测量到的多普勒频移来计算卫星运行轨道的方法，从而确定了苏联人造地球卫星的轨道参数。随后，当时任该实验室研究中心主席的麦克卢尔（E. T. Meclure）等人受此启发，运用逆向思维方法，认为由已知的卫星轨道和测得的多普勒频移能确定地面接收站的位置，从而产生了卫星导航的想法，并很快变成了美国海军的导航计划。1960 年 4 月，美国将“子午仪”导航试验卫星成功地送入了轨道，并于 1989 年成功发射第一颗 GPS 工作卫星。

2. 卫星多普勒定位技术

多普勒效应是 1842 年由奥地利物理学家多普勒首先发现的。其可以表述为：由于波源或观察者的运动而出现观测频率与波源频率不同的现象。波源相对于观测站运动所引起的多普勒频移效应可用下式表示：

$$f_r=\frac{e}{c-v\cos\alpha}f_s$$

式中 c 为真空中的光速，v 为卫星相对于观测站的瞬时速度，f_s 为波源发射频率，f_r 为观测站接收到的频率，α 为波源瞬时速度方向与波源至观测站连线的夹角。如果波源是卫星上已知发射频率的无线电信号发射源，卫星到观测站的距离为 r，则称 $\frac{\mathrm{d}r}{\mathrm{d}t}=v\cos\alpha$ 为卫星的径向速度。由上式整理可得

$$\frac{\mathrm{d}r}{\mathrm{d}t}=\frac{c}{f_s}(f_r-f_s)=\frac{c}{f_s}\Delta f$$

观测站就可根据所测量的接收频率而得出多普勒频移 Δf，再经过技术处理，算出卫星在某一瞬时与观测站的距离差，从而确定观测站的地心坐标。实际应用时，为了精确地测量多普勒频移 Δf，通常在地面接收机内增加一个固定的频率，即“本征频率”，将接收到的频率与“本征频率”混频，得出差拍频率。最后，用积分的方法导出多普勒频移或直接进行定位计算。

3. GPS 全球卫星定位系统

GPS（Global Positioning System）全球卫星定位系统，由空间卫星部分、地面监控部分和用户接收部分组成。

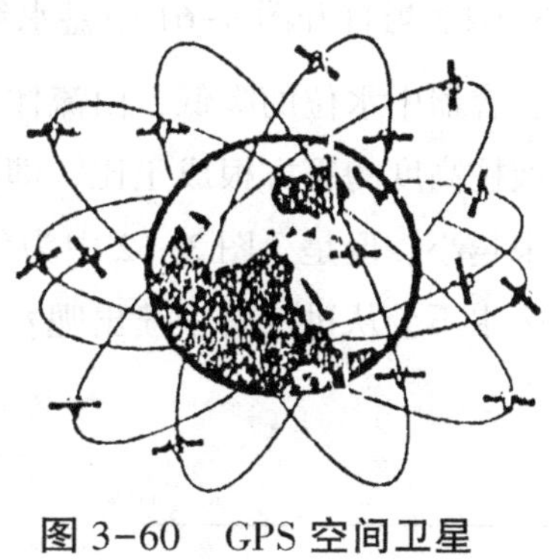

图 3-60　GPS 空间卫星

GPS 系统的空间部分由 21 颗工作卫星和 3 颗备份卫星（共 24 颗卫星）组成，它们分布于 6 条不同平面的轨道上（图 3-60），轨道平均高度约 20200 km，与地球赤道面的夹角为 55°，运行周期为 11 小时 58 分，使同一观测站上空每天出现的卫星分布图形基本相同，只是时间相对提前了几分钟。每颗卫星均向地面发送导航电文。每颗卫

星的信号覆盖区域大约相当于37.92%的地球表面，每颗卫星每天约有5个小时在地平线以上，以保证世界上任何一个地区的用户至少能同时接收4颗（最多可达11颗）GPS卫星的导航信息。

地面监控部分由5个监控站、3个上行数据注入站和一个主控站组成。地面监控站跟踪视场内的所有卫星，根据多普勒效应取得卫星的观测数据。主控站的主要任务是收集各监控站对GPS卫星的全部观测数据，利用这些数据计算每颗GPS卫星的轨道和卫星原子钟的修正值，进而推算出一天以上的卫星星历及时钟差，并按一定格式转换为导航电文送到注入站，由注入站向卫星发送导航数据和控制指令，刷新卫星上的旧数据。主控站还能进行卫星轨道修正、调度等工作。

用户接收部分一般由天线、接收机、处理机、定时器和显示器组成，能同时接收4颗以上卫星发射的L波段信号，经数据解调、处理后，得出用户位置的三维坐标、三维速度和时间信息，并在显示器上显示出用户所在空间直角坐标系中的坐标或转换成用户所需的地理坐标。

物理学家的研究为GPS系统提供了时空计量的方法，但要精确地进行时空测量还必须考虑相对论效应以及卫星运动过程中的受摄情况等因素。然而，人们通过物理学原理引入适当的物理学模型，并采取相应的技术措施，对产生的误差加以修正，使GPS系统的三维空间定位精度利用民用无加密的导航数据（C/A码）可达14 m，利用军用加密的导航数据（P码）可达3 m，测速精度可达0.1 m/s乃至更高。

§3.3.4　恒流瓶的物理原理与应用*

在普通高中课程标准实验教科书·物理2（必修）（山东科学技术出版社，2005年8月第2版）第59页实验与探究“探究射程和射高与初速度和抛射角的关系”中，分别出现了探究射高 h 和射程 s 与初速度关系的图3-61，探究射高 h 和射程 s 与抛射角关系的图3-62。当打开图3-61中盛水细玻璃容器的喷水嘴，并保持方向（抛射角 θ）不变时，随着容器中水位的降低，由流体力学知识可知，敞口容器底部小孔的泄流速（$v=\sqrt{2gh}$）与液柱高度的平方根成正比。即随着容器内液面的降低，从注射针头喷出水流的初速度将越来越小。但是，图3-62中为什么从与软管连接的注射针头喷出水流的初速度不变？为什么水不会从进气管中喷出呢？

*发表于《中学物理教学》2009年第5期。

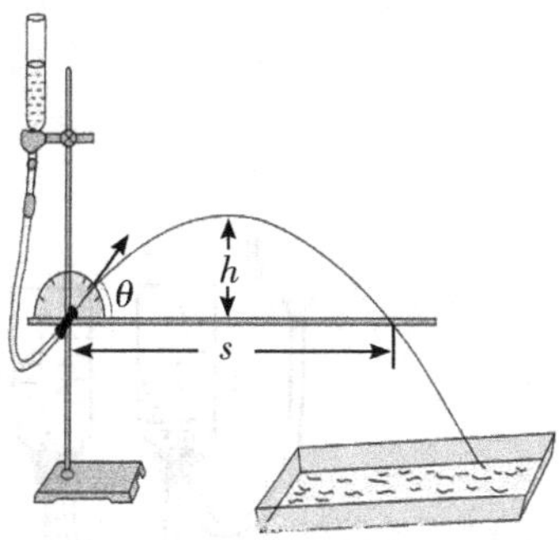

图 3-61　探究实验 1

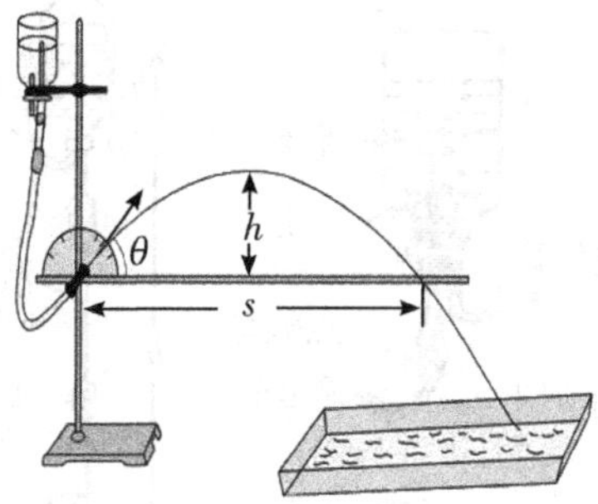

图 3-62　探究实验 2

一、恒流瓶的物理原理

法国物理学家马略特（E. Mariotte，1602—1684）发明了一种叫“恒流瓶”的容器（图 3-63），能使泄流速度不变。当恒流瓶的小孔 C 打开时，水向外流出，使容器中的水面下降，水面上的空气就会变得稀薄，气压减小，于是外界的空气就会通过玻璃管进入水面上方的稀薄气体中，这时与玻璃管下端相水平的 B 点以上的水柱和上部空气的压强之和就等于外界大气的压强。也就是说，从小孔 C 流出的水，只是在高为 Δh 的水柱的压力作用下流出。因为只要瓶中的水面在没有下降到 B 点以下之前，小孔 C 流出水的速度总是由不变的 Δh 所决定，所以从小孔 C 流出水的速度就保持不变。

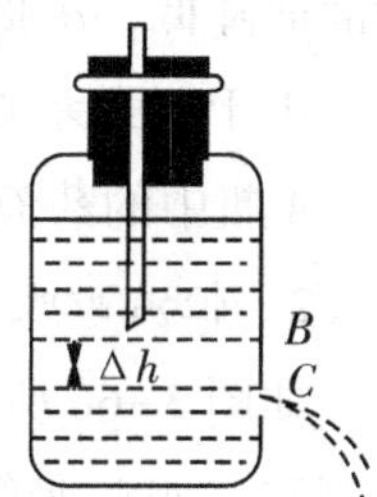

图 3-63　恒流瓶

二、恒流瓶的应用

图 3-62 中的恒流瓶使从注射针头喷出水流的初速度不变，探究了斜抛运动的射高 h 和射程 s 与抛射角 θ 关系。若图 3-62 中抛射角 $\theta=0°$，则也可利用该装置探究平抛运动的规律。此外，恒流瓶还有一些其他应用。

1. 静脉输液

医学上用于静脉输液的输液瓶也是一个恒流瓶，其工作原理如图 3-64 所示。倒置的输液瓶随着瓶内药液面的降低，瓶内液面上方气体压强减小，外界空气在大气压作用下通过进气管不断进入瓶内上部，总保持瓶内液面上方气体压强与 h_1 段液柱压强的和等于大气压，所以 B 所在水平液面处的压强恒等于大气压强 P_0 不变，即瓶内 h_1 段液柱的高度变化产生的压强变化对瓶口处无影响，药液也不会从进气管中流出。在针头处药液的压强为 $P_{药}=\rho_{药}gh_2+P_0$，因 h_2 在滴注过程中不变，所以 $P_{药}$ 恒定，病人的血压 $P_{血}$（包括收缩压和舒张压）在输液的短时间内一般是不变的，这就保证了注射压 $P_{注}=P_{药}-P_{血}$ 相对稳定，因而整个输液过程中药液能始终均匀滴注。

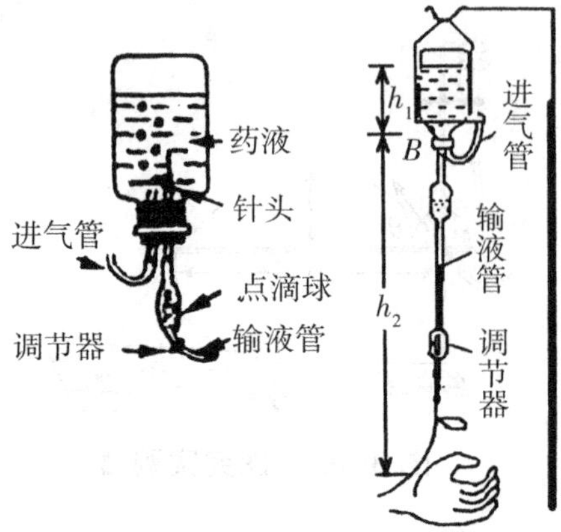

图 3-64　静脉输液

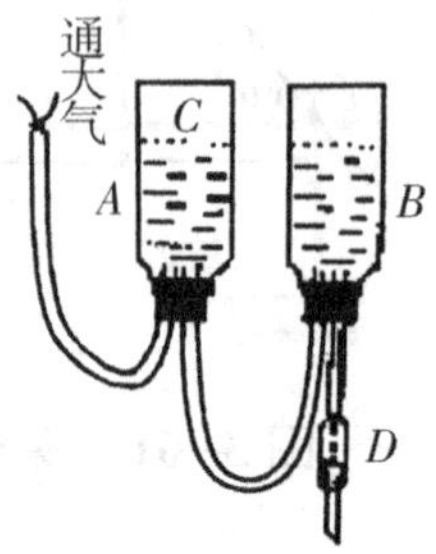

图 3-65　双瓶输液

在图 3-65 所示的输液装置中，*A* 瓶与通气管相连，*B* 瓶通过输液管与人体相连，随着液面降低，*B* 瓶内上方气体压强减小，*A* 瓶内上方气体随着外界空气的进入压强不断增大，由于压强差的存在，*A* 瓶中的药液流入 *B* 瓶内，以保证 *B* 瓶中药液匀速滴注。由此可知，*A* 瓶中的药液先使用完毕，并且随着液面下降，*A* 瓶内上方气体压强逐渐增大。

2. 恒流虹吸

如图 3-66 所示，在带有瓶塞的玻璃瓶中插入一根开口的玻璃管和 U 形虹吸管的短管，其中虹吸管中部有一阀门，这就组成了一个恒流瓶。在恒流瓶和虹吸管中注满水，调节开口玻璃管的位置，使它的下端高于虹吸管的入水口。当打开虹吸管的阀门时，水就均匀地从虹吸管中流出。这时，虹吸管中的水面不断下降，但是流量始终保持均匀。这是因为插入的开口玻璃管改变了瓶内的压强分布，使玻璃管下端开口处的压强始终保持与大气压强相同（这时玻璃管内没有水）。所以在虹吸管的入口处也保持了恒定的压强，使水以均匀的流量流出。因为推动液体流动的根本原因是压强差，虹吸管入口处的压强等于大气压加一段水柱 Δh（入口处到开口玻璃管下端之间的距离）的压强，大于出口处的压强（大气压），所以水会从虹吸管的出口处源源不断地流出来，直到瓶里的水流完为止。

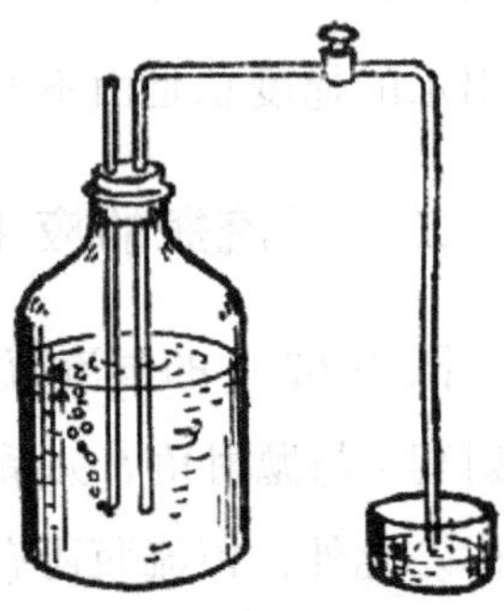

图 3-66　恒流虹吸

§3.3.5　到底是谁发明了无线电*

无线电是谁发明的？绝大多数西方国家公认是马可尼（G. W. Marconi），而苏联只承认波波夫（Popov）。这个问题争论了近一个世纪，直到今天还没有统一认识，成为近代科学技术史上有关发明权的一桩公案。

1. 群雄逐鹿

1888年，德国物理学家赫兹（H. R. Hertz）用巧妙的实验装置发现了电磁波（亦称赫兹波）的存在，从而验证了麦克斯韦（J. C. Maxwell）电磁场理论的正确性。1889年，德国工程师胡布尔（Huber）提出了利用赫兹波来进行无线电通信的设想，遗憾的是，这一设想被他的好友、研究理论物理的赫兹所否定。不过，赫兹对技术应用的偏见和武断，并没有阻止人们探索赫兹波应用的脚步。相反，在谱写“信息时代”历史新篇章的征途中，形成了群雄逐鹿的局面。

1890年，法国物理学家布冉利（Branly）根据“铁屑效应”的原理，对赫兹接收器进行了改进，制成了金属屑检波器，探测电磁波的距离达到140 m；1893年，曾掀起电气事业革命的南斯拉夫电学家台思拉（N. Tesla）在美国纽约发表了电磁波接收的调谐原理，并利用无线电波演示了启动远处的电灯开关等遥控试验，它预示了无线电广播和新闻传真的可能性；1894年，英国皇家会会员洛奇（A. E. H. Lodge）把布冉利的金属屑检波器同继电器和打字机连接起来，组成一台电磁波接收机，并专门设计了能自动敲击玻璃管，使金属屑及时恢复原状的机构。洛奇利用这些改进的装置，曾在相距几百米远的地方进行了莫尔斯（S. F. B. Morse）电码的无线电传送；1894年，远在太平洋中的新西兰岛上，坎特伯雷学院四年级的大学生卢瑟福（E. Rutherford）发明了比布冉利金属屑检波器灵敏度更高的磁性检波器，并在一座18 m长的工棚里进行了电磁波收、发表演，有人把这次表演中收、发的信号，称作“越过新西兰上空的第一份无线电报”[1]。在探索赫兹波应用的行列中，除了布冉利、台思拉、洛奇和卢瑟福四个著名人物以外，波波夫和马可尼也是取得巨大成功的两个佼佼者。

2. 波波夫捷足先登

波波夫，1859年3月16日生于俄国乌拉尔山区的一个小村庄。波波夫从小对物理和数学极感兴趣，当他获悉赫兹发现了电磁波的消息，被此吸引，开始热心于这方面的研究。1894年，波波夫制成了一台高灵敏度的无线电接收机，这台接收机的独特之处是首次

*发表于《中学物理教学参考》2000年第6期，全文被转载于人大复印报刊资料《中学物理教与学》2000年第5期。

在接收机上使用了天线，从而使检测电波的距离大大增加。1895 年 5 月 7 日，在彼得堡物理化学协会学年会上，波波夫成功地表演了自己发明的无线电接收机。几十年以后，苏联政府把每年的 5 月 7 日定为“无线电发明日”。1896 年 1 月，俄国物理化学协会刊物《电》1 月发表了波波夫的论文“金属屑同电振荡关系”，并介绍了 5 月 7 日那次表演的情况，它立刻引起了全球学术界的关注。不久，波波夫用电报机代替电铃，作为接收机的终端，这就成了一台无线电发报机。1896 年 3 月 24 日，在俄国物理化学协会的年会上，波波夫进行了用无线电传递莫尔斯电码的表演，当时在场观众有 1000 多人，通信距离大约为 250 m，收到报文是：“海因里希 · 赫兹”[1]。这份电报虽然很短，却是世界上第一份有明确内容的无线电报。此后，波波夫在相当艰难的情况下，于 1897 年春天在俄国军港喀琅施塔得停泊场继续进行了无线电试验，通信距离达到了 640 m。同年夏天，波波夫又在巡洋舰“阿非利加号”和教练舰“欧罗巴”号上进行了无线电通信试验，最大通信距离达到 5 km。但是，波波夫的发明直到 1899 年底，才得到俄国海军总部的承认和支持，并首先应用于俄国军舰上。同年，他又在科特卡城和哥格兰德岛之间开辟了俄国第一条实用的无线电报通信线路，距离为 40 km，并成功地完成了海上营救任务。可惜，宝贵的三年时间已经过去，此时的马可尼已远远超过了拍发世界上第一份无线电报的波波夫。

3. 马可尼后来居上

马可尼，1874 年 4 月 25 日生于意大利波伦亚，他从小对物理有浓厚的兴趣，当他看到有关赫兹波实验的文章后，便立志把无线电应用于通信。

1895 年，马可尼首次在故乡意大利，取得了无线电试验的成功，电磁波的传送距离大约为 2.7 km，但是他没有得到政府的重视和支持。1896 年，他来到了英国，并很快取得了英国政府应用“赫兹电波”的专利。此后，幸运的马可尼在英国邮电局总工程师普利斯（W. H. Preece）爵士的热情支持下，他的发明工作取得了迅速的发展。1896 年 12 月 12 日，他在伦敦科技大厅的表演，赢得了整个英格兰的赞誉。1897 年 5 月，马可尼又在英国西海岸南段的布里斯托尔海湾成功地实现了人类首次无线电信号的跨海通信试验，距离增大到 14.5 km，同年 7 月，他在伦敦成立了无线电报通信公司（1900 年改为马可尼无线电公司），并在怀特岛的艾伦湾建立了一座电台，开始研究无线电的商业应用。当时，长途有线通信的奠基人开尔文（W. T. L. Kelvin）勋爵曾在艾伦湾尼特无线电台拍发了世界上第一份收费的商用无线电报。1898 年 7 月，马可尼的无线电装置为爱尔兰首都柏林《每日快报》报道了快艇的比赛情况。1899 年夏，马可尼又成功地使无线电信号第一次越过英吉利海峡，并使无线电成为海上救生的有力工具。同年 11 月 15 日，他又使无线电通信距离首次突破 100 km 大关，达到了 106 km。1900 年，马可尼用无线电报道了美国选举的结果，至此无线电通信充分显示出它的巨大优越性。同时，为了提高接收机的灵敏度，他又研制了无线电调谐装置并申请了专利权，无线电的实用价值得到了社会的承认。1901 年

12 月 12 日，马可尼在加拿大的圣约翰斯接收到从英国康沃尔发来的电码“S”，首次在大西洋两岸实现了远距离无线电信号的传送，终于使无线电成为全球的事业，开辟了应用无线电的新时代[2][3][4]。

4. 发明权之争

1908 年，俄国物理化学协会专门成立了一个委员会，对无线电的发明权问题进行调查，实际上是给波波夫的发明权寻找根据。他们向很多外国学者发信征求意见，不久就宣布波波夫享有发明无线电的优先权。这些俄罗斯的“爱国教授”们理直气壮地说“是波波夫最早发明了无线电报”，连布冉利都说过“无线电实际上是从波波夫开始的”[5]。

英国的学者们不服气，他们提出了更充足的理由：瓦特（J. Watt）没有发明蒸汽机，但是他发明了在冷凝器里冷凝蒸汽，使不经济的纽科门（T. Newcomen）蒸汽机变成了实用的蒸汽机，最后导致一场工业革命。莫尔斯也不是第一个发明电报机的人，但是他发明了莫尔斯电码，电报才成为广泛应用的通信工具。同样，马可尼虽然在波波夫以前没有做过真正的无线电表演。但是，他是第一个使无线电走出实验室的人，也是第一个让无线电飞过大西洋，实现远距离实用通信的人。世界上公认瓦特发明了蒸汽机，公认莫尔斯发明了电报，也就应该公认马可尼发明了无线电。

1905 年 5 月 4 日，在美国关于无线电发明权的一场诉讼中，北美巡回法庭判定马可尼是无线电发明人，尽管资本主义社会的法庭常常被利害关系所左右，判决带有一定的倾向性，他们的法律不一定就是真理。但是，由于判词比较符合历史事实，后来获得了世界上大多数国家的承认。

1909 年 11 月，马可尼和德国物理学家布劳恩（C. F. Graun）共同获得 1909 年度的诺贝尔物理学奖。而此时第一个探索无线电世界、毕生为发展无线电事业奋斗的波波夫，由于沙皇的封建腐朽，他的事业没有得到政府的支持，在 1906 年患脑溢血，英年早逝。由于诺贝尔奖只发给在世的科学家，所以使波波夫无缘获此殊荣[6][7]。

5. 结束语

纵观马可尼发明无线电的历程，可以看出，出于多种因素的综合作用，使马可尼取得了巨大的成功。就外部因素而言，首先，马可尼得到普利斯的支持，是他一生中最大的幸运。普利斯身居英国电信界的领导地位，论研究无线电通信的资格，比布冉利和洛奇都老，但他并不骄傲。当普利斯看到青年马可尼研究出自己多年没有研究出的东西时，只是由衷地感到高兴，没有丝毫嫉妒，他不但鼓励年轻的马可尼替他宣传，而且设法为马可尼争取到政府的资助，这一切，对马可尼的事业产生了重大的影响；其次，马可尼的成功还有重要的社会原因。当时，英国正处在资本主义的上升时期，同海外有广泛的联系，无线电如果能够得到实际应用，就会促进英国航海事业的发展。同时，英国有优良的科学传统，政府比较重视科学发明，马可尼对无线电的研究始终得到了政府有关方面的支持和赞助。

可是，波波夫的遭遇则恰好相反，由于沙俄封建落后，抱残守缺，漠视无线电事业和科学家，波波夫的发明没有得到政府的关心和支持。当波波夫第一次向有关当局申请实验经费时，竟得到了这样的批示："对于这种幻想，不准拨款。"只是由于海军上将马卡洛夫（СтепанОсиповичМакаров）一再坚持，后来才拨下区区 300 卢布，这两个发明家，一个是一帆风顺，一个是逆水行舟。因此，波波夫虽然比马可尼早一年取得研究成果，但很快就落到了后面。

当然，马可尼具备良好的科学研究素质是他获得巨大成功的主要原因。一是敢想，二是想到了就做，三是善于吸收别人成功的经验。虽然马可尼并没有超人的智慧，可是他善于吸取众人的长处，能够把许多天才的创造结合起来，变成无价之宝，尽管他不是无线电的第一个拓荒者，但他却取得了最大的成功。他是集大成者，在众多无线电研究者中第一个登上顶峰，成为杰出的无线电发明家。

总之，科学家虽有自己的祖国，但科学是没有国界的。马可尼和波波夫这两位各有千秋的发明家，无论他们属于什么民族，有什么样的个人命运，他们发明无线电的丰功伟业是造福子孙万代的，是值得永远纪念的。

参考文献

［1］松鹰．电子科学发明家［M］．北京：中国青年出版社，1981，203-205；212；207-210.

［2］马德录．物理群星［M］．沈阳：辽宁教育出版社，l985，202-206；235-238.

［3］曾少潜．世界著名科学家简介［M］．北京：科学技术文献出版社，l983，178.

［4］吴景彦．物理学史上的科学家［M］．北京：劳动人事出版社，l988，304.

［5］RL 韦伯．诺贝尔物理学奖获得者［M］．上海：上海翻译出版公司，1985，54.

［6］RM BESANCON．The EncyclolJedia of physics［M］．3th Edition，VNR Compony Inc，1985，26.

［7］赵保经．无线电电子学史话［M］．北京：科学出版社，1998，33.

§3.3.6　高压直流远距离输电*

现代远距离输电工程中并存着高压交流输电和高压直流输电两种方式。高中物理（必修）第二册（人民教育出版社，1995年版）第111页指出："实际（交流）输电线路中，导线的电感和电容的影响也会引起很大的电压损失。要彻底解决这个问题就要用直流高压输电。"但是，上述高中物理教科书主要介绍了高压交流远距离输电，而没有详细介绍高压直流远距离输电。因此，本节介绍高压直流远距离输电，供大家参考。

一、输电方式的变迁

人类历史上最早的输电方式是从直流输电开始的。1874年，在俄国彼得堡第一次实现了直流输电，当时的输电电压仅100 V。之后，美国爱迪生电灯公司在美国发展了一整套为白炽灯供电的直流发电配电系统，先用120 V，后改用240 V供电。随着直流发电机制造技术的提高，到1885年，直流输电电压已提高到6 kV。但要进一步提高大功率直流发电机的额定电压，存在着绝缘等一系列技术困难。又因不能直接给直流电升压，使得输电距离受到极大的限制，不能满足输送容量增长和输电距离增加的要求。

19世纪80年代末，人类发明了三相交流发电机和变压器，特别是发明了结构简单、运行可靠、价格便宜的异步（感应）电动机，使交流电的应用得到进一步的发展。1891年，世界上第一个三相交流发电站在德国劳风竣工，以30 kV高压向法兰克福输电。由于交流高压输电比低压直流输电电能损失小得多，美国威斯汀豪斯公司积极推广使用交流电，短时间内输电技术从直流输电发展为交流输电。但是，随着电力系统的迅速扩大，输电功率和输电距离的进一步增加，交流输电遇到了一系列不可克服的技术困难。

20世纪30年代，大功率换流器（整流和逆变）的研究成功，为高压直流输电解决了技术困难。直流输电作为解决输电技术困难的方向之一，又重新受到人们的重视。这样，解决远距离输电的出路又戏剧性地转向了直流输电。1933年，美国通用电器公司为布尔德坝枢纽工程设计出高压直流输电装置；1954年，从瑞典本土到果特兰岛，建起了世界上第一条远距离高压直流输电工程；1977年，我国在上海市建成了第一条31 kV直流输电工业性试验电路。我国超高压直流输电工程，有从葛洲坝至上海的500 kV线路和青海龙羊峡至北京的输电工程。另外还有，20世纪80年代开始在舟山建造的100 kV直流跨海输电试验工程。

---

*发表于《现代物理知识》2002年第6期，全文被转载于人大复印报刊资料《中学物理教与学》2003年第3期。

二、交流输电遇到的技术困难与直流输电的优点

1. 输电线的感抗

交流输电线不但有电阻，而且还有电感。较细的导线，电阻的作用超过电感。在输电功率大，输电导线横截面积超过 95 mm^2 的情况下，对 50 Hz 的交流电来说，感抗的作用会超过电阻，但对稳定的直流电则只有电阻而没有感抗。

2. 电缆输电

输电线一般是架空线，但在一些特殊的场合，必须用电缆输电。例如，跨过海峡给海岛输电时要用水下电缆；穿过人口密集的大城市输电时要用地下电缆。电缆在金属芯线的外面包着一层绝缘皮，水和大地都是导体，被绝缘皮隔开的金属芯线和水（或大地）构成了同轴电容器。对于一条 200 kV 的水下电缆，每千米的电容约为 0.2 μF，每千米需供给充电功率约 3.0×10^3 kW，在每千米输电线路上，每年就要耗电 2.6×10^7 kW · h。在交流输电的情况下，不仅存在无功电容电流引起的很大的损耗，而且这个同轴电容对输电线路的末端（受电端）起旁路电容的作用，并且旁路电容随电缆的增长而增大，会增大到交流电几乎输送不出去的程度。这时交流输电已无实际意义，只能用直流输电，因为电容对稳定的直流电不起作用，不会出现无功电容电流。

3. 连网输电

现代交流供电系统是把许多电站连成一个电力网，要使电力网正常工作，就必须使网内所有的发电机同步运行，即同时达到正的最大值，同时达到负的最大值，但这在技术上是很困难的。另外，交流远距离输电时，电流的相位在交流输电系统的两端会产生显著的相位差；电网的各系统交流电的频率虽然规定统一为 50 Hz，但实际上常产生波动。这两种因素引起交流系统不能同步运行，需要用复杂庞大的补偿系统和综合性很强的技术加以调整，否则，就可能在设备中形成强大的循环电流而损坏设备，或造成不同步运行的停电事故。在技术不发达的国家，交流输电距离一般不超过 300 km。而直流输电线路互连时，它两端的交流电网可以用各自的频率和相位运行，不需要进行同步调整。

4. 发生故障对输电的影响

交流输电需要三相平衡，任一相发生永久性故障，都会导致电网失衡而全线停电，并烧坏昂贵的高压开关和载流设备。而在直流输电线路中，各级是独立调节和工作的，彼此没有影响。所以，当一极发生故障时，只需停运故障极，另一极可与大地构成输电回路，仍可向负载输送不少于一半功率的电能，不会全线停电。其可控硅装置，能迅速、方便地调节电流和电功率，短路时保护载流设备。因此，直流输电发生故障的损失相对交流输电较小。

5. 输电功率与耗材

采用两线制的直流输电与采用三线制的三相交流输电相比，在输电线截面积相同和电流密度相同的条件下，即使不考虑趋肤效应，也可以输送相同的电功率，而输电线和绝缘材料可节约$\frac{1}{3}$，当然也减少了$\frac{1}{3}$的热损。如果考虑趋肤效应和各种损耗（绝缘材料的介质损耗、电磁感应的涡流损耗、架空线的电晕损耗等），输送同样功率交流电所用导线截面积大于或等于直流输电所用导线截面积的 1.33 倍。因此，直流输电所用的线材几乎只有交流输电的一半。同时，直流输电杆塔结构也比同容量的三相交流输电简单，线路走廊占地面积也少。

三、直流输电系统

在直流输电系统中，只有输电环节是直流电，发电系统和用电系统仍然是交流电。图 3-67 为高压直流输电的典型线路示意图。在输电线路的始端，发电系统的交流电经换流变压器 T_1、T_2 升压后，送到整流器 H_1 和 H_2 中去。整流器的主要部件是可控硅变流器和进行交直流变换的整流阀，它的功能是将高压交流电变为高压直流电后，送入输电线路。直流电通过输电线路 L_1 和 L_2 送到逆变器 H_3 和 H_4 中。逆变器的结构与整流器相同而作用刚好相反，它把高压直流电变为高压交流电。再经过换流变压器 T_3 和 T_4 降压，交流系统 A 的电能就输送到了交流系统 B 中。在直流输电系统中，通过改变换流器的控制状态，也可以把交流系统 B 中的电能送到系统 A 中去，即整流器和逆变器可以互相转换而实现联网。

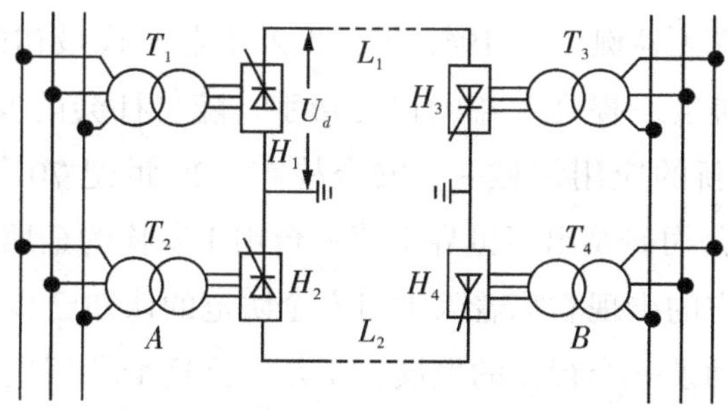

图 3-67　高压直流输电线路图

高压直流输电主要用于远距离大功率输电、海底电缆输电、非同步运行的交流系统之间的联络等方面。但是，目前换流设备存在着制造难、价格高等困难，有待研究解决。不过随着科学技术的进步，大型水电站的开发和坑口电站的建设，以及大电网的互相连接，远距离大功率的直流输电必将得到发展。

§3.3.7 金属探测器*

提起金属探测器（metal detector），人们就会联想到探雷器，工兵用它来探测掩埋的地雷。金属探测器是一种专门用来探测金属的仪器，除了用于探测有金属外壳或金属部件的地雷之外，还可以用来探测隐蔽在墙壁内的电线、埋在地下的水管和电缆，甚至能够地下探宝，发现埋藏在地下的金属物体。目前金属探测器还广泛应用于各种大型会议中心、会展场馆、体育场馆、公检法和监狱系统及娱乐场所的安全检查和工厂企业的防偷窃检查。另外，为了严肃考风考纪，有效地防止利用高科技手段作弊的发生，为众多考生营造一个公平、公正的考试环境，2005年全国硕士研究生入学统一考试和2005年普通高等学校招生全国统一考试，部分省、市首次使用了金属探测器，在考生进考场前对手机、寻呼机、电子存储记忆录放设备等禁带物品进行检查。根据国务院发布的《单位内部治安保卫条例》，监考人员在考场里使用金属探测器符合相关规定，它将作为一项常规措施载入我国的考试史册。本文就来浅谈金属探测器的发展简史、发展现状、工作原理、技术性能以及高考使用金属探测器带来的反思。

一、金属探测器的发展简史

金属探测器按其功能和市场应用领域的不同可分为以下几种：通道式金属探测器（简称安检门）、手持式金属探测器、便携式金属探测器、台式金属探测器、工业用金属探测器和水下金属探测器。

世界上第一台金属探测器诞生于1960年，步入工业时代最初的金属探测器主要应用于工矿业，是检查矿产纯度、提高效益的得力帮手。随着社会的发展，犯罪案件的上升，金属探测器被引入一个新的应用领域——安全检查。20世纪70年代初，芬兰麦特瑞克（METOREX）安全产品公司研制出了世界上第一台用于安检的金属探测门，并首先在美国芝加哥机场投入使用，它的出现意味着人类对安全防范的认知已步入一个新纪元。

一个产品的出现带动了一个行业的发展，于是安检这个既陌生又熟悉的行业开始进入市场。40多年过去了，金属探测器经历了几代探测技术的变革，从最初的信号模拟技术到连续波技术直到今天所使用的数字脉冲技术，金属探测器简单的磁场切割原理被引入多种科学技术成果。无论是灵敏度、分辨率、探测精确度还是其工作性能都有了质的飞跃。应用领域也随着产品质量的提高延伸到了多个行业。

20世纪70年代，随着航空业迅速发展，劫机和危险事件的发生使航空及机场安全日

---

*发表于《物理通报》2006年第4期。

益受到重视，于是在机场众多设备中金属探测门扮演着排查违禁物品的重要角色。同样在20世纪70年代，由于金属探测门在机场安检中的崭露头角，大型运动会（如奥运会）、展览会及政府重要部门的安全保卫工作中开始启用金属探测门作为必不可少的安检仪器。

发展到20世纪80年代，西方国家监狱暴力案件数量呈直线上升趋势，如何及早有效预防并阻止暴力案件的发生成了监狱管理工作中的重中之重，在警员对囚犯加强管理的同时，金属探测门再次成为美国、英国、比利时等发达国家监狱管理机构必备的安检设备，形成平均每300个囚犯便使用一台金属探测门用于安检；与此同时，西方国家兴起的“寻宝热”，也使手持式、便携式金属探测器得到长足的发展。

进入20世纪90年代，迅速升温的电子制造业成了这个时代的宠儿，大型的电子公司为了减少产品流失、结束员工与公司之间的尴尬局面，陆续采用金属探测门和手持式金属探测器作为管理员工行为、减少产品流失的利刃。于是金属探测器又有了它新的角色——产品防盗。

“9·11事件”以后，反恐成为国际社会一个重要议题。爆炸案、恐怖活动的猖獗，使恐怖分子成了各国安全部门重点打击的对象。此时国际社会对“安全防范”的认知也被提到一个新的高度。受“9·11事件”的影响，各行各业都加强了保安工作的部署，正是受此影响，金属探测器的应用领域也成功的渗透到公共娱乐场等行业。然而，此时简单的通道式金属探测门已不能完全满足安检的要求，安保人员需要的是一种能准确判定金属物品藏匿位置的安检产品。于是多区位金属探测技术应运而生，它的诞生是金属探测器发展历史上的又一次变革，原来单一的磁场分布变成了现在相互叠加而又相对独立的多个磁场，再根据人体工程学原理把门体分为多个区段使之与人体相对应，相应的区段在金属探测门上形成相对的区域，这样，金属探测门便拥有了报警定位功能。

在实际使用中，除了通道式安检门外，还有一种金属探测器也是必不可少的，它就是手持式探测器。它是便携式的，既可以独立使用，也可以和安检门配合使用，在某些情况下，与安检门配合使用，不仅能有效地防止漏报的产生，还能大大提高检测效率。目前市场上存在的手持式探测器主要以声、光报警为主，但现在已有一种既可以选用声音报警，又可以选用振动报警的手持式探测器。除了有两种报警方式外，手持式探测器还有设计精巧，易于操作，可实现360°范围探测；三色LED指示灯使操作更加简便；依据人体工程学设计的手柄，适合每个人操作等特点。

目前，通道式金属探测安检门已不能完全满足安检要求。由于其工作原理的局限，金属探测安检门只能检测由金属做成的物体，而像炸药、毒品、神经性毒气都查不出来，但现在一种新式的通道式安检门已经问世，它利用离子俘获质子漂移技术和气相层析技术，能在很短的时间内查出被检查者身上是否携带有炸药、毒品和生化武器，从而使安全防范提高到一个新的水平。

二、国内金属探测器的发展现状

随着安防行业的蓬勃发展，在安检领域，国内出现了多个金属探测器生产厂商，但从国内市场占有率上来看，国外品牌占有80%的市场份额，民航市场也一直是国内金属探测器的禁区。究其原因，大部分是因为其产品质量不过关，导致拿不到相关的认证。其实，国内金属探测器产品的研发、生产和推广，近几年已获得较大进步。但是，像其他电子类产品一样，金属探测器同样出现了电路仿制、性能相同、功能繁多、华而不实的现象。某些生产厂商不重视研发或研发周期短的行为势必导致产品的一致性差、可靠性低以及安检产品社会信誉度降低，设备从根本上满足不了安检要求。

2002年是国产探测器 业绩辉煌的一年，政府对安防行业的大力支持，及“十五计划”指导思想的延伸使一些生产厂商越来越注重自身产品质量的提高，无论是产品性能还是外观都越来越接近国外产品，甚至在某些功能上已超过了国外产品。在产品开发、生产过程中考虑最多的也是如何适应国内安检市场、满足客户要求，实现安检设备国产化，符合中国国情。

2003年的国内金属探测器市场可谓硝烟弥漫，无论是国外品牌还是国产品牌竞争异常激烈，都试图在大陆市场再多分一杯羹，重新划分现有市场的格局。于是国外某品牌率先打出了独有的电脑联网功能的招牌。国内厂家在自身产品尚不过关的情况下纷纷效仿，最终均战死沙场，唯独深圳某公司自主开发的SYSTEM（赛时特）金属探测门笑傲江湖。据了解，目前国内也只有该公司掌握此技术的核心部分，并且比国外产品所提出的电脑联网功能更具先进性和实用性。金属探测器因其应用领域不同，其电脑联网功能也不相同。SYSTEM（赛时特）所提出的电脑联网功能，如应用在机场，电脑联网实际上是将旅客输入电脑的身份资料和金属探测门形成共享，报警后第一时间可以从电脑调出该旅客身份资料，使机场安检更具严密性；如应用于工厂，电脑联网是将工厂的员工管理系统和金属探测门形成资源共享，管理人员通过电脑自动统计报警资料，重点分析观察对象，主动采取安全防范措施减少产品流失，实现统一管理。

2006年3月22日，世界上第一台采用金属框架制造的金属探测安检门在我国克金安全技术金属探测研发中心诞生了。该金属探测安检门采用先进的双探测源、人体全身300 ms扫描探测技术，利用金属自身来干扰原先不太稳定的球形磁场，使磁场重新排列组合成一个新的均匀稳定的磁场，以“金”克“金”，从而提高了安检门的灵敏度和稳定性，并且增加了ID地址功能，频率设置功能和最低灵敏度、普通灵敏度、极限灵敏度转换功能。该金属探测安检门的出现开创了安检门的新纪元，也填补了世界空白。

目前，国内金属探测器只能检测金属物品，而像炸药、毒品等非金属危险物品却查不出来，虽然外国某公司现已进入开发阶段，但相信推出使用还需一段时间。然而我们衷心地希望国内各厂家相互整合各自优势，寻求规模效应，及早推出具有国际水准、最先进的金属探测器，使安全防范再次提高到一个新的水平，使国产金属探测器及早进入国际市场。

三、金属探测器的工作原理

1. 基本原理

金属探测器主要是由探头和控制装置两部分构成，其整机原理方框图如图 3-68 所示。探头由绕在骨架上的 3 个线圈组成，中心线圈连接振荡器。振荡器产生的振荡经分频、功放后馈送到探测线圈，用以产生交变磁场。交变磁场在探测线圈中感应一个信号，但是由于这些线圈反向连接，所以两个信号彼此相减。当合成信号为零时，探头处于平衡状态。因金属都具有磁性和导电性，当有金属物通过探测区时，将对原交变磁场产生干扰，铁磁物质将局部加强原交变磁场，非铁磁物质将局部减弱原交变磁场。接收线圈按差分形式设计，在无外界金属通过时，其输出处于平衡状态；当有金属通过时，探测区交变磁场受到干扰，破坏了探头的平衡状态，从而使探测线圈的输出端有一微弱变化的交变电压输出，这一微弱的电压信号经高放、相敏检波、低放、电压比较、抑制短脉冲干扰、单稳触发等电子控制电路后，将包含在输出信号的幅度和相位中的“有金属”信息分离出来，作为声、光报警和执行机构的控制信号。最后由继电器发出执行信号，送到自动执行机构，从而自动报警，或将含有金属的物体检出。

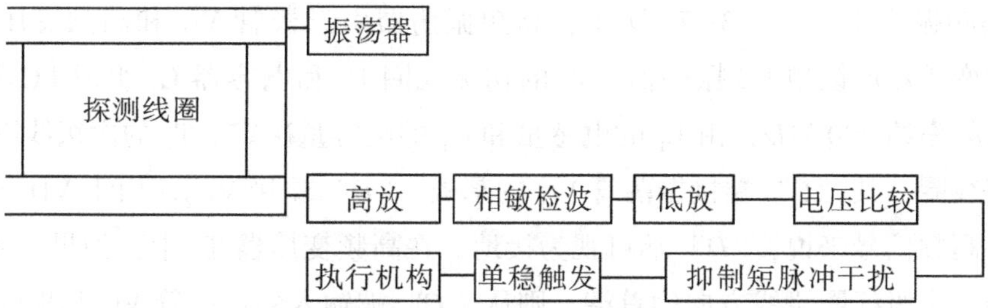

图 3-68　原理方框图

2. MD-898K 型金属探测器的工作原理

简单地讲，金属探测器利用有交流电通过的线圈产生迅速变化的磁场，该磁场能在被检测的金属物体内部感生涡电流。涡电流又产生磁场，倒过来影响原来的磁场，引发探测器发出鸣声。本文仅以 MD-898K 型金属探测器为例具体介绍。

（1）组成和电路原理图。由金属探测器的电路框图（图 3-69）可以看出，MD-898K 型金属探测器由高频振荡器、振荡检测器、音频振荡器和功率放大器等组成。

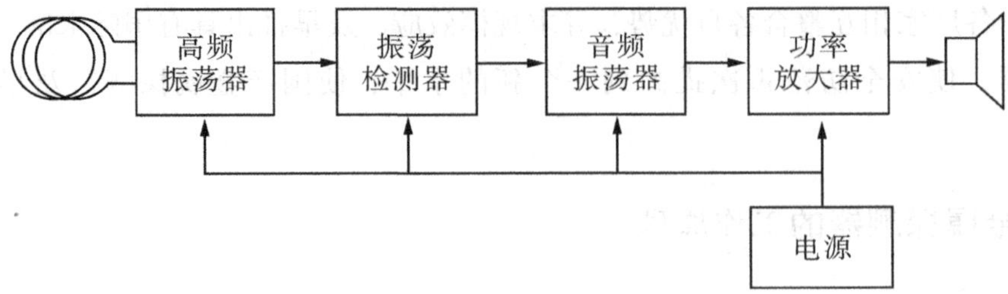

图 3-69　电路框图

MD-898K 型金属探测器的电路原理图如图 3-70 所示。

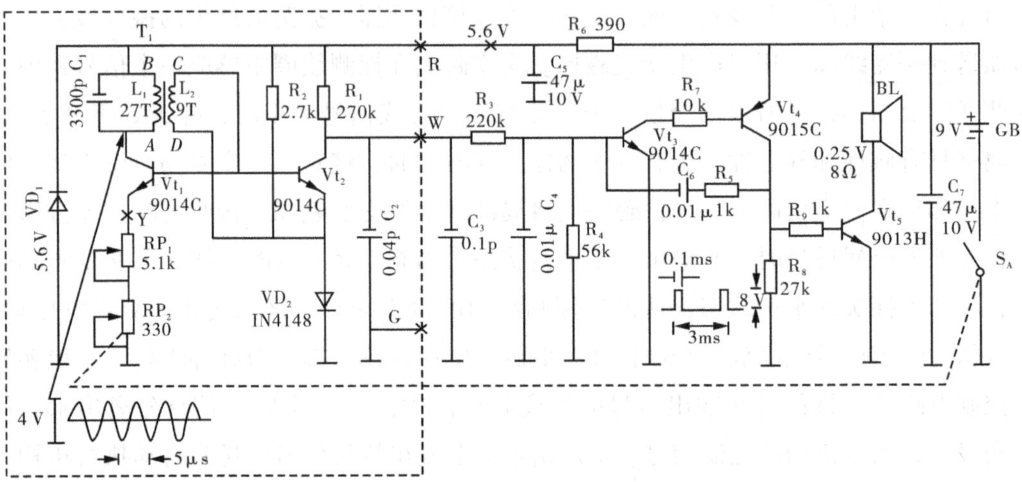

图 3-70　电路原理图

（2）高频振荡器。如图 3-70 所示，高频振荡器由三极管 Vt_1 和高频变压器 T_1 等组成，是一种变压器反馈型 LC 振荡器。T_1 的初级线圈 L_1 和电容器 C_1 组成 LC 并联振荡回路，其振荡频率约 200 kHz，由 L_1 的电感量和 C_1 的电容量决定。T_1 的次级线圈 L_2 作为振荡器的反馈线圈，其“*C*”端接振荡管 Vt_1 的基极，“*D*”端接 VD_2。由于 VD_2 处于正向导通状态，对高频信号来说，“*D*”端可视为接地。在高频变压器 T_1 中，如果“*A*”和“*D*”端分别为初、次级线圈绕线方向的首端，则从“*C*”端输入到振荡管 Vt_1 基极的反馈信号，能够使电路形成正反馈而产生自激高频振荡。振荡器反馈电压的大小与线圈 L_1、L_2 的匝数比有关，匝数比过小，由于反馈太弱，不容易起振，过大引起振荡波形失真，还会使金属探测器灵敏度大为降低。振荡管 Vt_1 的偏置电路由 R_2 和二极管 VD_2 组成，R_2 为 VD_2 的限流电阻。由于二极管正向阈值电压恒定（约 0.7 V），通过次级线圈 L_2 加到 Vt_1 的基极，以得到稳定的偏置电压。显然，这种稳压式的偏置电路能够大大增强 Vt_1 高频振荡器的稳定性。为了进一步提高金属探测器的可靠性和灵敏度，高频振荡器通过稳压电路供电，其电路由稳压二极管 VD_1、限流电阻器 R_6 和去耦电容器 C_5 组成。振荡管 Vt_1 发射极与地之间接有两个串联的电位器，具有发射极电流负反馈作用，其电阻值越大，负反馈作用越强，Vt_1 的放大能力也就越低，甚至使电路停振。RP_1 为振荡器增益的粗调电位器，RP_2

为细调电位器。

调节高频振荡器的增益电位器，恰好使振荡器处于临界振荡状态，也就是说，刚好使振荡器起振。当探测线圈 L_1 靠近金属物体时，由于电磁感应现象，会在金属导体中产生涡电流，使振荡回路中的能量损耗增大，正反馈减弱，处于临界态的振荡器振荡减弱，甚至因无法维持振荡所需的最低能量而停振。如果能检测出这种变化，并转换成声音信号，根据声音有无，就可以判定探测线圈下面是否有金属物体了。

（3）振荡检测器。如图 3-70 所示，振荡检测器由三极管开关电路和滤波电路组成。开关电路由三极管 Vt_2、二极管 VD_2 等组成，滤波电路由滤波电阻器 R_3，滤波电容器 C_2、C_3 和 C_4 组成。在开关电路中，Vt_2 的基极与次级线圈 L_2 的“C”端相连，当高频振荡器工作时，经高频变压器 T_1 耦合过来的振荡信号，正半周使 Vt_2 导通，Vt_2 集电极输出负脉冲信号，经过 π 型 RC 滤波器，在负载电阻器 R_4 上输出低电平信号。当高频振荡器停振荡时，“C”端无振荡信号，又由于二极管 VD_2 接在 Vt_2 发射极与地之间，Vt_2 基极被反向偏置，Vt_2 处于可靠的截止状态，Vt_2 集电极为高电平，经过滤波器，在 R_4 上得到高电平信号。由此可见，当高频振荡器正常工作时，在 R_4 上得到低电平信号，停振时为高电平，由此完成了对振荡器工作状态的检测。

（4）音频振荡器。如图 3-70 所示，音频振荡器采用互补型多谐振荡器，由三极管 Vt_3、Vt_4，电阻器 R_5、R_7、R_8 和电容器 C_6 组成。互补型多谐振荡器采用两只不同类型的三极管，其中 Vt_3 为 NPN 型三极管，Vt_4 为 PNP 型三极管，连接成互补的、能够强化正反馈的电路。在电路工作时，它们能够交替地进入导通和截止状态，产生音频振荡。R_7 既是 Vt_3 负载电阻器，又是 Vt_3 导通时 Vt_4 基极限流电阻器。R_8 是 Vt_4 集电极负载电阻器，振荡脉冲信号由 Vt_4 集电极输出。R_5 和 C_6 等是反馈电阻器和电容器，其数值大小影响振荡频率的高低。

接通电源时，由于 Vt_3 基极接有偏置电阻器 R_1、R_3 而被正向偏置，假设 Vt_3 集电极电流处于上升阶段，Vt_4 基极电流随之上升，导致 Vt_4 集电极电流剧增，Vt_4 集电极电位随之迅速升高，由 Vt_4 输出的电流通过与之相连的 R_5 向 C_6 充电，流经 Vt_3 的基极入地，又导致 Vt_3 基极电流进一步升高。如此反复循环，强烈的正反馈使得 Vt_3、Vt_4 迅速进入饱和导通状态，Vt_4 集电极处于高电平，使多谐振荡器进入第一个暂稳态。随着电源通过饱和导通的 Vt_4 经 R_5 向 C_6 充电，当 Vt_3 基极电流下降到一定程度时，Vt_3 退出饱和导通状态，集电极电流开始减小，导致 Vt_4 集电极电流减小，Vt_4 集电极电位下降，这一过程又进一步加剧了向 C_6 充电电流迅速减小，Vt_3 基极电位急剧降低而使 Vt_3 截止，Vt_4 集电极迅速跌至低电平，多谐振荡器翻转到第二个暂稳态。多谐振荡器刚进入第二暂稳态时，先前向 C_6 充电的结果，使其电容器右端为正，左端为负，现在 C_6 右端对地为低电平，由于电容器 C_6 两端电压不能跃变，故 Vt_3 基极被 C_6 左端负电位强烈反向偏置，使两只三极管在较长时间继续保持截止状态。在 C_6 放电时，电流从电容器右端流出，主要流经 R_5、R_8、R_9、Vt_5 发射接入地，又经过电源、R_6、R_1、R_3 流回电容器 C_6 左端。直到 C_6 放电结束，电源继续通过上述回路开始对 C_6 反向充电，C_6 左端为正。当 C_6 两端的电位上升至 0. 7V，Vt_3 开始进入导通状态，经过强烈正反馈，迅速进入饱和导通状态，使电路再次发生翻转，重复先前的暂稳态过程，如此周而复始，电路产生自激多谐振荡。从电路工作过程可以看出，向 C_6 充电时，充电电阻器 R_5 电阻值较小，因此充电过程较快，电路处在饱和导通状态时间很短；而在 C_6 放电时，需要流经许多有关电阻器，放电电阻器总的数值较大，因而放电过程较慢，也就是说电路处于截止时间较长。因此，从 Vt_4 集电极输出波形占空比很大，正脉冲信号的脉宽很窄，其振荡频率约 330 Hz。

（5）功率放大器。如图 3-70 所示，功率放大器由三极管 Vt_5、扬声器 BL 等组成。从多谐振荡器输出的正脉冲音频信号经限流电阻器 R_9 输入到 Vt_5 的基极，使其导通，在 BL 产生瞬时较强的电流，驱动扬声器发声。由于 Vt_5 处于开关工作状态，而导通时间又非常短，因此功率放大器非常省电，可以利用 9 V 积层电池供电。

四、金属探测器的技术性能

金属探测器的技术性能是衡量金属探测器质量好坏的重要参数。现以安检门为例介绍金属探测器的主要技术性能。①精确定位功能：在安检门的两侧有精确的定位灯直观显示目标物的位置，方便操作者进一步检查。②模块设计功能：一个安检门主要包括控制系统、发射系统和接收系统。把这几个部分做成模块，不但装起来非常方便，而且出现故障也易于排除，可以使用组件替换的方式，使问题很快得到解决。③自我诊断功能：安检门内置自我诊断程序，开机时，会对安检门硬、软件自检，如果出现问题会马上给出错误提示，帮助操作人员和维修人员排除问题。④微处理器技术：该技术使系统控制部分有了质的飞跃，减轻了整个安检门的重量，而且控制起来更加灵活，现在通过控制面板就可以很容易地对程序和灵敏度进行设置。⑤防止两种金属感应抵消功能：因为安检门的探测原理是有金属物体通过时引起原来磁场变化而被探测到。但是存在不同种类金属产生的感应磁场可能相互抵消。安检门必须采取特殊技术来防止这种情况的发生。⑥复合电路设计和红外线装置：采用该设计可以大大增强安检门的抗干扰能力，同时红外线装置可以统计通过安检门的人数。⑦灵敏度可调功能：可以通过调节灵敏度来达到安检要求，但太高的灵敏度会降低抗干扰能力。⑧密码保护设置：只有输入正确的密码才能改变程序和灵敏度，以及其他参数设置。⑨滤波器：可以通过调整此设置来屏蔽周围环境干扰的电磁波，使安检门工作在最稳定状态。⑩灵敏度自动设定功能：自动分析被测物处在哪个灵敏度范围，才能被探测到，从而给出一个合适的灵敏度数值供操作人员设置。

伴随着社会的进步和科技的发展，作为安防行业的利器——金属探测器的技术性能也在不断改进和完善。我们衷心地希望国产金属探测器能及早进入国际市场，使安全防范达到国际水准。

五、高考使用金属探测器带来的反思

根据国务院发布的《单位内部治安保卫条例》，监考人员在高考考场里使用金属探测器符合相关规定，它将作为一项常规措施载入我国的考试史册。虽然它远没有古代“沐浴更衣”更加人性化，但是高考使用金属探测器也是符合国情不得已而为之的办法。虽然有可能会加重考生的心理负担，进而产生不必要的负面影响，但是只要考生心里没有“鬼”，及时调整心态，抱着一颗平常心对待，就不会影响考试的正常发挥。说不定，还能让原先想作弊的考生“弃恶从善”。

不过我们在感慨科技发达之余，高考使用金属探测器也给我们带来了一些反思。

可能自从人类有了考试制度以来，作弊与反作弊的对抗式游戏就从来都没有停止过。在我国，由于考试历史悠久，这个游戏更是源远流长。考试作弊手段千奇百怪，有用蝇头小楷写在内衣上的，也有写在肚皮上的；反作弊手段也是五花八门，最极端的就是在科举考试中，要求考生一丝不挂地走进考场。可以说，一部考试史，就是作弊与反作弊的斗争史，二者“教学相长”，彼长此消。

今天，为了反考试作弊，脱衣检查固然不可，搜身也涉嫌侵犯人权，于是各种高科技手段开始用于反作弊斗争，金属探测器恐怕就是目前最先进的武器吧。它的应用说明了反作弊手段越来越高科技化了，但也从反面说明人们的作弊手段也高科技化了。

在笔者看来，握在监考人员手中的金属探测器，除了“探”出作弊者之外，也“探”出了考生诚信的普遍丧失和全社会道德上的巨大裂痕。我们需要建立的是市场化的经济，但绝对不是市场化的社会。一个诚信丧失、道德低下的“市场社会”的丛林，即使遍地黄金，也绝不是我们向往和追求的目标！

§3.3.8　手机信号屏蔽器*

随着现代通信技术的高速发展，移动电话已广为普及。移动电话通信在给人类带来快捷和方便的同时，也给信息安全保密工作提出了新的挑战。近几年来，在我国已发生利用移动电话窃取各种情报、泄露国家和商业秘密、考试作弊、医疗事故、加油站爆炸和干扰社会公共秩序等重大事故，其危害程度和严重性已引起人们的高度重视。目前，针对各类考场、学校、加油站、教堂、法庭、图书馆、会议中心（室）、影剧院、医院、政府、金

*发表于《物理教学》2006年第12期。

融、监狱、公安、军事重地等禁止使用手机的场所所开发的手机信号屏蔽器已悄悄进入市场。1999 年，清华大学软媒安全技术实验室总工程师唐泰带领的一个技术团队，成功研发出国内第一台手机信号屏蔽器。手机信号屏蔽器是将高频宽带干扰技术、功放技术、传输技术、天线技术和电子遮蔽技术融合在一起的高科技信息安全产品。现就来简要地谈谈手机信号遮蔽器的工作原理和工作特点。

一、工作原理

许多城市的移动电话是使用 CDMA（联通）、GSM（联通、移动）、PCS（中国电信、中国网通）、PHS（中国电信、中国网通）系统覆盖一个地区。手机工作时，是在一定的频率范围内，手机和基站通过无线电波连接起来，以一定的波特率（单位时间内传送的二进制数据的位数）和调制方式完成数据和声音的传输。目前 GSM900 系统包括 890915 MHz 和 935960 MHz 两个频段。GSM1800 系统包括 17101785 MHz 和 18051880 MHz 两个频段。CDMA、PCS/PHS（小灵通）等频选范围较灵活的移动电话因各地市情况不一而不同。根据以上几类通信信号的频段手机信号屏蔽器的屏蔽频率设计为：869894 MHz（CDMA），925960 MHz（GSM），18051880 MHz（PCS），19001990 MHz（PHS）等几个频段。每一个频段都是一个独立的系统，通过信频、分频、跳频滤波等技术得到需要的屏蔽频率，原理框图如图 3-71 所示。由锯齿波信号发生器（电路图如图 3-72 所示）产生扫描信号，经过倒相器倒相后，进入压控振荡器调制在 CDMA、GSM、PCS 和 PHS 下行频率相同的三个频段上，使之生成工作频段的扫频信号。调制的扫频信号经过功率放大器放大，通过稳压管控制功率放大器的功率，放大后的扫频信号以无线电波的形式向空中发射，其工作电路图如图 3-73 所示。因每一个扫频周期等于在工作频段中的每一个频点添加一个宽脉冲（锯齿波正程所致）和一个窄脉冲（锯齿波逆程所致），破坏了覆盖区内手机与基站的数据交换，扫频信号在手机接收报文信号中形成乱码干扰，手机不能检测出从基站发出的正常数据，使手机不能与基站建立连接，手机表现为搜索网络、无信号、无服务系统等现象，从而达到屏蔽信号的目的。

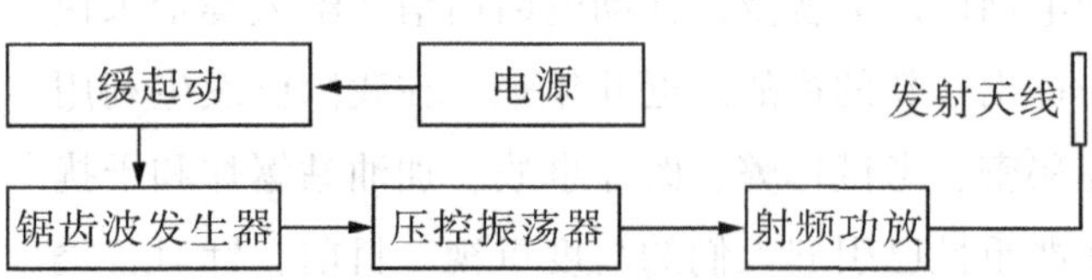

图 3-71　原理框图

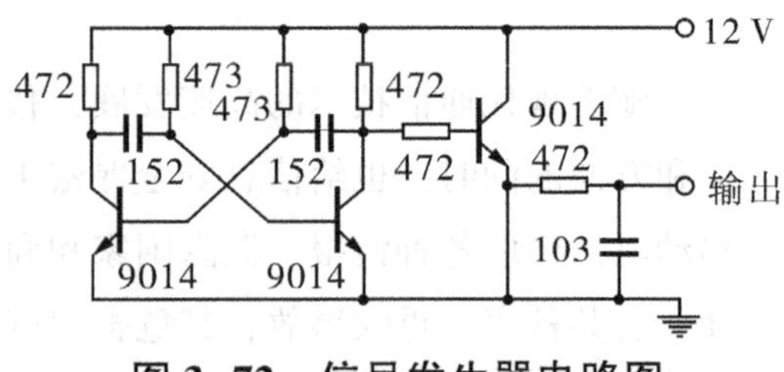

图 3-72　信号发生器电路图

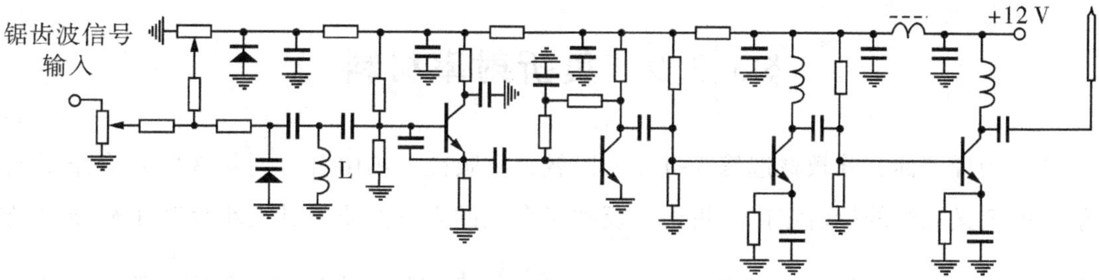

图 3-73　工作电路图

二、工作特点

1. 缓起动，应变迅速

在通电后，工作电源在 4 s 内从零上升到稳定，可避免机械开关产生电火花的现象。起动完成后，35 s 内就可使屏蔽范围内的移动电话均无信号，达到屏蔽效果。关机数秒后，又可使各类移动电话恢复正常使用。

2. 频段覆盖全，只屏蔽发射基站的下行频率而不影响上行频率，屏蔽半径可调

各种 GSM、CDMA 移动电话、包括小灵通均可屏蔽，但只屏蔽各种基站的下行频率而不影响上行频率。可屏蔽基站 200 m 以外，半径 2050 m 的手机信号，并可选择不同功率挡位，调节屏蔽半径。

3. 绿色环保，对人、移动电话和各种电子设备无损伤

手机信号屏蔽器的发射功率很小（≤1 W），不是依靠无限制的加大功率和手机基站抗衡而达到阻隔效果，其发出的电磁信号频率完全落在国家规定的手机工作频段内，占用很宽的频带，所以功率谱密度很低，不到手机的百分之一，且这种信号始终处于一种相对静止恒定的状态，也就是一种静态的电磁场，这种静态的电磁场对电器设备的干扰几近于零，因此对任何其他电子设备都不会产生影响。只在移动电话进入屏蔽区内时使其无法发送或接收电信信号，一旦离开屏蔽区即可恢复移动电话的正常使用。

关于电磁辐射对健康影响的问题，美国国家标准协会（ANSI）对此做出过规定，国内外的手机生产厂家均采用 ANSI 的标准，根据 ANSI/IEEE C95.1—1992 的规定，在最严格的情况下，人体吸收的电磁辐射不得大于 0.08 W/kg，人体的某一部分（如头部），吸收的电磁辐射不得大于 1.6 W/kg。电磁辐射的衰减与距离的平方成正比，在人体距离手机信号屏蔽器 1 m 以上距离时，人体吸收的辐射功率小于 0.2 W，且手机信号屏蔽器的电磁辐射约为手机的百分之一，所以对人体造成的影响可以忽略不计，不会影响人的健康。

§3.3.9　负折射率材料*

高中物理课标实验教材选修3-4（人民教育出版社，2010年4月第3版）介绍了绝对折射率的定义和光的折射定律。折射率反映了介质的光学性质，其大小反映了介质对光线偏折能力的强弱。由绝对折射率的定义式 $n=\frac{\sin i}{\sin r}=\frac{c}{v}$ 可知，介质的折射率 n 跟光在其中的传播速度 v 有关，由于光在真空中的速度大于光在介质中的速度，因此，介质的绝对折射率总大于1。另外，斯涅耳（W. Snell）光的折射定律指出，折射光线、入射光线和法线不仅共面，而且折射光线与入射光线分居法线两侧。但是，先让我们欣赏下列三道试题：

试题1　（2014年高考北京卷理综第20题）以往，已知材料的折射率都为正值（$n>0$）。现已有针对某些电磁波设计制作的人工材料，其折射率可以为负值（$n<0$），称之负折射率材料。位于空气中的这类材料，入射角 i 与折射角 r 依然满足 $\frac{\sin i}{\sin r}=n$，但是折射线与入射线位于法线的同一侧（此时折射角取负值）。若该材料对于电磁波的折射率 $n=-1$，图3-74中正确反映电磁波穿过该材料的传播路径的示意图是（　　）

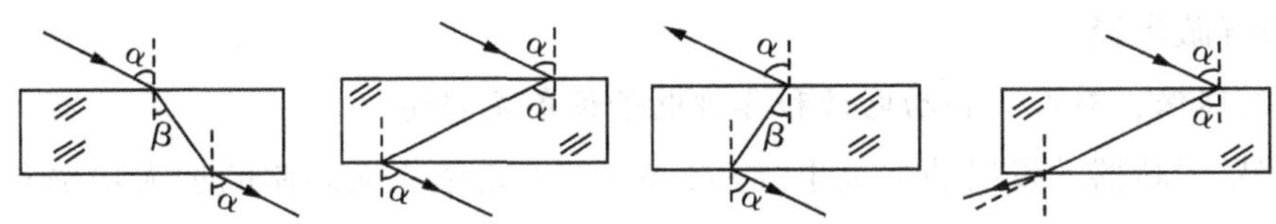

图3-74　传播路径示意图

答案：B

试题2　（2011年复旦大学自主招生试题）图3-75中有一种新型材料的折射率 $n=-1$，则从空气中一点光源发射的光线射向这种材料的光路图是（　　）

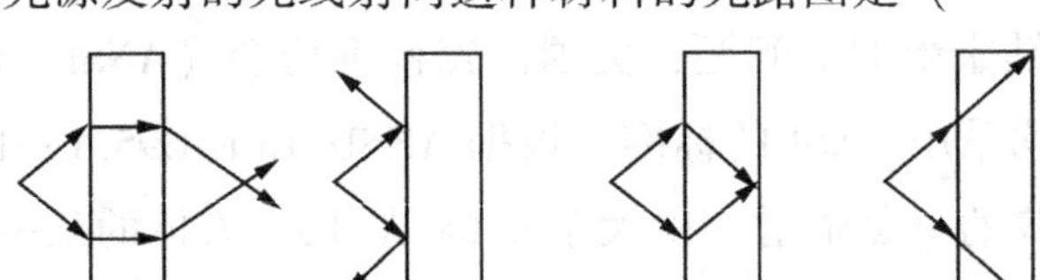

图3-75　光路图

答案：C

试题3　（2011年第28届全国中学生物理竞赛预赛第7题）近年来，由于“微结构

* 发表于《物理教学》2015年第1期。

材料”的发展，研制具有负折射率的人工材料的光学性质及其应用，已受人们关注。对正常介质，光线从真空射入折射率为 n 的介质时，入射角和折射角满足折射定律公式，入射光线和折射光线分布在界面法线的两侧；若介质的折射率为负，即 $n<0$，这时入射角和折射角仍满足折射定律公式，但入射光线与折射光线分布在界面法线的同一侧。现考虑由共轴的两个薄凸透镜 L_1 和 L_2 构成的光学系统，两透镜的光心分别为 O_1 和 O_2，它们之间的距离为 s. 若要求以与主光轴成很小夹角的光线入射到 O_1 能从 O_2 出射，并且出射光线与入射光线平行，则可以在 O_1 和 O_2 之间放一块具有负折射率的介质平板，介质板的中心位于 O_1O_2 的中点，板的两个平行的侧面与主光轴垂直，如图 3-76 所示。若介质的折射率 $n=-1.5$，则介质板的厚度即垂直于主光轴的两个平行侧面之间的距离 $d=$________。

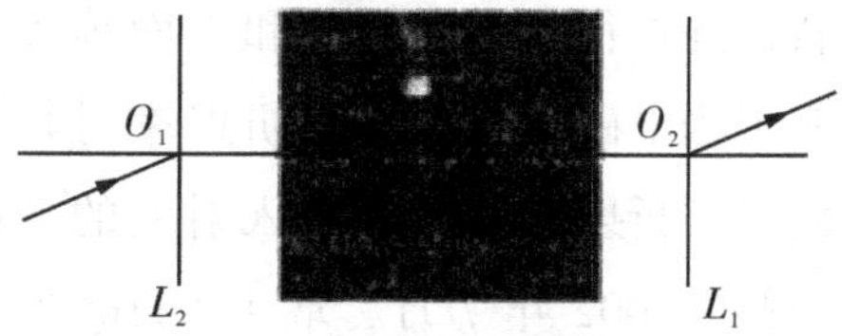

图 3-76　光路图

答案：0.6 s

上述三道试题不仅考查了考生依据已有知识获取新知识的能力，体现了科学探究，而且也颠覆了考生原有的认知，需要考生展开想象的翅膀，提炼、整合题设的有效信息。为进一步了解奇妙的负折射率材料，更新、完善我们的知识结构，特对负折射率材料予以介绍。

一、负折射率材料的研究与发展

在经典物理学中，介电常数和磁导率是描述均匀介质中电磁场性质最基本的两个物理量。对于常规电介质而言，介电常数和磁导率都为正值，电场、磁场和波矢三者构成右手关系，这样的介质被称为右手材料。由于右手材料的折射率为正数，通常也称为正折射率材料。电介质普遍遵循的“右手关系”一直被认为是物质世界的常规，但这一常规却在 20 世纪 60 年代开始遭遇颠覆性的挑战。

1968 年，苏联物理学家维克托・韦谢拉戈发表了理论研究的新发现，当介电常数和磁导率同时取负值时，电场、磁场和波矢之间构成左手关系，他把这种假想的物质称为左手材料，并指出，电磁波在左手材料中的行为与在右手材料中的行为恰相反，并预言了一些奇异的电磁性质。由于左手材料的折射率为负数，通常也称为负折射率材料。虽然韦谢拉戈早在 1968 年就预言了负折射率材料的存在，但在之后的 30 年里，由于当时技术上的原因，负折射率材料的研究只是停留在理论上。

直到 1998 年，英国皇家科学院的潘德瑞等人提出了一种在微波波段利用金属线和开口金属谐振环周期性规则排列来制作负折射率材料的设计思路。2001 年，美国加州大学圣地亚哥分校的史密斯小组根据潘德瑞的建议，在纤维玻璃板上利用一般刻蚀技术，把二维铜线和导电开口铜制谐振环组成二维矩阵列，首次人工合成制备出了一维负折射率材料样本，如图 3-77 所示。并在实验室观察到了微波在这种材料内的负折射现象，从而证明了负折射率材料的存在。之后，美国谢尔比等人制备出了二维负折射率材料，并进行了折射实验和表面等离子极化波实验，证实了当电磁波斜射到负折射率材料与普通材料的分界面时，折射波的方向与入射波的方向在分界面法线的同侧。2002 年 7 月，瑞士 ETHZ 实验室的科学家们宣布制造出三维的负折射率材料，相关研究成果也发表在当月的美国《应用物理快报》上。2002 年底，麻省理工学院孔金瓯教授从理论上证明了负折射率材料存在的合理性。

图 3-77　一维负折射率材料样本

负折射率材料的研究在 2003 年获得多项突破：美国西雅图波音鬼怪工厂的帕拉佐利与加拿大多伦多大学电机系的埃勒夫特里亚德斯领导的两组研究人员均在实验中直接观测到了负折射现象；美国爱荷华州立大学的 S. Foteinopoulou 发表了利用光子晶体作为介质的负折射率材料理论仿真结果；美国麻省理工学院的丘布克丘和艾丁在《自然》杂志发表文章，描述了电磁波在二维光子晶体中负折射现象的实验结果。负折射率材料的研制被美国《科学》杂志评为 2003 年度全球“十大科学进展”，引起全球瞩目。

2004 年，潘德瑞等人在《科学》杂志上发表了谐振环磁响应在 THz 频段的相关研究工作，首次在红外波段实现了负磁导率。近几年来，对负折射率材料的研究主要集中在可见光波段：帕费尼等利用光子晶体研究了金属结构在光学波段实现负折射的可能性；美国加州技术研究所的亨利首次实现了可见光波段的负折射；之后，都昊等人在用电子束蚀刻法形成的网状结构中也实现了可见光的负折射。

在国内，复旦大学、东南大学、西北工业大学、南京大学、北京大学等单位均有科学家涉足负折射率材料领域的研究。其中，2004 年，复旦大学资剑教授领导的研究小组利用水的表面波散射成功实现了负折射率介质超平面成像实验。2006 年，东南大学崔铁军教授领导的研究小组提出了一种能使磁导率为负的双螺旋共振结构。西北工业大学赵晓鹏课题组，2007 年利用电解沉积法制备出了红外波段的负折射率材料；2009 年又利用双模板辅助化学电沉积法制备出了蓝光波段的负折射率材料。另外，国家自然科学基金委将负折射率材料和负折射效应的研究列入了 2005 年重点交叉项目指南中。

二、负折射率材料的主要电磁特性

1. 负折射现象

如图 3-78 所示，若介质一为正折射率介质，介质二为负折射率介质，当光从介质一射入介质二时，入射光线 1 和折射光线 3 位于界面法线同侧，方向与斯涅耳光的折射定律预期的方向相反，但大小仍由斯涅耳光的折射定律确定，且折射光的能流 S 方向与波矢量

k 方向相反，称为“负折射现象”。当从空气中把一支铅笔分别插入正折射率材料和负折射率材料时，分别呈现的正折射现象和负折射现象，如图 3-79 所示。

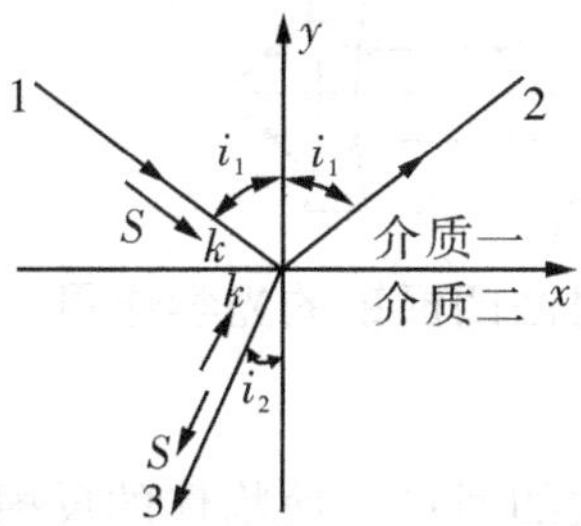

图 3-78 负折射光路图

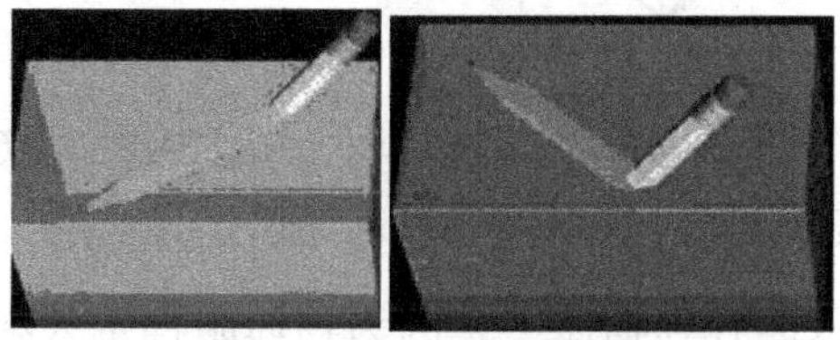

图 3-79 正、负折射现象

2. *逆多普勒效应*

在负折射率材料中，由于相速度和群速度方向相反，即能量传播的方向和相位传播的方向相反，频移情况呈逆多普勒效应。即光源靠近时，接收光的频率降低；光源远离时，接收光的频率却升高。在正、负折射率材料中的逆多普勒效应如图 3-80 所示。

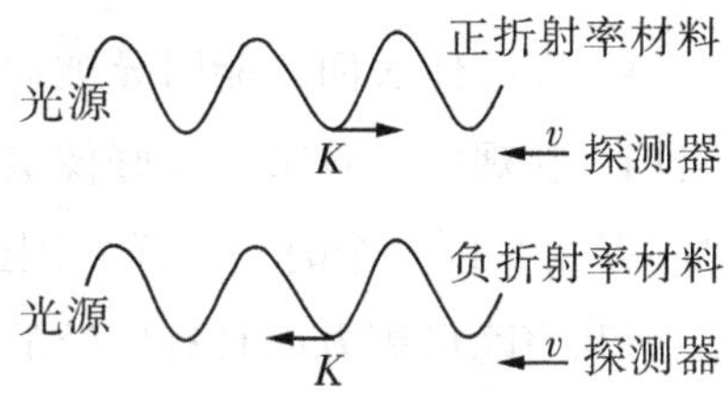

图 3-80 逆多普勒效应

3. *逆切伦柯夫辐射效应*

在真空中，匀速运动的带电粒子不产生辐射电磁波。而当带电粒子在介质中匀速运动时，会在其周围引起诱导电流，从而在其路径上形成一系列次波源发出次波。粒子速度超过介质中光速时，这些次波互相干涉，从而辐射出电磁波，称为切伦柯夫辐射。正折射率材料中，干涉后形成的波前是一个锥面，电磁波能量沿锥面的法线方向向前辐射出去。而在负折射率材料中，能量的传播方向与相速相反，辐射将背向粒子的运动方向发出，形成逆切伦柯夫辐射，如图 3-81 所示。

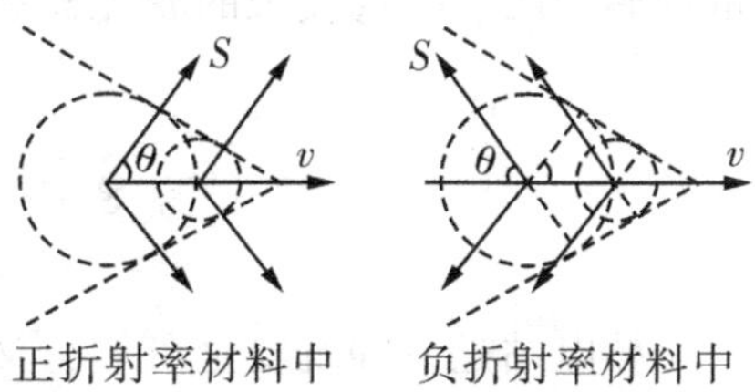

图 3-81 逆切伦柯夫辐射效应

三、负折射率材料的主要应用

1. *完美透镜*

基于负折射现象，2000 年，潘德瑞提出折射率为-1 的平板材料可以作为透镜实现完美成像，如图 3-82 所示。完美透镜也称超级透镜，使成像的大小突破了光学衍射极限。由于用常规材料制作眼镜，为了进行不失真地成像，眼镜片必须做成弧线形状，而负折射率材料由于对光线的偏折方向相反，所以可以做成平面镜片，不失真且保持超高的分辨率。因此，利用负折射率材料“完美透镜”的特性，可以制作平面近视眼镜。当然，负折射率材料的该种特性在制造超灵敏探测仪器上的应用也很广泛。另外，平行光线分别通过负折射率材料制备的凸透镜和凹透镜时，则分别呈现发散和会聚作用，如图 3-83 所示。

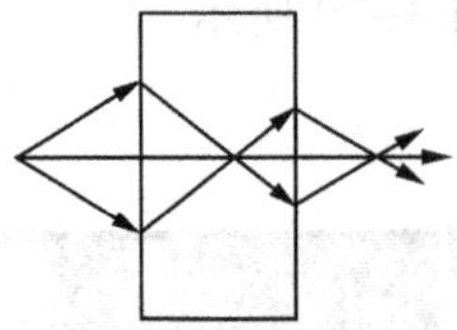

图 3-82　完美透镜

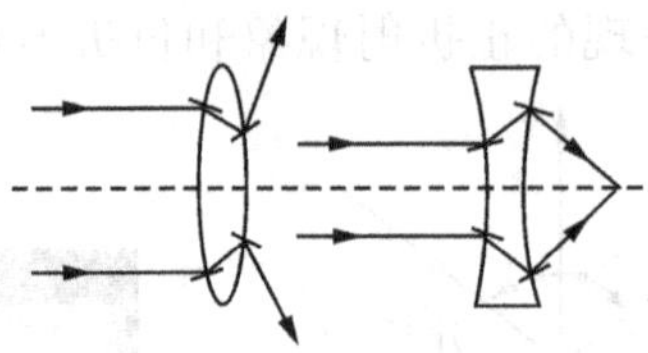

图 3-83　负折射凸凹透镜的光学作用

2. 隐形技术

人之所以能看到物体，是因为物体阻挡了入射光波的通过，使物体的反射光进入了眼睛，从而“显形”。视觉隐身的原理实际上是引导光波“弯曲”。即如果把某种负折射率材料涂在物体表面，能引导被物体阻挡的光波“绕着走”，那么光线就似乎没有受到任何阻挡，在观察者看来，就好像电影《哈利·波特》中神奇的“隐身斗篷”，物体似乎变得“不存在”同一个时空一样。因此，军事上，负折射率材料隐形技术在电磁隐形、可见光隐形和声隐形等方面具有广泛的应用。

总之，负折射率材料具有独特的电磁特性、潜在的应用前景和很强的军用价值。负折射率材料的研究已成为国际材料科学界关注的热点，将在微波通信、超分辨率成像、大容量存储介质、可选波长的滤光器和近场光学显微仪等方面具有广阔的应用前景。

§ 3. 3. 10　走近核电站*

核电站是一种既安全可靠，又节约能源及保护环境的发电方式。发展核电是可持续发展战略的重要组成部分。让我们走近核电站，了解一下核电站原理与核电现状。

一、核电站原理

从原理上讲，核电站实现了核能→热能→电能的能量转换，如图 3-84 所示。核电站中的能量转换借助于三个回路来实现。反应堆冷却剂在主泵的驱动下进入反应堆，流经堆芯后从反应堆容器的出口管流出，进入蒸汽发生器，然后回到主泵，这就是反应堆冷却剂的循环流程（一回路流程）。在循环流动过程中，反应堆冷却剂从堆芯带走核反应产生的热量，并且在蒸汽发生器中，在实体隔离的条件下将热量传递给二回路的水。二回路水被加热，生成蒸汽，蒸汽再去驱动汽轮机，带动与汽轮机同轴的发电机发电。做功后的蒸汽在冷凝器中被三回路水（海水或河水、湖水）冷凝为水，再补充到蒸汽发生器中，同时带

* 发表于《物理教学探讨》2002 年第 3 期，全文被转载于人大复印报刊资料《中学物理教与学》2002 年第 10 期。

走核电站的弃热。从设备上讲，核电站的反应堆和蒸汽发生器起到了相当于火电站的化石燃料和锅炉的作用。

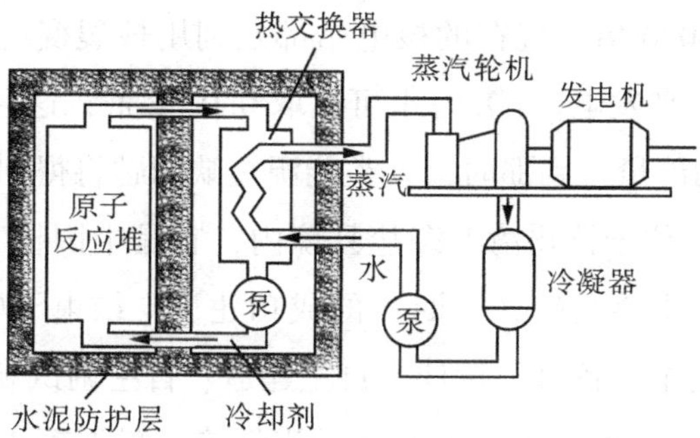

图 3-84　核电站示意

二、反应堆及其分类

反应堆是核电站的心脏，它是使原子核裂变的链式反应能够有控制地持续进行的大型设备。反应堆中的控制棒是操纵反应堆、保证其安全的重要部件，它是由能强烈吸收中子的硼、镉等材料制成。反应堆的类型很多，根据不同的标准，可以有多种分类。

1. 快堆与慢堆（热堆）

当前世界上绝大多数反应堆均为热中子反应堆，简称“热堆”或“慢堆”。“快堆”即快中子反应堆，它与“慢堆”的根本区别在于引起核裂变的“炮弹”是高能的快中子。

2. 压水堆与沸水堆

在正常运行条件下，压水堆内的水由于受到很高的压力，始终处于“液态”。我国已建成的秦山核电站（一期）和大亚湾核电站、秦山二期、岭澳接电站以及正在建设的田湾核电站均采用压水堆。沸水反应堆内的水则处于气、液两相的状态。

3. 轻水堆与重水堆

自然界的氢有三种同位素：氕（$^{1}_{1}H$）、氘（$^{2}_{1}H$）、氚（$^{3}_{1}H$）。普通水中的氢原子是“氕”，这种水称为“轻水”。若水中的氢原子是“氘”，则称为“重水”。“轻水堆”和“重水堆”的区别在于反应堆的冷却剂、慢化剂是“轻水”还是“重水”。秦山三期核电工程采用的是重水堆。

三、核电现状

核电从其诞生之日起，就显示了强大的生命力。1954 年，苏联建成世界第一座实验核电站，功率为 5000 kW（5 MW）。1957 年，世界上第一座商用核电站——美国希平港 60 MW 核电站并网发电。截至 2019 年底，世界上有 443 台运行的核电机组，总装机容量为 392. 1 GW。法国是核电占总发电量份额最大的国家，达到 75%；美国是核电净装机容量最多的国家，有 104 台核电机组在运行，装机总容量超过 10^5 MW。人们正在加紧开发利用快中子增殖反应堆发电，把占天然铀 99%以上的铀 238 同位素利用起来，现有的核燃料资源的利用率就会增加 6070 倍。现在的核电站都是利用核裂变能发电，如果实现了可控核聚变，人类就可以用氘来发电。1 L 海水可提取 0.03 g 氘，这些氘通过核聚变能释放相当于 300 L 汽油所提供的能量。到那时，人类能源短缺问题将得到彻底解决。

秦山核电站（一期）位于杭州湾畔海盐县境内，它是中国核工业第二次创业的典范，也是中国人民的骄傲。秦山核电站（一期）的成功建设，结束了中国大陆无核电的历史，中国从此成为世界上第七个具备自主设计、自主建造、自主调试和自主运营管理核电站能力的国家。秦山核电站（一期）于 1985 年 3 月浇筑第一罐混凝土，1991 年 12 月 15 日首次并网发电，至今发电已超过 5500 亿 kW · h。目前我国有两个核电站、三台核电机组在运行，它们是秦山核电站（一期）一台 30 万千瓦压水堆核电机组、大亚湾核电站两台 90 万千瓦压水堆核电机组。位于广东省深圳市的大亚湾核电站，是我国引进国外资金、设备和支持建设的第一座大型商业核电站。1999 年我国核发电量占世界总发电量的 1.15%。“九五”期间，我国有 8 台机组 660 万千瓦装机容量的核电工程陆续开工并正在建设。1996 年 6 月 2 日秦山二期 2×60 万千瓦压水堆核电工程开工建设，第一台机组计划于 2002 年 6 月并网发电，2003 年 4 月第二台机组并网发电。1997 年 5 月 15 日与大亚湾核电站毗邻一公里处、我国自主建设的最大的商用核电站——广东岭澳 2×100 万千瓦压水堆核电工程开工建设，计划到 2002 年 7 月两台机组将先后并网发电投入商业运行。1998 年 6 月 2 日秦山三期 2×70 万千瓦重水堆核电工程开工建设，将于 2002 年、2003 年相继投入运行。1999 年 10 月 20 日位于江苏省连云港市的田湾 2×100 万千瓦压水堆核电工程开工建设，其机组是由俄罗斯引进的，计划分别于 2004、2005 年投入运行。到 2005 年前后，我国将有近 900 万千瓦的核电机组运行发电。

2000 年 12 月 21 日 14 时 31 分，我国拥有自主知识产权的第一座 10 MW 高温气冷实验堆首次成功达到临界，这标志着我国在先进核能技术研究方面取得了重要进展，同时为今后实现高温气冷堆国产化打下了良好的基础。10 MW 高温气冷实验堆于 1995 年 6 月动工兴建。其中，反应堆压力壳、蒸汽发生器等关键设备制造要求高，技术难度大，涉及许多新标准、新工艺，在我国均属空白。经过设计人员的艰苦努力，圆满完成了加工制造任务，使我国成为世界上为数不多的几个能够设计制造高温气冷堆关键设备的国家之一。10 MW 高温气冷实验堆是“863 计划”重点项目，由清华大学核能技术研究设计院设计并负责建造。高温气冷堆是一种安全性、经济性好的先进反应堆，它采用全陶瓷燃料元件，在绝大多数情况下都不会发生严重核事故。同时，发电效率高达 40%47%，在能源系统中具有广阔的应用前景。

§3.3.11　强相互作用中渐近自由现象的发现与层子模型

1973 年，美国普林斯顿大学教授戴维·格罗斯（D. Gross）和他的研究生弗兰克·维尔切克（F. Wilczek）、哈佛大学研究生戴维·波利策（D. Politzer）分别在同一期《物理评论通讯》（Physical Review Letters）的相邻位置上，发表了关于强相互作用（strong interaction）中的渐近自由（asymptotic freedom）现象的论文，提出了“渐近自由”理论，利用数学模型揭示了夸克渐近自由现象。30 年后，三位美国科学家因此获得了 2004 年度诺贝尔物理学奖。诺贝尔物理学奖评委会认为，三位科学家发现的强相互作用中的“渐近自由”现象，不仅深刻地改变了科学家们对自然界基本作用力作用方式的理解，为量子色动力学（QCD）理论奠定了基础，使完善粒子物理学标准模型成为可能，而且让科学家向实现对自然界四种力进行统一描述的宏大梦想更进了一步。评委们把 3 位科学家的成就称为“夸克世界中的一个精彩发现”，认为他们的发现有助于解释为什么夸克只有在极高能量下才会表现出近乎自由的状态。另外，一些专家也指出，通过了解夸克间相互作用力的性质，就有可能找到打开自由夸克的办法。如果能够合理利用夸克内部的强作用能，那么人类就有可能获得比核能大得多的能量。因此，能否解放被“禁闭”的夸克，是 21 世纪物理学面临的重大课题之一。

虽然美国学者在 1973 年发现了强相互作用中的渐近自由现象，但是，早在 1965 年我国学者就提出了“层子模型”。也就是说，2015 年是我国提出“层子模型”的 50 周年，为了以史为鉴，特撰文以示纪念与反思。

一、电子“深度”非弹性散射实验首次证实了夸克的存在

构成宇宙万物的最小粒子是什么？自然界中存在着哪些力？它们之间如何相互作用？这些是整个 20 世纪乃至现在都困扰物理学家的难题。1964 年，美国物理学家盖尔曼（M. Gell-Mann，1929—2019）提出了关于强子结构的夸克（quarks）模型。盖尔曼借用了詹姆斯·乔伊斯（J. Joyce）写的一首题为《芬尼根的彻底祭》的长诗中的一句：“向麦克老大三呼夸克”。这里“夸克”一词原指一种德国奶酪或海鸥的叫声，用三声称呼三种基本粒子。与此同时，美国加利福尼亚理工学院的茨威格（G·Zweig）也独立地提出了这一预言。而茨威格则把组成强子的新粒子称为爱斯（aces），像纸牌中爱斯（A）一样。夸克的称呼一直被沿用至今。这些名字，无论夸克或爱斯，仅仅是作者的俏皮话，并没有必要深究。

盖尔曼认为夸克是自旋$\frac{1}{2}$的费米子，带有分数电荷$\left(\pm\frac{1}{3}e\text{ 或}\pm\frac{2}{3}e\right)$，是比质子和中子

等粒子更基本的物质组成单位。所有参与强相互作用的重子（如质子）与介子（如π介子）都是由夸克所组成的。由于夸克带有前所未见的分数电荷，是个相当奇怪的东西，所以不少物理学家难以接受夸克模型。1969 年，美国麻省理工学院的杰罗姆·弗里德曼（J. I. Friedman，1930—）、亨利·肯德尔（H. W. Kendall，1926—1999）和斯坦福直线加速器中心（SLAC）的理查德·泰勒（R. E. Taylor，1929—）等人在美国斯坦福直线加速器中心用能量高达 20 GeV 的电子“透视”质子内部结构的电子“深度”非弹性散射实验发现，电子-质子深度非弹性散射的大角度散射截面比弹性散射的大得多，且随着散射角的增大，电子-质子弹性散射截面急剧下降，而深度非弹性散射截面与电子-电子弹性散射截面之比却变化不大。这一事实表明，电子以极大的能量深入到质子内部时，遭遇到的不是“软”的质子靶，而是和电子类似的点状“硬”核。然而，当时实验物理学家们并没有领悟到这一点。SLAC 理论组的成员布约肯（J. D. Bjorken）运用流代数求和规则对实验结果做了分析，并提出标度无关性对实验结果做了解释。但是，由于流代数是很抽象的数学方法，他的工作一直未能得到人们的理解。后来，美国物理学家理查德·费恩曼（R. Feynman）把质子看成是点状“部分子”的复合体，把电子-质子深度非弹性散射看成是电子与质子内的“部分子”发生弹性散射。经过计算，证明布约肯的标度无关变量正是“部分子”动量与质子动量之比。就这样，费恩曼从深度非弹性散射实验和标度无关性找到了“部分子”模型的重要证据。人们很快明白，“部分子”和夸克原来是一回事，质子是由近乎“自由”的夸克构成的。后来在欧洲核子研究中心的重液泡室做的中微子非弹性散射，对斯坦福直线加速器中心的实验结果做了有力的扩展。尽管夸克之父盖尔曼 1972 年在第十六届国际高能物理会议上说：“理论上并不要求夸克在实验室中是真正可测的，在这一点上像磁单极子那样，它们可以在想象中存在。”但是后来的电子对中子的深度非弹性散射、μ 子深度非弹性散射、电子-正电子碰撞、质子-反质子碰撞、强子“两喷注”现象都显示了夸克-夸克相互作用。所有这些都强有力地证明了强子的夸克结构。可见，电子“深度”非弹性散射实验首次证实了夸克的存在，使夸克从“假设”变成了“事实”。电子“深度”非弹性散射实验显示了夸克的点状行为，成为量子色动力学的实验基础，引起了粒子物理学的一系列新进展，使粒子物理学进入了“夸克-胶子”时代。1971 年，韦斯柯夫（V. F. Weisskopf）和库提（N. Kurti）提出，正是盖尔曼在 1962 年提出的电中性粒子“胶子”在夸克间传递强相互作用才使夸克组成强子。接着，1973 年创立了量子电动力学；1979 年丁肇中小组首先找到了支持胶子存在的证据。弗里德曼、肯德尔和泰勒三人因对电子与质子和束缚中子“深度”非弹性散射进行的先驱性研究以及因此而对粒子物理学中夸克模型的发展起了重要作用，共同分享了 1990 年度诺贝尔物理学奖。盖尔曼因对基本粒子的分类及其相互作用方面的卓越贡献而荣获了 1969 年度诺贝尔物理学奖。这说明，人们在科学上最终承认了夸克的存在。目前，人们发现自然界共有 6 种夸克及相应的反夸克。且近代物理学理论认为，自然界中存在引力作用、电磁作用、强相互作用和弱相互作用等四种相互作用力。其中，夸克通过强相互作用组成质子和中子，并通过交换胶子而发生强相互作用，形成各种强子束缚态。现行普通高中课程标准实验教科书·物理选修 3-5 在原子核物理部分介绍了夸克模型。2005 年普通高等学校招生全国统一考试理科综合能力测试卷第 15 题就考查了夸克的相关内容。

电子“深度”非弹性散射实验虽然证实了夸克的存在，但是物理学家们在研究夸克时却发现了一个奇怪的现象，那就是从没有发现过自由的单个夸克，只有 2 个或 3 个夸克的集合体才能处于自由状态，而且通常情况下夸克总是被约束在质子和中子内部。这就给理论物理学家带来了一个难题：夸克既然挤在质子和中子内很小的空间之中，应该是很强烈地被束缚着，它的行为怎么可能像是自由粒子呢？它们彼此间为什么没有强相互作用呢？

二、数学模型的逐步建立提供了发现强相互作用渐近自由现象的计算工具

传统上一般用“荷”这个参数来表示相互作用的大小。量子色动力学中的荷则称为“色荷”，它是描写强相互作用特性的量子数，是表示强相互作用大小的指标。在量子场论中，要考虑量子场起伏所造成的效应就必须处理荷的重整化问题，即区分重整化前后的荷，一般实验上测量到的是重整化后的荷。了解已重整化荷如何随测量距离而变化将有助于理解相互作用的强度在不同标度下的变化。为了描述已重整化荷如何随着标度而变化，理论物理学家在“重整化群”理论中定义了一个 β 函数。它是已重整化荷对于（能量）标度的变化率。只要掌握了 β 函数，就能够了解相互作用在距离减小的时候到底是变强还是变弱。最早提出重整化群概念的正是提出夸克假设的葛尔曼及其伙伴娄（F. Low），他们在 1954 年发表的一篇论文中列出了重整化群方程式。不过在葛尔曼与娄之后，这方面的研究没有太大的进展，一直到美国物理学家威尔逊（K. G. Wilson，1936—2013）在 20 世纪 60 年代中期之后将它发展成重要的场论工具，人们才真正深刻理解重整化群的意义。威尔逊在 20 世纪 70 年代初将重整化群技术应用于相变的临界现象，计算出了临界指数，解决了科学界数十年来的难题。为此，威尔逊获得了 1982 年度的诺贝尔物理学奖。

1970 年，威尔逊在《重整化群与强交互作用》的论文中解释了如何用重整化群的观念与技术来探讨强相互作用的问题，并且列举了各种逻辑上可能的 β 函数，可惜由于威尔逊当时不熟悉杨—米尔斯规范场（Yang-Mills gauge fields），压根没有想到存在反屏蔽效应的可能性，而恰恰遗漏了可以导致渐近自由的 β 函数。

杨—米尔斯规范场论诞生于 1954 年，这是一个描述带荷的自旋 1 粒子的理论。光子也是自旋 1 粒子，但是光子不带荷，所以光子之间没有直接的相互作用。杨—米尔斯粒子由于带荷，因此彼此间有相互作用。可以说，杨—米尔斯规范理论是描述光子的马克斯威尔理论的推广。由于自旋 1 粒子在很多地方都派得上用场，人们很快地就拿杨—米尔斯规

范场论来建构模型，用以描述各种基本相互作用。如果把杨—米尔斯规范场论与希格斯机制结合起来，就可以得到带质量又带荷的自旋 1 粒子理论，正好适用于描述弱相互作用。无论有没有加入希格斯机制，杨—米尔斯理论因为有微妙的规范对称，数学上很不好处理，尤其是量子化与重整化的问题相当麻烦。经过了两三个世代的努力，这些深奥的问题终于被一位年轻荷兰研究生赫拉尔杜斯·霍夫特（G.’t Hooft，1946—）在 1971 年解决了。当年霍夫特的这项成就（特别是证明了加入希格斯机制后的可重整化性）震惊了高能理论物理学界，他和指导教授马丁努斯·韦尔特曼（M. Veltman，1931—）也因为“阐明了电弱相互作用的量子结构”而获得 1999 年度的诺贝尔物理学奖。

三、强相互作用渐近自由现象的最终发现

20 世纪 70 年代初，已掌握了重整化群理论和杨—米尔斯规范场论的格罗斯决定和学生维尔切克一起解决自由夸克这个漏网之鱼。如果计算出杨—米尔斯理论的 β 函数在原点附近大于零，这个理论就和一般理论一样，有正常的屏蔽效应，因此可以排除。波利策当时则是哈佛大学物理系高年级研究生，正急着寻找博士论文题目，就想到了何不把他从指导教授寇曼（S. Coleman，1937—）那里学到的重整化群方程式，用于杨—米尔斯规范场论，以了解这个理论的低能量行为。格罗斯原先相信杨—米尔斯规范场论也会和其他“正常”的理论一样，没有渐近自由的性质，想通过研究一了百了地宣判杨—米尔斯理论“死刑”。起初，格罗斯真的“证明”了杨—米尔斯理论不能渐近自由，但是在开始下笔写论文才发现弄错了正负号——正确的 β 函数在原点附近应该是小于零的。改正错误以后，他们惊讶地发现：杨—米尔斯理论居然与渐近自由一点都不矛盾，以杨—米尔斯规范场论为基础的量子色动力学正好可以用来解释电子“深度”非弹性散射实验，从而解决了强相互作用之谜。格罗斯后来说：“这就好像你想从各个角度证明上帝不存在，但是在最后一个证明中，爬上山巅，却发现‘他’就出现在你的面前！”至于孤军奋战的波利策也得到了和格罗斯、维尔切克师徒二人一致的结论。

格罗斯、波利策和维尔切克认为夸克之间越接近，强相互作用力就越弱，当夸克彼此非常接近（线度大约小于 0.1 fm）时，它们之间的强相互作用力非常弱，夸克就像是自由粒子一样，这一现象称为“渐近自由”。与此相反，当夸克彼此分开时，强相互作用力会随着夸克彼此间距离的增加而增大。当距离接近或大于 1 fm 时，夸克间的强相互作用力会很快变得非常大，可以永远绑在一起，而不能成为自由粒子，这种现象称为“红外禁闭”。他们认为，强相互作用的红外禁闭性质表明，没有夸克可以从原子核中向外迁移，获得真正的自由，它只能永远被禁闭在强子内。通俗地说，这一现象有点像拉一根具有弹性的橡皮筋：橡皮筋拉得越长，其产生的弹力越大，人拉起来也更为费劲。同样根据“渐近自由”理论，强相互作用力会随着夸克间距离的变小而减弱，这意味着，约束在质子等内部

的夸克在彼此距离足够小时将近乎自由地进行运动。2004年诺贝尔委员会颁奖时用一出小品如此诠释：一位美女和一位俊男上台，两人手里各抓住一条红色绸带的一端。当他们两人靠近的时候，绸带松垂着，两人之间很自由，彼此不受束缚；但是当两个人身体分开并向后仰，使得绸带绷紧了的时候，他们就不自由了，而且不能分开，除非剪断红绸带。为什么用红色绸带？这也有讲究，因为这与物理学中的所谓“红色奴役”有关。

渐近自由是非常奇特的性质，一般的场论并没有这种性质，三人发现杨—米尔斯规范场是唯一的例外，所以恰好可以用来解决长久以来令人困惑的质子、中子等强子结构之谜。渐近自由的发现可以说是解决强相互作用之谜的关键。三位科学家于1973年完成的工作所采用的数学形式成为后来描述强相互作用的量子场论——量子色动力学的基础。近年来，量子色动力学已被各种实验所证实，特别是被欧洲核子中心（CERN in Geneva）的实验所证实。

四、层子模型——强相互作用渐近自由现象的发现带来的遗憾与反思

由于格罗斯、维尔切克、波利策三人纯粹是透过复杂的费曼（R. P. Feynman，1918—1988）图计算得到了杨—米尔斯理论的β函数，因此对于渐近自由背后的物理机制其实并不那么了解。最早了解渐近自由物理机制的正是特霍夫特，他认为一般的理论中有屏蔽效应，反过来如果有渐近自由，就有反屏蔽效应。从磁性的角度来看，屏蔽效应就等同“抗磁性”，而反屏蔽效应就等同“顺磁性”。因为从基础物理可知带自旋又带荷的粒子可以导致顺磁性，而杨—米尔斯粒子恰好带自旋又带荷，所以包含杨—米尔斯粒子的系统很自然地就可能具有顺磁性；我们只需透过一些不太困难的计算就可以确认这个性质。一旦了解了杨—米尔斯规范场论中的顺磁性，也就可以了解反屏蔽效应的由来，渐近自由这个性质也就不会那么令人惊讶了。1972年春天，在马赛一次会议上，霍夫特对德国物理学家西曼尼说，他可以证明“渐近自由”符合现有的理论。西曼尼难以置信，说：“倘若你是对的，那么你应该马上发表这一结果，因为这会十分重要！”可惜霍夫特当时忙于进行另外一个还没有结束的研究，没有听从西曼尼的建议发表他的发现，后来霍夫特对此颇感懊恼。维尔切克在获奖之后，写了一封感谢信给众多向他道贺的人，除了特别感谢寇曼外，信的最后还特别提到：“我要感谢盖尔曼与霍夫特没有把一切都发明掉，还留下一些东西给我们做。”另外，有两个苏联科学家在1964年也知道了这个结果，但也同样因没有了解其物理意义而失之交臂。

1965年，我国曾率先提出了强子结构的“层子模型”这一量子色动力学中的关键理论，而且当时提出的关于“颜色”的概念已经很接近最后的结果。若按时间推算，格、维、波三人的论文发表在1973年，主要的研究时间在1967~1969年，而在该课题的研究中，我国所取得的重大阶段成果是在1965年，在1965~1966年间，我国的朱洪元院士、何祚庥院士和张肇西研究员等科学家还在继续该课题的研究。虽然当时我们稍稍早于美国

等一些国家，但随之而来的社会剧变使所有的科研工作被迫停止，从而丧失了一次冲刺诺贝尔物理学奖的机会。另外，1972 年春天，美国华裔物理学家徐一鸿也曾想到了“渐近自由”现象，但是该想法在当时太出格了，连他自己都认为其想法荒诞，因此没有再往下继续研究。

虽然格罗斯、波尔切克、维利策三人并没有提出什么漂亮的理论，而只是利用当时已有的数学计算工具，抢先一步在杨—米尔斯规范场理论中发现了渐近自由这个奇怪的性质。但是格罗斯、波尔切克、维利策三人能够拔得头筹，也不是纯属侥幸，因为他们的确有过人的见识与能力。但维尔切克仍谦虚地说：“很明显地，渐近自由正等着被人发现，即使我们没有发现它，物理的进展也不会延缓太久。”可见，当时一切条件其实都已成熟了，渐近自由快呼之欲出。

另外，我们应清醒地认识到建立活跃、平等、交流的科研气氛与灵活的科研机制对年轻人的成长是非常有利的。格罗斯、波尔切克、维利策三位科学家在 1973 年发表论文时，年龄分别为 32 岁、24 岁和 22 岁。2025 年是我国提出“层子模型”60 周年，更应建立一个灵活的科研机制和活跃的科研氛围，力争使我国本土科学家能够早日获得诺贝尔物理学奖，回答“钱学森之问”，共筑民族伟大复兴教育梦！

§3.3.12 爱因斯坦在 1905

1905 年，年仅 26 岁的瑞士专利局三级职员阿尔伯特·爱因斯坦（A. Einstein，1879—1955）利用业余时间在普朗克（M. Planck，1858—1947）主编的德国著名杂志《物理学年鉴》（Annalen de Physik）上先后发表了 5 篇论文，在三个领域做出了四个有划时代意义的贡献，不仅为相对论的建立和发展奠定了基础，而且也为量子理论的发展做出了重要贡献，掀起了一场影响百年的物理学革命。因此，1905 年被称为人类历史上的“奇迹年”（annusmirabilis）。为了纪念相对论诞生 100 周年以及爱因斯坦逝世 50 周年，联合国曾把 2005 年命名为“国际物理年”，这是联合国首次为一个学科确定的全球规模的纪念活动。2015 年又被联合国命名为国际“光之年”（International Year of Light），以宣传和普及人类历史上那些与“光”有关的重大科技成就，其中就有爱因斯坦在 1905 年的重大贡献。另外，相对论时空观已进入普通高中课程标准与教科书。现来回顾爱因斯坦在 1905 年的科学之旅，以示纪念。

1. 提出了光量子论

1905 年 3 月，爱因斯坦发表的论文《关于光的产生和转化的一个启发性观点》，把普朗克 1900 年提出的量子概念扩充到光在空间中的传播，提出了光量子假说，导出了光子能量和频率的关系 $E=h\gamma$，并揭示了光的波粒二象性。他认为：对于时间平均值（即统计的平均现象)，光表现为波动性；而对于瞬时值（即涨落现象)，光则表现为粒子性。这是历史上第一次揭示了微观客体的波动性和粒子性的统一，即波粒二象性。以后的物理学发展表明：波粒二象性是整个微观世界的最基本的特征。这篇论文还把玻耳兹曼（L. Boltzmann，1844—1906）提出的“一个体系的熵是它的状态的概率的函数”命名为玻耳兹曼原理。在论文的结尾，又用光量子假说解释了光电效应现象，推导出了光电子的最大初动能与入射光的频率之间的关系 $E_k = h\gamma - W$，后称爱因斯坦光电效应方程。这一关系10年后才由美国物理学家密立根（R. A. Millikan，1868—1953）予以实验证实。“由于他的光电效应定律的发现”，爱因斯坦荣获了1921年诺贝尔物理学奖。爱因斯坦对光的研究一直影响着现代光学的发展，光电效应后来成为众多技术的基础。

2. 阐明了分子动理论

1905年4月，爱因斯坦在提交给苏黎世大学的博士论文《分子体积的新测定方法》中，将流体动力学的技巧与扩散理论结合，创造了一种测定分子大小和阿伏伽德罗常数的新方法。1905年7月，爱因斯坦在发表的论文《热的分子运动论所要求的静液体中悬浮粒子的运动》中，利用扩散理论和分子动理论从理论上完全解释了英国植物学家布朗（R. Brown，1773—1858）1827年发现的“布朗运动”，并阐明了间接观察分子运动的可能性。爱因斯坦在这篇论文中，得出了解释布朗运动的爱因斯坦公式 $\overline{\chi^2} = \frac{kT}{3\pi\eta r}t$。爱因斯坦当时的目的是要通过观测由分子运动的涨落现象所产生的悬浮粒子的无规则运动，来测定分子的实际大小，以解决半个多世纪来科学界和哲学界争论不休的原子是否存在的问题。3年后，法国物理家佩兰（J. B. Perrin，1870—1942）以精密的实验证实了爱因斯坦的理论预测。这使当时最坚决反对原子论的德国化学家、“唯能论”的创始者奥斯特瓦尔德（F. W. Ostwald，1853—1932）于1908年主动宣布：“原子假说已成为一种基础巩固的科学理论。”可见，文章对于消除当时人们对原子物理实在性的怀疑，以及开启统计热力学与随机过程的普遍理论具有重要意义。

3. 创立了狭义相对论

1905年9月，爱因斯坦在发表的论文《论动体的电动力学》中，创立了狭义相对论，把真空中的光速作为宇宙的终极速度引入物理学，该速度不因参考系的选取而改变。以全新的时间、空间概念，解决了力学和电磁学之间的统一性，并在新的时空理论基础上给动体的电动力学以完整的形式，在很大程度上解决了19世纪末出现的经典物理学的危机，推动了整个物理学理论的革命，开创了物理学的新纪元。

早在1632年伽利略（G. Galilei，1564—1642）就提出了相对性原理：无论观察者的运动状态如何，只要其运动速度不变，所有物理定律都相同。对于牛顿（I. Newton，1642—1727）在17世纪中期提出的力学定律而言，该相对性原理也成立。但是随着19世纪后期电磁学的出现，这种一致性被打乱了。为了解决新实验事实同旧理论体系之间的矛盾，以洛伦兹（H. A. Lorentz，1853—1928）为代表的老一辈物理学家采取修补漏洞的办法，提出了名目众多的假设，结果使旧理论体系更是捉襟见肘。爱因斯坦则认为出路在于对整个旧理论基础进行根本性的变革。他从自然界的统一性的信念出发，考察了这样的问题：牛顿力学领域中普遍成立的相对性原理（力学定律对于任何惯性系是不变的），为什么在电动力学中却不成立？而根据法拉第（M. Faraday，1791—1867）的电磁感应实验，这种不统一性显然不是现象所固有的，问题一定在于经典物理理论基础。他吸取了英国经验论哲学家休谟（D. Hume，1711—1776）对先验论的批判和马赫（E. Mach，1838—1916）对牛顿的绝对空间与绝对时间概念的批判，从考察两个在空间上分隔开的事件的“同时性”问题入手，否定了没有经验根据的绝对同时性，进而否定了绝对时间、绝对空间，以及“以太”的存在，认为传统的空间和时间概念必须加以修改。他把伽利略发现的力学运动的相对性这一具有普遍意义的基本实验事实，提升为一切物理理论都必须遵循的基本原理——相对性原理；同时又把所有“以太漂移”实验所显示的光在真空中总是以一确定速度 c 传播这一基本事实也提升为原理——光速不变原理。要使相对性原理和光速不变原理同时成立，不同惯性系的坐标之间的变换就不可能再是伽利略变换，而应该是另一种类似于洛伦兹于 1904 年发现的那种变换。事实上，爱因斯坦当时并不知道洛伦兹 1904 年的工作，而且两人最初所提出的形式只有在 v/c 的一次幂上才是一致的；现在所说的洛伦兹变换，实质上是指爱因斯坦的形式。对于洛伦兹变换，空间和时间长度不再是不变的，但包括麦克斯韦（J. C. Maxwell，1831—1879）方程组在内的一切物理定律却是不变（即协变）的。原来对伽利略变换是协变的牛顿力学定律，必须加以改造才能满足洛伦兹变换下的协变性。这种改造实际上是一种推广，是把经典力学作为相对论力学在低速运动时的一种极限情况。这样，力学和电磁学也就在运动学的基础上统一起来。爱因斯坦宣称这篇论文的目的是“在静止物体的麦克斯韦理论的基础上，建立运动物体电动力学的一种简单和一致的理论”。狭义相对论将相对性原理和光速不变原理作为两条最基本的原理，建立了相对论的时空观，在此基础上导出了时间变慢、长度收缩、质能关系式、运动质量增加等非经典物理学效应。这一理论及其推论的物理意义先后被实验所证实。现在，相对论已成为近代物理学的基础理论。

十年之后的 1915 年，爱因斯坦又发表了震惊世界的广义相对论，指出光线在宇宙空间受到引力场的作用是可以发生弯曲的。

4. 揭示了质能关系

1905 年 11 月，爱因斯坦发表了第 5 篇论文《物体的惯性同它所含的能量有关吗?》。作为狭义相对论的一个推论和补遗，他在文中描述道：“物体质量是其内能的一个尺度”，从而揭示了质量和能量的相当性。同时提出了著名的质能方程 $E=mc^2$，并由此解释了放射性元素所以能释放出大量核能的原因。质能关系式不仅是原子核物理学和粒子物理学的理论基础，也为20世纪40年代实现的核能的释放和利用开辟了道路，因此$E=mc^2$也被人们公认为是20世纪最重要的公式之一。

爱因斯坦在1905年发表的五篇论文涉及从经典物理学向现代物理学转换的三个领域：第一篇论文揭示了经典力学和麦克斯韦理论在解释电磁辐射的性质与能力上的局限性，通过引入光量子假说发展了普朗克的量子论，并对诸如光电效应这一类奇异的现象进行了解释；第二篇和第三篇论文致力于扩展与完善经典力学的方法，特别是布朗运动的研究；第四篇和第五篇论文致力于扩展与完善麦克斯韦理论，通过修正经典力学的基础来消除力学和电动力学之间的明显矛盾。现在看来，爱因斯坦在这三个方面的工作，可以说是开辟了三个理论物理的研究方向：布朗运动的研究与统计物理和生物物理有关，光电效应与量子物理相关，而相对论与弦理论及引力理论和宇宙学有关。可以说这5篇论文彻底改变了物理学的面貌，是划时代的文献。

1905年，爱因斯坦在布朗运动、量子论和狭义相对论这三个方面做出的贡献，任何一个方面都足以赢得诺贝尔物理学奖。美国物理学家派斯（A. Pais，1918—2000）认为，“爱因斯坦不仅是量子论的三元老（指普朗克、爱因斯坦和N. 玻尔）之一，而且是波动力学唯一的教父。”玻恩（M. Born，1882—1970）也认为，“在征服量子现象这片荒原的斗争中，他是先驱”，也是“我们的领袖和旗手”。对于爱因斯坦的巨大科学贡献，法国物理学家郎之万（P. Langevin，1872—1946）1931年在题为《爱因斯坦的贡献与天文学》的论文中评价说：“在我们这一时代的物理学家中，爱因斯坦的地位将在最前列。他现在是并且将来也还是人类宇宙中有头等光辉的一颗巨星。虽很难说他是否和牛顿一样伟大，或者比牛顿更伟大，不过，可以肯定地说，他的伟大是可以同牛顿比拟的。按照我的见解，他也许比牛顿更伟大，因为他对于科学的贡献，更深入到人类思想基本概念的结构中。”但是，爱因斯坦在1919年与儿子埃德瓦的谈话中谦虚地说：“当一只甲虫在一根弯曲的树枝上爬行的时候，它并没有觉察到这根树枝是弯曲的。我有幸觉察到了甲虫没有觉察到的东西。”这便是爱因斯坦的科学之旅。

2015年是我国提出“层子模型”50周年，我们回顾爱因斯坦不平凡的科学生涯和对近代自然科学的巨大贡献，坚定对物理学的信念，推动物理教育，培养物理人才，力争使我国本土能够早日出现诺贝尔物理学奖获得者，回答“钱学森之问”，共筑强国教育梦，这本身就是对爱因斯坦最好的赞扬和纪念。

§3.3.13　“天问一号”火星探测之旅

2020年12月16日，“天问一号”入选国家语言资源监测与研究中心发布的“2020年度中国媒体十大新词语”。“天问一号”计划一次发射就全部完成“绕·落·巡”火星，这是世界航天史上的首例。本节就来简介“天问一号”首次火星探测之旅。

一、中国行星探测工程

中国行星探测工程以“揽星九天”作为工程的图形标识，如图 3-85 所示。图 3-85 中太阳系八大行星依次排开，表达了宇宙的五彩缤纷，呈现科学发现的丰富多彩，饱含动感，气韵流动。开放的椭圆轨道整体倾斜向上，展示了独特字母“C”的形象，代表了中国行星探测“CHINA”，体现着国际合作精神“COOPERATION”，标志着深空探测进入太空能力-C3。这组意义深远的名称与图形标识将承载着中国人航天强国的梦想，为人类和平利用太空推动构建人类命运共同体贡献更多中国智慧、中国方案、中国力量，前往未至，发现未知。

图 3-85　工程标识

2020 年 4 月 24 日，不仅是第五届中国航天日，也是我国第一颗人造地球卫星“东方红一号”发射 50 周年纪念日，中国行星探测任务在这个特殊日期被正式命名为“天问系列”，首次火星探测任务被命名为“天问一号”，后续行星任务依次编号。“天问一号”的名称来源于中国古代爱国主义诗人屈原的长诗《天问》，在这首诗里，屈原对天地万物发起了一连串“灵魂拷问”，尤其是“日月安属，列星安陈”的求知渴望。中国行星探测工程图形标识表达了中华民族对真理追求的坚韧与执着，体现了对自然和宇宙空间探索的文化传承，寓意探求科学真理征途漫漫，追求科技不断创新永无止境。

二、“天问一号”的飞行历程

“天问一号”火星探测器由环绕器、着陆器和巡视器组成，携带着中高分辨率相机、火星磁强计、火星矿物光谱分析仪等，总重量达到 5 t 左右。“天问一号”的飞行历程分为发射段、地火转移段、捕获及停泊段、离轨着陆段，如图 3-86、图 3-87 所示。

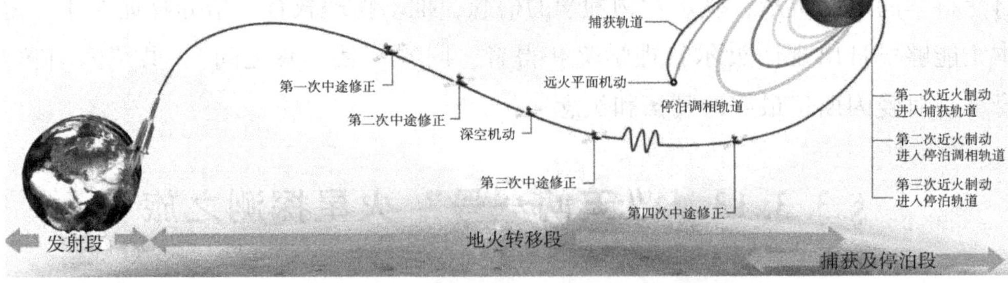

图 3-86　“天问一号”飞行历程

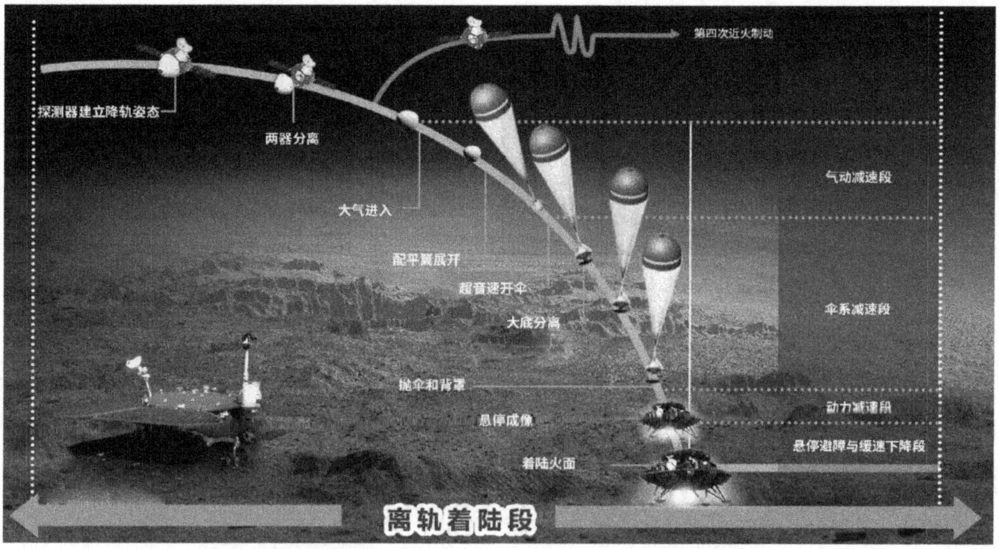

图 3-87　“天问一号”离轨着陆段

1. 发射段

2020 年 7 月 23 日，“天问一号”在文昌航天发射场由长征五号遥四运载火箭发射升空，并成功进入预定轨道，开启“奔火之旅”，迈出了我国首次自主开展行星探测的第一步。

2. 地火转移段

图 3-88　地月合影

“天问一号”在地火转移段分别经历了第一次轨道中途修正、第二次轨道中途修正、深空机动、第三次轨道中途修正、第四次轨道中途修正等阶段。2020 年 7 月 27 日，北京航天飞行控制中心飞控团队与中国空间技术研究院试验队密切配合，控制“天问一号”，在飞离地球约 120 万千米处回望地球，利用光学导航敏感器对地球、月球成像，获取了地月合影，如图 3-88 所示。在这幅地月合影中，地球与月球一大一小，均呈新月状，在茫茫宇宙中相互守望。2020 年 10 月 1 日，国家航天局发布了“天问一号”深空“自拍”飞行图像，如图 3-89 所示。2020 年 10 月 9 日，“天问一号”深空机动，飞行轨道变为能够准确被火星捕获的、与火星精确相交的轨道。2021 年 2 月 5 日，“天问一号”发动机点火工作，顺利完成第四次轨道中途修正，以确保按计划实施火星捕获，国家航天局同步公布了“天问一号”传回的首幅火星图像，如图 3-90 所示。

图 3-89　深空“自拍”

图 3-90　首幅火星图像

3. 捕获及停泊段

“天问一号”在近火点时，引力势能最小，动能最大，其发动机反推刹车的制动效率就越高，这就是德国火箭专家赫尔曼·奥伯特（Hermann Oberth，1894—1989）提出的奥伯特效应。2021 年 2 月 10 日，“天问一号”进行第一次近火制动，“刹车”后被火星“捕获”，成功进入捕获轨道，开启环绕火星之旅。2021 年 2 月 15 日，“天问一号”成功实施捕获轨道远火点平面机动，将轨道调整为经过火星两极的环火极地轨道。随后进行了第二次近火制动，进入火星停泊调相轨道。2021 年 2 月 24 日，“天问一号”成功实施第三次近火制动，进入火星停泊轨道。2021 年 3 月 4 日，国家航天局发布了由“天问一号”拍摄的 3 幅高清火星影像图，如图 3-91 所示。

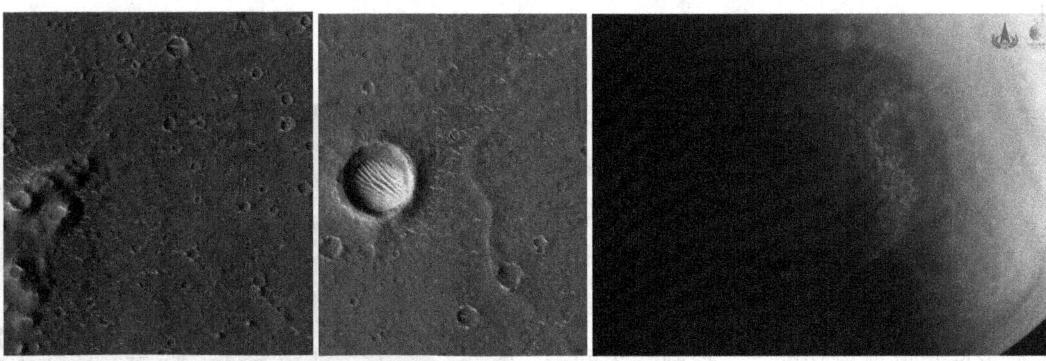

图 3-91　火星影像图

4. 离轨着陆段

“天问一号”进入火星停泊轨道后，需要先环绕火星飞行一段时间，对火星表面进行科学探测，等获取合适的落区图像之后，“天问一号”建立降轨姿态，择机将着陆巡视组合体与环绕器分离，环绕器第四次近火制动后升轨，继续环绕火星运行，着陆巡视组合体进入降落阶段。进入火星大气层后，着陆巡视组合体先后经历气动减速段、伞系减速段、动力减速段、悬停避障与缓速下降段，如图 3-87 所示。待着陆器平安着陆火星后，分离巡视器（火星车），火星车开展巡视探测。

2021 年 4 月 24 日，在 2021 中国航天日开幕启动仪式上，宣布中国首辆火星车名称为“祝融号”。祝融在中国传统文化中被尊为最早的火神，象征着中华民族的祖先用火照耀大地，带来光明。首辆火星车命名为“祝融”，寓意点燃中国星际探测的火种，指引人类对浩瀚星空、宇宙未知的接续探索和不断超越。2021 年 5 月 15 日，“祝融号”成功着陆于火星乌托邦平原，开启巡视探测火星。

弘扬航空航天精神，探索浩瀚宇宙，发展航天事业，全面建设社会主义现代化强国，是我国不懈追求的航天梦。“天问一号”的成功发射、持续飞行、“绕落巡”（环绕、降落、巡视）火星，不仅表明深空探测对保障国家安全、促进科技进步、提升国家软实力具有重要的意义，而且也彰显了我国“创新、协调、绿色、开放、共享”的新发展理念。

第四篇

臻美·以研促教

基于“问题即课题，教学即研究，成长即成果”的理念，结合中小学教师的专业特点，中小学教研应努力回归教研的“本真”，尽力降低研究“重心”，以解决课堂教学问题为取向，做自己适合、需要的小课题教学研究。

教而不研则浅，研而不教则浮。因此，为了追寻与反思课堂教学的科学性、有效性与创新性，以教育科研为先导，努力提高课堂教学效益，自觉运用教育教学理论指导教学实践，基于小课题教学研究与教研论坛，以研促教，促进有效教学反思，通过影子教师的案例学习、对照反思和辐射引领，实现教研一体化，深度教研，探讨、创新青年教师专业发展的培育模式。

真、善、美是物理教育追求的最高境界。即物理教育第一要“求真”，达到科学境界；第二要“从善”，体现人文境界；第三要“臻美”，具有艺术境界。因此，追求卓越，在实践中研究，在研究中实践，故第四篇为“臻美·以研促教”。

第一章　教研论坛

§4.1.1　对人教版高中物理教材提出的几点商榷*

我国第八次基础教育课程改革借鉴建构主义和人本主义思想，重视知识结构的学习和认知能力的发展，同时，新课改也赋予教师更大的自主权，教师不仅是教学过程的设计者和组织者，而且是课程的开发者和实践者。教材建设是课程改革系统工程中的重要环节，是师生双方共同建构与发展的过程。新课程改变了过去以教材为本的课程观，由“教材”即“知识”到“教材”即“范例”“教材是中介”“教材是话题”，“用教材教”而不是“教教材”，课程观发生了巨大的变化。2008年秋季，河南省普通高中开始实施新课程改革，其中河南省高中物理主流教科书为人民教育出版社出版的普通高中课程标准实验教科书（人民教育出版社，2007年第2版，以下简称“人教版课标教材”）。虽然高中物理人教版课标教材继承和发展了人教版大纲教材的优点与特色，但是为了充分发挥教材的功能，更好地从教材的变化中去选择和整合教学资源，在河南省新课程实施两年的教学实践的基础上，特对高中物理人教版课标教材提出几点意见，与同行们交流。

1. 物理量的符号前后不统一

物理量的符号前后不一致容易给学生造成学习上的困难。如物理1第一章时间和时间间隔用Δt表示，位移用Δx表示，到第二章却变成用t表示时间，而到物理2中又用l表示位移。我们认为，一个物理量尽可能用同一个字母表示，但一个字母在不同的地方表示不同的物理量也是可以的。

2. 一些表述还可以更加清楚、准确

在日常生活中，我们常出现一些不准确、不规范、不科学的说法，但学习物理学的目的之一就是要让学生学会用准确、规范、科学的专业术语描述自然。教科书的表述应该尽量使用准确、规范、科学的语言。例如，物理1第10页在论述质点的概念时指出：“在某些情况下，可以不考虑物体的大小和形状，把它简化成一个有质量的点，称为质点。”这个表述若改为以下表述就比较准确了：“如果物体的形状和大小对研究它的运动没有影响

---

*发表于《中学物理教学参考》2010年第11期，被人大复印报刊资料《中学物理教与学》2011年报刊索引库收录。

或影响很小，而不需要考虑物体的形状和大小时，就可以把物体简化为具有质量而无形状和大小的点，称为质点。”这样就明确指出了引入质点概念的条件和质点的内涵；物理 1 第 37 页注释里说：“物体在时刻 t 的位移等于这时的坐标 x”，若改为“物体在时间 t 内的位移等于这时的坐标 x”，表述就更加准确了；物理 1 第 45 页亚里士多德（Aristoteles）的肖像（图 4-1）有误，图 4-1 实为阿基米德（Archimedes）的肖像，而亚里士多德的肖像应如图 4-2 所示。其实，1978 年，希腊就曾发行过一张纪念亚里士多德的邮票，如图 4-3 所示；物理 1 第 46 页图 2. 6-1 比萨斜塔的图注中指出：“传说伽利略在此做过落体实验，但后来又被严谨的考证否定了。尽管如此，来自世界各地的人们……”而在人教版课标教材高中历史必修 3 第四单元第 11 节，则介绍了伽利略（Galieo Galilei）在比萨斜塔所做的落体实验，因此，该图注应改为：“尽管科学界对伽利略在比萨斜塔做落体实验的传说争议已久，但是来自世界各地的人们……”；物理 1 第 87 页在定义超重与失重概念时指出：“物体对支持物的压力（或对悬挂物的拉力）大于物体所受重力的现象，称为超重现象。”“物体对支持物的压力（或对悬挂物的拉力）小于物体所受重力的现象，称为失重现象。”为了定义科学，应修改为：“物体对水平支持物的压力（或对竖直悬挂物的拉力）大于物体所受重力的现象，称为超重现象。物体对水平支持物的压力（或对竖直悬挂物的拉力）小于物体所受重力的现象，称为失重现象”；在物理 2 第 12 页研究平抛运动的实验探究参考案例 2 中，当倒置饮料瓶内部液面上的气压小于外界大气压时，塑料饮料瓶容易变形，导致显示平抛运动轨迹的水流不连续，建议改用广口玻璃瓶进行实验；在选修 3-1 第 96 页的旁批中指出：“静止电荷产生电场，并受库仑力作用；运动电荷除了仍会产生电场，还会产生磁场。它不仅受到库仑力的作用，还会受到洛伦兹力的作用。”教材没有区分试探电荷和场源电荷，造成二者混淆，建议修改为：“静止电荷会产生电场，它在电场中会受到电场力的作用；运动电荷不仅能产生电场，还会产生磁场，它在电场中会受到电场力的作用，在磁场中可能受到洛伦兹力的作用”；在选修 3-3 第 47 页图 9. 4-1 的标注为：“水在大气压强为 1.01×10^5 Pa 下汽化热与温度的关系”，但是水在一个标准大气压下的沸点为 100 ℃，而图中大部分曲线所对应的温度都高于 100 ℃，显然该图标注错误，不是水在大气压强为 1.01×10^5 Pa 下的汽化热，而是水在不同温度对应的汽液两相平衡压强下的汽化热，因此，应更改为：“水在饱和汽压下的汽化热与温度的关系，其中图线与横轴的交点为水的临界温度 374 ℃”。

图 4-1　阿基米德

图 4-2　亚里士多德

图 4-3　亚里士多德

3. 打破了传统物理学体系的完整性

人教版课标教材把力学中机械振动、机械波和动量由大纲教材的必修改为选修，分别放到选修模块3-4和3-5中，并把动量定理放在动量守恒定律及应用之后，用动量概念表示牛顿第二定律，打破了传统物理教材的完整力学体系，不利于学生对力学体系的建构，丧失了借助能量和动量培养学生综合应用物理知识解决问题能力的机会。另外，大纲教材在介绍了光的折射定律之后，就学习光的全反射，而课标教材把全反射放到了物理光学之后；课标教材把薄膜干涉放在了光的颜色与色散一节，作为白光色散的现象之一介绍。这样，打破了传统的教学习惯，人为增加了教师对新课程的不适应感，不利于教师集中精力思考课程目标的落实、教学方式的转变等新课程理念。

4. 课后“问题与习题”还需要调整

物理1第19页“问题与练习”中的第3题，本题列车时刻表中给出的实际是路程而不是位移，且曲线不是直线，无法求平均速度，实际求的是平均速率，容易造成概念混淆；物理2第27页“问题与练习”中的第4题，解决本题需要用还没有学到动能定理或机械能守恒定律，建议去掉，或者置于动能定理或机械能守恒定律一节的“问题与练习”中；为了与人教社配套教师教学用书的解答一致，建议把物理选修3-2第13页“问题与练习”第4题中的“试判断线圈在位置A、B、C时感应电流的方向”，改为：“试判断线圈分别从位置A到位置B、从位置B到位置C的过程中感应电流的方向”。

5. 教材中的一些实验难以普及

课程标准把传感器列为高中物理的教学内容，明确提出“了解常见传感器及其应用，体会传感器的应用给人们带来的方便”。这体现了新物理课程的时代性，为传感器进入物理课堂并发挥它的教育教学功能创造了契机。因此，人教版教材中增加了很多应用传感器的实验。这些突破了传统实验手段的限制，解决了很多传统实验难点，推进了物理实验教学。但是，由于受到使用条件的限制，据统计，只有不到20%的学校能开展关于传感器的实验。“探究做功与速度改变间的关系”实验，也由于不容易找到粗细和弹性相当的橡皮条，而很难实现。

6. 教材的部分内容深浅不一，难易不便控制

首先，有些知识难度偏大，能力要求的台阶太高。如物理2中去掉了大纲教材“功和能”的一节，使得师生利用功和能的知识来高屋建瓴地把握全章的能力大大弱化。因为大纲教材中这一节虽然内容很少，很不起眼，但它对随后对定义动能表达式、建立动能定理、定义重力势能、理论上推导和证明机械能守恒定律都有着不可替代的作用。而课标教材去掉这节后，虽然增加了一节“追寻守恒量”，但仍无法替代原来的“功和能”一节。动能的表达式、动能定理完全靠学生自己做实验研究。功能关系靠学生自己慢慢去探索、去领悟，导致功能关系被隐化、模糊化，这给人的感觉是为了贯彻探究理念而机械的设置

探究实验。相反的，有些知识的简化又太草率。比如“用牛顿第二定律解决问题二”“超重与失重”“共点力的平衡条件”，这些原本是三节课的内容现在被合并为一节课，本意是想利用刚学到的应用牛顿定律解题的方法，直接去解决要另花两节课时间去讲的“超重与失重”“共点力的平衡条件”，是想节省时间、一步到位，但实际情况是教师一节课要么讲不透，要么讲不完，很难完成教学进度，达到理想的教学效果。

其次，课标教材新设置的一些探究内容挖得太深、被删除的内容再次出现。比如“探究弹性势能表达式”“功和速度变化的关系”，这些探究性的实验，一节课能不能很好地完成、学生的探究到底能进行到什么程度？值得思考。而斜抛运动的规律，向心加速度公式的推导，开普勒第二定律的重现，这些原甲种本上且被以前人教版教材或高考考纲明确删除的内容又被重新启用，也许是为拓展学生知识面的，可是越拓展，课堂容量越大，师生的负担越重。

7. 选修 3-3 遭到冷遇

人教版课标教材物理选修 3-3 为相对较为独立的热学内容，是学生学习统计规律与思想的重要载体，但是，受各省市（区）高考考试方案的影响，全国大多数高中都不讲授选修 3-3 的内容。这样，不仅造成中学生物理学知识的缺陷，而且导致学生到大学学习热学、热力学与统计物理的困难，同时也增加了学生学习高中化学选修 4《化学反应原理》的难度。

8. 课时严重不足，教学进度、难度难以与高考节奏合拍

按照新课标标准课时，必修物理 1、物理 2 每周 2 课时，只有 72 课时，没有考虑每章用于规律的应用、复习检测的课时。新课程把时间花在了过程与方法的教学上，留给解题操练的时间只能更少，由于进度快，反复少，特别是规律应用的课时很少，学生还是感到物理难学，少数同学严重掉队，甚至中途放弃物理学习。同时高二理科物理内容比原先增加，有 5 个选修模块，每周 4 课时，在高二阶段很难结束新课，难以与高考时间节奏合拍。由于现在的教学评价一般为知识应用性评价，对过程性评价少有手段，因此，如何解决重过程教学与教学评价中重知识应用的矛盾将势必影响新课程的顺利实施。

9. 教材的内容结构需要重组

为了凸现功能关系的地位与作用，必修物理 2 在机械能守恒定律一章，应增加功能关系一节；为了保持几何光学的完整性，建议把全反射还原到光的折射之后讲授，并在光的折射一节增加用惠更斯原理解释光的折射定律；动量守恒定律一章，在通过实验探究总结出动量守恒定律之后，建议再从理论推导的角度，由牛顿第二定律→动量定量→动量守恒定律，之后再讲授动量守恒定律的应用，即把动量定量从课标教材的最后一节提到第二节。并且建议学生基础较好的高中，在必修 2 机械能守恒定律一章讲授后，可学习选修 3-5 动量守恒定律的内容；弗兰克-赫兹实验直接证明了汞原子具有玻尔所设想的那种“完

全确定的、互相分立的能量状态”，是对玻尔的原子量子化模型的第一个决定性的证据，因此，建议在原子物理部分增加原子能量量子化的实验基础——弗兰克-赫兹实验。建议把选修3-4中相对论简介移到选修3-5中原子核之后，而把选修3-5中的动量守恒定律提到选修3-4第一章，放在机械振动和机械波之前，这样，不仅使选修3-5全部成为近代物理部分，而且也使力学第二部分相对集中，便于教师教学和使学生形成完整的知识体系。

§4.1.2　到底哪个图象正确？*

在一些高中物理教辅资料[1][2][3]中经常看到这样的题目：两个互成角度的共点力 F_1 和 F_2，夹角为 θ，它们的合力 F 随 θ 变化的关系如图4-4所示，则这两个力的大小分别为多少？

此题很容易求得两个力的大小分别为3 N和4 N或4 N和3 N。但是，同样是这道题，另外一些高中物理教辅资料[4][5][6]中给出的 F-θ 关系图象却如图4-5所示，那么到底哪个图象正确呢？

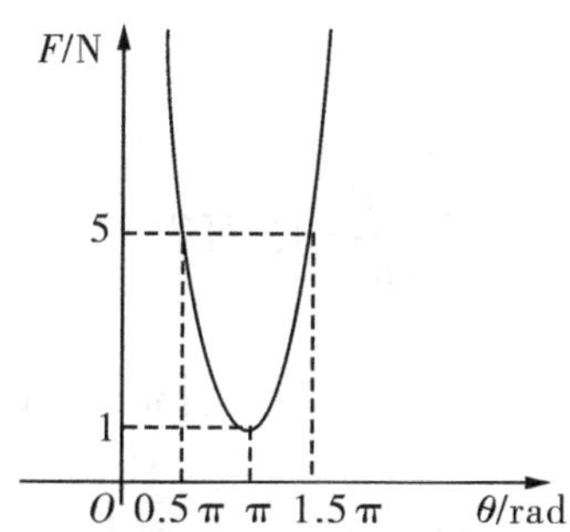

图4-4　F-θ 图线1

由余弦定理可知，两个互成角度 θ 的共点力 F_1 和 F_2 的合力 F 与 θ 间的函数关系为

$$F=\sqrt{F_1^2+F_2^2+2F_1F_2\cos\theta} \quad ①$$

为了进一步分析图象的特点，对上式 F 分别求关于 θ 的一阶导数和二阶导数为

$$\frac{\mathrm{d}F}{\mathrm{d}\theta}=\frac{-F_1F_2\sin\theta}{\sqrt{F_1^2+F_2^2+2F_1F_2\cos\theta}} \quad ②$$

$$\frac{\mathrm{d}^2F}{\mathrm{d}\theta^2}=\frac{-F_1F_2}{\sqrt{(F_1^2+F_2^2+2F_1F_2\cos\theta)^3}}\left[F_1F_2\cos^2\theta+(F_1^2+F_2^2)\cos\theta-F_1F_2\right] \quad ③$$

②式，合力 F 对两个分力间夹角 θ 的一阶导数反映了①式函数的单调性，即 F-θ 图线的斜率。若斜率为正，表示函数为增函数；若斜率为负，则表示函数为减函数。③式，合力 F 对两个分力间夹角 θ 的二阶导数则反映了①式函数的凸凹性。现予以简单讨论。

(1) 当 $F_1=F_2$ 时，①式可简化为

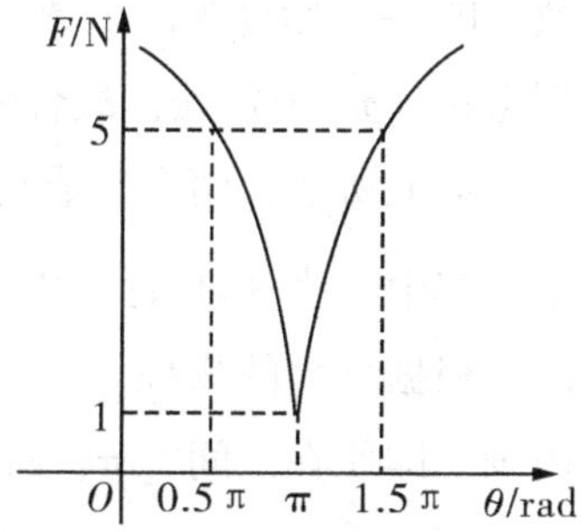

图4-5　F-θ 图线2

---

*发表于《中学物理》2009年第10期。

$$F=F_1\sqrt{2\ (1+\cos\theta)}=2F_1\left|\cos\frac{\theta}{2}\right| \qquad ④$$

④式的图象如图 4-6 所示。注意这只是一种特殊情况，其中，当 $\theta=0$ 时，$F=2F_1$；当 $\theta=0.5\pi$ 时，$F=\sqrt{2}F_1$；当 $\theta=\frac{2\pi}{3}$ 时，$F=F_1$；当 $\theta=\pi$ 时，$F=0$。

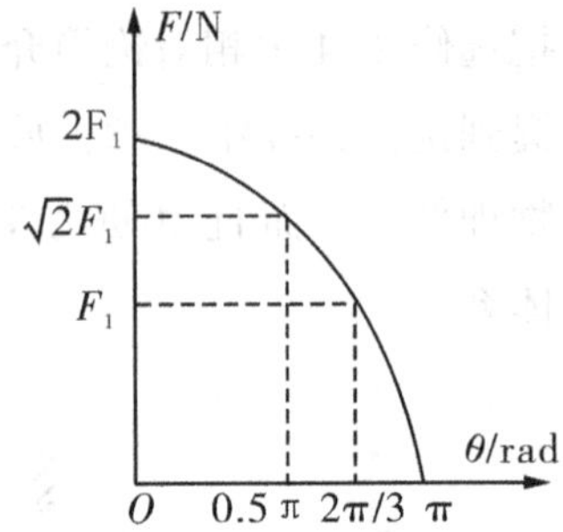

图 4-6 F-θ 图线 3

（2）当 $F_1\neq F_2$ 时，假设 $F_1>F_2$，在区间［0，π］内，$\frac{dF}{d\theta}<0$，故合力 F 在区间［0，π］内为减函数。其中，当 $\theta=0$ 时，$\frac{dF}{d\theta}=0$，则图 4-4 错误；当 $\theta=\pi$ 时，$\frac{dF}{d\theta}=0$，则图 4-5 错误。

令$\frac{d^2F}{d\theta^2}<0$，可得

$$0<\theta<\left(\pi-\arccos\frac{F_2}{F_1}\right)$$

令$\frac{d^2F}{d\theta^2}>0$，可得

$$\left(\pi-\arccos\frac{F_2}{F_1}\right)<\theta<\pi$$

故合力 F 在区间$\left(0,\ \pi-\arccos\frac{F_2}{F_1}\right)$内为凸函数，在区间$\left(\pi-\arccos\frac{F_2}{F_1},\ \pi\right)$内为凹函数。即合力 F 在拐点$\left(\pi-\arccos\frac{F_2}{F_1},\ \sqrt{F_1^2-F_2^2}\right)$处的凸凹性发生了改变。但是，合力 F 在区间［0，π］内，图 4-4 始终为凹函数，图 4-5 始终为凸函数。可见，图 4-4 和图 4-5 都是错误的。当 $F_1=F_2$ 时，合力 F 的拐点在（π，0）处，故合力 F 在区间［0，π］内则始终为凸函数，如图 4-6 所示。

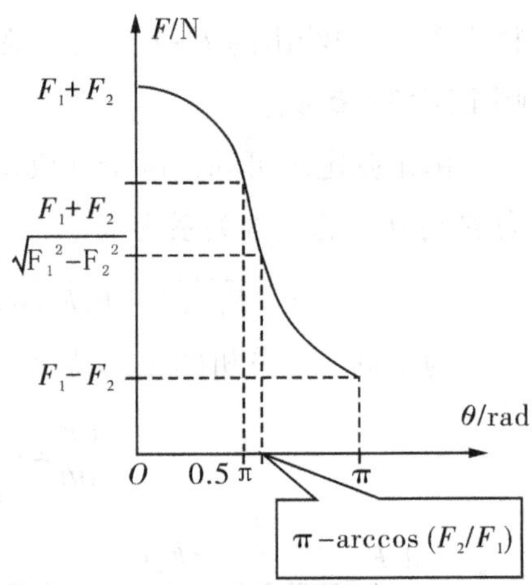

图 4-7 F-θ 图线 4

综上所述，两个互成角度 θ 的共点力 F_1 和 F_2 的合力 F 随 θ 变化的图象应如图 4-7 所示。其中，当 $\theta=0$ 时，$F_{max}=F_1+F_2$；当 $\theta=0.5\pi$ 时，$F=\sqrt{F_1^2+F_2^2}$；当 $\theta=\pi$ 时，$F_{min}=F_1-F_2$。根据合力的物理意义，注意该图象只能画在区间［0，π］内，不能在区间［π，2π］内画。即便在区间［π，2π］内画图象，也只能把图线对称地画成虚线。

参考文献

[1] 人民教育出版社物理室. 普通高中课程标准实验教科书物理1（必修）同步训练[M]. 北京：中国和平出版社，2006，44.

[2] 银辉、刘翠霞. 创新设计·创新课堂·物理1（必修）[M]. 延吉：延边人民出版社，2008，69.

[3] 王胜利. 新亮点·高中物理1（必修）[M]. 徐州：中国矿业大学出版社，2008，74.

[4] 河南省基础教育教学研究室. 高中物理新课程学习指导（必修1）[M]. 郑州：大象出版社，2008，64.

[5] 薛金星. 中学教材全解·高中物理1（必修）[M]. 西安：陕西人民教育出版社，2008，242.

[6] 刘强. 1+1轻松夺冠同步讲解·高中物理1（必修）[M]. 北京：知识出版社，2007，98.

§4.1.3 几个摩擦相关概念的剖析*

在教学实践中发现，一些学生或教师对摩擦的相关概念有着种种似是而非的认识，而且这些模糊认识具有极大的普遍性、代表性和迷惑性。现特对摩擦常见的几个相关概念进行剖析。

1. 动摩擦因数一定小于1吗

由于各种版本的中学物理课本，给出的两种材料间的动摩擦因数都是小于1，一般的参考书所举的例子也是小于1，据此，一些学生就认为动摩擦因数总小于1。事实上，动摩擦因数μ可以等于1，也可以大于1。

（1）从摩擦机制看，μ可以等于或大于1。根据现代摩擦理论，摩擦的主要原因之一是接触表面分子之间的分子力引起的，当两物体相互接触时，首先是凸起部分表面原子相当地接近形成分子键，其强度与固体内部使自己聚集在一起的分子键的强度相当。表面如果非常洁净、接触非常紧密，两个互相接触的表面会黏附得非常牢固，在发生明显滑动之前出现“接点增长”，接点面积不断增大，直到整个几何接触面积成为巨大的接触点，这时摩擦力很大，甚至会超过正压力，摩擦系数可以等于或大于1，甚至更大。美国C·基特尔等著的《伯克利物理学教程》第一卷《力学》上有一表格记载有：铜与铜的静摩擦因数是1.6，铝与铝的静摩擦因数是1.10~1.70，橡皮与固体的静摩擦因数是1.0 ~4.0。阎金铎主编的《中国中学教学百科全书·物理卷》第8页“摩擦因数”的条目中指出，铟与铟间的动摩擦因数$1.5<\mu<2.0$。将金属放在1.33×10^{-3} 1.33×10^{-4} Pa的真空中，加热

*发表于《物理教师》2010年第1期。

到一定的温度并保持一段时间，然后除去表面污物，冷却后测定动摩擦因数可达 5.0~6.0。以上均可表明摩擦因数可以等于或大于 1。

（2）从摩擦系数的测定方法看，μ 可以等于或大于 1。摩擦系数通常可以用摩擦角的方法测定，其方法一般是：将所要测量的两物体中的其中一个倾斜放置作为斜面，另一个放在斜面体上沿其滑下，逐渐减小斜面倾角 θ，可以发现，当 θ 达到某一数值 θ_0 时，物体匀速下滑，则由 $mg\sin\theta_0=\mu mg\cos\theta_0$，得

$$\mu=\tan\theta_0 \quad ①$$

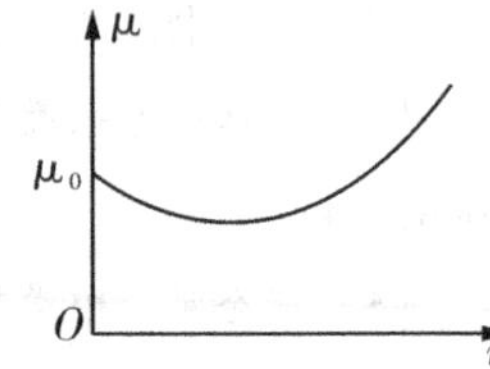
图 4-8 μ-v 图线

θ_0 是摩擦角，测得了 θ_0，就可以知道此两物体间 μ 的值，从①式容易看到，当 $\theta_0<45°$时，$\mu<1$；当 $\theta_0=45°$时，$\mu=1$；当 $\theta_0>45°$时，$\mu>1$。

由于正切函数在第Ⅰ象限的值域是（0，+∞），所以 μ 不一定小于 1，至于动摩擦因数 μ 到底是多大，则取决于接触物体的材料、表面光洁程度、干湿程度、表面温度、表面薄膜的形成与否、相对运动的速度等因素，而与正压力和几何接触面积的大小无关。其中，动摩擦因数 μ 与物体相对运动速度的关系如图 4-8 所示。但在相对速度不太大时，一般近似认为动滑动因数 μ 与相对速度无关。

2. *最大静摩擦力为什么大于滑动摩擦力*

为考虑问题方便，把接触物体间的分子作用力，在宏观上进行正交分解，将法向作用力称为弹性力，而切向力称为摩擦力，物体在正压力长时间的作用下，接触面分子会发生蠕动，这会使接触层分子的剪切面积增大，因而使摩擦力增大。

由于长时间接触，分子热运动会使接触层互相扩散，使分子间的作用力变大，也会使摩擦力增大。

物体表面有一层污染膜，在外力作用下而不发生宏观移动时，在接触层分子会发生分子大数量级的移动，这种移动使污染膜破裂。这个破裂作用增大了对外力的反作用力。

以上三点都存在于宏观相对静止的两物体之间，其共同作用的结果是使最大静摩擦力大于滑动摩擦力。

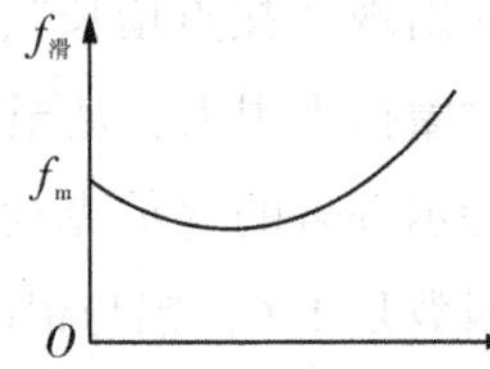
图 4-9 $f_{滑}$-v 图线

另外，深入的实验研究也表明，在滑动刚开始时，滑动摩擦力比最大静摩擦力小，可谓“万事开头难”，而且随着滑动的相对速度的增大而继续减小，以后又随着相对速度的增大而增大，这个过程可以粗略地用图 4-9 来表示，但在相对速度不大时，一般近似认为滑动摩擦力与相对速度无关。由于在中学物理阶段，不涉及滑动摩擦力随相对速度大小而变化的问题，也不讨论高速滑动的情况。因此，在相同接触面和正压力的情况下，认为滑动摩擦力约等于最大静摩擦力。

3. 滑动摩擦力为什么与接触面的大小无关

现代的摩擦理论认为，物体间的实际接触面积是属于原子尺度的，它只占总的几何接触面积的一个极微小的部分，而摩擦力的出现是由于在原子接触的这些微小区域内原子之间的相互作用力。即使是非常光滑的两个平整接触面，在显微镜下还是凹凸不平的，这种不规则性在 $10^{-5}10^{-4}$ mm。当两个表面互相接触时，只有凸出来的地方才是真正的接触（峰点型接触），简言之，原子接触面积可能不到几何接触面积的万分之一。原子接触面积占几何接触面积的比例，正比于法向力除以几何接触面积。因此，当法向力增大一倍时，原子接触面积也随之增大一倍，摩擦力便增大一倍，这就是滑动摩擦力正比于正压力的原因。但是，如果几何接触面积增大一倍，而法向力保持不变，则原子接触面积占几何接触面积的比例就减少一半，即原子接触面积的实际面积不变，因而滑动摩擦力也不变。可见，对于给定的摩擦力系，在峰点型接触的情况下，原子接触面积的大小只是法向力的函数，而与几何接触面积的大小无关。

4. 摩擦力图线的物理意义

在正压力和摩擦因数不变的情况下，摩擦力 f 的大小与沿接触面切线方向的合外力 F（不包括摩擦力，以下同）的大小有如图 4-10 所示的关系，称之为摩擦力图线。摩擦力图线形象、直观地描述了摩擦力的性质和变化规律。摩擦力图线物理意义为：

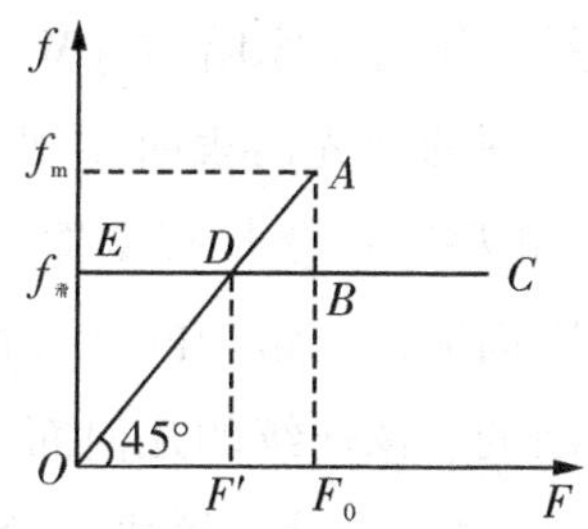

图 4-10　摩擦力图线

（1）图 4-10 中倾角为 45° 的线段 OA 表示静摩擦力。从图 4-10 可以看出，静摩擦力的大小随外力的增加而同步增大，并等于对应外力的大小。即静摩擦力的大小只能用当时沿接触面切线方向的合外力 F 的大小来量度，不能用公式 $f=\mu \cdot N$ 来计算。

（2）A 点的纵坐标表示最大静摩擦力 f_m。当外力超过最大静摩擦力时，物体就要开始滑动，即静摩擦力的取值范围为 $0 \leqslant f_{静} \leqslant f_m$。最大静摩擦力的大小可以用恰好使物体开始运动的合外力 F_0（使物体能开始运动的最小合外力）来量度，也可运用公式 $f_m=\mu_0 \cdot N$ 来计算。

（3）由图 4-10 可以看出，当物体开始运动时，最大静摩擦力就突变为量值稍小些的滑动摩擦力，即 $f_m>f_{滑}$。但在粗略的计算中，可以近似认为最大静摩擦力等于滑动摩擦力，即 $f_m=\mu_0 \cdot N=\mu \cdot N$。

（4）平行于 F 轴的线段 CE 表示滑动摩擦力。从图 4-10 中可以看出，滑动摩擦力不随合外力的变化而变化，也不随物体运动速度的变化而变化，因此滑动摩擦力的大小只能用公式 $f=\mu \cdot N$ 来计算。

（5）物体开始运动后，沿接触面切线方向的合外力 F 可以大于滑动摩擦力而使物体做匀加速运动，如线段 DC 所示；也可小于滑动摩擦力使物体做匀减速运动，如线段 DE

所示；还可能等于滑动摩擦力，而使物体做匀速运动，如图 4-10 中 D 点所示。因此，凡匀速滑动的物体，如果阻力只有摩擦力，则滑动摩擦力的大小又可用当时的合外力 F' 来量度。

（6）匀减速滑动的物体，最终总是要静止的。静止后滑动摩擦力就突变成了与合外力等大反向的静摩擦力。

5. 接触面越光滑摩擦力就越小吗

由于摩擦的本质有凹凸说、分子说、黏合说、电磁说等各种理论，各种产生摩擦的原因应该是兼而有之，不会是单一的原因。当两物体表面很粗糙时，由于接触面上的峰和谷交错齿合，会使摩擦力很大；对于非常光滑的表面，尤其是非常清洁的表面，由于分子力起主要作用，所以摩擦力会更大。即表面越光洁，摩擦力越大。其实早在 1734 年，分子说的创始人、英国物理学家德萨古利斯（J. T. Desaguliers）就曾预言："只要把平面无止境地研磨得很光滑，摩擦迟早会增大的。"这一理论得到了英国物理学家文斯（S. Vince，1749—1821）的赞同。到了 20 世纪，由于表面加工技术的进步，他的这一天才预言终于被英国科学家哈迪（W. Hardy）的实验所证实。那么我们应怎样理解通常在教材和习题中出现的"光滑表面"呢？常用的"粗糙表面"和"光滑表面"是历史的产物，意思是："粗糙"就是指有摩擦、"光滑"指无摩擦或摩擦因数等于零的表面，是一种理想模型。因而应该把常用的"光滑表面"作为"不计摩擦的表面"的同义语，而不是指完全无凹凸的、像连续的几何面一样的固体表面。

6. 滚动摩擦比滑动摩擦小的物理意义是什么

为了弄清楚这一问题，首先要对滚动摩擦有个正确的理解。滚动摩擦是一个物体在另一个物体上滚动时，物体所受到的对滚动的阻碍作用。滚动摩擦实际上是一种阻碍滚动的力偶矩。如图 4-11 所示，当一个物体在平面上滚动时，物体除了受到重力 G、弹力 N 外，在接触处还受到摩擦力 f 作用。重力 G 与弹力 N 组成一个力偶，其力偶矩 $M=\delta N$ 这个力偶矩的方向与物体转动的角速度 ω 相反，对转动起阻碍作用，这就是所谓的滚动摩擦力偶矩，它阻碍物体的滚动。摩擦力 f 对质心 C 产生的力矩 $f \cdot R$ 和转动角速度方向一致，它不阻碍物体的转动，而是推动物体滚动。

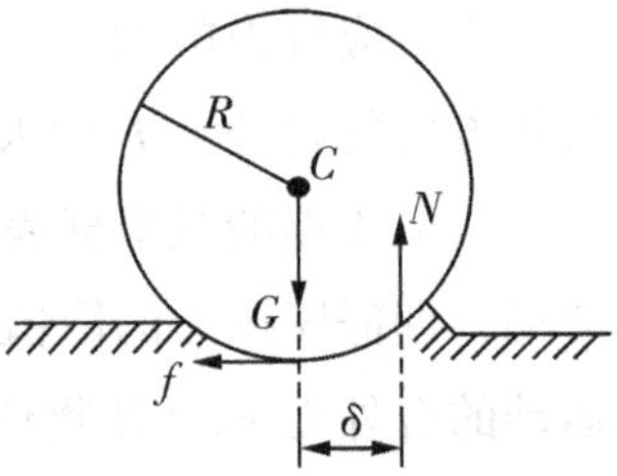

图 4-11　滚动摩擦力

滚动摩擦的产生是由于物体和平面接触处的形变引起的。物体受重力作用而压入支承面，同时本身也受压缩而变形，因而在向前滚动时，接触前方的支承面隆起，这使得支承面对物体的弹力 N 的作用点从最低点向前移，所以弹力 N 与重力 G 不在一条直线上，而形成了一个阻碍滚动的力偶矩，这就是滚动摩擦。滚动摩擦的大小用力偶矩来量度，且与正压力成正比，比例系数 δ 叫作滚动摩擦因数，它在数值上相当于弹力对于滚动物体质心的力臂，因此它具有长度的量纲；它跟滚动物体和支承面的材料、硬度及物体的半径等因素有关。

既然滚动摩擦的大小是由滚动摩擦力偶矩决定的，所以对“滚动摩擦比滑动摩擦小”，我们不能理解为滚动摩擦力矩比滑动摩擦力小，因为力矩跟力是无法比较大小的，也不能说“滚动摩擦力比滑动摩擦力小”，因为并不存在一个“滚动摩擦力”。一般我们所说的“滚动摩擦比滑动摩擦小”，指的是在其他条件相同的情况下，克服滚动摩擦力使物体运动需要的力比克服滑动摩擦力所需要的力小得多。

§4.1.4　用三力汇交原理巧解一道竞赛题*

[题目]　（第28届全国中学生物理竞赛复赛试题二）质量均匀分布的刚性杆 AB、CD 如图4-12放置，A 点与水平地面接触，与地面间的静摩擦系数为 μ_A，B、D 两点与光滑竖直墙面接触，杆 AB 和 CD 接触处的静摩擦系数为 μ_C，两杆的质量均为 m，长度均为 l。

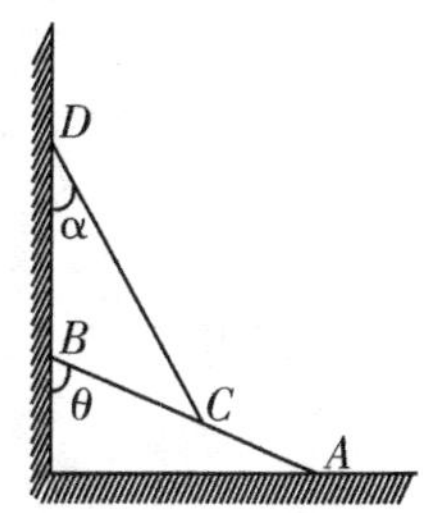

图4-12　情景图

（1）已知系统平衡时 AB 杆与墙面夹角为 θ，求 CD 杆与墙面的夹角 α 应该满足的条件（用 α 及已知量满足的方程式表示）。

（2）若 $\mu_A=1.00$，$\mu_C=0.866$，$\theta=60.0°$。求系统平衡时 α 的取值范围（用数值计算求出）。

解析　系统平衡时，两杆的受力情况如图4-13所示，其中，f_1、N_1 分别为水平地面作用于 AB 杆的摩擦力和支持力，f_2、N_2 分别为 AB 杆作用于 CD 杆的摩擦力和支持力，N_3、N_4 分别为光滑竖直墙面对 AB 杆和 CD 杆的支持力，mg 为匀质杆的重力。

1. 夹角 α 最大应满足的条件

系统平衡时，隔离 CD 杆，由三力汇交原理可知，f_2 与 N_2 合力 T 的作用线必过 N_4 与 mg 作用线的交点 O，设 T 与 mg 作用线间的夹角为 β，过 C 点做竖直线分别与 N_3、N_4 的作用线相交于 E、F 点，如图4-13所示。

CD 杆质量分布均匀，即 CD 杆的重心与 O 点的连线为 $\triangle DCF$ 的中位线，则在 $\triangle OCF$ 和 $\triangle DCF$ 中，由几何知识可知

$$\tan\beta=\frac{1}{2}\tan\alpha \qquad ①$$

设 T 与 N_2 间的夹角为 φ，由摩擦角的定义和摩擦自锁的条件可知

*发表于《湖南中学物理》2015年11期。

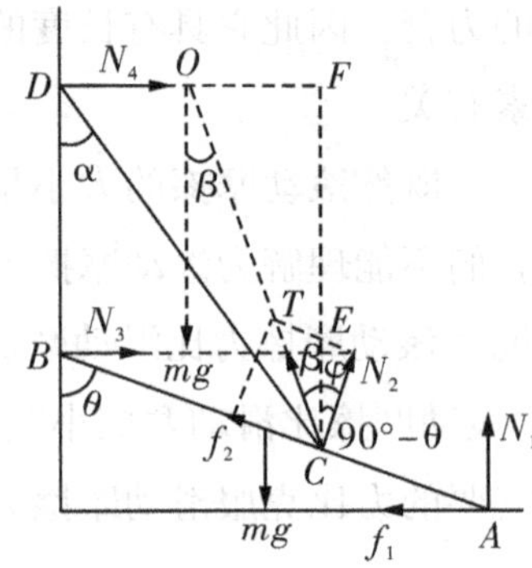

图 4-13 受力分析

$$\tan\varphi=\frac{f_2}{N_2}\leqslant\mu_C \qquad ②$$

由几何关系可知

$$\varphi=\beta+(90^\circ-\theta) \qquad ③$$

由②③式可得

$$\tan[\beta+(90^\circ-\theta)]\leqslant\mu_C$$

由三角公式可得

$$\frac{\tan\beta+\cot\theta}{1-\tan\beta\cot\theta}\leqslant\mu_C \qquad ④$$

由①④式可得

$$\frac{\frac{1}{2}\tan\alpha+\frac{1}{\tan\theta}}{1-\frac{1}{2}\tan\alpha\cdot\frac{1}{\tan\theta}}\leqslant\mu_C$$

解得

$$\tan\alpha\leqslant\frac{2(\mu_C\tan\theta-1)}{\mu_C+\tan\theta}$$

再变形可得 CD 杆与竖直墙面间夹角 α 最大应满足的条件为

$$\tan\alpha\leqslant\frac{2(\mu_C\sin\theta-\cos\theta)}{\mu_C\cos\theta+\sin\theta} \qquad ⑤$$

对 CD 杆，再根据三力汇交原理可把 N_4、mg、T 等效平移到 O 点，如图 4-14 所示。

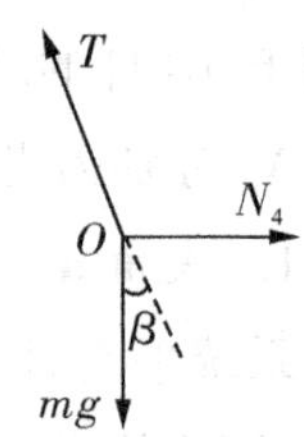

图 4-14 受力分析

由共点力平衡条件可得

$$N_4=mg\tan\beta \qquad ⑥$$

由①⑥式可得

$$N_4=\frac{1}{2}mg\tan\alpha \qquad ⑦$$

这样由三力汇交原理和共点力平衡条件就简便求出了 N_4，从而回避了原参考答案中通过 CD 杆对 C 点的力矩平衡条件求解 N_4。

2. 夹角 α 最小应满足的条件

系统平衡时，取杆 AB 和 CD 构成的系统为研究对象，系统水平方向受 N_3、N_4 和 f_1 的作用，竖直方向受 N_1 和 $2mg$ 的作用，如图 4-13 所示。

对系统，由力的平衡条件可知

$$N_3+N_4=f_1 \qquad ⑧$$

$$N_1 = 2mg \qquad ⑨$$

由系统对 A 点的力矩平衡条件可得

$$\frac{1}{2}mgl\sin\theta + mg\left(l\sin\theta - \frac{1}{2}l\sin\alpha\right) - N_3 l\cos\theta - N_4\,(l\cos\theta + l\cos\alpha - CE) = 0$$

即

$$\frac{3}{2}mgl\sin\theta - \frac{1}{2}mgl\sin\alpha - N_3 l\cos\theta - N_4\,(l\cos\theta + l\cos\alpha - CE) = 0 \qquad ⑩$$

其中，几何关系得

$$CE = l\sin\alpha\cot\theta \qquad ⑪$$

由⑦⑩⑪式可得

$$N_3 = \left(\frac{3}{2}\tan\theta - \frac{1}{2}\tan\alpha - \frac{\sin\alpha}{\cos\theta} + \frac{1}{2}\frac{\tan\alpha\sin\alpha}{\sin\theta}\right)mg \qquad ⑫$$

由⑦⑧⑫式可得

$$f_1 = \left(\frac{3\tan\theta}{2} - \frac{\sin\alpha}{\cos\theta} + \frac{1}{2}\frac{\tan\alpha\sin\alpha}{\sin\theta}\right)mg \qquad ⑬$$

又因

$$f_1 \leqslant \mu_A N_1 \qquad ⑭$$

由⑨⑬⑭式可得 CD 杆与竖直墙面间夹角 α 最小应满足的条件为

$$\frac{\tan\alpha\sin\alpha}{\sin\theta} - \frac{2\sin\alpha}{\cos\theta} \leqslant 4\mu_A - 3\tan\theta \qquad ⑮$$

因此，式⑤和⑮为系统平衡时夹角 α 应满足的条件。

3. 夹角 α 的取值范围

将题设所给数据 $\mu_A = 1.00$，$\mu_C = 0.866$，$\theta = 60.0°$，分别代入式⑤和⑮，经数值计算可得

$$\alpha \leqslant \arctan 0.385 = 21.1°$$

$$\alpha \geqslant 19.5°$$

则 α 的取值范围为

$19.5° \leqslant \alpha \leqslant 21.1°$

§4.1.5　向心加速度是描述速度方向变化快慢的物理量吗？*

在高中物理向心加速度（法向加速度）的教学中，不少师生认为，向心加速度的物理

* 发表于《中学物理》2009 年第 11 期。

意义是“描述线速度方向变化快慢的物理量”。虽然现行高中物理教科书中没有明确说明向心加速度的物理意义，但是在普通高中课程标准实验教科书・物理必修 2（人民教育出版社，2006 年 11 月第 2 版）第 21 页指出：“（向心力）F_n 产生指向圆心的加速度，这就是向心加速度，它始终与速度方向垂直，其表现就是速度方向的改变。”据此，很多师生认为，因为向心加速度的方向始终指向圆心，与线速度方向垂直，它只改变线速度的方向，不改变线速度的大小，所以向心加速度是描述（线）速度方向变化快慢的物理量。那么，该说法是否正确呢?

1. 描述速度方向变化快慢的物理量

如图 4-15 所示，在质点运动的平面上选定一自然坐标 Ox，速度的方向由速度矢量与 Ox 轴的夹角 φ 表示，φ 为速度的方位角。当质点做曲线运动时，速度的方向时刻改变，即速度的方位角随之而变。设 t 时刻速度为 v，方位角为 φ；$t+\Delta t$ 时刻速度为 v'，方位角为 $\varphi'=\varphi+\Delta\varphi$，则方位角的改变量 $\Delta\varphi=\varphi'-\varphi$ 就表示速度的方向在 Δt 时间内的变化。比值 $\frac{\Delta\varphi}{\Delta t}$ 表示单位时间内方位角的变化，称为速度方向的平均变化率，取此值的极限得

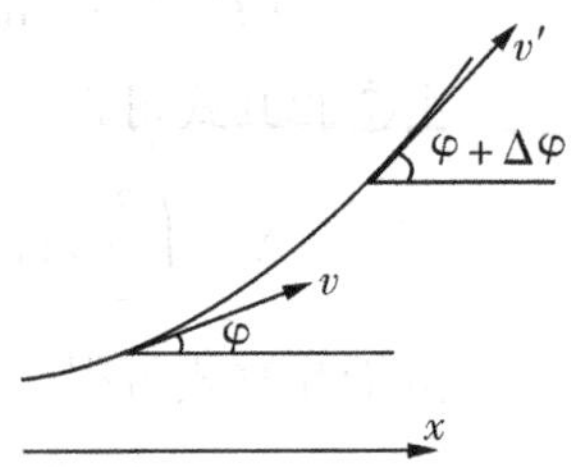

图 4-15　速度方位角

$$\lim_{\Delta t\to 0}\frac{\Delta\varphi}{\Delta t}=\frac{\mathrm{d}\varphi}{\mathrm{d}t}$$

表示在 t 时刻速度方向的变化率。所以速度方向的变化快慢，由速度的方位角对时间的导数来描述。

如图 4-16 所示，设质点做圆周运动，建立 Ox 轴，则质点速度的方位角 φ 与角坐标 θ 之间的关系为

$$\varphi=\theta+\frac{\pi}{2}$$

则有

$$\frac{\mathrm{d}\varphi}{\mathrm{d}t}=\frac{\mathrm{d}\theta}{\mathrm{d}t}=\omega$$

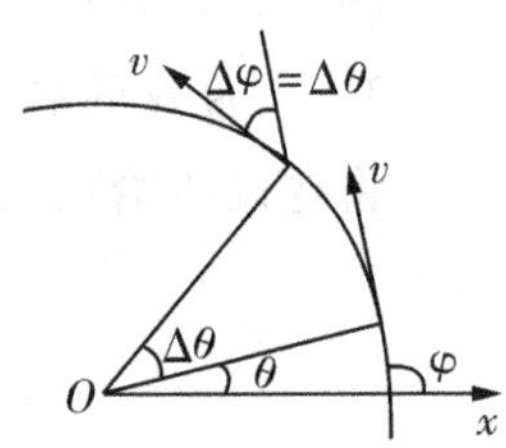

图 4-16　$\varphi-\theta$ 图

即速度方向的变化率等于质点的角速度。因此，对于圆周运动，角速度是描述速度方向变化快慢的物理量。

2. 向心加速度的物理意义

如图 4-17 所示，固定在一轻杆上的三个质点随杆一起做匀速圆周运动，它们的角速度 ω 相同，而半径不同，分别为 r_1、r_2 和 r_3。当三个质点随杆一起转过角度 θ 时，三者在相等时间内速度的方向也分别变化了角度 θ，即角速度相同的三个质点

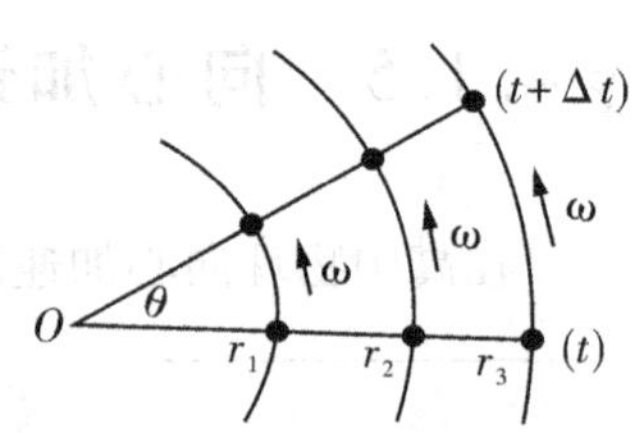

图 4-17　向心加速度比较

速度方向变化的快慢相同。但三者的向心加速度彼此不同，$a_{n1}:a_{n2}:a_{n3}=r_1:r_2:r_3$，而速度方向的变化率$\omega=\dfrac{\mathrm{d}\theta}{\mathrm{d}t}$却都相同。

又如做匀速圆周运动的两个质点，半径分别为r_1、r_2，$r_2=4r_1$，角速度分别为ω_1、ω_2，$\omega_2=\dfrac{1}{2}\omega_1$，则它们的向心加速度相同，即

$$r_1\omega_1^2=r_2\omega_2^2$$

但二者速度方向的变化率却为$\omega_1:\omega_2=2:1$。因此，不能认为向心加速度描述了速度方向变化的快慢。

根据加速度的定义，速度方向的变化是向心加速度存在的前提条件，但向心加速度的大小并不简单地只是表示速度方向变化的快慢。由公式$a_n=v\omega$可知，向心加速度不仅与速度方向变化的快慢（角速度）有关，而且还与速度的大小有关。只有对于速率相同的质点，向心加速度的大小才能描述速度方向变化的快慢。

总之，角速度是描述速度方向变化快慢的物理量，而向心加速度的物理意义则是描述由于速度方向的变化而引起的速度矢量的变化率。

§4.1.6　绳端物体的速度分解方式能用于加速度分解吗？*

一、问题提出

[题目]　如图4-18所示，物块与圆环通过光滑轻质定滑轮用细绳连接在一起，圆环套在光滑的竖直杆上。开始时连接圆环的细绳水平，竖直杆与滑轮间的距离为L。某时刻圆环由静止释放，依次经过竖直杆上的A、B两点。在A点处细绳与竖直杆成53°，圆环下落到B点时，速度达到最大，此时细绳与竖直杆的夹角成37°。已知圆环的质量为m，重力加速度为g，sin37°=0.6，cos37°=0.8，空气阻力不计，下列判断正确的是（　　）

A. 物块的质量为$\dfrac{5}{4}m$

B. 在A位置时，圆环的加速度大小为$\dfrac{1}{4}g$

C. 圆环下落的最大速度为$\dfrac{2}{3}\sqrt{gL}$

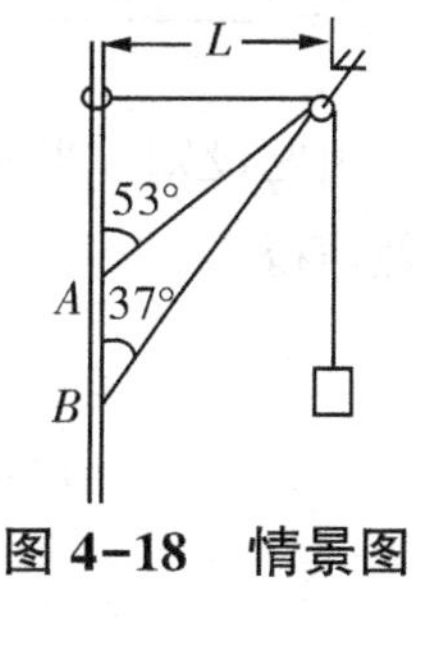

图4-18　情景图

---

*发表于《物理教学》2021年第10期。

D. 圆环下落的最大距离为$\frac{40L}{9}$

这是高中物理经常出现的绳端物体问题，大部分答案采用速度的分解方式对加速度进行分解，这种做法正确吗？本题参考答案为AD，但对于AB选项中关于加速度求解一直存有较大的争议。

解法1：按速度分解方式分解加速度求质量关系

圆环到达B点时速度最大，此时圆环的加速度为0。如果按照速度的分解方式，把圆环的加速度分别垂直于绳和沿绳方向分解，则沿绳方向的加速度一定为0，即物块的加速度也为0。设物块的质量为M，绳子的拉力为F_T，由牛顿第二定律知

对物块：$F_T=Mg$　　①

对圆环：$F_T\cos 37°=mg$　　②

由①②式得

$$M=\frac{5}{4}m$$

故A选项正确。

解法2：利用机械能守恒定律求质量关系

设圆环在水平线以下任意位置时，细绳与竖直杆的夹角为θ，此时圆环的速度为v，由圆环与物块组成的系统机械能守恒得

$$mgL\cot\theta-MgL\left(\frac{1}{\sin\theta}-1\right)=\frac{1}{2}mv^2+\frac{1}{2}M(v\cos\theta)^2$$

则

$$v^2=\frac{2\left[mgL\cot\theta-MgL\left(\frac{1}{\sin\theta}-1\right)\right]}{m+M\cos^2\theta}$$

当圆环的速度v最大时，v^2也一定最大。对上式求导得

$$\dot{v}^2=\frac{\left(-\frac{2mgL}{\sin^2\theta}+\frac{2MgL\cos\theta}{\sin^2\theta}\right)(m+M\cos^2\theta)+2M\sin\theta\cos\theta\left[2mgL\cot\theta-2MgL\left(\frac{1}{\sin\theta}-1\right)\right]}{(m+M\cos^2\theta)^2}$$

由题设知，当$\theta=37°$时，圆环的速度最大，加速度为0，即上式为0时有最大值，代入数值得

$$\dot{v}^2=\frac{\left(-\frac{50}{9}mgL+\frac{40}{9}MgL\right)\left(m+\frac{16}{25}M\right)+\frac{24}{25}M\left(\frac{8}{3}mgL-\frac{4}{3}MgL\right)}{\left(m+\frac{16}{25}M\right)^2}=0$$

若要使上式成立，只需分子为 0，则

$$\left(\frac{50}{9}m-\frac{40}{9}M\right)\left(m+\frac{16}{25}M\right)=\frac{24}{25}M\left(\frac{8}{3}m-\frac{4}{3}M\right)$$

解得 $M=1.08m$，即 A 选项不正确。

可见，两种解法得出了不同的结果，说明其中一个方法是错误的。显然，利用能量守恒关系得出的结果无误，说明解法 1 中对按速度分解方式来分解加速度的理解有误。但本题给出的参考答案中 A 选项是正确的，也说明解法 1 的错误理解具有较大的欺骗性。

二、实例佐证

如图 4-19 所示，A 物体以速度 v_A 向右匀速运动，某时刻 A 连接的细绳与水平方向的夹角为 α，此时物体 B 的速度 v_B，由 A 物体速度分解可得

$$v_B=v_A\cos\alpha$$

随着 A 向右匀速运动，夹角 α 越来越小，可知 v_B 在逐渐增大，即 B 加速运动。若按解法 1 把 A 的加速度也沿绳的方向进行分解，则 B 物体的加速度始终为零，而做匀速运动。可见，解法 1 有误。

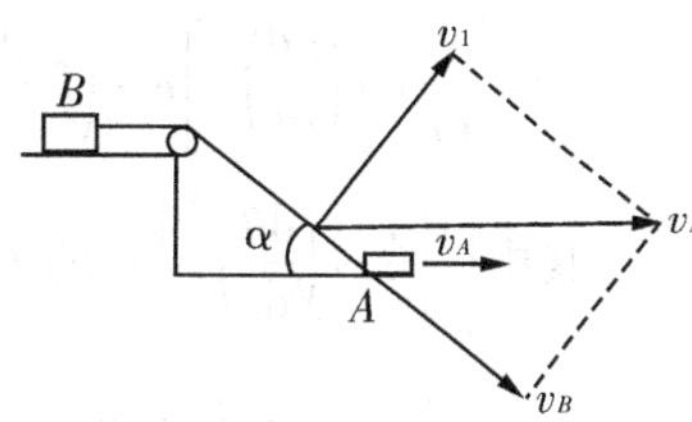

图 4-19　速度分解

三、错因分析

对于该类旋转且离固定点长度发生变化的绳端物体问题，借助极坐标分析相关运动比较方便。图 4-20 为极坐标系的单位矢量，以 r、θ 确定平面上各点的位置，以一对活动的正交单位矢量 e_r、e_θ 分解平面中的矢量。其中 e_r 为沿 r 延长线方向的径向单位矢量；e_θ 为与径向单位矢量垂直的横向单位矢量。

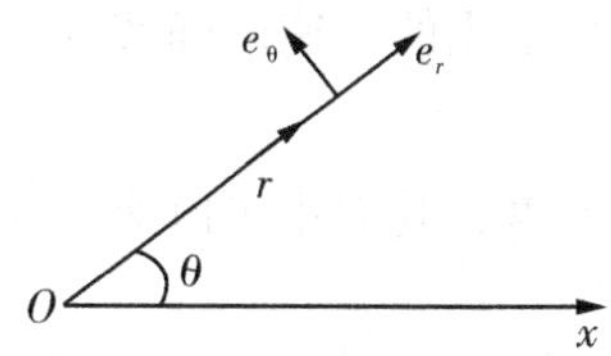

图 4-20　单位矢量

在极坐标系中，r 可表示为

$$r=re_r$$

质点的速度可以表示为

$$v=\frac{dr}{dt}=\frac{d(re_r)}{dt}=\frac{dr}{dt}e_r+r\frac{de_r}{dt}$$

质点的加速度可表示为

$$a=\frac{dv}{dt}=\frac{d\left(\frac{dr}{dt}e_r+r\frac{de_r}{dt}\right)}{dt}=\frac{d}{dt}\left(\frac{dr}{dt}e_r\right)+\frac{d}{dt}\left(r\frac{de_r}{dt}\right) \qquad ③$$

如图 4-21 所示，质点从位置 $r(t)$ 到无限临近的位置 $r(t+dt)$，有相应的变化量

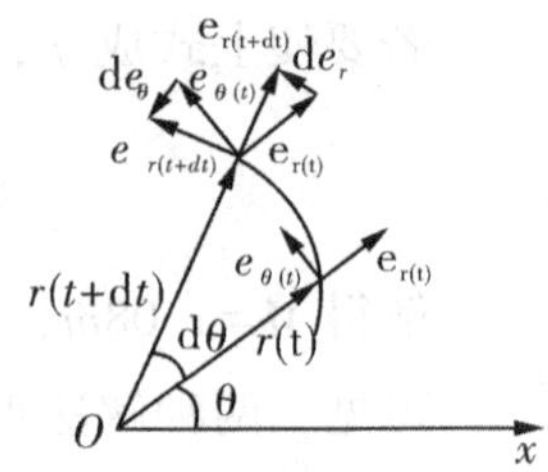

图 4-21　矢量图

de_r、de_θ。由于角 θ 的变化量 $d\theta$ 为无穷小量，由图 4-21 可知，de_r 的方向与 $e_{\theta(t)}$ 方向一致，de_θ 的方向与 $e_{r(t)}$ 方向相反。由几何关系可知，de_r、de_θ 的大小同为 $d\theta$，即有

$$de_r = d\theta e_\theta$$

$$de_\theta = -d\theta e_r$$

对③式继续化简为

$$a = \frac{d}{dt}\left(\frac{dr}{dt}e_r\right) + \frac{d}{dt}\left(r\frac{d\theta}{dt}e_\theta\right) = \frac{d^2r}{dt^2}e_r + \frac{dr\,de_r}{dt\,dt} + \frac{dr\,d\theta}{dt\,dt}e_\theta + r\frac{d\theta\,de_\theta}{dt\,dt} + r\frac{d^2\theta}{dt^2}e_\theta$$

$$= \frac{d^2r}{dt^2}e_r + \frac{dr\,d\theta}{dt\,dt}e_\theta + \frac{dr\,d\theta}{dt\,dt}e_\theta - r\frac{d\theta\,d\theta}{dt\,dt}e_r + r\frac{d^2\theta}{dt^2}e_\theta$$

$$= \left[\frac{d^2r}{dt^2} - r\left(\frac{d\theta}{dt}\right)^2\right]e_r + \left(2\frac{dr\,d\theta}{dt\,dt} + r\frac{d^2\theta}{dt^2}\right)e_\theta$$

其中 $\left[\frac{d^2r}{dt^2} - r\left(\frac{d\theta}{dt}\right)^2\right]e_r$ 的方向沿着 r（t）的方向，即为径向加速度，但只有 $\frac{d^2r}{dt^2}e_r$ 项会引起 r（t）的长度发生变化，而 $r\left(\frac{d\theta}{dt}\right)^2 e_r$ 项是质点的向心加速度，不会引起 r（t）的长度变化。

在解法 1 中，圆环在 B 点时速度最大，即圆环在该位置的加速度为 0，沿着绳子方向分解出的加速度确实为 0，但沿着绳子方向有两个加速度，其中 $r\left(\frac{d\theta}{dt}\right)^2 e_r$ 是对应的向心加速度，其大小可以表示 $\frac{v_B^2}{L}\sin^3 37°$，方向沿绳指向滑轮。而物块变速运动对应的加速度是 $\frac{d^2r}{dt^2}e_r$，根据其沿绳方向加速度为 0，所以物块的加速度与向心加速度大小相等、方向相反，即大小为 $\frac{v_B^2}{L}\sin^3 37°$，方向沿绳背离滑轮方向，说明此时物块还处于向上加速运动的状态。因此，认为物块的加速度为零才是解法 1 错误的本源。

综上所述，绳端物体沿绳方向存在两个方向相反的加速度，其沿绳方向的加速度是二者的合加速度。因此，对于绳端物体虽然可以把加速度按速度的分解方式进行分解，但是分解后不能简单地认为沿绳方向的加速度就是绳另一端物体的加速度。

§4.1.7　历史上牛顿月地检验的推导*

为了验证地面上的重力与地球吸引月球、太阳吸引行星的力是同一性质的力，同样遵从平方反比律的猜想，牛顿（I. Newton）做了著名的月地检验，并把引力规律做了合理的外推，进而把决定天体运动的万有引力定律于1687年发表在《自然哲学的数学原理》中，完成了物理学的第一次大统一。正如美国一位文豪马克·吐温（Mark Twain）所说："科学真是迷人。根据零星的事实，增添一点猜想，竟能赢得那么多收获！"在现行普通高中课程标准实验教科书·物理必修2（人民教育出版社，2006年11月第2版）第36页简单介绍了月地检验，但没有对该思想实验进行具体地推导。为了践行2009国际天文年的愿景与目标，特介绍历史上牛顿月地检验的推导。

1. 比较自由下落的高度

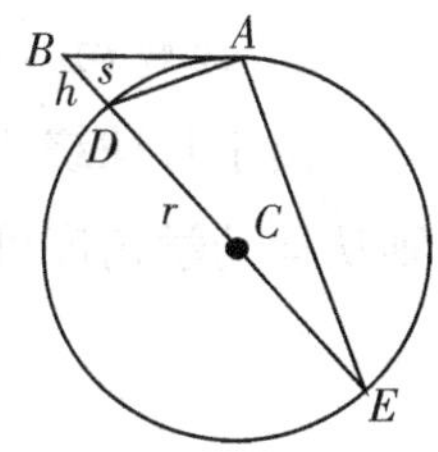

图 4-22　情景图

牛顿猜想，重力可以延伸到月球上，正是在地球这个引力的作用下，月球绕地做匀速圆周运动。如图4-22所示，假设月球处在轨道上的任意点A，如果不受任何力，它将沿一直线AB运行，AB与轨道在A点相切。但月球实际上走的是弧线$\overset{\frown}{AD}$。如果C是地心，则月球在地球引力的作用下，沿轨道半径向地心C自由下落的高度$h=BD$。即月球的匀速圆周运动是由月球沿轨道切向的匀速直线运动和月球沿法向的自由落体运动合成的。其中月球沿轨道法向分运动的加速度为月球的向心加速度。

由$\triangle ABD \backsim \triangle EBA$可得

$$\frac{BE}{AB}=\frac{AB}{BD}$$

令月球绕地的轨道半径为r，在极短的时间t内，$BE\approx DE=2r$，$AB\approx\overset{\frown}{AD}=s=\dfrac{2\pi rt}{T}$，则

$$\frac{2r}{s}=\frac{s}{h}$$

即
$$h=\frac{s^2}{2r}=\frac{2\pi^2rt^2}{T^2}\qquad①$$

在极短的时间t内，地面上一重物自由下落的距离为

$$h'=\frac{1}{2}g_{地}t^2\qquad②$$

---

*发表于《中学物理教学参考》2009年第8期。

由①②式可得

$$\frac{h}{h'}=\frac{4\pi^2 r}{g_{地}T^2} \quad ③$$

把 $r=60R_{地}=3.84\times10^8$ m，$T=27.3$ d$\approx2.36\times10^6$ s，$g_{地}=9.8$ m/s^2 代入③式可得

$$\frac{h}{h'}=\frac{1}{3600}=\frac{1}{60^2}$$

由 $h=\frac{1}{2}\frac{F}{m}t^2$ 可知，同一物体 m 在相等时间 t 内，自由下落的高度 h 与受到的引力 F 成正比。由于月球绕地运行的轨道半径约为地球半径的60倍，那么月球在其轨道上所受的引力 F 为它在地球表面所受重力 G 的 $\frac{1}{3600}$，符合平方反比律。因为 $F=\frac{1}{3600}G$，所以月球绕地的向心加速度 $a_n=\frac{1}{3600}g_{地}$。

2. 比较向心加速度

由于月球绕地球运行的周期 $T=27.3$d$\approx2.36\times10^6$ s，月地距离 $r=60R_{地}=3.84\times10^8$ m，则从运动学角度可计算出月球的向心加速度为

$$a_{n1}=\frac{4\pi^2}{T^2}r=2.72\times10^{-3}\ \text{m/s}^2 \quad ④$$

牛顿设想，把一个物体放到月球轨道上，让它绕地球运行，地球对它的引力就减小到 F，它的向心加速度减小到 a_{n2}。既然物体在地面受到的重力 G 和在月球轨道上运行时受到的引力 F，都是来自地球的引力，若引力的平方反比例成立，那么物体在月球轨道上的向心加速度 a_{n2} 和在地面上的重力加速度 g 的关系式应为

$$\frac{a_{n2}}{g_{地}}=\frac{F}{G}=\frac{R_{地}^2}{r^2}=\frac{1}{60^2}=\frac{1}{3600}$$

进而从动力学角度可计算出月球轨道上的向心加速度为

$$a_{n2}=\frac{1}{3600}g_{地}=2.72\times10^{-3}\text{m/s}^2 \quad ⑤$$

④式与⑤式的计算结果完全一致，从而验证了地面上的重力与地球吸引月球的力是同一性质的力，遵循同样规律的猜想。

需要说明，月球绕地的向心加速度 $a_n=\frac{1}{3600}g_{地}$，与通常所说的月球表面的重力加速度 $g_{月}=\frac{1}{6}g_{地}$ 并不矛盾。

已知 $M_{地}=81M_{月}$，$R_{地}=\frac{11}{3}R_{月}$，$r=60R_{地}$，由天文学黄金代换公式 $GM=gR^2$ 可知

$$\frac{g_{月}}{g_{地}}=\frac{M_{月}\ R_{地}^{2}}{M_{地}\ R_{月}^{2}}=\frac{121}{729}\approx\frac{1}{6}$$

即 $$g_{月}=\frac{1}{6}g_{地} \quad ⑥$$

又因 $$a_n=\frac{GM_{地}}{r^2}=\frac{81GM_{月}}{3600R_{地}^{2}}=\frac{81g_{月}\ R_{月}^{2}}{3600\times\left(\frac{11}{3}R_{月}\right)^{2}}\approx\frac{1}{600}g_{月} \quad ⑦$$

由⑥⑦式可得

$$a_n=\frac{1}{3600}g_{地}$$

§4.1.8　第二宇宙速度和第三宇宙速度的推导*

宇宙速度是宇宙航行的重要参数。普通高中物理教科书在介绍宇宙速度时，一般只推导了第一宇宙速度，而没有推导第二宇宙速度和第三宇宙速度，现介绍第二宇宙速度和第三宇宙速度的推导。

一、第二宇宙速度的推导

1. *逆向思维法*

地球周围的物体具有重力势能的大小和正负与零势面的选取有关。如果我们选离地球无穷远处的平面为零势面，那么地球周围物体的重力势能都是负值，其表达式是 $E_p=-mgr$，式中 m 表示物体的质量，g 表示物体所处位置的重力加速度，r 表示物体到地心的距离。设想在离地球无穷远处静止释放一物体，假如该物体只受地球引力作用，则当物体到达地球表面时的速度是多大呢？

物体在无穷远处的机械能为

$$E_{\infty}=E_{p\infty}+E_{k\infty}=0$$

物体到达地球表面时的机械能为

$$E_R=E_{PR}+E_{KR}=-mgR+\frac{1}{2}mv^2$$

由机械能守恒定律知 $E_R=E_{\infty}$

即 $$-mgR+\frac{1}{2}mv^2=0$$

* 分别发表于《中学物理》2003 年第 12 期、《湖南中学物理》2012 年第 7 期。

则 $v=\sqrt{2gR}=\sqrt{2\times9.8\times6.4\times10^6}$ m/s$\approx11.2\times10^3$ m/s$=11.2$ km/s

这就是物体到达地球表面时的速度。反过来，根据机械能守恒，如果以 11.2 km/s 的速度从地球表面竖直向上抛射物体，物体将会达到离地球无穷远处，即脱离地球。可见，第二宇宙速度（脱离速度）的大小为 11.2 km/s。

2. 能量法

由黄金代换公式 $GM=gr^2$ 知 $g=\dfrac{GM}{r^2}$，代入 $E_p=-mgr$ 可得普通物理中引力势能的表达式

$$E_p=-\frac{GMm}{r}$$

设第二宇宙速度为 v_2，则人造星体地面发射时的动能为$\dfrac{1}{2}mv_2^2$，引力势能为$-\dfrac{GMm}{R}$。在无穷远处，人造星体的动能至少为零，引力势能也为零。因此，当人造星体具有的动能刚好能够克服地球引力而做功时，就使人造星体脱离地球引力范围而达到无穷远处。根据机械能守恒定律有

$$\frac{1}{2}mv_2^2=\frac{GMm}{R}$$

则

$$v_2=\sqrt{\frac{2GM}{R}}$$

将 $GM=gR^2$ 代入上式得第二宇宙速度的大小为

$$v_2=\sqrt{2gR}=\sqrt{2\times9.8\times6.4\times10^6}\ \text{m/s}\approx11.2\times10^3\ \text{m/s}=11.2\ \text{km/s}$$

3. 微元法

设人造星体的质量为 m，地球的质量和半径分别为 $M_{地}$ 和 $R_{地}$，地球表面的重力加速度为 g。把从地球表面至无穷远处的距离等分成无数小段 ab、bc、cd……，各等分点关于地心对应的半径分别为 r_1、r_2、r_3……，如图 4-23 所示。由于每小段 ab、bc、cd……极小，这一小段上的引力可以认为不变。因此，把人造星体从地表 a 送到 b 时，克服引力所做的功为

$$W_1=G\frac{M_{地}m}{R_{地}^2}(r_1-R_{地})=G\frac{M_{地}m}{R_{地}\cdot r_1}(r_1-R_{地})=GM_{地}m\left(\frac{1}{R_{地}}-\frac{1}{r_1}\right)$$

同理，人造星体从地表移到无穷远过程中，各小段上克服引力所做的功分别为

$$W_2=GM_{地}m\left(\frac{1}{r_1}-\frac{1}{r_2}\right)$$

$$W_3=GM_{地}m\left(\frac{1}{r_2}-\frac{1}{r_3}\right)$$

……

$$W_n = GM_{地} m\left(\frac{1}{r_{n-1}} - \frac{1}{r_n}\right)$$

$$W_\infty = GM_{地} m\left(\frac{1}{r_n} - \frac{1}{r_\infty}\right)$$

则把人造星体送至无穷远处克服引力所做的总功为

$$W = W_1 + W_2 + W_3 + \cdots + W_n + W_\infty = G\frac{M_{地} m}{R_{地}}$$

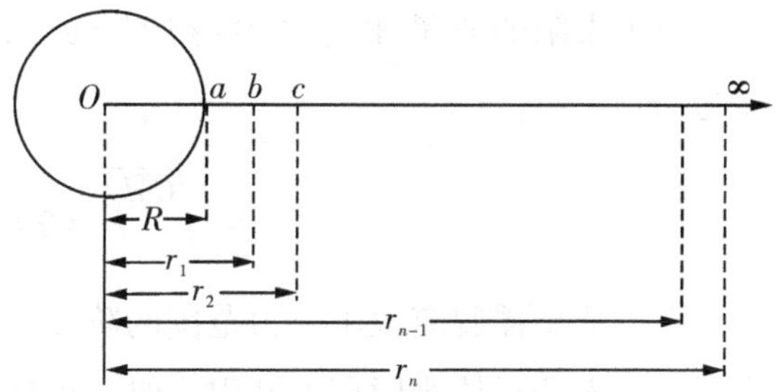

图 4-23 微元分析图

第二宇宙速度 v_2 是人造星体脱离地球引力范围所需的最小发射速度。当人造星体刚脱离地球引力范围时，就是指在地心参考系中，人造星体距地心的距离 $r \to \infty$，人造星体的引力势能为零，此时人造星体相对地球的运动速度也为零。因此，由机械能守恒定律可知，为了挣脱地球引力的束缚，人造星体必须具有的动能为

$$\frac{1}{2}mv_2^2 = G\frac{M_{地} m}{R_{地}} \qquad ①$$

则

$$v_2 = \sqrt{\frac{2GM_{地}}{R_{地}}} = \sqrt{2gR_{地}}$$

将 $g = 9.8\ \mathrm{m/s^2}$，$R_{地} = 6.37 \times 10^6\ \mathrm{m}$，代入上式可得第二宇宙速度 $v_2 = 11.2\ \mathrm{km/s}$。可见，第二宇宙速度为第一宇宙速度的$\sqrt{2}$倍。

二、第三宇宙速度的推导

第三宇宙速度 v_3 是从地面发射一人造星体，使之脱离太阳引力范围，达到太阳系以外的最小发射速度。因此，可把人造星体的运动过程分为脱离地球引力范围和脱离太阳引力范围两个阶段。

在人造星体脱离地球引力范围的阶段，仅考虑地球的引力。当刚脱离地球引力时，人造星体还应具有脱离太阳引力所需要的动能$\frac{1}{2}mv'^2$，其中 v' 是人造星体相对地心的速度，因此在地心参考系中，由机械能守恒定律可得

$$\frac{1}{2}mv_3^2 - G\frac{mM_{地}}{R_{地}} = \frac{1}{2}mv'^2 \qquad ②$$

由①②式可得

$$\frac{1}{2}mv_3^2 - \frac{1}{2}mv_2^2 = \frac{1}{2}mv'^2$$

即

$$v_3 = \sqrt{v_2^2 + v'^2} \qquad ③$$

由于太阳的质量 $M_日=1.99\times10^{30}$ kg，日地距离 $r=1.49\times10^{11}$ m，则地球的公转速度 v_0 为

$$v_0=\sqrt{\frac{GM_日}{r}}=29.8\ \text{km/s} \qquad ④$$

在人造星体脱离太阳引力范围的阶段，仅考虑太阳的引力。为了充分利用地球的公转速度，在人造星体刚脱离地球引力时，可使人造星体相对地球的速度 v' 的方向沿着地球公转的方向，即 v' 与 v_0 方向相同。因此在日心参考系中，人造星体刚脱离地球引力时，相对太阳的速度 v 为

$$v=v_0+v' \qquad ⑤$$

当人造星体刚脱离太阳引力范围时，就是指在日心参考系中，人造星体距日心的距离 $r\to\infty$，人造星体的引力势能为零，此时人造星体相对太阳的运动速度也为零。以太阳和人造星体为系统，由机械能守恒定律可得

$$\frac{1}{2}mv^2-G\frac{mM_日}{r}=0$$

即

$$v=\sqrt{\frac{2GM_日}{r}}=42.2\ \text{km/s} \qquad ⑥$$

则由④⑤⑥式可得，人造星体刚脱离地球引力时相对地球的速度 v' 为

$$v'=v-v_0=12.4\ \text{km/s} \qquad ⑦$$

故由③⑦式可得，第三宇宙速度 v_3 为

$$v_3=\sqrt{v_2^2+v'^2}=\sqrt{11.2^2+12.4^2}\ \text{km/s}=16.7\ \text{km/s}$$

§4.1.9 简谐运动周期公式的推导与拓展*

简谐运动不仅是一种周期性运动，而且是一种变加速运动。因此，由于简谐运动规律的复杂性和高中数学知识的限制，普通高中课程标准实验教科书·物理选修 3-4（人民教育出版社，2010 年 4 月第 3 版）中没有推导简谐运动的周期公式。但实验证明，做匀速圆周运动的质点在与其共面、过圆心的 x 轴上的投影的运动，与该质点做简谐运动具有相同的运动规律。因此，根据简谐运动与匀速圆周运动在运动学上的内在联系，可利用质点的匀速圆周运动来描述其简谐运动，这个匀速圆周运动的圆周叫作与之相对应的简谐运动的参考圆。现利用参考圆法推导简谐运动的周期公式，并进行四种典型的拓展。

* 发表于《湖南中学物理》2015 年第 12 期。

一、参考圆法推导简谐运动的周期公式

简谐运动是质点在大小与相对于平衡位置的位移 x 成正比、方向总是指向平衡位置的回复力 F 作用下的振动。即简谐运动的回复力 $F=-kx$，式中 k 为常数，负号表示回复力的方向总与位移的方向相反。由牛顿第二定律可知，质量为 m 的质点做简谐运动的回复加速度为

$$a=-\frac{k}{m}x \qquad ①$$

建立如图 4-24 所示的平面直角坐标系。质量为 m 的质点在半径为 A 的圆周上，从 x 轴上的 M 点出发做匀速圆周运动，其角速度为 ω，则质点到达 N 点时，其位移在 x 轴上的投影为

$$x=A\cos\omega t \qquad ②$$

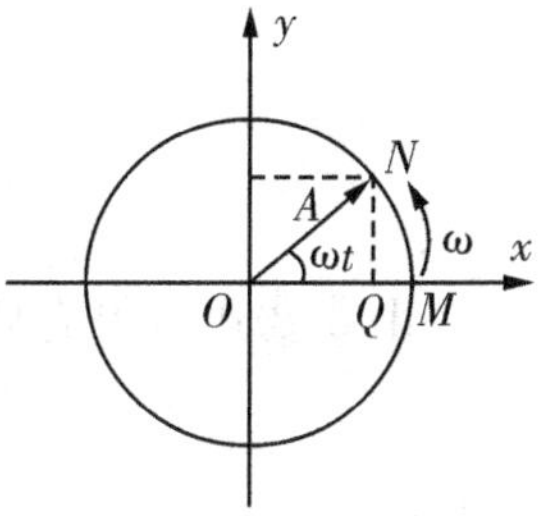

图 4-24 坐标图

质点做匀速圆周运动的向心加速度为 $\omega^2 A$，则其在 x 轴上的投影为

$$a=-\omega^2 A\cos\omega t \qquad ③$$

式中负号表示 x 轴上的投影加速度的方向指向平衡位置（圆心）。由②③式可得

$$a=-\omega^2 x \qquad ④$$

可见，匀速圆周运动的质点在 x 轴上的投影点 Q 在平衡位置（圆心）O 点附近做简谐运动。由①④式可得

$$\omega=\sqrt{\frac{k}{m}} \qquad ⑤$$

由于做匀速圆周运动的质点沿圆周每转一周，其投影点恰好完成一次全振动，即质点匀速圆周运动的周期等于其投影点简谐运动的周期，故

$$T=\frac{2\pi}{\omega} \qquad ⑥$$

由⑤⑥式可得简谐运动的周期公式为

$$T=2\pi\sqrt{\frac{m}{k}} \qquad ⑦$$

二、简谐运动周期公式的拓展

1. 理想弹簧振子的周期公式

理想弹簧振子的弹簧质量忽略不计，设轻弹簧的劲度系数为 k，振子的质量为 m。由胡克定律可知，在弹性限度内，振子离开平衡位置时受到的回复力 $F=-kx$，即弹簧振子做

简谐运动。因此，由上述参考圆法同理可得理想弹簧振子的周期公式为

$$T=2\pi\sqrt{\frac{m}{k}}$$

2. 有质量弹簧振子的周期公式

弹簧质量不能忽略的弹簧振子，设均匀弹簧的质量为 m_0，振子的质量为 m，弹簧的劲度系数为 k，且弹簧的长度较短（与在弹簧体系中形成的波的波长相比）。在合理的简化假设下，可以证明有质量的弹簧振子体系也做简谐运动。由体系机械能守恒可得有质量的弹簧振子简谐运动的微分方程，进而可得该简谐运动的角频率为

$$\omega=\sqrt{\frac{k}{m+\frac{1}{3}m_0}} \qquad ⑧$$

由⑥⑧式可得有质量弹簧振子的周期公式为

$$T=2\pi\sqrt{\frac{m+\frac{1}{3}m_0}{k}}$$

可见，有质量弹簧振子的振动相当于把均匀弹簧质量 m_0 的 $\frac{1}{3}$ 作为质量修正量，附加在振子上，而构成理想弹簧振子的振动。

3. 单摆的周期公式

设单摆的摆长为 l，摆球的质量为 m，摆球偏离平衡位置的位移为 x，重力加速度为 g，在摆角很小的情况下，可以证明单摆的回复力为

$$F=-\frac{mg}{l}x \qquad ⑨$$

可见，单摆的振动为简谐运动。则在⑨式中，令

$$k=\frac{mg}{l} \qquad ⑩$$

由⑦⑩式可得单摆的周期公式为

$$T=2\pi\sqrt{\frac{l}{g}}$$

4. 近地圆轨道人造卫星的周期公式

近地圆轨道上的人造卫星绕地心做匀速圆周运动，卫星距地面的高度 $h\to 0$，轨道半径 r 约等于地球半径 R_e，即 $r\approx R_e$，由牛顿第二定律和万有引力定律可得

$$G\frac{mM}{R_e^2}=m\frac{4\pi^2}{T^2}R_e \qquad ⑪$$

又由天文学黄金代换公式得

$$GM=gR_e^2 \qquad ⑫$$

由⑪⑫式可得近地圆轨道人造卫星的环绕周期为

$$T=2\pi\sqrt{\frac{R_e}{g}}=1\ \text{h}\ 24\ \text{min}\ 26\ \text{s}$$

相当于摆长等于地球半径，悬挂于地心的倒挂单摆的周期。若有一个通过地心的光滑隧洞，从洞口（地面处）放进一物体，该物体将以地心为平衡点做简谐振动，振动周期恰好等于近地圆轨道人造卫星的环绕周期。经过（$T/4$）21 min 6.5 s 物体到达地心，到达地心的速度则正好等于地球的第一宇宙速度 7.9 km/s。

§4.1.10　圆锥摆稳定运动的约束条件*

圆锥摆是匀速圆周运动的理想模型之一。在高中物理教学中，经常遇到一些教辅资料在圆锥摆或类（等效）圆锥摆模型的命题中，由于没有关注圆锥摆稳定运动的约束条件，导致出现圆锥摆偏角 $\cos\theta>1$ 的谬误。

一、圆锥摆模型

一根长为 l 的轻绳，一端固定在悬点上，另一端系一个质量为 m、可视为质点的摆球，忽略空气阻力，摆球在水平面内做匀速圆周运动，角速度为 ω，摆线的偏角为 θ，且摆线所掠过的区域为圆锥表面，这就构成了一个圆锥摆，如图 4-25 所示。

需要说明的是，摆线竖直（$\theta=0$）悬挂，摆球以角速度 ω 自旋，不属于中学阶段研究的圆锥摆模型。

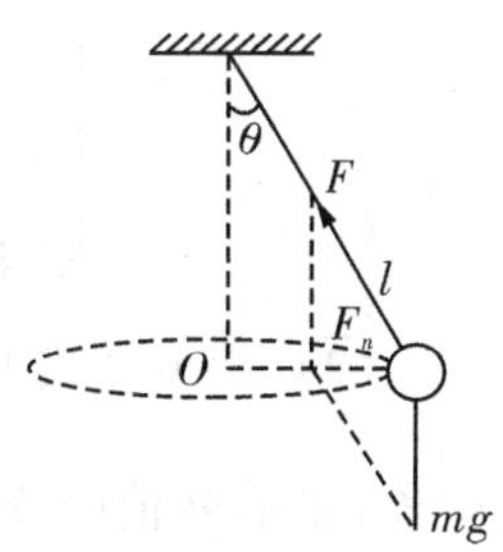

图 4-25　圆锥摆

在图 4-25 中，圆锥摆的摆球受到竖直向下重力 mg 和沿摆线方向拉力 F 的作用，这两个力的合力 $mg\tan\theta$，提供摆球做匀速圆周运动的向心力 F_n，即 $F_n=ma_n$，则

$$mg\tan\theta=m\omega^2 l\sin\theta$$

可得

$$\cos\theta=\frac{g}{\omega^2 l} \qquad ①$$

* 发表于《物理教学》2016 年第 8 期。

二、圆锥摆稳定运动的约束条件

由于圆锥摆处于稳定状态时，偏角 $\theta>0$，即 $\cos\theta=\dfrac{g}{\omega^2 l}<1$，因此，圆锥摆稳定运动的约束条件为

$$\omega^2 l>g \qquad ②$$

讨论：

（1）由①式可知，在摆长 l 不变时，若 $\omega\to\infty$，则 $\cos\theta\to 0$，$\theta=\dfrac{\pi}{2}$，表明在高速旋转时，摆线可接近水平位置；若 $\theta=0$，即 $\cos\theta=\dfrac{g}{\omega_0^2 l}=1$ 时，则 $\omega_0=\sqrt{\dfrac{g}{l}}$，这是单摆做简谐运动的角频率。表明由于扰动，此时圆锥摆已变成单摆或摆球在最低点自旋；若 $\omega<\omega_0=\sqrt{\dfrac{g}{l}}$，则 $\cos\theta>1$，没有物理意义。因此，只有当摆球的角速度 $\omega>\omega_0$，即 $\omega>\sqrt{\dfrac{g}{l}}$ 时，圆锥摆才能处于稳定运动状态。由①式可得 $\cos\theta-\omega$ 图象，如图 4-26 所示。图 4-26 中，图线上（ω_0，1）点以下的实线部分即为圆锥摆的稳定运动状态，而图线上虚线部分所表示的状态不存在。

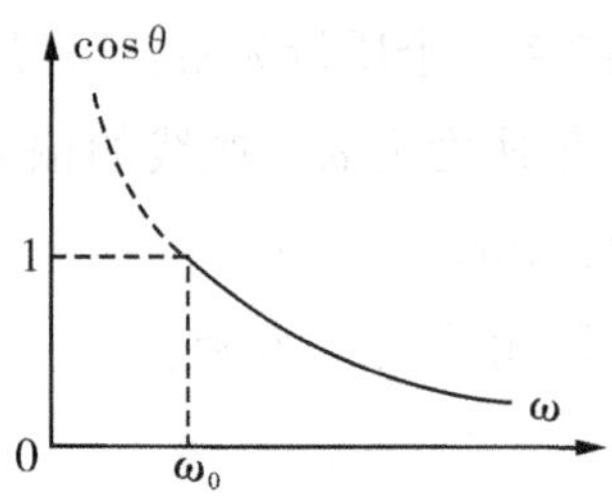

图 4-26　$\cos\theta-\omega$ 图线

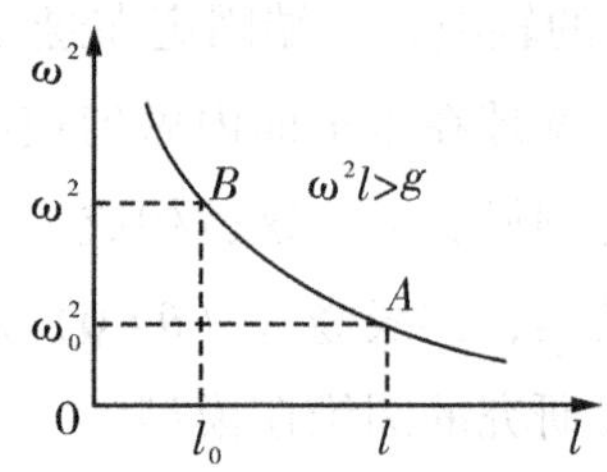

图 4-27　ω^2-t 图线

（2）根据②式可作出 ω^2-l 图象，如图 4-27 所示。g 保持不变，圆锥摆的角速度 ω 和摆长 l 的有效值应分布在双曲线 $\omega^2=\dfrac{g}{l}$（图 4-27 中所示图线）的外侧，满足 $\omega^2 l>g$，圆锥摆才能处于稳定运动状态。

（3）若摆长 l 一定，则相应存在一个最小的角速度 ω_0，当 $\omega>\omega_0=\sqrt{\dfrac{g}{l}}$ 时，圆锥摆才能稳定运动。如图 4-27 中，过 A 点平行于纵轴、A 点以上的延长线上。

（4）若角速度 ω 一定，则相应存在一个最小的摆长 l_0，当 $l>l_0=\dfrac{g}{\omega^2}$ 时，圆锥摆才能稳定运动。如图 4-27 中，过 B 点平行于横轴、B 点右侧的延长线上。

三、错题分析

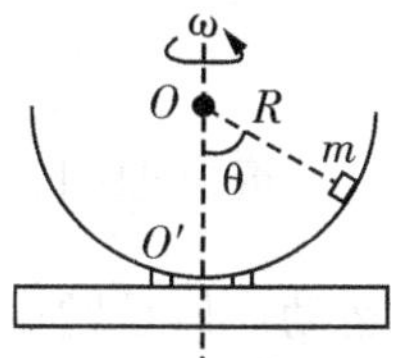

图 4-28　情景图

题目 1　如图 4-28 所示，半径 $R=0.1\ \mathrm{m}$、内壁光滑的半球形碗，固定在水平转台上，绕竖直轴 OO' 以角速度 ω 匀速转动，一个质量 $m=100\ \mathrm{g}$ 的小物块放在碗内，随碗一起转动。当角速度 $\omega=5\ \mathrm{rad/s}$ 时，求碗对小物块弹力的大小（$g=10\ \mathrm{m/s^2}$）。

分析：该题原本立意考查类圆锥摆的动力学关系，题设给定的等效摆长 $l=R=0.1\mathrm{m}$，若小物块随碗一起在水平面内做匀速圆周运动，角速度应满足

$$\omega>\omega_0=\sqrt{\frac{g}{l}}=\sqrt{\frac{g}{R}}=10\ \mathrm{rad/s}$$

但是题设给出的 $\omega=5\ \mathrm{rad/s}<\omega_0$，导致小物块只能停在最低点随碗一起转动，不能建构成圆锥摆模型。

若小物块按题设所给角速度 $\omega=5\ \mathrm{rad/s}$ 随碗一起转动，碗的半径（等效摆长）需要满足

$$R>l_0=\frac{g}{\omega^2}=0.4\ \mathrm{m}$$

因此，若要按题设角速度建构成圆锥摆模型，碗的半径需要增大到 0.4 m，但是题设给出的半径只有 0.1 m。

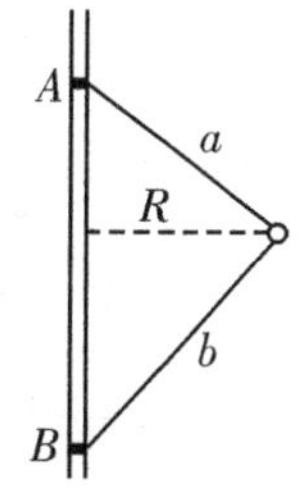

图 4-29　情景图

题目 2　如图 4-29 所示，一个质量为 1 kg 的物体，用轻绳 a、b 系在一根竖直杆上的 A、B 两点，$AB=1.6\ \mathrm{m}$，a、b 长均为 1 m。求竖直杆转动的角速度 $\omega=3\ \mathrm{rad/s}$ 时，a、b 绳上的张力各为多大？

分析：该题立意也想构建一个圆锥摆模型。当 a、b 绳都处于伸直状态，且 b 绳拉力恰好为零，a 绳与竖直 AB 杆的夹角 $\theta=37°$ 的临界状态时，由牛顿第二定律可知

$$mg\tan\theta=m\omega^2 l\sin\theta$$

则临界角速度 $\omega'=\sqrt{\dfrac{g}{l\cos\theta}}=3.5\ \mathrm{rad/s}>\omega=3\ \mathrm{rad/s}$

因此，可判定出 b 绳处于松弛状态，只有 a 绳对物体有拉力，进而构建为一个圆锥摆模型。

但是，该圆锥摆以角速度 $\omega=3\ \mathrm{rad/s}$ 运动时，设 a 绳与竖直 AB 杆的夹角为 φ，且 $\varphi<\theta=37°$，由牛顿第二定律可知

$$mg\tan\varphi=m\omega^2 l\sin\varphi$$

则
$$\cos\varphi=\frac{g}{\omega^2 l}=\frac{10}{9}>1$$

究其原因，当圆锥摆的摆长 $l=1$ m 一定时，只有 $\omega>\omega_0=\sqrt{\frac{g}{l}}=3.2$ rad/s，才能稳定运动。但是题设所给角速度 $\omega=3$ rad/s，此时 $F_{合}=mg\tan\varphi>F_n=ml\omega^2\sin\varphi$，因此，不能构建成一个圆锥摆模型。

可见，由于没有考虑圆锥摆稳定运动的约束条件，上述两个命题都是不科学的。

§4.1.11 两个不等量异种点电荷的等势线*

在全日制普通高级中学物理教科书·必修加选修（人民教育出版社，2006 年 11 月第 2 版）第 116 页，分别介绍了孤立点电荷、等量异种点电荷和等量同种点电荷的电场线与等势线，并形象、直观地把等势线与等高线进行了对比示意，如图 4-30 所示。现行不同版本的高中物理教科书一般不介绍不等量点电荷的电场线与等势线。但是，在 2009 年普通高考试题中，北京卷和上海卷分别根据不等量异种点电荷的电场线分布（图 4-31）和不等量同种点电荷的等势线分布（图 4-32），考查了静电场中的场强与电势。由图 4-30 可知，两个等量异种点电荷在平面中的等势线，关于二者连线的中垂线对称分布，且中垂线为零等势线，那么两个不等量异种点电荷的等势线及零等势线的二维分布如何呢？

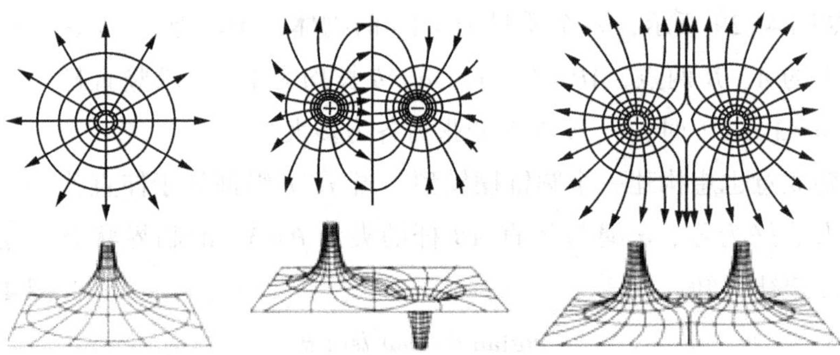

图 4-30　教材插图

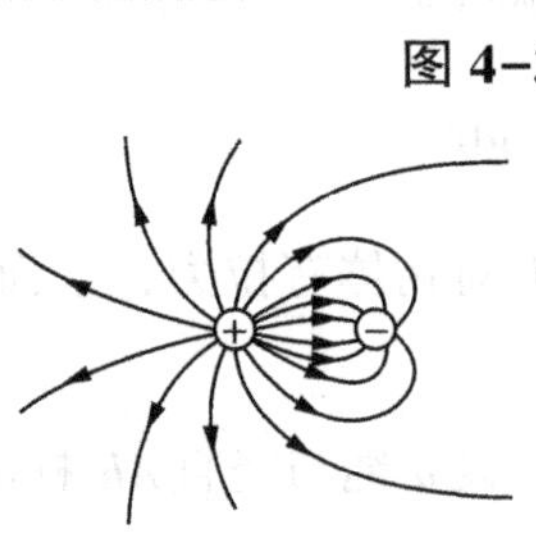

图 4-31　北京卷图

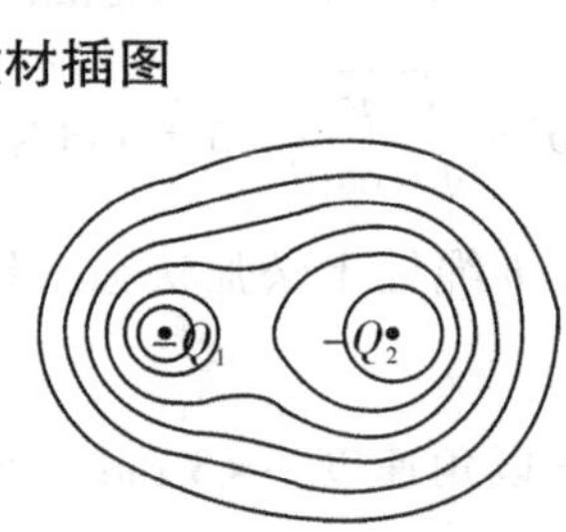

图 4-32　上海卷图

*发表于《物理教学》2012 年第 3 期。

如图 4-33 所示，设不等量异种点电荷所带电量分别为$+Q_1$和$-Q_2$，且$Q_1>Q_2$，二者相距$2a$。建立平面直角坐标系xOy，则Q_1（$-a$，0），Q_2（a，0）。设电势为零的A（x，y）点到$+Q_1$和$-Q_2$的距离分别为r_1和r_2，由真空中点电荷的电势$\varphi=\frac{kQ}{r}$和电势叠加原理可知，A（x，y）点应满足

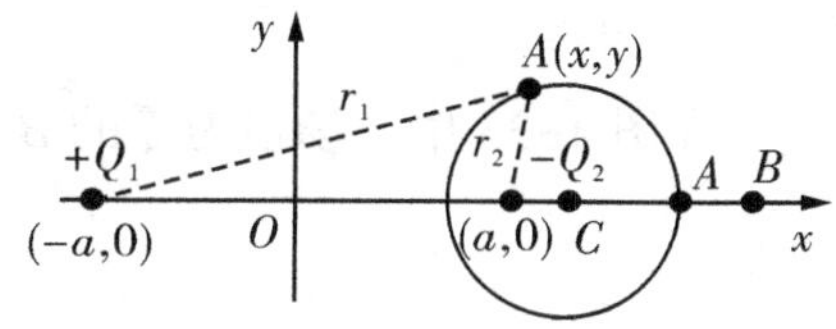

图 4-33　y-x 图

$$\frac{kQ_1}{r_1}-\frac{kQ_2}{r_2}=0$$

即

$$\frac{r_1}{r_2}=\frac{Q_1}{Q_2} \quad ①$$

令$\frac{Q_1}{Q_2}=\lambda$，因$Q_1>Q_2$，故$\lambda>1$，即$r_1>r_2$。因此，在$+Q_1$和$-Q_2$之间的连线上，沿着电场线，电势逐渐降低，各点的电势随位置变化的规律如图 4-34 所示，其中，$+Q_1$与A点之间的电势大于零，A点与$-Q_2$之间的电势小于零，即A点的电势为零，那么该静电场的零等势线应如何分布呢？

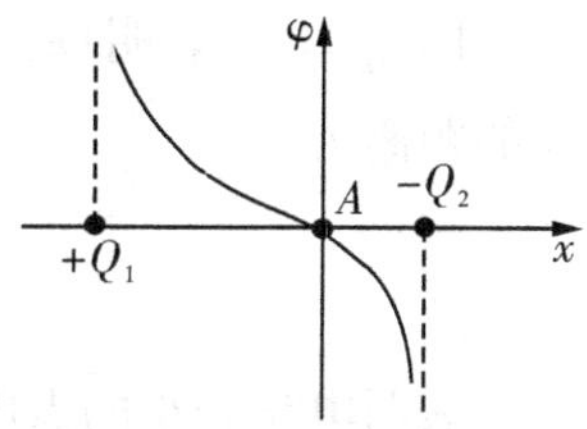

图 4-34　φ-x 图

由①式可得

$$\frac{\sqrt{(x+a)^2+y^2}}{\sqrt{(x-a)^2+y^2}}=\lambda$$

整理可得

$$\left[x-\frac{a\ (\lambda^2+1)}{\lambda^2-1}\right]^2+y^2=\left(\frac{2a\lambda}{\lambda^2-1}\right)^2 \quad ②$$

由②式可知，该静电场中，动点A（x，y）构成的零等势线为圆心在C（$\frac{a\ (\lambda^2+1)}{\lambda^2-1}$，0），半径$r=\frac{2a\lambda}{\lambda^2-1}$的圆，且与$x$轴有两个交点。

另外，由真空中点电荷的场强$E=\frac{kQ}{r^2}$和场强叠加原理可知，在二者所形成的静电场中，场强为零的点只有一个，且在两点电荷连线、靠近电量较小的点电荷$-Q_2$一侧的延长线上，设该点B距$-Q_2$的距离为r_B，则

$$\frac{kQ_1}{(2a+r_B)^2}=\frac{kQ_2}{r_B^2}$$

即

$$r_B=\frac{2a}{\sqrt{\lambda}-1}$$

在图 4-33 中，场强为零的 B 点的横坐标为

$$x_B=r_B+a=\frac{2a}{\sqrt{\lambda}-1}+a$$

而圆形零等势线与 x 轴的右交点 A 的横坐标为

$$x_A=r+x_C=\frac{2a\lambda}{\lambda^2-1}+\frac{a(\lambda^2+1)}{\lambda^2-1}=\frac{a(\lambda+1)}{\lambda-1}$$

则
$$x_B-x_A=\frac{2a\sqrt{\lambda}}{\lambda-1}>0$$

即 $x_B>x_A$，表明场强唯一为零的 B 点位于圆形零等势线之外。而圆心 C 与点电荷 $-Q_2$ 间的距离为

$$x_C-a=\frac{2a}{\lambda^2-1}<r=\frac{2a\lambda}{\lambda^2-1}$$

表明电量较小的点电荷 $-Q_2$ 位于圆形零等势线之内。

若不等量异种点电荷 $+Q_1$ 和 $-Q_2$ 的电量 $Q_1<Q_2$，则电量较小的点电荷 $+Q_1$ 位于圆形零等势线之内。利用数学软件 MATLAB 强大的作图功能，可以方便地将两个不等量异种点电荷的等势线模拟显示出来。若 $+Q_1=+1.1\times10^{-6}$C，$-Q_2=-2.2\times10^{-6}$C，即 $Q_2=2Q_1$，$+Q_1$ 和 $-Q_2$ 之间的距离为 1 m，电势的单位取为千伏（kV），则利用 MATLAB 模拟的等势线如图 4-35 所示。

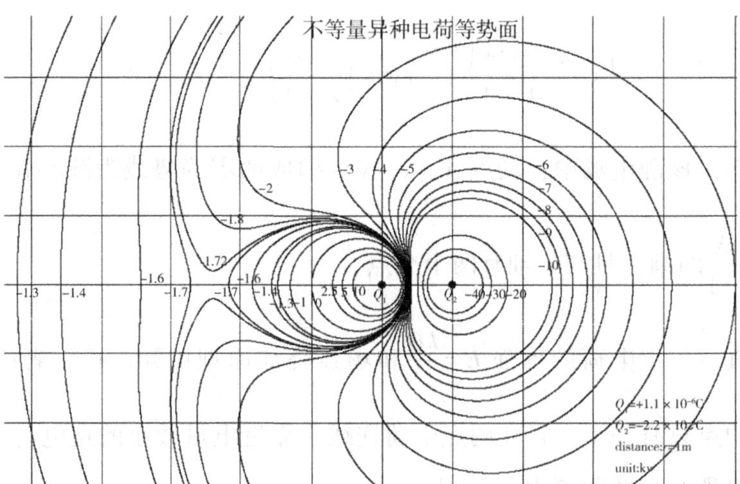

图 4-35　模拟等势线

§4.1.12　平行板电容器电容决定式的半定量与定量推导*

平行板电容器是最简单、最基本的电容器，几乎所有的电容器都是平行板电容器的变形，因此，研究平行板电容器的电容对理解电容的定义也有很大的帮助。现行普通高中物理教科书都是在通过实验探究定性描述平行板电容器电容的决定因素后，直接给出了平行板电容器电容的决定式 $C=\frac{\varepsilon_r S}{4\pi kd}$。另外，教材上的探究实验只能定性知道，平行板电容器的电容随极板正对面积、板间相对介电常数的增大而增大，随板间的距离的增大而减小，而不能确定是否为正比或反比关系。现介绍平行板电容器电容决定式的半定量与定量推导方法，供大家参考。

一、半定量推导——控制变量法

由于平行板电容器电容的决定因素较多，涉及极板的正对面积 S、板间距离为 d 和板间的相对介电常数 ε_r，因此半定量分析采用了控制变量法。

1. 平行板电容器的电容 C 与极板的正对面积 S 成正比

板间电介质为真空（或空气）的两个平行板电容器，使它们的板间距离和带电量相等，即 $d_1=d_2$、$Q_1=Q_2$ 和 $\varepsilon_1=\varepsilon_2=\varepsilon_0=1$，但是极板的正对面积不同，取

$$S_1=2S_2 \tag{①}$$

由极板上电荷的面密度 $\sigma=\frac{Q}{S}$ 可知

$$\sigma_1=\frac{1}{2}\sigma_2 \tag{②}$$

电场线的疏密程度可以表示电场强度的大小，平行板电容器两极板间是匀强电场，电场线的疏密程度是均匀的，其电场强度 E 的大小可用两极板间电场线的密度来表示，而电场线的密度正比于极板上电荷的面密度。由②式可知

$$E_1=\frac{1}{2}E_2 \tag{③}$$

两极板间的电势差为

$$U=Ed \tag{④}$$

电容的定义式为

*发表于《课程教学研究》2013 年第 4 期。

$$C=\frac{Q}{U} \quad ⑤$$

由⑤④③式可知

$$C_1=2C_2 \quad ⑥$$

比较①⑥式可知，当平行板电容器的板间距离和介电常数不变时，其电容的大小跟两极板的正对面积成正比。

2. 平行板电容器的电容 C 与板间距离 d 成反比

板间电介质为真空（或空气）的两个平行板电容器，使它们极板的正对面积和带电量相等，即 $S_1=S_2$、$Q_1=Q_2$ 和 $\varepsilon_1=\varepsilon_2=\varepsilon_0=1$，但是板间距离不同，取

$$d_1=2d_2 \quad ⑦$$

由电荷面密度的定义式可知，$\sigma_1=\sigma_2$。根据前面所述平行板电容器板间匀强电场的电场强度与电场线的密度、极板上电荷面密度的关系可知

$$E_1=E_2 \quad ⑧$$

由⑤④⑦⑧式可知

$$C_1=\frac{1}{2}C_2 \quad ⑨$$

比较⑦⑨式可知，当平行板电容器的极板正对面积和介电常数不变时，其电容的大小跟板间距离成反比。

3. 平行板电容器的电容 C 与板间相对介电常数 ε_r 成正比

使两个平行板电容器的板间距离、极板的正对面积和带电量相等，即 $d_1=d_2$、$S_1=S_2$ 和 $Q_1=Q_2$，但是极板间的介电常数不同，取 $\varepsilon_1=\varepsilon_r$，$\varepsilon_2=\varepsilon_0=1$，即

$$\varepsilon_1=\varepsilon_r\varepsilon_2 \quad ⑩$$

平行板电容器两极板间充满均匀电介质后，板间的电场仍是匀强电场。电介质中的电场强度 E_1 与真空介质中的电场强度 E_2 的关系为

$$E_1=\frac{1}{\varepsilon_r}E_2 \quad ⑪$$

由⑤④⑪式可知

$$C_1=\varepsilon_r C_2 \quad ⑫$$

比较⑩⑫式可知，当平行板电容器的板间距离和极板正对面积不变时，其电容的大小跟板间相对介电常数成正比。

通过以上半定量推导只能知道，平行板电容器的电容跟极板正对面积和板间相对介电常数成正比，跟板间距离成反比，而平行板电容器的电容决定式 $C=\frac{\varepsilon_r S}{4\pi kd}$的定量推导需要

详见下面的定义法和能量法。

二、定量推导之一——定义法

若平行板电容器的极板正对面积为 S，板间距离为 d，且极板面的线度远大于板间距离，因此，略去边缘效应，可认为两极板内表面带电均匀，两极板间为匀强电场。设两极板内表面的带电量分别为±Q，则极板上电荷的面密度 σ 为

$$\sigma=\frac{Q}{S} \qquad ⑬$$

两极板间的场强为

$$E=\frac{\sigma}{\varepsilon}=\frac{\sigma}{\varepsilon_r\varepsilon_0} \qquad ⑭$$

其中⑭式中 ε、ε_r、ε_0 分别为电介质的介电常数、相对介电常数和真空介电常数，且真空介电常数 ε_0 与静电力常量 k 的关系为

$$k=\frac{1}{4\pi\varepsilon_0} \qquad ⑮$$

两极板间的电势差为

$$U=Ed \qquad ⑯$$

电容的定义式为

$$C=\frac{Q}{U} \qquad ⑰$$

则由⑬⑭⑮⑯⑰式联立可得平行板电容器电容的决定式为

$$C=\frac{\varepsilon_r S}{4\pi kd}$$

三、定量推导之二——能量法

平行板电容器两板间匀强电场的能量为

$$W=\omega V=\omega Sd \qquad ⑱$$

其中⑱式中匀强电场的能量密度 ω 为

$$\omega=\frac{1}{2}\varepsilon E^2=\frac{1}{2}\varepsilon_r\varepsilon_0E^2 \qquad ⑲$$

平行板电容器储存的静电能为

$$W=\frac{1}{2}QU \qquad ⑳$$

则由⑮⑯⑰⑱⑲⑳式联立可得平行板电容器电容的决定式为

$$C=\frac{\varepsilon_r S}{4\pi kd}$$

通过对平行板电容器电容决定式的半定量与定量推导，不仅加深了对电容定义和平行板电容器电容决定式的理解，而且培养了学生从定性、半定量与定量分析的角度解决物理问题的能力。北京大学赵凯华教授曾在《定性与半定量物理学》中指出“当一位成熟的物理学家进行探索的科学研究时，常常从定性或半定量的方法入手……他们通过定性和半定量的估算，力求对问题的性质、解的概貌取得一个总体的估计和理解。否则一下子陷入细枝末节的探讨，往往会一叶障目，只见树木，不见森林。”因此，教学中应增强用定性和半定量分析物理问题的意识，初步掌握定性和半定量分析问题的常用方法，以提高分析解决问题的能力，养成良好的思维习惯。

§4.1.13　一幅电源电动势插图的商榷*

普通高中课程标准实验教科书·物理选修 3-1（人民教育出版社，2010 年 4 月第 3 版）第 43 页在介绍电源电动势时指出：“由于正、负极总保持一定数量的正、负电荷，所以电源内部总存在着由正极指向负极的电场”，出现了插图 2.2-1（图 4-36）。该图结构简单，与发电机模型相吻合。从能量转化的角度来看，图 4-36 所给出的电源内部电场分布情况，可以理解为一种“等效分布”情况，这种“等效分布”应该就是“实际分布”对空间的“平均分布”。但是，该种简化后的“平均分布”不便于理解电流在电源内部通过内电阻时，电场力做功产生焦耳热，而使内电路电势降落的意义抽象。即电流由负极经电源内部流向正极的过程中，电源内阻怎样分压？怎样消耗电能转化为内能？因此，为了更好地理解与区分电动势和电压的物理意义，就需要明确电源内部电场的“实际分布”情况，如图 4-37 所示。

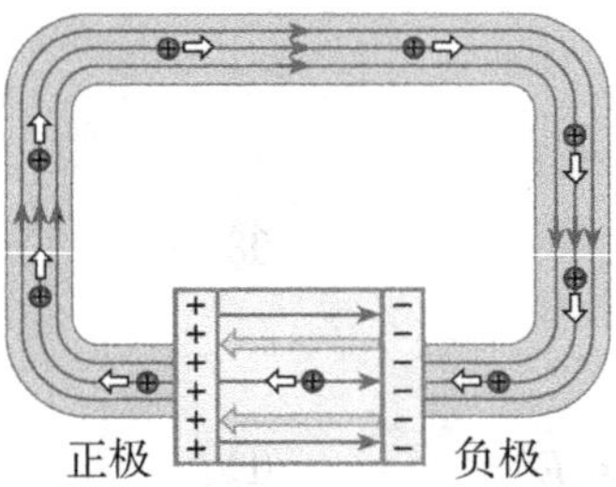

图 4-36　教材插图

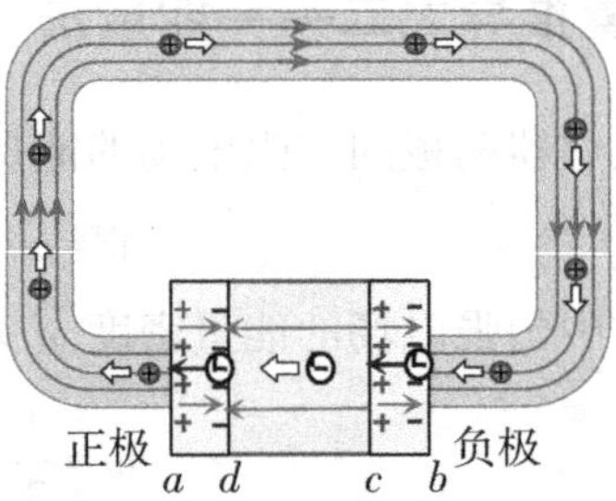

图 4-37　原理分析图

以化学电池为例，由于氧化还原反应，在电源正、负极附近分别出现了厚度为 10^{-10}~

* 发表于《教学与管理》2011 年第 7 期。

10^{-6} m的偶电层 ad 和 cb，如图 4-37 所示。由图 4-37 可知，电源对外供电时，其内部电场可分为三个区域：绝大部分区域（dc）内，场强方向由负极指向正极，而在靠近两极的偶电层 ad 和 cb 内，场强方向则由正极指向负极。因此，在偶电层内，非静电力（化学力）克服电场力做功，使被移送的正电荷电势能增加，沿电流方向电势“跃升”，把化学能转化为电能而形成电源的电动势。在电源内部的 dc 区域，存在内电阻，电场力做正功，被移送的正电荷电势能减少，沿电流方向电势降低，从而把电能转化为内能（焦耳热）。与此类同，在电源外部的外电路，电流通过外电阻时，电场力也做正功，被移送的正电荷电势能减少，沿电流方向电势降低，把电能转化为其他形式的能。可见，在电流通过内、外电阻时，电场力都做正功，电势均降落，减少的电能转化为其他形式的能。

在闭合电路中，沿电流方向电势的变化如图 4-38 所示。由图 4-38 可知，被移送的正电荷在电源正、负极附近偶电层的电势“跃升”恰等于其在内、外电阻上的电势降落，表达为 $U_{ad}+U_{cb}=U_{ab}+U_{cd}$，即电源的电动势在数值上等于内、外电路电势降落之和，表达为 $E=U_{外}+U_{内}$；当外电路短路时，$U_{外}=U_{ab}=0$，$E=U_{内}=U_{cd}$，沿电流方向电势的变化如图 4-39 所示；当外电路断路时，电势的变化如图 4-40 所示。$U_{内}=U_{cd}=0$，$U_{外}=U_{ab}=U_{ad}+U_{cb}=E$，这就是通常利用电压表粗测电源电动势的原理。电源（E、r）供电时，内、外电路电势的升降也可以用图 4-41 描述，且内、外电压随外电阻 R 变化的半定量关系图象，如图 4-42 所示。

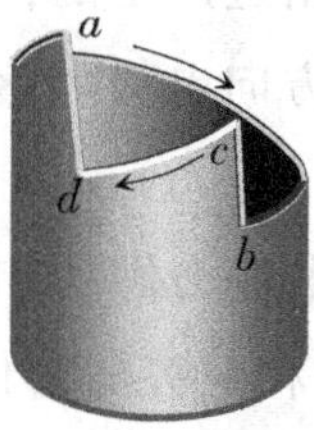

图 4-38　通路

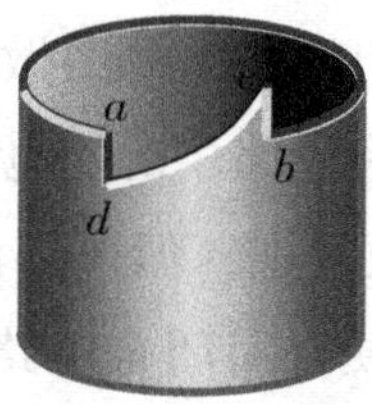

图 4-39　短路

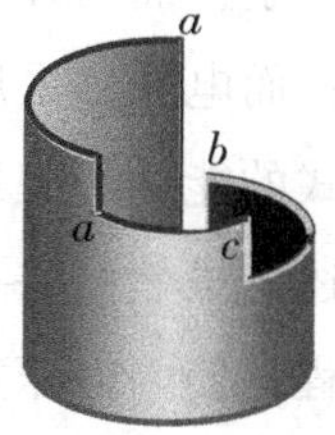

图 4-40　断路

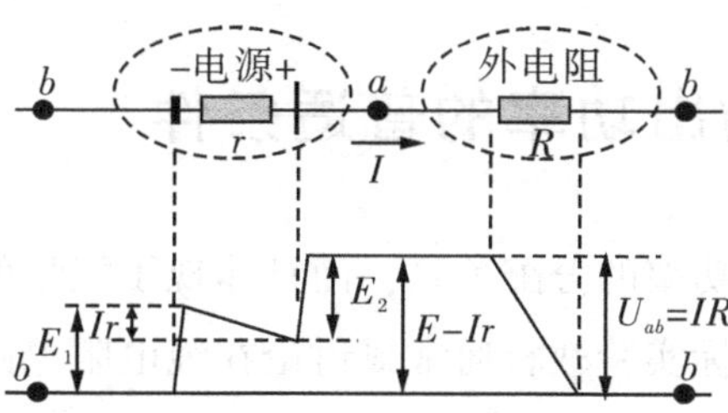

图 4-41　电势升降

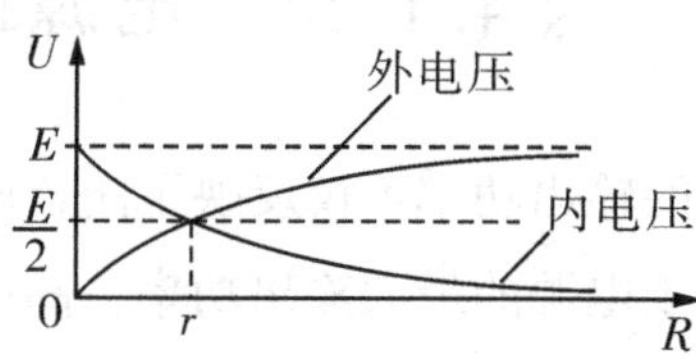

图 4-42　U-R 图线

从能量转化的角度看，电源是通过非静电力做功把其他形式的能转化为电势能的装置。物理学中用电动势来描述电源的这种特性，定义为 $E=\dfrac{W_{非}}{q}$，即电源的电动势在数值上等于非静电力把 1 C 的正电荷在电源内从负极移送到正极所做的功。而在闭合电路的内、外电阻上，电场力做正功，电势降低，分别形成路端电压和内电压，并把减少的电势能转化为其他形式的能，因此，电压定义为 $U=\dfrac{W_{电}}{q}$。由能量转化与守恒定律可知，在闭合电路中，$W_{非}=W_{电}=W_{电外}+W_{电内}$，结合电动势和电压的定义式可得，$qE=qU_{外}+qU_{内}$，即 $E=U_{外}+U_{内}$。

闭合电路的内、外电压与电动势的关系也可以利用图 4-43 所示的装置（高级中学物理课本第二册第 50 页图 2-20，人民教育出版社，1990 年 10 月第 1 版）实验探究。图 4-43 中，C 为化学电池，A、B 是插在电池两个电极内侧的探针，电压表 V 和 V′分别测量路端电压 $U_{外}$ 和内电压 $U_{内}$，滑动变阻器作为外电路。先断开外电路，用电压表 V 测出电源的电动势 E，然后接通外电路，调节滑动变阻器，分别同步记录电压表 V 和 V′的示数 $U_{外}$ 和 $U_{内}$。分析实验数据发现，在误差允许的范围内，内、外电压之和恒等于电源的电动势，即 $E=U_{外}+U_{内}$。

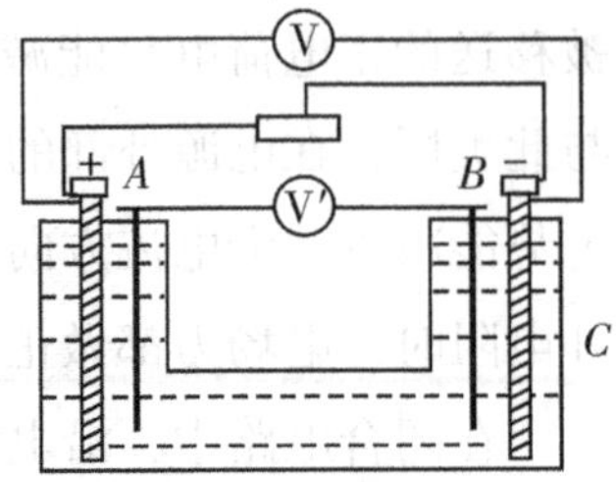

图 4-43　实验探究装置

可见，在闭合电路中，利用电路中电势变化的示意图、电路中的能量关系和实验探究都可以得到，电源内部电势升高的数值等于内、外电路中电势降落的数值。虽然电源的电动势在数值上等于内、外电压之和，但是，电动势是描述电源内部非静电力做功，沿电流方向电势跃升，把其他形式的能转化为电能的物理量，是电源本身的属性，由电源的性质和内部结构决定，而与外电路无关。电动势是在电源的正、负极附近产生的，可用两台抽水机来比喻；而电压则是反映内、外电路中电场力做功，沿电流方向电势降落，把电能转化为其他形式的能的物理量，与电源和电路中的用电器有关。

综上所述，虽然图 4-37 结构稍微复杂，但可以清晰地呈现电场力做功和非静电力做功的不同过程，使内电压意义具体，便于对闭合电路中电势跃升和电势降落做具体分析，并与常见的电池模型相吻合。因此，建议再版时把图 4-36 修改为图 4-37。

§4.1.14　电源最大输出功率的普适条件*

电源的输出功率不仅反映了闭合电路中电功率的分配关系，而且体现了能量的转化与守恒。对于电源的最大输出功率，高中物理课标实验教材通常只讨论在纯电阻电路中的条件，那么，对于非纯电阻电路和纯电阻电路，电源最大输出功率的普适条件如何呢？

* 发表于《物理之友》2014 年第 6 期。

一、纯电阻电路中，电源最大输出功率的条件

1. 电阻配方法

由 $P_{出}=I^2R=\frac{E^2R}{(R+r)^2}=\frac{E^2}{\frac{(R-r)^2}{R}+4r}$知，在纯电阻电路中，当 $R=r$ 时，电源的输出功率最大，最大输出功率 $P_m=\frac{E^2}{4r}$。电源的 $P-R$ 图象如图 4-44 所示。

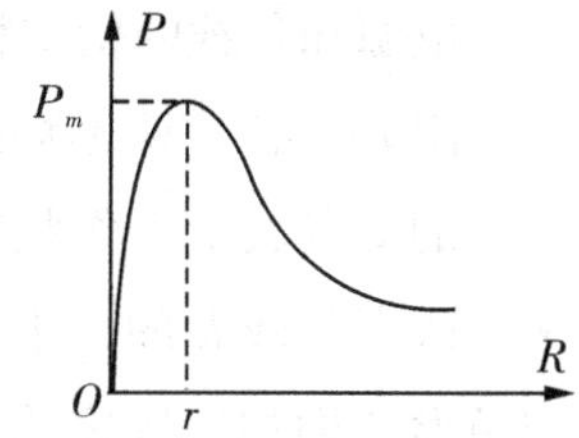

图 4-44　$P-R$ 图线

2. 不等式法——定和求积

在 $P_{出}=UI=\frac{ER}{R+r}\cdot\frac{E}{R+r}=\frac{E^2}{r}\cdot\frac{R}{R+r}\cdot\frac{r}{R+r}$中，因$\frac{R}{R+r}+\frac{r}{R+r}=1$，故在纯电阻电路中，当$\frac{R}{R+r}=\frac{r}{R+r}$时，即 $R=r$ 时，电源的输出功率最大，最大输出功率 $P_m=\frac{E^2}{4r}$。

可见，在纯电阻电路中，电源最大输出功率的条件为：外电路的总电阻等于电源的内阻，即当 $R=r$ 时，电源的输出功率最大，最大输出功率 $P_m=\frac{E^2}{4r}$。

二、非纯电阻电路中，电源最大输出功率的条件

1. 电流配方法

由 $P_{出}=P_{总}-P_{内}=IE-I^2r=-r\left(I-\frac{E}{2r}\right)^2+\frac{E^2}{4r}$知，当 $I=\frac{E}{2r}$时，电源的输出功率最大，最大输出功率 $P_m=\frac{E^2}{4r}$。电源的 $P-I$ 图象如图 4-45 所示。

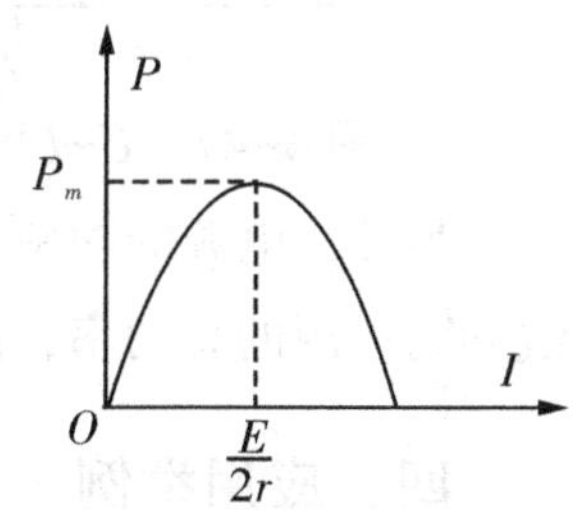

图 4-45　$P-I$ 图线

2. 电压配方法

由 $P_{出}=UI=U\cdot\frac{E-U}{r}=-\frac{1}{r}\left(U-\frac{E}{2}\right)^2+\frac{E^2}{4r}$知，当 $U=\frac{E}{2}$时，电源的输出功率最大，最大输出功率 $P_m=\frac{E^2}{4r}$。电源的 $P-U$ 图象如图 4-46 所示。

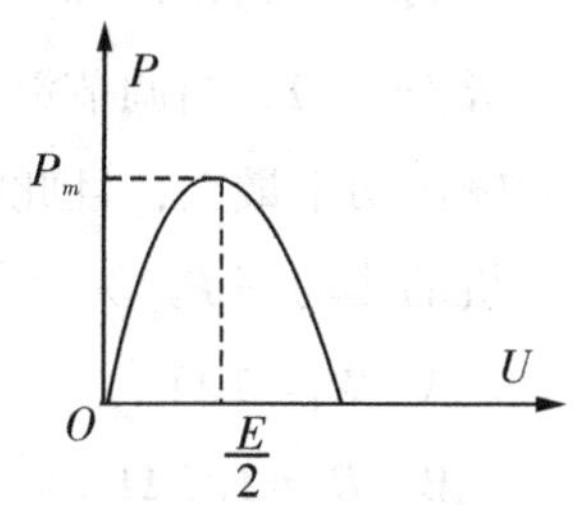

图 4-46　$P-U$ 图线

可见，在非纯电阻电路中，电源最大输出功率的条件为：通过电源的电流等于电源短路电流的一半，或电源的路端电压等于电源电动势的一半，即当 $I=\frac{E}{2r}$或 $U=\frac{E}{2}$时，电源的输出功率最大，最大输出功率 $P_m=\frac{E^2}{4r}$。

三、用 $U-I$ 图象分析电源最大输出功率的普适条件

电源和负载的伏安特性曲线（$U-I$ 图象）如图 4-47 所示，对于某一电源，电动势 E 与内阻 r 一定，即电源的 $U-I$ 图线与坐标轴包围的三角形面积一定，负载 R 与电源的 $U-I$ 图线的交点表示工作状态，交点坐标线与坐标轴包围的矩形“面积”表示电源的输出功率。改变负载 R 的大小，交点的位置在电源的 $U-I$ 图线上移动，交点坐标线与坐标轴包围的矩形“面积”随之改变，即电源的输出功率随之改变。当电源 $U-I$ 图线与坐标轴包围三角形的内接矩形“面积”最大时，电源的输出功率最大，此时 $U=\frac{E}{2}$，$I=\frac{E}{2r}$，则 $P_{出m}=UI=\frac{E^2}{4r}$。可见，电源最大输出功率的普适条件为：$U=U_{内}=\frac{E}{2}$或 $I=\frac{E}{2r}$，而 $R=r$ 仅适用于纯电阻电路。

在纯电阻电路中，当 $R=r$ 时，$I=\frac{E}{2r}$，$U=\frac{E}{2}$。可见，二者是和谐统一的。

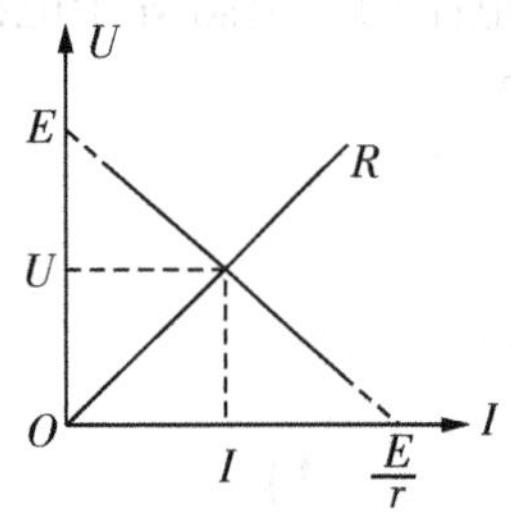

图 4-47　$U-I$ 图线

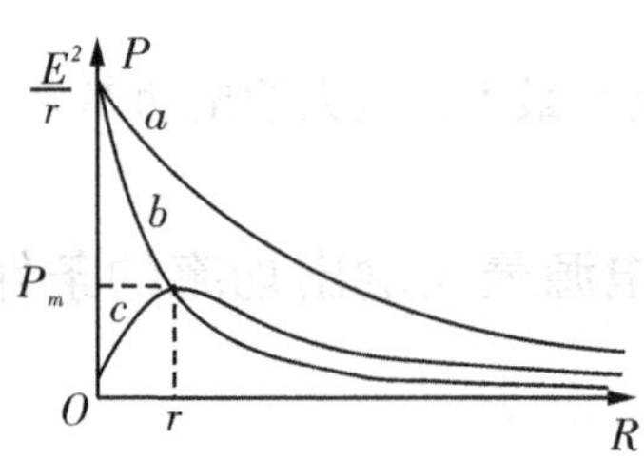

图 4-48　$P-R$ 图线

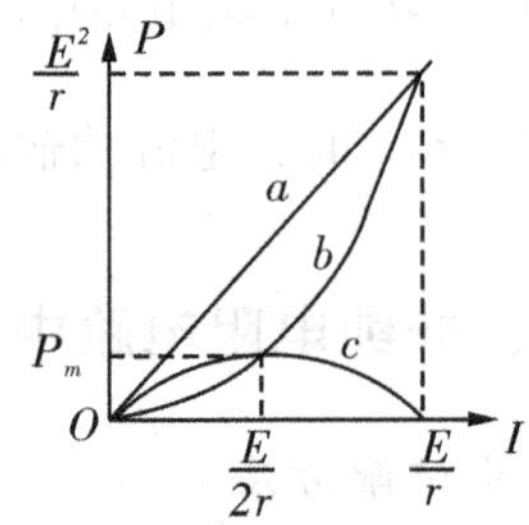

图 4-49　$P-I$ 图线

另外，电源的功率与外电阻、电流的关系图线分别如图 4-48 和图 4-49 所示，其中图线 a 为电源的总功率，图线 b 为电源的内耗热功率，图线 c 为电源的输出功率。

四、应用举例

例 1　如图 4-50 所示，电源电动势 $E=12\ \text{V}$，内阻 $r=3\ \Omega$，$R_0=1\ \Omega$，直流电动机内阻 $R_0'=1\ \Omega$。当调节滑动变阻器 $R_1=2\ \Omega$ 时，图甲电源输出功率最大。调节 R_2 使图乙电源输出功率最大，且此时电动机刚好正常工作（额定功率为 6 W），则此时 R_2 的阻值和电动机的热功率 $P_{热}$ 为（　　）

A. $R_2=2\ \Omega$

B. $R_2=1.5\ \Omega$

C. $P_{热}=2\ \text{W}$

D. $P_{热}=4\ \text{W}$

图 4-50　电路图

解析： 甲图为纯电阻电路，当 $R_1+R_0=r$ 时，电源输出功率最大；乙图为非纯电阻电路，调节 R_2 使图乙电路输出功率最大，电动机刚好正常工作，则 $U=\frac{E}{2}=6\ \text{V}$，$I=\frac{E}{2r}=3\ \text{A}$，$U_{额}=\frac{P_{额}}{I}=3\ \text{V}$，可得 $R_2=\frac{U-U_{额}}{I}=1.5\ \Omega$，$P_{热}=I^2R_0'=4\ \text{W}$。

例 2　加在理想变压器原线圈上的交流电源的电动势为 E，内阻为 r，与副线圈相连的负载电阻为 R，如图 4-51 所示。求原线圈中电流 I_1 多大时，负载上获得的功率最大，最大功率是多少？

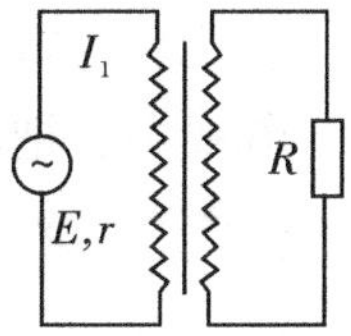

图 4-51　电路图

解析： 理想变压器负载上获得的功率等于交流电源的输出功率，由 $P_{出}=P_{总}-P_{内}=IE-I^2r=-r\left(I-\frac{E}{2r}\right)^2+\frac{E^2}{4r}$ 知，当 $I=\frac{E}{2r}$ 时，电源的输出功率最大，即负载上获得的功率最大，最大功率为 $P_m=\frac{E^2}{4r}$。

§4.1.15　线圈自感系数决定式的简易推导*

高中物理课标实验教材选修 3-2（人民教育出版社，2010 年 4 月第 3 版）第 24 页指出，线圈的自感系数与线圈的大小、形状、圈数，以及是否有铁芯等因素有关。这只是定性描述，现通过简易推导，由线圈自感系数的决定式来定量说明。

无限长密绕载流螺线管内部磁场的磁感应强度为

$$B=\mu ni \tag{①}$$

①式中，i 为通过螺线管的电流，μ 为螺线管内部介质的磁导率，n 为螺线管单位长度的匝数，且

$$n=\frac{N}{l} \tag{②}$$

其中，N 为螺线管的匝数，l 为螺线管的长度。

当电流通过横截面积为 S 的密绕线圈时，由法拉第电磁感应定律可知，线圈产生的自感电动势为

$$E=N\frac{\Delta\varphi}{\Delta t}=NS\frac{\Delta B}{\Delta t} \tag{③}$$

由①式可知

$$\Delta B=\mu n\Delta i \tag{④}$$

---

*发表于《物理教学探讨》2014 年第 10 期。

由③④式可得

$$E=\mu nNS\frac{\Delta i}{\Delta t} \quad ⑤$$

由②⑤式可得

$$E=\frac{\mu SN^2}{l}\frac{\Delta i}{\Delta t} \quad ⑥$$

⑥式中，把电流变化率的系数定义为线圈的自感系数，即

$$L=\frac{\mu SN^2}{l} \quad ⑦$$

由⑦式可知，线圈的自感系数与线圈的长度、匝数、横截面积和线圈中介质的磁导率有关。即由线圈本身的性质决定，与线圈中电流的大小、方向、有无均无关。当线圈中插入铁芯时，介质的磁导率将随之改变。

通过对线圈自感系数决定式的定量推导，不仅加深了对自感电动势和自感系数的理解，而且为选修3-4继续学习LC振荡电路的周期（频率）奠定了基础，同时，培养学生从定性、半定量与定量分析的角度来解决物理问题的能力。

§4.1.16 几种典型交变电流有效值计算公式的推导*

交变电流的有效值是根据电流的热效应来规定的。让交流和直流分别通过相同阻值的电阻，如果它们在相同时间内产生的热量相等，就把这一直流的数值叫作这一交流的有效值。即用与交变电流有相同热效应的直流来等效替代交变电流在能量方面所产生的平均效果。现行所有版本的高中物理教材都没有给出交变电流有效值计算公式的证明方法，只是直接给出了正弦全波交变电流有效值的计算公式。而计算非正弦交变电流（如矩形波、锯齿波等）的有效值时，不能应用正弦全波交变电流的有效值公式，只能根据有效值的定义进行求解。特介绍正弦波、矩形波和锯齿波等几种典型交变电流有效值计算公式的推导方法。

一、正弦波交变电流有效值的计算公式

1. 正弦全波交变电流有效值的计算公式

根据有效值的定义可知，用与交变电流有相同热效应的直流来等效替代交变电流在能量方面所产生的平均效果。因交流电流的大小和方向随时间做周期性变化，不同时刻的效

---

*发表于《教学月刊》2013年第1期。

果一般不同，即瞬时功率不能反映交变电流的实际效果，通常用平均功率来描述交变电流在一个周期内产生的平均效果。

正弦交变电流的电流（$i=I_m\sin\omega t$）和在纯电阻 R 两端所产生的电压（$u=U_m\sin\omega t$）都随时间做周期性变化，则交变电流在纯电阻 R 上消耗的瞬时功率为

$$p=i^2R=I_m^2R\sin^2(\omega t)=I_m^2R\frac{1-\cos(2\omega t)}{2} \quad ①$$

或 $$p=\frac{u^2}{R}=\frac{U_m^2}{R}\sin^2(\omega t)=\frac{U_m^2}{R}\frac{1-\cos(2\omega t)}{2} \quad ②$$

交变电流在纯电阻 R 上消耗的平均功率 $\bar{P}$ 是瞬时功率 p 在一个周期 T 内对时间的平均值，即

$$\bar{P}=\frac{1}{2}P_m \quad ③$$

其中最大功率为

$$P_m=I_m^2R \quad ④$$

或 $$P_m=\frac{U_m^2}{R} \quad ⑤$$

（1）割补法。在纯电阻电路中，由于通过电阻 R 的电流 i 和电阻 R 两端的电压 u 相位一致，无相位差，因而任何时刻输入到负载电阻 R 中的瞬时功率 p 都是正值。由①或②式可得如图 4-52 所示的 $p-t$ 图象。把 $p-t$ 图线与 t 轴围成的“面积”进行割补：$A-a$、$B-b$、$C-c$ 对应割-补，就会得到一个矩形 $O\bar{P}DT$。在 $p-t$ 图象中，图线与坐标轴所包围的“面积”在数值上等于这段时间内交变电流在负载电阻 R 上做的功。根据功能关系、$p-t$ 图象的物理意义和交变电流有效值的定义可得

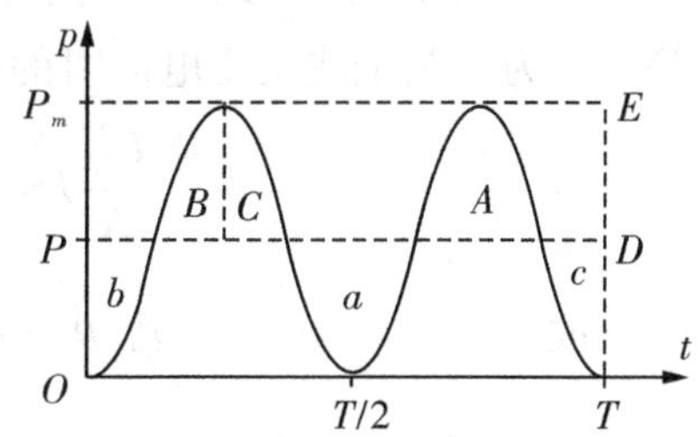

图 4-52 $p-t$ 图线

$$Q=W=\bar{P}t$$

$$I^2RT=\bar{P}T \quad ⑥$$

或 $$\frac{U^2}{R}T=\bar{P}T \quad ⑦$$

由③④⑥式可得

$$I=\frac{I_m}{\sqrt{2}}$$

由③⑤⑦式可得

$$U=\frac{U_m}{\sqrt{2}}$$

（2）对称法。如图 4–52 所示，在一个周期内，根据对称性，$p-t$ 图象中图线与 t 轴所包围的“面积”等于矩形 OP_mET 面积的一半，由 $p-t$ 图象的物理意义和交变电流有效值的定义可得

$$\frac{1}{2}P_mT=I^2RT \quad ⑧$$

或
$$\frac{1}{2}P_mT=\frac{U^2}{R}T \quad ⑨$$

由④⑧式可得

$$I=\frac{I_m}{\sqrt{2}}$$

由⑤⑨式可得

$$U=\frac{U_m}{\sqrt{2}}$$

2. 正弦半波交变电流有效值的计算公式

若如图 4–53 所示的正弦半波交变电流通过电阻 R 时，那么一个周期 T 内产生的热量等于它为正弦全波交变电流时的一半，即

$$\frac{U_{半}^2}{R}T=\frac{1}{2}\frac{U^2}{R}T$$

或
$$I_{半}^2RT=\frac{1}{2}I^2RT$$

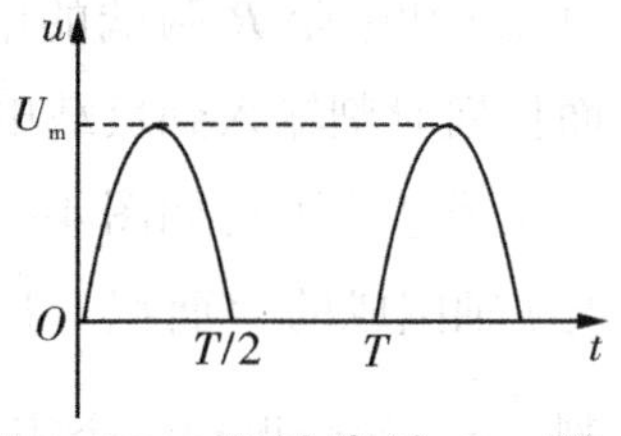

图 4–53　正弦半波 $u-t$ 图

而 $U=\frac{U_m}{\sqrt{2}}$，$I=\frac{I_m}{\sqrt{2}}$，因而可得

$$U_{半}=\frac{U_m}{2}$$

$$I_{半}=\frac{I_m}{2}$$

3. 正弦单向脉动交变电流有效值的计算公式

因为电流的热效应与电流的方向无关，所以如图 4–54 所示的正弦单向脉动交变电流与正弦全波交变电流通入电阻时所产生的热效应完全相同，即

$$U=\frac{U_m}{\sqrt{2}}$$

$$I=\frac{I_m}{\sqrt{2}}$$

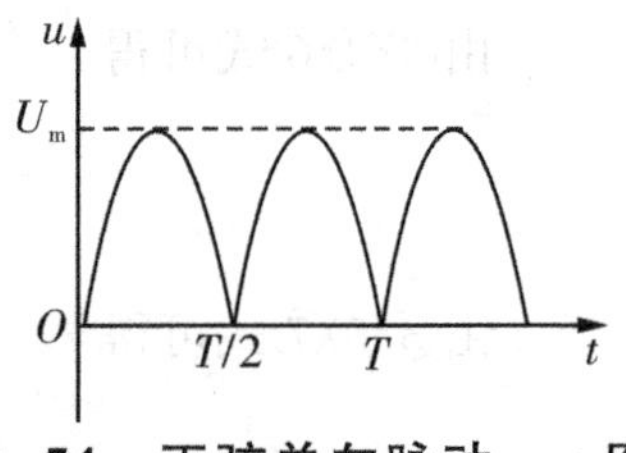

图 4–54　正弦单向脉动 $u-t$ 图

二、矩形波交变电流有效值的计算公式

1. 矩形非对称交变电流有效值的计算公式

若把一直流电压 U 和如图 4-55 所示的矩形非对称交变电压分别加在同一电阻 R 上，则矩形非对称交变电流在一个周期 T 内产生的热量为

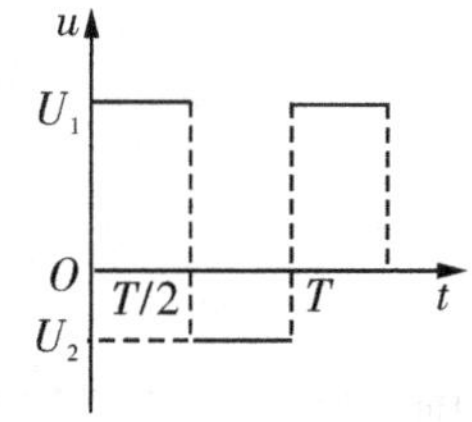

图 4-55　矩形非对称 $u-t$ 图

$$Q_1=\frac{U_1^2}{R}\cdot\frac{T}{2}+\frac{U_2^2}{R}\cdot\frac{T}{2}$$

或 $$Q_1=I_1^2R\cdot\frac{T}{2}+I_2^2R\cdot\frac{T}{2}$$

直流电在相等时间 T 内产生的热量为

$$Q_2=\frac{U^2}{R}T$$

或 $$Q_2=I^2RT$$

根据有效值的定义可知

$$\frac{U_1^2}{R}\cdot\frac{T}{2}+\frac{U_2^2}{R}\cdot\frac{T}{2}=\frac{U^2}{R}T$$

或 $$I_1^2R\cdot\frac{T}{2}+I_2^2R\cdot\frac{T}{2}=I^2RT$$

则 $$U=\sqrt{\frac{U_1^2+U_2^2}{2}}$$

$$I=\sqrt{\frac{I_1^2+I_2^2}{2}}$$

2. 矩形对称交变电流有效值的计算公式

在图 4-55 中，若 $U_1=U_2=U_m$，即为矩形对称交变电流，则由上式可知，其有效值的计算公式为

$$U=U_m$$

或 $$I=I_m$$

即 $$U=\frac{U_m}{\sqrt{1}}$$

$$I=\frac{I_m}{\sqrt{1}}$$

3. 矩形脉动交变电流有效值的计算公式

如图 4-56 所示的矩形脉动交变电流的实质是一种脉冲直流电，当它通入电阻 R 后，

一个周期 T 内产生的热量相当于直流电产生热量的$\frac{t}{T}$，t 为一个周期内脉动时间。由有效值的定义可知

$$\frac{U^2}{R}T=\frac{t}{T}\frac{U_m^2}{R}T$$

或
$$I^2RT=\frac{t}{T}I_m^2RT$$

则
$$U=\sqrt{\frac{t}{T}}U_m$$

$$I=\sqrt{\frac{t}{T}}I_m$$

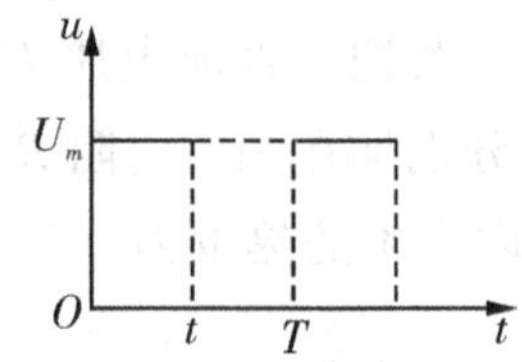

图 4-56　矩形脉动 u-t 图

当$\frac{t}{T}=\frac{1}{2}$时，$U=\frac{U_m}{\sqrt{2}}$，$I=\frac{I_m}{\sqrt{2}}$。

三、锯齿波交变电流有效值计算公式的证明

若把如图 4-57 所示的锯齿波交变电流的一个周期 T 分成 n 等份，则每一份时间 $\Delta t=\frac{T}{n}$。且一个周期 T 内对应的时刻分别为

$$t_1=\Delta t,\ t_2=2\Delta t,\ \cdots,\ t_n=n\Delta t=T$$

所对应的电流的瞬时值分别为

$$i_1=kt_1,\ i_2=kt_2,\ \cdots,\ i_n=kt_n=I_m$$

其中图线的斜率 $k=\frac{I_m}{T}$。

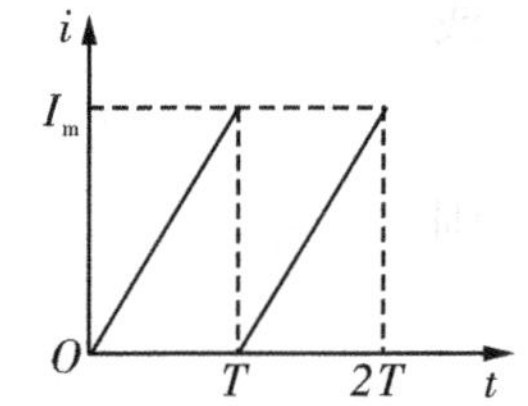

图 4-57　锯齿波 i-t 图

当 $n\to\infty$ 时，$\Delta t\to 0$。可认为在时间 Δt 内，电流为某一定值，则由有效值的定义可知

$$I^2RT=i_1^2R\Delta t+i_2^2R\Delta t+\cdots+i_n^2R\Delta t$$

以上各式联立，可得

$$I=\sqrt{\frac{1^2+2^2+\cdots+n^2}{n^3}}I_m$$

把 $1^2+2^2+\cdots+n^2=\frac{n(n+1)(2n+1)}{6}$代入上式，并进行极限运算可得锯齿波交变电流有效值的计算公式为

$$I=\frac{I_m}{\sqrt{3}}$$

引申：

（1）若把如图 4-58 所示的锯齿波交变电流的一个$\frac{T}{2}$分成 n 等份，则每一份时间 $\Delta t=\frac{T}{2n}$。且锯齿波图线的斜率大小 $k=\frac{2I_m}{T}$。电流的热效应与电流的方向无关，根据有效值的定义可得

$$I^2RT=2\left(i_1^2R\Delta t+i_2^2R\Delta t+\cdots+i_n^2R\Delta t\right)$$

同理可得，锯齿波交变电流有效值的计算公式为

$$I=\frac{I_m}{\sqrt{3}}$$

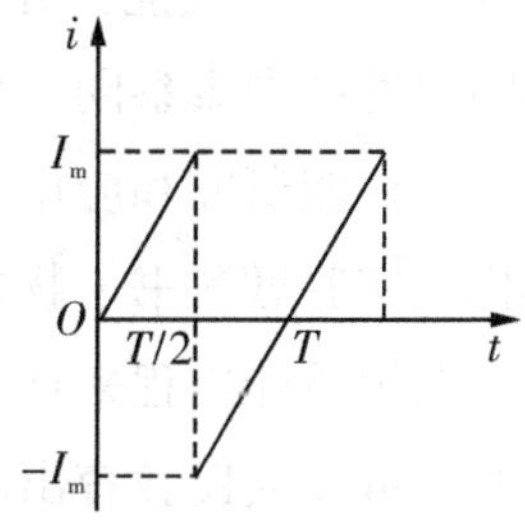

图 4-58　锯齿波 $i-t$ 图

（2）若把如图 4-59 所示的等腰三角波交变电流的一个$\frac{T}{4}$分成 n 等份，则每一份时间 $\Delta t=\frac{T}{4n}$。且等腰三角波图线的斜率大小 $k=\frac{4I_m}{T}$。根据有效值的定义可得

$$I^2RT=4\left(i_1^2R\Delta t+i_2^2R\Delta t+\cdots+i_n^2R\Delta t\right)$$

同理可得等腰三角波交变电流有效值的计算公式为

$$I=\frac{I_m}{\sqrt{3}}$$

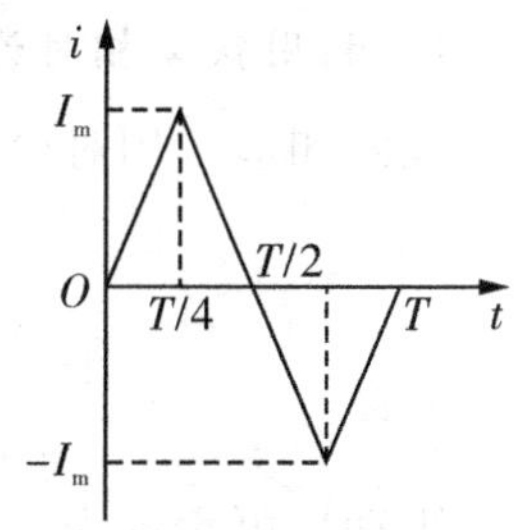

图 4-59　等腰三角波 $i-t$ 图

（3）因为电流的热效应与电流的方向无关，同理可得如图 4-60 所示的等腰三角单向脉动交变电流有效值的计算公式为

$$I=\frac{I_m}{\sqrt{3}}$$

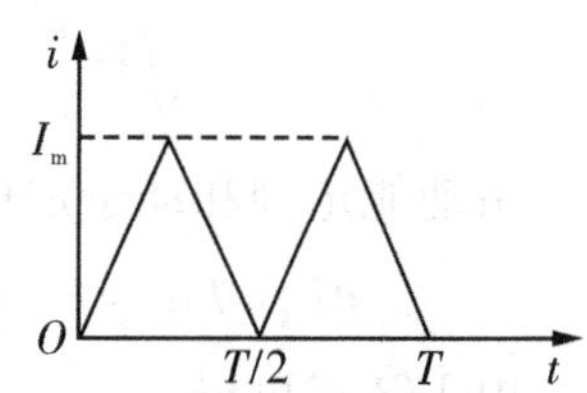

图 4-60　等腰三角单向脉动 $i-t$ 图

可见，不同类型交变电流的有效值都是根据有效值的定义计算的，同时对称矩形波、正弦全波（含正弦单向脉动、矩形脉动）和锯齿波交变电流有效值的计算公式分别为：$I=\frac{I_m}{\sqrt{1}}$，$I=\frac{I_m}{\sqrt{2}}$，$I=\frac{I_m}{\sqrt{3}}$。

§4.1.17 爱因斯坦质能方程的两种推导*

1905年，爱因斯坦（A. Einstein）在狭义相对论中，第一次给出了简洁而完美的质能方程 $E=mc^2$。质能方程是爱因斯坦利用两个假设（相对性原理和光速不变原理）来解决不同惯性系中观察同一物体运动的矛盾的过程中推导出来的。它已被大量实验所证实，并在现代核能研究和应用中显示出理论上和实践上的深刻意义和巨大的作用。在普通高中课程标准实验教科书·物理选修3-5（人民教育出版社，2007年3月第2版）中，需要利用爱因斯坦质能方程来计算原子核的结合能。但是，在普通高中课程标准实验教科书·物理选修3-4（人民教育出版社，2007年4月第2版）中，作为狭义相对论的一个重要结论，直接给出了爱因斯坦质能方程。现来介绍爱因斯坦质能方程的两种推导方法。

1. 利用狭义相对论推导

我们知道，相对论的质速关系为

$$m=\frac{m_0}{\sqrt{1-\frac{v^2}{c^2}}}$$

则动量可表示为

$$p=mv=\frac{m_0v}{\sqrt{1-\frac{v^2}{c^2}}} \quad ①$$

由动能定理和动量定理可得

$$\mathrm{d}E_k=F\mathrm{d}x=F\cdot v\mathrm{d}t=v\mathrm{d}p \quad ②$$

由①②式可得

$$\mathrm{d}E_k=m_0v\left(\frac{\mathrm{d}v}{\sqrt{1-\frac{v^2}{c^2}}}+\frac{\frac{v^2}{c^2}\mathrm{d}v}{\left(1-\frac{v^2}{c^2}\right)^{3/2}}\right)=\frac{m_0v\mathrm{d}v}{\left(1-\frac{v^2}{c^2}\right)^{3/2}} \quad ③$$

如果物体的速度由0增加到 v，则由③式可得相对论的动能为

$$E_k=\int_0^v\frac{m_0v\mathrm{d}v}{\left(1-\frac{v^2}{c^2}\right)^{3/2}}=m_0c^2\left(\frac{1}{\sqrt{1-\frac{v^2}{c^2}}}-1\right)=\frac{m_0c^2}{\sqrt{1-\frac{v^2}{c^2}}}-m_0c^2=mc^2-m_0c^2 \quad ④$$

*发表于《中学物理》2010年第4期。

④式可改写为

$$mc^2 = E_k + m_0c^2 \qquad ⑤$$

对⑤式，爱因斯坦指出，mc^2 是物体以速率 v 运动时的总能量，称为物体的相对论能量，用 E 表示；而 m_0c^2 是物体静止时的能量，称为静能量，简称静能，用 E_0 表示。于是⑤式有

$$E = E_k + E_0 = mc^2 \qquad ⑥$$

⑥式表明，物体的总能量等于它的动能与静能之和。其中 $E=mc^2$ 和 $E_0=m_0c^2$ 称为爱因斯坦质能方程。

需要指出，当 $v \ll c$ 时，根据数学中的二项式定理有

$$\frac{1}{\sqrt{1-\frac{v^2}{c^2}}} = \left(1-\frac{v^2}{c^2}\right)^{-\frac{1}{2}} = 1+\frac{1}{2}\cdot\frac{v^2}{c^2}+\frac{3}{8}\cdot\frac{v^4}{c^4}+\cdots \approx 1+\frac{1}{2}\cdot\frac{v^2}{c^2}$$

则④式相对论动能可变为

$$E_k = \frac{m_0c^2}{\sqrt{1-\frac{v^2}{c^2}}} - m_0c^2 \approx m_0c^2\left(1+\frac{1}{2}\cdot\frac{v^2}{c^2}\right) - m_0c^2 = \frac{1}{2}m_0v^2$$

这正是经典力学中的动能公式，它表明经典力学是相对论在低速情况下的近似。

2. *利用物质波理论推导*

由爱因斯坦光子理论可知，不连续的光子具有的能量为

$$E = h\nu$$

即

$$\nu = \frac{E}{h} \qquad ⑦$$

⑦式中，ν 为光的频率，h 是普朗克（M. Planck）恒量。

由德布罗意（L. V. de Broglie）物质波理论可知，光子的动量为

$$p = \frac{h}{\lambda} = mc$$

则光子的波长为

$$\lambda = \frac{h}{mc} \qquad ⑧$$

又因

$$c = \lambda\nu \qquad ⑨$$

由⑦⑧⑨式可得爱因斯坦质能方程为

$$E = mc^2$$

另外，对于低速运动的物质波，由德布罗意物质波理论可知

$$\frac{h}{\lambda}=mv$$

即 $$h=mv\lambda \qquad ⑩$$

⑩式中，h 为普朗克恒量，v 为粒子的速度，λ 为物质波的波长，频率为 f。又因相速度为

$$u=\lambda f \qquad ⑪$$

且相速度与粒子速度的关系为

$$u=\frac{c^2}{v} \qquad ⑫$$

物质波的内禀能量为

$$E=hf \qquad ⑬$$

则由⑩⑪⑫⑬式也可得爱因斯坦质能方程为

$$E=mc^2$$

第二章　深度教研

§4.2.1　初、高中物理教材内容的比较研究*

初中、高中物理教材相比较，具有从直观到抽象、从单一到复杂、从浅显到严谨、从定性到定量、从静态到动态的显著变化。即初中物理教材难度小、趣味性浓；高中物理教材重视理论上的分析推导，定量研究多。为了构建初高中物理教学的“大教育观”，真正实现初高中物理教学的有效衔接和学生的可持续发展，特以人教版义务教育课程标准实验物理教材（人民教育出版社，2006年第3版）与人教版普通高中课程标准实验物理必修和选修3系列教材（人民教育出版社，2010年第3版）为例，对初、高中物理教材的内容进行比较。

1. 初、高中物理教材内容结构的比较

初中物理教材主要是按知识板块结构，先分后合、由简单到复杂、螺旋式编排。如人教版初中物理课标实验教科书，八年级依次为声学、光学、热学和电磁学，九年级依次为力学和能量。

高中物理教材打破了按知识板块结构依次编排内容的惯例，由12个模块构成，每个模块占2学分，其中，物理1和物理2为共同必修模块，选修模块包括供文科学生选用的选修1系列（选修1-1、选修1-2），供工科或职业类学生选用的选修2系列（选修2-1、选修2-2、选修2-3），供理科学生选用的选修3系列（选修3-1、选修3-2、选修3-3、选修3-4、选修3-5）。学生完成共同必修模块的学习后，可获4学分，接着必须选择学习一个限制选修模块（选修1-1或选修2-1、选修3-1），以便完成6个必修学分的学习任务。在获得6个必修学分后，学生还可以根据自己的兴趣、发展潜力以及今后的职业需求继续学习其他若干建议选修模块。由此，不仅通过选修模块体现了课程的选择性，而且在必修模块中为学生有个性地发展提供了机会。无论哪一组模块，不仅含有物理学概念、规律和实验，而且含有物理与社会发展、物理与技术应用、物理与生活等方面的内容。

2. 初、高中物理教材内容的衔接点

初、高中物理教学是一个系统工程，需要初、高中物理教师在细化解读课程标准的基础上，明晰初、高中物理教材内容的衔接点，以便在初、高中物理教学中，利用知识上的“衔接点”，适当拓展与发散，有效整合教学资源，促进知识的顺应性迁移。另外，近年中考的一些试题涉及了高中阶段继续学习必备的一些基础知识，因此，分析初、高中物理知识上的“衔接

*发表于《物理教学》2011年第6期，被人大复印报刊资料《中学物理教与学》2012年报刊索引库收录。

点”，对中考也有较大的现实意义。表4-1盘点、归纳了初、高中物理教材内容的衔接点。

表4-1　初、高中物理教材内容的衔接点

<table>
<tr><th>教材</th><th>章目</th><th>初中物理</th><th>高中物理</th><th>衔接点</th></tr>
<tr><td rowspan="4">八年级物理上册</td><td>一、声现象</td><td>声音的产生与传播，我们怎样听到声音，声音的特征，噪声的危害和控制，声的利用。</td><td>选修3-4：十一、机械振动
简谐运动，简谐运动的描述，简谐运动的回复力和能量，单摆，外力作用下的振动。
选修3-4：十二、机械波
波的形成和传播，波的图象，波长、频率和波速，波的反射和折射，波的衍射，波的干涉，多普勒效应。</td><td>声波为机械波，机械波的产生条件，波速由介质决定，频率由振源决定，观察不同声音的波形图。</td></tr>
<tr><td>二、光现象</td><td>光的传播，光的反射，平面镜成像，光的折射，光的色散，看不见的光。</td><td>选修3-4：十三、光
光的折射，光的干涉，实验：用双缝干涉测量光的波长，光的颜色、色散，光的衍射，波的干涉，全反射，激光。</td><td>光线为理想模型，光波为电磁波，真空中光速的极值性与不变性，光的直线传播规律，光路的可逆性，光的粒子性，光的颜色由频率决定，折射时光的频率不变、速度改变。</td></tr>
<tr><td>四、物态变化</td><td>温度计，熔化和凝固，汽化和液化，升华和凝华。</td><td>选修3-3：八、气体
气体的等温变化，气体的等容变化和等压变化，理想气体的状态方程，气体热现象的微观意义。
选修3-3：九、物态和物态变化
固体，液体，饱和汽和饱和汽压，物态变化中的能量交换。</td><td>温度与温标，物态变化中的能量交换与守恒。</td></tr>
<tr><td>五、电流和电路</td><td>电荷，电流和电路，串联和并联，电流的强弱，探究串、并联电路中电流的规律。</td><td rowspan="4">选修3-1：二、恒定电流
电源和电流，电动势，欧姆定律，串联电路和并联电路，焦耳定律，电阻定律，闭合电路欧姆定律，多用电表，实验：测定电池的电动势和内阻，简单的逻辑电路。</td><td rowspan="4">电荷守恒，电荷间相互作用规律，元电荷，电流的方向，电路的连接及故障分析，电路的等效简化，电表的读数，滑动变阻器的限流式接法，电阻的决定因素，串并联电路的电流、电压、电阻的特点、分配关系及电路中的能量转化，控制变量法，部分电路欧姆定律，电源内阻不计时路端电压保持不变，伏安法电流表外接测小阻值电阻及误差分析，理想电表与实际电表，负载的伏安特性曲线，电热与焦耳定律，伏安法测电功率。</td></tr>
<tr><td rowspan="3">八年级物理下册</td><td>六、电压电阻</td><td>电压，探究串、并联电路电压的规律，电阻，变阻器。</td></tr>
<tr><td>七、欧姆定律</td><td>探究电阻上的电流跟两端电压的关系，欧姆定律及其应用，测量小灯泡的电阻，欧姆定律和安全用电。</td></tr>
<tr><td>八、电功率</td><td>电能，电功率，测量小灯泡的电功率，电与热，电功率和安全用电，生活用电常识。</td></tr>
</table>

（续表）

教材	章目	初中物理	高中物理	衔接点
八年级物理下册	九、电与磁	磁现象，磁场，电生磁，电磁铁，电磁继电器、扬声器，电动机，磁生电。	选修3-1：三、磁场 磁现象和磁场，磁感应强度，几种常见的磁场，磁场对通电导线的作用力，磁场对运动电荷的作用力，带电粒子在匀强磁场中的运动。 选修3-2：四、电磁感应 划时代的发现，探究感应电流的产生条件，楞次定律，法拉第电磁感应定律，电磁感应规律的应用，互感和自感，涡流、电磁阻尼和电磁驱动。	磁感线为理想模型，常见磁场的磁感线分布特征，电流的磁效应，安培定则，电磁继电器，磁场对电流的作用力，感应电流的产生条件，电动机与发动机的工作原理。
	十、信息的传递	现代顺风耳——电话，电磁波的海洋，广播、电视和移动通信，越来越宽的信息之路。	选修3-4：十四、电磁波 电磁波的发现，电磁振荡，电磁波的发射和接收，电磁波与信息化社会，电磁波谱。	电磁波的产生与传播，真空中电磁波的波速与波长和频率的关系，电磁波谱，电磁波的发射与接收。
九年级物理	十二、运动和力	运动的描述，运动的快慢，长度、时间及其测量，力，牛顿第一定律，二力平衡。	必修1：一、运动的描述 质点、参考系和坐标系，时间和位移，运动快慢的描述——速度，实验：用打点计时器测速度，速度变化快慢的描述——加速度。 必修1：二、匀变速直线运动的研究 实验：探究小车速度随时间变化的规律，匀变速直线运动的速度与时间的关系，匀变速直线运动的位移与时间的关系，匀变速直线运动的位移与速度的关系，自由落体运动，伽利略对自由落体运动的研究。 必修1：四. 牛顿运动定律 牛顿第一定律，实验：探究加速度与力、质量的关系，牛顿第二定律，力学单位制，牛顿第三定律，用牛顿定律解决问题（一），用牛顿定律解决问题（二）。	参照物，匀速直线运动及其速度的比值定义法，平均速度与瞬时速度，频闪照片与打点计时纸带，单向直线运动的路程与位移大小的关系，刻度尺与秒表的读数，误差及误差分析，力的作用效果，力的三要素与矢量性，力的图示与示意图，力的相互性，受力分析，伽利略理想斜面实验，牛顿第一定律与惯性，运动和力的关系，二力平衡条件，同一直线上二力的合成，合力与分力的等效替代。
	十三、力和机械	弹力、弹簧测力计，重力，摩擦力，杠杆，其他简单机械。	必修1：三、相互作用 重力，基本相互作用，弹力，摩擦力，力的合成，力的分解。	弹力和摩擦力的产生条件，弹簧测力计的读数与使用，摩擦力大小的决定因素，重力的产生，重力的三要素。

（续表）

教材	章目	初中物理	高中物理	衔接点
九年级物理	十五、功和机械能	功，机械效率，功率，动能和势能，机械能及其转化。	必修2：七、机械能守恒定律 追寻守恒量，功，功率，重力势能，探究弹性势能的表达式，探究功与物体速度变化的关系，动能和动能定理，机械能守恒定律，实验：验证机械能守恒定律，能量守恒定律与能源。	做功的必要因素，功和功率的计算，功的原理与功能关系，动能与重力势能大小的决定因素，机械能的转化及守恒条件。
	十六、热和能	分子热运动，内能，比热容，热机，能量的转化和守恒。	选修3-3：七、分子动理论 物体是由大量分子组成的，分子的热运动，分子间的作用力，温度和温标，内能。 选修3-3：十、热力学定律 功和内能，热和内能，热力学第一定律、能量守恒定律，热力学第二定律，热力学第二定律的微观解释，能源和可持续发展。	分子动理论，内能及其改变方式和决定因素，热传递的方向性及其热量的计算，热机及其效率，能量转化与守恒定律。
	十七、能源与可持续发展	能源家族，核能，太阳能，能源革命，能源与可持续发展。	选修3-5：十九、原子核 原子核的组成，放射性元素的衰变，探测射线的方法，放射性的应用与防护，核力与结合能，重核的裂变，核聚变，粒子和宇宙。	原子与原子核的结构，核能释放的途径，能量转移和转化的方向性。

3. 高中物理教材中没有涉及的初中物理内容

高中物理教材中没有涉及的初中物理如表4-2所示。由表4-2可以看出，虽然这部分内容不需要在高中物理中重复，且内容较少，但仍具有较高的基础性，如密度的比值定义法、液柱与液片模型、阿基米德定律中浮力与排开液体重力的等效替代性、凸透镜成像规律中的动态变化等。

表4-2　高中物理教材中没有涉及的初中物理内容

分类	章　目	内　容
光学	三、透镜及其应用	透镜，生活中透镜，探究凸透镜成像的规律，眼睛和眼镜，显微镜和望远镜。
力学	十一、多彩的物质世界	宇宙和微观世界，质量，密度，测量物质的密度，密度与社会生活。
	十四、压强和浮力	压强，液体的压强，大气压强，流体压强与流速的关系，浮力，浮力的利用。

4. 初中物理教材中没有涉及的高中物理内容

初中物理教材中没有涉及的高中物理内容如表 4–3 所示。由表 4–3 可以看出，其大多数内容为高中物理的选修模块，是在初中物理的基础上，进一步的拓宽与加深。这不仅是物理课程选择性和发展性的需要，更是进一步提高学生科学素养的需求。

表 4–3　初中物理教材中没有涉及的高中物理内容

分类	模块	章　目	内　容
力学	必修 2	五、曲线运动	曲线运动，质点在平面内的运动，抛体运动的规律，实验：研究平抛运动，圆周运动，向心加速度，向心力，生活中的圆周运动。
		六、万有引力与航天	行星的运动，太阳与行星间的引力，万有引力定律，万有引力理论的成就，宇宙航行，经典力学的局限性。
	选修 3–5	十六、动量守恒定律	实验：探究碰撞中的不变量，动量守恒定律（一），动量守恒定律（二），碰撞，反冲运动、火箭，用动量概念表示牛顿第二定律。
电学	选修 3–1	一、静电场	电荷及其守恒定律，库仑定律，电场强度，电势能和电势，电势差，电势差与电场强度的关系，静电现象的应用，电容器的电容，带电粒子在电场中的运动。
	选修 3–2	五、交变电流	交变电流，描述交变电流的物理量，电感和电容对交变电流的影响，变压器，电能的输送。
		六、传感器	传感器及其工作原理，传感器的应用（一），传感器的应用（二），传感器的应用实例。
近代物理	选修 3–4	十五、相对论简介	相对论的诞生，时间和空间的相对性，狭义相对论的其他结论，广义相对论简介。
	选修 3–5	十七、波粒二象性	物理学的新纪元：能量量子化，科学的转折：光的粒子性，崭新的一页：粒子的波动性，概率波，不确定性关系。
		十八、原子结构	电子的发现，原子的核式结构模型，氢原子光谱，玻尔的原子模型。

5. 初、高中物理科学探究的比较

物理学是一门以实验为基础的自然科学，因此，科学探究是物理学习的核心过程，它贯穿于初、高中物理教学内容的各个环节。科学探究既是学生的学习目标，又是重要的教学方式之一。虽然初、高中物理科学探究的要素和方式是一致的，但是对科学探究能力的基本要求有所不同，如表 4–4 所示。

表 4–4　初、高中物理对科学探究能力基本要求的比较

要素	初中物理	高中物理
提出问题	能从日常生活、自然现象或实验观察中发现与物理学有关的问题。 能书面或口头表述这些问题。 认识发现问题和提出问题对科学探究的意义。	能发现与物理学有关的问题。 从物理学的角度较明确地表述这些问题。 认识发现问题和提出问题的意义。

（续表）

要素	初中物理	高中物理
猜想与假设	尝试根据经验和已有知识对问题的成因提出猜想。 对探究的方向和可能出现的实验结果进行推测与假设。 认识猜想与假设在科学探究中的重要性。	对解决问题的方式和问题的答案提出假设。 对物理实验结果进行预测。 认识猜想与假设的重要性。
制订计划与设计实验	明确探究目的和已有条件，经历制订计划与设计实验的过程。 尝试选择科学探究的方法及所需要的器材。 尝试考虑影响问题的主要因素，有控制变量的初步意识。 认识制订计划与设计实验在科学探究中的作用。	知道实验目的和已有条件，制定实验方案。 尝试选择实验方法及所需要的装置与器材。 考虑实验的变量及其控制方法。 认识制订计划的作用。
进行实验与收集证据	能通过观察和实验收集数据。 能通过公共信息资源收集资料。 尝试评估有关信息的科学性。 会阅读简单仪器的说明书，能按书面说明操作。 会使用简单的实验仪器，能正确记录实验数据。 具有安全操作的意识。 认识进行实验与收集数据对科学探究的重要性。	用多种方式收集数据。 按说明书进行实验操作，会使用基本的实验仪器。 如实记录实验数据，知道重复收集实验数据的意义。 具有安全操作的意识。 认识科学收集实验数据的重要性。
分析与论证	能初步描述实验数据或有关信息。 能对收集的信息进行简单的比较。 能进行简单的因果推理。 经历从物理现象和实验中归纳科学规律的过程。 尝试对探究结果进行描述和解释。 认识分析论证在科学探究中是必不可少的。	对实验数据进行分析处理。 尝试根据实验现象和数据得出结论。 对实验结果进行解释和描述。 认识在实验中进行分析论证是很重要的。
评估	有评估探究过程和探究结果的意识。 能注意假设与探究结果间的差异。 能注意探究活动中未解决的矛盾，发现新的问题。 尝试改进探究方案。 有从评估中吸取经验教训的意识。 认识评估对科学探究的意义。	尝试分析假设与实验结果间的差异。 注意探究活动中未解决的矛盾，发现新的问题。 吸取经验教训，改进探究方案。 认识评估的意义。
交流与合作	能写出简单的探究报告。 有准确表达自己观点的意识。 在合作中注意既坚持原则又尊重他人。 能思考别人的意见，改进自己的探究方案。 有团队精神。 认识科学探究中必须有合作精神。	能写出实验探究报告。 在合作中注意既坚持原则又尊重他人。 有合作精神。 认识交流与合作的重要性。

由表4-4可以看出，高中物理对学生科学探究能力提出了更高、更具体的要求。如“猜想与假设”的能力，不仅对“解决问题的方式和问题的答案”提出猜想与假设，而且具体到采用物理实验方法解决问题，并对实验结果做出预测。初中物理对学生“制订计划

与设计实验”的能力要求是初步的“尝试”去做，而高中物理，虽然在选择实验方法及实验装置和器材方面，仍然是“尝试”性要求，但在实验方法、实验器材的量以及对其的掌握程度方面都有很大的提高。虽然问题性、实践性、参与性和开放性是初、高中物理科学探究教学共同的本质特征，但是初、高中物理科学探究教学仍具有不同的特点。初中物理科学探究教学是促使学生自主地抓住自然的事物和现象，通过探究自然的过程，获得知识，旨在培养学生从事研究的初步的探究能力，帮助学生形成基本物理概念，培养探究未知世界的积极态度。而高中物理科学探究教学是帮助学生从物理学角度发现、提出并解决问题，获得知识；进一步提高学生从事研究的必要的探究能力，满足学生终身学习和发展的需求；有效促使学生形成认知物理事实的基础——物理科学概念；培养探究未知世界的积极态度和科学精神。

§4.2.2　初中物理教学中如何与高中物理有效衔接*

长期以来，高中物理难教、难学已经成为不争的事实，初高中物理教学的有效衔接也成为一个长期的课题。究其原因，除初、高中物理在教学内容的深广度、应用数学知识的要求、学习方法和思维方法等方面存在显著差异外，初、高中物理教师之间缺乏沟通和交流，相互不了解对方的课程设置、课程标准、教学内容、教学要求和教学方法等，也制约着初、高中物理教学的有效衔接。因此，初、高中物理教学是一个系统工程，要真正实现初、高中物理教学的有效衔接和学生的可持续发展，需要初、高中物理教师共同努力，加强合作与交流，建立初、高中物理教学的“大教育观”。但是，以往研究初、高中物理教学衔接的文献，一般是基于高中物理教学，面向高中物理教师的。因此，作为完全中学的物理教师，特基于建构主义理论和维果茨基（Lev Vygotsky）的最近发展区理论，面向初中物理教师来探讨在初中物理教学中，如何与高中物理实现有效衔接。

一、初、高中物理《课程标准》的比较

1. 初、高中物理《课程标准》的总体比较

教育部分别于2001年和2003年颁布了《全日制义务教育物理课程标准（实验稿）》和《普通高中物理课程标准（实验）》，标志着我国基础教育课程改革进入新的阶段。《基础教育课程改革纲要（试行）》明确指出，课程标准是国家课程的基本纲领性文件，是国家对基础教育课程的基本规范和质量要求，是教材编写、教学、评估和考试命题的依

*发表于《物理教学》2011年第7期，被人大复印报刊资料《中学物理教与学》2012年报刊索引库收录。

据，是国家管理和评价课程的基础。它体现国家对不同阶段的学生在知识与技能，过程与方法，情感、态度与价值观等方面的基本要求，规定各门课程的性质、目标、内容框架，提出教学和评价建议。因此，初、高中物理教师应首先统读初、高中物理课程标准，并予以细化解读，明晰初、高中物理课程标准的联系与区别，增强教学的针对性和有效性。表4-5把初、高中物理《课程标准》进行了比较。

表 4-5　初、高中物理《课程标准》的比较

名　称		全日制义务教育物理课程标准（实验稿）	普通高中物理课程标准（实验）
颁布日期		2001 年 7 月	2003 年 4 月
培养目标		提高全体学生的科学素质。	进一步提高学生的科学素养，满足全体学生的终生发展需求。
课程性质		以提高全体学生的科学素质、促进学生的全面发展为主要目标的自然科学基础课程。	是普通高中科学学习领域的一门基础课程，与九年义务教育物理或科学课程相衔接，旨在进一步提高学生的科学素养。
课程基本理念	目的	注重学生发展，改变学科本位。	提高全体学生的科学素养。
	结构	从生活走向物理，从物理走向社会。	注重共同基础，体现选择性。
	内容	注重科学探究，提倡学习方式多样化。	体现课程的时代性、基础性和选择性。
	实施	注意学科渗透，关心科技发展。	注重自主学习，提倡教学方式多样化。
	评价	构建新的评价体系。	更新评价观念，促进师生共同发展。
课程目标	知识与技能	学习一定的物理基础知识，养成良好的思维习惯，在解决问题或做决定时能尝试运用科学原理和科学研究方法。	学习终身发展必备的物理基础知识和技能，了解这些知识和技能在生活、生产中的应用，关注科学技术的现状及发展趋势。
	过程与方法	经历基本的科学探究过程，具有初步的科学探究能力，乐于参与和科学技术有关的社会活动，在实践中有依靠自己的科学素养提高工作效率的意识。	学习科学探究方法，发展自主学习能力，养成良好的思维习惯，能运用物理知识和科学探究方法解决一些问题。
	情感、态度与价值观	具有创新意识，能独立思考，勇于有根据地怀疑，养成尊重事实，大胆想象的科学态度和科学精神；关心科学发展前沿，具有可持续发展的意识，树立正确的科学观，有振兴中华、将科学服务于人类的使命感与责任感；保持对自然界的好奇，发展对科学的探索兴趣，在了解和认识自然的过程中有满足感及兴奋感。	发展好奇心与求知欲，发展科学探索兴趣，有坚持真理、勇于创新、实事求是的科学态度与科学精神，有振兴中华、将科学服务于人类的社会责任感；了解科学与技术、经济和社会的互动作用，认识人与自然、社会的关系，有可持续发展意识和全球观念。

（续表）

<table>
<tr><th colspan="2">名　称</th><th colspan="2">全日制义务教育物理课程标准（实验稿）</th><th colspan="4">普通高中物理课程标准（实验）</th></tr>
<tr><td rowspan="13">内容标准</td><td>科学探究</td><td colspan="6">①提出问题　②猜想与假设　③制订计划与设计实验　④进行实验与收集证据　⑤分析与论证　⑥评估　⑦交流与合作</td></tr>
<tr><td rowspan="12">科学内容</td><td rowspan="2">物质</td><td rowspan="2">物质的形态与变化，物质的属性，物质的结构与物体的尺度，新材料及其应用。</td><td rowspan="2">共同必修模块</td><td>物理 1</td><td colspan="2">运动的描述，相互作用与运动规律。</td></tr>
<tr><td>物理 2</td><td colspan="2">机械能和能量，抛体运动与圆周运动，经典力学的成就与局限性。</td></tr>
<tr><td rowspan="5">运动和相互作用</td><td rowspan="5">多种多样的运动形式，机械运动和力，声和光，电和磁。</td><td rowspan="10">选修课程</td><td rowspan="2">选修 1</td><td>1–1</td><td>电磁现象与规律，电磁技术与社会发展，家用电器与日常生活。</td></tr>
<tr><td>1–2</td><td>热现象与规律，热与生活，能源与社会发展。</td></tr>
<tr><td rowspan="3">选修 2</td><td>2–1</td><td>电路与电工，电磁波与信息技术。</td></tr>
<tr><td>2–2</td><td>力与机械，热与热机。</td></tr>
<tr><td>2–3</td><td>光与光学仪器，原子结构与核技术。</td></tr>
<tr><td rowspan="5">能量</td><td rowspan="5">能量，能量转化与转移，机械能，内能，电磁能，能量守恒，能源和可持续发展。</td><td rowspan="5">选修 3</td><td>3–1</td><td>电场，电路，磁场。</td></tr>
<tr><td>3–2</td><td>电磁感应，交变电流，传感器。</td></tr>
<tr><td>3–3</td><td>分子动理论与统计思想，固体、液体与气体，热力学定律与能量守恒，能源与可持续发展。</td></tr>
<tr><td>3–4</td><td>机械振动与机械波，电磁振荡与电磁波，光，相对论。</td></tr>
<tr><td>3–5</td><td>碰撞与动量守恒，原子结构，原子核，波粒二象性。</td></tr>
</table>

2. 初、高中物理《课程标准》中部分行为动词界定的比较

在初、高中物理《课程标准》中，把课程目标划分为“知识和技能”“过程和方法”“情感态度和价值观”三大目标，并对各目标分别从知识、技能、体验三个维度设立了不同的学习目标水平及相应行为动词。这些行为动词作为“内容标准”中具体教学内容的教学目标的判断、制定的标准和依据，不仅是从行为主体、行为动词、行为条件和表现程度四个方面细化解读教学目标的要素之一，而且对这些行为动词的界定、理解和把握将直接影响课程目标的实现程度。因此，我们需要对初、高中物理《课程标准》中各学习目标的水平及相应行为动词的界定进行比较，如表 4–6 所示。

由表 4–6 可知，《课程标准》不仅对知识技能目标和体验性目标的水平进行了分类，而且对各水平的含义和所用的行为动词进行了界定。其中，高中物理《课程标准》将知识领域学习目标水平由低到高划分为了解、认识、理解和应用 4 个层次，而初中物理《课程

标准》将知识领域学习目标水平由低到高划分为了解、认识和理解 3 个层次。且二者都把"认识"界定为位于"了解"与"理解"之间，该种划分值得商榷。因为"认识"的基本含义是人脑对客观事物的反映。从哲学认识论的角度看，教学活动中学生的学习本身就是一种特殊的认识活动。从这个意义上讲，了解、理解和应用都属于"认识"的范畴。根据布鲁姆（B. S. Bloom）对认知领域学习目标的划分，初、高中物理《课程标准》对知识领域学习目标水平的划分应该像高中生物《课程标准》那样，由低到高分为了解、理解和应用 3 个层次。由表 4–6 还可以看出，初、高中物理在各目标水平所用的行为动词虽有重叠，但高中物理所用行为动词的要求更高、更具体。

表 4–6 《课程标准》中部分行为动词界定的比较

<table>
<tr><th colspan="2" rowspan="2">类型</th><th rowspan="2">水平</th><th rowspan="2">各水平的含义</th><th colspan="2">所用的行为动词</th></tr>
<tr><th>初中物理</th><th>高中物理</th></tr>
<tr><td rowspan="5">知识技能目标动词</td><td rowspan="4">知识</td><td>了解</td><td>再认或回忆知识；识别、辨认事实或证据；举出例子；描述对象的基本特征。</td><td>了解、知道、描述、说出。</td><td>了解、知道、描述、说出、举例说明、列举、表述、识别、比较、简述、对比。</td></tr>
<tr><td>认识</td><td>位于"了解"与"理解"之间。</td><td>认识。</td><td>认识。</td></tr>
<tr><td>理解</td><td>把握内在逻辑联系；与已有知识建立联系；进行解释、推断、区分、扩展；提供证据；收集、整理信息等。</td><td>区别、说明、解释、估计、理解、计算、分类。</td><td>区分、说明、解释、估计、理解、计算、判断、分析、阐述。</td></tr>
<tr><td>应用</td><td>在新的情境中使用抽象的概念、原则；进行总结、推广；建立不同情境下的合理联系等。</td><td></td><td>评估、使用、验证、运用、掌握。</td></tr>
<tr><td>技能</td><td>独立操作</td><td>独立完成操作；进行调整或改进；尝试与已有技能建立联系等。</td><td>测量、会、学会。</td><td>测量、测定、操作、会、能、制作、设计。</td></tr>
<tr><td colspan="2" rowspan="3">体验性要求的目标动词</td><td>经历</td><td>从事相关活动，建立感性认识等。</td><td>观察、经历、体验、学习、调查、探究、感知。</td><td>观察、经历、体验、学习、调查、探究、收集、交流、讨论、阅读、尝试、实验、预测、考虑、参加、参观、查阅。</td></tr>
<tr><td>反应</td><td>在经历基础上表达感受、态度和价值判断；做出相应反应等。</td><td>关心、关注、乐于、敢于、勇于、善于。</td><td>关心、关注、乐于、敢于、勇于、注意、体会、发展、保持。</td></tr>
<tr><td>领悟</td><td>具有稳定态度、一致行为和个性化的价值观念等。</td><td>形成、养成、具有。</td><td>形成、养成、具有、领略、体会、思考。</td></tr>
</table>

二、初、高中物理教材内容的比较及衔接

初、高中物理教学的有效衔接，不仅需要初中物理教师明确初、高中物理《课程标准》的区别与联系，还要明晰初、高中物理教材的内容及衔接点。初、高中物理教材内容的比较及其衔接点，详见§4.2.1的内容。

三、三点建议

1. 构建初、高中物理教学的“大教育观”，有效整合初、高中物理的衔接点

初、高中物理教学是一个系统工程，需要构建初、高中物理教学的“大教育观”。初中物理教师不仅要细化解读好初中物理的课程标准，还要熟悉高中物理的课程标准和课程设置，了解高中物理的教学要求，明确初、高中物理内容的衔接点，以及各知识点在初、高中物理中的要求与区别，以便在初中物理教学中，利用知识上的“衔接点”，适当拓展与发散，促进知识的顺应性迁移。例如在运动学中，初中物理涉及的物理量有速率、路程和时间，这几个物理量都是标量；而高中物理涉及的物理量有位移、时间、速度、加速度，其中位移、速度、加速度是矢量。这几个物理量既有联系又有区别，在初中物理教学时就要注意打好扎实的基础，如在讲解习题时，要培养学生画示意图的习惯，注意分析物体的运动过程和运动状态的变化等。再如力学中，从初中物理的二力平衡到高中物理共点力的平衡；从牛顿第一定律到牛顿第二定律和牛顿第三定律。直流电路计算中，从初中物理两个电阻的串并联到高中物理电阻的混联；从部分电路欧姆定律到闭合电路欧姆定律；从电源内阻不计，路端电压保持不变到考虑电源内阻，路端电压随外电阻而动态变化；从纯电阻电路到非纯电阻电路等。再如“图像”和“图象”的意义是不一样的。电视荧光屏上的像、透镜成的像，它们都是实际景物的映像，用“图像”一词；而 v-t 曲线与质点的径迹、物体的形状等物质世界中的对象没有任何关系，是完全抽象的数学对象，这时用“图象”一词。初中物理教材中没有细分，通用“图像”，也是可以的。

2. 重视学科思想与方法的教育

中学物理教育教学是以概念为基石、以规律为框架、以方法作纽带的，追求理性、人文、简单、和谐与统一。美国著名物理学家拉比（I. I. Rabi）曾指出：“只有把科学和人文学科融为一体，我们才能期望到达与我们时代相称的智慧的顶点。”因此，作为起始阶段的初中物理教学，应重视物理思想与方法的教育，关注物理学史的教育功能，使学生了解物理学发展的历程和物理学是怎样带动科学和技术的发展，同时推动文化、经济和社会的发展，体会物理学思想和研究方法的重要作用，挖掘物理学的人文价值。重视科学探究及物理实验能力的培养，初步养成一定的科学态度与科学精神。可以让学生在家或课外活动中做一些小实验，如制作土电话、利用废旧的可乐瓶和小药瓶制作浮沉子等，也可以充

分利用科技馆和博物馆等课程资源。

高中物理需要学生有一定的探究能力、知识迁移的能力和高考物理考纲所要求具备的五种能力。这些能力的培养不是一蹴而就的，不仅需要初中物理教师通过习题教学，活化概念与规律，加强直观教学，促进由形象思维向抽象思维的过渡，更应该重视过程教学和物理思想与方法的渗透，而不是应试教育一味的题海战术。如初、高中物理教学中都会涉及控制变量法、等效替代法、比值定义法等，在初中物理教学时要让学生逐步掌握这些方法。如在上同一直线上合力与分力的关系时遇到等效替代法。可举例，如果用天平测物体的质量时，右盘放了很多小砝码，记录时很麻烦，请学生设法解决这个问题。学生很快想到用大砝码来替代，在替代过程中一定要注意什么，学生都能回答出大砝码的质量一定要和小砝码的总质量相等，这时就可以得出在替代的过程中一定要等效。所以学生在得出合力去替代分力时一定要注意效果相同。学生只有在初中物理确实掌握了方法，才能在高中阶段灵活应用。但是初、高中物理毕竟还有区别，如理想模型的应用，初中物理在引入光线和磁感线时有所涉及，在教学时可以适当渗透理想模型的理念，使学生在原有的基础上能够得到拓展。

3. 培养学生良好的学习习惯

在解题时，要求学生认真审题，书写规范，注重思维过程，推理要严谨，言必有据。解题步骤既要简明有条理，又要完整无缺，不能忽略或遗漏关键步骤和中间结果。教师在讲解习题时要注意解题思路和解题方法的指导，有计划地逐步提高学生分析解决物理问题的能力。要把重点放在物理过程的分析上，并把物理过程图形化，让学生建立正确的物理模型，形成清晰的物理过程。要求学生在审题时，养成一边读题一边画图的习惯。如画受力分析示意图、复杂电路的等效简化图等。同时，还要培养学生一题多解的能力，帮助学生从多角度对习题进行分析，从而找到最佳的解题途径。在学完每一章节后，让学生对本章节内容进行总结与梳理，培养学生自主学习的能力，并养成做课堂记录的习惯，记重点、难点和疑点；记注意、说明和思考；记思路、方法和小结；记现象、本质和联系。另外，还要逐步培养学生良好的阅读习惯，教师要指导学生在阅读过程中，如何看关键词，如何找条件，如何顺着研究思路去感悟物理量形成的过程。通过阅读教科书和课外科普读物，如《趣味物理学》《生活中的物理》《物理世界奇遇记》《时间简史》等，加深对课内知识的理解，提高学生的自学能力，激发物理学习的兴趣。

§4.2.3　人教版高中物理课标教材与大纲教材内容的比较研究*

2008年秋季，河南省普通高中开始实施新课程改革，其中河南省高中物理主流教科书为人教版课标教材。为了充分发挥教材的功能，为教材开发与整合提供有效支持，从教材变化中去选择和整合教学资源，在河南省新课程实施两年的教学实践的基础上，采用文本系统分析法，在内容上，对人民教育出版社出版的普通高中课程标准实验·物理必修和选修3系列教科书（人民教育出版社，2007年第2版，以下简称“人教版课标教材”）与人民教育出版社出版的全日制普通高级中学物理必修加选修教科书（人民教育出版社，2003年第2版，以下简称“人教版大纲教材”）进行了比较研究，交流共享。

一、内容结构的比较

高中物理的内容涉及力学、热学、电磁学、光学和近代物理五部分，其中，力学和电磁学为高中物理的主干内容。人教版大纲教材按知识板块结构依次编排内容，从第一册到第三册分别为力学、热学、电磁学、光学和近代物理内容。而人教版课标教材打破了按知识板块结构依次编排内容的惯例，共同必修部分的物理1和物理2全部为力学内容，而力学的较难内容则编排在选修3-4和选修3-5的部分章节；限制选修部分的选修3-1和选修3-2为电磁学基本内容，而电磁学的电磁波内容则在学习了机械波和光波之后，编排在选修3-4中；近代物理的相对论内容编排在选修3-4，而量子物理、原子物理和原子核物理的内容则编排在选修3-5中。如表4-7所示。

表4-7　教材内容结构的比较

内容	课标教材	大纲教材
力学	物理1（第4章）、物理2（第3章）、选修3-4（第2章）、选修3-5（第1章）	第一册（第7章）、第二册（第3章）
热学	选修3-3（第4章）	第二册（第2章）
电磁学	选修3-1（第3章）、选修3-2（第3章） 选修3-4（第1章）	第二册（第6章）
光学	选修3-4（第1章）	第三册（第2章）
近代物理	选修3-4（第1章）、选修3-5（第3章）	第三册（第3章）

*发表于《中学物理教学参考》2010年第10期，被人大复印报刊资料《中学物理教与学》2011年报刊索引库收录。

二、内容选择的比较

人教版课标教材和大纲教材从内容选择上看，力学、电磁学和热学内容增减较多，其中，热学内容变化较大，要求较高。与大纲教材相比较，人教版课标教材增加和删减的内容如表 4–8 所示。

表 4–8　教材内容选择的比较

<table>
<tr><th colspan="2">内容</th><th>增加内容</th><th>删减内容</th></tr>
<tr><td>必修</td><td>力学</td><td>坐标系，实验：探究小车速度随时间变化的规律，基本相互作用，实验：探究加速度与力、质量的关系，传感器与光电计时器的实验，斜抛运动，开普勒第二定律，太阳与行星间的引力，追寻守恒量，探究弹性势能的表达式，实验：探究功与速度变化的关系，能量守恒定律与能源。</td><td>实验：长度的测量，实验：研究匀变速直线运动，引力常量的测定，功和能，实验：探究弹力和弹簧伸长的关系。</td></tr>
<tr><td rowspan="5">选修</td><td>力学</td><td>波的反射和折射，惠更斯原理，实验：探究碰撞中的不变量，散射。</td><td>惯性系与非惯性系，有固定转动轴物体的平衡，力矩平衡条件的应用，行星、恒星、星系和宇宙，次声波和超声波，实验：验证动量守恒定律。</td></tr>
<tr><td>热学</td><td>热平衡定律，温标，气体的等温变化、等容变化与等压变化，气体实验定律，理想气体状态方程，饱和汽与饱和汽压，物态变化中的能量交换，焦耳热功当量实验，热力学第二定律的微观解释，熵。</td><td>伯努利方程，湍流现象。</td></tr>
<tr><td>电磁学</td><td>电荷守恒定律，用传感器观察电容器的充电和放电，密立根油滴实验，恒定电场，电源电动势的定义式，多用电表，简单的逻辑电路，电视显像管的工作原理，霍尔效应，反电动势，电磁感应现象中的感生电场，电磁感应现象中的洛伦兹力，互感，电磁阻尼和电磁驱动，传感器的工作原理、应用与实验，电磁波谱。</td><td>静电的利用和防止，实验：用描迹法画出电场中平面上的等势线，半导体及其应用，超导及其应用，实验：测定金属的电阻率，实验：研究闭合电路欧姆定律，实验：练习使用示波器，日光灯原理，三相交变电流，实验：研究玩具电机的能量转化。</td></tr>
<tr><td>光学</td><td>实验：用双缝干涉测量光的波长，衍射光栅。</td><td>光的直线传播。</td></tr>
<tr><td>近代物理</td><td>广义相对论简介，黑体辐射及其实验规律，光电效应的饱和电流与遏止电压，康普顿效应，电子的发现，氢原子光谱及实验规律，玻尔的原子模型，核力、结合能与比结合能，粒子和宇宙。</td><td>惯性力、惯性质量和引力质量。</td></tr>
</table>

三、内容呈现方式的比较

教材内容的呈现方式包括教材的册数、章数、节数、例题、节习题、章小结、章习题、演示实验、学生实验、插图、旁批和栏目，其中，教材栏目包括说一说、做一做、思考与讨论、科学漫步、科学足迹、阅读材料和 STS 等。人教版课标教材和大纲教材在内容呈现方式上的比较如表 4-9 所示。

表 4-9　教材内容呈现方式的比较

类别 方式	课标教材								大纲教材			
	必修		选修 3 系列					合计	必修加选修			合计
	物理 1	物理 2	3-1	3-2	3-3	3-4	3-5		第一册	第二册	第三册	
册数	1	1	1	1	1	1	1	7	1	1	1	3
章数	4	3	3	3	4	5	4	26	7	11	5	23
节数	23	24	25	16	19	29	23	159	47	78	25	150
例题	15	8	13	3	2	4	6	51	26	12	4	42
节习题	79	70	107	70	66	100	97	589	173	224	73	470
章小结	0	0	0	0	0	0	0	0	7	11	5	23
章习题	0	0	0	0	0	0	0	0	58	112	36	206
演示实验	6	5	21	18	11	22	3	86	16	36	4	56
学生实验	3	3	1	1	0	1	1	10	7	14	2	23
插图	162	116	196	141	86	166	97	964	197	444	99	740
说一说	11	9	5	2	10	5	0	42	0	0	0	0
做一做	10	9	5	8	6	21	3	62	7	9	3	19
思考与讨论	12	9	12	11	13	12	20	89	11	15	3	29
科学漫步	6	2	8	5	5	11	5	42	0	0	0	0
科学足迹	0	2	1	1	1	3	7	15	0	0	0	0
阅读材料	0	0	0	0	0	0	0	0	11	22	13	46
STS	2	1	1	1	1	0	3	9	0	0	0	0
旁批	32	40	22	16	33	35	60	238	10	36	50	96

由表 4-9 可知，大纲教材没有说一说、科学漫步、科学足迹和 STS 栏目，而人教版课标教材则没有章小结、章习题和阅读材料栏目。

由表 4-9 可知，人教版课标共同必修教材和选修 3 系列教材的插图共计 964 幅，平均每章 37 幅，数量之多是前所未有的。在所有这些插图中，有照片、实物图、模型图、装置图、原理图等。插图是形象化的教材，插图是教材中文字部分的延伸，是为说明、理解、深化文字内容服务的。教学时要充分发挥插图的科学素养增强、教学情境导入、物理状态展示、物理过程呈现、物理规律表达、物理原理解释、物理条件说明、教学难点化解和综合能力培养等教学功能。

习题是教科书的重要组成部分，是教师获得信息、检验教学成果的重要工具，是学生理解和巩固所学知识、发展综合能力、形成问题解决意识和创新精神的重要载体，如何编制高质量的习题是教科书编写的重要方面。大纲教材课后习题有节后习题、章后复习题，而且第二册和第三册章后习题分 A、B 两部分，B 组习题用“＊”号标出作为选做题，体现了较强的层次性。而人教版课标教材只有节后习题一种形式，这些习题一般是用于复习和巩固本节学习的内容，知识点单一，题目直观，体现了面向全体学生的特点。人教版课标教材的习题数量减少，且习题难度较低，计算量较小，体现了淡化计算、重视过程分析和科学探究的特点。

四、内容编写方式的比较

1. 注意知识链的完善

如在对“静电场”知识线索的规划和设计上，大纲教材按电势差→电势→电势能的顺序编排，而课标教材是按电势能→电势→电势差的顺序编排。人教版大纲教材与课标教材中的知识链对比如图 4-61、图 4-62 所示。可见，人教版大纲教材中的知识链是残缺的，在课标教材中知识链得到了完善。完善的知识链让物理概念更加严谨深刻，也有助于培养学生的理性思维。又如，由于学生对恒定电流一章中“通电导体两端存在电势差、导体内部电子在电场力作用下定向运动”的认识，跟静电场一章中“导体内部场强为零、导体是一个等势体”的说法不符而感到困惑。课标教材在恒定电流的第一节课，便在静电场知识的基础上，通过分析，引入恒定电场的概念，建立了静电现象跟恒定电场之间的内在联系。再如，在某些知识点上，从强调知识走向落实处理一类问题的方法。以平抛运动为例，人教版大纲教材注重通过实验得出平抛运动的规律，重在物理规律本身的理解和应用。而课标教材物理 2 从红蜡块的运动讲起，介绍普遍的由分运动分析合运动的方法，再以“飞机起飞”的例题分析如何由合运动分析分运动，再把这个道理应用于平抛物体的运动，最后拓展到斜抛运动。

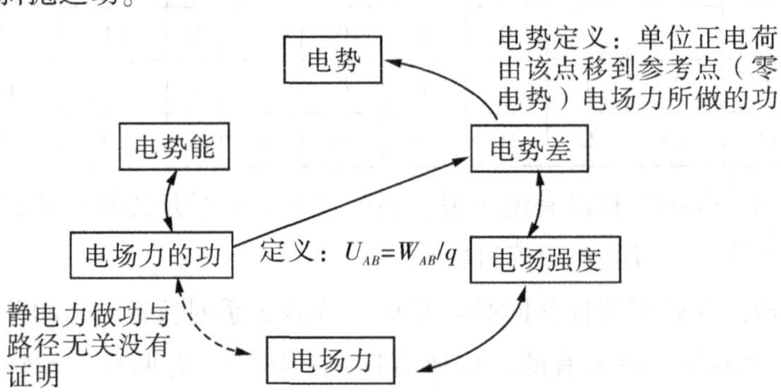

图 4-61　大纲教材知识链

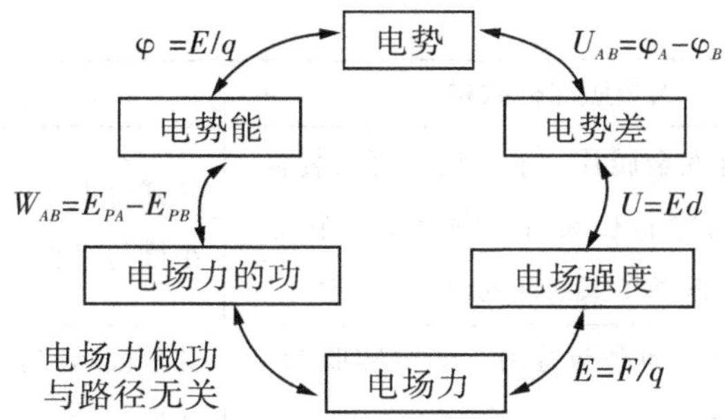

图 4-62　课标教材知识链

2. 倡导科学探究，注重科学探究质量

展示物理学家的探究过程，让学生从历史的重现中获得更多的体验与激励。展现物理学家的探究过程，让学生有“身临其境”之感，不仅能促进学生理解前人采用的探究方法，更是一次心灵的震撼与激励，体验探索自然规律的艰辛与喜悦，让学生的探究意识得到发展。比如，关于自由落体运动的研究，传统教材对它的历史地位、蕴含的物理思想及方法未能给予充分的重视。人教版课标教材从“绵延两千年的错误”开始，展示了伽利略（Galileo Galilei）利用“逻辑的力量”，大胆提出“猜想与假设”，最终经过巧妙的“实验验证”得出“自由落体运动是匀加速直线运动”的结论。本节教材的最后（物理 1 第 48 页）还对伽利略的科学方法做出了明示，让学生不仅有体会，还有理论的升华。

理论探究应与实验探究相结合来扩展探究思路。美国著名物理学家密立根（R. A. Millikan）说：“科学靠两条腿走路，一是理论，一是实验。有时一条腿走在前面，有时另一条腿走在前面。但只有两条腿走路才能前进。”人教版课标教材不仅要重视实验探究，还要重视理论探究，以培养学生的思维能力。物理 2 通过“探究弹簧弹性势能表达式”一节把理论探究的过程与方法展现得淋漓尽致，让学生获益匪浅。

通过改变教材的处理方式，增加探究方案的选择性，提供探究机会。物理教学不仅是传授物理知识的过程，更重要的功能是借助传授物理知识的过程，实现育人的目的。这其中包括发展学生的好奇心与求知欲，培养学生的探究意识，领悟探究的方法。要做到这一点，就必须为学生提供探究的过程，而不能通过传统的说教去完成。与过去的教材相比，人教版课标必修教材便在研究匀变速直线运动规律、牛顿第二定律、平抛运动、动能定理、机械能守恒等内容上都增加了学生探究的机会。以平抛运动为例，从表 4-10 可以看出人教版课标教材和大纲教材在重视科学探究程度上的差异。

表 4-10　平抛运动科学探究的比较

类别	人教版课标教材	人教版大纲教材
探究目标	平抛运动的规律、处理抛体运动的方法。	平抛运动的规律。

（续表）

类别	人教版课标教材	人教版大纲教材
实验探究方案	铁锤打击弹性金属片、水平板复写纸装置、斜面小槽与竖直板装置、倒置的饮料瓶、数码摄像机共5个实验探究方案。	铁锤打击弹性金属片、频闪照片、斜面小槽与竖直板装置共3个。
呈现方式	做一做栏目、问题与练习、学生实验参考案例（多个方案）。	课上演示实验、学生实验（单一实验方案）。
探究种类	既有理论探究，也有实验探究。	实验探究。
探究时空	课内实验、家庭实验。	课内实验。

3. 逐步渗透科学思想和研究方法

传统的思想方法教育，往往忽略了思想方法形成的规律，采用“方法概述+方法应用”的灌输方式，教学效果往往不理想。人教版课标教材采用了有计划、逐步渗透的方式，通过渗透掌握物理方法，“润物细无声”地引导学生领悟这些思想方法，体现了编者对方法培养的规划。下面以数理思想中的图象法为例，说明人教版课标教材中对思想方法的逐步渗透过程。表4-11显示了图象法在必修教材中借助特定物理问题的渗透步骤。

表4-11　图象法在课标必修教材中的渗透

章节	渗透步骤	物理问题
坐标系	一维坐标轴。	在一维坐标轴上确定物体的位置。
位移	二维坐标轴。	在二维坐标轴上确定物体的位置。
直线运动的位置和位移	一维坐标轴。	在坐标轴上明确位置和位移的关系。
用图象表示速度	画图象。	画纸带运动的速度时间图象。
用打点计时器测速度的练习题	建立图象与物理情景的联系。	让学生学会看图象，描述物理情景。
加速度	观察图象得出信息。	从速度–时间图象比较加速度大小。
探究小车速度随时间变化的规律	作图象。	画图象，应用图象处理实验数据。
匀变速直线运动的速度时间的关系	应用图象得出概念。	从图象得出匀变速直线运动加速度的表达式。
匀变速直线运动的速度时间的关系	观察图象得出信息。	应用图象分析变加速直线运动的加速度如何变化。
匀变速直线运动的位移	应用图象。	用图象面积表示物体的位移。
胡克定律	探究用图象处理实验数据。	探究弹簧的伸长与弹力的关系。

（续表）

章节	渗透步骤	物理问题
摩擦力	用图象处理实验数据。	摩擦力随拉力的变化。
牛顿第二定律	实验数据分析（图象坐标轴的变换）。	探究加速度与合力和质量的关系。
平抛运动的规律	建立数学表达式和图象的关系。	曲线运动的 x-y 图象。

从表 4-11 可以看出，图象法的渗透可以分为如下几个大的阶段：①了解坐标轴，②画图象增加体验；③观察图象得出信息；④用图象描述物理过程；⑤用图象处理实验数据。上述阶段是由认识图象，到理解图象，再到应用图象的过程。这显然是一个由易到难的逐步渗透过程。

人教版必修课标教材对“变与不变”思想方法的渗透，不仅在教学内容上进行系统化布局，而且在教学方式上具有多样化的结构，如表 4-12 所示。

表 4-12　“变与不变”思想方法的渗透

教学方式	渗透过程	页码
讲解	平均速度和瞬时速度——渗透“极限”。	物理 1 第 16 页
实验	测速度——用平均速度代表瞬时速度。	物理 1 第 20 页
思考与讨论	已知各时刻速度，是否可以估算位移。	物理 1 第 37 页
推导	用 v-t 图象推出匀变速运动位移公式。	物理 1 第 38 页
做一做	从一张照片估算照相机的曝光时间。	物理 1 第 44 页
探究	利用图象怎样计算变力做功？把“变与不变”的思想从速度的概念拓展到力的概念。	物理 2 第 64 页

矢量是高中物理教学的重点和难点，学生对于矢量的理解需要一个递进的过程，人教版必修课标教材关于矢量教学的渗透如表 4-13 所示。

表 4-13　矢量教学的渗透

章节	渗透过程	页码
时间和位移	第一次出现矢量，正文中只要求知道矢量有方向。	物理 1 第 13 页
时间和位移	让学生以位移为例“思考与讨论”，领悟矢量相加的方法，正文不出现结论，练习题也不做要求。	物理 1 第 13 页
力的合成	实验探究二力合成的方法，得出二力合成的平行四边形定则。	物理 1 第 62 页
力的分解	概括矢量相加法则，总结出矢量的科学定义。	物理 1 第 65 页
力的分解	“说一说”：通过不在同一直线上的速度变化，深化矢量计算法则。	物理 1 第 66 页
牛顿第二定律	例题中灵活处理矢量问题（正交分解）。	物理 1 第 76 页
向心加速度	通过分析向心加速度的方向，进一步明确矢量概念。	物理 2 第 17 页

总之，在教材内容的结构、选择、呈现方式和编写方式等方面，人教版课标教材继承并发展了大纲教材的特色，不仅符合教材设计的心理学基础，而且较好地体现了新课程的理念。但同时，新课程改变了过去以教材为本的课程观，由“教材”即“知识”到“教材”即“范例”“教材是中介”“教材是话题”，“用教材教”而不是“教教材”，课程观发生了巨大的变化。教师不仅是教学过程的设计者和组织者，而且是课程的开发者和实践者。这就需要教师在细化解读学科课程标准的基础上，有效选择和整合教材等教学资源，优化实现新课程三维教学目标的教学策略。

§4.2.4　人教版高中物理课标教材第3版的变化*

2004年5月，人民教育出版社出版了高中物理课标教材第1版。经过一个周期的实验，2006年底和2007年初，在第1版的基础上，人民教育出版社修订出版了高中物理课标教材第2版。经过第二个周期的实验，为了解决课标教材实验中集中反映的问题，2010年初，在第2版的基础上，人民教育出版社再次修订出版了高中物理课标教材第3版。为了帮助高中物理教师及相关研究人员及时明确人教版高中物理课标教材第3版与第2版的区别，本节特探讨人教版高中物理课标教材第3版必修与选修3模块的变化。

1. 正文内容的变化

必修1：第9~10页完善了质点的定义；第14页明确了位移 $l=\Delta x=x_2-x_1$，若取直线运动的初始位置为坐标原点，则位移也可用 x 表示，并分别在第37页和第39页增加了脚注；第16页删去了“做一做”及常见物体的速度表中的巡航导弹；第40页增加了“用图象表示位移”的条目，并把原第39页的“做一做”修改为第40页的“思考与讨论”，并删去了原第40页的“做一做”；第45页“做一做”标题由“测定反应时间”改为“看看你反应的快慢”；第48页删去了“伽利略的科学方法”的条目及科学研究过程的基本要素图；第49页增加了“做一做”用数码相机研究自由落体运动；第51页增加了重力的脚注；第53页“四种基本相互作用”条目的最后删去了电磁力随距离变化的规律与万有引力相似的内容；第54页图3.2-1有机玻璃的形变标出了“压力”，并把观察桌面微小形变的演示实验前移；第55页的“思考与讨论”增加了图3.2-5；第59页例题修改了图3.3-5与雪橇相关的几个力；第62页“探究求合力方法”的实验中，把橡皮条的结点改为轻质小圆环，并把验证性实验改为探究性实验；第65页的例题及图进行了修改，进而引入了力的正交分解法；第68页增加了在陈述亚里士多德等人的思想时，借用了力的概念的旁注；第73页增加了参考案例二；第76页例题2的题设条件修改为光滑水平桌面及水平力；第79页例题的题设条件修改为水平恒力；删去了原第81页图4.5-7；第83~84页增加了“物体的受力分析”条目。

---

*发表于《湖南中学物理》2013年第7期。

必修2：第2页增加了“曲线运动的位移”的条目，放在了“曲线运动的速度”之前；第3~4页把原“曲线运动速度的方向”条目改为“曲线运动的速度”，并把曲线运动速度的分解与大小的例题前移；把原第五章第2节“质点在平面内的运动”作为“曲线运动描述的实例”合并到了第1节；把原第五章第3节“抛体运动的规律”改为第2节“平抛运动”，并把原“抛体的位置”“抛体的轨迹”和“抛体的速度”条目修改为“平抛运动的速度”“平抛运动的位移”和“一般的抛体运动”条目，同时增加了图5.2-5。第14~15页增加了“做一做”用传感器和计算机描绘平抛运动的轨迹；第61页删去了“额定功率和实际功率”的条目；删去了原64页的“说一说”；第70页增加了两个参考案例，并把原“操作的技巧”条目修改为“操作与作图的技巧”条目；第71页增加了“说一说”。

选修3-1：第26页演示实验“研究静电平衡时导体内部的电荷”改称为“研究空腔导体内表面的电荷”；第41页把“恒定电场”与“恒定电流”条目合并为“恒定电流”；删去了第55页的“思考与讨论”；第56页第二章第6节由“电阻定律”改称为“导体的电阻”；第63页第二章第8节由“多用电表”改称为“多用电表的原理”，并增加了一个旁注；把原第66~67页的实验修改单列为第9节“实验：练习使用多用电表”；删去了原第75页的演示实验；第91页第三章第4节由“磁场对通电导线的作用力”改称为“通电导线在磁场中受到的力”；第95页第三章第5节由“磁场对运动电荷的作用力”改称为“运动电荷在磁场中受到的力”。

选修3-2：第15页法拉第电磁感应定律公式的推导过程修改得更加严谨；第19页第四章第5节由“电磁感应规律的应用”改称为“电磁感应现象的两类情况”；第36页增加了描述交变电流的“相位”条目；第42页新增了变压器效率的旁注；第六章把原第2、3节合并简化为第2节“传感器的应用”，并删去了“声传感器的应用——话筒”“温度传感器的应用——测温仪”和“光传感器的应用——鼠标器”的条目；第65页删去了演示实验测试与非门。

选修3-3：第7页删去了“说一说”；第9页删去了图7.3-3和旁注；第10页第4节“平衡态与状态参量”条目修改为“状态参量与平衡态”；第19页增加了“做一做”用传感器和计算机探究气体等温变化的规律；第23页增加了“理想气体”的旁注；第26页增加了“统计规律”的说明及旁注；第44页“说一说”改为“科学漫步”人体对湿度的感受；第46页图9.4-1增加了旁注；第52页第十章第2节删去了“热传递”条目。

选修3-4：第18页增加了“系统”“内力”和“外力”的旁注；原第十二章第4节“波的反射和折射”改为“惠更斯原理”，后移到第6节，并删去了推导反射角与入射角的关系和波的折射定律；删去了原第35页的“做一做”观察水波的折射和“科学漫步”回声、混响和建筑声学；原第十二章第5节“波的衍射”与第6节“波的干涉”合并简化为第4节“波的衍射和干涉”，并补充完善了产生干涉的两个必要条件；第十三章第1节由“光的折射”修改为“光的反射和折射”；删去了原第47页的“说一说”；把原第7

节“全反射”，前移到第 2 节；把原第十三章第 4 节“光的颜色 色散”，后移到第 7 节，并增加了“衍射时的色散”条目；把原第 64 页的演示实验降低为现象描述，并分别在第 63 页和第 64 页增加了两个旁注；因与第 67 页表 1 重复，第 91 页删去了各种色光在真空中的波长表。

选修 3-5：第十六章原第 6 节“用动量概念表示牛顿第二定律”改为“动量和动量定理”，内容重组前移到第 2 节；第十六章原第 2 节“动量守恒定律（一）”与第 3 节“动量守恒定律（二）”合并为第 3 节“动量守恒定律”；第十七章第 1 节由“能量量子化：物理学的新纪元”改为“能量量子化”，并把其中“能量子：超越牛顿的发现”条目改为“能量子”；第十七章第 2 节由“科学的转折：光的粒子性”改为“光的粒子性”；第十七章第 3 节由“崭新的一页：粒子的波动性”改为“粒子的波动性”；删去了第 56 页的“思考与讨论”。

2. “问题与练习”的变化

必修 1：新增了第 18 页的第 1 题、第 40~41 页的第 1 题和第 5 题、第 66 页的第 1 题、第 80 页的第 2 题和第 3 题、第 84 页的第 6 题和第 7 题；第 43 页的第 3 题增加了简化说明；把原第 44 页的“做一做”估测曝光时间改编为第 45 页第 3 题；第 45 页第 5 题标出了频闪照片中数字的单位为厘米；删去了原第 66 页的第 2 题；第 78 页第 4 题的题设条件修改为光滑水平桌面及水平力。

必修 2：第 7 页新增了第 1 题，第 2 题增加了插图 5. 1-13，并删去了原第 6~7 页的第 1、3、4 题；第 12 页新增了第 1、4 题，删去了原第 10 页的第 1 题；把原第 12 页的“说一说”改编为第 15 页的第 3 题；第 30 页对第 4 题进行了修改，否则需要后移到第七章机械能部分；第 39 页新增了第 3 题，为第 3 节学习“牛顿月—地检验”埋下了伏笔；第 53 页新增了第 1、2 题。

选修 3-1：第 45 页第 3 题简化去掉了最后一问；修改了第 48 页的第 5 题；第 66 页新增了第 1、2、3 题；修改了第 72 页的第 2、3 题；删去了原第 76 页的第 1 题。

选修 3-2：删去了第 21 页第 3 题的第 3 问；第 37 页新增了第 6 题；第 50 页删去了原第 5 题；修改了第 56 页的第 2 题；第 61 页删去了原 58 页的第 1 题；第 64 页删去了原 65 页的第 2 题。

选修 3-3：第 16 页第 1 题增加了第 3 问；第 20 页删去了第 3 题；修改了第 30 页的第 2 题；第 52 页删去了第 1 题。

选修 3-4：第 4 页删去了第 1 题；第 21 页“问题与练习”第 4 题的第 2 问由“若摆长增大，共振曲线的最大值将怎样移动?”修改为“若摆长增大，共振曲线振幅最大值的横坐标将怎样变化?”；原第 36 页的 3 道题目全部删去；第 59 页把第 3 题中“……用测量头测出 10 个亮条纹间的距离为……”修改为“……用测量头测出，第 1 个亮条纹到第 10 个亮条纹的中心间距为……”；新增了第 90 页的第 3 题和第 107 页的第 3 题。

选修 3-5：原第 9 页第 2 题与原第 12 页第 1 题组合为第 12 页的第 6 题；删去了原第

12 页的第 2 题；第 21 页新增了第 6 题；第 25 页的第 3 题增加了第 1 问；简化修改了第 36 页的第 6 题。

§ 4. 2. 5　课标版与大纲版物理考试大纲的比较研究*

2011 年 9 月，全国普通高中除广西、香港、澳门和台湾外的其他 29 个省市（区）已陆续分七批进入了新课程，因此，至少近三年内，全国普通高考课标版与大纲版考试大纲将并存，且使用课标版考试大纲的新高考与使用大纲版考试大纲的旧高考相比较，理科综合中的物理学科除分值由 120 分变为 110 分外，为了体现选择性，考试内容不仅分为必考和选考两部分，而且考点和要求也有所变化。因此，为了科学备考，有效整合教学资源，防止刚进入高中新课程的物理教师在教学中穿新鞋走老路的“惯性”，结合近年高考课标版与大纲版考试大纲分别保持相对的稳定性，特对 2010 年全国普通高考课标版与大纲版物理考试大纲的内容和要求予以比较。

一、必考部分

1. 力学

表 4-14　力学

<table>
<tr><th rowspan="2">模块</th><th rowspan="2">主题</th><th rowspan="2">课标版考纲内容</th><th rowspan="2">要求</th><th colspan="2">变化与说明</th></tr>
<tr><th>内容增减</th><th>要求升降</th></tr>
<tr><td rowspan="2">必修物理1</td><td>质点的直线运动</td><td>1. 参考系，质点
2. 位移、速度和加速度
3. 匀变速直线运动及其公式、图象</td><td>Ⅰ
Ⅱ
Ⅱ</td><td>删去了机械运动、路程、匀速直线运动、速率、变速直线运动、平均速度。</td><td>速度由Ⅰ级升为Ⅱ级；匀变速直线运动图象只限于 $v-t$ 图象。</td></tr>
<tr><td>相互作用与牛顿运动规律</td><td>4. 滑动摩擦力、动摩擦因数、静摩擦力
5. 形变、弹性、胡克定律
6. 矢量和标量
7. 力的合成和分解
8. 共点力的平衡
9. 牛顿运动定律、牛顿定律的应用
10. 超重和失重</td><td>Ⅰ
Ⅰ
Ⅰ
Ⅱ
Ⅱ
Ⅱ
Ⅰ</td><td>增加了动摩擦因数、标量；删去了力是物体间的相互作用、是物体发生形变和物体运动状态变化的原因，重力，重心，最大静摩擦力，滑动摩擦定律，惯性，质量。</td><td>滑动摩擦力、形变、弹力、胡克定律、矢量由Ⅱ级降为Ⅰ级；新增内容均为Ⅰ级要求；不要求知道静摩擦因数；处理物体在粗糙面上的问题，只限于已知相对运动趋势或已知运动方向的情况。</td></tr>
</table>

* 发表于《物理教学》2012 年第 4 期，被人大复印报刊资料《中学物理教与学》2012 年报刊索引库收录。

（续表）

模块	主题	课标版考纲内容	要求	变化与说明	
				内容增减	要求升降
必修物理2	抛体运动与圆周运动	11. 运动的合成和分解 12. 抛体运动 13. 匀速圆周运动、角速度、线速度、向心加速度 14. 匀速圆周运动的向心力 15. 离心现象	Ⅱ Ⅱ Ⅰ Ⅱ Ⅰ	把平抛运动扩展为抛体运动；增加了离心现象；删去了曲线运动中质点的速度的方向沿轨道的切线方向，且必具有加速度、匀速圆周运动的周期。	运动的合成和分解由Ⅰ级升为Ⅱ级；匀速圆周运动、角速度、线速度、向心加速度由Ⅱ级降为Ⅰ级；新增内容为Ⅰ级要求；斜抛运动只做定性分析。
	机械能	16. 功和功率 17. 动能和动能定理 18. 重力做功与重力势能 19. 功能关系、机械能守恒定律及其应用	Ⅱ Ⅱ Ⅱ Ⅱ	增加了功能关系；删去了弹性势能。	新增的功能关系为Ⅱ级要求。
	万有引力定律	20. 万有引力定律及其应用 21. 环绕速度 22. 第二宇宙速度和第三宇宙速度 23. 经典时空观和相对论时空观	Ⅱ Ⅱ Ⅰ Ⅰ	把牛顿力学的适用范围扩展为经典时空观和相对论时空观；删去了航天技术的发展和宇宙航行。	第一宇宙速度由Ⅰ级升为Ⅱ级；人造地球卫星的运动限于圆轨道。

本文各表中对知识内容要求掌握的程度用数字Ⅰ、Ⅱ标出，其中，Ⅰ级的含义为对所列知识要知道其内容及含义，并能在有关问题中识别和直接使用，与课程标准中“了解”和“认识”相当；Ⅱ级的含义为对所列知识要理解其确切含义及与其他知识的联系，能够进行叙述和解释，并能在实际问题的分析、综合、推理和判断等过程中运用，与课程标准中“理解”和“应用”相当。

由表4-14可以看出，课标版物理考试大纲的必修模块全部为力学内容，共有23个知识考点，其中Ⅰ级要求9个，Ⅱ级要求14个。即必修物理1有10个知识考点，Ⅰ级和Ⅱ级要求各5个；必修物理2有13个知识考点，其中Ⅰ级要求4个，Ⅱ级要求9个。而大纲版物理考试大纲相应部分则有31个知识考点，其中，Ⅰ级要求10个，Ⅱ级要求21个。课标版与大纲版物理考试大纲相比较，扩展了2个知识考点，增加了4个知识考点，且新增内容除功能关系为Ⅱ级要求外，其他3个考点均为Ⅰ级要求，并删去了17个知识考点，有3个知识考点由Ⅰ级升为Ⅱ级，有9个知识考点由Ⅱ级降为Ⅰ级。可见，课标版物理考试大纲必修模块知识考点的数量和要求均有所降低。

2. 电磁学

表 4-15　电磁学

模块	主题	课标版考纲内容	要求	变化与说明：内容增减	变化与说明：要求升降
选修3-1	电场	24. 物质的电结构、电荷守恒 25. 静电现象的解释 26. 点电荷 27. 库仑定律 28. 静电场 29. 电场强度、点电荷的场强 30. 电场线 31. 电势能、电势 32. 电势差 33. 匀强电场中电势差与电场强度的关系 34. 带电粒子在匀强电场中的运动 35. 示波管 36. 常用的电容器 37. 电容器的电压、电荷量和电容的关系	Ⅰ Ⅰ Ⅰ Ⅱ Ⅰ Ⅱ Ⅰ Ⅰ Ⅱ Ⅰ Ⅱ Ⅰ Ⅰ Ⅰ	增加了物质的电结构，静电现象的解释，点电荷，电容器的电压、电荷量和电容的关系；删去了两种电荷、电荷量、匀强电场、电场强度的叠加、等势面、静电屏蔽、示波器及其应用、平行板电容器的电容。	新增内容均为Ⅰ级要求；静电场、电场线、电势能、电势、匀强电场中电势差与电场强度的关系、电容器的电容由Ⅱ级降为Ⅰ级；带电粒子在匀强电场中运动的计算，只限于带电粒子进入电场时速度平行或垂直于场强方向的情况。
	电路	38. 欧姆定律 39. 电阻定律 40. 电阻的串联、并联 41. 电源的电动势和内阻 42. 闭合电路的欧姆定律 43. 电功率、焦耳定律	Ⅱ Ⅰ Ⅰ Ⅱ Ⅱ Ⅰ	增加了焦耳定律；删去了电流，电阻，电阻率与温度的关系，半导体及其应用，超导及其应用，串联电路的分压作用，并联电路的分流作用，电功，串联、并联电路的功率分配，路端电压，电流、电压和电阻的测量，电流表、电压表和多用电表的使用，伏安法测电阻。	新增内容为Ⅰ级要求；电阻定律、电阻的串并联、电功率由Ⅱ级降为Ⅰ级；考试说明又将电源的电动势和内阻由Ⅱ级降为Ⅰ级；不要求解反电动势的问题。
	磁场	44. 磁场、磁感应强度、磁感线 45. 通电直导线和通电线圈周围磁场的方向 46. 安培力、安培力的方向 47. 匀强磁场中的安培力 48. 洛伦兹力、洛伦兹力的方向 49. 洛伦兹力的公式 50. 带电粒子在匀强磁场中的运动 51. 质谱仪和回旋加速器	Ⅰ Ⅰ Ⅰ Ⅱ Ⅰ Ⅱ Ⅱ Ⅰ	增加了磁场、通电直导线和通电线圈周围磁场的方向、安培力的方向、匀强磁场中的安培力、洛伦兹力的方向、洛伦兹力的公式；删去了电流的磁场、地磁场、磁性材料、分子电流假说、磁场对通电直导线的作用、左手定则、磁电式电表原理、磁场对运动电荷的作用。	新增内容除匀强磁场中的安培力和洛伦兹力的公式为Ⅱ级要求外，其他均为Ⅰ级要求；磁感应强度、磁感线、安培力、洛伦兹力由Ⅱ级降为Ⅰ级；安培力的计算只限于电流与磁感应强度垂直的情形；洛伦兹力的计算只限于速度与磁场方向垂直的情形。

（续表）

模块	主题	课标版考纲内容	要求	变化与说明	
				内容增减	要求升降
选修3-2	电磁感应	52. 电磁感应现象 53. 磁通量 54. 法拉第电磁感应定律 55. 楞次定律 56. 自感、涡流	Ⅰ Ⅰ Ⅱ Ⅱ Ⅰ	增加了涡流；删去了导体切割磁感线时的感应电动势、右手定则、日光灯。	新增内容为Ⅰ级要求；电磁感应现象、磁通量由Ⅱ级降为Ⅰ级；导体切割磁感线时，感应电动势的计算，只限于 l 垂直于 B、v 的情况；在电磁感应现象里，不要求判断内电路中各点电势高低；不要求用自感系数计算自感电动势。
	交变电流	57. 交变电流、交变电流的图象 58. 正弦交变电流的函数表达式、峰值和有效值 59. 理想变压器 60. 远距离输电	Ⅰ Ⅰ Ⅰ Ⅰ	删去了交流发电机及其产生正弦交流电的原理，交变电流的周期与频率，电阻、电感和电容对交变电流的作用，变压器的原理、电压比和电流比。	交变电流的图象、正弦交变电流的函数表达式、峰值和有效值、理想变压器由Ⅱ级降为Ⅰ级；不要求讨论交变电流的相位和相位差的问题；只限于单相理想变压器。

由表4-15可以看出，课标版物理考试大纲的限制选修模块为电磁学内容，共有37个知识考点，其中Ⅰ级要求25个，Ⅱ级要求12个。即选修3-1有28个知识考点，其中Ⅰ级要求18个，Ⅱ级要求10个；选修3-2有9个知识考点，其中Ⅰ级要求7个，Ⅱ级要求2个。而大纲版物理考试大纲相应部分则有32个知识考点，其中，Ⅰ级要求14个，Ⅱ级要求18个。课标版与大纲版物理考试大纲相比较，增加了12个知识考点，且新增内容除匀强磁场中的安培力和洛伦兹力的公式为Ⅱ级要求外，其他10个考点均为Ⅰ级要求，并删去了37个知识考点，没有知识考点由Ⅰ级升为Ⅱ级，但有19个知识考点由Ⅱ级降为Ⅰ级。可见，课标版物理考试大纲限制选修模块知识考点的Ⅰ级要求的数量虽有所增加，但Ⅱ级要求的数量则有明显减少。

3. 单位制和实验

表 4-16　单位制和实验

主题	课标版考纲内容	要求	变化与说明	
			内容增减	要求升降
单位制	61. 要知道中学物理中涉及的国际单位制的基本单位和其他物理量的单位。包括小时、分、升、电子伏特（eV）	Ⅰ	没有变化。	没有变化；知道国际单位制中规定的单位符号。
实验	62. 实验一：研究匀变速直线运动 63. 实验二：探究弹力和弹簧伸长的关系 64. 实验三：验证力的平行四边形定则 65. 实验四：验证牛顿运动定律 66. 实验五：探究动能定理 67. 实验六：验证机械能守恒定律 68. 实验七：测定金属的电阻率（同时练习使用螺旋测微器） 69. 实验八：描绘小电珠的伏安特性曲线 70. 实验九：测定电源的电动势和内阻 71. 实验十：练习使用多用电表 72. 实验十一：传感器的简单使用		增加了验证牛顿运动定律、探究动能定理、练习使用多用电表；删去了长度的测量、研究平抛物体的运动、用描迹法画出电场中平面上的等势线、把电流表改装为电压表、用多用电表探索黑箱内的电学元件、练习使用示波器。	实验能力的要求有所提高；要求会正确使用的仪器主要有：刻度尺、游标卡尺、螺旋测微器、天平、秒表、电火花计时器或电磁打点计时器、弹簧秤、电流表、电压表、多用电表、滑动变阻器、电阻箱等；要求认识误差问题在实验中的重要性，了解误差的概念，知道系统误差和偶然误差；知道用多次测量求平均值的方法减少偶然误差；能在某些实验中分析误差的主要来源；不要求计算误差；要求知道有效数字的概念，会用有效数字表达直接测量的结果。间接测量的有效数字运算不作要求。

由表 4-16 可以看出，课标版物理考试大纲共有 11 个必考实验，虽从内容上增加了 3 个实验，删去了 6 个实验，但对实验能力的要求有所提高。课标版物理考试大纲在实验能力上明确指出，要求能发现问题、提出问题，能够提出解决问题的方法，并制定解决方案，包括简单的设计性实验，并对实验结论进行分析和评价。因此，虽考试大纲中实验要求掌握的程度没有明确标出，但其应相当于Ⅱ级水平。

二、选考部分

1. 选修模块 3-3

表 4-17　选修模块 3-3

主题	课标版考纲内容	要求	变化与说明	
			内容增减	要求升降
分子动理论与统计观点	73. 分子动理论的基本观点和实验依据 74. 阿伏伽德罗常数 75. 气体分子运动速率的统计分布 76. 温度是所有分子平均动能的标志、内能	Ⅰ Ⅰ Ⅰ Ⅰ	增加了气体分子运动速率的统计分布；删去布朗运动，扩展为分子动理论的实验依据；删去分子的热运动、分子热运动的动能、物体分子间的相互作用势能，简化为物体的内能。	新增内容为Ⅰ级要求；定性了解。
固体、液体与气体	77. 固体的微观结构、晶体和非晶体 78. 液晶的微观结构 79. 液体的表面张力现象 80. 气体实验定律 81. 理想气体 82. 饱和蒸汽、未饱和蒸汽和饱和蒸汽压 83. 相对湿度	Ⅰ Ⅰ Ⅰ Ⅰ Ⅰ Ⅰ Ⅰ	本部分7个考点均为新增内容，删去了气体的状态和状态参量、热力学温度、气体分子运动的特点、气体压强的微观意义，把气体的体积、温度、压强之间的关系，扩展为气体实验定律。	虽新增内容均为Ⅰ级要求，但考点增加，要求提高。
热力学定律与能量守恒	84. 热力学第一定律 85. 能量守恒定律 86. 热力学第二定律	Ⅰ Ⅰ Ⅰ	删去了功和热传递是改变物体内能的两种方式、热量、永动机不可能、绝对零度不可达到、能源的开发和利用、能源的利用与环境保护。	没有变化。
单位制	87. 要知道中学物理中涉及的国际单位制的基本单位和其他物理量的单位：包括摄氏度（℃）、标准大气压	Ⅰ	没有变化；知道国际单位制中规定的单位符号。	没有变化。
实验	88. 用油膜法估测分子的大小		没有变化；要求会正确使用的仪器为温度计。	没有变化。

由表 4-17 可以看出，课标版物理考试大纲选考模块 3-3 为热学内容，共有 16 个考点，其中含 1 个实验，另 15 个知识考点均为Ⅰ级要求。与大纲版物理考试大纲相比较，知识考点有所增加，虽所有的考点没有Ⅱ级要求，但由于本模块要在高考中出一道与 3-4 和 3-5 模块同难度等分值的计算题，会涉及热力学第一定律、气体实验定律或理想气体状态方程等内容，因此，对考生的分析综合能力和应用数学处理物理问题能力的要求显然有所提高。

2. 选修模块 3-4

表 4-18　选修模块 3-4

主题	课标版考纲内容	要求	变化与说明	
			内容增减	要求升降
机械振动与机械波	89. 简谐运动 90. 简谐运动的公式和图象 91. 单摆、周期公式 92. 受迫振动和共振 93. 机械波 94. 横波和纵波 95. 横波的图象 96. 波速、波长和频率（周期）的关系 97. 波的干涉和衍射现象 98. 多普勒效应	Ⅰ Ⅱ Ⅰ Ⅰ Ⅰ Ⅰ Ⅱ Ⅱ Ⅰ Ⅰ	增加了简谐运动的公式；删去了弹簧振子、简谐振动的振幅、周期和频率、在小振幅条件下单摆做简谐振动、振动中的能量转化、自由振动、受迫振动的振动频率、共振常见的应用、波的叠加、声波、超声波及其应用。	简谐运动、单摆及其周期公式、机械波、横波和纵波由Ⅱ级降为Ⅰ级；简谐运动只限于单摆和弹簧振子，新增的简谐运动公式虽为Ⅱ级要求，但简谐运动的公式只限于回复力公式；简谐运动的图象只限于位移-时间图象。
电磁振荡与电磁波	99. 变化的磁场产生电场、变化的电场产生磁场、电磁波及其传播 100. 电磁波的产生、发射和接收 101. 电磁波谱	Ⅰ Ⅰ Ⅰ	增加了麦克斯韦电磁场理论；把无线电波的发射和接收扩展为电磁波的产生、发射、传播和接收；删去了电磁波的周期、频率、波长和波速，电视，雷达，红外线、紫外线、X 射线、γ 射线以及它们的应用。	新增内容为Ⅰ级要求。
光	102. 光的折射定律 103. 折射率 104. 全反射、光导纤维 105. 光的干涉、衍射和偏振现象	Ⅱ Ⅰ Ⅰ Ⅰ	删去了光的直线传播、本影和半影、光的反射及反射定律、平面镜成像作图法、全反射的临界角、棱镜、光的色散、光本性学说的发展简史、双缝干涉、薄膜干涉、双缝干涉的条纹间距与波长的关系。	折射率、全反射由Ⅱ级降为Ⅰ级；相对折射率不做考试要求；光的干涉限于双缝干涉、薄膜干涉。
相对论	106. 狭义相对论的基本假设 107. 质速关系、质能关系 108. 相对论质能关系式	Ⅰ Ⅰ Ⅰ	本部分 3 个考点为新增内容。	新增内容均为Ⅰ级要求。
实验	109. 实验一：探究单摆的运动、用单摆测定重力加速度 110. 实验二：测定玻璃的折射率 111. 实验三：用双缝干涉测光的波长		增加了探究单摆的运动。	没有变化。

由表 4-18 可以看出，课标版物理考试大纲选考模块 3-4 共有 23 个考点，其中含 3 个实验，知识考点Ⅰ级要求 16 个，Ⅱ级要求 4 个。大纲版物理考试大纲相应部分则有 24 个知识考点，其中，Ⅰ级要求 19 个，Ⅱ级要求 5 个。与大纲版物理考试大纲相比较，选考模块 3-4 的要求虽有所降低，但由于本模块要在高考中出一道与 3-3 和 3-5 模块同难度

等分值的计算题，会涉及简谐运动的振动图象与简谐横波的图象、光的折射定律等内容，因此，本模块对考生的分析综合能力和应用数学处理物理问题能力的要求并没有降低。

3. 选修模块 3-5

表 4-19 选修模块 3-5

主题	课标版考纲内容	要求	变化与说明	
			内容增减	要求升降
碰撞与动量守恒	112. 动量、动量守恒定律及其应用 113. 弹性碰撞和非弹性碰撞	Ⅱ Ⅰ	增加了弹性碰撞和非弹性碰撞；删去了冲量、动量定理。	新增内容为Ⅰ级要求，其他没有变化；只限于一维两个物体的碰撞问题。
原子结构	114. 氢原子光谱 115. 氢原子的能级结构、能级公式	Ⅰ Ⅰ	增加了氢原子光谱、能级公式；删去了光谱和光谱分析、α 粒子散射实验、原子的核式结构、光子的发射和吸收、氢原子的电子云。	新增内容均为Ⅰ级要求；氢原子的能级结构由Ⅱ级降为Ⅰ级。
原子核	116. 原子核的组成、放射性、原子核衰变、半衰期 117. 放射性同位素 118. 核力、核反应方程 119. 结合能、质量亏损 120. 裂变反应和聚变反应、裂变反应堆 121. 射线的危害和防护	Ⅰ Ⅰ Ⅰ Ⅰ Ⅰ Ⅰ	增加了核力；把核能扩展为结合能；删去了天然放射现象，α 射线、β 射线和 γ 射线，原子核的人工转变，爱因斯坦质能方程，链式反应，可控热核反应，人类对物质结构的认识。	新增内容为Ⅰ级要求；结合能、质量亏损由Ⅱ级降为Ⅰ级；不要求计算有关半衰期的问题。
波粒二象性	122. 光电效应 123. 爱因斯坦光电效应方程	Ⅰ Ⅰ	删去了光的电磁本性、光子、光的波粒二象性、物质波、激光的特性及应用。	光电效应、爱因斯坦光电效应方程由Ⅱ级降为Ⅰ级。
实验	124. 验证动量守恒定律		没有变化。	没有变化。

由表 4-19 可以看出，课标版物理考试大纲选考模块 3-5 共有 13 个考点，其中含 1 个实验，知识考点Ⅰ级要求 11 个，Ⅱ级要求只有 1 个。大纲版物理考试大纲相应部分则有 16 个知识考点，其中，Ⅰ级要求 11 个，Ⅱ级要求 5 个。与大纲版物理考试大纲相比较，选考模块 3-5 的要求明显降低。另外，由于本模块要在高考中出一道与 3-3 和 3-4 模块同难度等分值的计算题，且只能考查动量守恒定律及其应用，因此，本模块对考生的分析综合能力和应用数学处理物理问题能力的要求有所降低。

可见，与大纲版物理考试大纲相比较，课标版物理考试大纲的考点由 131 个减少到

124个，且新课程高考的选考部分要求考生从选修模块3-3、3-4和3-5中任选一个模块作答，因此，复习备考的考点会更少，试题的难度也有所降低，将有利于减轻学生的课业负担。同时需要指出的是，虽然一些知识考点从课标版物理考试大纲上删去，但是这些知识考点只是在表述上进行了简化或扩展。另外，还要明确课程标准与考试大纲的关系，课程标准是编写教科书和评价学生学业（毕业）水平的依据，但是高考不是水平性（标准参照性）考试，而是选拔性（常模参照性）考试，命题自然要以考试大纲为依据，因此，常态、有效的高中物理教学存在分层与选择性，需要根据考试大纲和考试说明细化解读课程标准。

§4.2.6　高中物理教科书中的物理学史*

《普通高中物理课程标准（实验）》指出："教科书的内容应重视科学的发生过程。既应对科学过程所凝练、升华的科学思维方式和科学研究方法有较为精到的展示，让学习者汲取前辈科学家科学思维和研究方法的滋养；也要以鲜活的资料弘扬其科学精神和献身于科学的意志品质，使学习者受到生动的情感态度与价值观的熏陶和感染，有利于健全人格的养成。"因此，高中物理教科书中的物理学史是学生学习科学思想，认识物理知识、理论和方法发生、发展的原因与规律，了解科学过程与本质，培养科学精神与人文素养的重要载体。另外，关于物理学史的考查，近年也频繁出现在新课程高考理综试卷中。为了克服目前高中物理教学中应试教育题海战术的影响，充分发挥物理学史的教育功能，凸显物理思想与方法教育，提升学生的科学与人文素养，本文特以人民教育出版社编著的普通高中课程标准物理实验教科书为例，总结归纳了高中物理教科书中相关的物理学史，并分别进行简要的评说，如表4-20所示。

表4-20　相关物理学史

人物	相关史料	评说
亚里士多德（Aristotle）	形式逻辑学的创始人，首先给出了时间的定义，最早研究物体运动的问题，认为运动和时间是永恒的，空间和位置是一切运动的普遍条件。	虽然误认为自由下落物体的快慢由重量决定、力是维持物体运动的原因，但是他仍不失为古希腊文化的集大成者、百科全书式的学者，恩格斯称他是古代最博学的人，应全面客观地评价亚里士多德。

*发表于《中学物理教学》2012年第5期。

（续表）

人物	相关史料	评说
伽利略 （G. Galilei）	在《两种新科学的对话》中，用逻辑归谬法推翻了亚里士多德“重物比轻物落得快”的说法；通过斜面实验“冲淡”重力，便于测量运动时间，把斜面实验的结论合理外推，得到了自由落体运动的规律；通过“理想斜面实验”说明，物体具有惯性，维持运动不需要力；发现了摆的等时性。	首先采用实验检验猜想与假设的科学方法，把实验和逻辑推理和谐地结合起来。开科学实验之先河，比萨斜塔落体实验的美丽传说，使这座古塔成为其纪念碑，其科学思想方法标志着物理学的真正开端，被誉为近代力学、近代实验物理学的创始人，奠定了现代科学的基础。
胡克 （R. Hooke）	提出了描述材料弹力与形变量关系的胡克定律，并促进了牛顿万有引力定律和玻意耳定律的建立。	胡克定律为弹性理论和材料力学的发展奠定了基础。
笛卡儿 （R. Descartes） 莱布尼茨 （G. W. F. Leibniz）	历史上关于运动量度之争的两位代表人物，分别从不同的角度描述了运动的守恒性。	促进了机械能及能量概念的形成，加深了人们对多种运动形式及其相互转变的认识，显示了动量与动量守恒定律的重要性。
开普勒 （J. Kepler）	在对第谷的行星观测记录进行数学分析的基础上，发现了行星运动的三大定律。	揭示了行星运动的规律，奠定了经典天文学的基础，并引起数十年后万有引力定律的发现。有力地捍卫了哥白尼“日心说”，彻底改变了人们的世界观，被誉为“天上的立法者”。
牛顿 （I. Newton）	站在伽利略、笛卡儿、胡克、开普勒等巨人的肩膀上，在《自然哲学的数学原理》中，分别提出了牛顿运动三定律和万有引力定律，成为整个动力学的核心；海王星的发现和哈雷彗星的如期回归验证了万有引力定律的正确性；通过棱镜白光色散实验，证实了白光为复色光，并提出了光的微粒说。	首先把物体间的相互作用抽象为“力”，构筑了力学大厦，奠定了经典物理学的基础，被誉为经典力学理论的集大成者、动力学的奠基者。牛顿月地检验，揭示了天上和地上物体的运动都遵循相同的力学规律，实现了物理学的第一次大统一。
卡文迪许 （H. Cavendish）	在牛顿发现万有引力定律100多年以后，利用扭秤实验，将微弱的引力作用进行了二次放大，第一个较准确地测出了引力常量的数值，并推算出了地球的质量和平均密度。	不仅验证了万有引力定律的正确性，而且使万有引力大小的计算成为现实。开创了弱力测量的新时代，被誉为“第一个称量地球质量的人”，使人们感叹“科学真是迷人”。

（续表）

人物	相关史料	评说
富兰克林（B. Franklin）	首先用正电、负电的概念表示电荷性质，并创造了导电体、电池、充电、放电等物理学词汇。提出了电荷不能创生也不能消灭的思想，为电荷守恒定律的建立奠定了基础。通过捕捉雷电的“风筝实验”研究了放电现象，并根据放电原理，发明了避雷针。	捕捉雷电的“风筝实验”，揭开了雷电的秘密，破除了人们对雷电的迷信。避雷针的发明，避免了雷击灾难。
密立根（R. A. Millikan）	利用油滴实验平衡测量法，精确测定了电子的电荷量，证明了元电荷的存在和电荷的不连续性，最终结束了关于电子离散性的争论并精确测定了普朗克常量的数值，验证了爱因斯坦光电效应方程的正确性。	油滴实验将微观量测量转化为宏观量测量，采用宏观的力学模型研究了微观粒子的量子性，体现了宏观量测量与微观量测量的和谐美，堪称实验物理的精华与典范，因而被誉为最美丽的十大经典物理实验之一。
库仑（C. A. Coulomb）	在普里斯特利、卡文迪许等人研究的基础上，通过扭秤实验，巧妙利用对称性原理，按实验的需要对电量进行了改变，实现了微小静电力的放大测定，定量阐明了带电体间相互作用的规律。之后又发现了磁体间磁力的平方反比规律。	库仑定律是电磁学发展史上的第一个定量规律，为电磁学奠定了基础，使电磁学的研究从定性进入定量阶段，是电磁学史上一块重要的里程碑。
欧姆（G. S. Ohm）	利用自己巧妙设计的电流扭秤实验，发现了欧姆定律，并引入和定义了电动势、电流强度和电阻的概念。为了纪念其对电学的重大贡献，把“欧姆”作为电阻的国际单位，并把测量电阻的仪表称为欧姆表。	公式简洁的欧姆定律给电学计算带来了很大的方便，在电学史上具有里程碑的意义。每当人们使用这个定律时，总会想起这位勤奋顽强、卓有才能的中学物理教师。
奥斯特（H. C. Oersted）	发现了电流的磁效应。	梦圆“电生磁”，首次把电和磁联系起来，揭开了电磁学的序幕，为电磁场理论的发展奠定了基础。
安培（A. M. Ampere）	发现了右手螺旋定则、电流的相互作用规律，总结了电流元之间的作用规律，提出了分子电流假说，发明了电流计。为了纪念其在电磁学上的杰出贡献，把“安培”作为电流的国际单位，并把磁场对电流的作用力称为安培力。	进一步揭示电和磁之间的内在联系，被誉为“电学中的牛顿”、电动力学的创始者。

（续表）

人物	相关史料	评说
法拉第（M. Faraday）	提出了场的概念，分别用电场线和磁感线形象直观地描绘了电场和磁场。发现了电磁感应现象和电磁感应定律，并发明了世界上第一台感应发电机。用“圆（冰）桶实验”证明了电荷守恒定律。为了纪念这位自学成才的实验物理学家，科学界把“法拉”作为电容的国际单位。	场的概念的提出，打破了牛顿力学“超距作用”的传统观念，是物理学理论上的一次重大突破，为经典电磁学理论的建立奠定了基础。电磁感应的发现，不仅实现了“磁生电”的夙愿，宣告了电磁学作为一门统一学科的诞生，而且还使人们对电与磁内在联系的认识更加完善，为麦克斯韦电磁场理论的建立奠定了基础。
楞次（H. F. E. Lenz）	在总结安培电动力学与法拉第电磁感应现象的基础上，发现了确定感生电流方向的基本规律，使右手定则成为其特例。并独立于焦耳更为精确地建立了电流与其产生热量的关系。	楞次定律说明电磁现象也遵循能量守恒定律，是能量守恒定律在电磁运动中的体现。
洛伦兹（H. A. Lorentz）	创立了电子论，并从电子论推导出了运动电荷在磁场中要受到力的作用，称为洛伦兹力。	经典电子论的开创者，丰富了麦克斯韦电磁场理论，洛伦兹变换为爱因斯坦创立狭义相对论奠定了基础。
麦克斯韦（J. C. Maxwell）	把数学分析与实验研究完美结合，建立了完整的经典电磁场理论，提出了光的电磁说，预言了电磁波的存在及电磁波的速度等于光速。	不仅指出了光的电磁本质，而且揭示了电、磁、光现象在本质上的统一性，实现了物理学的第二次大统一。
赫兹（H. R. Hertz）	实验证实了电磁波的存在和麦克斯韦电磁场理论的正确性，并首次发现了光电效应现象，测定了电磁波的波长和频率，后人把“赫兹”作为频率的国际单位。	赫兹实验首次捕捉到了电磁波，证实了麦克斯韦关于光的电磁理论，确认了光的电磁本质，为无线电技术的发展开拓了道路。光电效应现象的发现，使光的微粒说得以东山再起。
霍尔（E. H. Hall）	在研究金属的导电机构时发现了霍尔效应，成为研究半导体材料性能的基本方法。利用霍尔效应制成的霍尔元件，把磁学量 B 转换为电学量 U。	霍尔效应是一种磁电效应，霍尔元件广泛应用于工业自动化技术、检测技术及信息处理等方面。
布朗（R. Brown）	发现水中的花粉及其他悬浮的微小颗粒不停地做无规则的随机运动，间接证实了分子的热运动。	布朗运动对于气体动理论的建立以及确认物质结构的原子性具有重要意义，并推动了统计物理学涨落理论的发展，成为分子动理论和统计力学发展的基础。

（续表）

人物	相关史料	评说
开尔文 (L. Kelvin) 克劳修斯 (R. Clausius)	开尔文创立了一种与测温物质无关的热力学温标，使绝对零度成为自然界低温的极限，后人把“开尔文”作为温度的国际单位，热力学温度成为国际单位制中七个基本物理量之一；开尔文和克劳修斯分别从不同角度提出了热力学第二定律；克劳修斯首次提出熵的概念，为热力学第二定律提供了定量表述，凸显了该统计规律的微观意义。	不依赖测温物质的热力学温标的建立，突破了测温物质对于温标的局限性，体现了温度概念的普适性；热力学第二定律的建立，揭示了自然过程的不可逆性与方向性，宣告了第二类永动机幻梦的破灭，且熵成为整个科学的“第一法则”，最早预言了生存环境的潜在威胁，能量耗散提醒我们保护生存环境的重要性，对人们的世界观产生了极其深刻的影响。
玻意耳 (R. Boyle) 查理 (J. A. C. Charles) 盖—吕萨克 (J. Gay-Lussac)	实验发现，一定质量的气体在等温过程、等容过程和等压过程分别遵从的玻意耳定律、查理定律和盖—吕萨克定律，构成定量描述气体性质的气体实验定律。	玻意耳定律是科学史上除机械运动之外的第一个定量的自然定律，为气体的量化研究与分析奠定了基础。气体实验定律为理想气体概念与模型的建立提供了实验依据。
迈尔 (J. R. Mayer) 焦耳 (J. P. Joule) 亥姆霍兹 (H. Helmholtz)	在戴维电流化学效应、奥斯特电流磁效应、塞贝克温差电现象、法拉第电磁感应现象、焦耳电流热效应的基础上，迈尔首先发现并表述了能量守恒定律，迈尔和焦耳分别计算和测定出了热功当量的数值，为热力学第一定律和能量守恒定律的建立奠定了实验基础，亥姆霍兹又从理论上概括和总结了能量守恒定律。	能量守恒定律是 19 世纪自然科学的三大发现之一，是最普遍、最重要、最可靠的自然规律之一，它不仅宣告了第一类永动机幻梦的破灭，而且是人类认识自然的一次重大的飞跃，是哲学和自然科学长期发展和进步的结果，是大自然普遍和谐性的一种表现形式，和谐美是科学的魅力所在。
惠更斯 (C. Huygens)	发现了单摆的周期公式，提出了光的波动说及惠更斯原理，并首次提出了完全弹性碰撞遵从动量守恒。	将摆运用于计时器，使人类进入了一个新的计时时代。不迷信权威，提出了光的波动说，成为人类认识光的本性的重要乐章。
托马斯·杨 (Thomas Young)	通过双缝干涉实验，首次观察到了光的干涉现象，并首次测量了 7 种单色光的波长，率先建立了生理光学的三原色原理。	杨氏双缝干涉实验，不仅为光的波动说奠定了实验基础，后来还应用于电子干涉实验，证实了微观粒子的波动性，被誉为最美丽的十大经典物理实验之一。

（续表）

人物	相关史料	评说
菲涅耳（A. Fresnel）	完善了光的衍射理论，研究了光的偏振现象，证明了光是一种横波。	奠定了波动光学和晶体光学的基础，被誉为“物理光学的缔造者”。
普朗克（M. Planck）	超越牛顿，破除了能量连续变化的传统观念，提出了能量子假说，给出了黑体辐射的普朗克公式，圆满解释了黑体辐射的实验现象，且普朗克常量架起了物质粒子性与波动性之间的桥梁。	普朗克量子理论是物理学的一个新纪元，破灭了“紫外线灾难”，结束了经典物理学一统天下的局面，为建立微观世界量子化观念奠定了理论基础，被誉为量子物理学的开创者和奠基人。
爱因斯坦（A. Einstein）	提出了相对论、质能方程、光量子假说及光电效应方程，成功解释了光电效应的实验规律，使光的波粒二象性迅速获得了广泛的承认，有力地推动了量子力学的发展。	相对论发展了牛顿经典力学，否定了绝对时空观，深刻揭示了时间和空间的本质属性，使物理学发生了一次重大革命。光子说使人们终于认清了光的波粒双重性格，科学的转折启发德布罗意发现了物质波，使人们认清了微观世界的波粒二象性，为量子力学的建立奠定了基础，被誉为现代物理学的开创者和奠基人。
康普顿（A. H. Compton）	发现了康普顿效应，提出了量子散射理论，其中国学生吴有训通过实验证实了康普顿效应的普遍性，揭示了光子除了具有能量之外还具有动量。	康普顿效应不仅证实了爱因斯坦光子说的正确性，而且证实了微观粒子的相互作用过程中，也严格遵守能量守恒和动量守恒定律，促进了光的波粒二象性的建立。
德布罗意（L. V. de Broglie）	首次提出了物质波概念，建立了物质波理论，后被戴维孙和汤姆孙分别做的晶体对电子束衍射实验所证实。	物质波理论把光的波粒二象性推广到了实物粒子，使人们认识到一切物质都具有波粒二象性，量子力学得到了突破性发展，成为物理学崭新的一页。
汤姆孙（J. J. Thomson）	根据阴极射线在电场和磁场中的偏转实验，首先发现了电子，并测出了电子的比荷。	电子的发现使人类认识到原子不是组成物质的最小微粒，拉开了研究原子结构的序幕。
卢瑟福（E. Rutherford）	提出了原子核式结构模型，成功解释了α粒子散射实验，并指出了原子核的存在；在α粒子轰击氮核的实验中，发现了质子，首次实现了原子核的人工转变。	打破了元素不会变化的传统观念，使人类对物质结构的研究进入到了原子内部。原子核的人工转变，成为人类研究原子核和应用核技术的重要手段，被誉为原子物理学之父。

（续表）

人物	相关史料	评说
玻尔 （N. Bohr）	创立了原子结构假说，提出了定态、跃迁和能级的概念，成功地解释了氢原子光谱的实验规律，并解释了类氢原子的结构和性质，继而诠释了元素周期表的形成；提出了原子核的液滴模型，解释了重核的裂变。原子能量的量子化后被弗兰克—赫兹实验所证实。	首次将量子观念引入原子领域，不仅解决了经典物理学在解释原子结构方面的困难，而且为原子物理学开辟了道路。所倡导的哥本哈根精神，是玻尔留下的“物理学界最可宝贵的财富”。
贝可勒尔 （A. H. Becquerel）	通过铀和含铀的矿物自发放出的射线穿透黑纸使照相底版感光，发现了天然放射现象，成为人类第一次在实验室观察到的原子核现象。	天然放射现象表明原子核具有复杂的结构，还可以再分，揭开了研究原子核结构的序幕。
玛丽·居里 （M. S. Curie） 皮埃尔·居里 （P. Curie）	进一步研究了天然放射现象，提出了“放射性”的概念，发现除铀外，钍也有放射性，并发现了钋和镭两种放射性元素。	居里夫人为了表达对祖国波兰的怀念，把新元素命名为“钋”，深刻体现了爱国情怀。居里夫人是历史上唯一一个既获得诺贝尔物理学奖，又获得诺贝尔化学奖的科学家。一家四代科学家，创造了一个“科学王朝”。
约里奥·居里 （F. J. Curie） 伊伦·居里 （I. J. Curie）	发现了人工放射性同位素，并最早在实验中得到了正电子。	人工放射性同位素的发现，不仅为中子的发现奠定了基础，而且揭开了人类应用人工放射性同位素的序幕。
查德威克 （J. Chadwick）	在α粒子轰击铍核的实验中，发现了中子。	中子的发现，不仅解开了原子核的质量与质子数不对等之谜，明确了原子核的结构，而且得到了轰击原子核实现人工转变的理想“炮弹”，为研究和变革原子核提供了一种有力的手段，促进了核裂变研究工作的发展和原子能的利用。
哈恩 （O. Hahn） 斯特拉斯曼 （F. Strassmann）	在用中子轰击铀核的实验中，首次发现了重核裂变现象。之后，我国科学家钱三强、何泽慧夫妇实验观察到了铀核的三分裂和四分裂现象。	开创了人类利用原子能的新纪元，具有划时代的历史意义。

（续表）

人物	相关史料	评说
费米 （E. Fermi）	提出了核裂变的链式反应理论，主持建造了世界上第一座核反应堆，首次通过可控的链式反应实现了核能的释放。	核反应堆首次运转成功，不仅为研制原子弹提供了可行性实验，而且也拉开了人类和平利用核能的序幕。
温伯格 （S. Weinberg） 萨拉姆 （A. Salam） 格拉肖 （S. Glashow）	把自然界四种相互作用中的电磁相互作用与弱相互作用统一，成为同一种相互作用的不同表现形式，提出了完善的电弱统一理论。	费米所说的“一切从简”，是物理学追求的崇高目标。电弱统一理论的建立，是近代物理学的一个重大突破。
盖尔曼 （M. Gell-Mann） 茨威格 （G・Zweig）	提出了关于强子结构的夸克模型，认为夸克是比质子和中子等粒子更基本的物质组成单位，所有参与强相互作用的强子是由夸克组成的。后被电子“深度”非弹性散射实验所证实。我国曾于 1965 年率先提出了强子结构的“层子模型”，但后因故而被迫停止研究。	夸克模型的提出是物理学发展中的一个重大突破，它指出，电子电荷不再是电荷的最小单元，即存在分数电荷。华人科学家赵忠尧、王淦昌、杨振宁、李政道、吴健雄、丁肇中等人都曾在粒子物理领域做出了杰出贡献。

§4.2.7　重力加速度的变化规律*

重力加速度是物理学中一个非常重要的参量。地球表面、地面上空和地面以下的重力加速度的决定因素各是什么？分别有什么变化规律？现通过定量分析，导出地球上述各处重力加速度的表达式，从而揭示重力加速度改变的原因及变化规律。

一、地球表面上的重力加速度

由于受地球自转的影响，地面上的物体随地球做匀速圆周运动，如图 4-63 所示，它所受的万有引力 $F_{引}$ 的一个分力 $F_{心}$ 充当向心力，另一个分力 $F_{重}$ 就是重力，θ 角为 $F_{引}$ 与 $F_{心}$ 间的夹角，由几何关系易得

* 发表于《湖南中学物理》2017 年第 7 期。

$$F_{重}^2=F_{引}^2+F_{心}^2-2F_{引}F_{心}\cos\theta \qquad ①$$

设地球的质量为 M，半径为 R，自转角速度为 ω，表面上的重力加速度为 g，物体的质量为 m，绕地轴做匀速圆周运动的半径为 r，则

$$F_{心}=mr\omega^2 \qquad ②$$

$$r=R\cos\theta \qquad ③$$

$$F_{重}=mg \qquad ④$$

$$F_{引}=G\frac{Mm}{R^2} \qquad ⑤$$

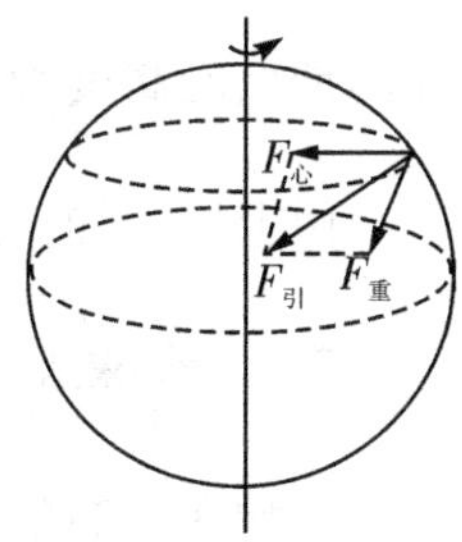

图 4-63　引力分解

由①②③④⑤解得

$$g=\sqrt{G^2\frac{M^2}{R^4}+R\omega^2\cos^2\theta\left(R\omega^2-2G\frac{M}{R^2}\right)} \qquad ⑥$$

则地球表面上的重力加速度的特点是：

（1）地球表面上的重力加速度与物体的质量无关，由 M、R、ω、θ 共同决定。

（2）纬度对重力加速度大小的影响：

1）赤道上的物体随地球自转做匀速圆周运动，所需要的向心力小于所受的万有引力。

因为 $mR\omega^2<G\frac{Mm}{R^2}$，即　　$R\omega^2<G\frac{M}{R^2}$

所以　　$R\omega^2-G\frac{M}{R^2}<0$　　⑦

由⑥⑦两式可知，纬度越高的地方，θ 角越大，$\cos\theta$ 越小，g 越大。

2）在地球的两极处，$\theta=90°$，$\cos\theta=0$，由⑥得 $g=G\frac{M}{R^2}$，这时物体受到的万有引力就是重力，重力加速度最大。

3）在赤道线上，$\theta=0°$，$\cos\theta=1$，由⑥⑦可知这时的重力加速度最小，且 $g=G\frac{M}{R^2}-R\omega^2$。

（3）由图 4-63 知，重力加速度的方向除了在地球的两极和赤道上指向地心，地球表面上的其他地方均不指向地心。

（4）地球的自转造成了物体的重力不一定等于万有引力，使重力加速度的大小和方向随纬度而变化；假如地球停止自转，我们就可以很方便地说：地面上的物体受到的重力就是万有引力，地面上的重力加速度的大小不变，且 $g=G\frac{M}{R^2}$，重力加速度的方向总是指向地心。

二、地球高空的重力加速度

在地球的高空，一般不再考虑地球的自转，这时物体所受的万有引力就是重力，设物体离地面的高度为 h，则 $mg=G\dfrac{Mm}{(R+h)^2}$，即 $g=G\dfrac{M}{(R+h)^2}$。

由上式可知，离地面越高的地方，重力加速度越小。

三、地球表面以下的重力加速度

牛顿在《自然哲学的数学原理》中曾证明，在一个均匀圆球内部与球心距离为 r 的一点上的一个物体，它受到的引力等于半径为 r 的一个圆球施加的引力，而 r 以外的球壳部分对该物体施加的引力可忽略不计。据此我们首先来证明：质量均匀、厚度均匀的薄球壳内的一个质点，受到球壳的万有引力为零。

设球壳单位面积质量为 ρ，壳内 P 点处有一质点 m，如图 4-64 所示，球壳上取一小面元 ΔS_1 距 P 为 r_1，过此面元与 P 连接并延长在球壳上又取下对应面元 ΔS_2，距 P 为 r_2，可得 ΔS_1 与 ΔS_2 对质点 m 的总万有引力 F_i 为

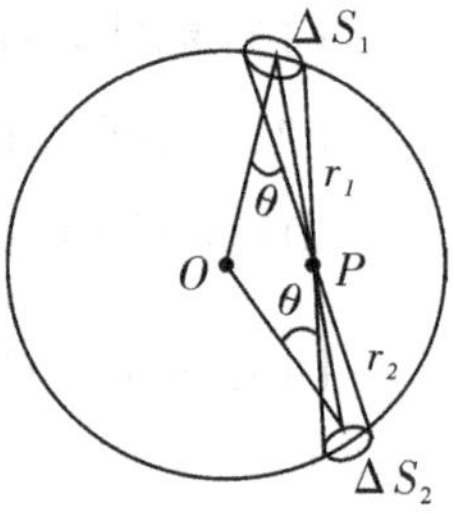

图 4-64　分析图

$$F_i=G\frac{m\rho\Delta S_1}{r_1^2}-G\frac{m\rho\Delta S_2}{r_2^2}=G\rho m\left(\frac{\Delta S_1}{r_1^2}-\frac{\Delta S_2}{r_2^2}\right) \qquad ①$$

因为 ΔS_1 与 ΔS_2 都很小，由图 4-64 可得

$$\frac{\Delta S_1\cos\theta}{r_1^2}=\frac{\Delta S_2\cos\theta}{r_2^2} \qquad ②$$

即

$$\frac{\Delta S_1}{r_1^2}=\frac{\Delta S_2}{r_2^2} \qquad ③$$

由①③可得　$F_i=0$

所以

$$F=\sum_{i=1}^{\omega}F_i=0$$

即质点放在球壳内任意位置，整个球壳对它的万有引力的合力为零。

以地心 O 为球心，以 OP 间的距离 x 为半径，作一个球体。当质点位于地球表面以下如图 4-65 所示的 P 点时，P 点以外的阴影部分，可以看作是由许多层球壳构成，由前面的结论可知，阴影部分的厚球壳对质点 P 的引力恰好抵消，所以质点所受的引力就等于以半径为 x 的内球体对物体的引力，不考虑地球的自转，此时的引力就是重力。设地球的半径为 R，质量为 M，内球体的质量为 M_x，则

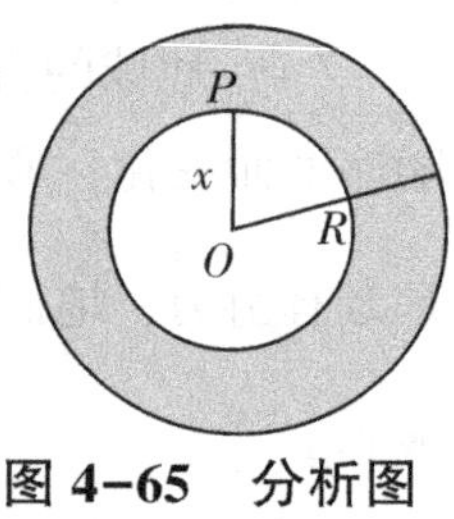

图 4-65　分析图

$$M_x=\frac{\frac{4\pi x^3}{3}}{\frac{4\pi R^3}{3}}M=\frac{x^3}{R^3}M \quad ④$$

内球对物体的引力等于重力，设此处的重力加速度为 g，

$$mg=G\frac{M_x m}{x^2} \quad ⑤$$

由④⑤式解得 $$g=\frac{GM}{R^3}x \quad ⑥$$

则由⑥式可知，地面以下重力加速度的特点是：

（1）重力加速度与到地心的距离 x 成正比，即地心处的重力加速度为零，两极处最大。

（2）重力加速度的方向总指向地心。

引申：近地圆轨道人造卫星的环绕周期 $T=2\pi\sqrt{\frac{R_e}{g}}=1\ \text{h}\ 24\ \text{min}\ 26\ \text{s}$，相当于摆长等于地球半径，悬挂于地心的倒挂单摆的周期。若有一个通过地心的光滑隧洞，从洞口（地面处）放进一物体，该物体将以地心为平衡点做简谐振动，振动周期恰好等于近地圆轨道人造卫星的环绕周期。经过（$T/4$）21 min 6.5 s 物体到达地心，到达地心的速度则正好等于第一宇宙速度。

可见，如果把地球看作均匀球体，则地球内外的重力加速度随距地心 O 的距离 r 而变化的关系如图 4-66 所示。地心处的重力加速度为零，地球表面处的重力加速度最大，且图 4-66 中 $g_0=\frac{GM}{R_e^2}$。而地球附近各点重力加速度的近似计算公式为：$g=\frac{1-0.00265\cos\varphi}{1+\frac{2h}{R}}g_0$。其中，$g_0$ 为在纬度 45°的海平面上测得的地球标准重力加速度 9.80665 m/s²，φ 为测量点的地球纬度，h 为测量点的海拔高度，R 为地球的平均半径（$R=6370$ km）。

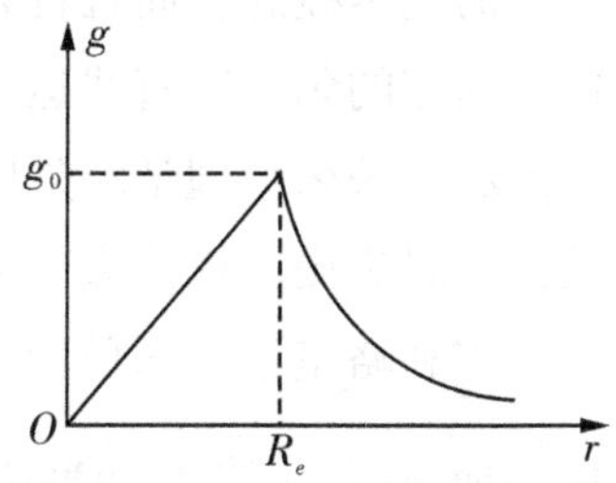

图 4-66　g-r 图线

四、全国高考试题赏析

1.（2012 年全国高考新课标卷第 21 题）假设地球是一半径为 R、质量分布均匀的球体。一矿井深度为 d。已知质量分布均匀的球壳对壳内物体的引力为零。矿井底部和地面处的重力加速度大小之比为（　　）

A. $1-\frac{d}{R}$　　B. $1+\frac{d}{R}$　　C. $\left(\frac{R-d}{R}\right)^2$　　D. $\left(\frac{R}{R-d}\right)^2$

答案：A

2.（2012 年全国高考大纲卷第 25 题）一单摆在地面处的摆动周期与在某矿井底部摆动周期的比值为 k。设地球的半径为 R。假定地球的密度均匀。已知质量均匀分布的球壳对壳内物体的引力为零，求矿井的深度 d。

答案：$d=R(1-k^2)$

§4.2.8　另类匀变速直线运动的线性规律*

高中物理人教版课标教科书·必修 1（人民教育出版社，2010 年 3 月第 3 版）第 46~47 页指出："伽利略相信，自然界的规律是简洁明了的。他从这个信念出发，猜想落体一定是一种最简单的变速运动，而最简单的变速运动，它的速度应该是均匀变化的。但是，速度的变化怎样才算'均匀'呢？他考虑了两种可能：一种是速度的变化对时间来说是均匀的，即 v 与 t 成正比；另一种是速度的变化对位移来说是均匀的，即 v 与 x 成正比。后来发现，如果 v 与 x 成正比，将会推导出十分复杂的结论。所以，伽利略开始以实验来检验 v 与 t 成正比的猜想是否是真实的。"

1638 年，伽利略在《两种新科学的对话》中，不仅首先建立了速度与加速度等描述运动的基本概念，而且首先把实验和逻辑推理和谐地结合起来，验证了自由落体运动是初速度为零的匀变速直线运动，即 v 与 t 成正比，从而发展了人类的科学思维方式和科学研究方法。著名物理学家爱因斯坦曾称赞："伽利略的发现以及他所应用的科学的推理方法，是人类思想史上最伟大的成就之一，而且标志着物理学的真正开端。"

伽利略基于最简单的变速直线运动的速度随时间均匀变化，定义了高中物理教材所呈现的加速度 $a=\frac{\Delta v}{\Delta t}$。如果按照最初伽利略速度随位移均匀变化的猜想，"加速度"就可定义为 $A=\frac{\Delta v}{\Delta x}=\frac{v-v_0}{x}$，通常把这种在相等位移内速度变化相等的单向直线运动称为"另类匀变速直线运动"，把 A 称为"另类加速度"。"另类匀变速直线运动"是否也有简单的线性规律呢？

1. 速度–位移关系

"另类匀变速直线运动"的速度随位移均匀变化，由"另类加速度"的定义式 $A=\frac{\Delta v}{\Delta x}$

---

*发表于《湖南中学物理》2016 年第 1 期。

$=\frac{v-v_0}{x}$可知

$$v=v_0+Ax \quad ①$$

①式可见，“另类匀变速直线运动”的速度-位移图象（v-x 图）如图 4-67 所示，图线的斜率等于“另类加速度”A。其中 $A>0$ 表示物体做变加速直线运动，$A<0$ 表示物体做变减速直线运动。

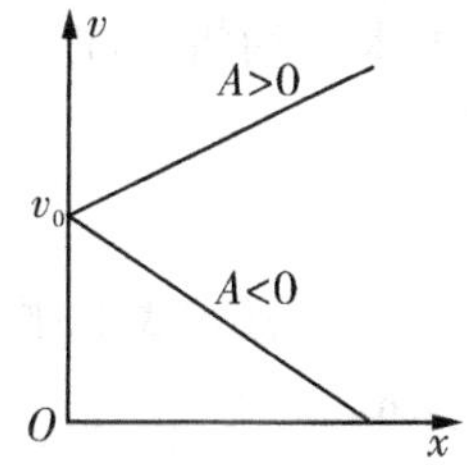

图 4-67　v-x 图

由图 4-67 和梯形中位线的几何性质可知

$$v_{\frac{x}{2}}=\frac{v_0+v}{2} \quad ②$$

②式表明，“另类匀变速直线运动”任意一段位移中点位置的瞬时速度等于这段位移初、末速度的算术平均值。

2. 加速度-速度关系

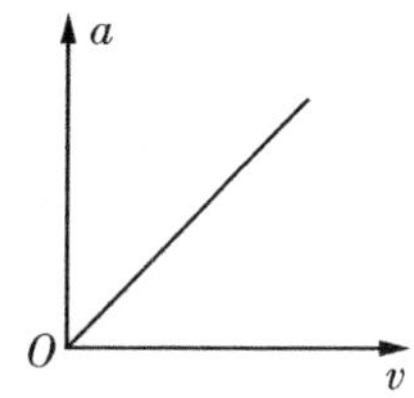

图 4-68　a-v 图

由“另类加速度”的定义式 $A=\frac{\Delta v}{\Delta x}$可知

$$A=\frac{\Delta v}{\Delta t}\cdot\frac{1}{\frac{\Delta x}{\Delta t}}=\frac{a}{v}$$

则

$$a=Av \quad ③$$

③式可见，“另类匀变速直线运动”的加速度—速度图象（a-v 图）如图 4-68 所示，图线的斜率等于“另类加速度”。即“另类匀变速直线运动”的加速度随速度线性变化，实为变速直线运动。

3. 合外力—速度关系

由牛顿第二定律和③式可知

$$F=mAv \quad ④$$

令④式中 $k=mA$，则做“另类匀变速直线运动”的物体所受的合外力与速度成正比，其合外力-速度图象（F-v 图）如图 4-69 所示。即当物体受到与其速度成正比的合外力时，物体就可以做“另类匀变速直线运动”，如电磁感应现象中导体棒在安培力作用下的运动和流体阻力作用下的运动。

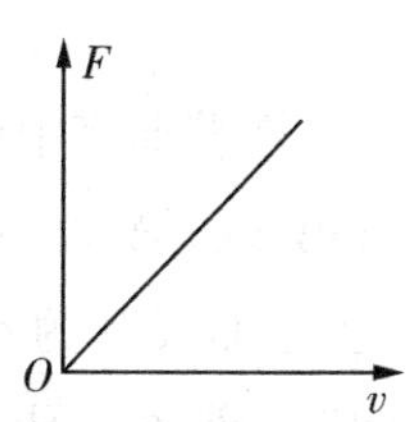

图 4-69　F-v 图

4. 合外力-位移关系

由④式和①式可知

$$F=mAv_0+mA^2x \quad ⑤$$

由⑤式可见，做“另类匀变速直线运动”的物体所受合外力随位移均匀变化，其合外力-位移图象（F-x 图）如图 4-70 所示，其中 $A>0$ 表示物体做变加速直线运动，$A<0$ 表

示物体做变减速直线运动。

由图 4-70 和梯形中位线的几何性质可知，“另类匀变速直线运动”任意一段位移内的平均作用力等于这段位移初、末位置作用力的算术平均值。即

$$\bar{F}_x=\frac{F_0+F}{2} \quad ⑥$$

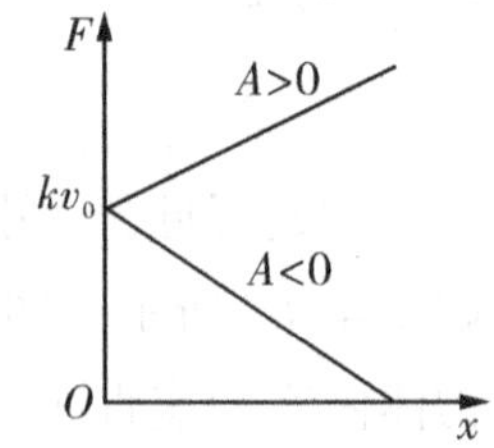

图 4-70　F-x 图

注意⑥式的平均作用力是对位移的平均值，而不是对时间的平均值。

另外，由高等数学知识可知，“另类匀变速直线运动”的速度、位移、加速度、合外力却都随时间按指数规律变化，分别为

$$v=v_0e^{At} \quad ⑦$$

$$x=-\frac{v_0}{A}+\frac{v_0}{A}e^{At} \quad ⑧$$

$$a=Av_0e^{At} \quad ⑨$$

$$F=mAv_0e^{At}=kv_0e^{At} \quad ⑩$$

由⑦⑧⑨⑩式可知，“另类匀变速直线运动”对时间是较为复杂的变速运动，但是，由①⑤式可知，“另类匀变速直线运动”的速度、合外力随位移均匀变化；由③④式可知，“另类匀变速直线运动”的加速度、合外力随速度均匀变化。即当“另类匀变速直线运动”对位移或速度变化时，也可以是一种简单的、按线性规律变化的运动。因此，我们可以分别从时间和空间的维度全方位认知物体的运动规律，体验物理学的简单、对称与和谐之美。

§4.2.9　理想弹道曲线族的运动学特征*

在普通高中课程标准实验教科书·物理 2（必修）（山东科学技术出版社，2005 年 8 月第 2 版第 59 页；北京出版社，2004 年 6 月第 1 版第 16 页）斜抛运动一节中，出现了“弹道曲线”的术语。此外，在奥林匹克高中物理竞赛辅导中，也经常遇到理想弹道曲线问题。那么，什么是弹道曲线？不计空气阻力的理想弹道曲线族有哪些运动学特性呢？

弹道曲线是抛体飞行中其重心所经过的路径，它是一种常见而又重要的曲线。当多个抛体在同一平面内，从同一点以相等的初速度 v_0、沿抛射角 $\alpha\left(0<\alpha<\frac{\pi}{2}\right)$ 同时斜上抛时，取

---

*发表于《中学物理》2009 年第 9 期，被人大复印报刊资料《中学物理教与学》2010 年报刊索引库收录。

抛射点 O 为坐标原点，射向的水平方向为 x 轴的正方向，建立如图 4-71 所示的平面直角坐标系。设从抛体抛出开始计时，某一时刻 $t\left(0<t<\dfrac{2v_0\sin\alpha}{g}\right)$ 抛体的位置坐标为（x，y）。若不计空气阻力，由斜抛运动的规律可知，理想弹道曲线的参数方程为

$$x=v_0t\cos\alpha \qquad ①$$

$$y=v_0t\sin\alpha-\frac{1}{2}gt^2 \qquad ②$$

由①②式消去参数 t，可得理想弹道曲线的一般方程为

$$y=-\frac{g}{2v_0^2\cos^2\alpha}x^2+\frac{\sin\alpha}{\cos\alpha}x \qquad ③$$

式中 $0<x<\dfrac{v_0^2\sin2\alpha}{g}$。③式表明，理想弹道曲线为抛物线。若抛射角 α 取不同的值，则可得到不同的抛物线，这些抛物线即为理想弹道曲线族。现研究理想弹道曲线族的运动学特性。

1. 同时圆

由①②式消去参数 α 可得

$$x^2+\left(y+\frac{1}{2}gt^2\right)^2=(v_0t)^2$$

可见，在同一平面内，从同一点以相等的初速度 v_0 同时斜抛的多个抛体，尽管抛射角 α 的大小不同，但经过相等的时间 t 后，这些抛体将同时达到同一圆周上，如图 4-71 所示。这个圆以 $\left(0,\ -\dfrac{1}{2}gt^2\right)$ 为圆心，以 v_0t 为半径，而此半径恰好等于在相同时间 t 内抛体平抛运动的水平距离。这是理想弹道曲线族的运动学特性之一。

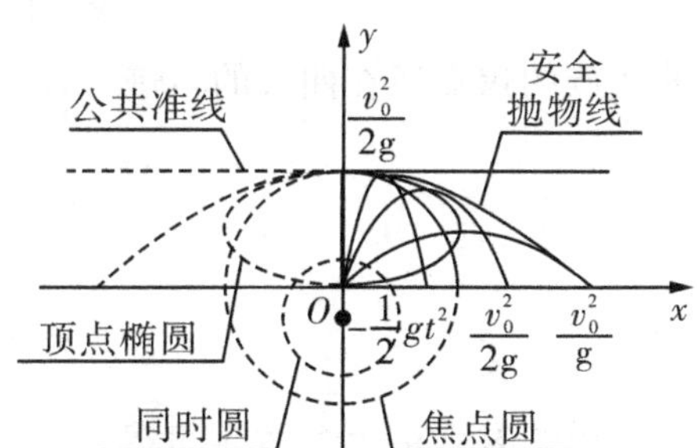

图 4-71　y-x 图象

2. 顶点椭圆

将③式配方可得

$$y-\frac{v_0^2\sin^2\alpha}{2g}=-\frac{g}{2v_0^2\cos^2\alpha}\left(x-\frac{v_0^2\sin2\alpha}{2g}\right)^2 \qquad ④$$

由④式可得理想弹道曲线族的顶点所在曲线的参数方程为

$$x=\frac{v_0^2\sin2\alpha}{2g} \qquad ⑤$$

$$y=\frac{v_0^2\sin^2\alpha}{2g} \qquad ⑥$$

由⑤⑥式消去参数 α 可得

$$\frac{x^2}{\left(\frac{v_0^2}{2g}\right)^2}+\frac{\left(y-\frac{v_0^2}{4g}\right)^2}{\left(\frac{v_0^2}{4g}\right)^2}=1$$

式中 $x>0$，$y>0$。该式表明，在同一平面内，从同一点以相等的初速度 v_0 同时斜抛的多个抛体，虽然理想弹道曲线族的顶点位置随着抛射角 α 的大小不同而改变，但所有顶点都在一个固定的半椭圆上。这个椭圆的中心在 $\left(0,\ \frac{v_0^2}{4g}\right)$，长轴平行于 x 轴，长轴是短轴的 2 倍，而短轴恰好等于物体竖直上抛所能达到的最大高度，该椭圆称为“顶点椭圆”，这就是理想弹道曲线族顶点的运动学意义。由⑤⑥式可知，当 $0<\alpha\leqslant\frac{\pi}{4}$ 时，顶点组成半椭圆的下半弧；当 $\frac{\pi}{4}\leqslant\alpha<\frac{\pi}{2}$ 时，顶点组成半椭圆的上半弧，如图 4-71 所示。

3. 焦点圆

④式抛物线的焦点坐标为 $\left(\frac{v_0^2\sin2\alpha}{2g},\ -\frac{v_0^2\cos2\alpha}{2g}\right)$，准线方程为 $y=\frac{v_0^2}{2g}$。故④式理想弹道曲线族的焦点所在曲线的轨迹方程为

$$x=\frac{v_0^2}{2g}\sin2\alpha \qquad ⑦$$

$$y=-\frac{v_0^2}{2g}\cos2\alpha \qquad ⑧$$

由⑦⑧式消去参数 α 可得

$$x^2+y^2=\left(\frac{v_0^2}{2g}\right)^2$$

可见，在同一平面内，从同一点以相等的初速度 v_0 同时斜抛的多个抛体，虽然理想弹道曲线族的焦点位置随着抛射角 α 的大小不同而改变，但所有焦点都在一个固定（图 4-71 中 y 轴右侧）的半圆上，这个圆以原点为圆心，以 $\frac{v_0^2}{2g}$ 为半径，而此半径恰好等于物体竖直上抛时所能达到的最大高度，该圆称为“焦点圆”，这就是理想弹道曲线族焦点的运动学意义。由⑦⑧式可知，当 $0<\alpha\leqslant\frac{\pi}{4}$ 时，焦点组成半圆的下半弧；当 $\frac{\pi}{4}\leqslant\alpha<\frac{\pi}{2}$ 时，焦点组成半圆上半弧，如图 4-71 所示。

4. 公共准线

由前可知，④式理想弹道曲线族的准线方程为

$$y=\frac{v_0^2}{2g}$$

该式表明，准线方程与抛射角 α 无关。即在同一平面内，从同一点以相等的初速度 v_0 同时斜抛的多个抛体，不论抛射角 α 大小如何，理想弹道曲线族的准线总是一条固定的直线，而此直线恰好是将物体竖直上抛时所能达到的最高点处的一条水平线，该直线称为“公共准线”，且公共准线与顶点椭圆与焦点圆均相切，如图 4-71 所示。这就是理想弹道曲线族准线的运动学意义。

5. 安全线

把③式整理成关于 $\tan\alpha$ 的二次方程为

$$gx^2\tan^2\alpha-2v_0^2x\tan\alpha+(2v_0^2y+gx^2)=0 \qquad ⑨$$

由方程⑨的判别式 $\Delta=8gv_0^2x^2\left(-y-\frac{gx^2}{2v_0^2}+\frac{v_0^2}{2g}\right)$ 可知，当 $y=-\frac{g}{2v_0^2}x^2+\frac{v_0^2}{2g}$ 时，方程⑨有两个相同实数解；当 $y>-\frac{g}{2v_0^2}x^2+\frac{v_0^2}{2g}$ 时，方程⑨无实数解；$y<-\frac{g}{2v_0^2}x^2+\frac{v_0^2}{2g}$ 时，方程⑨有两个不同实数解。

可见，当多个抛体在同一平面内，从同一点以相等的初速度 v_0、沿不同的抛射角 α $\left(0<\alpha<\frac{\pi}{2}\right)$ 同时斜上抛时，它们的运动轨迹就是①、②理想弹道曲线族。这些抛物线不会超出一定的范围，范围以外为安全区，这个范围的边界就是抛物线 $y=-\frac{g}{2v_0^2}x^2+\frac{v_0^2}{2g}$，故把它称为“安全抛物线”，简称安全线，如图 4-71 所示。如公园内喷泉最外面的轮廓线、矿山爆破中炸开矿石的最外侧落点的轮廓线等。

综上所述，同一平面内，从同一点以相等的初速度同时斜抛的多个抛体，在不计空气阻力时，理想弹道曲线族具有同时圆、顶点椭圆、焦点圆、公共准线和安全线等运动学特性。但是，抛体在空气中运动时，还会受到空气阻力的作用，且空气的阻力与抛体速度的大小有关：当抛体的速度低于 200 m/s 时，可认为空气阻力与抛体速度大小的平方成正比；当速度达到 400～600 m/s 时，空气阻力与抛体速度大小的三次方成正比；当抛体的速度更大时，空气阻力与抛体速度大小的更高次方成正比。即抛体运动的速度越小，空气阻力的影响就越小，抛体的运动就越接近理想情况。若考虑空气阻力的影

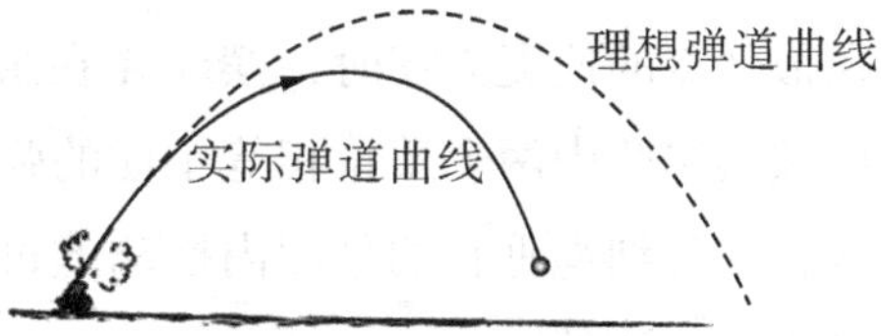

图 4-72　弹道曲线

响，实际弹道曲线则变为不对称的弧线：升弧较长而直伸，降弧则较短而弯曲。如图 4-72 所示。专门研究弹丸在空气中实际运动的现象及规律的学科称为外弹道学，在军事科学上具有重要的应用。

§4.2.10 双单摆类弹性碰撞的规律*

在如图 4-73 所示的牛顿摆实验中，当小球 A 以某一速度弹性碰撞质量相等的静止小球 B 时，由动量守恒定律可知，碰后两球交换速度，即碰后小球 A 静止，小球 B 以小球 A 碰前的速度向前运动。两球在弹性碰撞的过程中，不仅动量和能量发生了转移，而且动量和能量守恒。而在英国 *Physics Education*2002 年第 4 期中的实验发现，系在同一根水平弹性细绳上的两个相同单摆，在摆动的过程中，也出现了类似于牛顿摆实验中两个质量相等小球的弹性碰撞现象。本文就来探讨双单摆类弹性碰撞的规律。

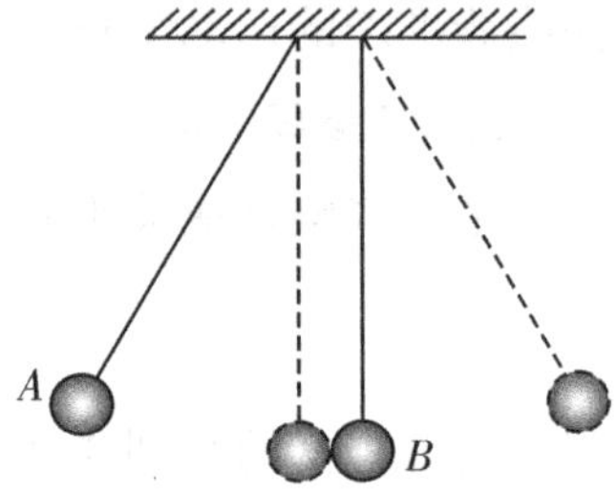

图 4-73 牛顿摆

一、双单摆类弹性碰撞的规律

1. 两摆球间的能量和动量可以全部转移，且传递过程是可逆的

如图 4-74 所示，把两个相同的单摆系在同一根水平弹性细绳 CD 上，使它们悬点间的水平距离为 x，摆长为 L，摆球的质量为 m，处于静止状态。在与水平弹性细绳 CD 垂直的平面内，当其中一个单摆的摆球 A 以小角度（一般为 5°~10°）开始自由摆动时，另一个单摆的摆球 B 也开始跟着摆动。经过数次摆动以后，摆球 A 在最低点的速度为零时，摆球 B 在最低点的速度则达到最大；再经过同样次数的摆动，摆球 B 在最低点的速度为零时，摆球 A 在最低点的速度则最大…… 这样不断循环往复，类似于牛顿摆实验中两个质量相等小球的弹性碰撞，即系在同一根水平弹性细绳上的两个相同单摆，在与细绳垂直的平面内摆动的过程中，两摆球间的能量和动量可以全部转移，且传递过程是可逆的。

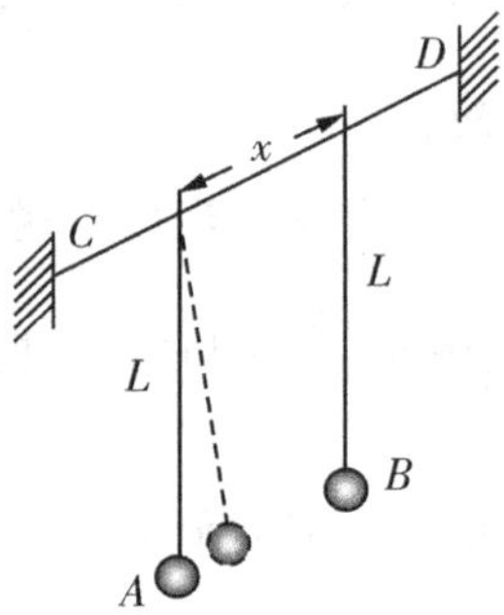

图 4-74 双单摆

但是，在不改变两单摆摆长的前提下，当两摆球的质量不相等时，若让摆球 A 先开始摆动，结果发现摆球 B 仍能从静止到运动，再从运动到静止，但摆球 A 始终没有静止的时刻。反之，若让摆球 B 先摆动，结果发现摆球 A 仍能从静止到运动，再从运动到静止，但

* 发表于《物理教师》2010 年第 2 期。

摆球 B 始终没有静止的时刻。即在两单摆摆长相等，而两摆球的质量不相等时，两摆球间的能量和动量在摆动的过程中，虽不能全部转移，但传递过程仍是可逆的。

2. 能量和动量的全部传递时间与两摆悬点间的水平距离有关，与单摆的振幅无关

在图 4-74 所示的实验中，选取直径为 2 cm 的两摆球，可得表 4-21 所列的实验数据。其中，时间 t 表示能量和动量全部传递所需的时间。

表 4-21　实验数据

L/cm \ t/s \ x/cm	3	4	5	10	15	20
20	7.1	7.6	7.9	10.2	12.8	15.2
30	10.8	11.4	11.8	15.8	20.0	24.4
40	17.2	17.9	18.6	24.2	30.0	35.5

从表中实验数据可以看出，两悬点间的水平距离 x 越大，完成一次能量和动量全部传递的时间越多。两悬点间的水平距离从 5 cm 到 20 cm，能量和动量全部传递所需的时间基本上是线性增加的。两个相同的单摆以 40 cm 的摆长为例，两悬点间的水平距离从 5 cm 以后，每增加 5 cm，能量和动量全部传递的时间增加约 5.6 s。即在实验误差允许的范围内，两个相同单摆的悬点间水平距离发生变化时，能量和动量全部传递的时间与两悬点间的水平距离成正比，而与单摆的振幅无关。由于两摆球的直径均为 2 cm，即两摆之间的最小距离是 2 cm，所以两悬点间的水平距离在 5 cm 以下时，测出的能量和动量全部传递时间有较大的误差。另一方面，即使把两摆球换成很小的球，以缩短两悬点间的水平距离，但能量和动量全部传递的时间仍有某一初始值（最短时间）。

在保持两悬点间水平距离 x 和摆长 L 相同的情况下，用不同的振幅实验时，能量和动量全部传递的时间是相同的，与单摆的振幅无关。

二、理论分析

以整个系统为研究对象，两单摆在与水平弹性细绳垂直的平面内摆动的过程中，忽略系统所受空气阻力，系统在水平弹性细绳的两端所受外力不做功，故系统的机械能守恒。设摆球 A 从最低点以速度 v_0 开始自由摆动，取最低点所在的水平面为零势能面，在任何时刻，由机械能守恒定律可得

$$\frac{1}{2}m_Av_0^2=\frac{1}{2}m_Av_A^2+\frac{1}{2}m_Bv_B^2+m_Agh_A+m_Bgh_B \quad ①$$

当两摆球在某一时刻同时摆到最低点时，①式可简化为

$$\frac{1}{2}m_Av_0^2=\frac{1}{2}m_Av_A^2+\frac{1}{2}m_Bv_B^2 \quad ②$$

由于系统只有重力对水平弹性细绳产生力矩的作用，且系统在摆动的全过程中，重力力矩的代数和为零。当两摆球均处于最低点时，由角动量守恒定律可得

$$m_Av_0L=m_Av_AL+m_Bv_BL \quad ③$$

当 $m_A=m_B$ 时，联立②③式可得类似于牛顿摆实验中两个质量相等小球的弹性碰撞情况：$v_A=0$，$v_B=v_0$。即两摆球同时到达最低点，必有摆球 A 静止时，摆球 B 的速度恰等于摆球 A 的初速度，反之亦成立。也就是说，系在同一根水平弹性细绳上的两个相同单摆，在摆动过程中的彼此交换速度，说明了两摆球间的能量和动量可以全部转移，且传递过程是可逆的。

当摆球 A 垂直水平弹性细绳开始自由摆动时，摆球 B 在摆球 A 的驱动力作用下也垂直水平弹性细绳开始自由摆动。其中，摆球 A 的驱动周期等于两摆的固有周期，为一定值。能量和动量在水平两悬点间是通过机械波来传递的，而能量和动量全部传递的时间与机械波的速度成反比。其中，机械波的速度 $v=\frac{\lambda}{T}$，式中 T 为水平弹性细绳中质点的振动周期，也等于两摆的固有周期；λ 为机械波在水平弹性细绳中的波长，取决于构成细绳的弹性介质。即在周期 T 一定的情况下，机械波的速度 v 只与弹性介质有关。对同一根水平弹性细绳和两个相同的单摆，如果两悬点间水平距离不变，只改变单摆的振幅，根据单摆周期公式，其固有周期是不变的，从而机械波的速度不变，则能量和动量全部传递的时间不变，与单摆的振幅无关。另外，由于机械波的速度不变，在两悬点间的水平距离 x 发生变化时，能量和动量全部传递的时间 t 则与两悬点间的水平距离 x 成正比，与单摆的振幅无关。

§4.2.11　熵的物理意义及其延伸*

在普通高中课程标准实验物理教科书选修 3-3（人民教育出版社，2007 年第 2 版）中，首次出现了熵（entropy）的概念。另外，普通高中语文教科书第六册也出现了现代科技文节选《熵：一种新的世界观》。熵概念的提出是物理学史上一个重要的里程碑，它不仅曾经困扰物理学一个多世纪，而且也对人们的世界观产生了极其深刻的影响。诺贝尔物理学奖获得者、天体物理学家爱丁顿（A. S. Eddington）在《物理世界的本性》一书中写道："从科学的哲学观点来看，与熵相联系的概念应被列为 19 世纪对科学思想的巨大贡献。"爱因斯坦（A. Einstein）也曾指出："熵理论，对整个科学来说是第一法则。"那么，熵是什么？熵的物理意义是什么？本文就熵的物理意义及其拓展做一简介。

1. 熵的诞生

---

*发表于《物理教学》2009 年第 7 期。

熵概念提出的背景是对热机效率的研究。从工程技术及经济角度对热机效率的研究一直把热机的最大效率——将热完全转化为有用功作为追求的目标。对于工作在两个热源之间的热机，在工程学方面有两个问题需要从理论上得到说明：其一是两个热源温度及温差与热机效率的关系；其二是热的损耗问题。1824 年，法国工程师卡诺（S. Carnot）提出了著名的卡诺循环，建立起了热机最大效率的理论循环模型，为热机效率的研究奠定了理论基础。该研究最终导致了一种新的观念：热功转换不可避免地伴随着热的耗散，“不可能从单一热源吸热，使之完全转化为有用功，而不产生其他影响”，能量转换有着一个不可逆的方向，“热不能自发从低温物体流向高温物体”。1850 年至 1851 年，德国物理学家克劳修斯（R. Clausius）和英国物理学家开尔文（L. Kelvin）分别从不同角度对这种观念做出了理论上的描述，以上两种表述形式形成了热力学第二定律。热力学第二定律在热学中的地位如此重要，但它却以文字叙述的方式表述，这与物理学是定量科学似乎不太相称。于是，1865 年，克劳修斯在论文《关于机械热理论主要方程的各种应用的简便形式》中正式提出了一个新的状态函数——熵 S，并将热力学第二定律改述为关于熵的数学不等式 $\Delta S \geqslant 0$。

克劳修斯把熵 S 予以英语名“entropy”（希腊语：εντροπια，entropia；德语：Entropie），希腊语的源意为“内向”，亦即“一个系统不受外部干扰时往内部最稳定状态发展的特性”。1923 年 5 月 25 日，德国科学家普朗克（M. Planck）来中国讲学用到 entropy 这个词，当时浙江大学的胡刚复教授翻译时灵机一动，根据热温熵$\frac{Q}{T}$之意首次把“商”字加火旁来意译“entropy”这个词，创造了“熵”字，发音同“商”。

2. 熵的物理意义

克劳修斯当初把可逆过程中被传递的热量与绝对温度之比定义为宏观熵，即热温熵。在热力学中，通常用符号 S 表示熵这个热学量，熵的变化 $\Delta S=\frac{\Delta Q}{T}$。1877 年，奥地利物理学家玻耳兹曼（L. Boltzmann）根据统计力学提出了熵与孤立系统微观态的数目 Ω（亦称热力学概率）的关系，即 $S \propto \ln\Omega$。后来普朗克把它写成了等式 $S=k\ln\Omega$，式中 k 为玻耳兹曼常量，这个不朽的公式后来刻在了玻耳兹曼的墓碑上。由于微观态的数目 Ω 是分子热运动无序性的一种量度，因此玻耳兹曼对上述熵的定义给出了克劳修斯宏观熵一个微观解释。根据熵的统计学定义，Ω 越大，S 也越大，那么熵自然也是系统内分子热运动无序性的量度。即熵是量度系统混乱度的状态函数，且系统的混乱度可用一定宏观状态对应的微观状态总数 Ω 来表征。系统的微观状态数越多，热力学概率就越大，系统越混乱，熵就越大，这就是熵的本质。因此，热力学过程不可逆性的微观本质和统计意义就是系统从有序趋于无序，从概率较小的状态趋于概率较大的状态。

一个系统熵的变化有两个途径，一是与外界有热交换，从而有熵的输入或输出，熵可增可减；二是系统内部的耗散引起的，熵有增无减。即当热力学系统从一平衡态经绝热过程达到另一平衡态时，它的熵永不减少。如果过程可逆，则熵不变；如果过程不可逆，则熵增加。这就是被物理学家爱丁顿称为“在自然定律中占有至高无上地位”的熵增加原理。那么，一切自发的宏观过程总是从熵小的状态向熵大的状态发展，即沿着分子热运动的无序性（混乱度）增大的方向进行，这就是热力学第二定律的微观意义。熵增加原理说明熵将随着时间而增大，熵随时间具有不可逆性或单向性，即熵乃时间之矢。需要注意，熵增加原理只能适用于孤立系统。由于孤立系统内部的一切变化与外界无关，必然是绝热过程，所以熵增加原理也可表述为：一个孤立系统的熵永远不会减少。它表明随着孤立系统由非平衡态趋于平衡态，其熵单调增大，当系统达到平衡态时，熵达到最大值。熵的变化和最大值确定了孤立系统过程进行的方向和限度。因此，熵增加原理就是热力学第二定律。

克劳修斯曾经把熵看作“物体的转变含量”。正如他的描述：“我建议把它称为 entropy。这个词的词根来自希腊文，意思是‘变换’。我有意把这个词拼为 entropy，以便与 energy（能）尽可能地相似，因为这两个术语所标示的量，在物理学上都有重要的意义，而且关系密切……”所以在克劳修斯看来，在热力学第二定律中引进的“熵”这个概念与热力学第一定律中引进的“能”这一概念有某种相似性。故可以直观地认为，熵是系统的宏观态无序性的量度，决定了宏观过程的方向性。即熵大，意味着“混乱”和“分散”（无序）；熵小，意味着“整齐”和“集中”（有序）。以热量从高温传到低温为例，存在温度差意味着能量相对集中，这才有可能得到有用功；温度均衡了，能量的总值虽然没有变，但是单一热源做不出有用功来，意味着能量的分散和贬值。随着熵的增加，系统的能量有更多的部分不能再利用了。所以熵这个概念表示封闭系统内能量的“退化”和“贬值”，表示这种内部能量不能转化为其他能量形态的程度，或者说是有用能的“耗散”。因此，正如德国物理学家埃姆登（R. Emden）所说：“在自然过程的庞大工厂里，熵的原理起着经理的作用，因为它规定整个企业的经营方式和方法；而能的原理仅仅充当了簿记员，平衡着贷方和借方。”

可见，熵是描述热力学系统的重要态函数之一，熵的大小反映系统所处状态的稳定情况，熵的变化指明热力学过程进行的方向，熵为热力学第二定律提供了定量表述。熵第一次、在今天仍然是唯一地表达“变化”和时间方向的普适性特征，它第一次从全域的角度阐述了变化方向的含义，并将时间表达为“变化”的内部性质。

3. 熵的应用与移植

1865 年，克劳修斯指出，热力学两条定律意味着：宇宙的能量是常数；宇宙的熵趋于一个极大值。那就是说，全宇宙最终将达到热平衡，进入“倒了头”的热寂状态。“热寂说”一经提出，立即在科学界引起了轩然大波，人们群起而攻之。如玻耳兹曼的“涨落说”、普里高津（I. Prigogine）的耗散结构理论、麦克斯韦（J. Maxwell）的“麦克斯韦妖”假设、庞加莱（J. Poincaré）的科学方法论和丹皮尔（W. Dampier）的哲学观点等。热寂说提出100多年来，对热寂说的批判似乎总感到缺乏说服力，隔靴搔痒，未中要害。直到20世纪70年代以后，宇宙“大爆炸”模型逐渐得到天体物理学界的公认以来，热寂说迎来争论史上一个划时代的转折点。折磨了物理学界和哲学界100多年的热寂说，最终被膨胀的宇宙和负热容的引力系统以出乎前人意料的方式冰释了，人类也终于从百年梦魇中醒来。

熵的概念也曾在美国文学界中引起很大反响，如美国著名作家索贝娄（S. Bellow）、阿卜代克（J. Updike）、梅勒（N. Mailer）等都曾在他们的作品中多次谈到熵的问题。美国后现代著名作家托马斯·品钦（T. Pinchin）的一篇短篇小说题目就是《熵》。在美国女作家苏珊·桑塔格（S. Sontag）的名作《死箱》里也到处显现“熵”的意味。难怪在1959年，英国著名作家斯诺（C. P. Snow）在剑桥大学做题为《两种文化及再谈两种文化》的讲演时说：“一个作家对热力学第二定律毫无所知，就等于一个科学家没读过莎士比亚的作品。”1948年，美国数学家、信息论的创始人香农（C. E. Shannon）第一次把熵引入到信息论，提出了“信息熵”的概念，解决了对信息的量度问题。1981年，美国著名社会学家杰里米·里夫金（J. Rifkin）和特德·霍华德（T. Howard）出版了《熵：一种新的世界观》。熵也被曹国正引入其经济学著作《博弈圣经》（新加坡希望出版社）中，并把熵解释为生物亲序，是行为携灵现象。

熵，这个回荡在科学殿堂里的“幽灵”，20世纪逐步由热力学的概念移植到了信息科学、生命科学和社会科学等领域，已经超出了物理学的范畴，产生了地理熵、气象熵、生命系统熵、农业系统熵、社会熵、经济熵、环境熵、文化熵、人体熵、精神熵、思维熵、泛熵、心熵、超熵、广义熵等许多新的概念，进而嬗变为一种世界观。在这些场合中，有些用法是熵的本来意义的延伸，有些只是用作“无序程度”的代名词，描述过程的发展方向。100多年来，熵理论不断深化，有力地推动了许多学科的飞速发展，因而在人类文明进程的史册上，写下了光辉灿烂的一页。21世纪，熵在编织现代科学之网的过程中将起纽带的作用，并将成为引导人类生活的科学准则。

§4.2.12　三个点电荷平衡的规律*

在高中物理课标实验教材选修3-1的“静电场”部分，经常会遇到三个点电荷平衡

*发表于《中学物理教学参考》2010年第3期。

的力电综合问题，现就探讨三个点电荷平衡的规律。

一、两个固定点电荷与一个自由点电荷的平衡

如图 4-75 所示，在光滑绝缘的水平面上，两个固定的点电荷 q_1 和 q_2，电量之比为 1∶4，相距为 d，现引入第三个自由点电荷 q_3，要使 q_3 能处于平衡状态，对 q_3 的放置位置、电性、电量有什么要求？

1. 两个固定点电荷为同种电荷时

当两个固定的点电荷 q_1 和 q_2 都带正（负）电时，要使自由点电荷 q_3 处于平衡状态，q_3 必在 q_1 与 q_2 的连线之间。设 q_3 与 q_1 的距离为 x，则 q_3 与 q_2 的距离为（$d-x$）。由库仑定律和共点力的平衡条件可知

$$F_{13}=F_{23}$$

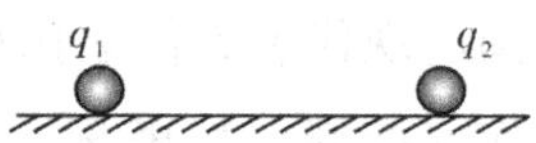

图 4-75　情景图

即

$$k\frac{q_1q_3}{x^2}=k\frac{q_2q_3}{(d-x)^2}$$

则

$$x=\frac{1}{3}d$$

可见，自由点电荷应在两个固定同种点电荷连线之间，且靠近电量较小的固定点电荷。又因 q_3 约去，故对 q_3 的电性和电量均没有要求。

2. 两个固定点电荷为异种电荷时

当固定点电荷 q_1 和 q_2 为异种电荷时，要使自由点电荷 q_3 处于平衡状态，q_3 不能在 q_1 与 q_2 的连线之间，否则 q_3 分别受其他两个点电荷的库仑力方向相同，合力不可能为零，不能平衡。因为 $q_2=4q_1$，所以 q_3 应在 q_1、q_2 连线且靠近电量较小的 q_1 一侧的延长线上。设 q_3 与 q_1 的距离为 x，则 q_3 与 q_2 的距离为（$d+x$）。由库仑定律和共点力的平衡条件可知

$$k\frac{q_1q_3}{x^2}=k\frac{q_2q_3}{(d+x)^2}$$

则

$$x=d$$

可见，q_3 应在 q_1、q_2 连线且靠近电量较小的固定点电荷一侧的延长线上。又因 q_3 可约去，故对 q_3 的电性和电量均没有要求。

3. 规律

要使自由点电荷 q_3 与两个固定点电荷 q_1 和 q_2 处于平衡状态：当固定点电荷 q_1 和 q_2 为同种电荷时，q_3 应在 q_1、q_2 连线之间且靠近电量较小的固定点电荷；当固定点电荷 q_1 和 q_2 为异种电荷时，q_3 应在 q_1、q_2 连线且靠近电量较小的固定点电荷一侧的延长线上。但对 q_3 的电性和电量均没有要求。

二、三个自由点电荷都平衡

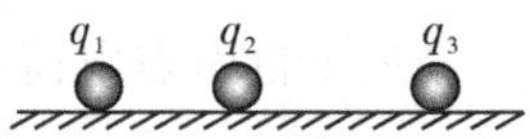

图 4-76 情景图

如图 4-76 所示，在光滑绝缘的水平面上，若三个点电荷 q_1、q_2、q_3 都为自由电荷，要使三者均处于平衡状态，须满足什么条件？即对电荷的位置、电性和电量有什么要求？

1. 位置关系

假设三个自由点电荷不在一条直线上，则每一个点电荷所受其他两个点电荷的库仑力也就不在一条直线上，所受库仑力的合力一定不为零，所以三个自由点电荷一定共线。

如图 4-76 所示，q_2 位于 q_1 和 q_3 之间，设 q_1 与 q_2 相距 r_1，q_2 和 q_3 相距 r_2，q_1 和 q_3 相距 r。对 q_1 平衡时有

$$k\frac{q_1q_3}{r^2}=k\frac{q_1q_2}{r_1^2}$$

即

$$\sqrt{\frac{q_2}{q_3}}=\frac{r_1}{r} \quad ①$$

对 q_3 平衡时有

$$k\frac{q_1q_3}{r^2}=k\frac{q_2q_3}{r_2^2}$$

即

$$\sqrt{\frac{q_2}{q_1}}=\frac{r_2}{r} \quad ②$$

①式除以②式得

$$\sqrt{\frac{q_1}{q_3}}=\frac{r_1}{r_2}$$

2. 电性关系

如图 4-76 所示，若三个自由点电荷带同种电荷，两侧的电荷 q_1 和 q_3 分别受其他两个点电荷的库仑力方向相同，合力不可能为零，不能平衡。故在三个点电荷中，需两个为同种电荷，一个为异种电荷。若其中的一个异种电荷不在中间，而在两边时，则该异种电荷和位于中间的电荷分别受其他两个点电荷的库仑力方向相同，合力不可能为零，不能平衡。因此，三个自由点电荷的电性为两边同中间异，即两同夹异。

3. 电量关系

如图 4-76 所示，在①式中，因 $r>r_1$，则 $q_2<q_3$；而在②式中，因 $r>r_2$，则 $q_2<q_1$。且由①式加②式可得

$$\frac{1}{\sqrt{q_1}}+\frac{1}{\sqrt{q_3}}=\frac{1}{\sqrt{q_2}}$$

即 $$\sqrt{q_1q_3}=\sqrt{q_1q_2}+\sqrt{q_2q_3}$$

4. 规律

三个自由点电荷 q_1、q_2 和 q_3 在库仑力的作用下都平衡时，需三个点电荷共线，若 q_2 位于 q_1 和 q_3 之间，且 q_1 与 q_2 相距 r_1，q_2 和 q_3 相距 r_2，则中间电荷 q_2 靠近电量较小的电荷，具体位置关系由 $\sqrt{\frac{q_1}{q_3}}=\frac{r_1}{r_2}$ 确定；电性为两边同中间异；电量为两边大中间小，且三者电量大小的关系为 $\sqrt{q_1q_3}=\sqrt{q_1q_2}+\sqrt{q_2q_3}$，其中位于 q_1 与 q_3 之间的 q_2 电量最小。

三、变式与拓展练习

1. 下列各组共线的三个自由点电荷，可以平衡的是（　　）

A. $4q$　$4q$　$4q$　　B. $4q$　$-5q$　$3q$

C. $9q$　$-4q$　$36q$　　D. $-4q$　$2q$　$-3q$

答案：C

2. 三个共线的点电荷 q_1、q_2 和 q_3 依次放在光滑绝缘的水平面上，q_2 与 q_3 的距离为 q_1 与 q_2 的距离的 2 倍，三者均处于平衡状态，由此可以判定，三个点电荷的电量之比 q_1：q_2：q_3 为________________。

答案：−9：4：−36 或 9：−4：36

3. （2009 · 高考浙江卷）如图 4−77 所示，在光滑绝缘水平面上放置 3 个电荷量均为 q（$q>0$）的相同小球，小球之间用劲度系数均为 k_0 的轻质弹簧绝缘连接。当 3 个小球处在静止状态时，每根弹簧的长度均为 l。已知静电力常量为 k，若不考虑弹簧的静电感应，则每根弹簧的原长为（　　）

A. $l+\frac{5kq^2}{2k_0l^2}$　　B. $l-\frac{kq^2}{k_0l^2}$

C. $l-\frac{5kq^2}{4k_0l^2}$　　D. $l-\frac{5kq^2}{2k_0l^2}$

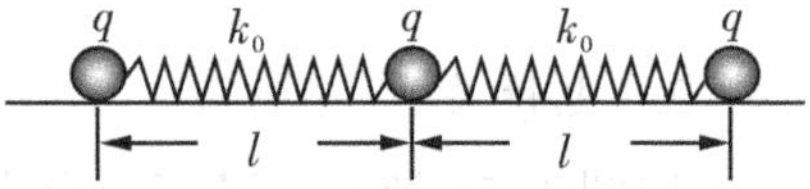

图 4−77　情景图

答案：C

4. 三个电量相同的正点电荷 q，放在等边三角形的三个顶点上，问：

（1）等边三角形的中心应放置多大的点电荷，才能使中心点电荷受力为零？

（2）等边三角形的中心应放置多大的点电荷，才能使作用于每个点电荷上的合力为零？

答案：（1）任何带电量不为零的电荷均可以；（2）$-\frac{\sqrt{3}}{3}q$

§4.2.13　等量双电荷连线及中垂线上场强与电势的变化规律*

真空中两个等量异（同）种点电荷的连线及中垂线上场强或电势的变化规律是历年高考考查的热点。这类“双电荷”问题体现了叠加、对称与极限思维，学生看起来似曾熟悉，但往往较难做出正确解答，究其原因，主要是没有真正理解这类“双电荷”电场的特点与规律。现就探讨真空中等量双电荷连线及中垂线上场强与电势的变化规律。

一、等量异种双电荷的连线及中垂线上场强与电势的变化规律

1. 场强的变化规律

（1）中垂线上场强的变化规律。如图 4-78 所示，真空中两个等量异种点电荷的电量分别为 $+Q$ 和 $-Q$，连线为线段 AB，MN 为 AB 的中垂线，垂足为 O。在中垂线 MN 上任取一点 C，令 $OC=y$，$AB=L$，在 $\mathrm{Rt}\triangle AOC$ 和 $\mathrm{Rt}\triangle BOC$ 中，有

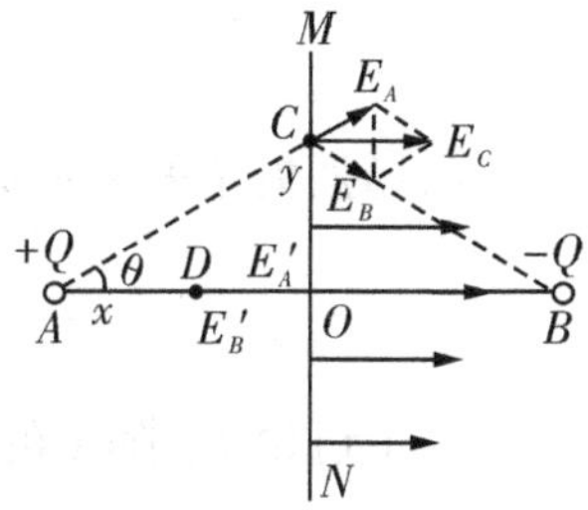

图 4-78　中垂线上的场强

$$AC=BC=\sqrt{\left(\frac{L}{2}\right)^2+y^2}$$

$$\cos\theta=\frac{L}{2\sqrt{\left(\frac{L}{2}\right)^2+y^2}}$$

$+Q$ 和 $-Q$ 分别在 C 点处产生场强的大小为

$$E_A=E_B=\frac{kQ}{\left(\frac{L}{2}\right)^2+y^2}$$

由平行四边形定则可知，C 点处的合场强 E_C 平行于连线 AB 指向 $-Q$ 一侧，且

$$E_C=2E_A\cos\theta=\frac{kQL}{\left[\left(\frac{L}{2}\right)^2+y^2\right]^{\frac{3}{2}}} \qquad ①$$

①式中 k、Q、L 是常量，由①式可知，当 $y=0$ 时，E_C 有最大值，且 $E_{C\max}=\frac{8kQ}{L^2}$，即中垂线上垂足 O 处的场强最大；当 y 变大时，上式分母 $\left[\left(\frac{L}{2}\right)^2+y^2\right]^{\frac{3}{2}}$ 逐渐变大，则 E_C 的值因单调递减而逐渐变小；当 $y\to\infty$ 时，$E_C\to 0$，即中垂线上距 O 点无穷远处几乎不存在

*发表于《中学物理》2014 年第 3 期。

电场，场强为零。

可见，真空中两个等量异种点电荷的连线中垂线上，垂足处的场强最大，沿中垂线向两侧、关于垂足对称场强逐渐减小，无穷远处场强为零，场强的方向始终垂直于中垂线指向负场源点电荷一侧，如图4-79所示。

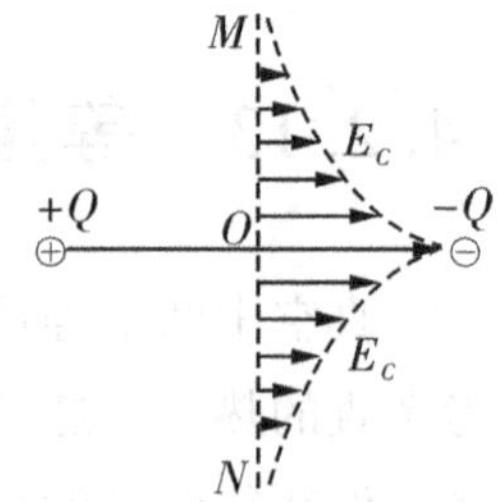

图 4-79　场强分布

（2）连线上场强的变化规律。如图4-78所示，在连线 AB 上任取一点 D，令 $AD=x$，$AB=L$，则 $BD=L-x$。$+Q$ 在 D 点产生的场强为

$$E_A'=\frac{kQ}{x^2}$$

$-Q$ 在 D 点产生的场强为

$$E_B'=\frac{kQ}{(L-x)^2}$$

由场强矢量的叠加原理可知，D 点的合场强为

$$E_D=E_A'+E_B'=kQ\left[\frac{1}{x^2}+\frac{1}{(L-x)^2}\right] \qquad ②$$

为了讨论 E_D 随 x 的变化规律，对②式求导可得

$$E_D'=kQ\left[-2x^{-3}+2(L-x)^{-3}\right]=2kQ\left[\frac{1}{(L-x)^3}-\frac{1}{x^3}\right] \qquad ③$$

由③式可知，当 $x<\frac{L}{2}$ 时，$E'_D<0$，则原函数 E_D 在 $\left(0,\ \frac{L}{2}\right]$ 上为递减函数，即线段 AO 上，沿 AO 方向各点的合场强具有随 x 增大而减小的变化规律；当 $x>\frac{L}{2}$ 时，$E_D'>0$，则原函数 E_D 在 $\left[\frac{L}{2},\ L\right)$ 上为递增函数，即线段 OB 上，沿 OB 方向各点的合场强具有随 x 增大而增大的变化规律；当 $x=\frac{L}{2}$ 时，$E_D'=0$，则原函数 E_D 有最小值，即 $E_{D\min}=\frac{8kQ}{L^2}$。场强的变化规律如图4-80所示。

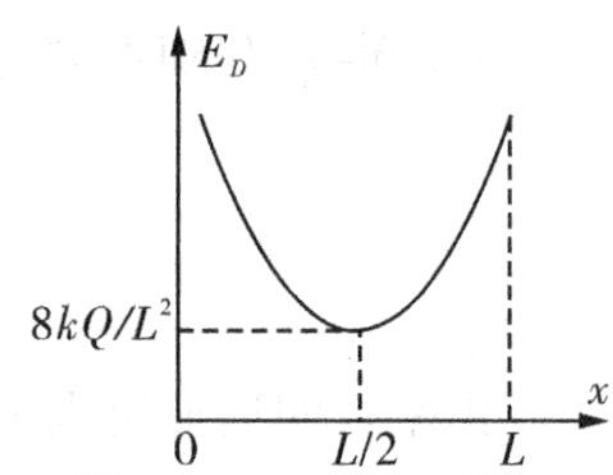

图 4-80　E_D-x 图

可见，在真空中两个等量异种点电荷的连线上，两端点处的场强最大，中点 O 处场强最小（但不等于零），连线上其他各点场强的大小总是沿连线从中点 O 向两场源电荷场强逐渐增大，其中关于中点 O 对称点的场强大小相等，方向相同，沿连线指向负场源点电荷一侧。此规律也可利用分子动理论中分子力随距离变化的规律进行类比。另外，也可根据两个等量异种点电荷的连线周围电场线的疏密变化，定性知道场强沿连线先变小后变大。

2. 电势的变化规律

真空中两个等量异种点电荷的连线位于一条由正场源点电荷指向负场源点电荷的电场线上，沿着电场线电势逐渐降低，其中连线的中垂线正场源点电荷一侧的电势大于零，连

线的中垂线负场源点电荷一侧的电势小于零，连线与中垂线的交点（垂足）处的电势等于零，如图 4-81 所示；因为连线的中垂线上的场强方向始终垂直于中垂线指向负场源点电荷一侧，因此，沿中垂线移动电荷至无穷远时，电场力不做功，即中垂线为一条等势线。若取无穷远处电势为零，则中垂线上各点的电势均为零。

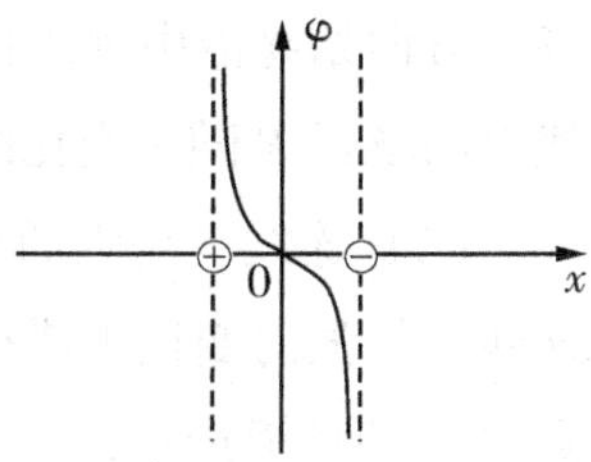

图 4-81　$\varphi-x$ 图

二、等量同种双电荷的连线及中垂线上场强与电势的变化规律

1. 场强的变化规律

（1）中垂线上场强的变化规律。如图 4-82 所示，真空中两个等量同种点电荷的带电量均为$+Q$，连线 AB 的长度为 L，连线与中垂线的交点（垂足）为 O。在中垂线上任取一点 C，设$\angle CAB=\theta$。两场源正点电荷分别在 C 点产生的场强为

$$E_1=E_2=\frac{kQ}{\left(\frac{L}{2\cos\theta}\right)^2}=\frac{4kQ\cos^2\theta}{L^2}$$

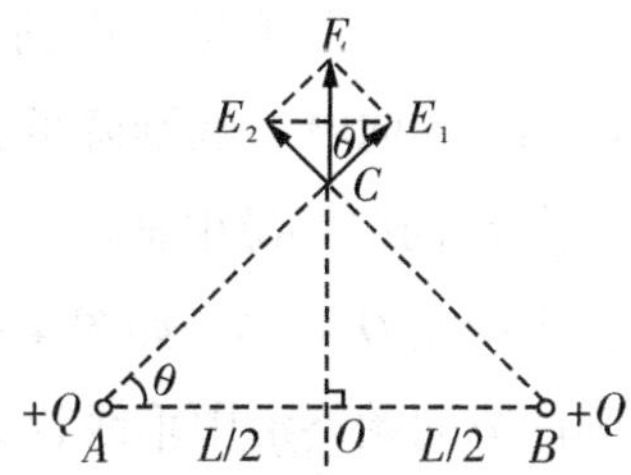

图 4-82　中垂线上的场强

由平行四边形定则可知，C 点处的合场强 E 沿中垂线背离 O 点，且

$$E=2E_1\sin\theta=\frac{8kQ}{L^2}\cos^2\theta\sin\theta \qquad ④$$

在④式中，令 $y=\sin\theta\cos^2\theta$，对 y 求导得

$$y'=\cos\theta-3\sin^2\theta\cos\theta=\cos\theta\ (1-\sqrt{3}\sin\theta)\ \cdot\ (1+\sqrt{3}\sin\theta)$$

则当 $\sin\theta=\pm\frac{\sqrt{3}}{3}$时，$y'=0$，即当 $\theta=\arcsin\frac{\sqrt{3}}{3}=35.26°$时，$y_{\max}=\frac{2\sqrt{3}}{9}$，而 $\theta=\arcsin\left(-\frac{\sqrt{3}}{3}\right)$体现了中垂线上关于 O 点两侧电场的对称性。则中垂线上 C 点处合场强的最大值为

$$E_{\max}=\frac{8kQ}{L^2}y_{\max}=\frac{16\sqrt{3}kQ}{9L^2}$$

由④式可知，当 $\theta=0°$时，即在 O 点，场强 $E=0$；当 $\theta=90°$时，即无穷远处，场强 $E=0$；当 $\theta=\arcsin\frac{\sqrt{3}}{3}=35.26°$时，场强 E 有最大值 $E_{\max}=\frac{16\sqrt{3}kQ}{9L^2}$。

可见，在真空中两个带电量均为$+Q$ 的等量同种点电荷连线的中垂线上，场强关于连线的中点 O 对称，先逐渐增大，后逐渐减小，场强的方向相反，始终沿中垂线背离 O 点。而在真空中两个带电量均为$-Q$ 的等量同种点电荷连线的中垂线上，只是相反的

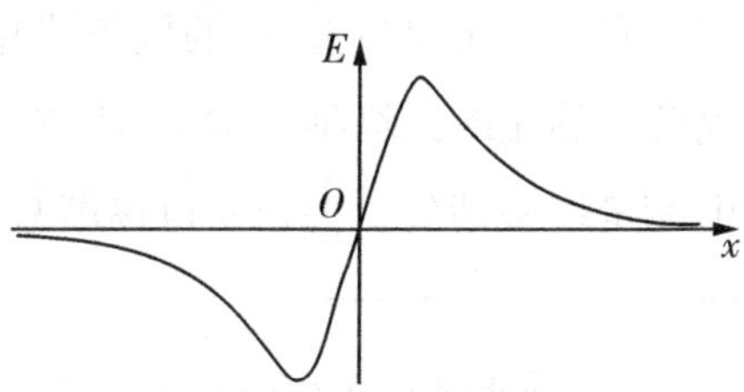

图 4-83　$E-x$ 图

场强方向始终沿中垂线指向 O 点，其他则与上述结论相同。即等量同种点电荷连线的中垂线上的场强 E 随 x 变化的规律如图 4-83 所示。

（2）连线上场强的变化规律。与真空中两个等量异种点电荷连线上场强的变化规律类似，真空中两个等量同种点电荷连线中点 O 处的场强最小，且为零，沿连线从中点 O 向两场源电荷场强逐渐增大，两端点处的场强最大，且关于中点 O 对称点的场强大小相等，方向相反。场强大小的变化规律如图 4-84 所示。

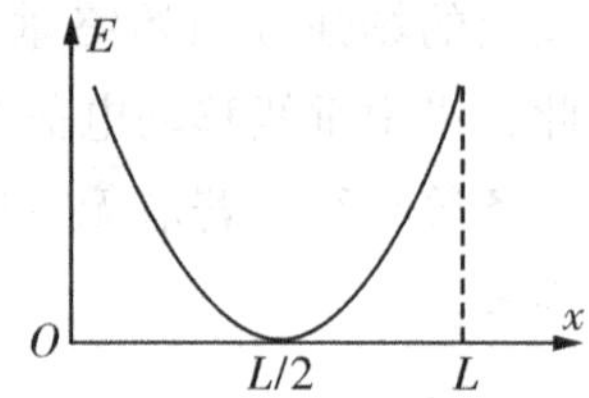

图 4-84　$E-x$ 图

2. 电势的变化规律

真空中两等量正电荷的连线上，场强的方向沿连线背离场源电荷，沿场强方向电势逐渐降低，因此，连线中点 O 处的电势最低，沿连线从中点 O 向两场源电荷电势逐渐升高，两端点处的电势最高，且电势大小关于中点 O 对称，如图 4-85 所示；真空中两等量正电荷的中垂线上，场强的方向始终沿中垂线背离 O 点，沿场强方向电势逐渐降低，因此 O 点处的电势最高，沿中垂线背离 O 点电势逐渐降低，无穷远处电势降为零，且电势大小关于 O 点对称。而真空中两等量负电荷恰好相反，连线中点 O 处的电势最高，沿连线从中点 O 向两场源电荷电势逐渐降低，两端点处的电势最低，且电势大小关于中点 O 对称；中垂线上 O 点处的电势最低，沿中垂线指向 O 点电势逐渐降低，且电势大小关于 O 点对称。

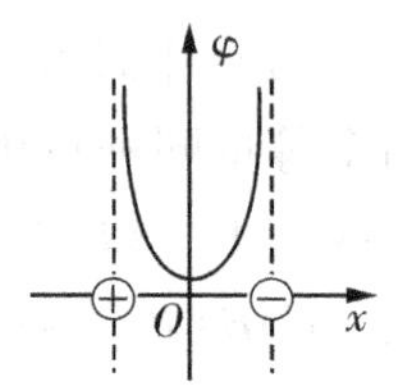

图 4-85　$\varphi-x$ 图

3. 规律拓展

如果真空中两同种点电荷的带电量不相等，则在两点电荷的连线上一定存在一点 O'，在 O'处的合场强为零，两点电荷连线上过 O'点的垂线上的场强与电势的分布规律与上述结论类似，也存在一个极值点。由 n 个固定在一条直线上的同种点电荷产生的电场中，垂足处场强为零的这一直线的垂线上的场强与电势的分布规律也与上述结论类似。

§4.2.14　带电摆球漏电过程中平衡问题的探究*

问题　如图 4-86 所示，一个质量为 m，带电量为 q_1 的小球 A 用长度为 l 的绝缘细线悬挂于天花板的 O 点，在 O 点的正下方 h 处，绝缘支架上有一个带电量为 q_2 的同性带电小球 B，两个带电小球均可视为点电荷。静止时绝缘细线 OA 与竖直方向的夹角为 θ。由于漏电，A 小球电荷量缓慢消失，夹角 θ 也逐渐减少，则绝缘细线 OA 上拉力的变化情

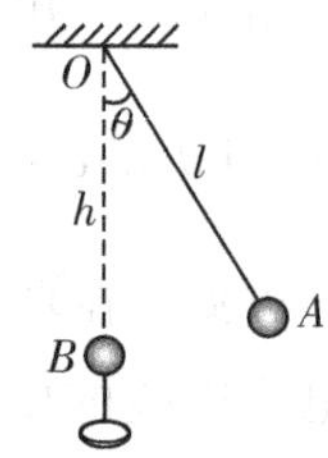

图 4-86　情景图

---

*发表于《物理之友》2015 年第 11 期。

况为（　　）。

A. 一直变大　　B. 一直变小

C. 始终不变　　D. 先不变后变大

有文献[1] 认为，虽然带电摆球在缓慢漏电的过程中，绝缘细线的拉力 $F=\frac{mgl}{h}$保持不变，但是当摆球电量减少到某一值之后，摆球将失去平衡而到达最低点。要使 C 选项正确，只有当 $h=l$ 时，处于最低点的不带电摆球所受绝缘细线的拉力 $F=mg$。无独有偶，2014 年高考上海卷物理第 25 题也考查了类似的情景与问题。

原题　如图 4-87 所示，竖直绝缘墙上固定一带电小球 A，将带电小球 B 用轻质绝缘丝线悬挂在 A 的正上方 C 处，图中 $AC=h$。当 B 静止在与竖直方向夹角 $\theta=30°$方向时，A 对 B 的静电力为 B 所受重力的$\frac{\sqrt{3}}{3}$倍，则丝线 BC 长度为________。若 A 对 B 的静电力为 B 所受重力的 0.5 倍，改变丝线长度，使 B 仍能在 $\theta=30°$处平衡。以后由于 A 漏电，B 在竖直平面内缓慢运动，到 $\theta=0°$处 A 的电荷尚未漏完，在整个漏电过程中，丝线上拉力大小的变化情况是________。

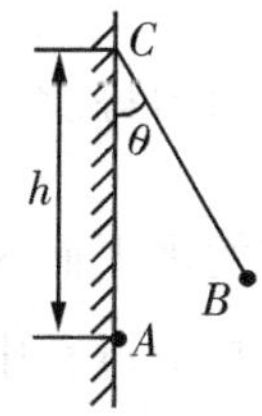

图 4-87　情景图

本题中不仅没有 $h=l$ 的限制条件，而且最后一空的标准答案为"先不变后增大"，不难发现，与上述问题中文献[1] 的分析结果不一致。到底哪种观点正确？笔者认为这个问题很值得商榷。

1. 摆球在缓慢到达最低点之前的过程

在 $h>l$ 的条件下，当摆球电量比较大的初态，带电摆球在较大的库仑斥力作用下，会升起一定的角度 θ，随着摆球漏电的缓慢进行，夹角 θ 将逐渐减小到零。若忽略不计漏电过程中摆球电量的量子性，缓慢漏电可认为摆球的电量均匀减少，即带电摆球在竖直平面内缓慢运动的过程视为动态准平衡过程。因此，如图 4-88 所示，由力矢量三角形与几何三角形相似可知，绝缘细线的拉力 $F=\frac{mgl}{h}$保持不变。

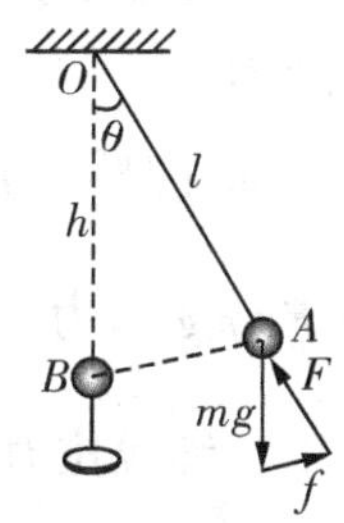

图 4-88　分析图

2. 摆球在最低点静止的过程

当夹角 θ 减小到零时，摆球的电量并没有完全漏掉，处于最低点的带电摆球受到竖直向上的库仑斥力与细线拉力的合力等于竖直向下的重力而动态平衡。随着摆球漏电的继续缓慢进行，库仑斥力继续减小，绝缘细线的拉力则逐渐变大。当摆球电量全部漏完时，细线的拉力才等于摆球的重力。

3. 图象法描述

设定漏电函数与核心参数，利用运动分析仿真模拟软件（MSC. WORKINGMODEL. 2D）可以分别描绘出摆球电量和细线拉力随漏电时间的变化图线，如图 4-89 所示。

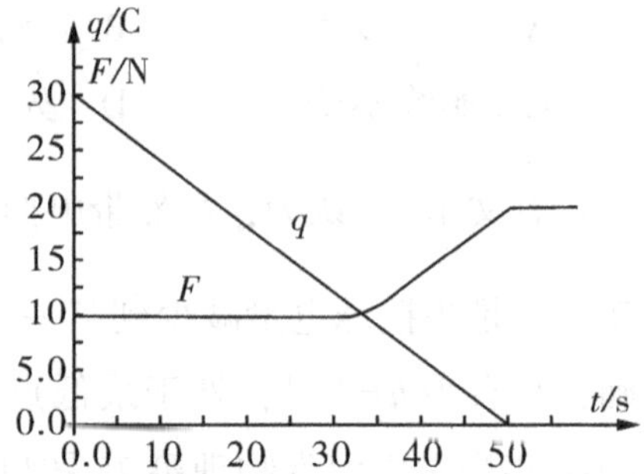

图 4-89　$q-t$ 图线

为了便于观察变化规律，利用几何画板电子扫描技法可以连续绘制出多条图线，如图 4-90 所示。横轴表示绝缘细线与竖直方向的夹角 θ，纵轴表示摆球的电势能与重力势能的代数和 E_p，即 $E_p=mg(h-l\cos\theta)+\dfrac{kqQ}{\sqrt{h^2+l^2-2hl\cos\theta}}$。式中取摆球最低点所在的水平面为重力势能的零势面，无穷远处电势能为零。

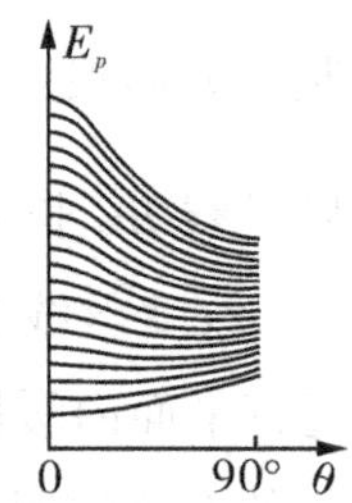

图 4-90　$E_p-\theta$ 图线

扫描过程中仅让摆球的电量 q 均匀减小，其他参数（m、h、l、Q、g、k）保持不变。即图 4-90 中，每条图线对应的摆球电量不同，且图线自上而下对应摆球的电量均匀减小。可以发现，当摆球的电量减少到某一个临界值时，在 θ 减小的过程中，系统的势能 E_p 保持不变，如图 4-90 中倒查第 3 条图线。即带电摆球缓慢运动到最低点（$\theta=0°$）静止，之后摆球继续缓慢漏电，系统的势能（电势能）再逐渐减少，而摆球在竖直方向保持动态平衡。

可见，在摆球缓慢漏电的过程中，夹度 θ 逐渐减小到零，绝缘细线的拉力先保持不变，后逐渐变大，最后等于摆球的重力。整个过程摆球均处于动态平衡，不存在失去平衡的状态。

而文献[1] 则误认为在夹度 θ 减小到零时，摆球的电量已完全漏掉，进而导出细线拉力 $F=mg$ 与力三角平衡及相似时 $F=\dfrac{mgl}{h}$ 相互矛盾的错误结论，并误认为只有在 $h=l$ 的条件下，细线拉力 $F=mg$。另外，在 $h\to\infty$ 时，根据摆球在缓慢到达最低点之前，由力三角平衡与相似时 $F=\dfrac{mgl}{h}$ 导出细线拉力 $F=0$ 与 $F=mg$ 相互矛盾的错误结论。文献[1] 误把矛盾冲突归因为“命题时没有增加限制条件，避开不平衡的陷阱，导致破坏了摆球的平衡条件”。

可见，2014 年高考上海卷物理第 25 题的答案是正确的。

参考文献

[1] 何海明. 电荷摆球平衡问题的陷阱 [J]. 中学物理教学参考，2014 (3)：34.

§4.2.15　高中物理电磁波图象的解读*

从电磁波的图象可以折射出电磁波的性质。普通高中课程标准实验教科书物理选修3-4（人民教育出版社，2007年4月第2版）78页图14.1-3和全日制普通高级中学物理教科书（必修加选修）第二册（人民教育出版社，2003年6月第1版）243页图18-10都分别画出了沿z轴传播的电磁波在某一时刻的图象（图4-91）。由图4-91可知，在均匀平面电磁波中，E矢量和B矢量的相位相同，同步变化，同时达到最大值和最小值。但许多中学物理教师认为，在电磁波传播过程中，电场能与磁场能相互转化，当电场最强时，磁场应最弱。即电场强度E和磁感应强度B不会同时达到最大值和最小值，应是E和B的最大值恰好相差$\frac{1}{4}$个波长。因此误认为图4-91是错误的。现对电磁波的图象予以解读，以帮助大家澄清误解，加深对电磁波性质的理解。

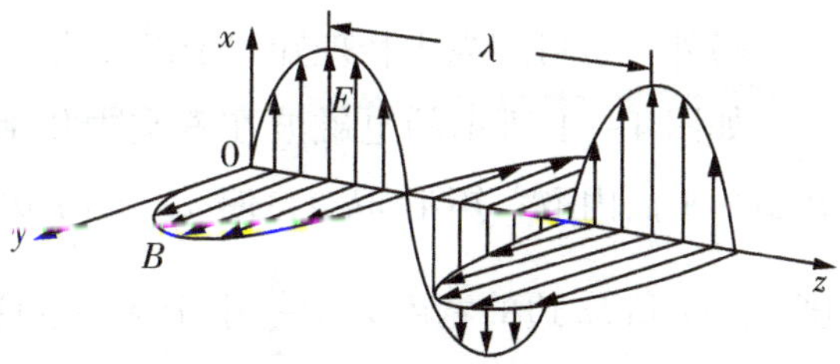

图4-91　电磁波图象

1. 电磁波是横波（TEM波）

根据麦克斯韦方程组在空间直角坐标系中的分量式可知，当平面电磁波沿+z轴传播时，波面垂直于z轴。对传播方向而言，电场矢量和磁场矢量只有横向分量，没有纵向分量。若E矢量沿x方向，则B矢量就沿y方向，二者彼此垂直，且都与传播方向垂直。因此，电磁波是横波。

2. E矢量和B矢量同相位

根据麦克斯韦方程可知，图4-91所示均匀平面电磁波的瞬时值表达式为

$$\vec{E}=\vec{E}_m\sin(\omega t-kz+\varphi_0)$$

$$\vec{B}=\vec{B}_m\sin(\omega t-kz+\varphi_0)$$

式中$\omega t-kz+\varphi_0$为相位，其中ωt为时间相位，kz为空间相位，φ_0为初相位。因此，E矢量和B矢量相位相同。在任何时刻、任何地点，E矢量和B矢量不仅都与传播方向垂直，而且三者构成右旋系（图4-91）。同时，也说明电磁波中E矢量和B矢量同时达到最大值和最小值。

---

*发表于《教学与管理》2011年第11期。

3. 同一点 E 矢量和 B 矢量的幅值成正比

由均匀平面电磁波的波动方程可知，真空中的电磁波有

$$B=\sqrt{\mu_0\varepsilon_0}E$$

式中 μ_0 为真空的磁导率，ε_0 为真空的介电常量。

可见，同一点 E 矢量和 B 矢量的幅值成正比。同时，也说明电磁波中 E 矢量和 B 矢量同时达到最大值和最小值。

另外，也可用高中物理知识予以证明。

如图 4-91 所示的电磁波在真空中传播，沿 $-y$ 方向观察，在 xOz 平面内取一矩形 $abcd$，使 ab 和 cd 边略大于电磁波的宽度 L，ad 和 bc 边的宽度大于$\dfrac{\lambda}{2}$小于 λ，且使 ad 和 bc 边中点的连线过 z 轴上$\dfrac{\lambda}{2}$点平行于 x 轴，即使 ad 和 bc 边中点的连线上各点的 E 矢量和 B 矢量都为零。则对称的 ab 和 cd 边上各点的 E 矢量（记作 E）和 B 矢量（记作 B）均分别大小相等，方向相反。如图 4-92 所示。

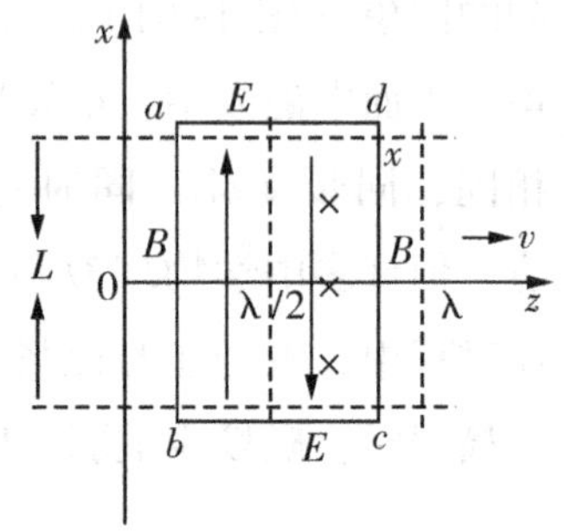

图 4-92　分析图

当电磁波在极短的时间 Δt 内沿 $+z$ 轴前进 $c\Delta t$（c 为光速）时，矩形左半部分沿 $+y$ 方向的磁通量增大，矩形右半部分沿 $-y$ 方向的磁通量减少，则矩形内总的磁通量变化量为

$$\Delta\varphi=2c\Delta tLB \qquad ①$$

又因矩形内的磁通量的变化率等于各边的电动势之和，其中 ad 和 bc 边上无电磁波，$E=0$，则

$$\frac{\Delta\varphi}{\Delta t}=2EL \qquad ②$$

由①和②式可得

$$E=cB$$

又因 $c=\dfrac{1}{\sqrt{\mu_0\varepsilon_0}}$，则

$$B=\sqrt{\mu_0\varepsilon_0}E$$

即同一点 E 矢量和 B 矢量的幅值成正比，E 矢量和 B 矢量同时达到最大值和最小值。

另外，需要特别说明的是，在电磁场的变化中，电场能等于磁场能，且电磁场的变化引起能量的流动。单位时间内通过垂直于传播方向单位面积的能量称为能流密度（坡印亭矢量），其方向为能量传播或流动的方向，大小与电场或磁场振幅的平方成正比。根据坡印亭定理，真空中的电磁波单位时间内流出（入）闭合体积的能量等于单位时间内闭合体

积减小（增加）的能量。表征了时变电磁场能量转化与守恒的关系。

4. 电磁波在真空中的传播速度等于光速

理论计算可知，真空中电磁波的传播速度为

$$c=\frac{1}{\sqrt{\mu_0\varepsilon_0}}$$

式中真空的磁导率 $\mu_0=4\pi\times10^{-7}\mathrm{N/A^2}$，真空的介电常量 $\varepsilon_0=8.9\times10^{-12}\ \mathrm{C^2/(N\cdot m^2)}$。将 μ_0 和 ε_0 的值代入上式，计算可得 $c=3\times10^8\ \mathrm{m/s}$，恰与真空中的光速相同。由此，麦克斯韦指出，二者相同并非巧合，光波在本质上也是电磁波。该预见于 1887 年被赫兹实验所证实。

§4.2.16　核子的平均质量曲线与比结合能曲线的比较*

为了揭示有些核反应释放能量而有些核反应吸收能量，且重核裂变和轻核聚变时都能释放出巨大的能量，全日制普通高级中学教科书·物理（必修加选修）第三册（人民教育出版社，2003 年 6 月第 1 版）利用质量亏损的概念引入了“核子平均质量”及核子的平均质量曲线（图 4-93），而普通高中课程标准实验教科书·物理选修 3-5（人民教育出版社，2007 年 3 月第 2 版）则引入了原子核“结合能”的概念，并介绍了核子的比结合能（平均结合能）曲线（图 4-94）。其实，早在全日制十年制学校高中课本·物理下册（人民教育出版社，1980 年 2 月第 1 版）和高级中学试用课本·物理（甲种本）第三册（人民教育出版社，1985 年 11 月第 1 版）都曾出现过原子核的结合能及核子的平均结合能曲线，只是后来在高级中学课本·物理下册（人民教育出版社，1987 年 4 月第 2 版）和高级中学课本·物理（必修）第二册（人民教育出版社，1990 年 10 月第 1 版）中，既没有引入“核子平均质量”的概念和核子的平均质量曲线，也没有引入原子核“结合能”的概念和核子的比结合能曲线。现来比较核子的平均质量曲线与比结合能曲线的功能，并进行归因分析。

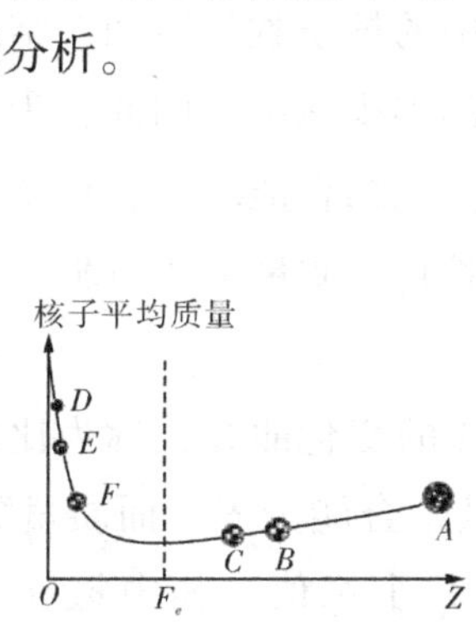

图 4-93　核子平均质量曲线

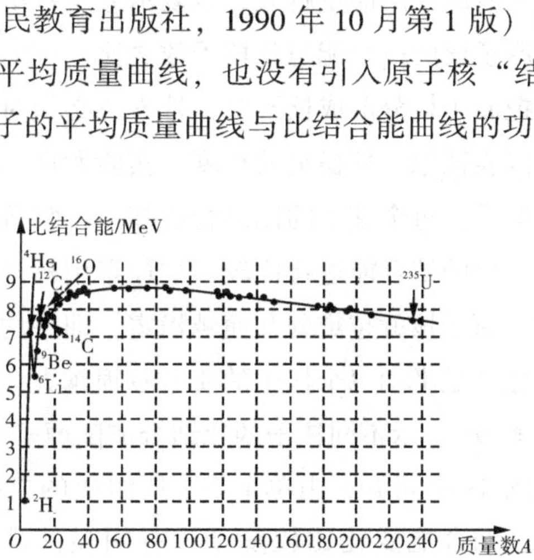

图 4-94　比结合能曲线

* 发表于《物理教学》2011 年第 4 期。

1. 核子的平均质量与平均质量曲线

原子核由质子和中子组成，原子核中的质子与中子统称为核子，因此，原子核中的质子数与中子数之和称为核子数，并把原子核的质量与其核子数之比称为核子平均质量。精确的研究表明，原子核的质量虽然随着原子序数 Z 的增大而增大，但是二者之间并不成正比关系。不同元素的原子核，其核子的平均质量与原子序数 Z 的关系称为核子的平均质量曲线，如图 4-93 所示。从图 4-93 可以看出，其特点是“中间小，两端大”，原子序数为 26 的铁原子核中核子的平均质量最小，在所有原子核中，它是最稳定的。原子序数大于 26，核子平均质量随原子序数的增加而增加；原子序数小于 26，核子平均质量随原子序数的增加而减小。即中等质量的原子核，核子的平均质量较小，而轻核和重核核子的平均质量都比较大。因此，如果原子序数较大的重核 A 裂变成原子序数小一些的核 B 和 C，或原子序数很小的轻核 D、E 聚变成一个原子序数大些的 F 核，由于反应前后核子数不变，都会有质量亏损而释放出巨大的核能。

2. 原子核的结合能与核子的比结合能曲线

独立的核子结合成一个原子核时，要释放出一定的能量，反之，把原子核分开成为独立核子时，需要克服核力做功而吸收同样多的能量，这个能量叫作原子核的结合能。现行高中物理课程标准实验教科书在选修 3-5 第 81 页强调指出：结合能并不是由于核子结合成原子核而具有的能量，而是为把核子分开而需要的能量，且结合能一词只用在原子核中，区别于小得很多的原子的电离能。在科学家利用质谱仪对各种元素的核质量精确测定后，就能方便地从质量亏损计算出不同核的结合能。原子核的结合能越高，表示核子结合成原子核时放出的能量越大，也表示原子核结合得越紧密。

把原子核的结合能与其核子数之比，称为核子的比结合能，也叫平均结合能。即比结合能是把原子核分散成核子时，外界所必须对每个核子做功的平均值。可见，比结合能的大小可以表征原子核稳定的程度。实验发现，随着原子核中的核子数的增加，结合能不断增加，但是，每个核子的比结合能却是个常数，跟核子数的多少无关。因此，为了便于对不同原子核的结合能进行比较，往往采用核子的比结合能。比结合能越大，核子间结合得越紧密，原子核就越难分开而越稳定，即平均每个核子牺牲自己质量来“贡献”的结合能越多，也就是平均每个核子的质量亏损越大。

图 4-94 表示不同核子的比结合能随原子核的质量数 A 的变化曲线，称为比结合能曲线。由图 4-94 可知，由单个核子所组成的氢核（^{1}H），其结合能为零，而质量数低于 20 的核的比结合能变化比较复杂，有明显的涨落，出现了几个峰值。其中氦（^{4}He）、碳（^{12}C）和氧（^{16}O）的比结合能分别为 7.07 MeV、7.68 MeV 和 7.98 MeV。相反，锂（^{6}Li）和重氢（^{2}H）的比结合能很小，分别为 5.33 MeV 和 1.11 MeV。质量数为 50～60 的中等原子核，比结合能变化不大，平均近似等于一个常数（8.6 MeV），说明中等质量

数的原子核的结合能近似与质量数成正比。其中，铁（^{56}Fe）的比结合能为 8.79 MeV，达到了极大值，因而它是最稳定的。当质量数再增大时，比结合能又逐渐平缓下降，直到铀核（^{235}U）以后降为 7.6 MeV 左右。可见，核子的比结合能在 6~9 MeV 范围内变化，比结合能曲线具有“两边低，中间高”的特点。质量数较小的轻核和质量数较大的重核，比结合能较小，核子结合得松一些，而中等质量数的原子核，比结合能较大，核子结合得较紧密。因此，当重核裂变或轻核聚变时，由于反应前后核子数不变，都会发生质量亏损，放出核能而使原子核更为稳定，释放的核能可根据爱因斯坦质能方程来计算。

3. 核子的平均质量曲线与比结合能曲线的比较

由上述分析可以看出，虽然形状上核子的平均质量曲线为中间小，两端大，而核子的比结合能曲线为两边低，中间高，但是二者却具有异曲同工、殊途同归的功能。从核子平均质量的角度看，当核反应后原子核的核子平均质量小于反应前原子核的核子平均质量时，反应过程中就会有质量亏损。若反应前后核子的平均质量相差越大，原子核的质量亏损就越大，该反应释放的核能也就越多。从核子比结合能的角度看，若核子的比结合能越大，表示该原子核在形成过程中每个核子平均释放的能量越多，各个核子平均亏损的质量也就越多，因反应前后核子数不变，则反应后形成的该原子核的核子平均质量就越小，即该原子核也越稳定。因此，利用核子的平均质量曲线和比结合能曲线都能揭示在重核裂变或轻核聚变的过程中，因原子核发生质量亏损而释放出巨大的核能，且轻核比重核的核子平均质量更大，轻核聚变时产生的质量亏损更大，平均每个核子释放的核能也就更多。当然，若核反应过程中，原子核的质量出现盈余，该核反应则需要从外界吸收一定的能量才能实现。因此，从核子的平均质量曲线和比结合能曲线都可以得出核能释放的两种途径为：重核裂变与轻核聚变。1938 年，德国物理学家哈恩（O. Hahn）、奥地利物理学家迈特纳（L. Meitner）和她的侄子弗里什（O. R. Frisch）发现了铀核裂变现象。同年，美国物理学家贝特（H. A. Bethe）和德国天文学家魏扎克（C. F. Weizsacker）又分别独立发现了热核反应，揭开了人类利用核能的序幕。

4. 归因分析

原子核内部核子间的核力不仅是只在不大于 10^{-15} m 的范围内发生强相互吸引的短程力，同时还具有饱和性。即某个核子只与相邻的数目有限的几个核子之间存在着核力的作用，而不是同原子核中所有核子都起作用，因此，核力的饱和性将直接影响重核与中等核的核子比结合能。另外，核力不仅存在于质子间，而且在中子间或中子与质子间都具有相同的核力，即核力与核子的电荷无关。

原子核内核子间除核力外，还同时存在不会饱和的长程电磁斥力，正是由于原子核内核子间的核力与电磁力的特点不同，导致稳定的轻、重原子核中质子与中子的比例不同，如图 4-95 所示。图 4-95 中过坐标原点的倾斜直线表示理想的质子数和中子数相等的稳定原子核，不规则的斜向曲线表示实际存在的原子核。由图 4-95 可知：稳定轻核（原子序数小于20）的质子数和中子数大致相等；稳定重核（原子序数大于20）的中子数大于质子数，且原子序数越大，这种差异越明显。因此，原子核的质量数不是随原子序数的增加而线性增大。

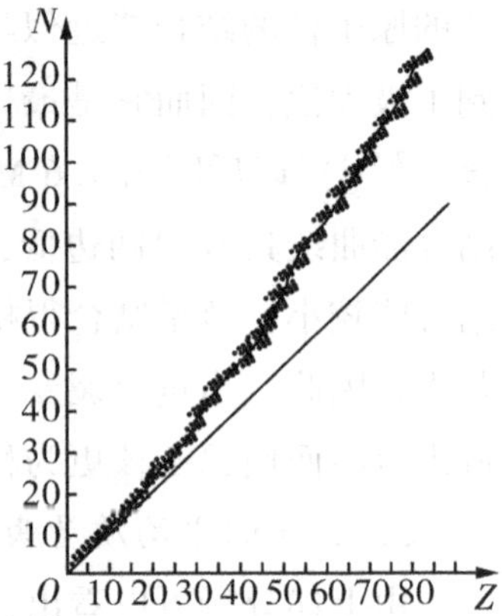

图 4-95　N-Z 图

原子核内的核子间结合能包括与核力相关的引力能（核势能）和质子间静电力产生的斥力能（电势能）两部分。当然，前者比后者大得多。随着核子数增加，强大核力所引起的引力能比质子间作用对应的斥力能大得多，因此，原子核的结合能开始将随核子数增大而增大，其比结合能亦随之增大。由图9-34核子的比结合能曲线可看到，原子核质量数由小变大时，比结合能曲线是上升的。但是，比结合能曲线不是随原子核质量数增大一直上升。当质量数 $A=60$ 以后，比结合能曲线又缓慢下降，这是核力具有饱和性的体现。因为，当核子数增加时，质子数随之增加。由于核子是有规律排布的，其位置不是任意排布的，加之核力具有饱和性，因此，随核子数增加时，与核力相关的引力能不能按核力饱和前的比例增大；而质子间的静电力没有饱和性，则随质子数增加，斥力能将按质子数增大比例而增大。两者综合作用的结果，质子间斥力引起的斥力能将减小核子的比结合能。这时，原子核所含质子数越多，核子的比结合能将越小。因此，重核核子的比结合能比中等质量核核子的比结合能反而更小。

在核物理学中，利用玻尔（N. Bohr）于1936年提出的原子核的液滴模型就能很好地描述原子核结合能的变化规律，它是第一个描写原子核整体行为的宏观模型。所谓原子核的“液滴模型”是指，把原子核比作液滴，核子像液体分子一样均匀地分布于原子核的球体内。即原子核被看作是具有均匀密度的不可压缩的核液滴。根据液滴模型，通过对大量已知核素相应结合能的拟合，魏扎克给出了原子核结合能的半经验公式。原子核的结合能大致包含体积能、表面能、库仑能、非对称能和奇偶能等。原子核结合能及其主要成分的曲线如图4-96所示。

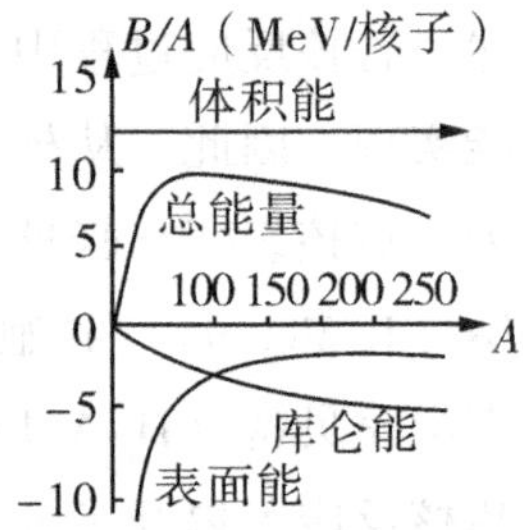

图 4-96　B/A-A 图

第三章　教研范例

§4.3.1　“电场　电场强度”教学设计*

教材分析

“电场　电场强度”为人教社2019版高中物理必修第三册第九章静电场及其应用的第3节，计划2课时，本设计为第一课时的教学设计，第二课时再学习电场线、匀强电场及相关例题。

静电场是整个高中物理电磁学的基础，教材第九章和第十章分别从电荷在电场中受力和电场力做功两个角度，研究静电场力和能的基本性质。而电场强度是描述电场力的性质的物理量，用比值法定义电场强度对以后学习电势、电容和磁感应强度等概念有着重要的意义，将直接影响到学生认知能力的发展和思维能力的培养。

学情分析

学生在初中阶段已学习过磁场，在高中阶段已具备前概念场力：万有引力和库仑力，并且已学习过用比值法定义密度、速度、加速度、电阻，同时本章第2节已学习过理想模型点电荷，这样有利于学生进行电场和电场强度的上位学习，建构新的认知结构。

教学目标

1. 知识与技能

（1）了解场的物质性，知道电荷间的相互作用是通过电场实现的，知道电场是物质客观存在的形式之一。

（2）理解电场强度的定义，会根据电场强度的定义式进行有关的计算。

（3）知道电场强度是矢量，知道电场强度的方向是怎样规定的。

（4）能根据库仑定律和电场强度的定义推导点电荷场强的计算式，并能进行有关的计算，进一步体会物理量的比值定义法。

（5）能用点电荷模型研究电荷间的相互作用，知道电场强度的叠加原理，并能应用该原理进行简单的计算，形成初步的运动与相互作用观。

---

*发表于《中学物理教学参考》2021年第7期。

2. 过程与方法

(1) 通过电场强度的建立过程，体会间接研究法、控制变量法、比值定义法等重要的研究方法。

(2) 通过电场强度的计算和场强的叠加，提高学生的理解与分析问题的能力。

3. 情感态度与价值观

(1) 通过对电场概念的学习，知道自然界有两种物质——实物粒子和场，提高对客观世界的认识层次，形成初步的物质观。

(2) 从电场强度概念的建立过程，体会物理学的简洁与应用之美。

(3) 培养讨论交流、合作探究的习惯。

教学重难点

(1) 教学重点：电场、电场强度概念的建立过程。

(2) 教学难点：电场的物质性，场强的定义、理解及叠加。

(3) 重点难点突破方法：演示实验、自主研究与理论分析相结合。

教学方法

实验分析法、引导发现法、设疑探究法等。

教学过程

(一) 新课引入

(1) 欣赏大卫的魔术表演：手不接触就让小纸团运动起来。

揭秘：通过一根透明的绳子。

提出：现实中有没有不通过实物接触就可以发生的相互作用呢？

(2) 老师表演另外两个魔术：

魔术1：手指不接触就可以带动小物体转动。

揭秘：小物体是包有白纸的小磁针，手里藏有小磁铁，它们通过磁场发生相互作用的。

提出：磁场是一种看不见的物质。

魔术2：拿在手中的“菊花”自动开放。

揭秘：让站在橡胶垫上的人体带电，使手中的丝线因带同种电荷而排斥。

提出：散开的花瓣也没有接触，是通过什么发生相互作用的呢？——电场。

这节课我们就来认识电场、研究电场。

(二) 新课教学

§9.3.1 电场 电场强度

一、电场 (Electric field)

1. 历史简介

最初，大部分物理学家认为，静电力不通过任何介质就立即发生作用，并被称为“超距作用”。19 世纪 30 年代，英国物理学家法拉第提出了“场”的模型，“场”的模型从基本概念上突破了经典力学的框架，为建立近代物理开创了新的起点。

2. 对电场的认识

实验：让泡泡球靠近起电机的金属球，小球先被吸引，接触带电后又被排斥开。

设问：金属球周围看起来什么也没有，为什么能让小球的运动状态发生改变呢？

学生回答后老师总结：

（1）电场的基本性质：对放入其中的电荷有力的作用。这种力叫电场力（Electric field force）。

（2）电场的物质性：

1）电场能对放入其中的电荷有力的作用，说明它是客观存在的物质；

2）电场不是由分子，原子组成的实体物质，而是一种特殊的物质；

3）重力、磁力、电场力等非接触力都是通过场这种特殊的物质产生的。

（3）研究电场的方法：通过放入电场中的电荷的受力来研究，这是物理学中一种常用的研究方法——间接研究法。

二、电场强度（Electric field strength）

1. 建立模型

场源电荷——产生电场的电荷（范氏起电机的金属球）；

试探电荷——研究电场的电荷（带电泡泡球）。

为了不影响原电场，并能对电场中的各点进行细致的研究，要求试探电荷的电荷量足够小，体积足够小，试探电荷是一种理想化模型。

2. 演示实验

把试探电荷放入电场中，发现不同位置处丝线的偏转角度或方向不同，说明不同位置处受力的大小或方向不同。

总结：同一个试探电荷所受电场力的大小和方向不同，反映了电场有强弱和方向。那么我们该如何描述电场的强弱呢？

猜想 1：用电场力来描述电场的强弱。

3. 实验探究

实验目的：电场的强弱与试探电荷所受电场力的关系。

实验器材：范氏起电机的金属球（作为场源电荷），铁架台，用丝线悬挂的带细铜环的泡泡球（作为试探电荷），丝绸和玻璃棒（改变试探电荷的电荷量）。

实验方案由学生分小组设计，老师演示实验后，学生观察实验现象并提出自己的分析（如表4−22）。

表4−22 实验方案及分析

编号	实验方案	实验现象	实验分析
1	同一试探电荷放入电场中不同点，观察细线的偏转情况。	离场源越近，偏转越大，说明受力越大。	可以用电场力描述电场的强弱。
2	不同试探电荷放入电场中同一点，观察细线的偏转情况。	电荷量越多，偏转越大，说明受力越大。	不能用电场力描述电场的强弱。

在两种方案的设计中，我们用到了控制变量法这种重要的研究方法，由实验现象分析可知，仅用试探电荷所受电场力来描述电场是不准确的。

4. 图表分析

问题：在真空中点电荷 Q 的电场中，距离场源电荷为 $2r$ 和 r 处分别有 A、B 两点。设电荷量为 q 的试探电荷在 B 点所受电场力为 F，将 A、B 两点放入不同电荷时所受电场力填入表4−23，并画出 A、B 两点的 $F-q$ 图象。

（1）同一试探电荷放入电场中的不同点 A、B 时，电场力的大小反映电场的强弱。

（2）不同试探电荷放入电场中的同一点 A 时，电场力并不相同，但电场力和电荷量的比值确定。

（3）不同试探电荷放入电场中的同一点 B 时，完成表4−23，并在图4−97中画出 A、B 两点的 $F-q$ 图象。

表4−23 各项目试探电荷

项目	试探电荷	
	电荷量	电场力
A点（距O点2r处）	q	F
	2q	
	3q	
	4q	
B点（距O点r处）	q	
	2q	
	3q	
	4q	

猜想2：用电场力 F 与电荷量 q 的比值来描述电场的强弱。

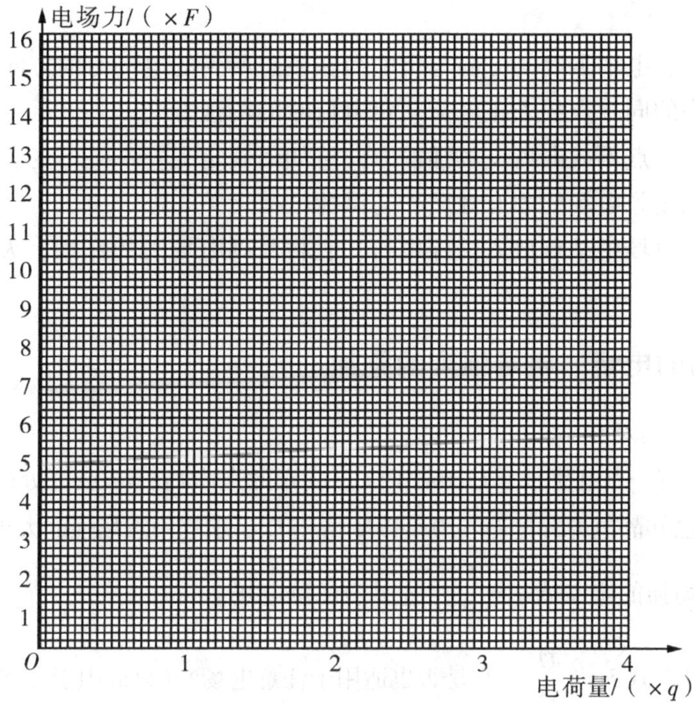

图 4-97　F-q 图象

展示学生的作图情况，分析得出这个比值的特点与电场强弱的特点相吻合。

精确的实验也表明：在任意电场中的同一点这个比值是确定的，说明可以用这个比值来描述电场的强弱，叫作电场强度。

5. 得出结论

定义：放入电场中某点的电荷所受的电场力 F 与它的电荷量 q 的比值，叫作该点的电场强度，简称场强。

定义式：$E=\dfrac{F}{q}$

单位：N/C

6. 延伸拓展

思考讨论 1：能否说某一点的场强 E 与电场力 F 成正比，与电荷量 q 成反比？

学生回答后老师总结出比值定义法。

比值定义法：物理学中，把用比值定义物理量表示研究对象的某种性质的方法。

比如：物质的密度、匀速直线运动的速度、导体的电阻等。

思考讨论 2：场强是矢量，它的方向是否与试探电荷所受电场力的方向一致？

学生分析电场中某点放入正电荷和负电荷时的受力方向不同，只有人为地做出规定才能确定某一点的场强方向。

场强的矢量性：物理学规定，电场强度的方向与正电荷在该点所受的电场力的方向相同。

按照这个规定，电场强度的方向与负电荷在该点所受的电场力的方向相反。

展示：电场中的同一点放入正电荷、负电荷时的场强方向。

提问：如果这一点不放电荷，场强的方向该如何确定呢？——不变。

说明：电场强度是电场的固有性质，与试探电荷无关。

延伸：一旦在电场中某点放入试探电荷，它将受到电场力的作用，大小可由 $F=Eq$ 来计算。

三、点电荷的电场　电场强度的叠加

1. 点电荷电场的场强

练习：真空中有一点电荷 $Q_1=+3.0\times10^{-8}$ C，在距此点电荷 $r=10$ cm 处的 A 点放入点电荷 $q=+5.0\times10^{-10}$ C，已知静电力常量 $k=9.0\times10^{9}\ \mathrm{N\cdot m^2/C^2}$，求这一点场强的大小和方向。

总结：（1）场强的定义式 $E=\dfrac{F}{q}$，适用于任意电场。

（2）场强的计算式 $E=k\dfrac{Q}{r^2}$，它是否也适用于任意电场？（只适用于真空中点电荷的电场）

思考：若电场中某点不放试探电荷，则该点是否还存在场强？场强由哪些因素决定？

通过空间某点的温度与测量工具温度计关系的类比，说明电场强度是描述电场本身性质的物理量，取决于场源电荷的电量、电性和相对位置，与该点是否放置试探电荷无关。

拓展：描述点电荷周围空间的电场强弱、方向分布情况。画出正、负点电荷电场中某点的场强方向，展示电场中很多点的场强方向，体会其基本规律："正电荷光芒四射，负电荷万箭穿心"。

2. 电场强度的叠加

提问：若真空中同时存在两个点电荷，某一点 A 的场强方向该怎样表示呢？——矢量合成。

设问：若真空中同时存在三个或更多的点电荷呢？（遵守平行四边形定则）

电场强度的叠加原理：如果有几个点电荷同时存在，它们电场就互相叠加，形成合电场，这时空间某点的场强等于各个电荷单独存在时在该点产生的场强的矢量和。

练习：若两个电荷为等量异种电荷，在它们的连线中垂线上，试画出某点 O 的场强示意图。

演示：中垂线上各点场强的大小和方向变化情况。

（三）巩固反馈

根据系统科学的反馈原理，应及时进行反馈练习。反馈练习要突出基本概念和基本规律的理解。让学生自编一道选择题，诊断、巩固所学的知识。

下列关于电场和电场强度的说法，正确的是：

A. ____;

B. ____;

C. ____;

D. ____。

一组学生设计选项，由另一组做出分析，展开对抗，合作交流，思悟提升。

（四）布置作业

1. 课后讨论

（1）物体间的万有引力是通过引力场发生相互作用的，地球附近的引力场称为重力场。请仿照电场强度的定义，你认为应该怎样定义重力场强度的大小和方向？试写出重力场强度的定义式。

（2）地球表面附近通常还存在一个竖直方向的电场，一个带负电的微粒在此电场中受到一个向上的力，判断该电场强度的方向。

2. 书面作业

教材必修3第1617页练习与应用1、2、3、7题。

3. 课外阅读

美国高中主流理科教材·科学发现者《物理：原理与问题》（P. W. Zitzewitz，Physics：Principles and Problems）下册（浙江教育出版社，2008）相关内容。

4. 物理在线

http：//www. physicspp. com/；http：//www. glencoe. com/

（五）板书设计

§9.3.1　电场　电场强度

一、电场

二、电场强度

1. 定义：放入电场中某点的电荷所受的电场力 F 跟它的电量 q 的比值

2. 定义式：$E=\dfrac{F}{q}$

3. 单位：N/C

4. 方向：正电荷在该点所受电场力的方向

5. 电场力：$F=Eq$

三、点电荷的电场

1. 点电荷的场强公式：$E=\dfrac{kQ}{r^2}$

2. 适用条件：真空中的点电荷

四、电场强度的叠加

叠加原理：电场中某点的场强为各个点电荷单独在该点产生场强的矢量和

（六）课后反思

现代教育心理学研究指出，学生学习的过程不仅是一个接受知识的过程，而且是一个发现问题、分析问题和解决问题的过程。高中物理课程标准强调，通过感知活动，观察实验、经验事实等一系列实践活动，突出物理过程的教学，经过认识加工，思维整合，从而突破对物理概念的理解。因此在教学中要注重“过程与方法”，应创造条件让学生自己去体验、探究和思悟，有效促进学生智能的发展。

（七）教学流程设计

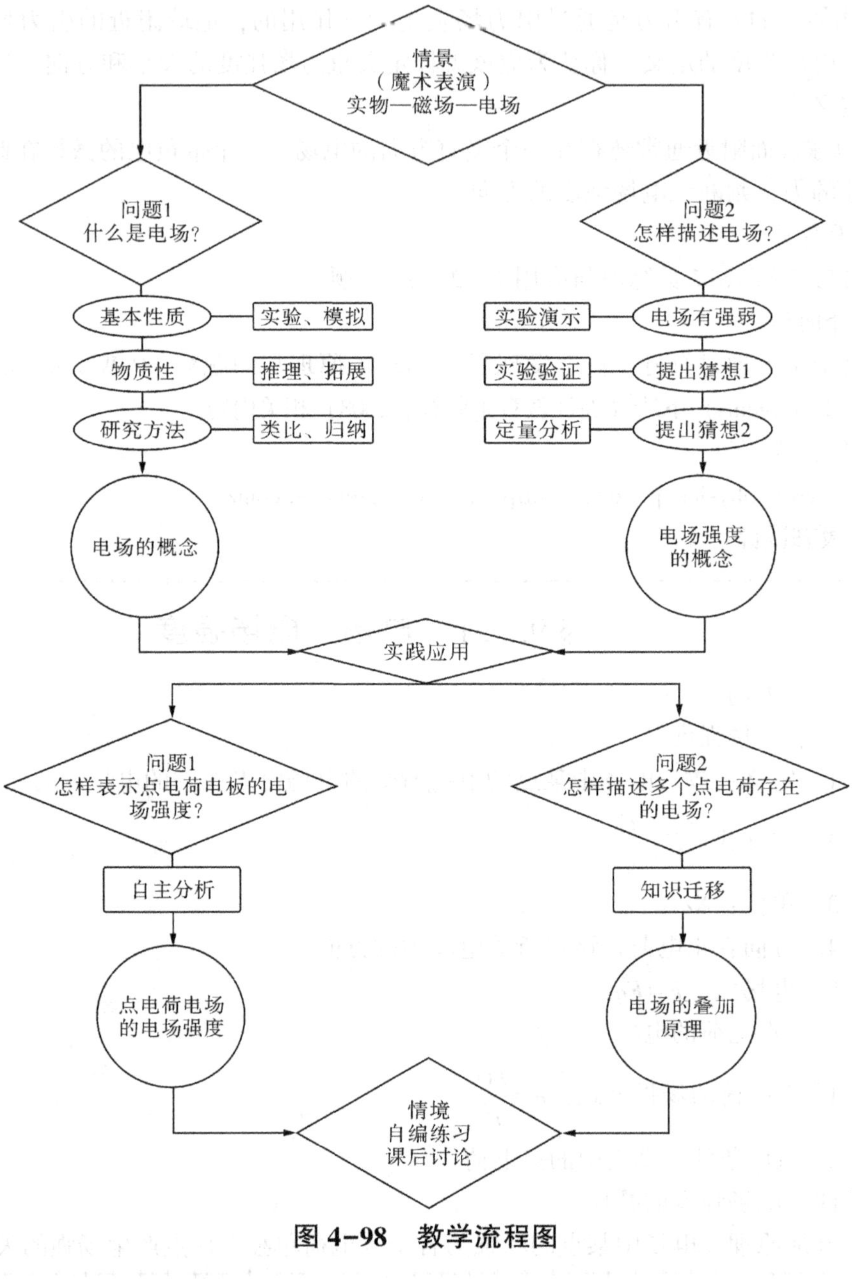

图 4-98　教学流程图

§4.3.2　“电源的功率与效率”专题复习导学案*

☞**学习目标**

（1）理解闭合电路中的能量转化、电功率的分配关系及图象描述。

（2）理解电源的输出功率随外电阻（负载）的变化规律，理解电源的总功率、内耗功率和输出功率随电流的变化规律。

（3）理解电源的效率随外电阻的变化规律。

☞**重点难点**

重点：电源的输出功率随外电阻变化规律的理论推导、实验探究和图象分析。

难点：电源最大输出功率的理论推导、图象分析与普适条件。

☞**知识回顾**

1. 请分别写出电动势、电势差、电流和功率的定义式。

2. 根据图4-99中信息，思考闭合电路中的能量是如何转化的？且满足什么样的数量关系？

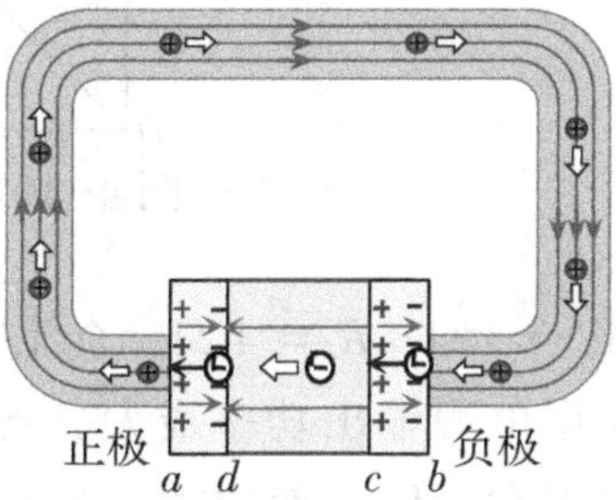

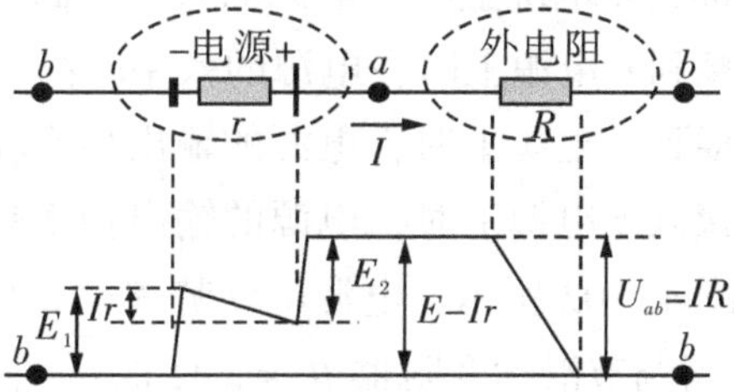

图4-99　情景与信息图

☞**课堂探究**

➤问题1：请推导出电源的总功率、电源内部消耗的功率和电源的输出功率（外电路消耗的功率）的表达式。

➤问题2：闭合电路中电源和负载的伏安特性曲线（U-I图象）分别有何特征？

➤问题3：电源的输出功率随外电阻的改变而如何变化？（P-R图象）

实验探究：详见§1.2.4，实验数据记录如下表。

R/Ω											
P/W											

* 发表于《中学物理》2014年第2期。

理论分析：

➤问题4：能否利用电源和负载的伏安特性曲线（$U-I$图象），分析电源最大输出功率的条件？

➤问题5：电源的总功率、内耗功率和输出功率随电流的变化规律（$P-I$图象）是什么？

➤问题6：电源的效率随外电阻的变化规律是什么（$\eta-R$图象）？

☞**达标检测**

1. 如图4-100所示，电源的电动势$E=9.0\ V$，内阻$r=2.0\ \Omega$，定值电阻$R_1=1.0\ \Omega$，R_2为可调电阻，其阻值在$0\sim10\ \Omega$范围内调节，问：

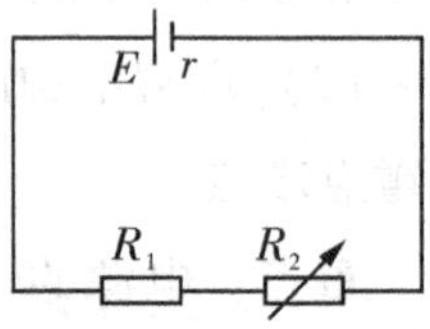

图4-100　电路图

（1）当$R_2=$________时，R_1消耗的电功率最大。

（2）当$R_2=$________时，R_2消耗的电功率最大，此时电源的效率为________。

2. 如图4-101所示，直线A为电源a的路端电压与电流的关系图线；直线B为电源b的路端电压与电流的关系图线；直线C为一个电阻R两端电压与电流的关系图线，将这个电阻分别接到a、b两电源上，那么（　　）

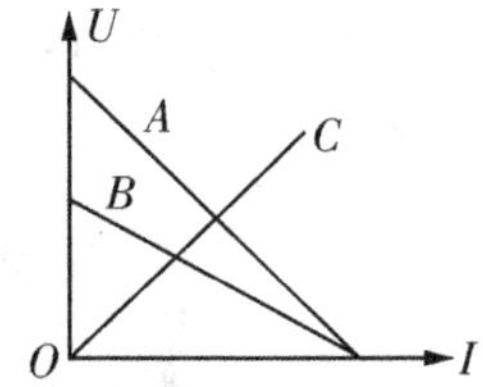

图4-101　$U-I$图

A. R接到a电源上时，电源的效率较高

B. R接到b电源上时，电源的效率较高

C. R接到a电源上时，电源的输出功率较大

D. R接到b电源上时，电源的输出功率较大

3. 如图4-102所示，电源电动势$E=12\ V$，内阻$r=3\ \Omega$，$R_0=1\ \Omega$，直流电动机内阻$R_0'=1\ \Omega$。当调节滑动变阻器$R_1=2\ \Omega$时，图4-102甲电源输出功率最大。调节R_2使图4-102乙中的电源输出功率最大，且此时电动机刚好正常工作（额定功率为6 W），则此时R_2的阻值和电动机的热功率$P_{热}$为（　　）

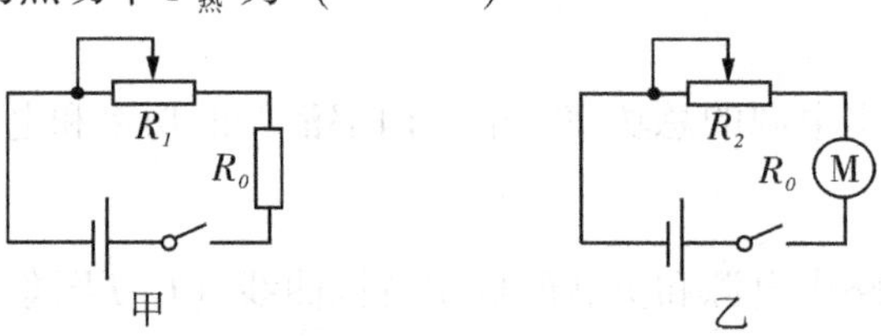

图4-102　电路图

A. $R_2=2\ \Omega$　　B. $R_2=1.5\ \Omega$　　C. $P_{热}=2\ W$　　D. $P_{热}=4\ W$

4. 如图4-103所示，直线OAC为某一直流电源的总功率随总电流变化的图线，抛物线OBC为同一电源内部消耗功率随总电流的变化图线，若A、B对应的横坐标为2，则下面判断正确的是（　　）

A. 电源的电动势为3 V，内电阻为1 Ω

B. 线段AB表示的功率为2 W

C. 电流为 2 A 时，外电路电阻为 0.5 Ω

D. 电流为 3 A 时，外电路电阻为 2 Ω

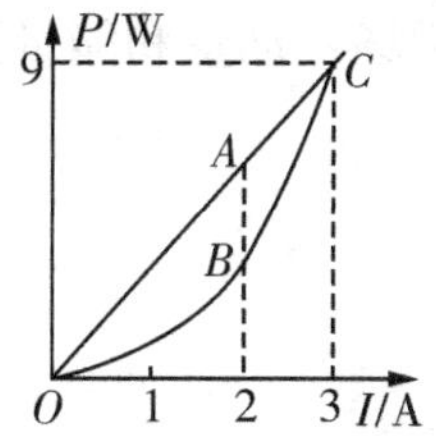

图 4-103　P-I 图线

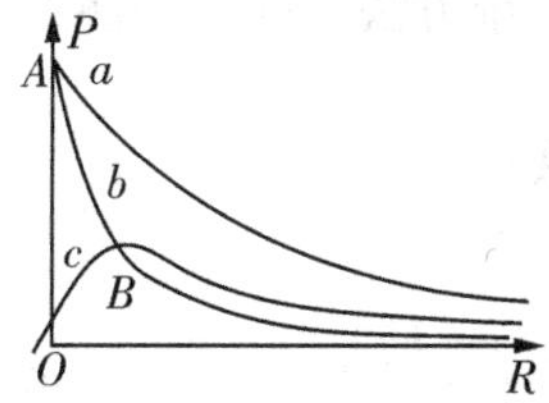

图 4-104　P-R 图线

5. 电源（E，r）的功率随外电阻变化的曲线如图 4-104 所示，其中电源的总功率随外电阻变化的曲线为________，电源的内耗功率随外电阻变化的曲线为________。A 点的纵坐标为________，B 点的横坐标为________，B 点的纵坐标为________。

6. 加在理想变压器原线圈上的交流电源的电动势为 E，内阻为 r，与副线圈相连的负载电阻为 R，如图 4-105 所示。求原线圈中电流 I_1 多大时，负载上获得的功率最大？最大功率是多少？

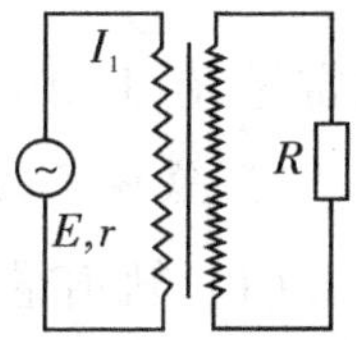

图 4-105　电路图

答案：1.（1）0　（2）3.0，66.7%　2. BC　3. BD　4. ABC

5. a，b，$\frac{E^2}{r}$，r，$\frac{E^2}{4r}$　6. $I=\frac{E}{2r}$，$P_m=\frac{E^2}{4r}$

☞**思悟总结**

（1）简要写出自己学完本节知识的感悟，编制 3 道相关的练习题，并分别写出解析。

（2）根据本节实验探究记录的数据，在坐标纸上画出电源的输出功率随外电阻变化的 P-R 图象。

（3）试用电阻求导法求解电源输出功率的最大值。

§4.3.3　强化“四点复习”——原子物理备考指导*

基于高校理工类招生的基本要求，并与新修订的高中物理课程标准接轨，2017 年高考物理考试大纲把选修 3-5 模块由选考内容调整为必考内容。其中，“原子物理”部分涉及“原子结构”“原子核”“波粒二象性”3 个主题和“氢原子光谱”等 17 个知识点，均为Ⅰ级要求，即对所列知识要知道其内容及含义，并能在有关问题中识别和直接使用，与课程标准中的“了解”和“认识”相当。因此，高考试卷中一般以选择题、填空题的形式呈现、考查，难度中等偏下。

*分别发表于《中学物理教学参考》2017 年第 1-2 期、2019 年第 1-2 期。

近代物理是高中生知识结构中不可缺失的一部分，对培育学生学科核心素养相对经典物理有着无可比拟的优点。在复习备考时，建议根据物理学史的脉络梳理考点，关注近代物理的研究方法和思维方法，同时，注意与电场、磁场、动量和能量知识的有机综合。

一、理解重点

（一）重点

1．氢原子光谱

（1）光谱的分类：连续谱、线状谱（原子光谱）、吸收光谱。其中，光谱分析需要利用线状谱和吸收光谱。

（2）氢原子光谱的实验规律：巴耳末公式$\frac{1}{\lambda}=R\left(\frac{1}{2^2}-\frac{1}{n^2}\right)$，$n=3$，4，5，…，式中里德伯常量$R=1.10\times10^7\ \text{m}^{-1}$。表明氢原子光谱的波长为不连续的分立值，即为线状谱。

2．氢原子的能级

（1）轨道量子化：$r_n=n^2r_1$（$n=1$，2，3…），$r_1=0.53\times10^{-10}\ \text{m}$。

（2）能级公式：$E_n=\frac{E_1}{n^2}$（$n=1$，2，3…），其中E_1为基态能量，氢原子$E_1=-13.6\ \text{eV}$。

（3）氢原子的能级图。

氢原子的能级图如图 4-106 所示。

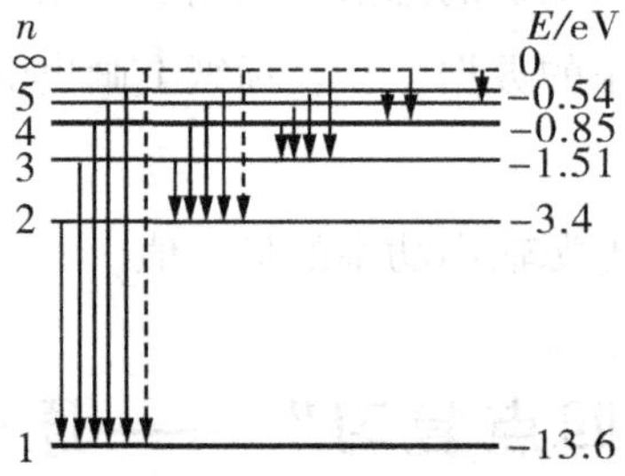

图 4-106　氢原子能级图

（4）定态跃迁的条件：$E_m-E_n=h\nu=\frac{hc}{\lambda}$

3．天然放射现象（表 4-24）

表 4-24　三种射线的本质与特点

类别	符号	本质	速度	电离性	贯穿性	电、磁场偏转
α 射线	${}_2^4\text{He}$	高速氦核流	0.1c	最强	最弱，纸张能挡住	偏转
β 射线	${}_{-1}^{0}\text{e}$	高速电子流	0.99c	较强	较强，穿数毫米厚的铅板	偏转
γ 射线	γ	光子流	c	最弱	最强，穿数厘米厚的铅板	不偏转

4. 原子核的组成

原子核由质子（${}^{1}_{1}H$）和中子（${}^{1}_{0}n$）组成，二者统称为核子，且核子数等于原子核的质量数。其中，较轻原子核的质子数与中子数大致相等，但较重原子核的中子数大于质子数，越重的原子核，两者相差越多。

5. 原子核的衰变

（1）两种衰变的实质、特点与规律（表 4-25）。

表 4-25　两种衰变的实质、特点与规律

衰变类型	α 衰变	β 衰变
衰变方程	${}^{A}_{Z}X \to {}^{A\ 4}_{Z-2}Y + {}^{4}_{3}He$	${}^{A}_{Z}X \to {}^{A}_{Z+1}Y + {}^{0}_{-1}e$
衰变的实质	两个中子、两个质子结合得比较紧密，作为一个整体从原子核中抛出	一个中子转化成一个质子，同时放出一个电子
	$2{}^{1}_{1}H + 2{}^{1}_{0}n \to {}^{4}_{2}He$	${}^{1}_{0}n \to {}^{1}_{1}H + {}^{0}_{-1}e$
特点	每发生一次 α 衰变，新元素与原元素相比较，核电荷数减小 2，质量数减小 4	每发生一次 β 衰变，新元素与原元素相比较，核电荷数增加 1，质量数不变
衰变规律	电荷数守恒、质量数守恒	

γ 射线是在 α 或 β 衰变过程中伴随而生的，且 γ 粒子不带电，因此，γ 射线既不影响原子核的电荷数，也不会改变元素在周期表中的位置。

（2）半衰期。计算公式：$N_{余}=N_{原}\left(\frac{1}{2}\right)^{n}$，$m_{余}=m_{原}\ (\frac{1}{2})^{n}$

其中，$n=\frac{t}{\tau}$，τ 为半衰期，t 表示衰变时间，$N_{原}$、$m_{原}$ 表示衰变前的放射性元素的原子数和质量，$N_{余}$、$m_{余}$ 表示衰变后尚未发生衰变的放射性元素的原子数和质量。

半衰期由原子核内部因素决定，跟原子所处的物理状态（如温度、压强）或化学状态（如单质、化合物）无关，且具有统计意义。

6. 原子核的人工转变

卢瑟福发现质子：${}^{14}_{7}N + {}^{4}_{2}He \to {}^{17}_{8}O + {}^{1}_{1}H$

查德威克发现中子：${}^{9}_{4}Be + {}^{4}_{2}He \to {}^{12}_{6}C + {}^{1}_{0}n$

约里奥·居里夫妇发现放射性同位素和正电子：${}^{27}_{13}Al + {}^{4}_{2}He \to {}^{30}_{15}P + {}^{1}_{0}n$

${}^{30}_{15}P \to {}^{30}_{14}Si + {}^{0}_{+1}e$

7. 核力的特点

（1）核力是核子间的一种强相互作用，在原子核的尺度内，核力比库仑力大得多。

（2）核力是短程力，作用范围在 1.5×10^{-15} m 之内。大于 0.8×10^{-15} m 时表现为引力，超

过 1.5×10^{-15} m 时，核力急剧下降几乎消失；而距离小于 0.8×10^{-15} m 时，核力表现为斥力。

（3）核力具有饱和性，每个核子只跟邻近的核子发生核力作用。

（4）核力与核子是否带电无关，质子与质子间、质子与中子间、中子与中子间都可以有核力作用。

8. 核能

（1）比结合能：原子核的结合能与核子数之比。

比结合能越大，表示原子核中核子结合得越牢固，原子核越稳定。核子数较小的轻核和核子数较大的重核，比结合能较小，中等核子数的原子核，比结合能较大。当比结合能较小的原子核转化为比结合能较大的原子核时，伴随质量亏损，会释放核能。

（2）质量亏损：核反应前后减少的静止质量 Δm。

（3）爱因斯坦质能方程：$\Delta E=\Delta mc^2$，其中，当 Δm 的单位是千克时，ΔE 的单位是焦耳；当 Δm 的单位是 u 时，ΔE 的单位是 MeV。

（4）获得核能的主要途径：重核裂变、轻核聚变，聚变反应比裂变反应平均每个核子放出的能量要大 3~4 倍。注意重核裂变链式反应的条件和轻核聚变发生的条件。

9. 核反应方程

（1）四类核反应方程的比较（表 4-26）。

表 4-26　四类核反应方程

名称		核反应方程	备注
衰变	α 衰变	$^{238}_{92}U\rightarrow^{234}_{90}Th+^{4}_{2}He$	天然放射现象 贝克勒尔
	β 衰变	$^{234}_{90}Th\rightarrow^{234}_{91}Pa+^{0}_{-1}e$	
裂变		$^{235}_{92}U+^{1}_{0}n\rightarrow^{90}_{38}Sr+^{136}_{54}Xe+10^{1}_{0}n$	原子弹原理
聚变		$^{2}_{1}H+^{3}_{1}H\rightarrow^{4}_{2}He+^{1}_{0}n$	氢弹原理
人工转变	发现质子	$^{14}_{7}N+^{4}_{2}He\rightarrow^{17}_{8}O+^{1}_{1}H$	卢瑟福
	发现中子	$^{9}_{4}Be+^{4}_{2}He\rightarrow^{12}_{6}C+^{1}_{0}n$	查德威克
	正电子	$^{27}_{13}Al+^{4}_{2}He\rightarrow^{30}_{15}P+^{1}_{0}n$ $^{30}_{15}P\rightarrow^{30}_{14}Si+^{0}_{+1}e$	约里奥·居里夫妇

（2）注意：在核反应方程中，质量数和电荷数守恒；在解有关力学综合问题时，还有动量守恒和能量守恒。

10. 光电效应

（1）规律

1）任何一种金属都对应一个极限（截止）频率，入射光频率必须大于极限频率才会产生光电效应；

2）光电子的最大初动能与入射光的强度无关，只随着入射光频率的增大而增大；

3）当入射光频率大于极限频率时，保持频率不变，光电流的强度与入射光的强度成正比；

4）入射光照到金属上时，光电子的发射几乎是瞬时的，一般不超过 10^{-9} s。

（2）爱因斯坦光电效应方程：$E_k=h\nu-W_0$

W_0 表示金属的逸出功，ν_c 表示金属的极限频率，则 $W_0=h\nu_c$。

11. 波粒二象性与物质波

（1）光的干涉、衍射、偏振现象说明光具有波动性；光电效应、康普顿效应则证明光具有粒子性。因此，光具有波粒二象性。大量光子产生的效果显示出波动性，个别光子产生的效果显示出粒子性，频率低、波长长的光，波动性显著；而频率高、波长短的光，粒子性显著。

（2）任何一个运动着的物体，小到电子、质子，大到行星、太阳，都有一种波和它对应，物质波（德布罗意波）的波长 $\lambda=\dfrac{h}{p}$。物质波和光波一样，也属于概率波。概率波的实质指粒子在空间分布的概率受波动规律支配，具有不确定性关系。

例 1　（2016·海南卷）下列说法正确的是（　　）

A. 爱因斯坦在光的粒子性的基础上，建立了光电效应方程

B. 康普顿效应表明光子只具有能量，不具有动量

C. 玻尔的原子理论成功地解释了氢原子光谱的实验规律

D. 卢瑟福根据 α 粒子散射实验提出了原子的核式结构模型

E. 德布罗意指出微观粒子的动量越大，其对应的波长就越长

【答案】　ACD

【备考策略】　原子物理成为 2017 年高考的必考部分，需要以物理学史为主线，梳理知识脉络，关注对相关物理学史及学科思想方法的考查，以及我国科学家的相关贡献，如钱三强、何泽慧夫妇发现铀核的三分裂与四分裂，吴有训证实康普顿效应的普遍性等。

例 2　（2015·山东卷）^{14}C 发生放射性衰变成为 ^{14}N，半衰期约 5700 年。已知植物存活期间，其体内 ^{14}C 与 ^{12}C 的比例不变；生命活动结束后，^{14}C 的比例持续减少。现通过测量得知，某古木样品中 ^{14}C 的比例正好是现代植物所制样品的二分之一。下列说法正确的是（　　）

A. 该古木的年代距今约 5700 年

B. ^{12}C、^{13}C、^{14}C 具有相同的中子数

C. ^{14}C 衰变为 ^{14}N 的过程中放出 β 射线

D. 增加样品测量环境的压强将加速 ^{14}C 的衰变

【答案】　AC

【备考策略】　明晰衰变是原子核周期性、自发放出三种射线的天然放射现象，不仅

要知道三种射线的本质与特点，而且要理解衰变的实质、特点与规律，以及半衰期的计算公式和决定因素。

例 3 （2014·浙江卷）玻尔氢原子模型成功解释了氢原子光谱的实验规律，氢原子能级图如图 4-107 所示。当氢原子从 $n=4$ 的能级跃迁到 $n=2$ 的能级时，辐射出频率为________Hz 的光子，用该频率的光照射逸出功为 2.25 eV 的钾表面，产生的光电了的最大初动能为______eV。（电子电量 $e=1.60\times10^{-19}$C，普朗克常量 $h=6.63\times10^{-34}$J·s）

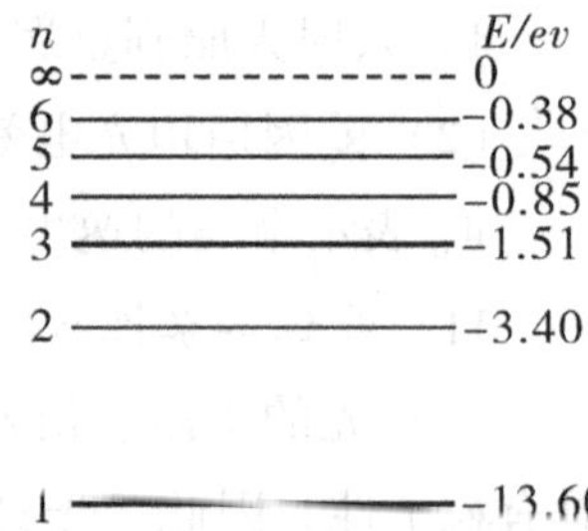

图 4-107 氢原子能级图

【答案】 6.15×10^{14} 0.3

【备考策略】 理解玻尔原子理论的基本假设和光电效应的实验规律，掌握氢原子能级定态跃迁的条件 $E_m-E_n=h\nu$、爱因斯坦光电效应方程 $E_k=h\nu-W_0$。

例 4 （2015·广东卷）科学家使用核反应获取氚，再利用氘和氚的核反应获得能量，核反应方程分别为：$X+Y\to{}_2^4He+{}_1^3H+4.9$ MeV 和 ${}_1^2H+{}_1^3H\to{}_2^4He++X+17.6$ MeV，下列表述正确的有（ ）

A. X 是中子　　　　B. Y 的质子数是 3，中子数是 6

C. 两个核反应都没有质量亏损　　　　D. 氘和氚的核反应是核聚变反应

【答案】 AD

【备考策略】 明确核反应过程遵循电荷数守恒和质量数守恒，轻核聚变反应有能量放出，必存在质量亏损。

例 5 （2015·江苏卷）波粒二象性是微观世界的基本特征，以下说法正确的有（ ）

A. 光电效应现象揭示了光的粒子性

B. 热中子束射到晶体上产生衍射图样说明中子具有波动性

C. 黑体辐射的实验规律可用光的波动性解释

D. 动能相等的质子和电子，它们的德布罗意波长也相等

【答案】 AB

【备考策略】 指导学生按照人类认识波粒二象性的历史脉络认真阅读教材，知道相关的实验事实。例如突出体现波动性的事实：电子束通过双缝实验装置后可以形成干涉图样、利用慢中子衍射来研究晶体的结构、利用电子显微镜观测物质的微观结构等；体现粒子性的光电效应和康普顿效应。另外，本题选项 D 需要明确德布罗意波长公式 $\lambda=\dfrac{h}{p}$、动量与动能的关系式 $p^2=2mE_k$。

（二）备考练习

1. 在人类对微观世界进行探索的过程中，科学实验起到了非常重要的作用。下列说

法符合历史事实的是（　　）

A. 密立根通过实验测出了普朗克常量的数值，从而验证了爱因斯坦光电效应方程的正确性

B. 贝克勒尔通过对天然放射现象的研究，发现了原子中存在原子核

C. 中国学者吴有训测试了多种物质对 X 射线的散射，证实了康普顿效应的普遍性

D. 汤姆逊通过阴极射线在电场和磁场中的偏转实验，发现了阴极射线是由带负电的粒子组成的，并测出了该粒子的比荷

2. 如图 4–108 甲是 α、β、γ 三种射线穿透能力的示意图，图 4–108 乙是工业上利用射线的穿透性来检查金属内部的伤痕的示意图。请问图 4–108 乙中的检查相关说法是（　　）

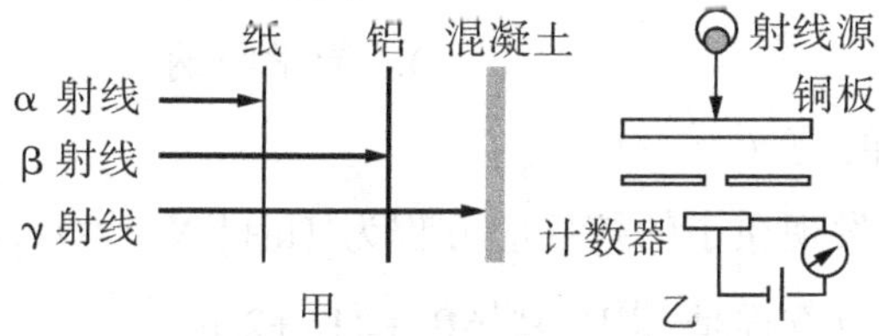

图 4–108　情景示意图

A. γ 射线，该射线速度最大，等于光速，电离能力最弱

B. α 射线，该射线的速度远远小于光速，电离能力最强，说明原子核内有电子

C. β 射线，等于光速，贯穿能力强，不带电

D. 一个原子核在一次衰变中可同时放出 α、β、γ 三种射线

3. 图 4–109 甲所示为氢原子的能级，图 4–109 乙为氢原子的光谱。氢原子光谱在可见光部分只有四条谱线，一条红色、一条蓝色、两条紫色，它们分别是从 $n=3$、4、5、6 能级向 $n=2$ 能级跃迁时产生的，则（　　）

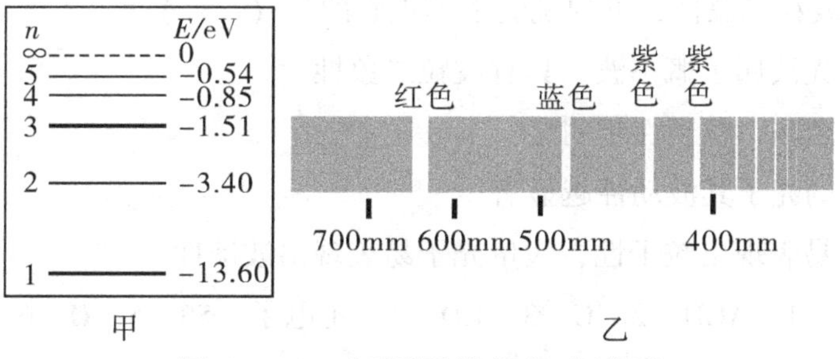

图 4–109　氢原子能级与光谱图

A. 红色光谱是氢原子从 $n=6$ 能级向 $n=2$ 能级跃迁时产生的

B. 蓝色光谱是氢原子从 $n=6$ 能级或 $n=5$ 能级向 $n=2$ 能级跃迁时产生的

C. 红色光谱是氢原子从 $n=3$ 能级向 $n=2$ 能级跃迁时产生的

D. 紫色光谱是氢原子从 $n=6$ 能级和 $n=5$ 能级向 $n=2$ 能级跃迁时产生的

4. 约里奥·居里夫妇因发现人工放射性同位素而获得了 1935 年的诺贝尔化学奖，他

们发现的放射性元素$^{30}_{15}P$衰变成$^{30}_{14}Si$的同时放出另一种粒子，这种粒子是____。$^{32}_{15}P$是$^{30}_{15}P$的同位素，被广泛应用于生物示踪技术。1 mg $^{32}_{15}P$随时间衰变的关系如图 4-110 所示，请估算 4 mg 的$^{32}_{15}P$经________天的衰变后还剩 0.25 mg。

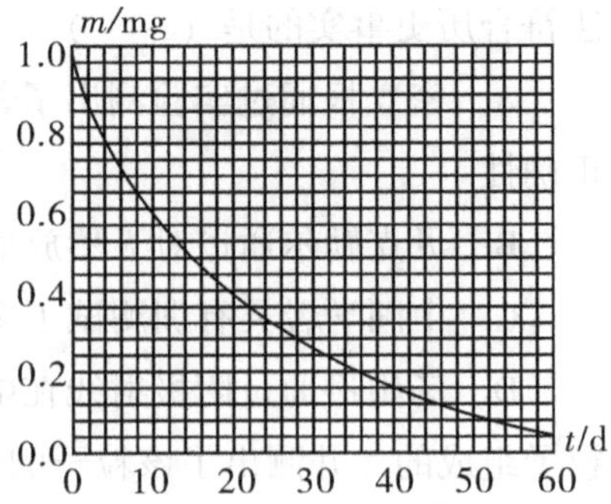

图 4-110 m-t 图

5. 爱因斯坦由光电效应的实验规律，猜测光具有粒子性，从而提出光子说，从科学研究的方法来说，这属于（　　）

A. 等效替代　　B. 控制变量

C. 科学假说　　D. 数学归纳

6. 下列说法中错误的是（　　）

A. 卢瑟福通过实验发现质子的核反应方程为$^{4}_{2}He+^{14}_{7}N\to^{17}_{8}O+^{1}_{1}H$

B. 铀核裂变的核反应方程是：$^{235}_{92}U\to^{141}_{5}6Ba+^{92}_{36}Kr+2^{1}_{0}n$

C. 质子、中子、α 粒子的质量分别为m_1、m_2、m_3，质子和中子结合成一个 α 粒子，释放的能量是$(2m_1+2m_2-m_3)c^2$

D. 放射性元素的半衰期是针对大量原子核的统计规律

7. 用波长为2.0×10^{-7} m 的紫外线照射钨的表面，释放出来的光电子中最大的动能是4.7×10^{-19} J。由此可知，钨的极限频率是（普朗克常量$h=6.63\times10^{-34}$ J·s，光速$c=3.0\times10^{8}$ m/s）（　　）

A. 5.5×10^{14} Hz　　B. 7.9×10^{14} Hz　　C. 9.8×10^{14} Hz　　D. 1.2×10^{15} Hz

8. 关于光的波粒二象性，下列说法中不正确的是（　　）

A. 物质波与光波属于概率波，具有波粒二象性

B. 光波频率越高，粒子性越明显

C. 能量越大的光子其波动性越显著

D. 个别光子易表现出粒子性，大量光子易表现出波动性

【参考答案】 1. ACD　2. C　3. CD　4. 正电子　56　5. C　6. B　7. B　8. C

二、突破难点

（一）难点

1. 原子核衰变次数的判断

设放射性元素$^{A}_{Z}X$经过 n 次 α 衰变和 m 次 β 衰变后，变成稳定的新元素$^{A'}_{Z'}Y$，则衰变方程为

$$^{A}_{Z}X \rightarrow ^{A'}_{Z'}Y + n^{4}_{2}He + m^{0}_{-1}e$$

根据电荷数守恒和质量数守恒可列方程

$$A=A'+4n$$

$$Z=Z'+2n-m$$

则α衰变和β衰变次数分别为

$$n=\frac{A-A'}{4}$$

$$m=Z'-Z+\frac{A-A'}{2}$$

2. 用电场或磁场区分三种射线

（1）不论在电场还是磁场中，γ射线总是做匀速直线运动，不发生偏转。

（2）α射线和β射线在电场中偏转的特点：在匀强电场中，α粒子和β粒子沿相反方向做类平抛运动，且在同样的条件下，β粒子沿电场方向的偏移量最大。根据粒子在电场力方向做初速度为零的匀加速直线运动，位移x可表示为$x=\frac{1}{2}at^2=\frac{1}{2}\cdot\frac{qE}{m}\left(\frac{y}{v}\right)^2\propto\frac{q}{mv^2}$。

所以，在同样条件下，β和α粒子偏移量之比为$\frac{x_\beta}{x_\alpha}=\frac{e}{2e}\cdot\frac{4m_p}{m_p/1836}\cdot\frac{\frac{1}{10}c^2}{0.99c^2}=37.5\gg1$。

（3）α射线和β射线在磁场中偏转的特点：在匀强磁场中，α粒子和β粒子沿相反方向做匀速圆周运动，且在同样条件下，β粒子的轨道半径小，偏转大。

根据$qvB=\frac{mv^2}{R}$，得　　$R=\frac{mv}{qB}\propto\frac{mv}{q}$

所以，在同样条件下，β粒子与α粒子的轨道半径之比为

$$\frac{R_\beta}{R_\alpha}=\frac{m_p/1836}{4m_p}\cdot\frac{0.99c}{c/10}\cdot\frac{2e}{e}=\frac{1}{371}\ll1$$

根据上述径迹特点，即使电场和磁场方向未知，也可以区分射线的种类。

3. 用图象表示光电效应的规律

（1）E_k-ν图象。根据爱因斯坦光电效应方程$E_k=h\nu-W_0$，光电子的最大初动能E_k是入射光频率ν的一次函数，图象如图4-111所示。其横轴截距为金属的极限频率ν_c，纵轴截距是金属的逸出功的负值；斜率为普朗克常量h。

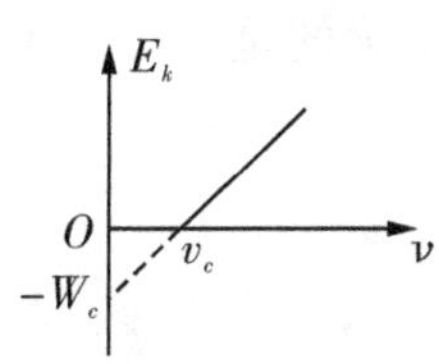

图 4-111　E_k-ν 图

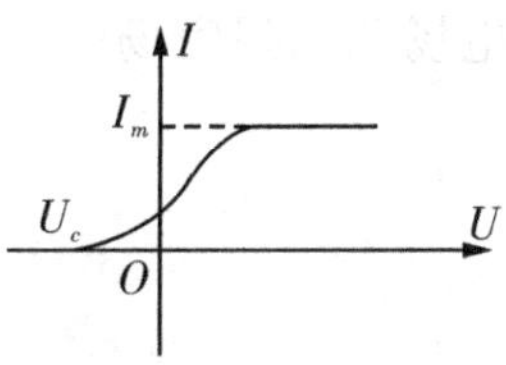

图 4-112　I-U 图

（2）$I-U$ 图象。光电流强度 I 随光电管两极间电压 U 的变化图象如图 4-112 所示，图中 I_m 为饱和光电流，U_c 为遏止电压。利用 $\frac{1}{2}m_e v_m^2 = eU_c$ 可得光电子的最大初动能。

4. 核能的计算方法

（1）利用质能方程计算核能。

1）根据核反应方程，计算核反应前与核反应后的质量亏损 Δm。

2）根据爱因斯坦质能方程 $\Delta E = \Delta mc^2$ 计算核能。若 Δm 的单位用 kg、c 的单位用 m/s，则 ΔE 的单位为 J；若 Δm 的单位用 u，则 ΔE 的单位为 MeV，即 $1\ \text{u} = 1.66 \times 10^{-27}$ kg，相当于 931.5 MeV，这个结论可在计算中直接应用。

（2）利用比结合能计算核能。核反应时，反应前系统内所有原子核的总结合能与反应后生成的所有新核的总结合能之差，就是该次核反应所释放（或吸收）的核能。

5. 核反应过程中的动量与能量守恒

核反应过程中满足四个守恒：质量数守恒、电荷数守恒、动量守恒、能量守恒。

例 1 放射性元素 $^{238}_{92}U$ 衰变有多种可能途径，其中一种途径是先变成 $^{210}_{83}Bi$，而 $^{210}_{83}Bi$ 可以经一次衰变变成 $^{210}_{a}X$（X 代表某种元素），也可以经一次衰变变成 $^{b}_{81}Tl$，$^{210}_{a}X$ 和 $^{b}_{81}Tl$ 最后都变成 $^{206}_{82}Pb$，衰变路径如图 4-113 所示。则（　　）

A. $a=82$，$b=211$

B. $^{210}_{83}Bi \to ^{210}_{a}X$ 是 β 衰变，$^{210}_{83}Bi \to ^{b}_{81}Tl$ 是 α 衰变

C. $^{b}_{81}Tl$ 经过一次 α 衰变变成 $^{206}_{82}Pb$

D. $^{238}_{92}U$ 衰变为 $^{206}_{82}Pb$ 要经过 8 次 α 衰变和 6 次 β 衰变

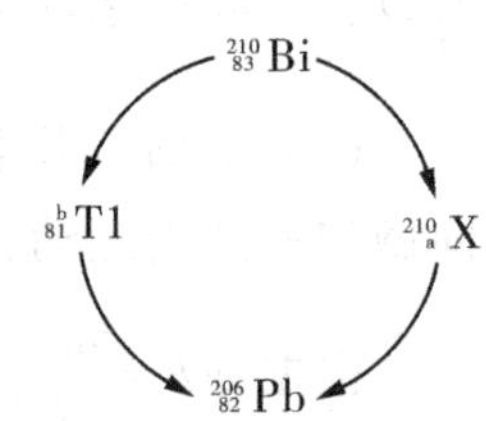

图 4-113　衰变路径

【答案】 BD

【方法指导】 衰变次数的判断方法

（1）衰变过程遵循质量数守恒和电荷数守恒。

（2）每发生一次 α 衰变，质量数减少 4，质子数、中子数均减少 2。

（3）每发生一次 β 衰变，质量数不变，中子数减少 1，质子数增加 1。

（4）计算出放射性元素电荷数的变化量，不仅可以判断衰变的次数，也可以推断在元素周期表中位置的变化。

例 2 （2014·福建卷）如图 4-114，放射性元素镭衰变过程中释放出 α、β、γ 三种射线，分别进入匀强电场和匀强磁场中，下列说法正确的是（　　）

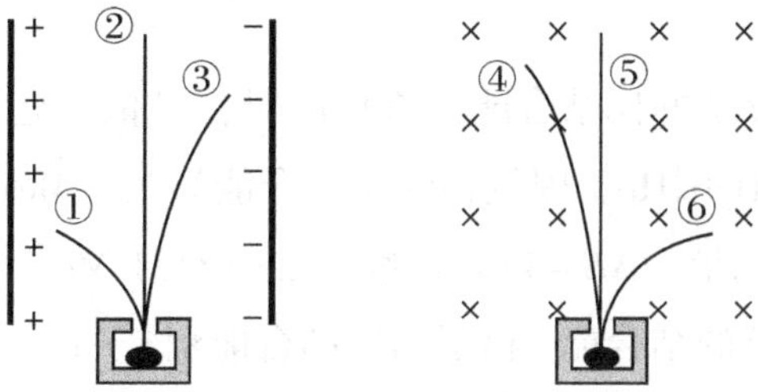

图 4-114　情景图

A. ①表示 γ 射线，③表示 α 射线　　B. ②表示 β 射线，③表示 α 射线

C. ④表示 α 射线，⑤表示 γ 射线　　D. ⑤表示 β 射线，⑥表示 α 射线

【答案】　C

【方法指导】　三种射线在匀强电场或匀强磁场中的偏转，可根据三种射线的带电特点和在匀强磁场或匀强电场中的受力偏转情况进行判断。注意：当带电粒子在匀强电场中偏转时，可通过类平抛运动计算出粒子在竖直方向的位移关系式，分析该位移与比荷的关系，再结合图示进行比较判断。

例 3　（2015·课标Ⅰ卷）在某次光电效应实验中，得到的遏止电压 U_c 与入射光的频率 ν 的关系如图 4-115 所示，若该直线的斜率和截距分别为 k 和 b，电子电荷量的绝对值为 e，则普朗克常量可表示为__________，所用材料的逸出功可表示为__________。

【答案】　ek　$-eb$

【方法指导】　理解遏止电压的物理意义，结合光电子在电场中的功能关系和爱因斯坦光电效应方程可得

$$eU_c=\frac{1}{2}mv_m^2=h\nu-W$$

恒等变形为

$$U_c=\frac{h}{e}\nu-\frac{W}{e}$$

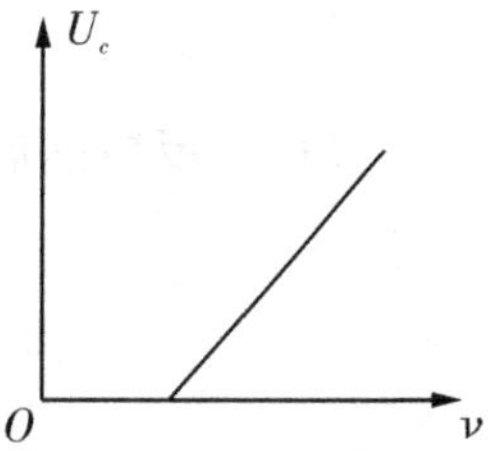

图 4-115　U_C-ν 图

结合图象可知

$$\frac{h}{e}=k \qquad \frac{W}{e}=-b$$

建议研究人教版选修 3-5 教材第 34 页例题，密立根通过实验测出普朗克常量的数值，验证爱因斯坦光电效应方程的正确性。

例 4　已知氘核的比结合能为 1.1 MeV，氦核的比结合能为 7.1 MeV，则两个氘核结合成一个氦核时（　　）

A. 释放出 4.9 MeV 的能量　　B. 释放出 6.0 MeV 的能量

C. 释放出 24.0 MeV 的能量　　D. 吸收 4.9 MeV 的能量

【答案】 C

【方法指导】 利用核子的比结合能计算核能时，可依据题意写出两个氘核结合成一个氦核的核反应方程${}_1^2H+{}_1^2H \to {}_2^4He$，因氘核的比结合能为 1.1 MeV，氦核的比结合能为 7.1 MeV，故核反应过程释放能量。$\Delta E=4\times 7.1\ MeV-2\times 2\times 1.1\ MeV=24.0\ MeV$，故选 C。

【易错警示】 原子核的结合能=核子的比结合能×核子数。常犯错误是不理解比结合能的意义，计算时没有考虑相应的核子数。

例 5 两个氘核聚变产生一个中子和一个氦核（氦的同位素）。已知氘核质量 $m_D=2.0136\ u$，氦核质量 $m_{He}=3.0150\ u$，中子质量 $m_n=1.0087\ u$。

（1）写出聚变方程，并计算出释放的核能（已知 1 u 相当于 931.5 MeV）。

（2）若反应前两氘核的动能均为 $E_{kD}=0.35\ MeV$。它们正面对撞发生聚变，且反应后释放的核能全部转变为动能，则反应后产生的氦核和中子的动能各为多大？

【方法指导】（1）利用质能方程来计算核能，先写出聚变的核反应方程为

$$2{}_1^2H \to {}_2^3He+{}_0^1n$$

再计算核反应中的质量亏损为

$$\Delta m=2m_D-(m_{He}+m_n)=(2\times 2.0136-3.0150-1.0087)\ u=0.0035\ u$$

则释放的核能为

$$\Delta E=0.0035\times 931.5\ MeV\approx 3.26\ MeV$$

（2）把两个氘核作为一个系统，对撞过程中动量守恒。由于反应前两氘核动能相同，相向正碰，它们的动量等大反向，因此反应前后系统的总动量恒为零，即

$$0=m_{He}v_{He}+m_nv_n \qquad ①$$

又由于反应前后总能量守恒，故反应后氦核和中子的总动能为

$$\frac{1}{2}m_{He}v_{He}^2+\frac{1}{2}m_nv_n^2=\Delta E+2E_{kD} \qquad ②$$

因为 $m_{He}:m_n=3:1$，所以由①得氦核和中子的速率之比$\frac{v_{He}}{v_n}=\frac{1}{3}$把这两个关系代入②式得

$$\Delta E+2E_{kD}=4\times\frac{1}{2}m_{He}v_{He}^2=4E_{kHe}$$

即 $$(3.26+2\times 0.35)\ MeV=4E_{kHe}$$

得氦核的动能和中子的动能分别为

$$E_{kHe}=\frac{1}{4}\times(3.26+2\times 0.35)\ MeV=0.99\ MeV$$

$$E_{kn}=3E_{kHe}=2.97\ MeV$$

【易错警示】　注意反应后释放的核能全部转变为动能。该题常犯的错误在于运用能量守恒定律解题时没有将核反应过程中与原子核质量增减对应的能量考虑进去，而认为作用后的总动能等于作用前的总动能。

另外，在电场或磁场情景中，与功能关系等力学知识的综合，建议研究人教版选修 3-5 教材第 50 页练习题 4，测定电子的比荷。

（二）备考练习

1. 放射性元素 A 经过 3 次 α 衰变和 2 次 β 衰变后生成一新元素 B，则元素 B 在元素周期表中的位置较元素 A 的位置向前移动了（　　）

A. 1 位　　B. 2 位　　C. 3 位　　D. 4 位

2. 研究放射性元素射线性质的实验装置如图 4-116 所示。两块平行放置的金属板 A、B 分别与电源的两极 a、b 连接，放射源发出的射线从其上方小孔向外射出。则（　　）

A. a 为电源正极，到达 A 板的为 α 射线

B. a 为电源正极，到达 A 板的为 β 射线

C. a 为电源负极，到达 A 板的为 α 射线

D. a 为电源负极，到达 A 板的为 β 射线

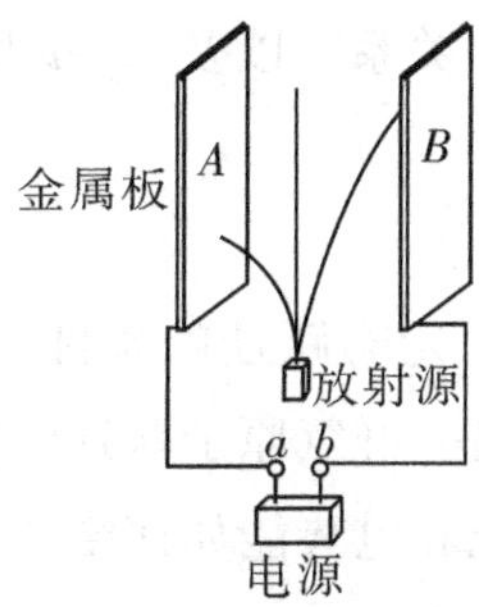

图 4-116　实验装置图

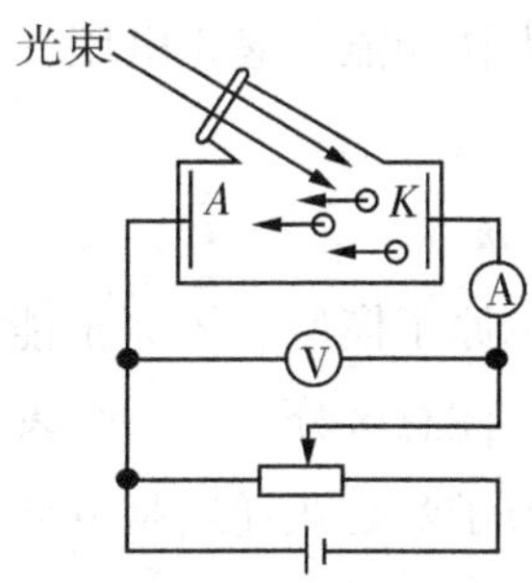

图 4-117　电路图

3. (1) 研究光电效应的电路如图 4-117 所示。用频率相同、强度不同的光分别照射密封真空管的钠极板（阴极 K），钠极板发射出的光电子被阳极 A 吸收，在电路中形成光电流。下列光电流 I 与 A、K 之间的电压 U_{AK} 的关系图象中，正确的是（　　）

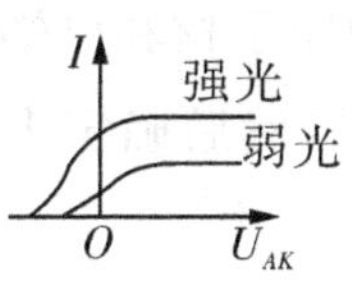

A

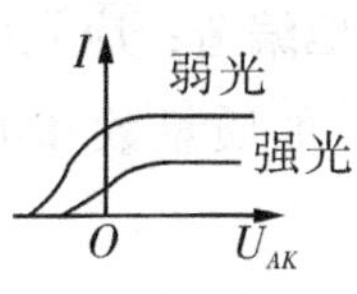

B

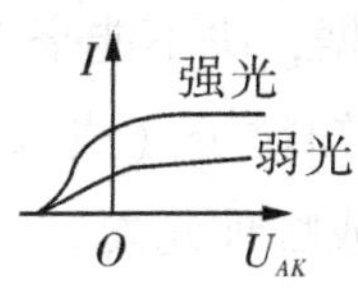

C

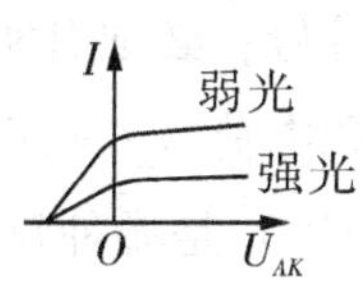

D

(2) 钠金属中的电子吸收光子的能量，从金属表面逸出，这就是光电子。光电子从金属表面逸出的过程中，其动量的大小________（选填“增大”“减小”或“不变”），原因是____。

4. 一个静止的钚核$^{239}_{94}Pu$自发衰变成一个铀核$^{235}_{92}U$和另一个原子核X，并释放出一定的能量。其核衰变方程为：$^{239}_{94}Pu \to ^{235}_{92}U+X$。

（1）方程中的“X”核符号为________。

（2）钚核的质量为239.052 2 u，铀核的质量为235.043 9 u，X核的质量为4.002 6 u，已知1 u相当于931 MeV，则该衰变过程放出的能量是________MeV。

（3）假设钚核衰变释放的能量全部转变为铀核和X核的动能，则X核与铀核的动能之比是________。

【参考答案】 1. D　2. B　3.（1）C　（2）减小　光电子受到金属表面层中力的阻碍作用（或需要克服逸出功）　4.（1）$^{4}_{2}He$　（2）5.31　（3）58.7

三、关注热点

（一）热点

1. 光电效应

主要考查光电效应的四条实验规律、爱因斯坦光电效应方程的应用、光电效应规律的图象描述与物理意义。注意光电效应的发生条件，理解入射光频率、光强、（饱和）光电流、光电子的最大初动能、遏止电压、逸出功之间的关系，以及$E_k-\nu$图象和$I-U$图象的表达。

2. 氢原子能级

主要考查玻尔原子模型、氢原子能级与能级图、定态跃迁的条件、跃迁频率的种类、原子电离的条件。注意区分：是一个氢原子跃迁还是一群氢原子跃迁？使原子能级跃迁的是光子还是实物粒子？是跃迁还是电离？跃迁后动能和电势能如何变化？同时注意向类氢原子能级的知识迁移、与光电效应和氢原子光谱的结合。

3. 核反应方程

主要考查核反应方程的种类和书写。书写核反应方程时应注意：必须遵守质量数和电荷数守恒；核反应方程中的箭头“→”表示核反应进行的方向，核反应不可逆，不能把箭头写成等号；必须有实验依据，决不能毫无根据地编造；应先由已知原子核和已知粒子的质量数和电荷数，确定出未知粒子（或未知核）的质量数和电荷数，然后确定未知粒子（或未知核）是哪种粒子（或哪种元素）。

例1（2016·课标Ⅰ卷）现用一光电管进行光电效应的实验，当用某一频率的光入射时，有光电流产生。下列说法正确的是（　　）

A. 保持入射光的频率不变，入射光的光强变大，饱和光电流变大

B. 入射光的频率变高，饱和光电流变大

C. 入射光的频率变高，光电子的最大初动能变大

D. 保持入射光的光强不变，不断减小入射光的频率，始终有光电流产生

E. 遏止电压的大小与入射光的频率有关，与入射光的光强无关

【答案】　ACE

【方法指导】　光强是指单位时间内、单位面积上入射光的总能量。由光电效应规律可知，在发生光电效应时，饱和光电流大小由光强来决定，与频率无关，光强越大，饱和光电流越大；当频率低于截止频率时，无论光强多大，都不会有光电流产生。对于同一光电管，逸出功不变，由爱因斯坦光电效应方程可知，光电子的最大初动能随入射光频率的增加而增大；由 $U_c=\frac{h}{e}\nu-\frac{W}{e}$ 可知，遏止电压只与入射光频率有关，与入射光强无关。

例 2　（2015·海南卷）氢原子基态的能量为 $E_1=-13.6$ eV。大量氢原子处于某一激发态。由这些氢原子可能发出的所有的光子中，频率最高的光子能量为 $-0.96E_1$，频率最小的光子的能量为________eV（保留 2 位有效数字），这些光子可具有________种不同的频率。

【答案】　0.31　10

【方法指导】　对于处于某一激发态的大量氢原子，已知所发出频率最高的光子能量，根据能级定态跃迁条件，可求出 $E_n=-0.54$ eV，即 $n=5$。从 $n=5$ 能级开始，根据 $\frac{n(n-1)}{2}$ 可得共有 10 种不同频率的光子。从 $n=5$ 到 $n=4$ 跃迁的光子频率最小，根据 $E=E_4-E_5$ 可得频率最小的光子的能量为 0.31 eV。

例 3　（2016·课标Ⅱ卷）在下列描述核过程的方程中，属于 α 衰变的是________，属于 β 衰变的是________，属于裂变的是________，属于聚变的是________。（填正确答案标号）

A. ${}^{14}_{6}C\rightarrow{}^{14}_{7}N+{}^{0}_{-1}e$　　B. ${}^{32}_{15}P\rightarrow{}^{32}_{16}S+{}^{0}_{-1}e$

C. ${}^{238}_{92}U\rightarrow{}^{234}_{90}Th+{}^{4}_{2}He$　　D. ${}^{14}_{7}N+{}^{4}_{2}He\rightarrow{}^{17}_{8}O+{}^{1}_{1}H$

E. ${}^{235}_{92}U+{}^{1}_{0}n\rightarrow{}^{140}_{54}Xe+{}^{94}_{38}Sr+2{}^{1}_{0}n$　　F. ${}^{3}_{1}H+{}^{2}_{1}H\rightarrow{}^{4}_{2}He+{}^{1}_{0}n$

【答案】　C　AB　E　F

【方法指导】　明确四类核反应（衰变、重核裂变、轻核聚变、人工核转变）方程的特点。

（二）备考练习

1. 用不同频率的光分别照射钨和锌，产生光电效应，根据实验可画出光电子的最大初动能 E_k 随入射光频率 ν 变化的 $E_k-\nu$ 图线。已知钨的逸出功是 4.54 eV，锌的逸出功为 4.62 eV，若将二者的图线画在同一个 $E_k-\nu$ 坐标系中，则正确的图象是（　）

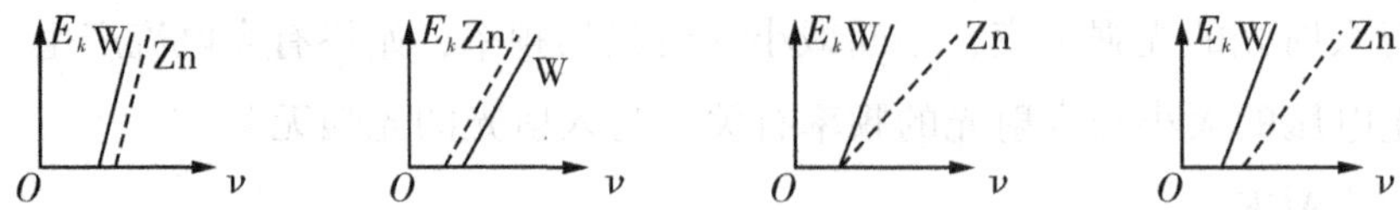

A　　B　　C　　D

2. 在光电效应实验中，用同一装置在甲、乙、丙光三种光的照射下得到了三条光电流与电压之间的关系曲线，如图 4-118 所示。则可判断出（　　）

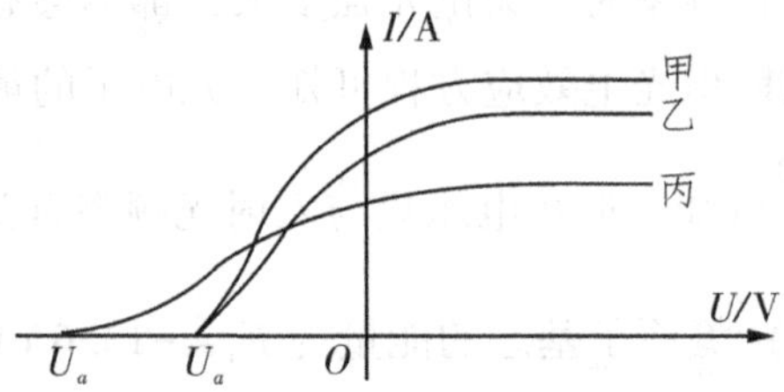

图 4-118　$I-U$ 图线

A. 甲光的频率大于乙光的频率

B. 乙光的波长大于丙光的波长

C. 乙光的光强大于甲光的光强

D. 甲光对应的光电子最大初动能大于丙光的光电子最大初动能

3. 氦原子被电离出一个核外电子，形成类氢结构的氦离子。已知基态的氦离子能量为 $E_1=-54.4$ eV，氦离子能级的示意图如图 4-119 所示，用一群处于第 4 能级的氦离子发出的光照射逸出功为 4.1 eV 的金属钛。求：

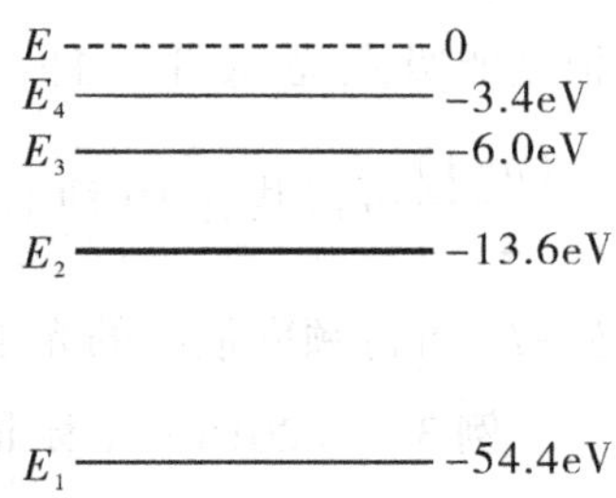

图 4-119　氦离子能级图

（1）氦离子发出的光子中，有几种能使金属钛发生光电效应？

（2）发生光电效应时，溢出光电子的初动能最大是多少？

4. 现有三个核反应：

①$^{24}_{11}Na \to ^{24}_{12}Mg+$________；

②$^{235}_{92}U+^{1}_{0}n \to ^{141}_{56}Ba+^{92}_{36}Kr+$________；

③$^{2}_{1}H+^{3}_{1}H \to ^{4}_{2}He+$________。

完成上述核反应方程，并判断下列说法正确的是（　　）

A. ①是裂变，②是 β 衰变，③是聚变

B. ①是聚变，②是裂变，③是 β 衰变

C. ①是 β 衰变，②是裂变，③是聚变

D. ①是 β 衰变，②是人工转变，③是裂变

【参考答案】 1. A　2. B　3.（1）5 种　（2）46.9 eV　4. ①$^{0}_{-1}e$　②$3^{1}_{0}n$　③$^{1}_{0}n$　C

四、把握易错点

（一）易错点

1. β 衰变从原子核中溢出电子，原子核内部有电子吗？

明确 β 衰变的实质 ${}_{0}^{1}n \to {}_{1}^{1}H + {}_{-1}^{0}e$，即原子核中的中子转变为质子时，伴随生成并放出电子，且一个原子核在一次衰变中不能同时放出 α 和 β 射线，但可伴随放出 γ 射线。

2. 半衰期公式的适用条件

半衰期是一个统计概念，是对大量的原子核衰变规律的总结，对于一个特定的原子核，无法确定其何时发生衰变，但可以确定各个时刻发生衰变的概率，即某时衰变的可能性，因此，半衰期只适用于大量的原子核。

3. 是一个氢原子跃迁还是一群氢原子跃迁？

（1）当一个氢原子跃迁时。

1）确定氢原子所处的能级，画出能级图。

2）分别画出处于激发态的氢原子向低能态跃迁时最多可能的跃迁示意图。

3）根据定态跃迁的条件 $h\nu = E_m - E_n$（$m>n$）分别计算出这几种频率的光子。

（2）当一群氢原子跃迁时。

1）确定氢原子所处激发态的能级，画出跃迁示意图。

2）运用归纳法，根据数学公式 $N = C_n^2 = \frac{n(n-1)}{2}$ 确定跃迁频率的种类。

3）根据定态跃迁的条件 $h\nu = E_m - E_n$（$m>n$）分别计算出各种频率的光子。

4. 使原子能级跃迁的是光子还是实物粒子？

原子若是吸收光子的能量而被激发，则光子的能量必须等于两能级的能量差，否则不被吸收；原子还可吸收外来的实物粒子（如自由电子）的能量而被激发，由于实物粒子的动能可全部或部分地被原子吸收，所以只要入射实物粒子的能量大于或等于两能级的能量差（$\Delta E = E_m - E_n$），均可使原子发生能级跃迁。

5. 是跃迁还是电离？

原子定态跃迁时，不管是吸收还是辐射光子，其光子的能量都必须等于这两个能级的能量差。若想把处于某一定态上原子的电子电离出去，就需要给原子一定的电离能。如处于基态氢原子电离，其电离能为 13.6 eV，只要能量等于或大于 13.6 eV 的光子都能被基态氢原子吸收而电离，只不过入射光子的能量越大，原子电离后产生的电子具有的动能越大。

6. 光电效应中的四对概念

（1）“光子”与“光电子”。光子是指光在空间传播时的每一份能量，光子不带电，是微观领域中的一种粒子；而光电子是金属表面受到光照射时发射出来的电子，因而其本质就是电子。

（2）“光子的能量”与“入射光的强度”。光子的能量是一份一份的，每一份的能量为 $\varepsilon=h\nu$，其大小由光的频率决定；而入射光的强度是指单位时间内、单位面积上入射光中所包含光子的能量总和，入射光的强度可表示为 $I=nh\nu$，其中 n 为光子数。

（3）“光电子的最大初动能”与“光电子的初动能”。金属表面的电子，只需克服原子核的引力做功就能从金属表面逸出，那么这些光电子具有最大初动能，其值为 $E_k=h\nu-W_0$（式中 W_0 为金属的逸出功）。而不从金属表面发射的光电子，在逸出的过程中损失的能量会更多，所以此时光电子的初动能 $E_k'<E_k$。

（4）“光电流”与“饱和光电流”。在一定频率与强度的光照射下，光电流与电压之间的关系为：开始时，光电流随电压 U 的增大而增大，当 U 比较大时，光电流达到饱和值 I_m，这时即使再增大 U，在单位时间内也不可能有更多的光电子定向移动，光电流也就不会再增加，即饱和光电流是在一定频率与强度的光照射下的最大光电流。因此在解光电效应的题目时，应注意明确是光电流还是饱和光电流。

因此，入射光频率决定着能否发生光电效应和光电子的最大初动能；入射光的强度决定着单位时间内发射的光子数；饱和光电流决定着单位时间内发射的光电子数。

7. 对光电效应方程的理解

（1）式中 E_k 是光电子的最大初动能，就某个光电子而言，其离开金属时的动能大小可以是 $0\sim E_k$ 范围内的任何数值。

（2）光电效应方程表明光电子的最大初动能与入射光的频率 ν 呈线性关系（注意不是正比关系），与光强无关。

（3）逸出功 W_0：电子从金属中逸出所需要的克服束缚而消耗的能量的最小值，叫作金属的逸出功。光电效应中，从金属表面逸出的电子消耗能量最少。

（4）光电效应方程包含了产生光电效应的条件，即 $E_k=h\nu-W_0>0$，亦即 $h\nu>W_0$，$\nu>\frac{W_0}{h}=\nu_c$，而 $\nu_c=\frac{W_0}{h}$ 是金属的极限频率。

（5）光电效应方程实质上是能量守恒方程。

8. 对质量亏损的理解

（1）质量亏损不是核子个数减少。核反应过程遵循质量数和电荷数守恒，故核反应中有质量亏损现象时，核子个数不发生变化。

（2）质量亏损不是质量消失。按相对论，物体的质量是与速度有关的量。物体的速度越大，物体的质量也就越大。物体运动时的运动质量与物体静止时的静止质量间存在一定关系。当物体以远小于光速的速度运动时，质量的这一变化很不明显。平时所说的质子、中子、原子核的质量都是指静质量，质量亏损是静质量发生了变化。如一个质子和一个中子结合成氘核的这一过程中，2.22 MeV 的能量是以辐射光子形式放出的，光子的静质量为零，但这个光子的运动质量为$\frac{h\nu}{c^2}$。由此可见，当计算出光子的质量后，虽然反应前后发生了质量亏损，但这部分亏损恰好与光子的运动质量是相同的，反应前后的质量仍是守恒量，质量亏损并非是这部分质量消失。

（3）质量亏损不是质量转化成能量。质量亏损是静质量减少了，减少的静质量 Δm 所对应的总能量 $\Delta E=\Delta mc^2$，并不是质量 Δm 转化成了 Δmc^2 的能量。

9. 结合能、比结合能与核子的平均质量

结合能并不是由于核子结合成原子核而具有的能量，而是为把核子分开而需要的能量，且结合能一词只用在原子核中，区别于小得很多的原子的电离能。实验发现，随着原子核中的核子数的增加，结合能不断增加，但是，每个核子的比结合能却是个常数，跟核子数的多少无关。因此，为了便于对不同原子核的结合能进行比较，往往采用核子的比结合能。比结合能越大，表示核子间结合得越紧密，原子核就越难分开而越稳定，即平均每个核子牺牲自己质量来“贡献”的结合能越多，也就是平均每个核子的质量亏损越大。虽然形状上核子的比结合能曲线（图 4–120）为两边低，中间高，而核子的平均质量曲线（图 4–121）为中间小，两端大，但是二者却具有异曲同工、殊途同归的功能。从核子平均质量的角度看，当核反应后原子核的核子平均质量小于反应前原子核的核子平均质量时，反应过程中就会有质量亏损。若反应前后核子的平均质量相差越大，原子核的质量亏损就越大，该反应释放的核能也就越多。从核子比结合能的角度看，若核子的比结合能越大，表示该原子核在形成过程中每个核子平均释放的能量越多，各个核子平均亏损的质量也就越多，因反应前后核子数不变，则反应后形成的该原子核的核子平均质量就越小，即该原子核也越稳定。因此，二者都能揭示在重核裂变或轻核聚变的过程中，因原子核发生质量亏损而释放出巨大的核能，且轻核比重核的核子平均质量更大，轻核聚变时产生的质量亏损更大，平均每个核子释放的核能也就更多。

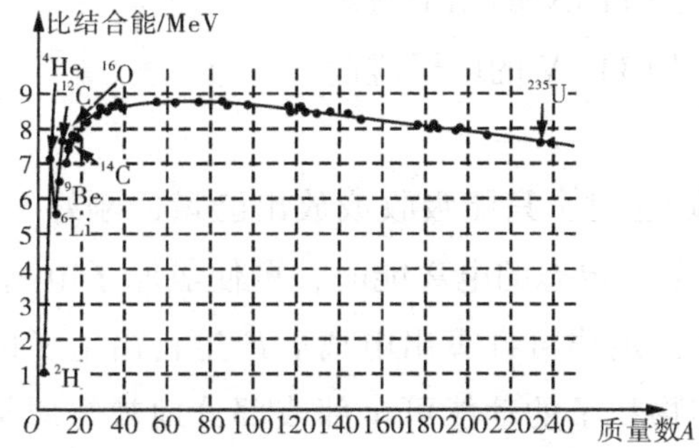

图 4–120 比结合能曲线

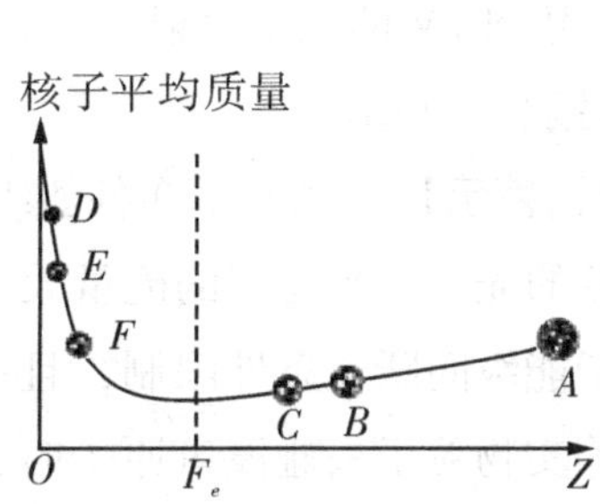

图 4–121 平均质量曲线

10. *两类核衰变在磁场中的径迹*

静止核在磁场中自发衰变，其轨迹为两相切圆，α 衰变时两圆外切，β 衰变时两圆内切，根据动量守恒 $m_1v_1=m_2v_2$ 和 $r=\frac{mv}{qB}$ 知，半径小的为新核，半径大的为α粒子或β粒子，其特点对比如表 4-27 所示。

表 4-27　两种衰变特点对比

α 衰变	${}^{A}_{Z}X \to {}^{A}_{Z}Y + {}^{4}_{2}He$	匀强磁场中轨迹 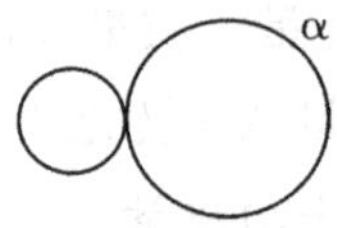	两圆外切，α 粒子半径大
β 衰变	${}^{A}_{Z}X \to {}^{A}_{Z}Y + {}^{0}_{-1}e$	匀强磁场中轨迹 	两圆内切，β 粒子半径大

例 1　日本福岛核电站泄漏事故中释放出大量的碘 131，碘 131 是放射性同位素，衰变时会发出 β 射线与 γ 射线，碘 131 被人摄入后，会危害身体健康，由此引起了全世界的关注。下面关于核辐射的相关知识，说法正确的是（　　）

A. 人类无法通过改变外部环境来改变碘 131 衰变的快慢

B. 碘 131 的半衰期为 8.3 天，则 4 个碘原子核经 16.6 天后就一定剩下一个原子核

C. β 射线与 γ 射线都是电磁波，但 γ 射线穿透本领比 β 射线强

D. 碘 131 发生 β 衰变时所释放的电子是原子核内的中子转化为质子时产生的

【答案】　AD

【易错警示】　半衰期是大量原子核衰变的统计规律，对少数几个原子核无意义，且衰变的快慢由放射性元素本身决定，与外部环境无关；β 射线是高速电子流，不是电磁波。

例 2　欲使处于基态的氢原子跃迁，下列措施可行的是（　　）

A. 用 10.2 eV 的光子照射　　B. 用 11 eV 的光子照射

C. 用 14 eV 的光子照射　　D. 用 11 eV 的电子碰撞

【答案】　ACD

【易错警示】　氢原子在各能级定态间跃迁时，只能吸收或放出能量值刚好等于两能级能量差的光子。当光子的能量大于氢原子某一定态的电离能时，可使氢原子电离，而不受氢原子能级间跃迁条件限制，且由能量守恒定律可计算出电离后产生自由电子的动能；用电子等实物粒子去碰撞氢原子时，入射实物粒子的动能可全部或部分地被氢原子吸收，所以只要入射实物粒子的动能大于或等于氢原子两定态间的能量差，就可实现跃迁。

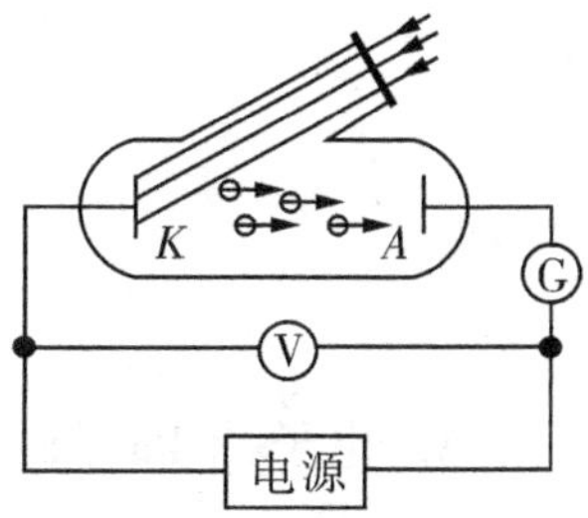

图 4-122 实验装置

例 3 （2013·北京卷）以往我们认识的光电效应是单光子光电效应，即一个电子在极短时间内只能吸收到一个光子而从金属表面逸出。强激光的出现丰富了人们对于光电效应的认识，用强激光照射金属，由于其光子密度极大，一个电子在极短时间内吸收多个光子成为可能，从而形成多光子电效应，这已被实验证实。光电效应实验装置如图 4-122 所示。用频率为 ν 的普通光源照射阴极 K，没有发生光电效应。换用同样频率为 ν 的强激光照射阴极 K，则发生了光电效应；此时，若加上反向电压 U，即将阴极 K 接电源正极，阳极 A 接电源负极，在 KA 之间就形成了使光电子减速的电场，逐渐增大 U，光电流会逐渐减小；当光电流恰好减小到零时，所加反向电压 U 可能是下列的（其中 W 为逸出功，h 为普朗克常量，e 为电子电量）（　　）

A. $U=\frac{h\nu}{e}-\frac{W}{e}$　　　　B. $U=\frac{2h\nu}{e}-\frac{W}{e}$

C. $U=2h\nu-W$　　　　D. $U=\frac{5h\nu}{2e}-\frac{W}{e}$

【答案】 B

【易错警示】 注意光电效应方程实质上是能量守恒方程。在单光子光电效应中，一个电子在极短时间内只能吸收到一个光子的能量，一个光子的能量也只能交给一个电子，不存在一个电子吸收若干个光子的现象。但是，在多光子电效应中，因强激光的光子密度极大，一个电子在极短时间内可能吸收多个光子。因此，由能量守恒和功能关系可知：$eU=E_k=nh\nu-W$（$n=2$，3，4，…），当 $n=2$ 时，即可解得。

例 4 对于公式 $\Delta E=\Delta mc^2$，下列说法中正确的是（　　）

A. 能量可以转化为质量

B. 质量可以转化为能量

C. 能量的转化与质量的转化是成比例的

D. 在核反应中，能量与质量都不守恒

【答案】 C

【易错警示】 $\Delta E=\Delta mc^2$ 只说明质量亏损和释放出核能这两种现象间的联系，并不说明物体的质量和能量之间存在着相互转化关系。在核反应中，质量亏损是静质量减少，动质量增加，但总质量不变，且能量也仍然守恒。

例 5 一个静止的放射性同位素的原子核 $^{30}_{15}P$ 衰变为 $^{30}_{14}Si$，另一个静止的天然放射性元素的原子核 $^{234}_{90}Th$ 衰变为 $^{234}_{91}Pa$，在同一磁场中，得到衰变后粒子的运动径迹 1、2、3、4，如图 4-123 所示，则这四条径迹依次是（　　）

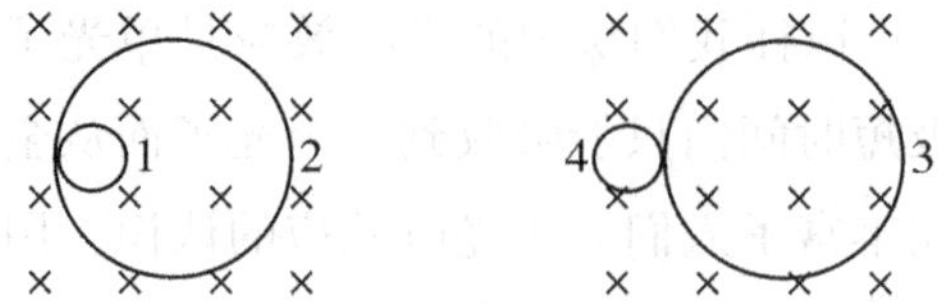

图 4-123　运动径迹

A. 电子、${}^{234}_{91}Pa$、${}^{30}_{14}Si$、正电子　　B. ${}^{234}_{91}Pa$、电子、正电子、${}^{30}_{14}Si$

C. ${}^{30}_{14}Si$、正电子、电子、${}^{234}_{91}Pa$　　D. 正电子、${}^{30}_{14}Si$、${}^{234}_{91}Pa$、电子

【答案】 B

【易错警示】 当静止的原子核在同一匀强磁场中发生衰变时，反冲核和带电粒子（α 粒子或 β 粒子）的动量大小相等，方向一定相反。由 $r=\frac{mv}{qB}$知，大圆轨道一定是电荷数小的带电粒子的反冲核，小圆轨道一定是电荷数大的反冲核。根据二者的电性和左手定则，可以判断出 α 衰变时两圆外切，β 衰变时两圆内切。当磁场方向已知时，还可以由左手定则判断二者的绕行方向。如本题中运动径迹 1、2、3、4 的绕行方向分别为逆时针方向、顺时针方向、逆时针方向和逆时针方向。

（二）备考练习

1. 下列说法正确的是（　　）

A. 放射性元素的半衰期是原子核的质量或数目减半所需要的时间

B. 某一放射性同位素的 6 个原子核经过 1 个半衰期后剩下 3 个

C. β 射线来自原子核，是高速电子流，说明电子也是原子核的组成部分

D. 原子从 a 能级状态跃迁到 b 能级状态时发射波长为 λ_1 的光子；原子从 b 能级状态跃迁到 c 能级状态时吸收波长为 λ_2 的光子，已知 $\lambda_1>\lambda_2$，那么原子从 a 能级状态跃迁到 c 能级状态时将要吸收波长为$\frac{\lambda_1\lambda_2}{\lambda_1-\lambda_2}$的光子

2. 一个氢原子处于第 3 能级，当外面射来一个波长为 6.63×10^{-7} m 的光子时（　　）

A. 氢原子不吸收这个光子

B. 氢原子会发生电离，电离后电子的动能为 0.365 eV

C. 氢原子会发生电离，电离后电子的动能为零

D. 氢原子吸收这个光子后跃迁到更高能级

3. 用大量具有一定能量的电子轰击大量处于基态的氢原子，观测到了一定数目的光谱线。调高电子的能量再次进行观测，发现光谱线的数目比原来增加了 5 条。用 Δn 表示两次观测中最高激发态的量子数 n 之差，E 表示调高后电子的能量。根据氢原子的能级图（图 4-124）可以判断，Δn 和 E 的可能值为（　　）

A. $\Delta n=1$，13.22 eV$<E<$13.32 eV　　B. $\Delta n=2$，13.22 eV$<E<$13.32 eV

C. $\Delta n=1$，12.75 eV$<E<$13.06 eV　　　　D. $\Delta n=2$，12.75 eV$<E<$13.06 eV

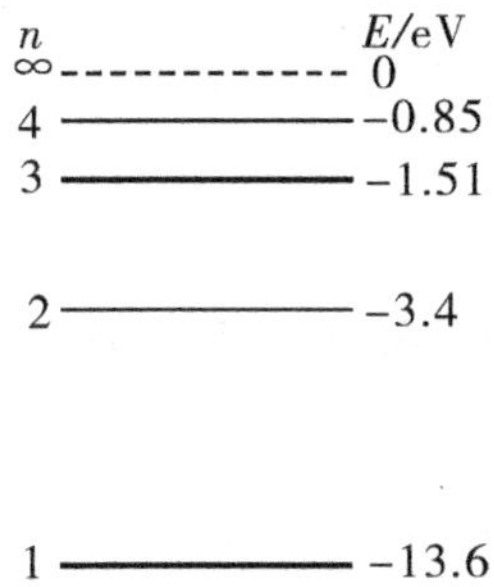

图 4-124　氢原子能级图

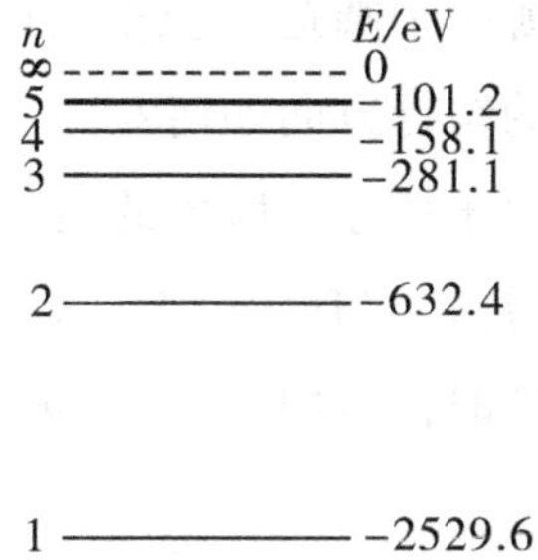

图 4-125　μ 氢原子能级图

4. μ 子与氢原子核（质子）构成的原子称为 μ 氢原子，它在原子核物理的研究中有重要作用。图 4-125 为 μ 氢原子的能级示意图，假定光子能量为 E 的一束光照射容器中大量处于 $n=2$ 能级的 μ 氢原子，μ 氢原子吸收光子后，发出频率为 ν_1、ν_2、ν_3、ν_4、ν_5 和 ν_6 的光子，且频率依次增大，则 E 等于（　　）

A. $h(\nu_3-\nu_1)$　　B. $h(\nu_3+\nu_1)$　　C. $h\nu_3$　　D. $h\nu_4$

5. 下列说法正确的是（　　）

A. 氢原子从定态 $n=3$ 跃迁到 $n=2$ 的过程中，原子能量减少，动能减小，电势能增大

B. 比结合能越大，核子平均质量越小，原子核越稳定

C. 原子核拆分自由核子时，其质量亏损所对应的能量大于该原子核的结合能

D. 原子的数量级为 10^{-10} m，原子核的数量级为 10^{-15} m

6. 用同一束单色光，在同一条件下，先后照射锌片和银片，都能产生光电效应。在这两个过程中，下列说法中不正确的是（　　）

A. 光子的能量一定相同

B. 光电子的初动能可能相同

C. 遏止电压一定相同

D. 金属的逸出功和光电子的最大初动能一定不相同

7. 关于光电效应和康普顿效应的规律，下列说法正确的是（　　）

A. 用光照射金属不能发生光电效应是因为该入射光的波长小于金属的截止波长

B. 对于同种金属而言，遏止电压与入射光的频率无关

C. 石墨对 X 射线散射时，部分 X 射线的散射光波长会变大

D. 康普顿效应说明光具有粒子性

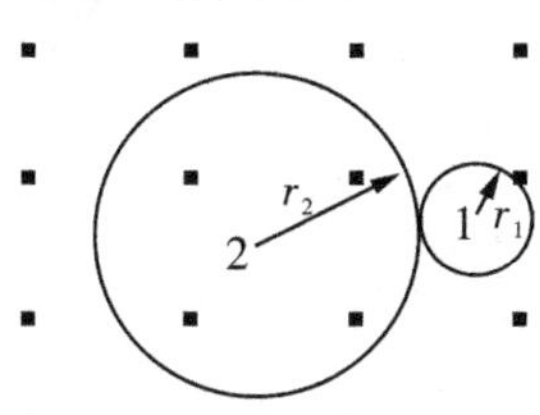

图 4-126　运动径迹

8. 在匀强磁场中，一个原来静止的原子核，由于放出一个 α 粒子，结果得到一张两个相切圆的径迹照片（图 4-126），今测得

两个相切圆半径之比 $r_1:r_2=1:44$，求：

（1）图中哪一个圆是 α 粒子的径迹？（说明理由）

（2）二者的绕行方向如何？

（3）这个原子核原来所含的质子数是多少？

【参考答案】 1. AD 2. B 3. AD 4. C 5. BD 6. C 7. CD 8.（1）圆轨道 2 （2）均为顺时针方向 （3）90

后　　记

1985年，笔者伴随着我国第一个教师节参加工作至今，已躬耕基础教育36载，先后任教于河南省叶县保安乡河东中学、叶县保安乡中学、叶县昆阳中学、平顶山市第一中学、郑州外国语学校，不仅从山区乡村联中（1年）→省级贫困县乡镇中学（2年）→县城市重点中学（7年）→省辖市省重点高中（10年）→省会全国著名高中（16年），而且先后就读于许昌地区漯河师范学校普师专业、河南大学物理系物理专业、陕西师范大学物理系首批教育硕士学科教学专业、北京师范大学教育学院首批教育博士教育学原理专业。从教36年来，担任毕业班教学18年，班主任工作20年，历任备课组长、教研组长、年级长、教科处副主任、教务处副主任、教科处主任、副校级干部、郑州市管城区外国语学校（郑外管城校区）校长、郑州市管城区教育局局长助理、郑州市管城区科协副主席等职，兼任河南省教育厅中原名师高中物理工作室主持人、郑州市教育局高中物理名师工作室暨名师网络工作室主持人。其中，2016年7月以来，精准教育扶贫，被郑外委派到郑州市管城区集团化办学。

从教36年来，守望教育，追求卓越，重视继续教育，主动更新、完善知识结构。先后参加了河南师范大学“跨世纪园丁工程”省级骨干教师培训、河南教育学院省级名师培训、教育部“国培计划（2011）”高中物理骨干教师北京市十一学校培训、教育部“国培计划（2013）”高中物理一线优秀教师浙江师范大学培训、美国哈佛大学教育研究生院TFU1和TFU2培训、郑州市杰出教师与名师赴新加坡和澳大利亚的高端研修、郑州市名师工作室主持人赴高校（清华大学、北京大学、浙江大学、华东师范大学、华中师范大学、苏州大学等）的专项培训、河南省教育厅“中原名师培育工程”浙江师范大学和北京师范大学培训、河南教育学院全省高中校长任职资格培训、河南大学全省高中校长提高培训、陕西师范大学郑州市教育名家培育研修、河南师范大学中原名师流动工作站豫派实践型教育名家培育研修、河南大学教育家书院研修。继续教育不仅为笔者提供了进一步学习和交流的平台，而且为本书的编写提供了有力的智力支持。

教而不研则浅，研而不教则浮。以教育科研为先导，积极开展小课题教学研究，以研促教，践行教学与教研一体化，努力提高课堂教学效益。在繁重的教学与管理工作之余，远离浮躁，潜心教育教学研究，笔耕不辍，不断地反思教育教学实践。36年来，在华东师范大学《物理教学》、陕西师范大学《中学物理教学参考》、苏州大学《物理教师》、华中师范大学《教育研究与实验》、东北师范大学《物理实验》、西北师范大学《电化教育研究》、西南大学《物理教学探讨》、河北大学《物理通报》、中国科学院《现代物理知识》、哈尔滨师范大学《中学物理》、南京师范大学《物理之友》、广西师范大学《广西物理》、长沙理工大学《实验教学与仪器》、湖南师范大学《湖南中学物理》、浙江外国语学院《教学月刊》和太原师范学院《教学与管理》等CN期刊上发表论文170多篇，其中，核心期刊80多篇，被中国人民大学复印报刊资料《中学物理教与学》全文转载10多篇。

2008年5月，为了践行“专家引领，同伴互助，自我反思”的新课改理念，由大象出版社出版了50万字的专著《中学物理教育教学研究》。该专著不仅作为省市物理名师工作室学员的研修读本，被一些省市示范性中学图书馆收藏，而且先后荣获2009年度河南省教育科学研究优秀成果一等奖、2013年第一届河南省教育科学研究优秀成果一等奖、2014年首届全国基础教育科研成果网络博览会二等奖、2016年河南省基础教育教学成果二等奖。另外，积极推进教育创新与教学改革，主持的课题分别荣获全国基础教育科研成果奖、河南省基础教育教学成果奖、河南省教师教育教学成果奖、河南省基础教育教学研究成果奖、河南省教育科学研究成果奖等20多项，其中，省级成果一等奖17项。在课题研究的基础上，基于教育教学实践，整合在CN期刊上发表的论文，梳理提炼物理教育思想与教学主张。十年磨一剑，在第一部专著出版后的第十三年，不仅最终出版了本书，而且迎来了深化新课程改革与考试招生制度改革，全面推进学生学科核心素养的培育。

陕西师范大学硕导王欣教授在百忙中为本书撰写了序言，在此对我的导师王欣先生的教诲和帮助表示诚挚的谢意！同时，本书的出版也寄托着对我的已故导师——北京师范大学博导王炳照先生的深切怀念！

参加工作以来，虽然笔者工作单位几经变迁，但是历任领导和同事都对笔者的成长给予了大力支持和无私帮助。特别是平顶山市第一中学前校长王均大、中州大学前校长司福亭、河南省教育厅副厅长毛杰博士、郑州市教育局王中立局长、郑州外国语学校王丽娟校长等贵人，对笔者的发展给予了热情的帮助与栽培，笔者一直心存感激，终身难忘！

感谢河南省教育厅教师教育处、河南省人社厅专技处、河南省基础教育教学研究室、郑州市教育局教师教育处、郑州市人社局专技处和郑州外国语学校的各位领导对本书出版的大力支持与帮助！感谢河南科学技术出版社的编辑老师为本书的出版付出的辛勤劳动！

感谢父母、岳父母、妻儿等家人多年来的默默支持与陪伴！同时，教学相长，感谢所教历届学生及家长的信任与支持！

在编写过程中，参考了书中所列的相关文献，有些文献可能尚未收录，敬祈鉴谅，在此，表示衷心的敬意！

由于笔者水平有限，书中可能存在缺点和错误，敬请同行专家批评指正。

司德平

2021年9月于郑州外国语学校